敷石住居址の研究

山本 暉久 著

六一書房

神奈川県津久井郡津久井町大地開戸遺跡　Ｊ７号住居址　中期後葉期

神奈川県足柄上郡山北町尾崎遺跡　26号住　中期後葉期

神奈川県秦野市稲荷木遺跡　1号住　中期終末期

神奈川県横浜市羽沢大道遺跡　D6号住　中期終末期

神奈川県藤沢市鳥居前遺跡　2号住　後期初頭期

神奈川県相模原市下溝鳩川遺跡　B1号住　後期前葉期

神奈川県津久井郡津久井町青根馬渡遺跡群№4　1号住　後期中葉期

神奈川県津久井郡津久井町青山開戸遺跡　4号住　晩期前葉期

序　言

　縄文時代の人々が地中に遺したさまざまな構築物のなかには、現代のわれわれにとって、それがどのような目的で構築されたものなのか理解しがたいものがみられる。

　「敷石住居址」と呼んでいる遺構もその一つであろう。この床に多量の石を敷き詰めた特異な遺構は、その発見当初から今日に至るまで、それがはたして住居であるのかどうかということが大きな問題とされてきたし、今日においてもその論議は決着したとはいえないのである。

　私はこれまで、この「敷石住居址」と呼ばれる特異な遺構に関心をもち、いくつかの研究を重ねてきた。そして、その結論として、「敷石住居址」は当時のごく一般的な住居であったという考えをもつに至った。すなわち、特異であるのは「敷石住居址」と呼ばれる遺構そのものにあるのではなく、そうした住居構造を生み出した時代背景—それは時期的にも地域的にも縄文時代の長い変遷過程のなかで限定された—にあるのではないかと考えている。

　周知のように縄文時代は理化学的な測定年代によると、実に一万年を超える長期にわたる時代であったとされている。したがって、その間は、時期的にも地域的にもきわめて変化に富んだ時代であったのであり、その変化の最終段階に新たな生産手段である水稲耕作技術を受容することによって、弥生時代へと移り変わっていったものと考えられるのである。そうした意味からも、「敷石住居址」を研究することを通じて、この特異な住居構造を生み出した一つの時代の特性を明らかにすることは、長期にわたる縄文時代の歴史的な変遷過程を探るうえで、重要な意義をもつものと考えられよう。

　本書は、そのような視点にもとづき、これまでの研究成果をもとに、「敷石住居址」の実態の解明とその歴史的意味づけを総合的に試みたものである。

　　　　　　　　　　　　　　　　　　　　　　　　　2002(平成14)年9月10日

例　言

1. 本書は、縄文時代に構築された特異な遺構である「敷石住居址」をめぐる研究をまとめたものである。
2. 筆者は、「敷石住居址」なる従来からの用語とは別に、「柄鏡形(敷石)住居址」と総称することを提唱している。したがって、本書中においては、「敷石住居址」とは別に適宜、「柄鏡形(敷石)住居址」・「柄鏡形敷石住居址」・「柄鏡形住居址」という用語を用いている。
3. 本書中の各章・各節は、これまで筆者が敷石住居址に関して発表してきた論攷を基礎としているが、全体の構成上ならびに最新の資料・研究成果にもとづいて、初出論攷に補訂、改稿を加えている。なお、各章・各節の初出論攷ならびに改稿内容は下記のとおりである。

　　第1章　敷石住居址研究の現状と課題
　　　　　1999.12「敷石住居」『縄文時代文化研究の100年』(『縄文時代』第10号)
　　　　　　　　縄文時代文化研究会：一部削除・補訂。発表以後の研究成果を追補。
　　第2章　敷石住居址の変遷とその性格
　　　第1節　屋内敷石風習の成立と張出部の起源
　　　　　1994.11「石柱・石壇をもつ住居址の性格」『日本考古学』第1号
　　　　　　　　日本考古学協会：一部削除・補訂。発表以後の事例についての所見を追記。
　　　第2節　横浜市洋光台猿田遺跡発見の柄鏡形住居址
　　　　　1993.5「横浜市洋光台猿田遺跡発見の柄鏡形住居址とその出土遺物」
　　　　　　　　『縄文時代』第4号　縄文時代文化研究会：一部削除・補訂。
　　　第3節　柄鏡形(敷石)住居成立期の様相
　　　　　1995.1「柄鏡形(敷石)住居成立期の再検討」『古代探叢』Ⅳ
　　　　　　　　滝口宏先生追悼考古学論集編集委員会：一部削除・補訂。発表以後の事例についての所見を追記。
　　　第4節　柄鏡形(敷石)住居の発展と終末の諸相
　　　　　1987.1～4「敷石住居終焉のもつ意味」『古代文化』第39巻1～4号
　　　　　　　　㈶古代学協会：この論攷を基礎として全面書き下ろし。
　　　第5節　外縁部の柄鏡形(敷石)住居の様相
　　　　　2000.5「外縁部の柄鏡形(敷石)住居」『縄文時代』第11号
　　　　　　　　縄文時代文化研究会：一部削除・補訂。発表以後の事例についての所見を追記。

第3章　敷石住居址と祭祀
　　第1節　柄鏡形(敷石)住居と石棒祭祀
　　　　1996.5「柄鏡形(敷石)住居と石棒祭祀」『縄文時代』第7号
　　　　　　縄文時代文化研究会：一部削除・補訂。発表以後の事例を一部追補。
　　第2節　柄鏡形(敷石)住居と埋甕祭祀
　　　　1996.5・97.5「柄鏡形(敷石)住居と埋甕祭祀」『神奈川考古』第32号・33号
　　　　　　神奈川考古同人会：一部削除・補訂。発表以後の事例を一部追補。
　　第3節　柄鏡形(敷石)住居と廃屋儀礼
　　　　1998.2「柄鏡形(敷石)住居と廃屋儀礼―環礫方形配石遺構と周堤礫―」
　　　　『列島の考古学』(『渡辺誠先生還暦記念論集』)
　　　　　　渡辺誠先生還暦記念論集刊行会：一部削除・補訂。発表以後の事例についての所見を追記。
　　第4章　敷石住居址の歴史的意義
　　　　　　全面書き下ろし。
4．本書中の「引用・参考文献」及び「石柱・石壇をもつ住居址発見遺跡参考文献」・「柄鏡形(敷石)住居址発見遺跡参考文献」は、巻末に一括して掲載した。
5．本文中に用いた柄鏡形(敷石)住居址事例の図面は各報告書等からの引用・転載したものである。転載にあたっては一部加除筆を加えている。また、一部再トレースしたものを含む。
6．本書に用いたカバー写真・巻頭写真は、財団法人かながわ考古学財団・㈱玉川文化財研究所の許可を得て掲載したものである。両機関にあつくお礼申し上げる次第である。

目　次

序　言

第1章　敷石住居址研究の現状と課題 …………………………………… 1

第2章　敷石住居址の変遷とその性格 …………………………………… 29
　　第1節　屋内敷石風習の成立と張出部の起源 ………………………… 31
　　第2節　横浜市洋光台猿田遺跡発見の柄鏡形住居址 ………………… 63
　　第3節　柄鏡形(敷石)住居成立期の様相 ……………………………… 85
　　第4節　柄鏡形(敷石)住居の発展と終末の諸相 ……………………… 119
　　第5節　外縁部の柄鏡形(敷石)住居の様相 …………………………… 189

第3章　敷石住居址と祭祀 ………………………………………………… 221
　　第1節　柄鏡形(敷石)住居と石棒祭祀 ………………………………… 223
　　第2節　柄鏡形(敷石)住居と埋甕祭祀 ………………………………… 257
　　第3節　柄鏡形(敷石)住居と廃屋儀礼 ………………………………… 301

第4章　敷石住居址の歴史的意義 ………………………………………… 319

引用・参考文献 …………………………………………………………… 325
石柱・石壇をもつ住居址発見遺跡参考文献 …………………………… 337
柄鏡形(敷石)住居址発見遺跡参考文献 ………………………………… 343

挿図目次

第2章第1節
第1図　石柱・石壇をもつ住居址発見遺跡分布図 ……………………………… 33
第2図　石柱・石壇をもつ住居址(1) …………………………………………… 39
第3図　石柱・石壇をもつ住居址(2) …………………………………………… 40
第4図　石柱・石壇をもつ住居址(3) …………………………………………… 41
第5図　石柱・石壇をもつ住居址(4) …………………………………………… 42
第6図　石柱・石壇をもつ住居址(5) …………………………………………… 43
第7図　石柱・石壇をもつ住居址の規模 ………………………………………… 49
第8図　集落址における石柱・石壇をもつ住居址の位置(1) …………………… 53
第9図　集落址における石柱・石壇をもつ住居址の位置(2) …………………… 55

第2章第2節
第10図　遺跡位置図［1/25,000］ ……………………………………………… 63
第11図　遺跡地形図 ……………………………………………………………… 65
第12図　発掘区全体図 …………………………………………………………… 65
第13図　柄鏡形住居址平断面図 ………………………………………………… 68
第14図　出土土器(1) …………………………………………………………… 68
第15図　出土土器(2) …………………………………………………………… 70
第16図　出土土器(3) …………………………………………………………… 71
第17図　出土土器(4) …………………………………………………………… 74
第18図　出土土器(5) …………………………………………………………… 75
第19図　出土土器(6) …………………………………………………………… 76
第20図　出土土器(7) …………………………………………………………… 77
第21図　出土土器(8) …………………………………………………………… 78
第22図　出土土器(9) …………………………………………………………… 79
第23図　横浜市港北区新羽第9遺跡1号住居址 ……………………………… 82

第2章第3節
第24図　南関東地方における中期終末期の柄鏡形(敷石)住居址発見遺跡分布図 …… 88
第25図　列島における中期終末期の柄鏡形(敷石)住居址発見遺跡分布図 ………… 89
第26図　成立期の柄鏡形(敷石)住居址と出土土器(1) ………………………… 91
第27図　成立期の柄鏡形(敷石)住居址と出土土器(2) ………………………… 93
第28図　成立期の柄鏡形(敷石)住居址と出土土器(3) ………………………… 95
第29図　成立期の柄鏡形(敷石)住居址と出土土器(4) ………………………… 99
第30図　成立期の柄鏡形(敷石)住居址と出土土器(5) ……………………… 103
第31図　成立期の柄鏡形(敷石)住居址と出土土器(6) ……………………… 108
第32図　成立期の柄鏡形(敷石)住居址と出土土器(7) ……………………… 109
第33図　山梨県南都留郡西桂町下暮地所在の宮の前遺跡1号住と出土土器 ……… 118

第2章第4節

第34図	後期初頭期の柄鏡形(敷石)住居址(1)	121
第35図	後期初頭期の柄鏡形(敷石)住居址(2)	123
第36図	後期初頭期の柄鏡形(敷石)住居址(3)	125
第37図	後期初頭期の柄鏡形(敷石)住居址(4)	127
第38図	後期初頭期の柄鏡形(敷石)住居址(5)	131
第39図	後期初頭期の柄鏡形(敷石)住居址(6)	133
第40図	後期初頭期の柄鏡形(敷石)住居址(7)	135
第41図	後期前葉期の柄鏡形(敷石)住居址(1)	138
第42図	後期前葉期の柄鏡形(敷石)住居址(2)	139
第43図	後期前葉期の柄鏡形(敷石)住居址(3)	142
第44図	後期前葉期の柄鏡形(敷石)住居址(4)	143
第45図	後期前葉期の柄鏡形(敷石)住居址(5)	144
第46図	後期前葉期の柄鏡形(敷石)住居址(6)	145
第47図	後期前葉期の柄鏡形(敷石)住居址(7)	147
第48図	町田市なすな原遺跡の柄鏡形(敷石)住居址分布　後期前葉期	148
第49図	後期前葉期の柄鏡形(敷石)住居址(8)	149
第50図	後期前葉期の柄鏡形(敷石)住居址(9)	151
第51図	後期前葉期の柄鏡形(敷石)住居址(10)	154
第52図	後期前葉期の柄鏡形(敷石)住居址(11)	155
第53図	後期前葉期の柄鏡形(敷石)住居址(12)	157
第54図	後期前葉期の柄鏡形(敷石)住居址(13)	159
第55図	後期前葉期の柄鏡形(敷石)住居址(14)	161
第56図	後期前葉期の柄鏡形(敷石)住居址(15)	164
第57図	後期前葉期の柄鏡形(敷石)住居址(16)	165
第58図	後期中葉期以降の柄鏡形(敷石)住居址(1)	169
第59図	後期中葉期以降の柄鏡形(敷石)住居址(2)	171
第60図	後期中葉期以降の柄鏡形(敷石)住居址(3)	173
第61図	後期中葉期以降の柄鏡形(敷石)住居址(4)	174
第62図	後期中葉期以降の柄鏡形(敷石)住居址(5)	175
第63図	後期中葉期以降の柄鏡形(敷石)住居址(6)	177
第64図	後期中葉期以降の柄鏡形(敷石)住居址(7)	178
第65図	後期中葉期以降の柄鏡形(敷石)住居址(8)	179
第66図	後期中葉期以降の柄鏡形(敷石)住居址(9)	181
第67図	後期中葉期以降の柄鏡形(敷石)住居址(10)	183
第68図	後期中葉期以降の柄鏡形(敷石)住居址(11)	185
第69図	後期中葉期以降の柄鏡形(敷石)住居址(12)	186

第2章第5節

| 第70図 | 外縁部の柄鏡形(敷石)住居址(1) | 195 |

第71図	外縁部の柄鏡形(敷石)住居址(2)	197
第72図	外縁部の柄鏡形(敷石)住居址(3)	199
第73図	外縁部の柄鏡形(敷石)住居址(4)	201
第74図	外縁部の柄鏡形(敷石)住居址(5)	203
第75図	外縁部の柄鏡形(敷石)住居址(6)	204
第76図	外縁部の柄鏡形(敷石)住居址(7)	205
第77図	外縁部の柄鏡形(敷石)住居址(8)	206
第78図	外縁部の柄鏡形(敷石)住居址(9)	207
第79図	外縁部の柄鏡形(敷石)住居址(10)	211
第80図	外縁部の柄鏡形(敷石)住居址(11)	213
第81図	外縁部の柄鏡形(敷石)住居変遷図(1)	216
第82図	外縁部の柄鏡形(敷石)住居変遷図(2)	217

第3章第1節

第83図	柄鏡形(敷石)住居址内出土石棒事例(1)	232
第84図	柄鏡形(敷石)住居址内出土石棒事例(2)	233
第85図	柄鏡形(敷石)住居址内出土石棒事例(3)	235
第86図	柄鏡形(敷石)住居址内出土石棒事例(4)	236
第87図	柄鏡形(敷石)住居址内出土石棒事例(5)	237
第88図	柄鏡形(敷石)住居址内出土石棒事例(6)	239
第89図	柄鏡形(敷石)住居址内出土石棒事例(7)	242
第90図	柄鏡形(敷石)住居址内出土石棒事例(8)	243
第91図	柄鏡形(敷石)住居址内出土石棒事例(9)	246
第92図	柄鏡形(敷石)住居址内出土石棒事例(10)	247
第93図	柄鏡形(敷石)住居址内出土石棒事例(11)	251

第3章第2節

第94図	埋甕出土柄鏡形(敷石)住居址事例(1)	272
第95図	埋甕出土柄鏡形(敷石)住居址事例(2)	273
第96図	埋甕出土柄鏡形(敷石)住居址事例(3)	275
第97図	埋甕出土柄鏡形(敷石)住居址事例(4)	276
第98図	埋甕出土柄鏡形(敷石)住居址事例(5)	277
第99図	埋甕出土柄鏡形(敷石)住居址事例(6)	279
第100図	埋甕出土柄鏡形(敷石)住居址事例(7)	281
第101図	埋甕出土柄鏡形(敷石)住居址事例(8)	284
第102図	埋甕出土柄鏡形(敷石)住居址事例(9)	285
第103図	埋甕出土柄鏡形(敷石)住居址事例(10)	287
第104図	埋甕出土柄鏡形(敷石)住居址事例(11)	289
第105図	埋甕出土柄鏡形(敷石)住居址事例(12)	291
第106図	埋甕出土柄鏡形(敷石)住居址事例(13)	293
第107図	柄鏡形(敷石)住住居址内検出埋甕事例 時期別推移グラフ	297

第3章第3節

第108図　環礫方形配石と周堤礫をもつ柄鏡形敷石住居址(1) ……………………… 305
第109図　環礫方形配石と周堤礫をもつ柄鏡形敷石住居址(2) ……………………… 307
第110図　環礫方形配石と周堤礫をもつ柄鏡形敷石住居址(3) ……………………… 309
第111図　周礫をもつ柄鏡形(敷石)住居址 ……………………………………………… 313
第112図　塩瀬下原遺跡発見の環礫方形配石と周堤礫をもつ住居址 ………………… 316

表　目　次

第2章第1節
第1表　石柱・石壇をもつ住居址発見事例一覧表 ……………………………………… 34

第2章第2節
第2表　発見住居址一覧表(櫻井 1972)より転載 ……………………………………… 66

第3章第1節
第3表　柄鏡形(敷石)住居址内出土石棒事例一覧表 ………………………………… 225
第4表　柄鏡形(敷石)住居址内出土石棒事例追補表 ………………………………… 230

第3章第2節
第5表　柄鏡形(敷石)住居址内検出埋甕事例一覧表 ………………………………… 258
第6表　柄鏡形(敷石)住居址内検出埋甕事例追補表 ………………………………… 268

第3章第3節
第7表　環礫方形配石と周堤礫をもつ柄鏡形敷石住居址発見事例一覧表 ………… 302

第1章　敷石住居址研究の現状と課題

1．敷石住居址とは

「敷石住居址」とは、その名のとおり住居の床面に多量の石を敷きつめた住居址の総称である。たとえば、敷石住居址研究史上、戦前における研究の集大成として注目される後藤守一の論攷によれば、「家の床として、地面に相當大形にして、かつ面の平坦なる石を敷き並べた構設の遺阯と思惟せられるものを、『敷石住居阯』と呼ぶこととする。敷石が家の床全部に亘ることもあり、又一部に留ることもある」(後藤 1940)と定義づけているし、戦後の研究で画期をなした寺田兼方の論攷においても「敷石住居址とは、住居の床として、その全部又は一部に大小の主として平坦な石材を敷き並べた遺址を云う」(寺田 1957a)とされている。

しかし、敷石という行為そのものの発生史的あとづけを試みてみると、その当初から住居の床として機能することにより出現したとはみなしがたく、住居内に敷石を施すという行為そのものに意図的なものがあったことにより出現したと考えられることから、筆者は「屋内に意図的な敷石が施された住居」(山本 1976a)と定義づけてみたことがある。

このように、「敷石住居址」の定義とその呼称は、敷石という特徴を中心としてみたものであるが、「敷石住居址」の構造にはもう一つ重要な特徴が指摘できる。それは、他の一般的な竪穴住居址とは異なって、「張出部」と呼んでいる付属施設が存在することである。この形態的特徴をとらえて、「敷石住居址」という呼称とは別に、「柄鏡形住居址」と呼ぶ場合がみられる。しかし、「柄鏡形住居址」という呼称では「敷石」というこの種の住居址の大きな特徴が言い表されないという不備がある。したがって、「柄鏡形敷石住居址」という呼称がふさわしいとも考えられるが、最近、敷石をもたない、あるいは部分的な敷石にとどまる「柄鏡形住居址」も多数知られるようになり、敷石の有無は地域的な特性であることが明らかとなりつつある。このことから、筆者はこの種の遺構の総称としては、敷石の有無を考慮に入れて、「柄鏡形(敷石)住居址」と総称すべきと考えている(山本 1980a・87a)。すなわち、「柄鏡形(敷石)住居址」とは「基本的には柄鏡状に張り出す施設を有し、住居内に敷石を施すことが多い住居形態をさす」(山本 1982b)ものとすることができよう。

したがって、本稿では、「柄鏡形(敷石)住居址」を適宜使用しているが、総称としては、従来からの慣用に従って「敷石住居址」という呼称を用いていくこととする。

2．敷石住居址研究の歩み

戦前の研究

敷石住居址は、1924(大正13)年10月、東京府南多摩郡南村(現・東京都町田市)大字高ヶ坂字坂下の地(牢場遺跡)において初めて発見された。翌1925(大正14)年10月、稲村坦元・後藤守一・柴

田常恵らによって発掘調査が行われ、敷石住居址の全貌が明らかにされた（後藤　1926・27、柴田1926）。高ヶ坂遺跡は敷石住居址が初めて発見された牢場遺跡とそこから約30mほど離れた稲荷山遺跡及び北方約800mほど離れた位置にある八幡平遺跡からなる総称であり、1925（大正14）年10月、牢場遺跡の調査に続いて、稲荷山遺跡と八幡平遺跡が調査された。牢場遺跡発見の敷石住居址は長軸約5m×短軸約3.5mの規模をもつ楕円形を呈するもので、一部撹乱もあり、完全な形状は呈していない。また、稲荷山遺跡のそれは敷石住居址ではなく、配石遺構と考えられるものであった。一方、八幡平遺跡発見のものは、残存状態が比較的良好であり、石囲の炉址をもつもので、炉石の一部に大型の石皿が用いられていた。張出部は明瞭ではないものの、炉址の南側に近接して敷かれた部分がそれに相当するものと思われる。また、この八幡平遺跡は1968（昭和43）年に再調査が行なわれ、ほぼ中期終末期に相当することが明らかにされている（浅川他1970）。

　この敷石住居址が発見された大正の末年から昭和初年にかけては、縄文時代住居・集落址研究のうえで重要な発見があったことでも知られている。1924（大正13）年6月には富山県氷見郡氷見町（現・氷見市）朝日字馬場所在の朝日貝塚が柴田常恵らによって調査され、縄文時代の住居址が初めて発見された（柴田　1927b）。また、1926（大正15）年5月には、千葉県東葛飾郡大柏村（現・市川市）姥山貝塚の調査が東京帝国大学人類学教室によって行なわれ、我が国初の竪穴住居址が発見された（宮坂・八幡　1927、松村他　1932）。とくに、姥山貝塚での発見は竪穴住居址が群として検出され、その後の縄文時代集落址研究の出発点ともなったのである。このように敷石住居址は竪穴住居址とほぼ同時期に発見されたのであるが、その後の研究の推移をみると、竪穴住居は縄文時代の一般的な住居形態として今日まで認識されてきたのに対して、敷石住居はその発見当初からそれが住居であるのか否かが問題とされ、今日もなお、一部において住居とすることに否定的な見解がみられるのである。

　こうして、高ヶ坂遺跡での敷石住居址の発見以降、続々と各地から同様な敷石住居址の発見が相次ぐようになる。そうした研究の初期に発見された敷石住居址の代表的な事例をあげると、東京都秋川市西秋留牛沼（後藤　1933b）、同秋川市羽ヶ田（後藤　1937・38b）、同東久留米市自由学園（大場　1936）、同八王子市船田向（柴田　1927a、後藤　1933a）、神奈川県秦野市寺山（八幡他　1935、石野　1935a）、同伊勢原市八幡台（石野　1934a・b、赤星　1938）、同津久井郡相模湖町寸沢嵐（古谷1932、石野　1934b）、同津久井郡城山町川尻（八幡　1929、石野　1934b、荻野他　1935）、静岡県賀茂郡河津町見高段間（谷川　1927）、山梨県西八代郡三珠町西村（宮崎　1936）、長野県小県郡東部町戌立（岩崎　1932）などの遺跡がある（所在地は現在の地名による）。

　このように高ヶ坂遺跡での発見からほぼ10年の間に事例は急激な増加をみたことが明らかであるが、その発見事例は、東京・神奈川を中心として山梨・長野・静岡東部地域に集中している。この初期発見事例の地域的な偏りは、その後の発見例の増加によっても大きな変更はなく、後に敷石住居址の分布的特性としてとらえられるようになる。

ところで、戦前の敷石住居址の研究上で特筆されるのは、後藤守一の研究であるといえよう。後藤は高ヶ坂遺跡での調査・報告以降、敷石住居址に関心をもち、東京都船田向、峯開戸、西秋留牛沼、羽ヶ田遺跡などで同種の遺構の調査を実施してきた。中でも、羽ヶ田遺跡の調査報告において示された考察(後藤 1937)ならびにその後の資料を含めた総合的な研究(後藤 1940)は、戦前における敷石住居址研究の到達点として高く評価されるものである。それまでにも、敷石住居址を含めた石器時代住居址の研究(柴田 1927b、上田 1933、石野 1934b、関野 1934、八幡 1934b)や八幡一郎や大場(谷川)磐雄らによる敷石住居址の事例報告及びその研究(八幡 1929、八幡他 1935、谷川 1927、大場 1933)などがなされてきてはいたが、この後藤の研究によってはじめて敷石住居址の実態解明が本格的に試みられたものといえる。

羽ヶ田遺跡の報告では、その考察として、とくに「石器時代敷石遺蹟」なる項を設け、「わが石器時代民の住居址として竪穴のあることは古くから考へられてゐたが、更に1925年の武蔵国南多摩郡南村大字高ヶ坂の発掘に端を発して、敷石遺蹟が同じく石器時代民住居遺蹟の一様式として学界の認容を受けることとなった」としたうえで、その事例の集成及び各地の敷石住居址例の紹介を行ない、そうした成果にもとづいて、その分布のありかた、平地式構造の可能性、平面形、とくに張出部の問題等に言及し、最後に「敷石遺蹟のすべてが住居遺蹟であらうか」として、敷石遺構の事例中には住居址とは考えがたいものも含まれることを指摘している。こうした後藤の指摘は今日もなお、種々問題とされていることでもある。

この羽ヶ田遺跡での成果を発展させる形でとりまとめられたものが1940(昭和15)年、人類学・先史学講座(雄山閣刊)第16巻に掲載された「上古時代の住居」中の「石器時代の住居　B、敷石住居址」である。ここでは、敷石住居址発見事例として34箇所の遺跡が集成・解説され、その成果にもとづいて敷石住居址の特性が考究されている。先述したように、この後藤の研究は戦前における敷石住居址研究の到達点として評価されるものであるので、どのような解釈がこの段階においてなされていたものか、本書に沿って少し詳しくみてみよう。

まず、「敷石住居址は、武蔵・相模両国の山寄りの地方、即ち海岸寄りでない地方から多く発見されて居り、この両国に接する甲斐・上野・伊豆の三国及び信濃・越後、又は信濃国に近い遠江国山地々方に某の余勢を及ぼしてゐる」という分布の特性がどのような理由によるものかといった点については、「石塊を得易い地方に於て、この種型式の住居を山地寄りに発達させる傾向を導くものとは考へられる」ものの「敷石住居の発達を、地理的影響とのみ解することは出来ない。東北地方に之が発見のことを聞かないし、房総地方にもその例のあるを知らない。況んや西日本に於いては、未だ一例の発見も報ぜられてゐない。しからば、この相模・武蔵両国を中心とすることには、更にこの地方に著しい生活様式の特質—習慣—を通して、人的要素のあるを考へなければならない」という的確な指摘をすでにこの段階に行なっていることが注目される。後藤の指摘どおり、敷石住居址の生成から発展の過程を辿ると、単に敷石材の入手の容易さということだけから、そうした分布の偏在性が生じたものではないのである。

次に、敷石住居址の平面形態からみた型式学的研究がなされている。そこでは、主として敷石のありかた・形状から、「敷石住居阯には、炉を中心としてその周辺一部に敷石のある伊豆見高式、円形プランの武蔵羽ヶ田式、敷石面だけでいへば半円形プランの武蔵西秋留式及び楕円形プランの相模寸沢嵐式の四型式のあることを考へることが出来る」としている。ただ、その分類が具体的にどのような意味をもつものなのかといった点については言及されておらず単なる分類に終わってしまっている。今日的にみれば、敷石住居の型式学的分類は、敷石からみた形状の違いだけではなく、プラン全体からも判断すべきなのであり、また、敷石住居址の細かな時期比定のうえでなされなければならないという指摘がなされようが、それは当時の研究の限界であったといえよう。

この敷石住居址のプランに関係して、いわゆる「張出部」についても言及されている。後藤は「張り出部の意義は明でない」としつつも、「この張出部の意義は、武蔵羽ヶ田例の如く円形プランを有し、張出部を家の内部にあるものと考へるを不可能か、又は不穏当とするものと併せて考へねばならない」ことから、「自分はこの張出部を家に接し、しかも外にある構設と見ようと思ふ。若しこの考に誤がなければ、張出部は家の出入口に設けられたものであり、古墳の玄室に対する羨道の如き関係のものと考へることが出来る」として、張出部の機能が出入口施設であった可能性を強く指摘している。今日、この後藤の指摘どおり、張出部は出入口施設、とくにその部分に埋設された埋甕と強い関係をもって発達を遂げたものと考えられるのである。また、炉址についても、「炉は居間の中心又は入口にやや近い位置にあるものといふことが出来る」との指摘がなされているが、そうした特徴は今日においても変りはない。

敷石住居址の構造が竪穴式なのか平地式なのかといった問題はその発見当初から問題とされてきた点でもあった。とくに戦前においては、調査技術上の限界により敷石面での確認にとどまっていたことや竪穴構造をとる事例に恵まれなかったことにより、後藤が指摘しているように「敷石住居が平地住居型式のものであるといふことは、一般に考へられてゐ」たのであった。しかし、事例は少ないながらも、「相模国寺山例は、ローム層を三十糎掘り下げて敷石をして居り、相模国八幡台及武蔵国高ヶ坂八幡平例は、ローム層土の上に敷石面を求めてゐる」ことから、「敷石住居に於ても、竪穴の底に敷石をしたものもあり、又平地上に之を試みたもののあることも明かであ」り、「わが敷石住居は、先ず竪穴の底に敷石することから始まり、平地住居時代に及んだのであるとしなければならない」、すなわち、「敷石住居阯は竪穴から平地住居への過渡時代の住居型式」であるとされたのである。この縄文時代住居が竪穴式から平地式へと変遷するという理解は、その後の事例の増加からすると、正しい解釈とはいえなくなったが、敷石住居址が竪穴構造としてとらえられない例も今日多く知られており、一部ではその構造は平地式をとるものとする考えも今なお根強く残っているのである。

このほか、敷石住居址の大きさや、その年代についても言及しているが、とくにその年代観は、戦前の山内清男を中心とした土器型式・編年学的研究の成果が十分反映されているとはいえず、

「敷石住居阯は堀之内式期前後のものなるべしといふ説に従ふの外はない」という程度にとどまり、敷石住居址の細かな時期的変遷のありかたについては、戦後の研究成果をまたねばならなかった。

このように、後藤の敷石住居址に対する総合的な研究は、一定の限界性は有していたものの、その後の研究の方向性を明らかにした点において一つの画期をなした研究といえるのである。

戦後の研究

戦後における研究の流れをみてみると、大きく四つの画期に分けて考えることができよう。第1期は、昭和30年代前半期までの資料を駆使した寺田兼方の一連の研究(寺田 1957a・b・c・58a・b・c・59)がなされた段階が相当する。第2期は、昭和30年代後半から40年代にかけて盛んとなった縄文時代集落址研究の中で、敷石住居址がとりあげられるようになった段階である。第3期は、昭和40年代以降、敷石が部分的ないしほとんど施されない柄鏡形住居址の発見と事例の増加に伴い、それらを含めて敷石住居址の性格をどうとらえるべきか、あるいは集落におけるありかたをめぐって、昭和50年代前半に、主として村田文夫と筆者の間でなされた論争(村田 1975・76・79、山本 1976a・80a)の段階が相当する。第4期は、昭和50年代後半から今日に至る近年の研究段階とすることができるが、とくに、1996(平成8)年2月に開催されたパネルディスカッション「敷石住居の謎に迫る」(神奈川県立埋蔵文化財センター・㈶かながわ考古学財団主催)は、敷石生居研究をめぐる今日的課題を明らかにさせたものと高く評価される。

そこで、ここでは第1期から第3期までを概観し、第4期については、最近における研究の動向と課題を明らかにさせるため、分野別に次節で詳しく触れ、さらに、パネルディスカッション「敷石住居の謎に迫る」とそれ以降の研究動向について触れてみることとしたい。

第1期

戦前における敷石住居研究址の集大成が後藤守一の研究であったとすると、戦後の研究における最初の成果は寺田兼方の「若木考古」誌上に7回にわたって連載された論攷(寺田 1957a・b・c・58a・b・c・59)であったとすることができよう。

寺田は、「本稿の目的とする所は、従来敷石住居址と呼称されて来た遺址が、果して凡て『住居址』かどうかと云う根本的な問題について、個々の敷石住居址に再検討を加える事にあると同時に、敷石住居址が縄文々化の流れの中に於て如何なる特性を備えているかを把握する事にもある」としたうえで、事例の集成をもとに詳しくその研究を行った。

この段階で、寺田が集成しえた敷石住居址発見遺跡数は94箇所、その内訳をみると、静岡県7遺跡、神奈川県26遺跡、東京都18遺跡、埼玉県1遺跡、山梨県5遺跡、長野県26遺跡、群馬県5遺跡、福島県1遺跡、新潟県1遺跡、岐阜県1遺跡となっている。ただ、これらの事例中には、寺田自身も指摘しているように、敷石住居址とは考えられない敷石遺構=配石遺構も含まれてい

る。そして、その分布的特性については、「敷石住居は関東平野の西側の山麓沿いから中部山岳地帯に亘ってのみ分布する」こと、すなわち、「当時の縄文々化圏から見て、敷石住居の分布が極めて局部的な乃至は地域的な特色である事を示している」ことを意味するのであり、それは、「中期縄文々化の盛行した地域と敷石住居址の分布圏とは、略々一致を見ると考えて差支えない」と述べて、的確に敷石住居の分布がきわめて山地帯的性格を示していることを明らかにしている。だが、問題なのは、寺田も指摘しているように、「何故関東西南部から中部山岳地帯に掛けての縄文々化中期に於ける特定の山地集落民の場合に限ってのみ、敷石住居を構築するに至ったのかを説明しなければならない」ということなのである。敷石住居址の分布的特性は、そうしたことを解明してはじめてその歴史的な意味を明らかにさせることができると考えるが、その点についてはこの段階においてはいまだ十分な答えを出しえていない。

　ところで、寺田が本論攷の目的とした、「敷石住居址と呼称されて来た遺址が、果して凡て『住居址』かどうかと云う根本的な問題」については、まず、敷石住居址発見遺跡の立地が、「河岸段丘の如き洪積台地上の縁辺に多い縄文々化に於ける一般の竪穴住居の立地と何ら異っていない」ことから、「敷石住居が極めて特質的であっても、やはり異質的ではなく、飽く迄も縄文々化の流れの中に生れた住居様式として理解する必要がある」こと、また、「群在して発見された例は余り多数に上らないが、一地形区内を綿密に調査すれば曾て単独の遺址しか知られていない遺跡でも、群在する事実が明らかにされる可能性が少なくない」ことから、「敷石住居が群在する事は略々確実な事実と云える」のであり、「この事は『敷石住居址』を『家の址』だと考える上に、一つの有力証拠を提供している」こと、さらに「今日迄に敷石住居址が他の竪穴住居等と共存した例がないので、その集落内の住居は凡て敷石住居であった様に思われる」ことから、「敷石住居址が特殊な性質を持つ遺址ではなく、普通の『住居址』であった事を示すもので」あるとして、敷石住居址を一般的な住居址として認識する立場を明らかにしている。

　この寺田があげた根拠、すなわち、立地のありかた及び集落址内における群在性と竪穴住居址との非共存性といった点は、今日においても敷石住居址を一般的な住居址として認識するうえで重要な視点となるものであり、寺田の先駆的な理解は高く評価されよう。しかし、この寺田の重要な指摘にもかかわらず、その後の研究の流れをみると、今日もなお、こうした根拠を無視して敷石住居址を一般的な住居址とすることに懐疑的な立場がみられることは周知のとおりである。

　そうした性格論議とは別に、敷石住居址の発生と伝播をめぐる問題については、「割合に古式と思われる敷石住居が今日伊豆半島に」知られていることから、「自分は敷石住居のUrheimatとしては伊豆半島が最も有力だと考えて」おり、「従って、敷石住居の伝播方向も、土器形式からは実証出来ないが、山麓から山岳に向って遡って行ったものと思う」という見通しを明らかにしている。しかし、寺田自らも指摘しているように、この段階では、「土器形式からは実証出来ない」という不備があり、また、今日的にみると、そうした解釈に妥当性があるとはいいがたい。

　さらに、寺田は、敷石住居址のプラン、規模、構造、内部施設（張出部・炉・柱穴・埋設土器

等）、出土遺物、編年、性質など、敷石住居址の諸特徴について詳しく検討したうえで、最後に、「『敷石住居址』と呼び習わされて来た遺址の大部分を『住居址』と断ずる主な理由」を上記した根拠を含めて9項目ほどあげている。

　このように、寺田の論攷は敷石住居址研究史上、まさに画期をなしたものと評価されるが、とくに、その論攷の最後に、「縄文々化中期後半に敷石住居が発生し、而も中期縄文々化の最も栄えた山手に分布することは、敷石住居の問題が中期縄文々化の種々さまざまな問題と全く切り離しては考えられないことを如実に物語っているのであろう」とした結論は、寺田がその研究の根底に据えた、「『敷石住居址』は縄文々化の流れの中で如何なる位置を占めることになる」のかといった点を考えるうえで、きわめて重要な問題提起であったといえよう。その点は今もなお、問題とされているのである。

第2期

　昭和30年代後半から40年代にかけて、縄文時代集落址研究に大きな影響力を与えたのは、水野正好が提起した集落構造の分析であったといえよう（水野 1963・69a）。とくに、集落を構成する竪穴住居址群をいくつかの単位として分割してとらえるという考えかたは、その後の集落址研究の基本的な視点ともなったのである。この水野の集落址研究は、敷石住居址研究においても大きな示唆を与えてくれた。それは、集落址の構造を分析するさいして、土偶、石棒、石柱（石壇）といった宗教的な遺物・遺構を有する住居の存在に着目したことである。とくに石柱（石壇）を有する住居の存在は敷石住居の発生とその性格を考えるうえで、後に注目されることになる。また、桐原　健や宮坂光昭らも、長野県八ヶ岳山麓における縄文中期集落址を分析するさいし、水野と同様、住居址内の宗教的遺物・遺構に着目して論じており（桐原 1964・69、宮坂 1965）、これらの研究が敷石住居址研究に与えた影響も大きいといえる。

　こうした縄文時代集落址研究の新たな高まりの中で、敷石住居址研究史上、重要な発見があった。それは、1967（昭和42）年調査された、神奈川県横浜市洋光台猿田遺跡から、敷石をもたない柄鏡形住居址が発見されたことである（櫻井 1967・山本 1993a）。現在では、敷石をもたない、あるいはごく部分的に敷石をもつ柄鏡形住居址の事例は各地から多数発見されるようになったが、この住居址の発見によって、それ以降、敷石住居址という呼称とは別に「柄鏡形」住居址とも呼ばれるようになるのである。

　昭和40年代の後半に入ると、敷石住居址に関する注目すべきいくつかの論攷が発表される。まず、江坂輝弥は、敷石住居址を配石遺構との関連のうえでとらえ、「関東地方西部から静岡東半、山梨、長野、新潟県東部、福島県南部にわたって発見報告されている、従来『敷石住居址』と呼ばれているものも、一般の住居ではなく、広義に見た配石遺構の一つで、一種の祭祀場ではないかと思う」と述べ、その根拠として、「一般の竪穴住居跡のごとく日常什器としての煮沸用土器などの出土は極めて稀であり、中央に設けられた炉址も竪穴住居址の炉址に比較すると焼土、灰

層などの厚さが極めて薄いか、痕跡もとどめぬ程度で、常時火を焚いていたとは思われないものが多い。また一集落においてすべてが敷石遺構ではないらしく、敷石遺構のある場所でも竪穴住居址の数ほど敷石遺構が発見された例はない」ことをあげている(江坂 1971)。同様の考えは別にも発表されているが(江坂 1973)、こうした江坂の考えかたは、今日もなお敷石住居址を住居址と認めない立場を代表するものといえよう。しかし、その根拠としてあげた点は具体的な事例に沿って述べられたものではなく、敷石住居址の諸例を詳しく分析してみると、江坂の理解とは全く逆な答えが導きだされるのである。

　一方、この時期、敷石住居址の出現、成立過程の問題を考えるうえで重要な指摘がなされた。まず、佐藤　攻は、「石壇を有する住居址および敷石を有する住居址」に着目し、こうした部分的な敷石を有する住居が発達して敷石住居へと変化する可能性を示唆したのである(佐藤 1970)。この点は先にあげた桐原　健の分析(桐原 1969)をさらに発展させたものといえよう。また、その性格については、敷石住居址を含めて、個別集落址における事例数の少なさから、「集落の単位内部における祭祀的行為を行うべき住居もしくは司祭者的な特別な人間の居住を指摘することができる」として、石壇・敷石を有する住居址を敷石住居址とからめて、非住居址説とは別に、特殊住居、司祭者住居としてとらえる考えかたを示した。こうした考えかたは今日もなお根強いものとなっている。

　さらに、敷石住居址の特徴の一つである柄部＝張出部がどのような過程をへて成立をみるに至ったかといった点について、松村恵司・加藤　緑は、住居址内の出入口部に埋設された埋甕を中心としてしばしば小張出しが認められる住居址の存在に着目し、「埋甕の埋設ピットが加曽利EⅡ式期から住居外へ張り出し、徐々に形を整え後期の柄鏡式のような張り出し住居に系統的に変移していくことが考えられる」として、張出部の成立が住居址内埋甕と深く関わりを有することを指摘したのである(松村・加藤 1974)。

　こうした、敷石住居の成立を二つの側面からとらえようとする試みは、その後の研究に大きな影響を与えることとなる。

　このほか、上野佳也は長野県軽井沢町南石堂遺跡の調査成果をもとに、配石遺構との関連のうえで敷石住居址について考察を加え、「縄文文化中期末頃からの配石施設構築技術の普及の中で、組石も立石も、また墓も祭祀的施設も作られ、敷石を用いた住居も作られたこと」が考えられるとして、敷石住居址とは呼ばず、広く「敷石遺構」としてとらえようとした(上野 1973)。敷石住居の成立は、確かに上野の指摘どおり配石施設の構築の活発化と軌を一にしていることが考えられるが、そのことによって敷石住居址の性格づけをあいまいのままにしてしまった点は問題であった。また、森貢喜は縄文時代中期から後期へと移行する過程の中に、敷石住居が生成し発展、消滅を遂げた歴史的意義に着目し、分析を行っている(森 1974a)。とくに、従来あまり検討の対象とされてこなかった東北地方南部における敷石住居址事例を取り上げて分析している点、敷石住居址の周辺地域への拡散を考えるうえで有益なデータを提供したといえよう。ただし、その性

格づけをめぐっては、「該種遺構は、全て住居であるというように速断はできず、尚、検討が必要であろう」として、上野と同様にあいまいな解釈に終わってしまっている。

そうした中で、長崎元廣が1973(昭和48)年に発表した論攷(長崎 1973)は、敷石住居址の発生と、その性格をめぐる論議に大きな影響力を与えることとなった。長崎は、水野正好が提起した集落論を発展させ、とくに中部山地における縄文時代集落址の宗教構造・祭式形態のありかたを分析することを通じて集落構造の解明に迫るというすぐれた研究を明らかにしたのである。とくに敷石住居址との関係については、先にあげた佐藤 攻の見解(佐藤 1970)と同様に、石柱・石壇をもつ住居址との関連のうえでとらえ、「平石を特定の場所に敷いた石壇は、のちに敷石面積を増して敷石住居へと変形していく」こと、「つまり、石柱などのまわりによくみられる石敷きとしての石壇の面積が拡大化されて敷石住居が生れた」という理解を示した。同時にその性格をめぐっては、「石柱・石棒・石壇を有する住居」は、「呪術者や司祭者的人間が居住したというような一般的考えではなく」、「集団全体の共同家屋であり、共同祭式の場であると考えるべき」ことから、「中期末から後期前半にかけて中部山岳地帯の南半を中心にみられる敷石住居は、こうした屋内祭式のための特殊住居の発達した形である」として、住居と認定したうえで、その特殊性を強調したのである。この長崎の解釈のうえで注目されるのは、敷石住居址を住居址であるか否かといった論議からさらに一歩踏み込んで、その性格を問題としたことにあるといえよう。その後の研究の流れをみると、この長崎が提起した解釈に沿って論議が集中することになるのである。

第3期

昭和40年代以降、全国各地の大規模開発事業の急増に伴い、各地から敷石住居址が相次いで発見されるようになる。とくに先述したように、横浜市洋光台猿田遺跡から敷石をもたない柄鏡形を呈する住居址が発見されて以降、類例が増加し、敷石住居址研究は新たな段階を迎えることとなった。

そうした動きのなかで、敷石住居址という観点からではなく、柄鏡形態に注目して、はじめて本格的に論じたのは村田文夫であった(村田 1975)。村田は柄鏡形住居址例を集成し、その分布、住居址形態・張出部構造分類、集落址内におけるありかた、張出部の機能、柱穴配置、出土石器、埋甕等、多角的な視野から分析を行った。その結果、この種の住居が「縄文中期後葉加曽利E式期後半から後期堀ノ内式期までの短期間に限られているのが最大の特徴であ」り、「なかんずく、加曽利EⅢ・Ⅳ式期」例が「全体の60％を占めている」こと、すなわち、柄鏡形態の出現が中期終末段階に求められることが明らかにされたのである。しかし、「柄鏡形住居址発生の背景については、未だ謎につつまれたままである」と述べているように、具体的にその出現のプロセスをとらえるにはいたらなかった。

この村田の論攷で注目されるのは、張出部(村田のいう「柄部」)の機能が出入口施設であると

いうこれまでの解釈を認めつつも、「埋葬空間」の可能性についても指摘していることや、石棒の出土が多いことに着目して、この種の住居址の特殊性があらためて強調されたことにあるといえよう。また、敷石住居址との関係については、「中部山岳地帯の資料から敷石住居址の発生は、石柱などのまわりにみられる石敷きとしての石壇の面積が拡大化されたものであるとみる旨もあるが、柄鏡形住居址の資料に即する限り賛意は表しかねる。むしろ、敷石住居址の発生と展開をめぐる軌跡は、柄鏡形住居址のそれと全く軌を同じくするものである」としたものの、同じ柄鏡形態をとりながら敷石の有無が生じた理由は、必ずしも明確にはされなかった。

　この村田論攷に相前後して発表されたのが、筆者の論攷である(山本 1976a)。筆者は当時、新たな類例が増加しつつあった敷石住居址の出現段階に目を向け、その成立のありかたや特性を検討することを通じ、敷石住居出現のもつ歴史的な意味について、その考えを明らかにした。具体的には、敷石住居出現の過程を大きく2期に分かち、第1期は、初源期として位置づけ、佐藤攻や長崎元廣らが指摘したように(佐藤 1970、長崎 1973)、中期後葉段階における石柱・石壇といった住居内に部分的な敷石が施される段階とし、また、張出部の成立も、松村恵司・加藤　緑らが指摘したように(松村・加藤 1974)、この時期に顕著となる埋甕を中心としてわずかに壁を突出させるありかたにその起源を求めた。そして、第2期は確立期として位置づけ、敷石の住居内の面的拡大と、埋甕を中心とする張出部の形成が典型的な柄鏡形敷石住居を生みだしたものと理解し、その時期を中期終末期から後期初頭期とした。また、その性格づけについても、それまでの特殊視する考えかたを否定し、「敷石住居は特殊住居＝共同家屋では全くなく、敷石を施すという時代的、地域的特性をもった一般住居であったと結論づけ」たのである。

　このように、昭和50年代はじめに出された村田文夫と筆者の見解は柄鏡形敷石住居の成立過程とその性格づけに対する理解が全く異なるものとなったのであるが、その後、村田は筆者のこうした理解に対して反論を行ない(村田 1976・79)、両者の間で、主としてその性格づけをめぐる論争がなされることとなった(山本 1980a)。

　ところで、こうした論議とは別に、この時期、柄鏡形敷石住居の研究のうえでもいくつかの注目すべき論攷が発表されている。まず、笹森健一は、この種の住居址を「張り出し付住居址・敷石住居址」と呼び、主としてその構造学的分析から上屋構造の復元を試みた(笹森 1977)。その結果、これまで常識的に考えられてきた、柄鏡形プラン＝住居生活空間という理解に疑問を呈し、「住居址の掘り込み面、あるいは、柱穴に囲まれた円Оの範囲、さらには、敷石の縁石に囲まれた範囲のみが住居の面積で」はなく、「住居内の人間の活動の場としては、垂木が地表に接地する内部空間—円Оの中心から張り出し部先端までの長さを半径とする円に囲繞された範囲—が想定され」るとして、柄鏡形プランの主体部を「内帯」、その外側の「垂木が地表に接地する」範囲を「外帯」と呼んだのである。その解釈の当否はひとまずおくとして、従来あまり論議されてこなかったこの種の住居址の上屋構造の復元をめざした点は高く評価されるだろう。

　また、神奈川県横浜市港北ニュータウン地域内の広域調査の結果、新たに知られるようになっ

た、いわゆる「長方形柱穴列」を論じた中で、同地域内の中期終末から後期に至る住居址の変遷について触れた坂上克弘・石井 寛の論攷(坂上・石井 1976)は、柄鏡形(敷石)住居が、決して集落址内あって孤立した存在なのではなく、しかも時期的に構造・形態上の変化を遂げていったことを明らかにさせており、その性格論議に決着をつける重要な研究成果として注目される。

このほか、敷石住居址との関連が問題となる、いわゆる「環礫方形配石遺構」の分析を試みた鈴木保彦の論攷(鈴木 1976)、千葉県域の中期終末期の住居形態を論じた小川和博の論攷(小川 1979・80)や、千葉県市原市祇園原貝塚発見の後期住居址に特徴的にみられた張出部を有する住居址(「出入口付住居跡」としている)を分析した米田耕之助の論攷(米田 1980)なども柄鏡形住居址の地域性の問題や張出部構造の変遷のありかたを探るうえで貴重な研究となったといえよう。また、先にあげたように、中期終末期の南関東域の集落のありかたを分析し、柄鏡形(敷石)住居址を一般的な住居とする立場から村田文夫の見解(村田 1976・79)に対して批判を試みた筆者の論攷(山本 1980a)や、同じく筆者が、敷石住居址と関連が強い石棒の遺構内出土のありかたを分析した論攷(山本 1979)、中期終末期の屋外埋甕の多発化現象を柄鏡形敷石址の埋甕との関連でとらえた論攷(山本 1977)などもこの時期の研究としてあげることができよう。

このように、敷石住居址の研究は、昭和40年代以降の飛躍的な資料の増加に支えられて大きな進展をみせてきたといえよう。とくに敷石をもたない柄鏡形住居址の発見に伴い、それらを含めて総合的に論じられるようになったことや、その出現過程のありかたや地域性が問題とされるなど多角的な視野から取り上げられるようになったといえよう。しかし、その性格をめぐっては、いぜんとして、敷石住居がはたして住居であるのか否か、あるいは特殊な住居や施設なのか、一般的な住居なのかどうかという、発見当初以来問題とされてきたことが、意見の一致をみることなく終わってしまったといえるのである。そうした傾向は今日まで続いているが、次に第4期とした昭和50年代後半から今日に至るまでの最近の研究について触れ、敷石住居址研究の今日的課題を明らかにさせたい。

3．最近における敷石住居址研究の動向と今日的課題

昭和50年代後半以降の研究もまた多数にのぼっている。しかも、資料の増加とともに、その研究対象が細分化されてきたのが特徴といえよう。そこで、ここでは、取り扱われたテーマ別におおまかな分類を試み、その研究の現状について若干の私見をまじえながらみてみることとしよう。

(1) 敷石住居址論

最近の研究をみると、敷石住居址を正面から取り上げて論じたものは少なく、逆に次に触れる柄鏡形住居に対する研究が多い傾向が指摘できる。

そうした中で、筆者は先に敷石住居址出現期の様相についての論攷(山本 1976a・80a)を発表し、敷石住居址出現の過程と集落との関わりについての考えを明らかにしてきたが、それを受けて、敷石住居址全般についての変遷観(山本 1982a・89a)とその分布的特性(山本 1982b)について概観を試みた。さらに、敷石住居址変遷の後半段階(後期前葉～中葉)の特性について詳しく検討し、敷石住居が終焉に至る過程を明らかに作業を行なった(山本 1987a)。また、出現期の具体的様相を明らかにさせることを目的として、中部山地における様相について触れ(山本 1988)、ほぼ敷石住居址の変遷のありかたについての考えをまとめるに至った。

その後、最近の柄鏡形(敷石)住居址事例の急増に伴い、より具体的に出現期の様相を再把握する必要が生じてきたことから、まず中期後葉段階に出現する、いわゆる「石柱・石壇」をもつ住居址のありかたについて分析を加え(山本 1994)、さらに、柄鏡形(敷石)住居形態の完成がどの段階まで遡るのかという点を明らかにさせるため、全国的な柄鏡形(敷石)住居址の古段階事例について再検討を加えてみた(山本 1995)。その結果、「柄鏡形(敷石)住居は、これまで理解してきた中部山地帯の発生→拡散といった単純な図式では理解が困難であ」り、「その背景に集団の移動をも含んだ大きな時代的な変化の過程の中に成立を遂げていったものと」(山本 1995)とする考えを明らかにしてみた。

一方、上野佳也は、長野県北佐久郡軽井沢町茂沢南石堂遺跡の調査を通じて、敷石住居址を含めた配石遺構全般について、これまでいくつかの論攷を発表しているが、とくに、敷石住居址出現の契機について、心理学的側面から、「エントロピー」の概念を導入して説明を試みていることが注目される(上野 1983a・83b・85a・85b)。関東・中部域の縄文中期終末段階に現れた集落の崩壊と敷石住居や配石施設の構築活発化現象を、気候の冷涼化、生産力の限界性に求める中で、こうした縄文人の心理的側面からのアプローチもまた注目すべき視点であるといえよう。また、上野はこれまでの敷石住居址をめぐる論争についても詳細にまとめており、学史をふりかえるうえで大いに参考となる成果をあげている(上野 1988)。

このほか、地域的なありかたをとらえた論攷としては、群馬県域の柄鏡形敷石住居址の事例を取り上げた石坂　茂、菊池　実の論攷(石坂 1985、菊池 1991)や福島県域の複式炉と敷石住居のありかたを論じた鈴鹿良一の論攷(鈴鹿 1986)などがあり、大いに参考となる。また、福島県三春町西方前遺跡及び柴原A遺跡発見の敷石住居址をめぐって開催されたシンポジウム(三春町教育委員会編 1989a・b)も敷石住居址分布域の外縁部の様相を探るうえで貴重な成果をあげたといえよう。

(2)　柄鏡形住居址論

前述したように柄鏡形住居址と総称する傾向が最近強いが、敷石という大きな特徴を考えると、この種の住居址を総称する用語としては不備があるのではないだろうか。この点については、はじめに触れたように、筆者は、敷石の有無を考慮に入れて、「柄鏡形(敷石)住居址」と呼称すべ

きではないかと考えている。

　柄鏡形住居址論を展開した先駆的業績としては先にあげたように村田文夫の論攷（村田 1975・79）が知られているが、その後、縄文集落址全般を取り上げる中で、村田は柄鏡形住居について再び論じている（村田 1985）。村田は、まず、柄鏡形住居における空間利用としての間仕切りのありかたや張出部の機能について触れているが、それはとりあえずおくとして、柄鏡形住居の性格をどうとらえるべきかといった点について、その特殊性を再度強調している。村田は、筆者の「敷石住居は、室内祭祀を極限にまで発達させた一般住居である、と解釈」したことについて、「だが、冷静に考えてみるといい。敷石部分の面的拡大や埋甕に伴う張出部（柄部）の形式が、ほんとうに祭祀の重要視を証明する確たる論拠になりうるか、となるといささか疑問だ。ましてやそれでも究極的には一般住居なり、と規定されると解釈はさらに難解といわざるをえない」という。しかし、では村田はどのようなプロセスをへて柄鏡形住居＝柄鏡形（敷石）住居が出現をみたとするのであろうか。「中期集落の極限と崩壊の二面性が端的に強調されている時期に忽然と出現した事実を重視したところから」、柄鏡形住居への関心が「出発」したなら、その具体的なプロセスをまずもって明らかにすべきであろう。先の村田の論攷を含めて、この点についての明快な答えが出されていないのである。

　また、最近においても、新たな事例を参考として同様な問題について再論を試みている（村田 1995）。そこでは、筆者のいう柄鏡形（敷石）住居址の多様なありかたと特異性について個々の事例を紹介しながら指摘しているが、いぜんとして筆者との論議とはすれ違いをみせているといえよう。村田が最後に指摘する「遺構・遺物が語る原点に立ち帰って、その意味するところを吟味すべきであろう」ことはいうまでもないが、その問いかけについて村田自身が具体的に語ってくれないかぎり、この論議は平行線のままであろう。

　この村田の見解とは別に、最近では、本橋恵美子が精力的な研究を行なっていることが注目される（本橋 1987・88a・88b・92・95、都築 1990）。同様な見解がいくつか発表されているが、ここでは、「信濃」誌上に掲載された論攷（本橋 1988a）を中心にみてみよう。まず、本橋は筆者のこれまでの見解に対して、「山本は敷石住居址の概念が不明確であるばかりか、敷石が住居使用時に存在したか検討せずに論を展開しており、専らその意味を追うことに終始している」と批判したうえで、「柄鏡形住居址および敷石住居址の研究の多くが両者を混同していたり、住居使用時点における検討がなされないままにそれらの性格が唱えられているところに根本的な問題がある」と指摘している。しかし、筆者の敷石住居址の概念規定が不明確であるとの指摘については、本稿の冒頭でも定義づけたように、これまでの論攷（山本 1976a・80a・87a）において明瞭に定義づけたうえで論を進めてきており、そうした批判は当をえていない。また、柄鏡形住居址と敷石住居址を混同しているという指摘も、両者は「柄鏡形（敷石）住居址」として、一体のうえでとらえて論じるべきなのであり、決して「両者を混同して」いるわけではないのである。さらに、本橋が強調している、敷石が使用時点に存在していたかどうかの検討を欠いているとの指摘につい

ても、問題提起としては意義があるかもしれないが、プランや敷石と柱穴、炉址との関係等々から同時存在は明らかなのであり、そうした前提に立って論を進めてきたのである。ただし、問題となるのは、本橋が検討を加えているように、柄鏡形住居址の一部にみられる壁際に小礫がめぐるタイプ(本橋のいう「C類」)をどう解釈するかであろう。その点については、いわゆる「環礫方形配石遺構」との関連のうえで論じなければならないことはすでに指摘したとおりであり(山本 1985b)、「敷石」＝周礫が「住居使用時に存在したか検討せずに論を展開し」ているわけではないことは、拙稿の分析からも明らかであろう。

　この、本橋が問題とした、「C類」、すなわち壁際に小礫を巡らすタイプの住居址については、本橋や筆者の論攷(山本 1985b)の他に、金井安子と石坂　茂が論じている。金井は、この種の住居址を、「周礫を有する住居址」と呼び、その特性を論じているが、その中で、「周礫を有する住居址の場合、通常の住居として構築、居住され、その住居が廃絶した後、その住居址の存在を意識して礫を配する行為がなされたものと考えられる」との解釈を示した(金井 1984)。一方、石坂は、群馬県前橋市荒砥二之堰遺跡を報告する中で、「周縁部環礫を有する柄鏡形(敷石)住居址」と呼び、その考察を加えているが、柱穴と周礫との関係から、「この周礫が柄鏡形住居構造の一部であること」、すなわち住居使用時に同時に存在していたものと理解し、「木柱間の構造物に関連した施設」としの可能性を指摘している(石坂 1985)。このように、この周礫の構築時期をめぐって解釈が全く分かれてしまっているのが現状といえるが、周礫の構築時期の正確な把握のためにも、今後、さらに緻密な観察が要求されているといえよう。

　それはそれとして、本橋は、柄鏡形住居址を分析するにあたって、敷石のありかたにもとづいて、「A類」～「D類」の分類を行なったうえで、その時空的な特性を明らかにさせている。その結論的な点については、筆者の分析と大きな隔りをもつものではないが、時間的視野を考慮するならば、柄鏡形構造の時期的な変化をも視野において論じていくべきであろう。その点については、別稿(都築 1990)で中期後葉から後期初頭期の竪穴住居構造の変遷をとらえた中で一部が触れられてはいるものの、柄鏡形構造は、それにとどまることなく、後期中葉から晩期前半にいたるまで構造上の変化を辿っていくのである(山本 1987a)。また、柄鏡形住居の発生について、本橋は、「加曽利E3期の集落遺跡に屋外の配石や配石に埋甕が伴う遺構が存在することから、柄鏡形住居址は配石と埋甕が屋内に取り込まれることによって発生した」との解釈を示しているが、本橋のいう「加曽利E3期」の屋外配石は、すでに別稿でも指摘したように、柄鏡形敷石住居の出現と一体となって多発化する現象なのであり、それが後期以降の大規模な配石施設構築活発化の初源をなすものと理解すべきものと考えている(山本 1981a・b)。また、最近、柄鏡形敷石住居の発生について、本橋は再論している(本橋 1995)が、そこでも、敷石住居と柄鏡形敷石住居・柄鏡形住居の違いを強調し、「敷石住居の出自については柄鏡形住居址とは発生を異にするものであり、前者は中部山地の曽利式土器分布圏に、後者は加曽利E式土器分布圏に存在する住居形態であ」り、「敷石住居址は曽利Ⅱ式段階に竪穴住居内の部分敷石として発生し、柄鏡形住

居は加曽利E3式新段階に柄鏡形敷石住居址として成立する可能性が高い」として、その出自の差を問題としている。そのこと自体異論はないが、両者の違いを強調するなら、部分的敷石ではない初源期の敷石住居が中部山地にあって本来的には柄鏡形態をとらなかったものなのかどうか、あるいは柄鏡形敷石住居址の「敷石」の出自をどうとらえてゆくのかという点について、より説得力ある説明と資料の提示が必要であろう。むしろ両者の違いを強調するのではなく、別に触れたように(山本 1995)、中部山地から北関東・南関東域を視野にいれて、曽利式・加曽利E式終末段階の動態の上に立って、筆者のいう柄鏡形(敷石)住居の成立の様相を明らかにすべきなのではないだろうか。

　本橋を含めた最近の「柄鏡形住居址」論の高まりは、敷石をもたない事例の増加によってもたらされたものともいえる。とくに、千葉県域の事例の増加は著しく、この地域での研究成果もいくつか発表されている。その先駆をなしたのは、先にもあげたように、米田耕之助が市原市祇園原貝塚発見の後期住居址にみられた出入口施設の構造変化を取り上げた論攷(米田 1980)や千葉県域の中期終末期の住居形態を分析した小川和博の論攷(小川 1979・80)であるが、その後も郷田良一、横田正美、川名宏文、西山太郎らによって、その地域性が論じられている(郷田 1982、横田 1983、川名 1984、西山 1990)。西山の最新の集成によれば、事例はすでに70基に達しており、細かな時期別の変遷も辿ることが可能になってきており、今後とも、千葉県域に限らず「柄鏡形(敷石)住居址」全体からみた時空的特性を明らかにさせていく必要があろう。

　ところで、柄鏡形住居の起源のありかたをめぐって、小林公明が独自の見解を示しているのが注目される(小林 1981)。小林は、柄鏡形住居が中期後葉段階に萌芽し、それが内的に発展を遂げて中期終末段階に成立をみたとする筆者(山本 1976a)らの解釈に対して、周辺大陸からの波及成立を考える立場を明らかにしている。小林は柄鏡形住居の類似形態を北アメリカ・アラスカからシベリア・カムチャッカ半島および樺太、さらには中国といった、「沿北太平洋」地域の先史文化の住居址に求め、「新石器時代のはじめより時間を縫って、また雑穀・ムギ作・新大陸といった各様の農耕文化あるいはエスキモー文化のような狩猟社会の下にあっても、それがモンゴロイドの大移動にも似て、北太平洋の沿岸に沿う長大な帯状の地域で行われた住居様式であることは疑いもない」のであり、したがって、「縄文後期の柄鏡形住居が、沿北太平洋域における何らの民族移動、あるいは文化的影響や伝播なしに出現したなどとは、とうてい考えられない」とするのである。だが、縄文中期終末から後期初頭段階にそうした「民族移動」をも想定しうるほどの大きな文化的波及があったものとすることは、はたして可能な解釈なのだろうか。もし、そうだとするなら、当然のことながら、その波及経路は北方に求められるべきであろうが、初源段階の柄鏡形住居は北海道・東北地方北半部域にはその存在がほとんど知られていないのである。なぜそうした地域を飛び越えて関東南西部から中部山地域にその分布が集中しているのだろうか。単純な形態・構造上の類似から伝播の可能性を考える危険性は、この分布のありかたからも指摘できるのであるが、そうした大きな流れを想定するなら、柄鏡形住居形態の類似にかぎらず、柄

鏡形住居を生んだ時代の文化総体を比較して論じるべきであろう。柄鏡形住居の成立は、縄文時代文化の歴史的な変遷過程の中に正しく位置づけなければならないのである。

(3) 柄鏡形(敷石)住居の内部施設と空間利用論

　敷石住居址を特徴づけるものの一つに、いわゆる埋甕の存在がある。埋甕は住居の出入口部に埋設され、一部は中期中葉段階にさかのぼる事例はみられるものの、中期後葉段階に多発化し、後期前葉段階でほぼ消滅するという短い軌跡を辿ることで知られているが、柄鏡形態が完成を遂げた中期終末から後期初頭段階には、きわめて高率的に埋甕が認められるのである。とくに、住居主体部と張出部の接続部及び張出部先端部に設置されることが多い。したがって張出部の成立はこの埋甕と深い関係があることが考えられるのであるが、そうした観点とは別に、柄鏡形(敷石)住居址の埋甕事例を分析する中から、その埋設姿勢に着目したのが川名広文の論攷(川名1984・85)である。川名は「柄鏡形住居址に伴う埋甕の埋設姿勢をみてみると」、「総じて斜位が圧倒的に優勢で、垂直位が若干ある他、横位・逆位の例はきわめて少ないこと」に着目し、民族誌例を参考としながら、「埋甕にみる象徴性」、具体的には、「住居空間を同心円的な円錐状に分割するランドマーク(境界標)であると言え、換言すれば、『周縁』／『中心』という空間分割を表象するシンボルとみなすことができ」るとしている(川名 1985)。そうした解釈が当をえているものなのかどうかは、いまだ議論の余地はあろうが、筆者も別にも指摘したように中期終末段階に顕著に現れる柄鏡形(敷石)住居址内埋甕は、その設置位置の規制力の強さと同時期に多発化する屋外埋甕(屋外埋設土器)との関係を考えると、本来的な用途を失い、儀器化したものと理解している(山本 1977)。川名が指摘した斜位の埋設姿勢という傾向がなぜ生じたものなのか今後も検討がなされてゆくべきであろう。

　住居址の出入口に埋設された埋甕の用途・性格については、これまで種々議論がなされてきたことは周知のとおりであるが、具体的な内容物が未検出であったため結論をみるに至っていない。そうした中で、埋甕及び内部の土壌をもとに脂肪酸分析を行った結果をもとに菊池　実が分析を加えていることが注意される(菊池 1995)。群馬県富岡市田篠遺跡から発見された柄鏡形敷石住居址の13個体の埋甕からは「高等動物の胎盤由来の遺物3個体、動物遺体の埋葬2個体、動物性脂肪を検出できなかった埋甕1個体」という結果が出され注目されたが、菊池によれば各地の分析結果にも差が認められることから、その用途を絞り込むには至らないようである。しかし、菊池も指摘するように目に見える内容物の検出が困難な埋甕の用途論議を進展させるためにも、こうした自然科学的な分析が今後とも必要とされよう。

　この埋甕と関連するが、鈴木徳雄が群馬県内の敷石住居址事例中にみられる「連結部石囲施設」の事例について論及している(鈴木 1994)。これは柄鏡形敷石住居址の主体部と張出部との接続部分(鈴木のいう「連結部」)に石囲状を呈する「箱状石囲施設」が付設されている事例をさしている。通常、柄鏡形(敷石)住居址の接続部に埋甕が埋設される事例が多いことから、その関連性

について触れたものであるが、埋甕と同様な性格をもつ地域的特性であるのか、今後の事例の増加に注意を払う必要があろう。

　張出部を出入口施設とみなすべきなのかといった問題も古くから論議されてきたことでもある。先にも触れたように、村田文夫が埋葬空間の可能性について指摘したこと（村田 1975・85）もそうした論議の一つといえよう。最近においても、たとえば宮下健司のように、「張り出し部こそがこの敷石住居の居住空間の中で特殊な意味をもちえた」とする解釈（宮下 1990）や仲田茂司のように福島県三春町柴原Ａ遺跡発見の後期前葉期敷石住居址の張出部が主体部とあまり差のない大きさをもつことに着目して、柄鏡形敷石住居址とは呼ばずに、「円方連結型敷石住居跡」と呼んで、「単なる出入口とすることはできない」、「本来別の機能を持つ施設と意図されていた」とする考え方もだされている（仲田 1992）。しかし、最近の小宮恒雄の研究（小宮 1990）でも、その張出部の変化のありかたが概観されているように、まず、出入口施設として認識したうえで、その変化のもつ意味を明らかにさせるべきであろう。

　張出部を含めた柄鏡形敷石住居の空間利用のありかたについては、秋田かな子が神奈川県平塚市王子ノ台遺跡発見の柄鏡形住居址を報告する中で考察を加えている（秋田 1991）のが注目される。秋田は、後期前葉・堀之内式期の「Ｊ-11号住居」が、「全体が深い竪穴と柄鏡形の二重構造を呈」する特徴を有することから、柄鏡形の「主体部空間」と、その外側を「主体部外縁空間」としてとらえ、先の笹森健一の上屋構造復元案（笹森 1977）を評価しつつ、その構造的復元と空間利用のありかたについて言及している。とくに、後期前葉以降の柄鏡形住居の張出部構造に顕著に認められる、いわゆる「ヒゲ状」（山本 1987a）を呈する張出部に対して、主体部と張出部を画する「遮蔽施設」を想定している点は、後期以降の張出部の構造変化と上屋構造の関係を考えるうえできわめて示唆的であるといえよう。ただ、秋田は、張出部の成立及び変化の要因について、埋甕祭祀との関わりのうえで張出部が成立し、変化を遂げたとする筆者の見解（山本 1986・87a他）に疑問を呈し、百瀬忠幸の「境界領域」（百瀬 1987）という理解を援用して、「張出部を、出入口部に課せられた『境界領域』の象徴性に対する観念そのものが、平面的にも構造的にも拡大した表現形態であると理解」したうえで、「張出部を形成させた観念の伝統は、おそらく埋甕風習よりも前後に長いものであったことが推測され」、それは「主軸の伝統に根差すものであり」、「柄鏡形敷石住居の場合にも外界から張出部を貫いて炉が象徴する主体部空間へ到る導線が諸施設を規制し、また要所に象徴性をもたせる根本原理であったと」理解しているが、こうしたきわめて抽象的かつ観念的な理解が張出部の成立とその変化を十分説明しきれるものか、筆者には疑問が残る。また、なぜ敷石が施されるようになったのかといった問題についても、「敷石営為の場合、空間分割の具現化を補助する手段としてこれが選ばれたのは、潜在的な伝統に基づく常識だったのではないか」としているが、なぜそのような行為が時空的に限られて行なわれたのかといった疑問に対する答えとはなっていないように思う。なお、最近、秋田はこの問題について再論している（秋田 1995）。そこでは、最近注目を集めはじめた、「周堤礫」（石井 1994）と呼んでい

る柄鏡形敷石住居址の一部にみられるプランの外縁部を巡るように礫を配した住居構造を中心に分析する中から、住居構造や張出部の生成の問題に迫っているが、秋田が指摘するように「張出部の生成に関わる中期後葉期の竪穴住居との間の不連続を、住居空間とこれを具現する構造の上から埋められる可能性」が、そうした構造の分析によって求められるものなのかどうか筆者にはやはり今一つ理解しにくい点といえよう。

　次に、敷石住居址の空間利用を考える時、敷石のありかたが問題となろう。周知のように敷石住居址の敷石のありかたは一様ではなく、敷石がプラン全面に施されるタイプや部分的な敷石をもつものなどバリエーションが認められる。この敷石のありかたの違いは多分に地域性が影響しているものと考えられる(山本 1980a)が、そうした側面とは別に、たとえば、小林達雄のように、「全面あるいは殆んど全面に敷石される例のほかに、炉の周辺とか炉と出入口部を結ぶ個所その他部分的な敷石例などの変化がみられ」、「床面の利用上の間仕切りを反映している」(小林 1988)ものと理解する立場がみられ、村田文夫も同様な視点から間仕切りのありかたを論じている(村田 1985)。また、敷石のありかたの違いに、「規格性」を認め、いくつかのタイプ分けを試みた宮沢賢臣の研究(宮沢 1992)も出されているが、「規格性」のもつ意味は必ずしも明確にされたとはいえない。今後とも時空的側面を考慮に入ながら、なぜ、そうした敷石の施され方の違いが生じたのかといった問題も明らかにさせていく必要があろう。

　一方、敷石そのものに細かな分析を加えた研究も行なわれるようになった。赤城高志は、「柄鏡形敷石住居に使用された礫からとった石質・重量・面積・欠損・接合関係・高さ・レベル・被熱の8項目のデータをもとに、当時の縄文人がどのような礫をどこで採集し、またそれらをどのように加工し、どのように並べたかについて探り、柄鏡形敷石住居に微視的な分析を加えて」(赤城 1992)いる。こうした文字どおり「微視的な分析」は、従来いくつかの報告書では試みられてはいたものの、比較的軽視されてきたことでもあり、今後の分析成果が期待されよう。

(4)　柄鏡形(敷石)住居の上屋構造と型式学的研究

　敷石住居址あるいは柄鏡形住居址の上屋構造の復元をめぐっては、これまであまり活発な論議がなされてこなかったといえよう。先にあげた笹森健一の研究(笹森 1977)などもその少ない研究の一つであるが、下部構造としての柄鏡形態だけにこだわらず、張出部を含めた上屋構造の復元案を提示しており、他に秋田かな子も同様な観点から、この問題について言及している(秋田 1991・95)。これに対して、可児通宏は、やはり張出部に着目して、「柄鏡形状の張り出し部は周堤の部分に設けられた出入口部で、張り出し部の長さがほぼ周堤部の幅を現わしているものと」(可児 1986)する理解を示している。縄文時代の竪穴住居に周堤が存在していた可能性の強いことは筆者も同感であるが、張出部の長さそのものが周堤の幅を示しているとする見解は張出部の成立過程やその後の形状変化を考えると納得しがたい点が多い。出入口施設としての構造と周堤の問題は切り離して考えるべきであろう。また、笹森健一も、最近、縄文時代から古墳時代まで

の住居構造の復元を試みているが、その中で、「中期末」の「出入口・張出部の付いた柄鏡形住居・敷石住居が、広範な土器様式の成立を背景に登場する」段階を「第3の画期」(笹森 1990)として位置づけ、上屋構造のありかたについては、先の見解を踏襲して、「円錐形の構造」を呈し、「炉を中心に張出部先端までを半径とする円形の範囲が居住空間と推察」されるとしている。こうした復元案は、柄鏡形態＝住居プランとする常識に見直しを迫るものといえよう。

この他、建築史学的観点から縄文時代住居址の上屋構造の復元とその変遷を扱った中で、敷石住居址や柄鏡形住居址について触れたものとして、宮本長二郎の一連の研究をあげることができよう(宮本 1983・85・86・88)。

また、前項とも関連するが、最近、櫛原功一は、柄鏡形(敷石)住居址の柱穴配置の問題について言及している(櫛原 1995)。中期末から後期前葉期の柄鏡形(敷石)住居址は、いわゆる「壁柱穴」という特徴的な柱穴配置を有しているが、櫛原は、「中期後半の住居型式の重要な属性である柱穴配置が柄鏡形住居にどのように継承されるのか、あるいはどう変化するのか」、「中期後半の主柱構造からどのように壁柱構造に移行したのか」といった観点から事例の時空分析を試み、その結果、「壁柱構造をもった柄鏡形住居はいきなり完成された形で出現するのではなく、主柱構造から発展した形態ということができ、その原因は従来指摘されているように寒冷化への適応と理解」され、「関東～中部地方以外の他地域からの影響で出現したというよりは、主柱構造からの段階的な変遷を本地域内で追うことができることから、自生的に出現、発展したとする見方が適当である」と結論づけている。柄鏡形(敷石)住居の敷石や張出部の成立とは別に、柱穴配置から前段階の住居構造とのつながりをとらえる試みは、柄鏡形(敷石)住居の成立過程を探るうえで重要な視点といえよう。

上屋構造の研究と関連して、下部構造である住居址の型式学的研究も注目される分野である。住居址の柱穴配置や平面形から型式学的研究を総合的に行なったものとして、石野博信の論攷(石野 1975・90)や、群馬県三原田遺跡の縄文中期集落址を報告する中で、住居址を型式分類した赤山容造の研究(赤山 1980)などが知られている。最近の成果としては、先にあげたように、中期後葉期から後期初頭期の住居址構造の変化を論じた都築恵美子の研究(都築 1990)や敷石住居址を含めた縄文時代竪穴住居址全体にわたるこれまでの研究の学史的検討を試みた小薬一夫他の論攷(小薬他 1989)などがあるが、中でも菅谷通保が東京湾沿岸地域の後・晩期の竪穴住居址の型式学的検討を試みた論攷(菅谷 1985)は注目されよう。とくに後・晩期の南関東域にみられる出入口施設の発達した住居址について型式学的観点からその変遷を分析した点は柄鏡形住居址の変遷のありかたを探るうえで大いに参考となるものである。ただし、この時期の竪穴住居址の型式学的な変化を語る場合、敷石住居址の変化をも視野に入れて論ずる必要があろう。柄鏡形住居の変化は、敷石のありかたを無視して論ずるわけにはいかないのである。また、最近、菅谷は、同様な観点から「房総半島北部(北総地域)」の後・晩期の住居形態のありかたについて、「東京湾西岸」域でのありかたと対比させながら、その地域的特色について再論を試みている(菅谷

1995)。この菅谷の論攷と関連するが、同様な観点から、阿部伸一郎も関東地方における後晩期の住居について、その型式変遷について、地域ごとに検討を加えている(阿部 1995)。こうした住居型式の微視的な検討は、柄鏡形(敷石)住居の変遷を探るうえでも参考となろう。

この他、敷石住居址の問題を直接扱ったものではないが、山梨県甲府盆地域の縄文時代集落址を対象として、住居形態の変遷のありかたを追求する中で、敷石住居址との関係に触れた櫛原功一の論攷(櫛原 1989)があるが、この地域での中期終末期以降、敷石住居址へと変化するありかたが具体的にとらえられている。

(5) 集落址研究と柄鏡形(敷石)住居址

敷石住居址の性格を考えるとき、問題となるのは集落址内における位置づけであるといえよう。これまでは、どうしても敷石住居址そのものの特異なありかたに目が向いてしまい、そうした集落址内でのありかたがどのようなものであったのかといった側面の研究は必ずしも活発に行なわれてきたとはいえない傾向にあったといえよう。

そうした中で、筆者はとくに南関東域を対象として、敷石住居址が出現した、中期終末期から終焉を迎えた後期中葉～晩期にかけての住居址発見遺跡の分析をこれまで試みてきた(山本 1980a・86・89b)。その結果、敷石住居址は決して個別集落址においても特異な存在なのではなく、時期的・地域的な変化を辿っていったことを明らかにすることができた。また、戸沢充則も、長野県域における縄文時代集落の変遷を扱う中で、筆者の見解を引用しつつ、中期末以降、後・晩期に至る間の敷石住居址のありかたを概観している(戸沢 1988・90)。

この集落址研究との関わりにおいて、敷石住居址の終焉がどの段階になされたものなのか問題となるところでもある。この点については、筆者は先の論攷(山本 1987a)において、概ね、後期中葉・加曽利B式期段階にその終焉時期を求めたが、そこでも問題としたように、後期から晩期にかけての大規模な配石遺構が検出された山梨県金生遺跡のありかたであった。その後、金生遺跡の調査報告書をまとめた新津　健は、別稿において、金生遺跡の晩期集落址の分析を行ない、敷石住居の伝統・系譜を受け継いで、晩期には、「石囲み住居」＝「方形周石住居」へと変化する様相を明らかにしている(新津 1992)。

また、石井　寛は、旧論(坂上・石井 1976)を土台として、最近の新たな成果にもとづいて関東地方西部域の後期集落のありかたについて再論している(石井 1994)。集落の問題に限らず、中期終末から晩期初頭にかけての住居構造や張出部の変化のありかた、また最近注目を集め始めた「周堤礫」と石井が呼称する「住居址全体を囲繞する形で配置された礫群」のありかたや、いわゆる「環礫方形配石遺構」(鈴木 1976)などの問題等、論は多岐にわたる。とくに、この点は次項とも関連するが、港北ニュータウン地域内の中期終末から後期中葉期の集落構造の変化について論じた中で、「堀之内2式期から加曽利B1式期の集落」にみられる、「集落を見おろす『要』たる位置に規模の大きめな住居址が多次に亘り構築される」特徴をとらえて、この期の集落が

「『要』に位置する特定住居と、掘立柱建物址に表される『一般住居』の組み合わせ」からなり、「大形化した張出部位、特に多重複住居址のそれが、集落全体の特定の場（祭祀のような）、あるいは象徴的な場として機能していた可能性」を指摘している点が注目される。こうした住居址を、「集落の『要』・『核』としての意義に鑑み、『核家屋』と」呼んで、「そこに住まう人物は他の一般住居の住人とは何らかの意味をもって区別された存在」、すなわち「集落全体の祭祀を司る立場に居た人物であ」り、「集落の『長』の住居」、「住居内部では集落内の集会や、室内祭祀も執り行われた」可能性についても指摘している。ただ、こうした後期前葉から中葉期にかけて顕在化する大形の出入口施設を有し、重複の顕著な住居址に特定の性格を与え、この期の集落址内の「全てを住居址を等質な存在として一律化できない可能性を窺う」ことができるかどうかは、石井自らも指摘するように、「特定家屋発生へのメカニズムが具体的かつ詳細に解釈されている訳ではなく、また、掘立柱建物のかなりの部分」を「一般住居として位置づけるにしても、それらは現状では検出される地域が限定されており、その系譜問題を含め、港北ニュータウン地域での理解をそのまま他地域、特に東京湾東岸以東の地域に適用できないのも事実であ」ることから、そうした点を明確にさせたうえでさらに論議を深めてゆく必要があろう。

(6) 敷石住居址の性格論

　敷石住居址の発見事例の増加と研究の進展によって、その様相が明らかにされるとともに、敷石住居址を住居と認めない立場は少なくなった。最近では、上屋構造をもつ住居と認めたうえで、その性格をどうとらえるかが問題となっているといえよう。しかし、筆者が主張する、一般的な住居説に対して、特殊な住居、施設とする立場もいぜんとして根強い。先に触れた村田文夫の見解（村田 1985）などもその代表的なものといえるが、敷石住居址の調査報告書等においても、しばしばそうした見解が認められる。最近では、たとえば、宮下健司のように、「敷石住居のすべてを一般住居と考えるのではなく、敷石住居の一部にはその構造面や周辺施設、あるいは場の機能などからして特殊な敷石住居も存在する」（宮下 1990）という解釈なども、そうした考えの一つといえよう。しかし、宮下のように、敷石住居址に一般的なものと特殊なものの二者が存在するとするなら、どこでその違いを区別するのだろうか。その点がきわめてあいまいといわざるをえない。

　一方、少ないながらも、住居を否定する立場も根強い。その代表的な見解としては、先にもあげたように、江坂輝弥の見解（江坂 1971・73）があるが、最近でも、「敷石遺構はかつて敷石住居跡と呼称されてきたが、一般の居住空間として利用されたものでないことは明らかである」（江坂 1985）として、非住居説を再論している。

　また、後藤和民も敷石住居＝非住居説の立場を強く主張している一人である（後藤 1986・88）。しかし、この後藤の見解は、あまりに事実とかけ離れたものとしかいいようがない。後藤は縄文時代集落論を語るなかで、「特殊遺構」の事例として、「敷石住居址」と「柄鏡形住居」の二者を

あげている(後藤 1988)。そして、「敷石住居址」は、「石柱祭壇の発達したものと思われ、平地上に柄鏡形のプランをもち、その床面に扁平な自然石を敷きつめ、中央に石囲炉を設け、その一隅に石柱祭壇をもつものや石棒を立てたり横たえたりするものが多い。方形の張出部は、入口と考えられるが、柱穴を伴わないところから、屋根を架けない露天の施設で、一般の住居とは考えられない。縄文後期に、関東台地で盛行する」という。一方、「柄鏡形住居」は、「敷石住居址と同様なプランをもつが、竪穴式で柱穴を伴い、明らかに屋根を架けている。方形の突出部に柱穴や小竪穴を伴い、これは出入口とは考えられない。同じ遺跡内に、同時期の円形住居が共伴する例や、この柄鏡形住居址ばかりが集合する遺跡が展開していることから、これは一般的な日常的な住居と考えるよりは、特殊な機能をもった施設であったと考えるべきである。縄文中期末の一時期に関東地方一円に盛行するが、その前後の時期にも、その周辺地域にもあまりみられない」とするのである。

　また、一般的な啓蒙書(後藤 1986)においても、「敷石住居には、中央に石囲いの炉があるが、常時そこで火を焚いていた形跡もなく、屋根を架けた穴も見当たらない。また皮剥ぎや打製石斧などの特定な石器類は出土するが、生活に用いられたはずの土器や石皿などは発見されない。しかもこの敷石の近くから、同時期の竪穴住居址群が発見されるので、これは日常生活の住居ではなく、屋外に設けられた特殊な施設であったことは明白である」と断定している。逐一反論するまでもなく、この後藤の見解は、敷石住居址研究の現状をなかば無視し、なによりも具体的な事例をもって説明されずに主張していることが大きな問題といえよう。この点は先にみた江坂輝弥の見解と同様なのである。

　ところで、この問題に関連して、中村友博は、配石遺構全体を考察する中で、敷石住居址について触れ興味深い見解を述べている(中村 1993)。中村は、「敷石住居には、はたして屋根が架せられていたのであろうか」という疑問から、「敷石住居を住居とする通説」に対して次の理由から否定的見解を述べている。すなわち、環礫方形配石遺構にみられる環礫や壁柱穴に沿って礫がめぐる「周礫」が柱穴の上を覆っている事例や「竪穴掘方の底面まで精査された住居のおおくに敷石のしたに柱穴があった」事例が認められることから、「敷石住居は埋没家屋のうえで火をたきながら執行される神事の祭場」であり、「竪穴住居が先行し、そのあとで床石が敷かれたものである」こと、すなわち、「遺構の前半時期を竪穴住居、後半の時期こそ宗教遺構に変化した敷石住居とかんがえられるわけであって、この段階ではもはや上屋を想定する根拠が薄弱である」として、「敷石住居をすべて模擬的な家屋とみなし、祭場とかんがえておいたほうが理屈のうえでは整合している」とするのである。この氏自らがいう「意図的な敷石住居否定論」とでもいう考えかたは、先に本橋恵美子の論攷(本橋 1988a)について触れたさい述べたように、敷石の敷設時点をどうとらえるのかといった問題の提起としての意義は認められるかもしれないが、すべての敷石行為を住居廃絶後の「廃屋儀礼」として括ってしまうことに問題が多いといわざるをえない。敷石の敷設時点という事実認識における見解の相違はとりあえずおくとして、各地からあま

た発見されている敷石住居址のすべてが氏のいうような行為の結果だとするなら、そうした行為そのものが、中期末以降にどのような理由から生じたものなのか明快な答えを出したうえで論じるべきであろう。柄鏡形(敷石)住居址にみられる廃屋儀礼の存在そのものついては、筆者も環礫方形配石遺構からそうした考えかたについて述べたことがある(山本 1985b)し、小杉 康も同様な観点から指摘している(小杉 1986)ように否定できないにせよ、すべての敷石をそうした行為の結果とみなすことはできないことはあらためて触れるまでもないことであろう。

　柄鏡形(敷石)住居址の特殊性を論ずる立場は、いずれも資料の厳密な分析が欠落し、観念的な解釈が先行するという点に大きな問題があるのである。その点、最近の吉田敦彦の論(吉田 1993・95)や「図像学的な観点からみた柄鏡形住居の世界観」を論じた樋口誠司の解釈(樋口 1995)なども見解の相違というしかなく、論評以前の問題というのが正直なところである。

4．「パネルディスカッション」とその後の研究動向について

　こうした近年における「敷石住居址」研究の高まりの中、先に触れたように、1996(平成8)年2月、神奈川県立埋蔵文化財センターが行った「平成7年度かながわの遺跡展　謎の敷石住居」(長岡 1996)にあわせて開催された、パネルディスカッション『敷石住居の謎に迫る』(神奈川県立埋蔵文化財センター・㈶かながわ考古学財団編 1996)は、はじめて「敷石住居址」を対象として、シンポジウム形式で論議されたことにおいて、研究史上一つの画期をなしたものと評価されるべきものといえよう。資料の提示は神奈川県域にとどまったものの、論議そのものは多岐にわたった。その成果は、別に記録集(神奈川県立埋蔵文化財センター・㈶かながわ考古学財団編 1997)としてすでに刊行されており、その詳しい内容はそれを参照されたい。この記録集の中で、長岡文紀が的確に「論点の整理」を行っている(長岡 1997)が、論議の中心となったのは、「敷石住居」の出現過程をどうとらえるべきかという問題、それは、これまで筆者が主張し続けてきた、出現のプロセス、すなわち、敷石行為については、その初源をいわゆる「石柱・石壇」をもつ住居に、張出部の生成は、埋甕を中心とする場の拡大に求めるという考えかたに対する、最近の新たな資料の増加を踏まえての再検討の必要性の指摘と、「敷石住居」構造上で、最近注目されている、いわゆる「周礫」や「周堤礫」を構築当初からの構造とみなすのか、あるいは筆者が主張するような、「敷石住居」廃絶に伴う儀礼的な行為の結果とみるべきかどうかという点にあったといえよう。残念ながら論議は時間の関係もあり、平行線のまま終わらざるをえなかったが、今後解決すべき問題点が明らかにされたことにおいて意義があったと評価すべきであろう。

　この「パネルディスカッション」の開催以降、それに触発されて、「敷石住居址」をめぐる研究はさらに活発化する傾向にある。その内容についての筆者なりの詳しい評価は、また別の機会にゆずるとして紹介程度にとどまざるをえないが、柄鏡形(敷石)住居の出現のありかたについては、石井　寛が、「パネルディスカッション」での主張をさらに深めた論攷を発表している(石井

1998)。村田文夫も、出現期に目を向け、筆者の解釈を再批判しつつ、住居や集落の構造変化という視点から分析を行っている(村田 1997)。しかし、いぜんとして、その成立過程をめぐる論議は決着をみたとはいえない。今後の出現期事例の増加が期待されよう。また、町田市木曽森野遺跡に発見された柄鏡形(敷石)住居址の報告書をまとめた山村貴輝・前田秀則も、柄鏡形(敷石)住居址の出現を「石の文化」の発達という観点から分析を行っている(山村・前田 1997)。山村らが指摘するように柄鏡形(敷石)住居の出現は縄文時代の変遷過程において画期をなす現象と評価されるべきであろう。秋田かな子の研究発表もこうした点と関連性をもつものである(秋田 1999)。

このほか、埼玉県域の「柄鏡形住居」址事例を集成した鈴木秀雄の論攷(鈴木 1997)や、栃木県域の「敷石住居」のありかたについて、東北南部と南関東との「接圏」という観点から分析した海老原郁雄の論攷(海老原 1997)、神奈川県域の事例分析をもとに、敷石の敷設のありかたが単に石材の入手の難易度に規定されるのではなく、当時の集団関係を解き明かす可能性について論じた岩井尚子の論攷(岩井 1998)、日高市宿東遺跡から発見された柄鏡形住居址について考察した渡辺清志の論攷(渡辺 1998)、山梨県大月遺跡の柄鏡形敷石住居ならびに山梨県東部域の柄鏡形敷石住居について分析した笠原みゆきの論攷(1999a・b)、千葉県内で最も多く柄鏡形住居址が検出された千葉県武士遺跡を中心として集落変遷のありかたについて分析した加納 実の論攷(加納 2000)、浅間山麓域の柄鏡形敷石住居址について触れた本橋恵美子の論攷(本橋 2000)なども地域的な柄鏡形(敷石)住居の特性を知るうえで参考となろう。

また、筆者も、柄鏡形(敷石)住居址にしばしば伴う石棒と埋甕について資料集成し、時期別にみたその変遷の特性について考察してみた(山本 1996a・b・c・97)。この石棒と柄鏡形(敷石)住居の関係をめぐっては、別に、敷石材に再利用された石棒片のありかたについて分析を加えた迫 和幸の論攷(迫 1997) がある。

「パネルディスカッション」でも論議された、いわゆる「環礫方形配石」・「周礫」・「周堤礫」をもつ柄鏡形敷石住居址について、筆者はその論議を補強するため「廃屋儀礼」という立場から再論を試みてみた(山本 1998)。これと関連して、山梨県塩瀬下原遺跡から発見された周堤礫と環礫方形配石をもつ柄鏡形敷石住居址の構築のありかたについて考察した末木 健の論攷(末木 2000)も筆者の見解とは異なるものの、今後の議論の深化のうえで参考となろう。

柄鏡形(敷石)住居の居住空間論は先にみたようにあまり活発に論議されてきた分野とはいえないが、最近、櫛原功一がこの点について検討を加えているのが注目される(櫛原 1999・2000)。

ところで、近年、柄鏡形(敷石)住居分布主体地域から離れた東北南部や上越地域の住居址内に敷石を敷設された事例が多く知られ始めるようになった。新潟県アチヤ平遺跡の事例(富樫 1999)もそれに相当するが、とくに大木式土器文化圏内の複式炉を有する住居に伴う敷石事例が注目される。この点については、柄鏡形(敷石)住居分布主体地域からの伝播・波及と解釈すべきかどうか問題となろう。この点について触れた筆者の論攷(山本 2000)や阿部昭典の論攷(阿部

2000) も今後、外縁地域での柄鏡形敷石住居ないしは敷石住居の成立を考えるうえで参考になるものと思われる。

5．「敷石住居址」研究をめぐる今後の課題

　以上、敷石住居址をめぐるこれまでの研究動向について触れてみた。
　最後に、そうした研究の現状を踏まえて、敷石住居址研究をめぐる今後の課題について簡単にまとめておきたい。
　まず、敷石住居址の呼称上の問題がある。最近では、敷石という特徴よりも、柄鏡形態を重視して、「柄鏡形住居址」と呼ぶ場合が多いが、学史的にも、住居の構造上の特徴からも「敷石」を呼称に表現されない点は問題が多いといえよう。筆者の「柄鏡形（敷石）住居址」なる呼称もそうした点に配慮したものであるが、今後とも共通的な呼称名が要求されているといえよう。
　次に、敷石住居の成立過程をめぐる問題がある。この点は、敷石住居の特徴である敷石行為と張出部の成立という主として二つ側面からのアプローチがなされねばならない。筆者は、これまで、しばしばそうした見解を明らかにしてきたが、いまだ大方の賛同を得られるにはいたっていないようである。しかし、筆者の敷石住居成立過程のありかたに関する見解に否定的な考えをもつ研究者は、必ずしもその具体的な成立過程を明らかにしてはいないのである。その点、具体的な成立過程を論じたうえで筆者の見解との違いを明らかにしてゆくべきであろう。
　敷石住居址の成立過程の問題とともに、その変遷過程のありかたもまた、今後とも明らかにさせてゆくべき分野の一つといえよう。とくに、後期以降の張出部の変化のありかたは敷石住居変遷過程の後半段階の大きな特徴の一つであり、敷石をもたない柄鏡形住居の張出部変化とあわせて、どのような理由からそうした変化が生じたかといった問題は今後とも明らかにさせてゆく必要があるのである。また、敷石住居の終焉のありかたについても今後の資料の増加にまつ点が多いといえよう。
　敷石住居址の上屋構造の復元あるいはそれと関連する住居址内の空間利用のありかたといった側面の研究は、これまで比較的不活発な分野であった。そもそも敷石住居址が上屋構造をもつ住居址か否かといった点に一致をみてこなかったことがその原因かもしれないが、今後は住居址と認めたうえで、この分野の論議をさらに高めていく必要があろう。とくに張出部の上屋構造の復元は、機能上の問題や形状変化を考える時、重要な研究対象となるのである。
　敷石住居址の個別的な研究とは別に、集落址内におけるありかたを明らかにすることは、その性格を論議するとき重要である。近年の大規模な発掘調査によって、集落址の変遷と敷石住居址の関係が徐々に明らかとなりつつあり、今後もそうした観点からの追求がますます必要となろう。また、各地・各時期の集落址内でのありかたについての分析は敷石住居址の地域的特性をも鮮明にさせることになるのである。

最後に、敷石住居の性格についてであるが、今日なお、敷石住居址を特殊な施設・家屋として認識する傾向が強いことは否定できない。しかしながら、そうした論議はもはや清算して、敷石住居という特異な住居構造を生みだした時代そのものに目を向けてゆく必要があるのではないだろうか。敷石住居址発見以来の研究の歩みを詳しく回顧してみて、痛感するのは、そうした基本的な研究視点すらいまだ確立していないという現状を指摘せざるをえないということである。

　このように、敷石住居址の研究は長い歴史をもつものの、未だ今後に解決すべき点を多く残しているのである。

第 2 章　敷石住居址の変遷とその性格

第1節　屋内敷石風習の成立と張出部の起源

　敷石住居の起源、すなわち、どのような過程を経て、こうした特異な構造をもつ住居が列島において成立をみるに至ったのであろうか。この問題は第1章でも触れたように、いまだ大方を納得させる理解が得られていないのが現状である。たしかに、敷石住居は、縄文時代中期終末期に忽然と出現したかに見える。しかし、外部（たとえば東亜大陸からといった）からの伝播・波及によって成立したものとは考えがたいことから、必ず中期終末以前の段階に、その萌芽的要素が認められるはずなのである。この問題については、これまでしばしば主張してきたように、敷石住居、筆者が総称する「柄鏡形（敷石）住居」の最大の特徴である、住居内敷石風習の出現と柄鏡形態、すなわち、張出部の成立という二つの側面から、その出現過程をとらえてみなければならないと考えている。

　かつて、1976年の論攷（山本 1976a）において明らかにしたように、住居内敷石の成立は、中期後葉段階に出現した、いわゆる「石柱・石壇」施設に、張出部の起源もまた、ほぼ同時期に出現した、住居の出入口に埋設された埋甕を中心として、壁を突出させる小張出に起源し、その両者が融合して、典型的な柄鏡形敷石住居構造が成立したものと考えられるのである。

　そこで、屋内敷石風習の成立過程を探るために、いわゆる「石柱・石壇」施設をもつ住居址の諸特徴について検討を加え、張出部の起源もまた、この屋内敷石風習の成立と密接な関わりを示していることを明らかにさせよう。

1．屋内敷石風習の出現と「石柱・石壇」をもつ住居址

　ここで取り扱う『石柱・石壇をもつ住居址』とは、住居址内に樹立された石柱（立石）あるいは祭壇状の石壇（敷石）をもつ事例をさすが、一部、石壇というよりは散漫な敷石・配石を床面上に有する例や検出時は樹立状態ではなく横転していたが、本来的には石柱と思われる事例も含めている[1]。また、石柱の中には、人為的な加工が施された石棒状の事例もあることから、それらも検討の対象とした。

　この種の住居は、中期中葉に初源し、中期後葉を中心として柄鏡形（敷石）住居が完成を遂げた中期終末から後期にかけて認められるが、柄鏡形（敷石）住居成立の初源を探るという観点から検討対象は中期を中心とし、後期初頭期の事例についても一部関連上触れてみたい。

(1) 分布上の特徴

　今回管見に触れた事例は、65遺跡103事例である（第1表参照）。その分布は、第1図に示したように、東京都1遺跡1例、神奈川県5遺跡6例、山梨県3遺跡4例、長野県53遺跡89例、富山県2遺跡2例、岐阜県1遺跡1例であり、圧倒的に長野県域に集中しており、この種の住居が中部山地域に分布の中心があることを良く示している。とくに八ヶ岳山麓域から諏訪湖盆地周辺と天竜川流域の伊那谷地域に分布の密度が高い。したがって、石柱・石壇という屋内敷石風習は曽利式土器分布圏から伊那谷域に分布の中心をもつ いわゆる『唐草文』系土器の分布域に起源を発し、周辺域に広がっていったものと考えられる。この分布傾向は今後の事例の増加によっても大幅な変化はないものと思われる。

(2) 時期別にみた住居址の特徴

　出土土器から時期の明確な事例をみると、中期中葉段階の事例が11例、中期後葉段階が82例、中期末～後期初頭例が8例であり、圧倒的に中期後葉段階に集中している。

　細かな土器型式の明らかな事例についてみると、中期中葉段階では、狢沢式期1、新道式期1、藤内式期2、井戸尻式期7であり、中期後葉段階では、加曽利EⅡ式期5、EⅢ式期2、曽利Ⅰ式期6、Ⅱ式期17、Ⅲ式期33、Ⅳ式期10、Ⅴ式期3[2]である。

　このように、この種の住居は中期中葉にその祖源が求められ、中期後葉、加曽利EⅡ式ないしそれと併行する曽利Ⅲ・Ⅳ式期に事例のピークが認められるという傾向が指摘できよう。

中期中葉期

　まず、その初源期の事例をみると、中期中葉の初頭に位置づけられる狢沢式期の事例として、長野県原村大石44号住例があげられる。奥壁部寄りのピット脇に横転した石柱が検出された例である。大石遺跡では、新道式期とされた47号住にも南壁際に石柱らしき石が横転して検出されたほか、報告では、狢沢式～新道式期に相当する12号住、17号旧住、24号住、47号住などを石柱をもつ住居址例としてあげているが、確実に樹立されていたものか判断に迷うものであり、報告にいうように『石柱の屋内祭祀は既に狢沢式に始まる可能性が強い』かどうかは今後の事例の増加をまって判断する必要があろう。

　続く、藤内式期の事例をみると、長野県駒ヶ根市南原1号住と同木祖村大洞2号住例がある。南原1号住は南東壁に寄りかかった状態で『長さ80cm、幅15cm前後、厚さ15cmで断面三角形の石柱』が検出されたもので、藤内Ⅰ式期とされている。この遺跡では、ほかに3号住（藤内Ⅰ式期）からも横転した石柱状の棒状石が検出されているが、石柱かどうか確実性に乏しい。その点、大洞2号住も同様で、北壁寄りに長さ53cmの石柱状の石が横転して検出されている。南原1号住を石柱の確実な例とするなら、少なくとも藤内式段階には屋内に石柱が樹立され始めたことがとらえられるものと思われる。

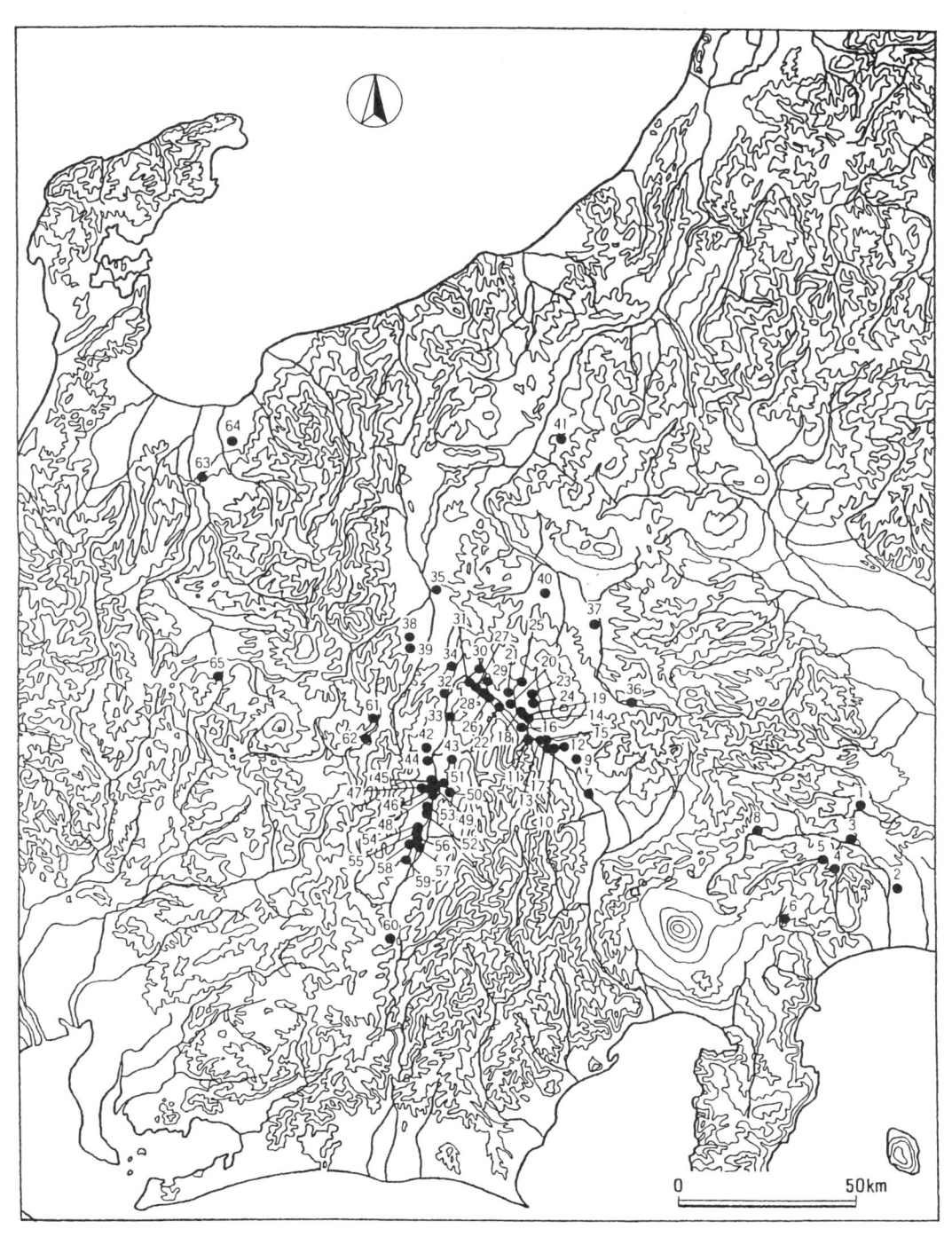

第1節　屋内敷石風習の成立と張出部の起源　33

第1図　石柱・石壇をもつ住居址発見遺跡分布図

34　第2章　敷石住居址の変遷とその性格

第1表　石柱・石壇をもつ住居址発見事例一覧表

分布図No.	遺跡名	所在地	住居番号	形状	規模	石柱・石壇の構造 位置	石柱	石壇	その他	石棒 個数	埋甕 位置	埋甕 状態	石蓋	炉址構造	出入口施設 張出	出入口施設 対Pit	特記事項	時期	参考文献
1	宇津木	東京都八王子市	8-16	楕円	7.25×6.8	C	○?			1	C	正位		石囲埋甕炉			埋甕と石柱の位置はずれる	加曽利E	佐々木他1973
2	蟹ヶ沢	神奈川県座間市		六角	6.0×5.5	A		○	ピット	2	C	正位		石囲炉	○		奥壁部石壇中央にピット（石柱の抜き跡か）	加曽利EⅡ	大場他1966
3	川尻	神奈川県城山町	3-4	隅円方	5.5×5.2	A	○		ピット		○	正位		石囲炉	○		石柱横位、大型石皿・深鉢土器近接して出土	加曽利EⅡ	三上他1988
4	寺原	神奈川県津久井町	2	六角	4.4×4.3	A	○			2	C	入子		石囲炉	○		石囲炉に接する奥壁部に石柱を伴う石壇	加曽利EⅢ	明星大考研1979
5	大地明戸	神奈川県津久井町	7	楕円	6.6×6.6	A		○		1	C	正位		石囲炉	○		奥壁部に石柱をもつ石壇	加曽利EⅡ	河野他1992
6	尾崎	神奈川県山北町	23	隅円方	5.7×4.7	A	○?		ピット	2	C	正位		石囲炉	○		奥壁部石柱状石壇出土	加曽利EⅡ	昭本他1977
	坂井	山梨県韮崎市	26	楕円	5.5×5.0	A	○			1	C	正位		石囲炉	○		石柱110cm長、床面から70cm、近くに平石あり	曽利Ⅱ	志村1963
7	宮合	山梨県大月市	ヘ	楕円	5.7×5.6	A	○		ピット					石囲炉			奥壁部ピット内石柱立	曽利Ⅲ	川崎他1973
8	柳坪	山梨県長坂町	A-8	隅円方	7.2×5.4	A	○?			2	C	正位		石囲炉		○?	石棒状石囲奥部に横位出土、本来は樹立か	曽利Ⅲ	未木他1975
9			B-16	円	4.8×4.3	A	○		ピット					石囲炉			石壇に接して奥壁部寄りにピット	曽利Ⅳ	
					4.5×4.44	A	○		ピット		C	正位		石抜き埋＋埋床炉2			石壇下面小堅穴、敷石中凹石2		
10	井戸尻	長野県富士見町	7	不整円	5.0×5.0	A	○							石囲埋甕炉			奥壁部石壇	曽利Ⅰ	武藤他1968
			9	不明	不明	不明						逆位					北壁寄り石壇	曽利Ⅱ	
11	広原	長野県富士見町	1	円	径4.9	A	○				C	正位		石囲炉	○		石囲炉に接して石柱、炉西側にも石柱。出入口部にも石皿を中心に敷石あり	中期末葉	宮坂他1965
12	甲六	長野県富士見町	1	円	4.0×3.8	A	○			1	C	正位	○?	石囲炉			埋甕に接して石蓋らしき三角形石あり	曽利Ⅲ	唐木他1974
13	坂上	長野県富士見町	1	楕円	5.75×5.2	B	○			1	C	正位		石囲炉			石囲炉址の北東隅に石柱（石棒?）樹立	曽利Ⅰ	小林他1988
			2	円	径5.0	C	○?							石囲炉			出入口部近くの北壁寄りに配石、その中で横転した石柱の可能性あるものも含む	曽利Ⅰ	
14	大畑	長野県富士見町	6	楕円	5.5×5.0	A	○			1	C	逆位		石囲炉			出入口部両側に石柱2本樹立、炉南側に石囲転倒の石壇転	曽利Ⅳ	武藤1965
			8	隅円方	4.4×4.4	C?	○			1	C	正位		石囲炉	○		東南壁際の主柱穴にかわって石柱検出	曽利Ⅳ	
15	藤内	長野県富士見町	2	円	6.0×5.2	A	○			1	B	逆位		石囲炉+地床炉	○		奥壁部に石棒樹立とあるが、長さ45cmの円柱状自然石直立	井戸尻	宮坂英他1965a
			7	円	5.4×5.1	A	○							石囲炉+地床炉2			南西隅に有頭石棒樹立、東南にも円柱状自然石直立	井戸尻	
16	一ノ沢	長野県富士見町	1	円	径4.8	A	○							石囲炉			石囲炉に接して奥壁部に器り込みのように配石（報告では連接する石囲炉としている）	中期末	宮坂1965b
17	曽利	長野県富士見町	6	楕円	5.8×4.6	A	○				C	正位		石囲炉	○		東南隅に40cmの三角雛状石柱立	曽利Ⅱ	藤森他1964・65
			7	円	径6.0	A			土壇					石囲炉			住居址北東側に7個の石を矢事状に並べ、その中心に片岩付高坏状土器安置、黒曜石片多数出土	曽利Ⅲ	
			27	楕円	5.0×4.5	A			土壇					石囲炉	○		石囲炉の奥壁部側北西側に有頭石棒樹立、壁上壇状施設、中央に倒立土器、鉢、土器	曽利Ⅲ	武藤他1978
			28	円	径5.0	A?	○			1	C	正位		石囲炉			炉北西隅清濠陶置石壇平石上にのる	曽利Ⅲ	
			29	楕円	5.8×5.2	C	○							石囲炉			北壁際に土壇あり、その中央に石柱をもつ	曽利Ⅰ	
			48														西南隅壁穴際に石柱	井戸尻Ⅰ	

第1節　屋内敷石風習の成立と張出部の起源　35

分布No.	遺跡名	所在地	住居番号	形状	規模	石柱・石壇の構造 位置	石壇	その他	石棒	埋甕 個数	位置	状態	石蓋	炉址構造	出入口施設 張出 対Pit	特記事項	時期	参考文献
17	曽利	長野県富士見町	64	円	径4.0	B	○?	○?		2	C	正位		地床炉?		炉東に平石を横にした石柱	曽利IV	武藤他 1978
18	居沢尾根	長野県原村	7	円	6.1×6.0	C	○		○2	2	C	入子		石囲埋甕炉		炉に石組、石棒2点、その下面に有孔鍔付土器埋設、内部に深鉢、他に丸石出土	曽利I	青沼他 1981
19	大石	長野県原村	44	楕円	3.25×2.9	A	○	ピット						埋甕炉		奥壁寄りのピット脇に横転した石柱?	烙沢	樋口他 1976
20	茅野和田	長野県茅野市	47	楕円	4.75×4.1	C	○?							地床炉		奥壁際に石柱?横転	新道	
			東41	隅円方	5.6×5.4	A	○							石囲炉		奥壁部の1.4×0.7mの範囲に敷石、石柱は無い	曽利III	宮坂虎他 1970
			東48	隅円方	6.2×6.0	A	○							石囲炉		奥壁部敷石、石柱はない	曽利III	
21	棚畑	長野県茅野市	2	隅円方	6.1×5.8	B	○?			1	C	正位		石囲炉	○	石囲炉の南に接して石棒林立、北西隅倒置土器	曽利IV	鵜飼他 1990
			100	楕円	7.5×7.0	D?								石囲炉		北東壁際に立ち、北西壁側に石皿	井戸尻III	
			123	円	5.4×5.0	B, C			○	1	C	逆位	○	石囲炉		石囲炉に接して東壁側に石棒林立、出入口部に石蓋埋甕と散在灰敷石、他に丸石出土	曽利II	
22	山の神	長野県茅野市	2	隅円方	6.2×?	A	○	ピット						石囲埋甕炉		石囲炉に接して奥壁外に石棒、北東側にピット、内部から磨製石斧	曽利IIIa	宮坂虎 1986a
23	尖石	長野県茅野市	1	円	径4.0	A	○							土器片敷炉		奥壁部から磨製石斧	曽利IV	宮坂英 1957
			6	隅円方	径4.2	A	○							石抜き炉		奥壁部に楕円形掘込、内部から多量の黒曜石片・磨製石斧、最石、石皿、接して平石あり	曽利II	
			19	円	5.4×5.0	A	○			1	C	逆位		石囲炉		奥壁部やや北西部に敷石、石壇か	曽利III	
			31	隅円方	6.9×6.2	A	○							石囲炉		炉址奥壁部側に石壇風敷石あり	曽利IV	大沢他 1974a
24	与助尾根	長野県茅野市	7	隅円方	径4.5	A	○			1	C	逆位		石囲炉		石壇上に3個体の土器（倒置2）、周囲から黒曜石多量	曽利II	宮坂英 1957
			15	隅円方	4.9	A	○	ピット		1	C		○	石囲炉	○?	奥壁部やや北西寄りに石壇・倒置土器	曽利II	
			17	八角	5.0×4.8	A		ピット						石抜き炉?		奥壁2段に構築、中央部にピット状の抜き跡、内部に磨製石斧、他に磨製石斧・凹石	曽利II	
25	駒形	長野県茅野市	3	不整円	径5.5	A								石囲炉		奥壁部の周囲に石壇	曽利併行	宮坂虎 1986b
26	荒神山	長野県諏訪市	3	円	4.25×4.0	C	○			1	C	正位		石囲炉		出入口埋甕中央に石柱の集中、上面に深鉢	曽利III	大沢他 1974b
27	本城	長野県諏訪市	3	隅円方	径5.9	C							○	石囲炉	○	奥壁北東側、出入口寄りに敷石	井戸尻III	郷道他 1975
			22	隅円方	5.4×4.0	C								石囲炉		炉址南から南東隅に敷石、他に倒置土器 3	曽利II	
28	城山	長野県諏訪市	1	円	径3.75	D								石囲炉		炉北西側に大きな平石敷かれる	曽利末	大沢他 1974a
29	穴場	長野県諏訪市	18	楕円	径5.0	A	○			1	C	正位		石囲炉		石壇ではないが、奥壁部に大型石棒横転、釣手・石壇・石碗・凹石等出土	井戸尻末	岩崎他 1983
30	駒形	長野県下諏訪町	7	円?		A?								石囲炉		北壁際に石柱・石壇、3軒重複、不明な点多い	井戸尻?	中村 1964
31	花上寺	長野県岡谷市	16	隅円方		A	○			1	C	正位		石囲炉	○	奥壁部に平石を樹立させて石壇を2段に構築	曽利併行	高林他 1987
32	長塚	長野県岡谷市	3	円	径5.0	C	○			3	C	正位		石囲炉	○	出入口部相当部に敷石、埋甕の位置とはずれる	曽利III	武藤他 1971
33	六地在家	長野県岡谷市	2	円	4.8×4.5	C	○			1	C	正位		石囲炉	○	石蓋埋甕部奥壁際に敷石と横転した石柱	曽利II併行	福沢他 1975
34	小段	長野県塩尻市	1	円	径5.0	A	○			1	C	正位		石囲炉		奥壁部周囲奥壁際に石壇、中央部に石柱をもつ	曽利II併行	小口他 1993
35	大村塚田	長野県松本市	7	不整円	4.4×4.3	A								石抜き炉		奥壁部～小児大の礫60個以上配する	曽利III	高桑他 1992

36　第2章　敷石住居址の変遷とその性格

分布No.	遺跡名	所在地	住居番号	形状	規模	石柱・石壇の構造 位置	石柱	石壇	その他	石棒	埋甕 個数	位置	状態	石皿	炉址構造	出入口施設 張出	対ピット	特記事項	時期	参考文献
35	大村塚田	長野県松本市	10	楕円	5.3×4.25	A	○				1	C	逆位	○	石囲炉	○		奥壁部やや左側に皿状礫石	曽利Ⅲ	高桑他1992
	大栗山		38	円	4.2×4.1	A?	○				1	C	正位	○	石囲炉	○		炉北西壁際にベッド状粘土と配石、浅鉢・壺	曽利Ⅲ	
36		長野県川上村	25	円	3.9×3.75	C他		○							石囲炉			南東壁際に石柱、出入口部に配石	曽利Ⅲ	八幡1976
	中村		36	円	径3.0						1		正位		地床炉	○		他にも報告書写真によると石壇らしい敷石をもつ住居址があるが、図面不備のため詳細不明	加曽利EⅢ併行	
37	桐	長野県佐久市	10	円		A	○								地床炉			奥壁部石組祭壇	曽利Ⅲ	長崎他1984
38	熊久保	長野県山形村	2	隅円方	5.3×4.9	A C	○	○			1	C	逆位	○	石囲炉	○		奥壁部儀転石と石囲、墓壙中石剣、出入口部石壇、石壇裏の西側に石柱状石積検出土	曽利Ⅳ併行	倉科他1971
39	大澁	長野県朝日村	5	隅円方	6.0×5.0	A?	○			○					石抜き炉			北東壁際に石壇風の敷石あり、石棒破片を伴う	中期後葉	樋口他1964
40	長丘大保	長野県立科町	4	楕円	6.5×5.4			○	ピット					○	地床炉?			奥壁部相当部に石壇、中央部にピット、石棒	曽利V	島田他1990
41	月見松	長野県中野市	6	楕円	6.0×4.5	A C	○	○			2	C	正位					奥壁部石壇、北西壁際にも敷石と丸石を伴う敷石、出入口部埋甕2個の周囲敷石	加曽利EⅢ	桐原1964
42	御殿場	長野県伊那市	4								2				石囲炉			詳細不明	中期後葉	林他1968
43	城平	長野県伊那市	3	隅円方	5.95×5.2	A	○				1	C	正位		石囲炉	○		奥壁部円状配石、内部から小型石棒出土	曽利Ⅲ併行	伊那市教委1967
44	高河原	長野県伊那市	5-1	円	径6.5	E?	○				3	C B	正位 逆位	○	石抜き炉			西壁際に石壇、埋設の逆立2個は底部穿孔	中期後葉	宮沢他1973
45	丸山浦	長野県宮田村	9	不整円	4.65×4.5	C	○				1	C	正位		石囲炉			埋甕内石棒樹立、奥壁部に石柱、近くから石皿	曽利末	福沢幸他1971
46		長野県駒ヶ根市	1	円	径5.0	C	○			○?	1	C	正位		石囲埋甕	○		石皿埋甕の脇に石柱、隣接して長さ1.3mの柱状石	曽利Ⅰ	気賀沢1977
47	大城林	長野県駒ヶ根市	10	不整円	径3.8	C	○				1	C	逆位		石囲埋甕			出入口部に石柱、南東壁際に配石	曽利Ⅱ	福沢正他1974
48	辻沢南	長野県駒ヶ根市	11	楕円	5.7×5.4	A?	○				2	B C	正位 逆位	○	石囲炉	○		奥壁寄り右側に散在気な配石、石壇として?他にもいくつか床面近くに底をもつ例あり	曽利Ⅲ併行	気賀沢他1988
			41	隅円方	5.3×4.6	C	○				1	C	正位	○	石抜き炉	○		出入口部埋甕の周囲なま配石、石壇、逆位埋甕は炉辺部に底部を欠いて埋設	曽利Ⅲ併行	
			57	隅円方	4.9×4.4	A B	○				1				石抜き炉			炉辺部にかかって主柱、住穴内から礫製石斧出土	曽利Ⅲ併行	
			73	隅円方	5.4×4.6	E	○				1	E	逆位		石抜き炉			西壁にかかって石柱らしき石、他に丸石出土	曽利Ⅲ併行	
			81	隅円方	6.1×5.2	B	○				1		正位		石抜き炉			炉址東側に集石、逆位埋甕土に大石、他にも丸石と礫製石斧が並んで出土、土偶	曽利Ⅲ併行	
49	南原		86	楕円	6.0×6.0	C	○				1	C	正位		石囲埋甕	○		出入口部埋甕の周囲配石	曽利Ⅲ併行	
50	山田	長野県駒ヶ根市	1	隅円方	5.0×4.75	A C	○	○?			2	C B	正位	○	石囲炉			出入口部埋甕に石壇、3号住壁際にも石柱らしい横にした棒状石ある力、確実性乏しい	薩内	気賀沢1977
51	反目	長野県駒ヶ根市	6	六角	3.8×3.5	A	○?								石囲炉2			奥壁部中央から東にかけて石壇（鏡石では棒をきれる）、出入口部に石敷	曽利Ⅲ併行	友野他1951
52	尾越	長野県飯島町	46	円	5.6×5.4	A	○				1	C	正位		石抜き炉			奥壁部立石、付近に配石あり	中期後葉	気賀沢1990
53	北原西	長野県飯島町	22	円	5.9×5.8	C	○				1	C	正位		石抜き炉			奥壁部石壇、中央炉寄りに石皿、丸石出土	曽利Ⅱ併行	矢口他1972
		長野県飯島町	14	楕円	5.3×4.8	A	○				4	A2	正位	○	石囲炉			出入口部近く壁際に棒状石横位出土、石柱	曽利Ⅲ併行	友野他1980
																		北壁部に4個の石の石皿まで石柱		

第1節　屋内敷石風習の成立と張出部の起源　37

分布図No.	遺跡名	所在地	住居番号	形状	規模	石柱・石壇の構造 位置	石柱	石壇	その他	石棒	埋甕 個数	埋甕 位置	埋甕 状態	石蓋	炉址構造	出入口施設 張出	出入口施設 対Pit	特記事項	時期	参考文献
54	庚申原Ⅱ	長野県松川町	9	円	7.6×6.9	C	○								石囲炉	○		出入口部に石柱、石柱の前は床の高まりあり	曽利Ⅳ併行	矢口他 1973a
55	中原Ⅰ	長野県松川町	6	木整円	5.3×5.0	C					1		正位		石囲炉	○		埋甕の周辺に散乱な敷石、奥壁部にピット有り	曽利Ⅲ併行	岡田 1973
56	増野新切	長野県高森町	B8	隅円方	5.7×5.0	B		○?							石抜き炉			炉址北側に石囲状の竪穴石組有り	曽利Ⅲ併行	遮那他 1973
			B13	隅円方	4.1×3.5	A外	○				1		正位		石囲炉	○		奥壁部壁外に石柱（石棒）か樹立	曽利Ⅲ併行	
			D8	隅円方	5.4×4.4	A			ピット		1	C	正位		石抜き炉	○		奥壁部にピット（石柱抜き跡か）を囲んで配石	曽利Ⅲ併行	
			D14	楕円形	7.5×6.0	C		○			2	C	正位		石囲炉			出居口部石棒樹立	曽利Ⅲ併行	
			D15		5.5×5.2	E		○			1	A	正位	○	石抜き炉			住居西側壁寄りに弧状の配石	曽利Ⅳ併行	
			D30	円	径6.45	A			ピット		1	C	正位	○	石囲炉		○?	奥壁部にピットを伴う石囲状配石	曽利Ⅳ併行	遮那他 1973
57	御帥山原	長野県高森町	2	隅円方	5.4×5.4	C	○								石囲炉			出入口部石柱、炉北西隅有頭石棒樹立	中期後葉	木下他 1983
58	瑠璃寺前	長野県高森町	3	円	径3.4	A B C						A?	正位		石囲炉			石囲炉を挟んで奥壁部から出入口部に帯状の敷石及び炉部(?)に石棒と樹立させ石壇が敷石住居の範疇に入る	後期初頭	佐藤他 1972
59	小垣外・辻垣外	長野県飯田市	20	円	5.5×5.1	C		○			1	C	正位		石囲炉			出入口部埋甕の東脇に配石	曽利Ⅲ併行	矢口他 1973b
60	和知野	長野県阿南町	2	円	径4.6	C		○							石囲炉			南壁際に台形に組んだ配石	中期末葉	宮沢 1991
61	大洞	長野県木祖村	2	円	径6.0	A?	○?	○							石囲炉			壁際に石柱状石積立出	縄内	神村 1980
62	マツバリ	長野県日義村	5			A		○							地床炉			コの字状石柱・石壇、未報告のため詳細不明		神村 1993a
63	直坂	富山県大沢野町	13	隅円方		A		○		○					石囲炉			コの字状石柱・石壇・石囲		
64	二ツ塚	富山県立山町	1	隅円方		A:E?		○			1	C	逆位	○	石囲炉			奥壁部に石壇状組石、左側コーナーにも配石	中期後葉	橋本 1973
65	堂の上	岐阜県久々野町	21	木整						○					石囲炉			奥壁部有頭石棒樹立	中期後葉	柳井 1978
			12	方	4.3×3.9	C?	○?								複式炉			南西壁際に石立る2本対になって検出、置き柱の可能性が高とされているが、敷石住居の可能性大	中期最末	戸田他 1978

* 住居址内の位置　A：奥壁部，B：炉辺部，C：出入口部，D：右空間部，E左空間部，F：周壁部，G：張出部，H：壁外部

* ○印は存在を示す。

中期中葉でも後半期の井戸尻期に入ると、事例が増加する特徴が指摘できる。これらの事例をみると、井戸尻Ⅰ式期に該当するのは長野県富士見町藤内2号住・7号住、同曽利48号住である。藤内2号住（第4図6）は長さ45cmの円柱状自然石が直立していたものであるが、検出位置が明確ではない。報告写真によると主軸左空間の壁際に設置されているようにみえる。また、別に奥壁部相当部に石積みが認められる。同7号住では、住居址南西隅に有頭石棒が樹立し、東南にも円柱状の自然石が直立していた。曽利48号住（第4図8）は出入口部相当箇所に石柱をもつ例である。井戸尻Ⅱ式期に相当する長野県諏訪市本城3号住（第5図5）は炉址北東側、出入口部寄りに敷石をもつものであるが、明確な石壇として認識できるものかはっきりしない。井戸尻Ⅲ式期に相当する長野県茅野市棚畑100号住は住居右空間部と思われる北東壁際に石柱をもつ例であるが、相対するように左空間壁際に石皿が認められる。また、同諏訪市穴場18号住は石柱・石壇をもつ住居址ではないが、炉址北側の奥壁部と考えられる位置に石皿を直立し、その脇に無頭の石棒が横位に、さらにその上に釣手土器が検出され、さらに周辺から石碗・凹石が出土するという特異なありかたを示し、この空間がきわめて祭祀的な色彩をもつという特徴を示しており、石柱・石壇と近い性格をもつものと判断される。

　このように中期中葉期は、これまでにも指摘されてきたように（桐原1969、長崎1973）、明確な石壇はいまだ登場しないが、石柱あるいは石棒を用いて祭祀空間を構築し始めた時期として認識されよう。また、該期の事例の分布からすると、八ヶ岳山麓域にその風習の起源が求められるものと思われる。

中期後葉前半期
　中期後葉期に入ると、甲府盆地周辺から相模川上流域、あるいは伊那谷地域へと分布が拡大していったことがうかがわれる。
　中期後葉段階でも、古段階である加曽利ＥⅠ式ないし曽利Ⅰ・Ⅱ式期の事例をみると、前段階に引続き、石柱を有するものとして、山梨県韮崎市坂井ハ号住、長野県富士見町井戸尻7号住、同坂上1号住、同曽利6号住・29号住、同茅野市棚畑123号住、同駒ヶ根市丸山南10号住、同辻沢南73号住をあげることができる。
　このうち、奥壁部側ないし炉辺部寄りに石柱をもつ例として、坂井ハ号住、井戸尻7号住、坂上1号住、曽利29号住、棚畑123号住がある。曽利29号住（第4図7）は北壁際に土壇状の施設があり、その中央に石柱が認められる。また、曽利6号住は出入口部とは断定できないが、東南隅に三角錐状の石が樹立している例である。丸山南10号住（第5図6）は出入口相当部に石柱をもち、隣接して断面三角形、長さ1.3mの柱状石（報告では石棒としている）が横位に検出され、それとともに浅鉢が倒置状態で出土している。
　こうした、石柱例とともにこの時期に入ると、石壇状の施設が構築されるようになることが大きな特徴として指摘できる。そうした事例は、長野県富士見町井戸尻9号住、同坂上2号住、同

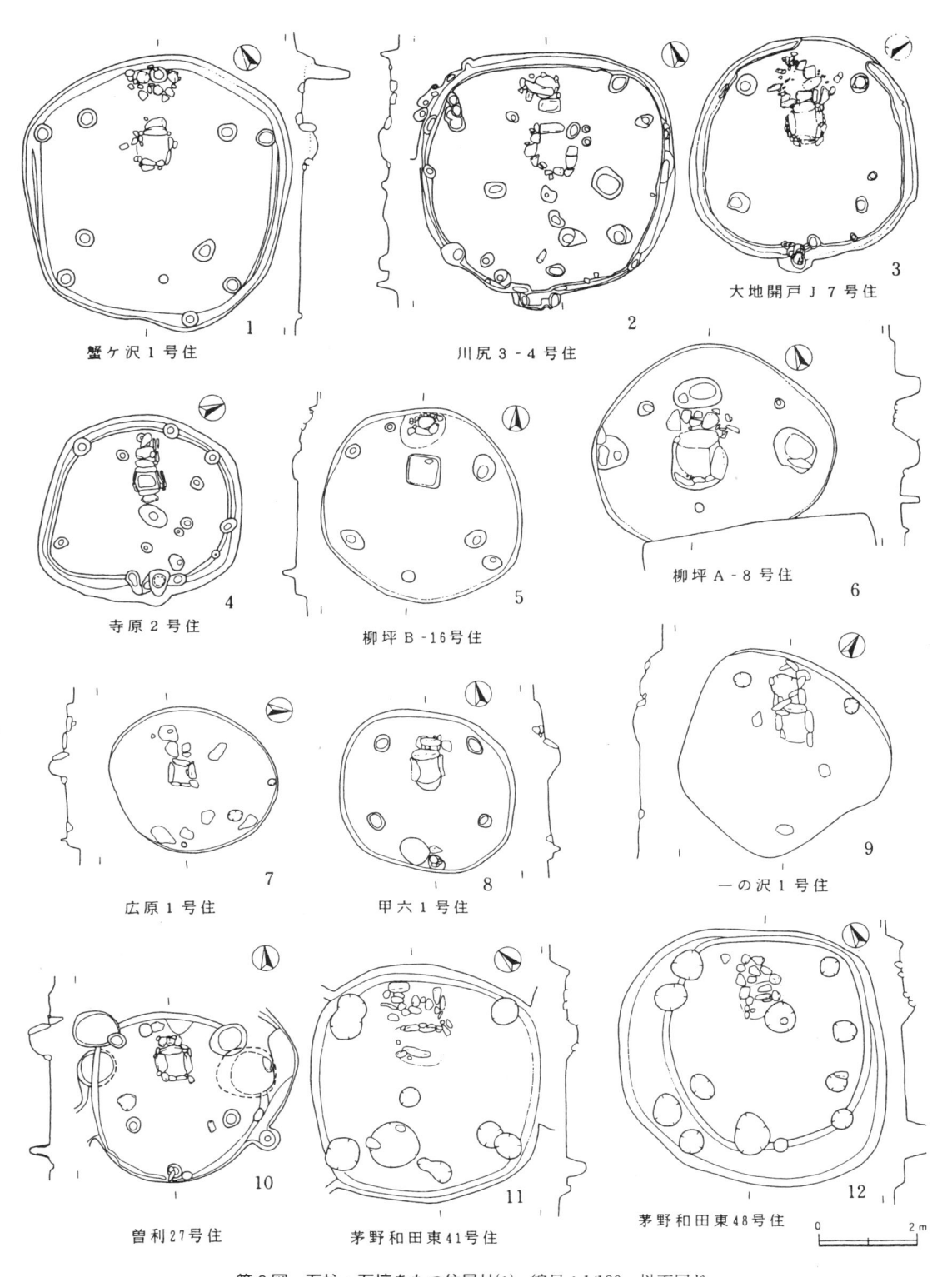

第1節　屋内敷石風習の成立と張出部の起源　39

1　蟹ヶ沢1号住
2　川尻3・4号住
3　大地開戸J7号住
4　寺原2号住
5　柳坪B-16号住
6　柳坪A-8号住
7　広原1号住
8　甲六1号住
9　一の沢1号住
10　曽利27号住
11　茅野和田東41号住
12　茅野和田東48号住

第2図　石柱・石壇をもつ住居址(1)　縮尺：1/180，以下同じ

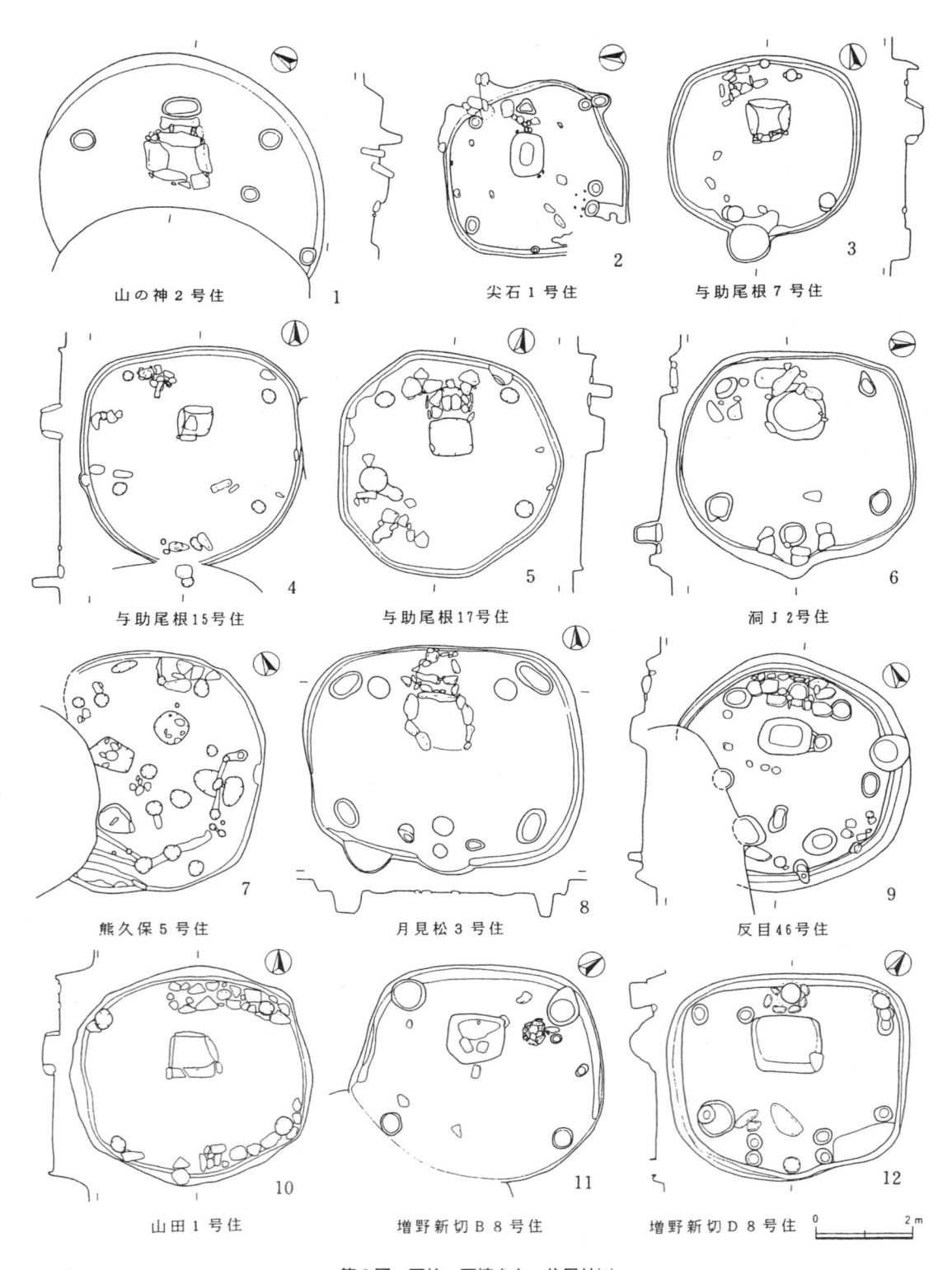

40 第2章 敷石住居址の変遷とその性格

1 山の神2号住
2 尖石1号住
3 与助尾根7号住
4 与助尾根15号住
5 与助尾根17号住
6 洞J2号住
7 熊久保5号住
8 月見松3号住
9 反目46号住
10 山田1号住
11 増野新切B8号住
12 増野新切D8号住

第3図 石柱・石壇をもつ住居址(2)

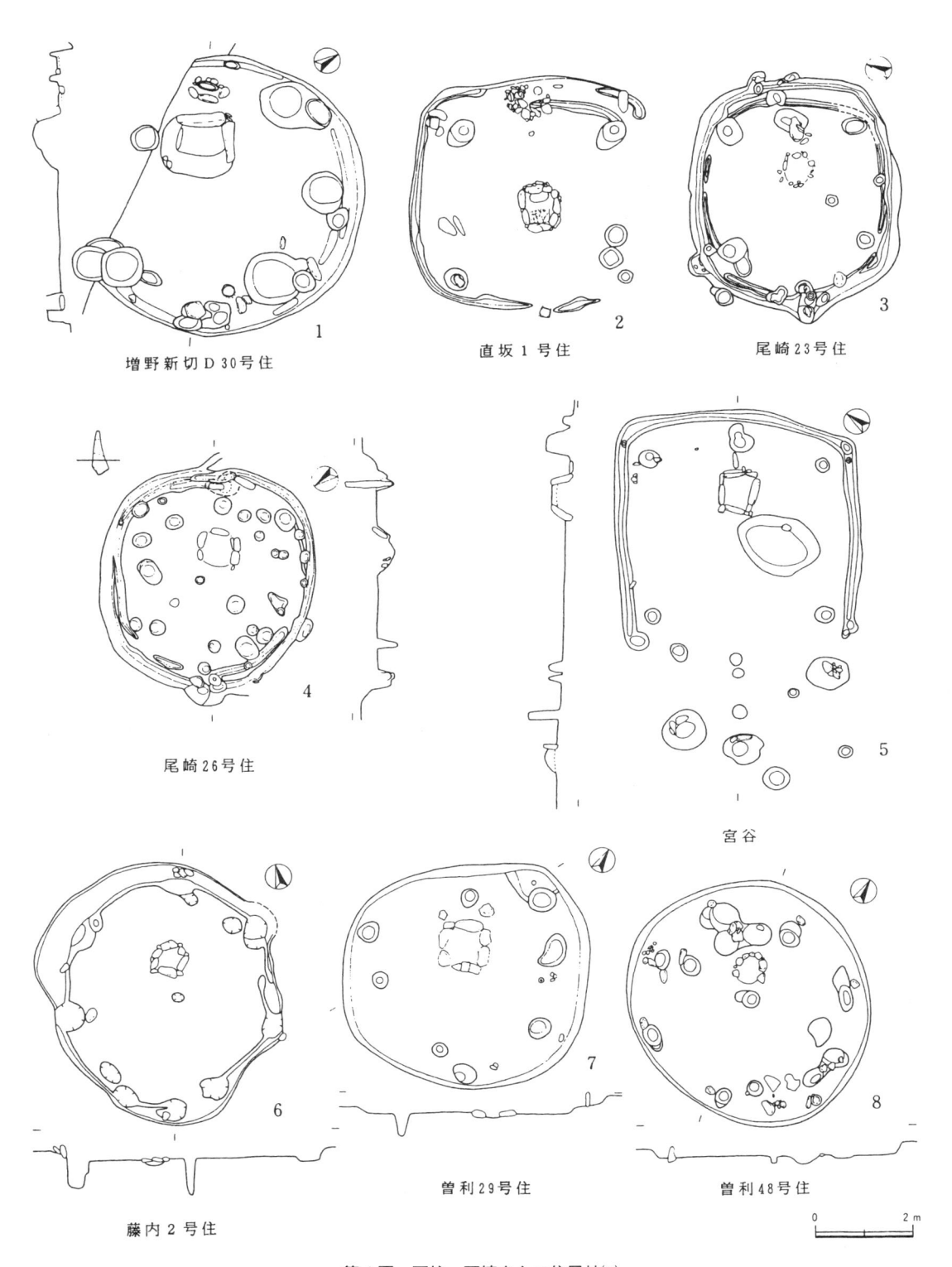

第1節　屋内敷石風習の成立と張出部の起源　41

1　増野新切D30号住
2　直坂1号住
3　尾崎23号住
4　尾崎26号住
5　宮谷
6　藤内2号住
7　曽利29号住
8　曽利48号住

第4図　石柱・石壇をもつ住居址(3)

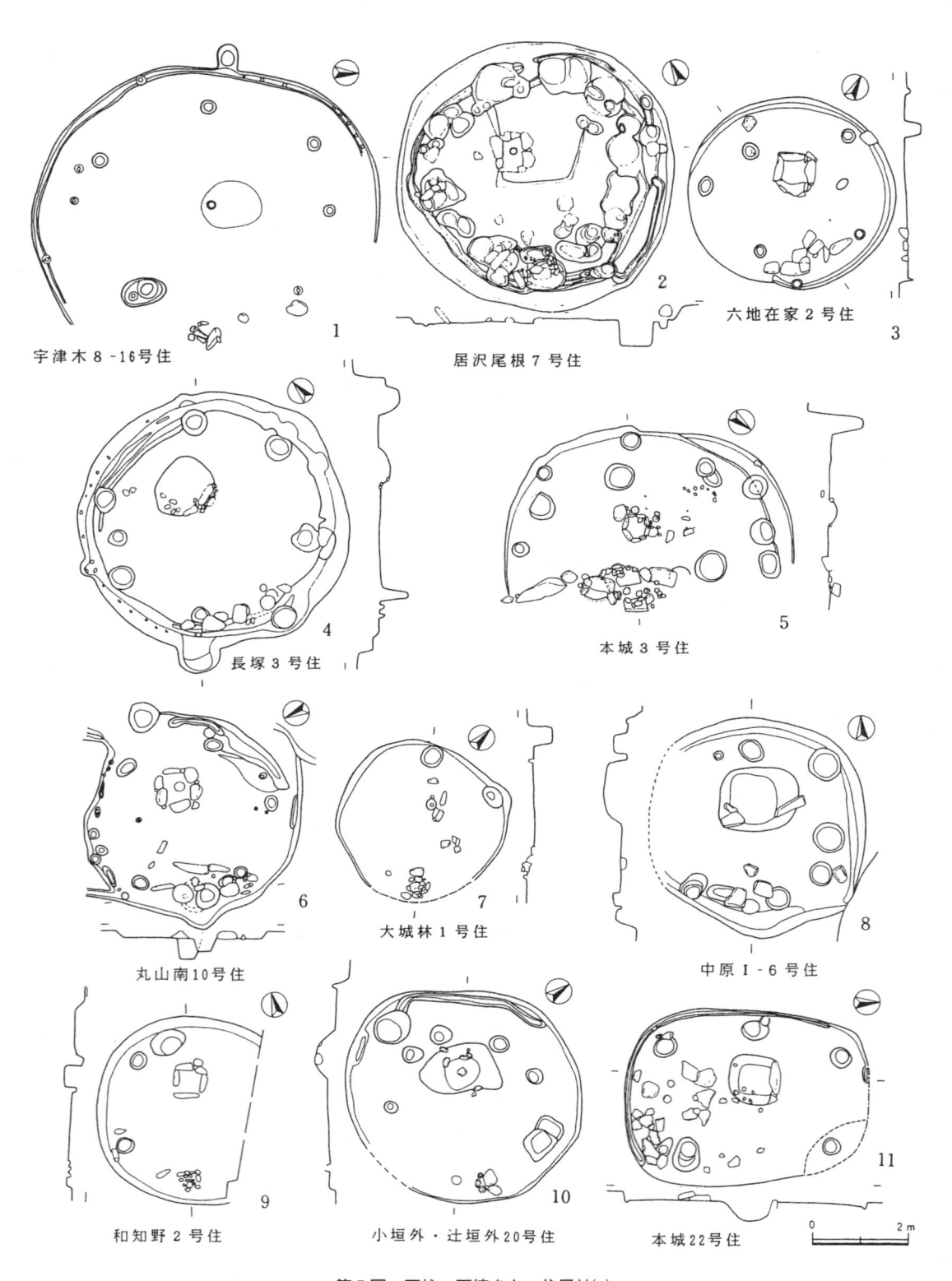

42　第2章　敷石住居址の変遷とその性格

1　宇津木8-16号住
2　居沢尾根7号住
3　六地在家2号住
4　長塚3号住
5　本城3号住
6　丸山南10号住
7　大城林1号住
8　中原Ⅰ-6号住
9　和知野2号住
10　小垣外・辻垣外20号住
11　本城22号住

第5図　石柱・石壇をもつ住居址(4)

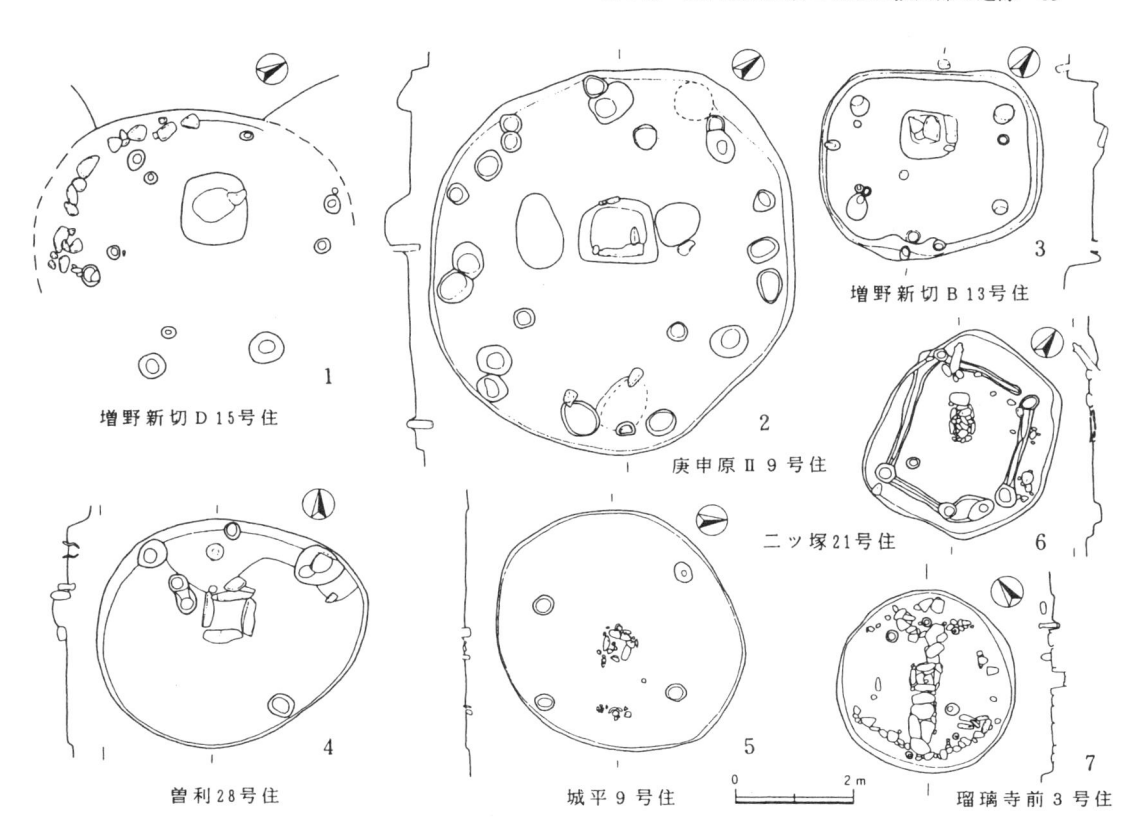

第1節　屋内敷石風習の成立と張出部の起源　43

増野新切D15号住 1
増野新切B13号住 3
庚申原Ⅱ9号住 2
二ッ塚21号住 6
曽利28号住 4
城平9号住 5
瑠璃寺前3号住 7

第6図　石柱・石壇をもつ住居址(5)

原村居沢尾根7号住、同茅野市山の神2号住、同尖石6号住、同与助尾根7号住・17号住、同諏訪市本城22号住、同岡谷市長塚3号住、同六地在家2号住、同塩尻市小段1号住、同駒ヶ根市大城林1号住、同辻沢南11号住・41号住、同反目46号住である。

　このうち、奥壁部及び炉辺部に相当する位置に石壇をもつ例は、山の神2号住、尖石6号住、与助尾根7号住・17号住、小段1号住、辻沢南11号住、反目46号住である。山の神2号住(第3図1)は石囲炉址に接して奥壁側に台形状の板石を立てて、左右を小礫で囲む施設が設けられ、その背後に楕円形ピットがある。石柱の掘り方の可能性も考えられる。尖石6号住も石壇としては明確ではないが、奥壁部に平石を伴う楕円形のピットがあり、多量の黒曜石片、石匙、小形磨製石斧、敲石、石皿破片が出土し、きわめて祭祀的な空間を構成している。与助尾根7号住例(第3図3)は石柱・石壇をもつ住居址として古くから知られる著名な例であるが、奥壁部のやや西寄りに敷石があり、その中央に全長67cm、床面上の高さ50cmの石柱が立っている。また、石壇の周囲からは倒置土器が2個体、横位の土器が1個体出土している。同17号住(第3図5)は奥壁部の石壇が二段に構築されている。中央部にあるピットは石柱を埋め込むための掘り方の可能性があるが、ピット内から磨製石斧が出土したほか、石壇下からも磨製石斧3点、凹石2点が出土している。

最近調査された小段1号住は奥壁部に長さ45cm、床面上の高さ約20cmの石柱を中心として敷石を伴う事例である。また、反目46号住(第3図9)は、奥壁部に幅2.1m×奥行0.7mの範囲に敷石があり、その中央部に石皿を配し、その両側を細長い石で押さえるという特異なありかたを示す事例であり、この石壇近くから丸石も出土している。石柱ではなく、石皿を中央に配している点が注目される。

この時期の石壇をもつその他の事例は、入口部ないしそれに近い位置に敷石をもつ事例が多い。坂上2号住は出入口部近くの北西壁寄りに配石があり、その中に横転した可能性のある石柱状の細長い石を含んでいた。居沢尾根7号住(第5図2)は南壁際に配石をもち、石棒が2点壁際から出土し、そのうち1点の石棒の下には外側に有孔鍔付土器、内部に深鉢土器が埋設されていた。本城22号住(第5図11)は南北に長い楕円形プランの住居址であるが、炉址南側に敷石が認められる。出入口部とは断定できないが、広範囲な敷石が施された事例である。長塚3号住(第5図4)は出入口相当部に敷石をもつが、3個体の埋甕の埋設位置とはずれている。一方、六地在家2号住(第5図3)は出入口部の石蓋をもつ埋甕の周囲に敷石をもつもので、石柱と思われる自然石も横転状態で検出されている。大城林1号住(第5図7)は逆位に埋設された底部穿孔の埋甕とはやや離れた南東壁際に敷石をもつ例である。

このように、中期後葉段階の前半段階に入ると、石柱とは別に新たに敷石をもつ石壇状の施設が出現し、与助尾根7号住例に端的なように、奥壁部に石柱・石壇をもつ典型的なタイプが完成するのである。しかしその分布の中心はいぜんとして曽利式土器分布圏内にあり、西部関東の加曽利式土器分布圏内への広がりは、この段階では顕著ではないことが指摘されよう。

中期後葉後半期

中期後葉の後半段階、加曽利EⅡ・Ⅲ式あるいは曽利Ⅲ・Ⅳ式期に入ると、発見事例は60例(細かな土器型式期が不明な中期後葉段階とされる事例を含む)とピークに達し、分布も広域となる傾向が指摘できる。とくにこの時期は奥壁部の石壇ないし石柱・石壇が定着を遂げる時期として評価される。

石柱・石壇の設置位置をみると、奥壁部から炉辺部が42例と圧倒的多数を占め、次いで出入口部は18例であり、この時期になると炉辺から奥壁部にかけて石柱・石壇が設置されるのが一般化したものと思われる。

奥壁部から炉辺部に石柱・石壇をもつタイプをまずみると、石柱のみの事例は、神奈川県城山町川尻3-4号住、同山北町尾崎23号住・26号住、山梨県大月市宮谷、長野県山形村洞J2号住があげられる程度であり、事例そのものは少ない。

川尻3-4号住(第2図2)は奥壁部に横転状態の石柱があり、そのまわりに石柱の掘り方と思われる浅い掘り込みがみられ、石柱のそばには大型の石皿と深鉢が出土している。この住居址は南壁に埋甕はないが対状のピットをもつ小張出が認められる。尾崎23号住(第4図3)は奥壁部の

第1節　屋内敷石風習の成立と張出部の起源　45

ピットにかかって長さ60cmの柱状石が横転して検出されており、おそらく石柱であるものと思われる。東壁出入口部には埋甕が2個体あり、それに伴う小張出と対状ピットが認められる。また、尾崎26号住(第4図4)は奥壁部に長さ1.1m、床面上の高さ70cmの三角板状の石柱があり、出入口部の埋甕と小張出をもつありかたは23号住例と共通している。宮谷遺跡例(第4図5)は隅円方形のプランをもつ住居であるが、出入口部の埋甕や周溝が認められないことから、張出部の存在が考えられるが、石囲炉に接して奥壁部に石棒状の棒状石が検出されている。本来は樹立されていた可能性が強いものと思われる。洞J2号住例(第3図6)は、奥壁部に長さ90cmの横転した石柱があり、それに接して大型の石皿が検出されている。また、出入口部には石蓋された底部穿孔逆位埋甕とともに対状ピットと小張出がみられ、石蓋埋甕の西側にも石柱状の石棒が横位で出土している。このように石柱のみを奥壁部にもつ事例は出入口部構造など比較的共通した傾向がうかがえる。

また、他に石柱と関連すると思われるが、長野県富士見町曽利28号住(第6図4)は石囲炉の奥壁部側の北西隅に接して有頭石棒が樹立し、奥壁部には土壇状施設があり、中央部に把手付トロフィー形土器が倒置状態で出土している。同茅野市棚畑2号住も石囲炉の南側石中央に接して有頭石棒が樹立されていた例である。この住居址は出入口部埋甕のそばにも棒状石が認められるが、石柱・石壇かどうかはっきりしない。埋甕とともに対状ピットと小張出がある。この他、同高森町増野新切B13号住(第6図3)は、奥壁部の壁外に石柱(報告では石棒とされる)樹立していた例であり、奥壁部石柱と共通性を有するものと思われる。なお、石棒の樹立した事例として、富山県二ツ塚21号住(第6図6)がある。住居北西隅に大型の北陸地方独特の彫刻ある有頭石棒がやや横倒し状態に検出されている。本来は樹立していたものと思われる。ただし、所属時期が報告書でははっきりしないが、小島俊彰によれば『中期中葉末期』(小島 1986)とされている。ここでいう中期後葉期に相当しよう。

次に奥壁部に石柱と石壇をもつ事例をみると、神奈川県津久井町寺原2号住、同大地開戸J7号住、長野県富士見町曽利27号住、同茅野市与助尾根15号住、同駒ヶ根市辻沢南57号住、同山田1号住・6号住、同飯島町北原西14号住がある。

神奈川県内から発見された寺原2号住(第2図4)及び大地開戸J7号住(第2図3)は共通性が強い。ともに炉辺部から奥壁部にかけて石壇を設け、その中央に石柱を立て、出入口部の埋甕に対状ピットと小張出を有する。曽利27号住(第2図10)は石囲炉に接して奥壁部に頂部の尖がった四角い石柱を立て、その周辺に敷石したものであり、炉址の西北周溝際の平石上には倒置土器がのっていた。与助尾根15号住(第3図4)は奥壁部のやや北西寄りに石柱を伴う石壇があり、石壇上に倒置土器が検出されている。山田1号住(第3図10)は奥壁部中央からやや東にかけて、幅60cm、長さ2mの範囲に敷石され、そのほぼ中央部に高さ40cmの楕円形の石柱がある。報告では石棒と認識されているようであるが加工痕はない。この住居址は出入口部の東側にも敷石が認められ、石蓋された埋甕を伴っている。同じ山田遺跡の6号住は奥壁外とも思われる位置に石柱があ

り、それとともに配石もあるが明瞭な石柱・石壇住居址とはいえない。北原西14号住は、北壁部に4個の石に囲まれて石柱がある。辻沢南57号住は炉辺部に石柱をもち、奥壁南西部隅の主柱穴のそばに敷石がみられ、土偶が敷石脇から出土し、柱穴内から磨製石斧が出土するという特異なありかたを示している。

一方、奥壁部に石柱はないが、石壇状の敷石をもつ例は多く、神奈川県座間市蟹ヶ沢1号住、山梨県長坂町柳坪A6号住・B16号住、長野県富士見町甲六1号住、同曽利7号住、同茅野市茅野和田東41号住・東48号住、同尖石1号住・19号住・31号住、同駒形3号住、同岡谷市花上寺16号住、同松本市大村塚田7号住・10号住・38号住、同佐久市中村10号住、同朝日村熊久保5号住、同立科町大庭6号住、同伊那市月見松3号住、同高森町増野新切D8号住・D30号住、富山県大沢野町直坂1号住がそうした事例としてあげることができる。

このうち、石壇に付属するようにピットが穿たれている事例として、蟹ヶ沢1号住（第2図1）、与助尾根17号住（第3図5）、駒形3号住、増野新切D8号住（第3図12）・D30号住（第4図1）がある。これらの事例は各報告書にも指摘されているように石柱の抜取り跡の可能性が強いことから、もし、そうした想定が正しいものとすると、石柱と石壇をともにもつ事例はさらに増えるものと思われる。

石壇をもつ住居址例のうち、いくつかの特徴ある事例をあげてみると、蟹ヶ沢1号住（第2図1）は出入口部埋甕に伴い小張出とはいえないものの、壁がわずかに外側に張り出す特徴をもっている。柳坪A8号住（第2図6）は石囲炉址に接して奥壁部に敷石をもつ例であるが、その北側に接して楕円形の掘込みがみられる。柳坪B16号住（第2図5）は石壇の下面に小竪穴が認められるが、それがどのような性格のものか不明である。甲六1号住（第2図8）は石囲炉址に接して奥壁部に石壇をもつ例であるが、出入口部埋甕に接して石蓋らしき三角形の石が認められる。茅野和田東41号住（第2図11）及び同東48号住（第2図12）は、ともに石囲炉に接して奥壁部に石壇をもつ典型的な事例である。尖石1号住（第3図2）は奥壁部から壁外にかけて積石状の配石があり、壁外の積石下には埋設土器があり、内部から小形磨製石斧が出土するという特異なありかたを示し、典型的な石壇例とは若干様相を異にする事例といえよう。花上寺16号住は炉址奥壁部の主軸からややずれて敷石をもつもので、横長の平石が立てられている。大村塚田遺跡からは3基の石壇をもつ住居址が検出されている。7号住は奥壁部相当箇所に拳～小児頭大の60個以上の礫が径0.8mの範囲に配され、中央部がやや凹んでいる。10号住も奥壁部のやや左側にそれて皿状の配石をもつ例である。38号住は炉址北西の壁際に奥行50～80cm、幅2.5mの範囲にベッド状の祭壇施設があり散漫な配石が認められ、浅鉢や壺形土器が出土している。熊久保5号住（第3図7）は奥壁部と断定できないが、北壁に石壇をもつもので、石棒片も内部から出土している。大庭6号住は北壁寄りの奥壁部相当部に石壇をもつ例であるが、他に北西部壁際にも丸石を伴う石壇風の敷石があり、また、出入口部の埋甕2基の周囲にも敷石をもつ特異な例である。奥壁部石壇には骨片が集中して出土している。埋甕は加曽利EⅢ式土器が用いられている。月見松3号住（第3

図8)は隅円方形のプランをもち、奥壁部に直径1mほどの範囲に石囲状の石壇があり、内部から小形石棒が出土している。本住居もまた、出入口部埋甕に対状ピットと小張出が認められる。増野新切D8号住(第3図12)は、前述したように奥壁部に石柱の抜き跡と思われるピットを囲むように配石された例であるが、やはり出入口部埋甕を中心に対状ピットと小張出が認められる。同D30号住(第4図1)も奥壁部にピットを伴う石囲状配石をもつ例であるが、出入口部には石蓋された埋甕がある。直坂1号住(第4図2)は富山県域から発見された事例であるが、隅円方形のプランをもち、石蓋された逆位の埋甕と石囲炉を挟んで相対する奥壁部相当箇所に石壇をもつもので、左空間部にも若干の配石が認められる。

　次に出入口部に石柱や石壇状の敷石をもつ事例をあげてみると、東京都八王子市宇津木8-16号住、長野県富士見町大畑6号住・8号住、同諏訪市荒神山3号住、同川上村大深山25号住・36号住、同宮田村高河原1号住、同駒ヶ根市辻沢南86号住、同飯島町尾越22号住、同松川町庚申原Ⅱ9号住、同中原Ⅰ6号住、同高森町増野新切D14号住、同御射山原2号住、同飯田市小垣外・辻垣外20号住がある。他に前述したように、奥壁部に石柱・石壇をもつ例で出入口部にも敷石をもつ例として、長野県山形村洞J2号住(第3図6)、同立科町大庭6号住、同駒ヶ根市山田1号住がある。

　これらの事例中、出入口部に石柱をもつ例として、大畑6号住・8号住、大深山25号住・36号住、高河原1号住、尾越22号住、庚申原Ⅱ9号住、増野新切D14号住、御射山原2号住をあげることができ、出入口部には石柱が樹立される例が多いことを示している。それらの事例をみると、大畑6号住は出入口部両側に石柱が2本樹立して検出され、他に炉址南側にも石柱の横転した可能性のある石が検出されている。同8号住は出入口部と断定できないが、東南壁際の主柱穴にかかって石柱が検出されている。大深山25号住は南東壁際に石柱をもち、出入口相当部にも配石がみられる。同36号住は南側出入口部に石柱がある。大深山遺跡では他にも石壇を含む事例があるようであるが、報告書の図面等の不備があり詳細は不明である。高河原1号住は石蓋埋甕の脇に石柱がある。尾越22号住は出入口部近くの壁際に石柱らしい棒状の石が横転して検出されている。庚申原Ⅱ9号住(第6図2)は出入口部石柱の前面の床がやや土壇状の高まりをみせている。増野新切D14号住は出入口部近くの東壁寄りの主柱穴に接して花崗岩製の有頭石棒が樹立していたもので、下部で折れて西に向けて倒れていた。御射山原2号住は南側出入口部相当箇所に石柱が壁に立てかけられていた例であるが、石囲炉の隅に有頭石棒が樹立していたことも注目される。

　出入口部に石柱ではなく石壇状の敷石をもつ例としては、宇津木8-16号住、荒神山3号住、辻沢南86号住、中原Ⅰ6号住、小垣外・辻垣外20号住がある。

　宇津木8-16号住(第5図1)は埋甕の設置位置とはずれた東壁寄りに敷石をもつが、石柱の横転したらしい棒状の石を含んでいる。荒神山3号住は出入口部埋甕を中心に拳大から人頭大の礫の集中があり、その上面から深鉢が出土している。中原Ⅰ6号住(第5図8)は埋甕の周辺に散漫な敷石をもつ例であり小張出を有する。小垣外・辻垣外20号住(第5図10)は出入口部埋甕の東脇

に石壇状の敷石をもつ。

　この他、前述したように奥壁部に石柱・石壇をもつ例で出入口部にも敷石をもつ例として、長野県山形村洞J2号住(第3図6)、同立科町大庭6号住、同駒ヶ根市山田1号住があるが、いずれも埋甕との関係が深い。したがって、この時期の出入口部石柱・石壇は、石柱の場合、明瞭ではないが、石壇状敷石をもつ例は埋甕との関わりにおいて設置された可能性が強いといえよう。

　この他、奥壁部や出入口部と関わりなく石柱・石壇をもつ事例をみると、事例は少なく、同伊那市御殿場5-1号住、同高森町増野新切B8号住・D15号住をあげるにすぎない。御殿場5-1号住は西壁寄りに石柱をもつ例である。増野新切B8号住(第3図11)は炉址寄りの右空間に石囲状の竪穴石組をもつ例である。奥壁部ではないものの炉辺部からして奥壁部と同様な意識で設置された可能性も考えられる。同D15号住(第6図1)は石柱・石壇の部類に含められるかどうか躊躇する事例であるが、住居址西側の壁寄りに弧状の配石が認められる。あるいは壁の土留めの役割のような配石とも考えられるが、一応特異な例としてあげてみた。

　このように、中期後葉後半段階は住居内における石柱・石壇が奥壁部と出入口部を中心とする空間に安定した状態で設置された時期とすることができよう。

中期末・後期初頭期

　中期末葉から後期初頭にかけて、南西関東から中部山地を中心として柄鏡形(敷石)住居が完成を遂げるが、この時期にもいくつかの石柱・石壇をもつ住居址が認められる。

　それらは、長野県富士見町広原1号住、同一ノ沢1号住、同諏訪市城山1号住、同立科町大庭4号住、同伊那市城平9号住、同高森町瑠璃寺前3号住、同阿南町和知野2号住、岐阜県久々野町堂之上12号住である。

　ただし、このうち広原1号住(第2図7)、一ノ沢1号住(第2図9)は奥壁部の炉址に接して石壇をもつ事例であり、報告では中期末葉とされているが、前段階の事例に含まれる可能性がある。また、中期末葉とされる和知野2号住(第5図9)も南壁際に石壇をもつもので、やはり前段階の事例の可能性がある。

　そのほか、城山1号住は曽利式末とされている例であるが、炉址の西北に大きな平石が敷かれているもので、石壇としてとらえられるかどうか疑問である。大庭4号住は曽利Ⅴ式期に属するもので、奥壁部相当箇所に石壇があり、中央に石柱の抜取り跡とも考えられるピットがある。本遺跡では、前述したように6号住にも石壇をもつ住居が検出されているほか、加曽利EⅣ式でも古段階の張出部をもたない敷石住居址が検出されており、石柱・石壇住居から敷石住居への変化を知るうえで注目される遺跡といえよう。城平9号住(第6図5)は曽利式末の埋甕内に石棒が樹立した例である。これと関連するのが瑠璃寺前3号住(第6図7)である。石囲炉を中心とする主軸空間に帯状の敷石をもち、そこを中心に両壁際にも配石をもち、北東側には埋甕内に有頭石棒が樹立するという特異なありかたを示している。その設置された住居内位置は、埋甕内ではある

が奥壁空間の可能性が強い。時期は後期初頭と考えられ、石柱・石壇の住居址とみるよりは敷石住居址の範疇に含められるべきものであろう。堂之上12号住は出入口部に石柱が2本対状に検出された事例であるが、報告によれば覆土中に多量の板石が敷きつめられた状態で検出されたという。報告書中の写真によると、敷石住居址の可能性が強い。中期最末期に位置づけられている。

以上、石柱・石壇をもつ住居址の特徴を、時期別に触れてみた。そこで明らかとなったように、この種の住居は中期中葉期の中部山地にその起源が求められ、その初期段階は石壇を伴わない石柱が主体を占めること、また、その設置空間も奥壁部に集中するというような場の限定性が認められないことなどが指摘できた。ところが中期後葉期に入ると、石壇が出現し、石柱・石壇をもつ典型的なタイプが完成するとともに、奥壁部や出入口部といった設置空間の限定性が生じるようになり、分布も中部山地からその周辺域に拡大を遂げたことが明らかとなった。さらに中期終末から後期初頭期になると、柄鏡形敷石住居の完成とともに敷石の一部施設として石柱が残存する程度となり、この特徴的な施設は衰退を遂げるようになるのである。

(3) 住居址の規模・形状

石柱・石壇をもつ住居址の形状をみると、円形(不整円形を含む)がもっとも多く、49例、次いで隅円方形が30例、楕円形が17例であり、他に六角形3例、八角形1例、隅円台形1例、方形1例などがある。円形や隅円方形、楕円形プランが主体を占めるありかたは、縄文時代中期の住居址の一般的な傾向とほとんど差はないものといえよう。

また、住居址の規模についてみてみると、第7図のグラフに示したように、長軸(径)・短軸(径)とも5m前後を中心として4～7mの範囲に集中しており、際立って大きな住居址や小さな住居址の存在は少ない。したがって、住居址の規模や形状から石柱・石壇をもつ住居址を、他の一般的な住居址と区別することは困難であるといわざるをえない。

(4) 埋甕

縄文中期、とくに後葉期の特徴的住居内施設として知られる埋甕の存在は、石柱・石壇をもつ住居址にも、55例と多数の住居址に認められる。とくに、埋甕の上面に蓋石をした『石蓋』の存在が19例と多く知られている。石蓋は、中部山地域の埋甕事例

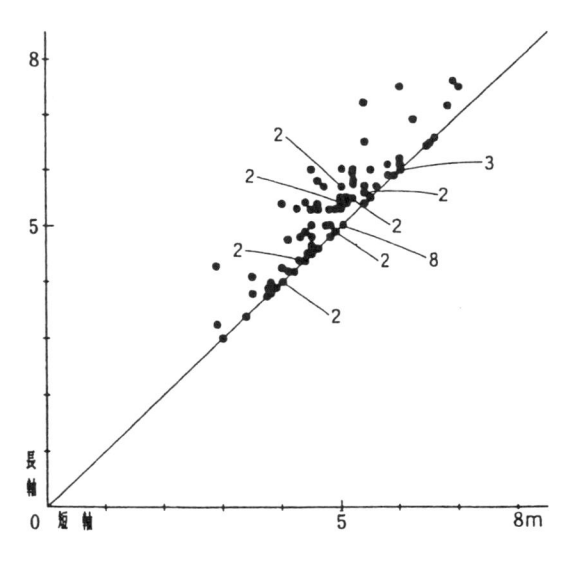

第7図　石柱・石壇をもつ住居址の規模
（数字は同一規模の住居址数を示す）

50　第2章　敷石住居址の変遷とその性格

に特徴的な付属施設であり、石柱・石壇との関係、あるいは屋内敷石風習の起源との関わりのうえで注目される施設といえよう。前項でもみたように、出入口部に設置された埋甕は石蓋とともにその周辺部に敷石をもつ例がいくつかみられ、奥壁部とは別に埋甕を中心とした出入口空間にも祭祀的な空間が形成されるのである。

　この石蓋や敷石をもつ埋甕と関係して、注目されるのが出入口施設の存在である。埋甕を中心として、筆者が『対ピット』と呼んでいる（山本 1976a）対状の柱穴が配置され、しかも壁がやや外側に張出し、小張出部が形成される。こうした事例は関東南西部から中部山地にかけて広く知られているが、石柱・石壇をもつ住居址にも第1表に示したように、27例あり、その典型的な事例としては、神奈川県座間市蟹ヶ沢1号住（第2図1）同城山町川尻3‐4号住（第2図2）、同津久井町大地開戸J7号住（第2図3）、同寺原2号住（第2図4）、同山北町尾崎23号住（第4図3）・26号住（第4図4）、長野県山形村洞J2号住（第3図6）、同伊那市月見松3号住（第3図8）、同駒ヶ根市丸山南10号住（第5図6）、同松川町中原I6号住（第5図8）、同高森町増野新切D8号住（第3図12）などの事例をあげることができる。

　筆者はこうした出入口部の埋甕を中心とした祭祀空間の面的拡大が、中期終末期に完成を遂げた柄鏡形（敷石）住居の特徴的な施設である張出部の祖源をなしたものと理解している（山本 1976a）。そうした意味で石柱・石壇をもつ住居址の埋甕とそれに伴う対状ピットや小張出部存在は注目されるのであるが、石柱・石壇をもつ住居址の埋甕のありかたから、他の一般的な住居址にみられる埋甕と区別される際立った差異を見出すことは困難である。

(5)　出土遺物の特徴

　石柱・石壇をもつ住居址には前節でみたようにいくつかの特徴的な遺物が伴出している。

　まず注目されるのは石棒である。19事例にその出土が知られる。このうち、樹立状態で出土した例として、長野県富士見町藤内7号住、同曽利28号住、同茅野市棚畑2号住・123号住、同伊那市城平9号住、同高森町増野新切B13号住・D14号住、同御射原2号住、同瑠璃寺前3号住などがある。石柱は自然の柱状石を用いる場合がそのほとんどであるが、加工を施した石棒ないし石棒状の石を用いている例として、藤内7号住、曽利28号住（第6図4）、増野新切B13号住（第6図3）・D14号住がある。ただ、石柱は自然の柱状石を用いるのが一般的であり、こうした事例は例外に属する。石棒は中期後葉期以降から後期にかけて住居址内からしばしば検出されるようになるが、樹立状態の事例はさほど多くなく、石柱と同一視することはできないであろう（山本 1979）。

　そうした中で長野県伊那市城平9号住（第6図5）や同高森町瑠璃寺前3号住（第6図7）のように埋甕内に石棒が樹立していた例や、富山県立山町二ツ塚21号住（第6図6）のように住居址北西隅に大型の有頭彫刻石棒が樹立されていた例などはきわめて特殊なありかたであるといえよう。また、石囲炉の隅に樹立させた事例として、長野県富士見町曽利28号住（第6図4）、同茅野市棚

畑 2 号住・123号住、同高森町御射山原 2 号住例がある。他に石柱・石壇はもたないが、岐阜県久々野町堂之上 6 号住、長野県茅野市北山長峯遺跡などにも同様な事例が知られ、石棒と炉址との関わりあいの強さを良く示している。

また、『丸石』と呼ばれる球形の石が、長野県原村居沢尾根 7 号住、同茅野市棚畑123号住、同立科町大庭 6 号住、同駒ヶ根市反目46号住などから出土している。丸石は縄文前期から後・晩期にかけていくつかの事例がみられ、石棒と同様な祭祀的色彩の強い遺物と解釈されている（田代1989）。また、近世道祖神信仰として山梨県域を中心として知られており、縄文時代とのつながりが注目されている（中沢他 1981）。

次に、床面上に口縁部を下にして倒置状態で出土する土器の存在が注目される。その多くは胴下半部が擦切ったように打ち欠かれており、なんらかの意図的な加工をうかがわせている。事例は、長野県富士見町曽利 6 号住・27号住・28号住、同茅野市棚畑 2 号住、同与助尾根 7 号住・15号住、同諏訪市本城22号住、同駒ヶ根市丸山南10号住などに知られる。

このうち、曽利27号住例は、炉址西北の周溝際の平石上にのって出土、同28号住（第 6 図 4 ）は奥壁部に土壇状の施設があり、その中央に把手付きトロフィー形土器が約 8 cmほど埋め込まれて倒置状態で出土、与助尾根 7 号住は、石壇上に 3 個体の土器があり、そのうち、 2 点が倒置状態で出土している。同15号住も石壇上に出土した例である。筆者はかつて、この種の倒置状態で出土する土器に着目して、『住居址内倒置深鉢形土器』と呼び、事例の分析を加え、その用途については廃屋墓葬例にみられる甕被葬との関わりを指摘してみたことがある（山本 1976b）。しかし、上述した石柱・石壇をもつ住居址にみられる倒置土器のありかたは、なんらかの目的で石壇に供えたようなありかたを示しており、甕被葬との関わりでのみ理解することは困難なようである。この点については今後とも石柱・石壇をもつ住居址に限らず、全体的な視野から事例の検討を加えてゆく必要があろう。

この他、前節で触れているので重複は避けるが、石柱・石壇に伴って遺物の特殊な出土状態を示す事例がいくつかみられる。したがって、石柱・石壇という場は、きわめて祭祀的な空間として位置づけられていたことは明らかであろう。ただ、それをもって、石柱・石壇をもつ住居址が特殊な存在であると断定することは、前述したように困難といわざるをえない。特殊なのは、石柱・石壇という祭祀的な場そのものなのであり、中期後葉期を中心とした時期に、石柱・石壇や埋甕、石棒、丸石、倒置土器など祭祀的色彩の強い施設・遺物が出土する傾向を注目すべきと考える。

2．石柱・石壇をもつ住居址の集落址内のありかた

石柱・石壇をもつ住居址が集落址内でどのようなありかたを示しているのかといった点を明らかにさせることは、その性格を知るうえで重要な手がかりとなろう。しかし、これまで、この種

の住居址が発見された遺跡のうち、集落規模で調査がなされ、かつ個々の住居址の所属時期が明らかにされている事例は少なく、その点を詳細に検討することは困難といわざるをえない。

そうした点を考慮に入れて、比較的多数の住居址が検出されたいくつかの代表的な遺跡を取り上げて、そのありかたについてみてみよう。

神奈川県山北町尾崎遺跡（第8図1）

本遺跡からは敷石住居址5軒を含む中期中葉～終末期にかけての住居址が35軒検出されている。中央部に土坑群をもつ半弧状の集落配置を呈する。報告書の時期別分類によると中期中葉・藤内式期1、井戸尻式期2、中期後葉・曽利Ⅰ式期2、同Ⅱ式期7、同Ⅲ式期11、同Ⅳ式期10、同Ⅴ式期5という変遷が考えられており、曽利系土器の流入がいちじるしい。曽利Ⅴ式ないし加曽利E式終末段階には、柄鏡形（敷石）住居へと変化を遂げている。奥壁部に石柱をもつ23号住は曽利Ⅳ式期、26号住は曽利Ⅲ式期に相当する。両者は相接近しており、石柱をもつ住居が26号住から23号住へと変化した可能性が考えられる。

長野県富士見町曽利遺跡（第8図2）

本遺跡はこれまで5次にわたる調査によって、77軒の中期住居址が検出されている。全体的な調査がなされているわけではないので集落の構造は不明であるが、大規模な環状を呈する集落址である可能性が強い。時期別にみた集落の変遷については、これまで長崎元廣によって何度か分析されてきた（長崎 1973・76・77a・78、長崎・宮下 1984）。当初東西2群の集落構成を想定されていた（長崎 1973・76・77a）ものが、第3次～5次調査の結果、その中間地帯にも住居址群の存在が確かめられた結果、そうした想定は困難であることが明らかとなった。ここでは、第3次～5次調査の報告書に掲載された長崎の分析結果（長崎 1978）にもとづいて、石柱・石壇をもつ住居址のありかたについてみてみよう。

本遺跡は、中期前葉から中葉・九兵衛尾根・狢沢・新道式期から集落が形成されはじめ、中期末・曽利Ⅴ式期から後期初頭期にかけてその終焉を迎えるが、石柱・石壇をもつ住居址は、中期中葉では、井戸尻Ⅰ式期に相当する48号住から石柱が検出されているだけであり、住居址の位置は住居址群集中地点から北に遠く離れた位置にある。中期後葉の住居址は、曽利Ⅰ式期11、同Ⅱ式期8、同Ⅲ式期10、同Ⅳ式期6、同Ⅴ式3であり、このうち、Ⅰ式期の29号住とⅡ式期の6号住には石柱が認められ、Ⅲ式期の7号住[3]、27号住、28号住には石壇や樹立石棒などがみられる。Ⅳ式期の64号住にも横転した石柱状の石と平石が検出されている。

このように全域の調査がなされていないにもかかわらず、中期中葉から後葉期にかけて石柱・石壇をもつ住居址が検出され、しかも曽利Ⅲ式期には複数の存在があることに注意を向ける必要があろう。

長野県原村居沢尾根遺跡（第8図3）

本遺跡からには、28軒の中期住居址が検出されている。

調査された範囲は道路幅に限られるが、集落配置は弧状ないし略環状を呈するものと思われる。

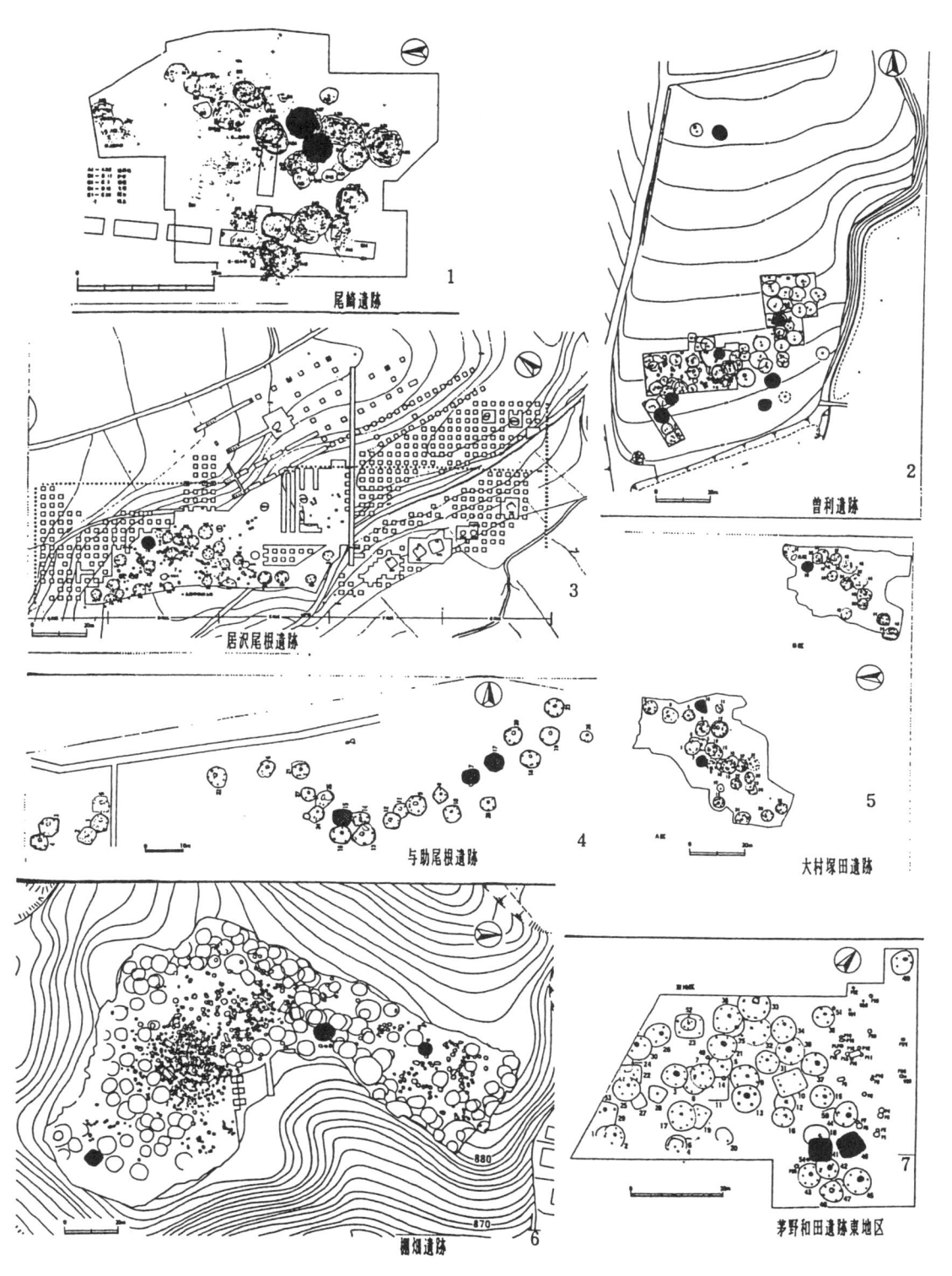

第1節　屋内敷石風習の成立と張出部の起源　53

第8図　集落址における石柱・石壇をもつ住居址の位置(1)
網目のかかったものが石柱・石壇をもつ住居址を示す

各時期別の住居址数は報告によれば、井戸尻Ⅲ式期4、曽利Ⅰ式古11、同新9、同Ⅱ式古5とされている。石棒や丸石、壁際に石組をもち、石棒2本や丸石、石棒下に検出された有孔鍔付土器とその内部に検出された深鉢形土器の埋甕といった祭祀性の強い7号住(第5図2)は、曽利Ⅰ式古から新段階の長期にわたる居住が考えられ、本集落の中心的な住居址とされている。

長野県茅野市茅野和田遺跡(第8図7)

本遺跡からは、浅い谷を挟んで東西二つの集落址が確認されている。石壇をもつ住居址が検出された東地区の集落址は中期中葉・藤内式期から集落が形成され、井戸尻Ⅱ式期まで継続したあと、井戸尻Ⅲ式期から中期後葉曽利Ⅰ式期までは西地区に集落が移動し、曽利Ⅱ式期になると再び、東地区に集落が形成され、曽利Ⅴ式期に集落の終末期を迎えるというありかたを示している。宮坂光昭や桐原　健によるの集落分析(宮坂1971、桐原1971)もなされているが、ここでは長野県史による時期別にみた東地区の集落の変遷表(宮坂1983)から引用すると、中期中葉・藤内式期6(前半3、後半3)、井戸尻Ⅰ式期3、同Ⅱ式期7(前半3、後半4)、中期後葉・曽利Ⅰ式期10、同Ⅲ式期12、同Ⅳ式期4、同Ⅴ式期3とされる。奥壁部に石壇をもつ41号住と48号住はともに曽利Ⅲ式期に相当し、隣接した位置に構築されている。同一土器型式期であることから、同時併存の可能性が強いと思われる。

長野県茅野市棚畑遺跡(第8図6)

本遺跡は中期集落址のほぼ全域が調査され、146軒の住居址が双環状を呈する構造を有している。中期初頭期に集落が営まれ始め、中期後葉期に集落のピークを迎え、中期終末期に継続を絶つという典型的な中期集落の変遷のありかたを示す。報告書でいう『中期中葉Ⅴ期』(井戸尻Ⅲ式期)に石柱をもつ100号住が、『中期後葉Ⅱ期』(曽利Ⅱ式期)に石囲炉奥壁部中央部に石棒を樹立させ、出入口部石蓋埋甕の周囲に敷石をもつ123号住が、『中期後葉Ⅳ期』(曽利Ⅳ式期)に石囲炉の南側炉石の中央に接して石棒を樹立した2号住が検出されている。『中期中葉Ⅴ期』に属する住居址は11軒、『中期後葉Ⅱ期』に属する住居址は35軒、『中期後葉Ⅳ期』に属する住居址は11軒であり、同時期に併存する住居址の中で、この種の住居址は限られた存在を示している。

長野県茅野市与助尾根遺跡(第8図4)

本遺跡は水野正好によって、集落構造の分析がなされた遺跡として良く知られている(水野1963)が、住居址から出土する土器の型式にもとづかないという方法論的不備が指摘されており(ふれいく同人会1971)、一般的な理解とはなっていない。与助尾根の縄文集落址は浅い谷を挟んで存在する尖石遺跡の集落址と一体としてとらえてゆくべきであるが、全域が調査されていないので、その点を十分明らかにすることができない。

ここでは、『茅野市史』おける与助尾根遺跡の分析(勅使河原1986)にもとづいてその集落の変遷をみてみると、中期前葉・九兵衛尾根式期1、中期後葉・曽利Ⅱ式期11、同Ⅲ式期7、同Ⅳ式期2であり、このうち、曽利Ⅱ式期に7号住と17号住、曽利Ⅲ式期に15号住の石柱・石壇をもつ住居址が存在する。同時期の7号住と17号住は相接近しており、『屋根を葺きおろした場合には、

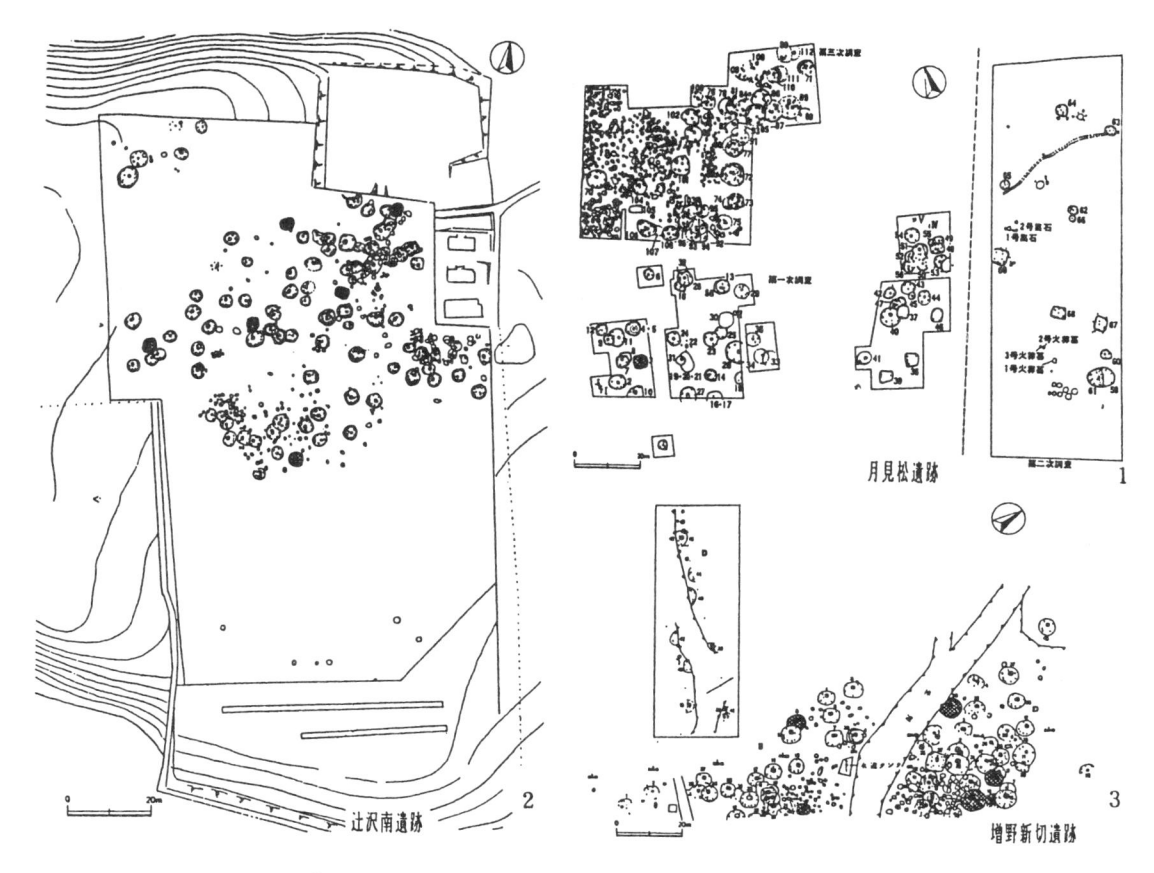

第9図　集落址における石柱・石壇をもつ住居址の位置(2)

ほぼ軒を接してしまうことから、二カ所が同時に併存する可能性は少ないと思われる』(勅使河原1986)との指摘もあるが、たとえそうだとしてもほぼ同時期にしかも接近した位置にこの種の住居が構築されていることは注目されよう。その点、茅野和田遺跡東地区での41号住と48号住のありかたに近いものといえる。

長野県松本市大村塚田遺跡(第8図5)

　中期後葉の住居址がA区・B区あわせて46軒検出されている。全域が調査いないため集落構造は不明であるが、その配置状況からみて大規模な環状集落と考えられる。報告によれば、所属時期の明確な住居址数は、曽利Ⅰ式期2、同Ⅱ式期9、同Ⅱ～Ⅲ式期1、同Ⅲ式23、同Ⅳ式期1、同Ⅴ式期3であり、中期後葉・曽利Ⅲ式期に集落のピークがある。また、曽利Ⅴ式期には敷石住居址が出現している。石壇を有する7号・10号・35号住居址は、いずれもその盛期である曽利Ⅲ式期に相当しているが、38号住はやや古いらしい。細かな時期対比は概要報告のため不明ではあるが、ほぼ同時期の複数の石柱・石壇をもつ住居址の存在が注目されよう。

長野県伊那市月見松遺跡(第9図1)

　本遺跡は4次にわたる調査が行われ、住居址が99軒検出されている。大規模な環状集落址と考

えられる。中期に属する住居址の大まかな時期を『長野県史』の記載(林 1983)から引用すると、『中期初頭36、中葉36、後葉21』であるという。奥壁部石壇に石棒を伴う3号住は曽利Ⅲ式期に属する住居址であるが、細かな所属時期が不明のため、集落における位置づけは不明な点が多い。

長野県駒ヶ根市辻沢南遺跡(第9図2)

本遺跡からは、100軒の中期後葉期の住居址が略環状に検出されている。時期別の住居址数は報告書によると、『Ⅰ期』49、『Ⅱ期』42、『Ⅲ期』2、『Ⅳ期』2、不明5で、Ⅰ期とⅡ期に集中している。土器型式に対比させると、曽利Ⅱ式～Ⅴ式併行期にそれぞれ対応する。石柱・石壇をもつ住居址は、11号住、41号住、57号住、73号住、81号住、86号住であり、他にも報告書写真をみるとその可能性のあるものもある。いずれも典型的な石柱・石壇をもつ住居址とはいえないが、住居址内に敷石や石柱を有しており、祭祀的な空間が形成されている。時期はいずれも曽利ⅡないしⅢ式期併行期に属し、複数の住居址にこうした施設が造られていたことが注目されよう。

長野県高森町増野新切遺跡(第9図3)

本遺跡は林道を挟んでB区とD区に分れるが、本来は同一の遺跡と考えられる。中期住居址が78軒検出されている。道路範囲の調査のため集落構造は不明である。報告書では詳細な時期別にみた住居址数の変遷は不明確である。ただ、八木光則が分析した成果があるので(八木 1976)、それを参考とすると、これらの住居址は『中期後半1期』から『中期後半4期』までの各期に分れる。1期から4期は曽利Ⅰ式併行期から曽利Ⅳ式期にほぼ該当しよう。氏によれば、住居址の時期が不明なものや不確かなものもあるが、重複住居も数にいれると、概ね、『第1期』9、『第2期』21、『第3期』29、『第3期』3、『第4期』18に分かつことができるという。このうち、石柱・石壇をもつ住居址は、D14号住が『第2期』、B8号住・B13号住・D8号住・D30号住が『第3期』、D15号住が『第4期』に対比されている。このうち、『第3期』に複数の石柱・石壇をもつ住居址が存在していることに注目する必要がある。

　以上、10遺跡を取り上げて、石柱・石壇をもつ住居址の集落址内におけるありかたについてみてみた。もとより、全体の事例のごく一部であり、しかも検討しうる遺跡例がいまだ少ないことから断定的な指摘は困難であるが、確かに、同時期に併存したと考えられる住居址の中では数少ない事例であることは指摘できよう。ただ、上記の遺跡中にみられるように同時期の住居址の中で複数の存在が認められることも注目しておく必要がある。従来から言われているように、集落内にあってきわめて孤立した特異な存在であるという見方は、やや一面的すぎるきらいがあるのではないだろうか。今後とも石柱・石壇をもつ住居址の集落址内における位置づけを明確にさせる作業が必要であろう。

3．石柱・石壇をもつ住居址の性格

　周知のように石柱・石壇をもつ住居址をめぐっては、これまで多くの研究者によって論じられてきた。
　古くは、宮坂英式による長野県与助尾根遺跡の集落分析の成果（宮坂 1950）を受けて、水野正好が与助尾根遺跡の住居址にみられる土偶、石棒、石柱、石壇といった住居址内にみられる宗教的遺構・遺物に注目して、その集落構造の分析を行った研究（水野 1963）や桐原　健が八ヶ岳山麓における縄文中期の集落構造を分析するにあたって、長野県内の遺跡から発見された住居址内石柱（立石）・石壇事例を集成して、勝坂期と加曽利E期の差を問題とした研究（桐原 1964）、同じく宮坂光昭が八ヶ岳山麓の縄文中期遺跡の住居址内から出土する宗教的遺構・遺物を集成してその変化のありかたについて考察した研究（宮坂 1965）などがある。
　また、その後、桐原　健は、石柱・石壇をもつ住居址のありかたについて分析を試み、その性格についてあらためて論じている（桐原 1969）。この氏の研究は、はじめて石柱・石壇をもつ住居址について本格的に取り組んだ論攷として高く評価されよう。
　そうした研究成果を受けて、長崎元廣は八ヶ岳西南麓の縄文中期集落址の住居址内外から検出される宗教的遺構・遺物について詳細な分析を行い、屋内・屋外の祭式とその型式を設定し、『共同祭式』という観点からそれぞれの祭式の性格を論じている（長崎 1973）。この論攷は石柱・石壇をもつ住居址の研究のうえで画期をなしたすぐれた研究であったといえよう。その後、氏は石棒を含めた石柱・石壇をもつ住居址の性格について再論した論攷（長崎 1976）や宗教的遺構・遺物からみた集落構造の分析的研究（長崎 1977a）、石棒による屋外祭式のありかたについて分析した研究（長崎 1977b）などを相次いで発表し、石柱・石壇をもつ住居址の性格を論ずるうえで重要な視点を呈示している。
　また、神村　透も、長野県高森町瑠璃寺前遺跡3号住にみられた埋甕内に石棒を樹立させ、奥壁部から出入口部にかけて敷石をもつ特異な住居址を取り上げる中で石柱・石壇をもつ住居址について考察を加えている（神村 1975）。
　一方、筆者も、敷石住居＝柄鏡形（敷石）住居の出現のありかたについて触れたさい、桐原　健、佐藤　攻、長崎元廣らが見通した（桐原 1969、佐藤 1970、長崎 1973）、石柱・石壇をもつ住居址が発展して敷石住居へと変化するという考え方を受け継ぎ、石柱・石壇をもつ住居址を敷石住居址の変遷過程の第1期として位置づけ、分析を試みてみた（山本 1976a）。また、別に、住居址内外から出土する石棒の出土状態に着目して、その事例を分析し、石棒祭祀の変遷のありかたについて検討を行ってみた（山本 1979）。
　また、最近では、神村　透が、この問題についてあらためて詳しく論じている（神村 1993a～d）。氏は、従来一括して扱われることの多かった、石柱・石壇をもつ住居址について、地域性

とその特徴を考慮に入れて、『八ヶ岳西麓タイプ』、『八ヶ岳南麓タイプ』、『上伊那タイプ』、『木曽タイプ』に分類し、他に、下伊那地方に認められる奥壁部にピットをもつ事例を『下伊那型石柱(?)石壇』と呼んで、石柱・石壇風習の下伊那地方への波及と変容といった点について分析を加えている。

このように、石柱・石壇をもつ住居址をめぐるこれまでの主だった研究について触れてみたが、共通していえることは、石柱・石壇を祭壇状の施設としてとらえ、その特性について論じていることがあげられよう。ただ、石柱・石壇の祭祀の実態はどのようなものであったかといった点については、これまで水野正好、桐原 健、長崎元廣らによって考察され(水野 1963・69b、桐原 1969、長崎 1973)、また、筆者も氏らの研究を取り上げて論じている(山本 1976a・79)ものの、いまだ不明な点が多く、想像の域をでないのが現状である。

そうした点については、今後のさらなる研究に期待するとして、ここでは、石柱・石壇をもつ住居址の性格、とくに、いまだ根強い特殊な住居址とする見方に対してあらためて疑問を呈してみたいと思う。

石柱・石壇をもつ住居址は、当初、水野正好が与助尾根遺跡の集落構造を分析したさい、土偶・石柱(石壇を含む)、石棒等の宗教的遺構・遺物の住居址内出土のありかたから、『石柱祭式』・『土偶祭式』・『石棒祭式』を設定し(水野 1963)、『三家族が村の三祭式を分掌』し、『祭式執行は家族ではなく、村なり性なりを代表する個人が担当したものと』(水野 1969b)とする、いわば『集落内祭祀分掌論』という立場から出発したことは良く知られている。こうした考え方とは別に、宮坂光昭・桐原 健らは、中期中葉から後葉にかけての祭祀の構造的変化に着目し、『勝坂期には、住居址群のある地点に立石が作られ、立石が一住居とか、一個人の所有物でなかったことを物語るものであるが、加曽利E期になると、住居址内からの発見が広く普遍的になってくる』のであり、『恐らく、勝坂期の集落共有物、氏族的共同体の共有物が、家族共有物か、近親共有物に変化をみせた』(宮坂 1965)とする理解や、『加曽利E期に至って各住居址が何らかの宗教的施設を有していると云う状態は勝坂期の血縁共同体—おそらくは氏族構成が単婚家族単位の小グループに分解したかにも思われる』(桐原 1964)こと、『儀礼の場は、生活の舞台が河川沿岸から山麓へ移行しかけた前期末から戸外に設けられ、中期中葉時に下って室内に持ちこまれ、中期後半に竪穴奥壁部に定着した』こと、すなわち、『中期中葉から後半にかけて彼等の社会構造に変貌が生じている』のであり、『特にも祭祀面に変化が生じたであろうことは断言でき、その資料として、この立柱などは好適なものと思われる』(桐原 1969)などと、中期中葉・勝坂式期から中期後葉・加曽利E式期へと変化する過程の中で、屋外祭祀→屋内祭祀へと祭祀の構造的変化が生じたものと理解されるようになるのである。

このように、石柱・石壇をもつ住居址は、その研究当初にあっては、とくに特殊な住居址として認識されず、ごく一般的な住居址とみなされたのである。

ところが、こうした解釈に対して否定的な見解を示したのが長崎元廣であった。氏は、『石

柱・石棒・石壇を有する住居に、呪術者や司祭者的人間が居住したというような一般的な考えではなく、その特殊な諸要素を総合すれば、集団全体の共同家屋であり、共同祭式の場であると考えるべきこと』、『そして集落の構成員がここに結集して祭式を執行したり、年間の諸行事を行なったり集団合議したりする共同家屋である』(長崎 1973)との理解を示した。このように、氏は、『共同祭祀家屋』説とでもいうべき考え方を鮮明にさせ、石柱・石壇をもつ住居址をきわめて特殊な住居・施設としてとらえたのである。ただ、その後、氏自身、別稿において見解をあらため、『かつて私は』、『石棒などの祭祀施設をそなえた家屋は日常生活には利用されずに祭祀の時にだけ村人が集まる祭祀専門の家屋ではないかと考え』ていたが、『祭祀施設をそなえた大部分の家屋は司祭者を含む普通家族の日常の住まい』であり、『その家屋内で行われる祭祀は、その家屋の成員に限られたものではなく、集落内の主だった成員が集って行なう共同祭祀の形をとっていたものと考えられる』(長崎 1976)と理解するようになる。

こうした、住居そのものは一般的な住居と変りはないが、そこに居住した者が司祭者・呪術者であったとする考え方は、先にあげた水野の『集落内祭祀分掌論』とも共通性をみせており、今日においても一般的な理解となっているといえよう。したがって、当初、宮坂・桐原らが考えた、いわば『竪穴成員祭祀』的な理解は、ほとんど顧みられなくなったのである。

しかし、こうした考え方については、すでに何度か指摘してきたように(山本 1976a・79など)、中期後葉段階の石柱・石壇を含めた諸現象をとらえる時、否定的にならざるをえない。今までみてきたように、石柱・石壇をもつ住居址は、時間的には、中期中葉にその祖源が求められ、中期後葉期にその盛期を迎え、中期終末期になると、柄鏡形(敷石)住居へと変質を遂げ、その風習は廃れてしまうのである。また、その分布域をみると、中部山地域を中心としてその外縁部に限られている。共同家屋であるとか、司祭者・呪術者家屋として認識するなら、なぜ時間と空間を限って、こうした施設が住居内に構築されたのかといったことを、まず明らかにさせるべきであろう。

石柱・石壇をもつ住居址の特性を検討してみると、長崎も見解を変えたように、住居址の構造・形態・規模などからするなら、他の一般的な住居址となんら変りがない。唯一の違いは石柱・石壇をもっているか否かだけである。すなわち、特殊なのは住居にあるのではなく、石柱・石壇という祭祀施設の存在にあるといえよう。司祭者・呪術者がそこに居住して、集落成員の祭祀を司さどったとする見方は、一見魅力ある考え方といえるが、宮坂・桐原らが見通した、中期中葉から後葉期へと移る時代的な、社会構造の変化を十分に認識していないものといわざるをえないのである。このことは、次の中期終末期に完成を遂げる柄鏡形(敷石)住居についても同様な指摘が可能であるが、その点についてはこれまでしばしば主張してきた(山本 1976a・79・80a他)ので、ここで触れることは避けておきたい。

以上、縄文時代中期に出現した石柱・石壇をもつ住居址について検討を試み、あわせてこの種の住居址を特殊視する傾向について否定的な見解をあらためて主張してみた。

縄文時代中期中葉期に萌芽し、中期後葉期の中部山地域を中心とした地域の諸集落に盛行をみた石柱・石壇は、中期終末期に忽然と出現する柄鏡形(敷石)住居との関係において、とくに屋内敷石風習の祖源を探るうえで重要な現象と理解される。ただ、石柱・石壇をもつ住居から柄鏡形(敷石)住居への具体的な変化の過程については、いまだ十分に解明されたとはいいがたく、両者の間隔はいぜんとして大きいといわざるをえない。

今後とも、その変化の過程をより具体的に解明してゆくことが要求されているといえよう。

註

(1) 住居址の床面上に石や礫が遺存する事例はしばしばみられるが、石柱・石壇といった意図的な配石と認めがたい事例は除いている。ただし、棒状石の場合、それが本来樹立していたものが横転してしまったものかどうか判断に迷う場合がある。ここでは、報告書等の記載を参考としつつ、横転状態の場合でも石柱の可能性の高いものについては事例として取り上げてみた。

　　ただし、一部において長崎元廣が集成した事例(長崎 1973)とは解釈の相違から違いがある。

　　なお、第1表にあげた各事例の参考文献は、巻末の「石柱・石壇をもつ住居址発見遺跡参考文献」に一括して記載した。

(2) 長野県天竜川伊那谷域を中心に分布する、いわゆる「唐草文」系土器については、米田明訓による編年案(米田 1980)を参考として、曽利式土器の編年に対応させ、曽利(Ⅰ～Ⅴ)式併行と表現し、曽利式期の事例に含めている。

(3) 本住居址については、長崎は石柱・石壇をもつ住居址として認識されていないが、報告(藤森他 1964・65)では、石壇状施設の存在が指摘されているので、ここでは事例としてあげてみた。

追 補

初出論文(山本 1994)発表以降、追加された事例をあげておきたい。

神奈川県津久井郡津久井町寸嵐1号遺跡5号住(曽利Ⅲ)、大地開戸遺跡29号住(曽利Ⅱ)、愛甲郡清川村南(No.2)遺跡J1号住(曽利Ⅰ?)、J2号住(曽利Ⅰ～Ⅱ)、J3号住(曽利Ⅰ)、山梨県北都留郡上野原町狐原遺跡6号住(中期後葉)、南都留郡宮の前遺跡3号住(曽利Ⅲ)、長野県上田市八千原A遺跡13号住(曽利Ⅳ)、15号住(曽利Ⅳ)、小県郡真田町四日市遺跡5号住(中期末)、木曽郡日義村お玉の森遺跡10号住(中期後葉)、12号住(中期後葉)、静岡県三島市観音洞B遺跡5号住(曽利Ⅲ)、岐阜県大野郡丹生川村牛垣内遺跡6号住(中期後葉)

これらの事例は分布的にみると、静岡県域にも三島市観音洞遺跡例が検出されたことや岐阜県内からも新たな事例が追加された。広がりが伊豆半島方面にも認められたことは、石柱・石壇をもつ住居址が曽利式土器分布圏内を中心とするありかたからみると当然であろう。時期的にみる

と、神奈川県南（№2）遺跡例から中期後葉でも前半段階の事例が存在が知られるようになった。本稿でも指摘したように、今後西関東山地域にもこの時期の事例が増加するものと思われる。

　追加された事例中、とくに注目されるのは、山梨県宮の前遺跡3号住の事例である。奥壁部やや右空間寄りの壁際に立石が置かれ、出入口部に埋甕があり、張出部は階段状を呈しており、小張出というより、すでに形態的には柄鏡形を呈している。柄鏡形（敷石）住居成立過程を考えるうえで注目される事例と思われる。

62　第2章　敷石住居址の変遷とその性格

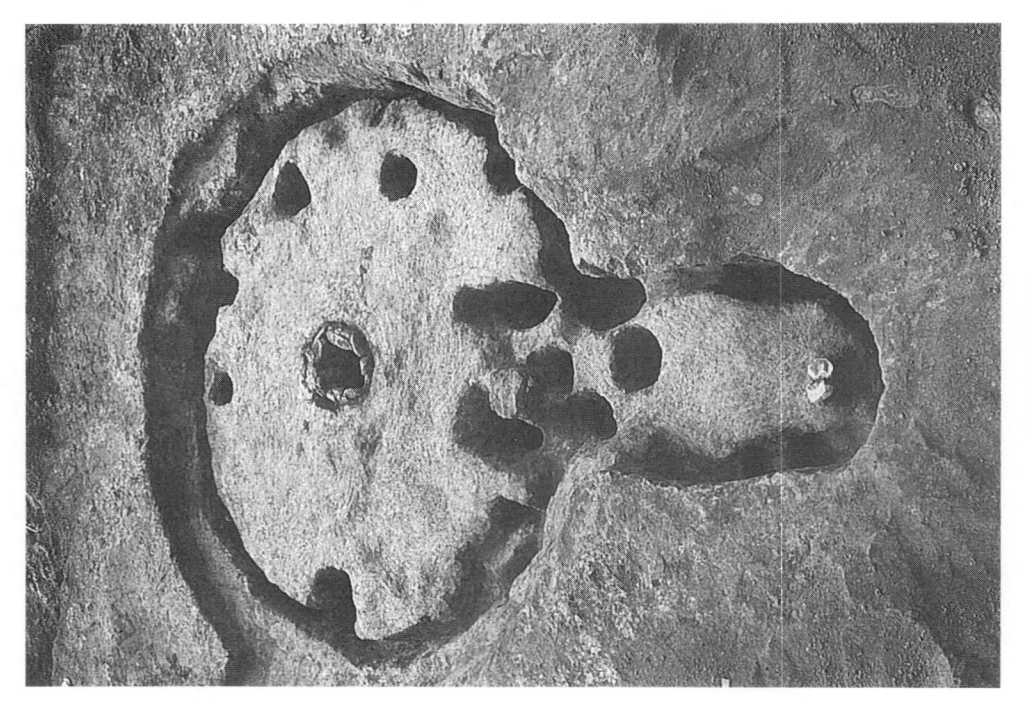

炉址及び張出部

柄鏡形住居址全景

第2節　横浜市洋光台猿田遺跡発見の柄鏡形住居址

　関東西部から中部山地の縄文時代中期後葉期に萌芽した住居構造の変化は、中期終末段階に至り、柄鏡形（敷石）住居を誕生させた。筆者が総称する「柄鏡形（敷石）住居」とは、敷石をもたない柄鏡形の構造をもつ住居を含めてとらえたものであった。「柄鏡形住居」の呼称は、1967（昭和42）年、3月に発掘調査が行われた、神奈川県横浜市洋光台猿田遺跡発見の第10号住居址をもとに櫻井清彦によって名付けられたものである（櫻井 1967）。この住居址は、当時早稲田大学第一文学部の2年生であった筆者が自ら発掘したものであった。そこで、まず、柄鏡形（敷石）住居址研究の原点ともなった、この洋光台猿田遺跡第10号住居址について、その特徴と出土遺物のありかたについて報告し、あわせてその成立段階の柄鏡形住居址の特徴について考察することとしたい。

　洋光台猿田遺跡は日本住宅公団（当時）の洋光台団地造成工事に伴う事前調査として、昭和42

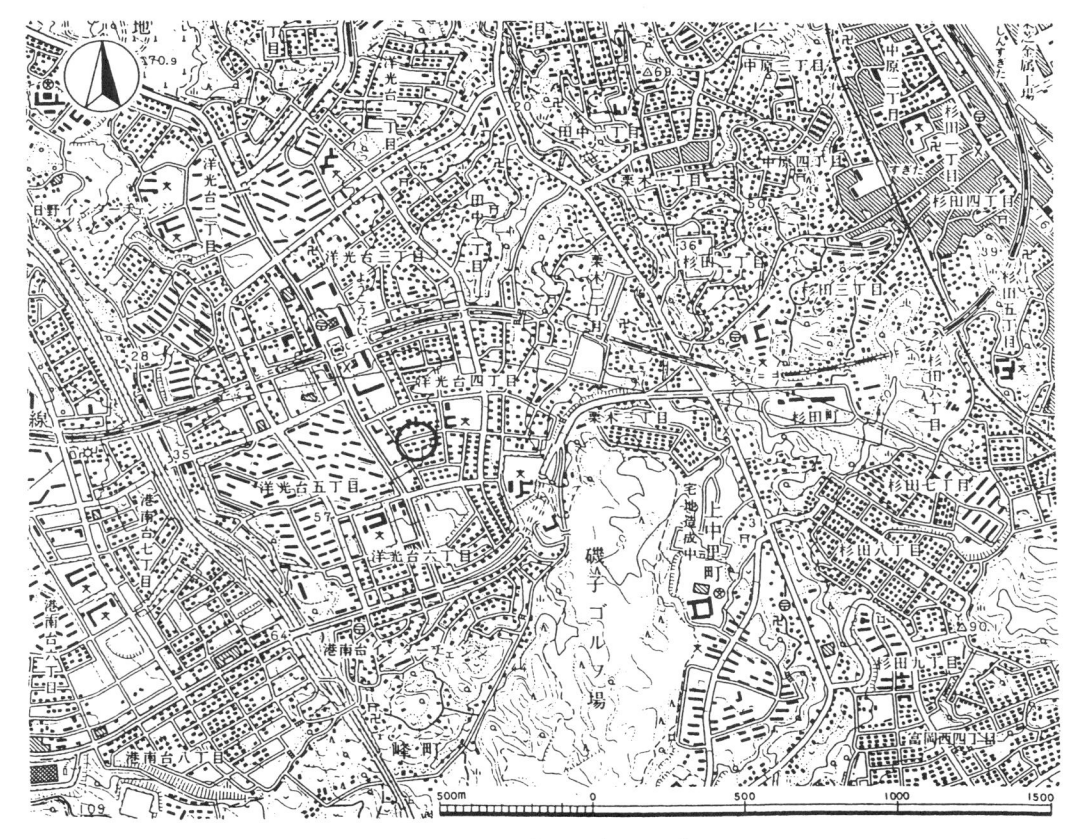

第10図　遺跡位置図　[1/25,000]

(1967)年2月15日～3月25日までの約40日間発掘調査が行われた。遺跡は調査当時、横浜市南区(現・港南区)日野町猿田に所在していた。現在の地番に照していえば、横浜市磯子区洋光台4丁目17～18番地付近に相当すると考えられる(第10図)[1]。ＪＲ根岸線・洋光台駅南方約500mあたりに位置するが、団地造成工事によって地形が全く改変されてしまい、往時を偲ぶすべもない。

遺跡の調査に至る経緯並びに遺跡の地理的・地形的位置と調査の概要について簡単な記述が概要報告書(早稲田大学文学部史学科資料室 1967)に掲載されているので、以下それを引用する。

　　横浜市南部の磯子区、南区には起伏に富む山林地帯がある。この地域に日本住宅公団の大団地が造成されることになり、公団と神奈川県の委嘱によって地域内においてもっとも大きく、かつ重要と思われる遺跡の調査を行った。遺跡名はその地区の字名をとって「猿田遺跡」と命名した。
　所 在 地　横浜市南区洋光台猿田
　調査期日　昭和42年2月15日～3月25日
　調 査 者　早稲田大学文学部(櫻井清彦・久保哲三、玉口時雄)
　調査概要　遺跡は現在の東京湾汀線から約6kmほど奥の、長軸約180m、短軸約50mの東西に長い半島状の丘陵(標高約75m)にある。半島状地形の先端、すなわち西地区はゆるやかに西方へ傾斜し、その突端は急な崖となる。竪穴群はこの西に向かった傾斜地に集中し、丘陵上の他の地域には全く遺構を見出すことはできなかった。西地区の面積は東西約70m、南北約40mほどであって、ここに13軒の縄文時代中期の竪穴住居址群が発見された。
　住居址は傾斜地に設けられたため東壁は深く、西壁は浅い。形状は不整形のものが多いが、中には円形の一部に突出部をもつ柄鏡状のものや、六角形のものも見出された。各竪穴の床面はかたくたたきかためられほぼ中央に石で囲ったり、カメを埋めたりした炉がある。この遺跡から出土した土器の量はリンゴ箱40箱をこえた。土器は加曽利E式土器が大部分を占めるが、西傾面の下の方で勝坂式土器、上の方で堀の内式土器が若干見出された。つまり等高線の低い方から高い方へ向って勝坂式土器→加曽利E式土器→堀の内式土器という変化がみられた。しかし勝坂式、堀の内式土器に伴う竪穴は発見されなかった。
　この調査では、集落単元としての丘陵の全面をほぼ掘りつくしたということ、また竪穴住居のすべては加曽利E式土器をともなうこと、したがって若干の竪穴の重複はあっても、これら竪穴群はほぼ同一時期のものと判断され、わが国の石器時代における社会構造を推定し得ることが可能であろう。
　土器の整理、復元に相当長い時間が必要であるが、いづれまとまった研究報告を刊行したいと思う。

記述の末尾に記された報告書刊行への意思が今もって果たしえていないことに調査参加者の一

第2節　横浜市洋光台猿田遺跡発見の柄鏡形住居址　65

第11図　遺跡地形図

第12図　発掘区全体図

第2表　発見住居址一覧表（櫻井 1972 より転載）

番号	形	長径	短径	柱穴	周溝	炉址	備考
第1号址	楕円形	4.30m	3.50m	6本	無し	竪穴炉	
第2号址	楕円形	6.25m			有り	竪穴炉	攪乱されていて柱穴数不明
第3号址	六角形	6.40m	5.15m	2本	有り	竪穴炉	壁際に埋甕、壁柱あり
第4a号址	六角形		4.30m	3本	無し	埋甕炉	）復合
第4b号址	不整形		4.10m	1本	無し	竪穴炉	
第5号址	隅丸方形	5.05m	4.40m	4本	1部有り	埋甕炉	炉址の1部が石囲い
第6号址	六角形?	4.40m	4.00m	8本	無し	竪穴炉	
第7号址	不整形			10本	無し	竪穴炉	炉址に倒立の甕
第8号址	隅丸方形			3本	1部有り	不明	
第9号址	卵形	7.20m	6.90m	11本	有り	竪穴炉	拡張あるいは復合
第10号址	柄鏡形	5.20m	4.05m	15本		石囲炉	壁際に埋甕
第12号址	楕円形	5.70m	5.00m	10本	有り	埋甕炉	壁柱穴あり　1部攪乱　壁際に埋甕
第14号址	楕円形	6.30m	5.45m	12本	1部有り	無し	復合の可能性あり　壁際に埋甕

人として忸怩たるものがあるが、本稿が、そのごく一部にせよ、地上から煙滅してしまったこの遺跡の概要を知らしめることに役立つことができればと幸いと思う。

　概報の記述のように、発見された遺構は竪穴住居址13軒である。第11図に遺跡の地形図、第12図に発見遺構の配置図を示した。住居址番号は1号〜14号まであるが、そのうち、11号と13号が欠番となっている（第2表）。他に調査区東側に多数の焼土を伴うピット群が存在したが、この全体図にはその配置は記載されていない。住居址群の分布のありかたはとくに環状構造を呈するものではなく、東西に長いやせ尾根状地形に住居址群が散漫な展開を示している。大規模な中期集落址に比較して重複の少ないことが特徴といえよう。概報では、「ほぼ同一時期のものと判断され」るとあるが、発掘当時の筆者のメモによると、一部勝坂式を含み、「加曽利EⅡ古〜EⅢ、Ⅳ式」（土器型式呼称は当時のメモによる）、称名寺式期に属するものがあるようであり、実際は細かく時期分けがなされるものと思われる。今回、柄鏡形住居址以外の住居址出土遺物の検討を試みることができなかったので、その時期別対比はあくまでも参考程度のものであることを断っておきたい。ところで、調査当時はあまり十分な認識はなかったように思うが、調査区北西部に住居址を斜に横切るように、地震によるものと思われる断層が走っている特徴がうかがえる。断層が生じた時期は明瞭ではないが、興味深い現象といえよう。

1．柄鏡形住居址の特徴（第13図・写真図版）

　発見された柄鏡形住居址は第10号住居址と命名された。今から30年以上も前に行われたこの住

居址の調査について細かな記憶はほとんど失われてしまったが、幸い手元に当時自らが綴った発掘日誌があるので、これを参考として、その特徴をみてみよう。

調査は、昭和42年3月6日から14日にかけて行われた。当初、遺構確認段階では、この住居址が柄鏡形を呈するという認識はなく、円形プランに長方形の土坑状の遺構が重複するものと判断し、調査を進めたが、結果的には、埋甕の発見や土坑と考えた長方形の落込み（張出部）にも周溝がめぐることから、同一時期のものと考えるに至った。当時の調査日誌をみると、最後まで張出部がこの住居址に付属するものなのかどうかを問題としており、柄鏡形プラン初発見当時の筆者の新鮮なとまどいに似た感情が記憶としてよみがえってくる。

住居址は炉址から張出部近くの範囲がイモ穴によって撹乱されていたものの、比較的遺存状態が良好であった。覆土はロームブロックの非常に多く混じった黄褐色土層である。遺物は覆土中に土器片が多く出土したが、とくに北西隅の壁寄り近くの床面上から深鉢形土器の大形破片が検出された（第14図2）。また、炉址近くの覆土中に焼土層がみられ、焼けた骨片も出土した。

プランは、張出部を含めて長軸約5.1m×短軸約4mを測る。主体部は、P14までの範囲で測ると、東西約3.6m×南北約4mの南北にやや長い楕円形を呈する。張出部は、長軸を埋甕と対状のピットP9・P10までの範囲を計測で計測すると、長さ約2.6m×幅約1.1mを測る。壁は南側の一部を撹乱によって欠くがほぼ全周する。壁高は一定しないが、深いところで35～40cmを測る。周溝は張出部との接続部を除きほぼ全周するが、北壁側の一部を除き壁と周溝が離れ、その部分がテラス状を呈する。また、張出部にも周溝が認められた。張出部の壁は一部オーバーハングしていた。柱穴は全部で14本確認された（図中の柱穴に示した数値［単位cm］は床面からの深度を示す）。このうち、P1～P8は壁際近くを巡るもので、主屋を支える柱穴と考えられる。P9とP10及びP11とP12は張出部との接続部に穿たれた対状の柱穴である。また、P10の一部にかかって深鉢形土器（第14図1）が埋設されていた。張出部の主軸ラインの中央に埋設されるのではなく、やや南側に偏している。この埋甕は正位に埋設されていたが、完全ではなく、約1/4ほどが口縁部から胴上半部にかけて欠損していた。このほか張出部の主軸にそってP13とP14の柱穴が認められた。これらの柱穴は張出部の上屋構造に関係するものと思われる。炉址は楕円形プランのほぼ中央、やや奥壁よりにあり、河原石を円形に組み、石組の外側に土器片（第20図1～4）を埋め込んだ土器片囲石囲炉である。石組及び土器片は火熱を受けて非常に脆い状態を呈していた。床面は堅く締っており、床面上に敷石や配石等は認められなかったが、張出部の先端部に床面から浮いた状態で小河原石が2個検出された。住居使用時のものであるかどうかはっきりしなかった。

2．出土遺物（第14～22図）

本住居址から出土した遺物は、土器及び石器である。当時の筆者の発掘日誌によれば、石斧が

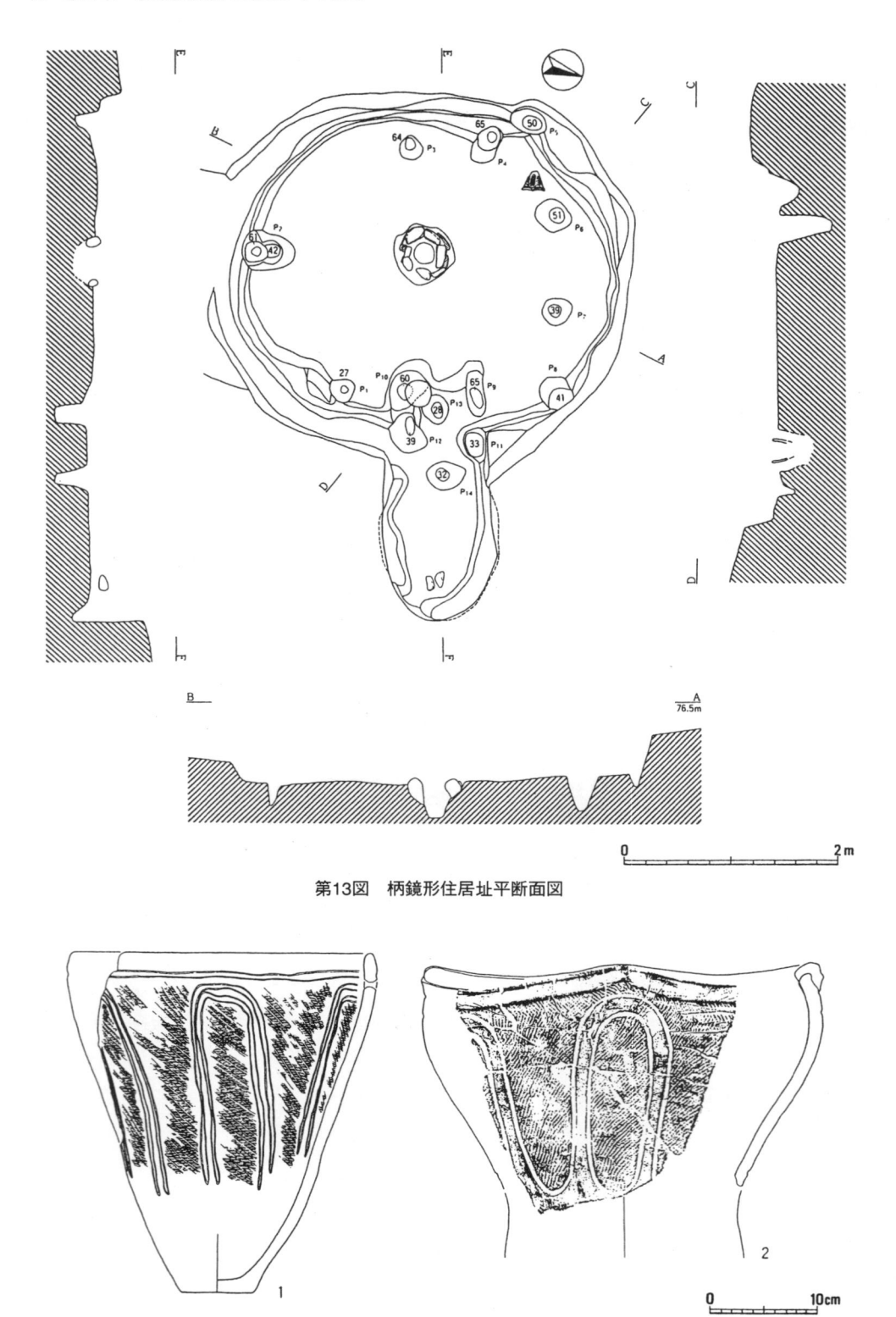

68 第2章 敷石住居址の変遷とその性格

第13図　柄鏡形住居址平断面図

第14図　出土土器(1)　1：埋甕　2：床面出土土器

4点ほど出土したとされているが、今回資料を見出せなかったので、土器に限って報告することとした。土器は洗浄はすべて終えてあったが、注記はごく一部を除いてなされておらず、接合・復元も行われていなかった。埋甕（第14図1）と床面出土土器（第14図2）及び炉体の一部に転用した土器（第20図1～5）を除く遺物は、覆土層中から出土したものである。取り上げた際のラベルには覆土上層と下層の区別がされていたが、とくに層位的にまとまった出土状態は認められなかったので、ここでは一括して分類・掲図した。なお、出土土器の接合後の破片数は、埋甕・炉址に転用した個体土器も1片として数えると、約650片を数える。

出土土器は、その全てが加曽利E式期（曽利式を含む）に属するものであり、他の時期の土器片は含まれていない。以下、出土土器の特徴について分類にしたがって記述する。

第1群土器（第15図1～21）

口縁部文様帯を有する加曽利E式土器後半期、1980年12月に神奈川考古同人会が主催して行ったシンポジウム（神奈川考古同人会 1980・81）で提示した編年案（以下、神奈川編年と略称する）でいうⅢ期に相当するものを一括した。出土量は少なく、約40片である。

1～11は口縁部破片である。キャリパー形がくずれ退化した口縁部文様帯を有するものである。1～5・7は口縁部区画文内に縄文を充填し、胴部以下は1のように幅広の磨消文帯をもつものと考えられる。縄文はRLである。8は地文に撚糸文をもつ。12～16は口縁部近くの破片である。12は区画文内に列点状の刺突文をもつ。17～21は胴部破片である。幅広の垂下する沈線に挟まれた磨消帯と蛇行する懸垂文を有するもの（18～20）がある。21は地文に櫛歯条線をもつ連弧文系土器と考えられる。

Ⅲ期後半から末段階のものに相当するが同一時期のものとはいえず、覆土中の混入と考えられる。

第2群土器（第14図1・2、第16図～22図）

口縁部文様帯を喪失した加曽利E式土器終末期及び曽利式土器終末期、神奈川編年でいうⅣ期に相当する一群を一括した。本住居址出土土器の主体をなす。

第1類（第16図1～24、第17図1・2・6～18）

口縁部下に1条の沈線を巡らすものを一括した。約60片出土した。

1a類（第16図1～8） 口縁部下に1条の沈線を巡らし、その無文帯部に連続刺突文を施すもの。1～5は同一個体と考えられるもので、キャリパー状に内屈する器形をもち、口縁部は波状を呈する。波状のありかたからみて、橋状把手が付く可能性が強い。沈線下の文様は、縄文RLを地文とし、逆U字状沈線による区画文内を無文とするもので、上半部と下半部の2帯で構成されるものと考えられる。8は口縁部下沈線と結合して逆U字状の無文部がX字状に施されている。

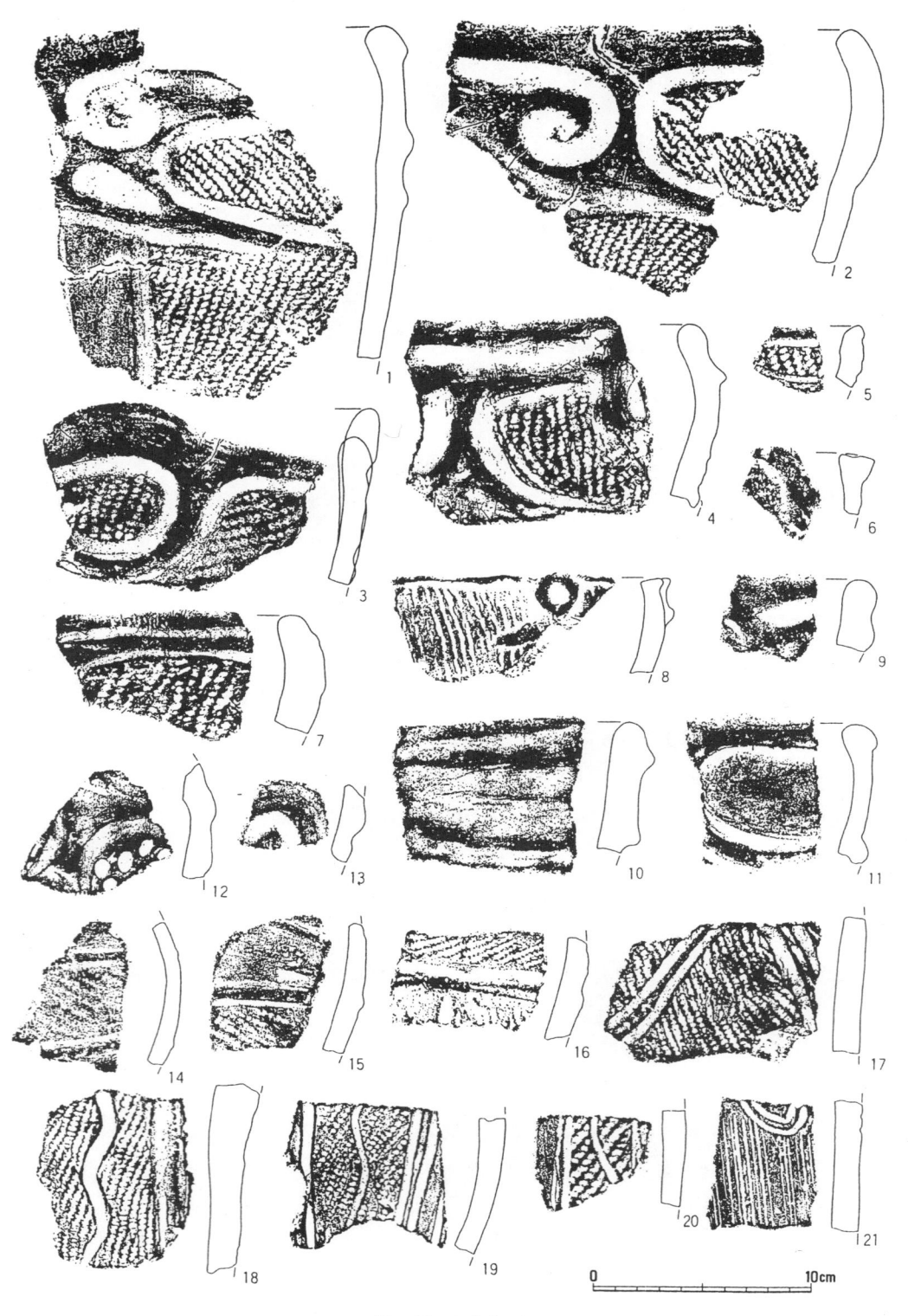

70　第2章　敷石住居址の変遷とその性格

第15図　出土土器(2)

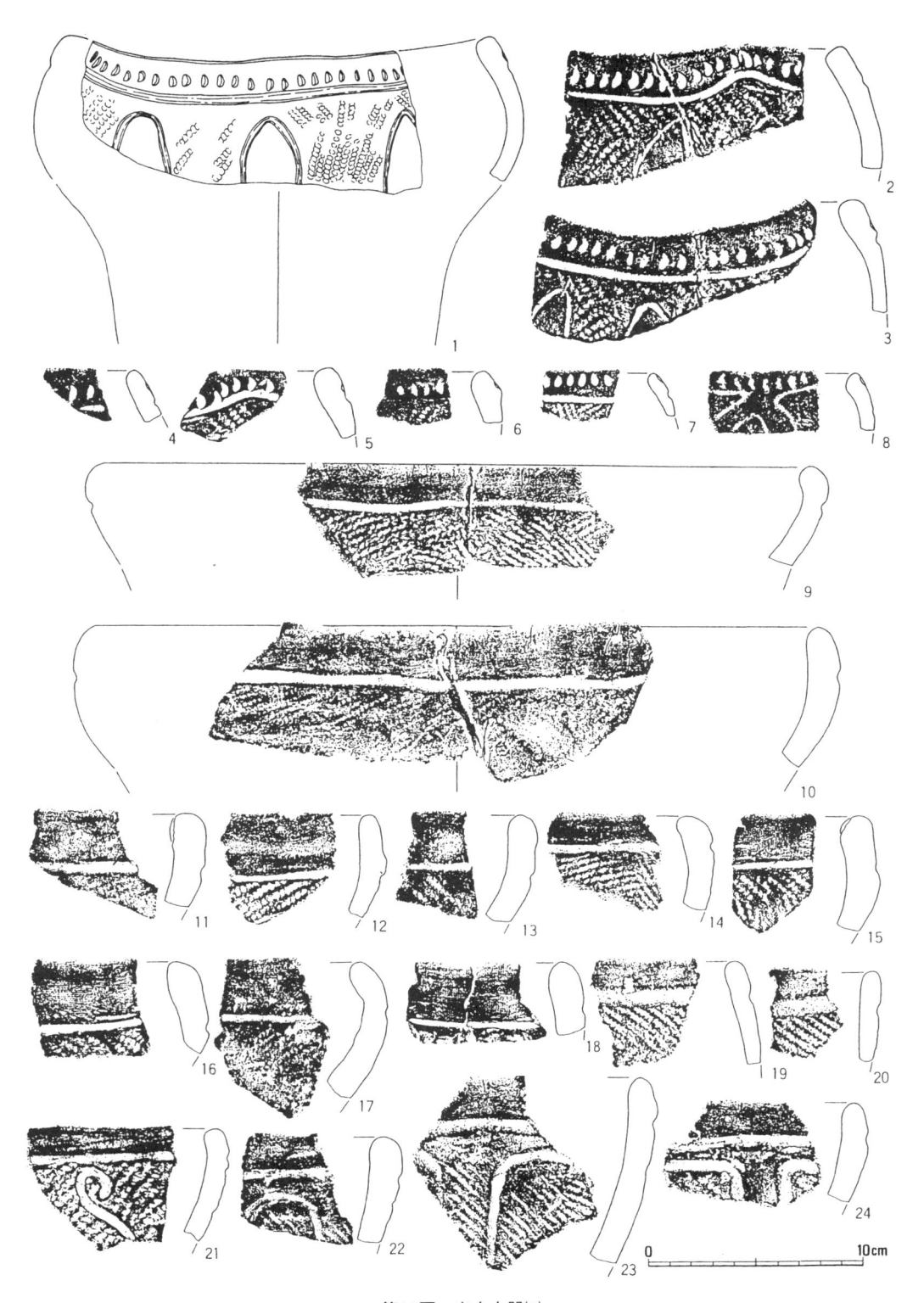

第2節 横浜市洋光台猿田遺跡発見の柄鏡形住居址　71

第16図　出土土器(3)

1 b類(第14図1、第16図9～24)　口縁部下に1条の沈線を巡らし、口縁部を無文帯とし、以下地文に縄文をもつもの。12は隆帯下に沈線が引かれている。19・20は比較的幅広の凹線を引いて区画している。埋甕として用いられた第14図1の土器は、約1/4ほどを欠くが口縁部から底部まで残存する砲弾形を呈するもので、口径約28cm、器高約33cmの大きさをもつ。口縁部下に幅広の凹線を巡らし、以下地文に無節斜縄文Lを胴下半部まで施文し、2本を一対とする凹線で逆U字文を6単位、胴下半近くまで描いている。補修孔が認められた。21は蕨手状の蛇行沈線文が施されている。22～24は逆U字文の区画文内部にも縄文が施されている。

1 c類(第17図1・2)　口縁部にも縄文が及んでいるものである。1は、2本の沈線で逆U字文が描かれ、沈線内は無文となっている。

1 d類(第17図5～17)　地文に縄文をもたないものを一括した。ただし、小破片のため、沈線文下の文様が不明なものが多い。12は補修孔をもつ。6は逆U字区画文の一部がみえる。

第2類(第14図2、第17図3・4)

　口縁直下になぞりによる幅広の凹線状の無文帯をめぐらすもので、小波状を呈し、波頂部につまみ状の小突起をもつ。口縁下の無文帯下端部は明瞭な断面三角形を呈するいわゆる微隆起帯とはならない。破片数は少なく、掲図した3片のみである。第14図2は、P4とP5の柱穴に挟まれた部分の床面上から出土した胴上半部の大形破片である。推定復元の口径は約37cmをはかる。キャリパー状に内湾する口縁部から、胴部で一端屈曲し、下半部はやや胴の張る器形を呈すると考えられる。赤褐色を呈する焼きの良い土器である。口縁部下の文様は縄文RLを、無文帯直下は横位、以下縦位に施文し、2本の沈線文でU字、逆U字状の大きな波状文を描き、沈線区画内は無文となり、また、波頂部下は長楕円形文が形づくられている。下半部の文様は不明だが、おそらく逆U字文が描かれているものと考えられる。第17図3・4は曲線状の文様をもつものである。

第3類(第17図19～29)

　口縁部下の沈線を欠くもので、13片の出土。小破片のため、一部沈線文をもつものも含まれている可能性がある。19は口縁部下に隆帯が巡っている。29は広口の壺形土器と考えられる口縁部破片で、屈曲部に大形の突起がつく可能性が強い。

第4類(第18図1～24、第19図1～36)

　第1～3類の胴部破片と考えられるものを一括した。約110片出土した。

　沈線によりU字・逆U字状文を描くもの(第18図1～18)、垂下する幅広沈線による短冊状の磨消文帯をもつもの(第18図19～24、第19図1～21)、曲線状に沈線が描かれるもの(第19図22～36)などがある。区画内に縄文をもつものとその逆のものや2本の沈線間を無文とするものがある。多くは端部が逆U字状になるものである。12・13のように対向するU字文が胴上半部と下半部に施されたものがある。

第5類（第20図1～17）

　隆起線で文様が描かれるものを一括した。1～5は、炉址の石組の外側に埋め込まれた同一個体である。深鉢形土器の口縁部近くの個体を利用したもので、黄白色を呈し、火熱を受けたため、きわめて脆く全体を復元することはできなかった。接合しえた破片から器形を復元したものが第20図1である。推定口径約39cmを測る。口縁部が内屈する器形をもち、小波状を呈する。屈曲する口縁部を無文帯とし、以下斜縄文ＲＬを地文として、微隆起線が貼付されている。微隆起線の貼付後、その両側面をなぞっている。文様構成ははっきりしないが、3・4の破片からすると、U字・逆U字状の文様が描かれるものらしい。6～7は断面三角形を呈する、いわゆる微隆起帯をもつ口縁部近くの破片である。12も口縁部近くの破片であるが、逆U字状の微隆起帯区画が施されている。8～11、13～17は胴部破片である。9～13のように微隆起帯の側面になぞりをもつ逆U字状の微隆起帯をもつものや、14～17のように縄文をもたないものがある。炉に転用された土器を除くと、この類は12片の出土であった。

第6類（第20図18～26、第21図1～8）

　ハの字状、列点状刺突文、矢羽状沈線文をもつ曽利系の土器群を一括した。17片の出土。18～24はハの字状の沈線文をもつもので、18・19は口縁部破片、21～23のように垂下する2本の沈線で区画された間をハの字状沈線文で充填する文様構成をとるものである。25・26及び第21図1～6は列点状の刺突文をもつものである。25は逆U字状の区画内をハの字状の刺突文を充填したものである。第21図1～6は赤褐色を呈する焼きの悪い土器で同一個体と考えられる。接合しないため、全体の文様構成ははっきりしないが、口縁部下に沈線をもち、以下、雨垂れ状の列点を施文している。7・8は低い幅広隆帯を挟んだ垂下する沈線で区画された間を矢羽状の沈線で充填したものである。本類中、第20図25、第21図7・8はその他の土器と比較して曽利系土器でも若干古く、曽利ⅣないしⅤ式の古手のものと思われる。

第7類（第21図9～25、第22図1～7）

　櫛歯状工具による条線文を地文にもつものを一括した。約80片の出土。第21図9～14は口縁部破片、15～17は口縁部近くの破片である。10・11・15は浅鉢と考えられる。9は口縁下に2条の浅い凹線を巡らし、以下、地文に蛇行櫛歯条線を施し、その上に凹線による蛇行懸垂文をもつものである。その他は、口縁下に沈線文を巡らし以下櫛歯条線を施したものである。15は2条の沈線文が巡っている。櫛歯条線は10のように横位に波状を描くものや、19のように支点を変えてコンパス文を描くものがあるが、多くは縦位ないし斜位に密に施されているが、中には、第22図6・7のように間隔が疎のものもみられる。第2群土器中の粗製土器と考えられる。

第8類（第22図8）

　無文のもの。無文部の破片も含まれていると思うが、約190片と出土量は多い。掲図は8のみだが、作りは雑なものが多く、第7類同様粗製土器と考えられる。

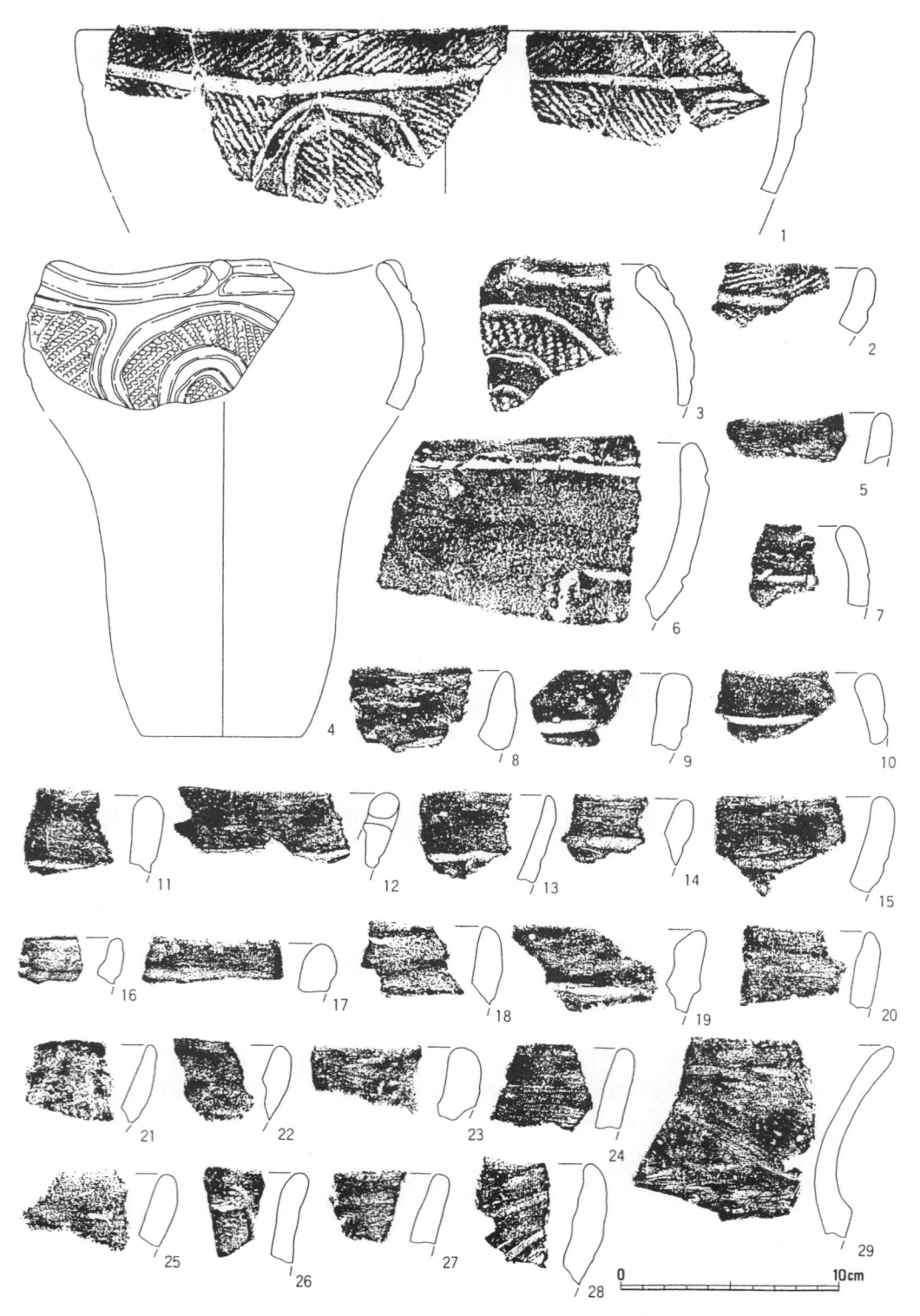

74　第2章　敷石住居址の変遷とその性格

第17図　出土土器(4)

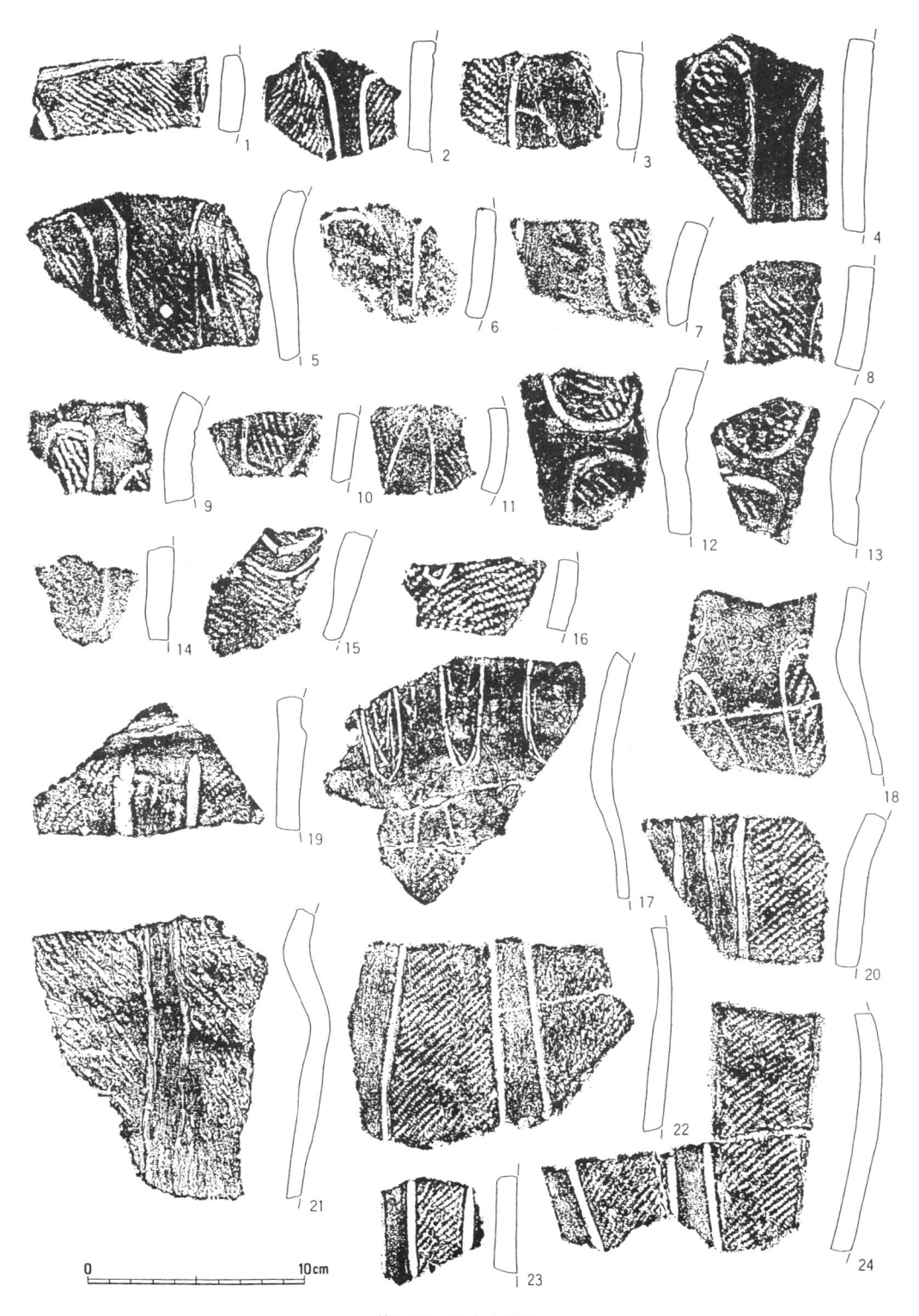

第 2 節　横浜市洋光台猿田遺跡発見の柄鏡形住居址　75

第18図　出土土器(5)

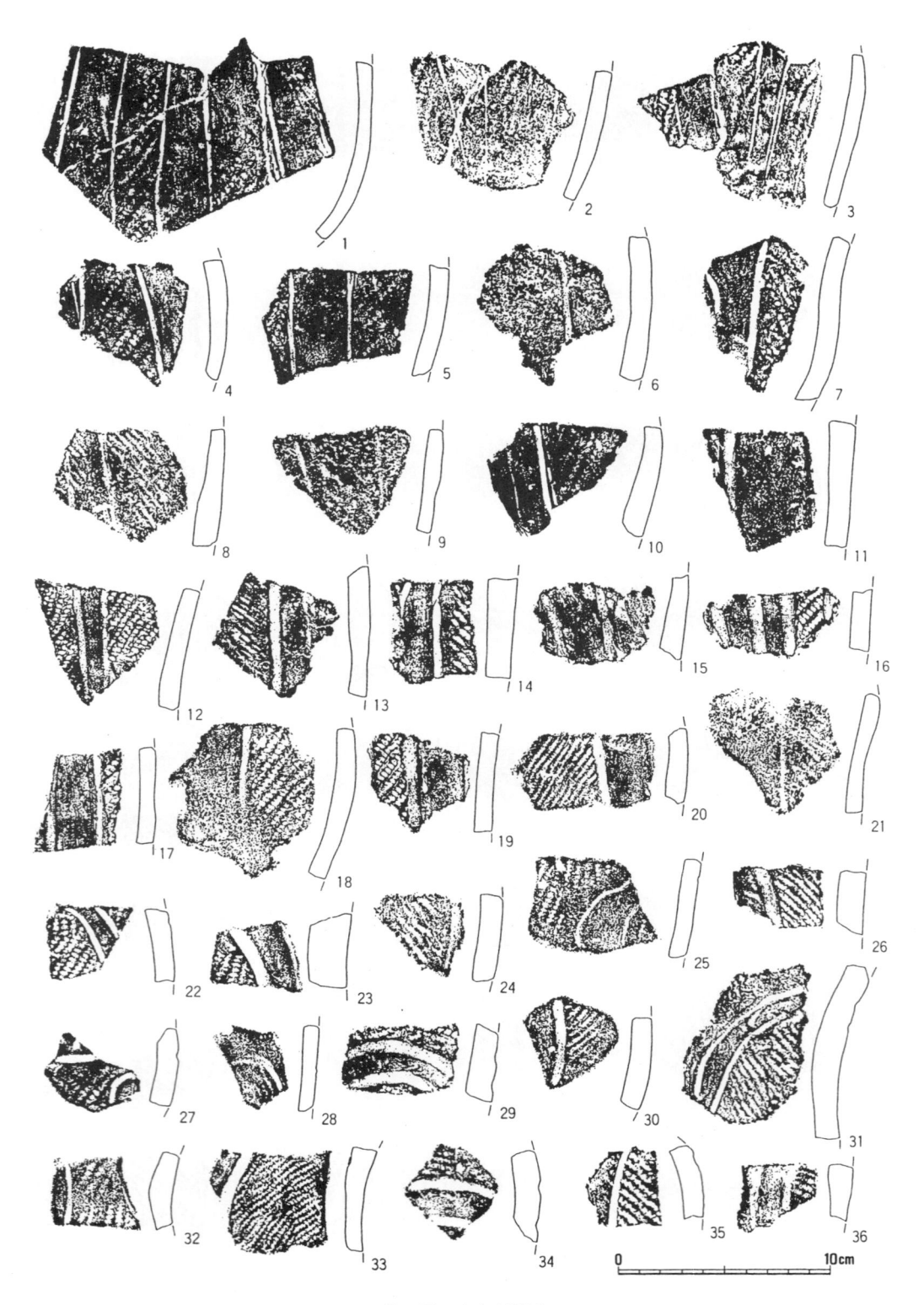

76　第2章　敷石住居址の変遷とその性格

第19図　出土土器(6)

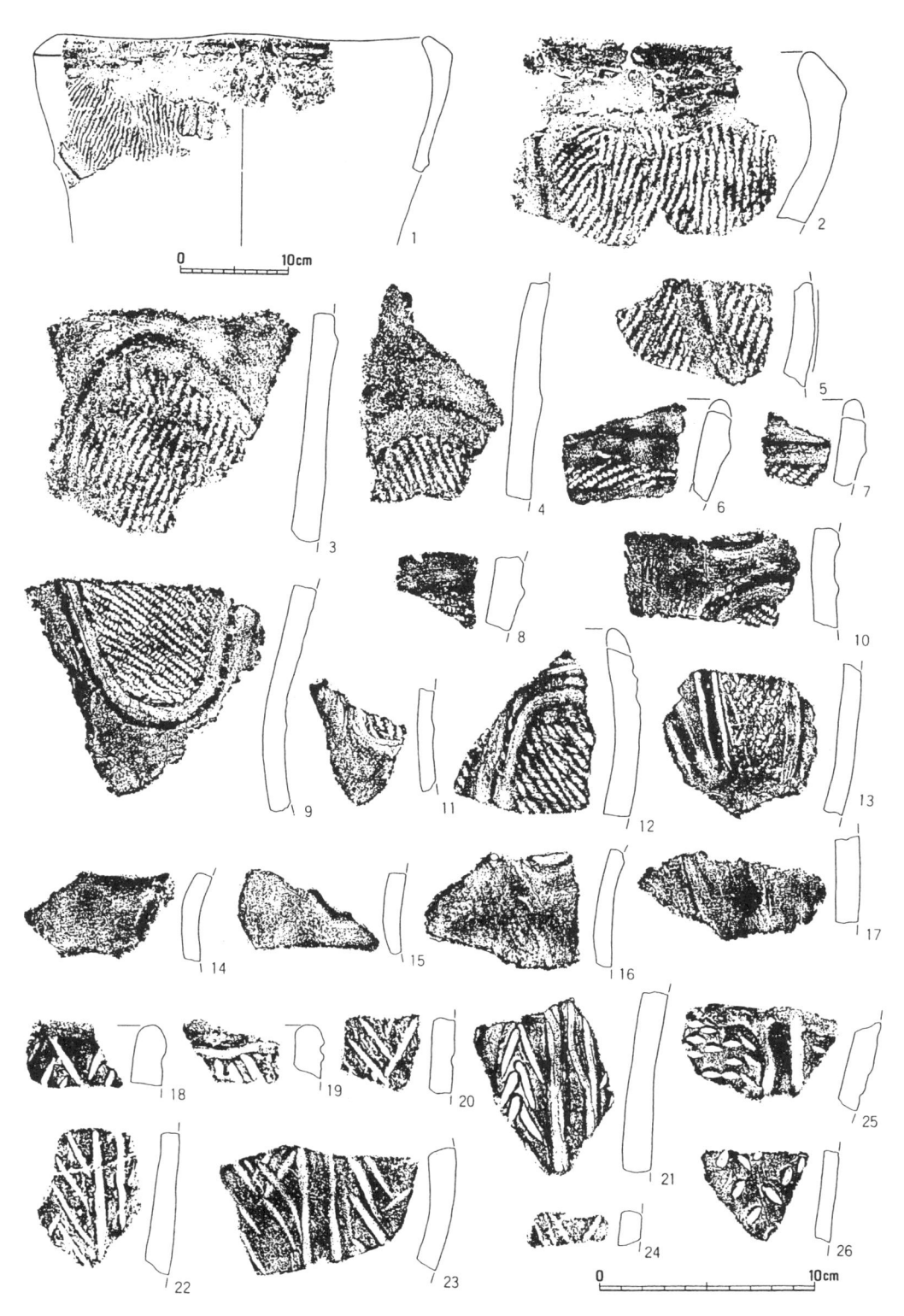

第2節　横浜市洋光台猿田遺跡発見の柄鏡形住居址　77

第20図　出土土器(7)

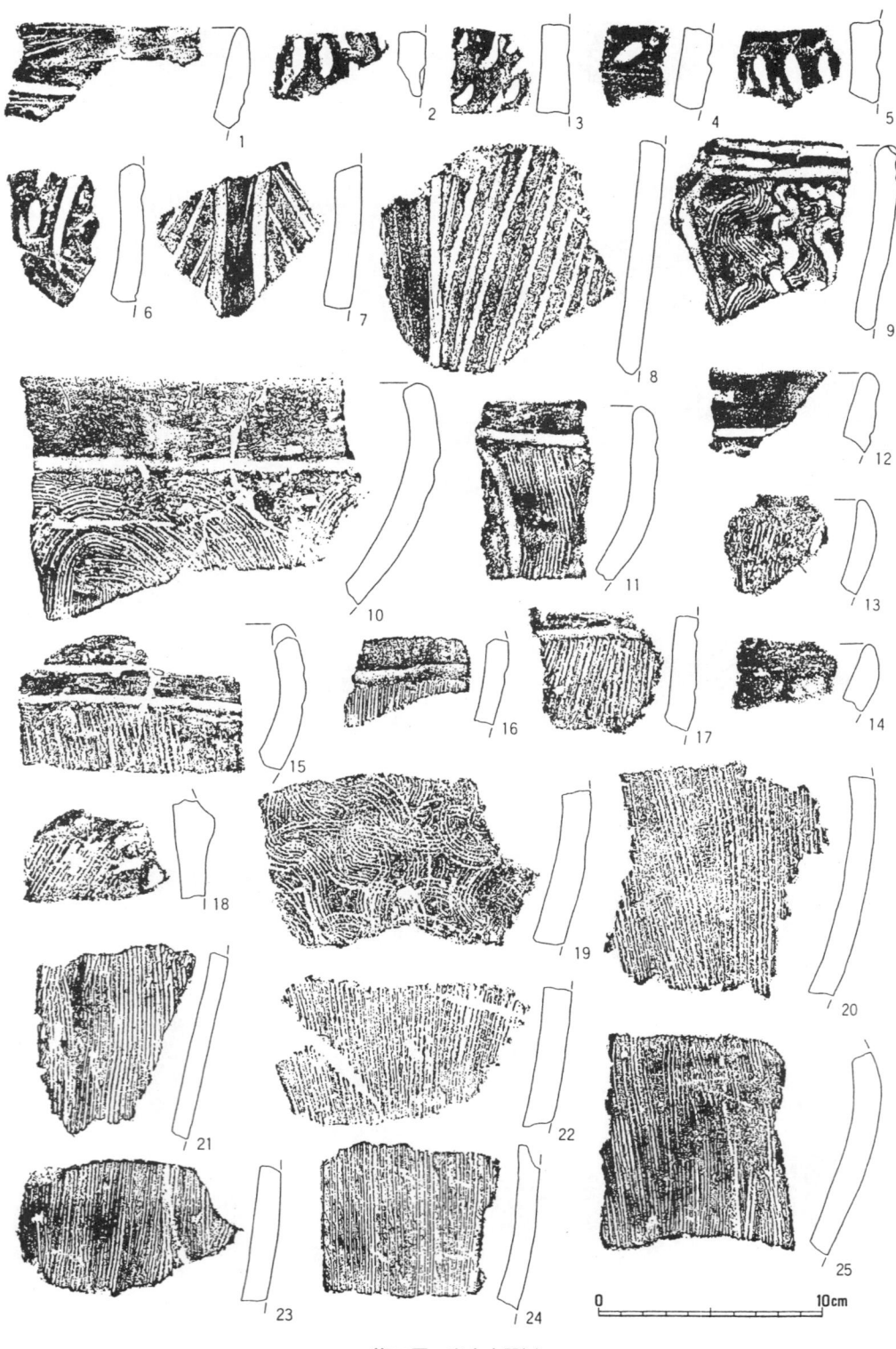

78 第2章　敷石住居址の変遷とその性格

第21図　出土土器(8)

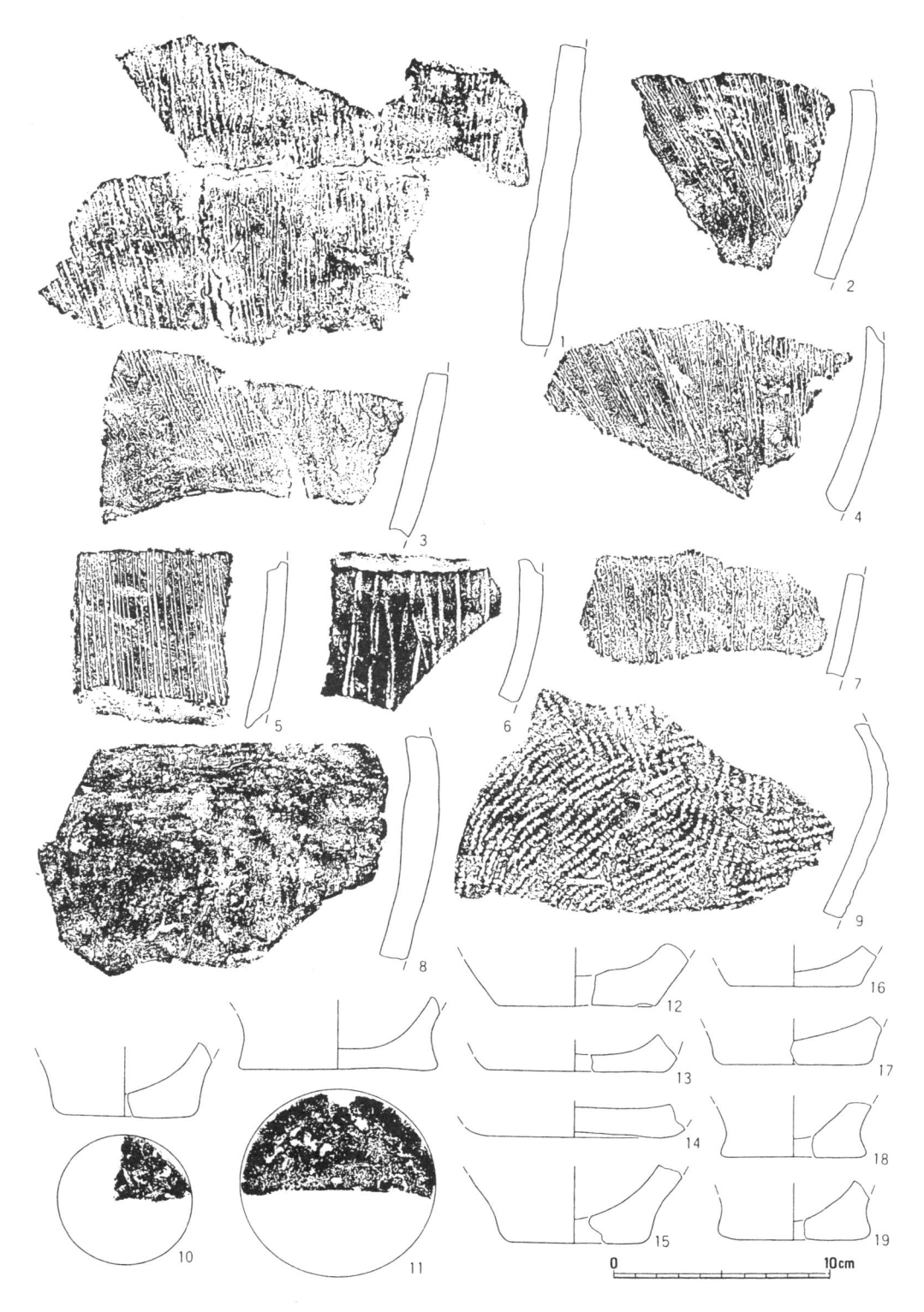

第2節　横浜市洋光台猿田遺跡発見の柄鏡形住居址　79

第22図　出土土器(9)

第9類(第23図9)

　縄文のもの。縄文部分のものも含まれていると思うが、約130片出土している。9はその大形破片である。その全ては斜縄文であり、原体の明らかなものみると、無節のもの20片、単節のもの90片である。原体は、L18片、R2片、LR27片、RL63片であった。

　なお、ちなみに、第2群土器第1類～5類までの縄文を有する土器の原体のありかたを掲図した資料でみると、無節L23片、R1片、単節LR17片、RL41片となっている。

底部(第23図10～19)

　底部は14個体出土した。10は網代痕をもつ。やや底部端が張り出すもの(11・15・18・19)とそうでないものがある。おそらく第2群土器の底部と考えられる。

　以上、本住居址出土遺物の特徴について記した。本住居址の所属時期は、埋甕、炉に使用された土器及び覆土中に主体を占めた土器から判断して、ここで分類した第2群土器、すなわち加曽利E式終末段階、神奈川編年でいうⅣ期に相当するものと考えられよう。

3．猿田遺跡発見の柄鏡形住居址の位置づけをめぐって

　猿田遺跡から柄鏡形住居址が初めて発見されてから今日に至るまで多数の類例が追加され、それに伴って多くの研究がなされてきたことは周知のとおりである。ここでは、そうした今日的成果を踏まえて、猿田遺跡発見の柄鏡形住居址の特徴について若干の考察を試みてみたい。

　まず、時間的な位置づけについてであるが、前述したように、その所属時期は出土土器から判断して、神奈川編年のⅣ期に相当するものと思われる。ただし、近年、神奈川編年に対しては批判が多い。とくにⅢ期とⅣ期を区分するさい、メルクマールとした、「口縁部文様帯喪失化」というありかたをめぐっては、実態として、そうした画然としたありかたを示していないという指摘が多くなされてきた(青木 1982、堀越 1984、柳沢 1991bなど)。このことは、とくに埼玉・千葉県域での住居址等の土器共伴例から指摘されてきたことでもあり、神奈川編年Ⅳ期の見直しを迫るものといえよう。ただ、そうした共伴例を認めたとしても、基本的な流れとしては「口縁部文様帯の喪失化」という方向性はうかがえることから、神奈川編年で指摘したように(山本 1980b・81c)、「時期区分」としてのⅣ期の細分という観点から、この問題は理解されるべきものであり、それをEⅢ式・EⅣ式あるいはE3式・E4式という型式細分名で区別する論議とは別に考えるべきであろう[2]。また、最近、柳沢清一氏は一連の中期後葉期の土器型式・編年研究の中から、とくに加曽利E式後半編年について学史に準拠しつつ新たに「加曽利E3-4(中間)式」の設定を強く提唱している(柳沢 1986・91a・b・92など)。氏の主張は、東北地方、西日本地方を含めた広域な編年対比の上から論じられており、これまでの型式細別に見直しを迫るものといえるが、「加曽利E3-4(中間)式」認定上の問題も多いことも事実である[3]。このように、加曽利E式土器終末段階のありかたは、大きくみて、口縁部文様帯の残存する段階(E3[新]あ

るいはEⅢ式)→柳沢氏のいう「E3-4(中間)式」→微隆起帯の発達する段階(加曽利E4あるいはEⅣ式)という3細分が、現段階考えられるに至っているといえよう[4]。

そうした型式細分上(細分呼称法を含めた)の問題点をいぜんとして加曽利E式土器終末段階の研究は抱えているが、その点は今後の研究の進展に期待するとして、では、神奈川編年Ⅳ期に位置づけた本遺跡の柄鏡形住居址から出土した土器のありかたは細かくみるとどうとらえるべきだろうか。まず、時期決定資料としては、炉址に転用された土器(第20図1～5)、埋甕に用いられた土器(第14図1)及び床面出土の大形破片(第14図2)が問題となろう。炉址に転用された土器は上半部のみであり、全体の文様構成は復元しえないが、口縁部の内屈する無文帯以下は、縄文を地文として、微隆起線で文様を描くものである。口縁下に微隆起帯は巡っておらず、神奈川編年Ⅳ期後半段階に発達をみせる微隆起線文よりは古相を示すものと思われる。一方、埋甕に用いられた土器は、口縁部下に1条の沈線を巡らし、以下無節縄文を地文として、胴下半まで逆U字文を沈線で描くものである。逆U字状区画は、吉井城山第一貝塚「上部貝層(新)」(岡本 1963)出土例をみるまでもなく、「加曽利EⅢ式」(加曽利E3[新]式)期に出現しており、加曽利E式終末段階でも古相を示すものであるが、口縁部下の1条沈線の付加からすると、それよりも新しい、柳沢氏のいう、「加曽利E3-4(中間)式」に相当しよう[5]。いずれにせよ、神奈川編年のⅣ期でも古段階のものと理解される。床面出土の大形破片は、口縁下を太いなぞりによる凹線で無文帯を作り、以下、縄文を地文として2本の沈線でU字・逆U字を交互に描く大きな波状文を描いている。胴下半部は欠損しているが、逆U字文が描かれているものと思われる。この口縁部無文帯の下端部は、いわゆる典型的な微隆起帯は形成していないが、系統的には明らかにつながるものである。この土器もまた、柳沢氏のいう「加曽利E3-4(中間)式」に位置づけられると思われる。

この傾向は、覆土中の出土土器からも指摘が可能である。口縁部文様帯をもつ第1群土器は量的にも少なく、また、退化した口縁部をもつもの(第15図1～3)が上記の土器に共伴する可能性は低い。一方、主体を占めた第2群土器をみると、口縁部破片では、口縁下に沈線を1条めぐらせるタイプのものが多く、胴部はU字・逆U字の沈線文による区画文をもち、古相を示す蕨手状の懸垂文は第16図21の1片のみである。また、いわゆる微隆起線をもつものも少なく、とくにⅣ期の新段階の特徴である口縁下の微隆起帯をもつものはきわめて少ない。このことからみて、埋甕・炉転用土器・床面出土土器とほぼ同一の時期と判断されよう。また、覆土中からは曽利式系の土器の出土があった。すべてが同一時期ではないが、矢羽状、ハの字状・雨垂れ状の列点文などは、曽利式終末(Ⅴ式)ないし、神奈川県域や多摩地域にみられる曽利式末期の変容した土器と考えられ、第2群の一組成をなすものと思われる。

したがって、本住居址の時期は、出土土器から判断して、口縁部文様帯を喪失し、微隆起線文が未発達の段階、すなわち、神奈川編年Ⅳ期でも古段階に位置づけが可能であろう。

次に柄鏡形住居址の特徴についてみてみよう。本住居址は、やや南北に長い楕円形プランに張

出部が付設されたもので、張出部と主体部との接続部には対状のピットや埋甕が存在していることなど、形態的には、これまで発見されてきた中期終末〜後期初頭期の他の柄鏡形住居址と共通性を有している。しかし、張出部にも及ぶ周溝をもつことや柱穴配置が、この時期の典型である壁際に小柱穴を多数巡らせるありかたとはやや異なり、周溝上及び壁際近くの床面上に8本の柱穴が間隔をあけて穿たれているという特徴が指摘できる。周溝をもつ柄鏡形住居址の類例としては、神奈川県域では、横浜市港北区新羽第9遺跡1号住、同横浜市緑区荏田第2遺跡15号住、同緑区三の丸遺跡AJ65号住、同鎌倉市東正院遺跡5号住などの事例や、ほかに千葉県松戸市金楠台2号住、群馬県前橋市荒砥二之堰遺跡35号住など、あまり多くない。このうち、新羽第9遺跡1号住例（第23図）は、正式報告書が未刊のためはっきりしないが、石井　寛氏によれば、「出土土器・埋甕使用の土器は加曽利EⅢ式土器の範疇に入る」(坂上・石井 1976、78頁註[3])とのことであり、柄鏡形住居址でも古段階のものということができ、石井氏が指摘するように、柱穴配置等からも本柄鏡形住居址例と形態的にも近いありかたを示しているといえよう。加曽利E式土器終末段階でも古段階に周溝をもつ柄鏡形住居址が存在することや、柱穴配置が張出部をもたないそれ以前の住居址に近いありかたを示すことは、柄鏡形住居形態が前段階の張出部をもたない竪穴住居の系譜を受けて成立したことを裏づけるものといえよう。したがって、本遺跡の柄鏡形住居址は出土土器からみた時間的位置づけと形態上の特徴から、柄鏡形住居形態の成立期の様相を良く示していることになろう。

　ところで、この柄鏡形住居形態の成立過程については、かつて分析したように、床面に敷石を施す事例を含めて、この種の住居址を「柄鏡形(敷石)住居址」と総称し、敷石の起源は、中部山地の中期後半期の住居址にしばしばみられる「石柱・石壇」といった屋内祭祀施設にその系譜が求められること、また、張出部の初源は、やはり中期後葉段階の住居に設置された埋甕を中心に、わずかに壁を突出させた形態が、その祖源となったものと理解している(山本 1976a・80a)。こうした解釈に対しては、最近、本橋恵美子氏が「加曽利E3期の集落遺跡に屋外の配石や配石に埋甕が伴う遺構が存在することから、柄鏡形住居址は配石と埋甕が屋内に取り込まれることによって発生

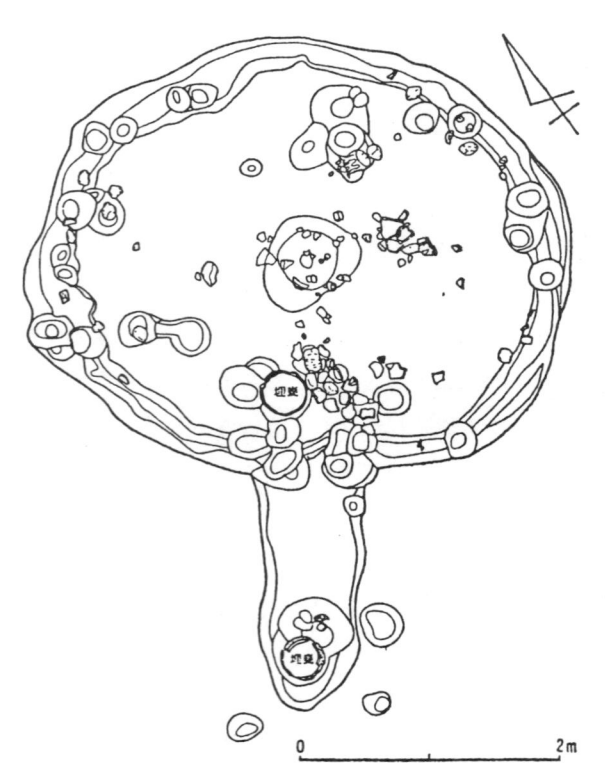

第23図　横浜市港北区新羽第9遺跡1号住居址

したものと考えられる」(本橋 1988a)としているが、屋外の配石施設は、別稿でも分析したように、柄鏡形(敷石)住居の出現と一体となって多発化する現象なのであり、それが後期以降の大規模な配石施設構築活発化の初源をなすものと理解すべきであろう(山本 1981a)。いずれにせよ、柄鏡形(敷石)住居の初源的ありかたは、屋内敷石風習の発生と張出部の起源という二つの側面から追求せねばならないが、では、柄鏡形(敷石)住居址の成立期はどの段階に求められるのだろうか。先にあげた横浜市新羽第9遺跡1号住例が「加曽利EⅢ式」期であるとの指摘を正しいものとすると、本遺跡例より古い段階にはすでに成立していた可能性が考えられる。このことについては、先に中部山地域のありかたについて分析を試みたことがある(山本 1988)が、そこでも明らかにしたように、長野県埴科郡戸倉町幅田遺跡Ⅰ号配石址・同Ⅱ号配石址や同東筑摩郡明科町こや城遺跡1～4号住から出土した加曽利E式系の土器は、明瞭な口縁部文様帯をもっており明らかに古い様相を示している。また、最近報告された、群馬県富岡市田篠中原遺跡からも「加曽利E3式」期の敷石住居址が7基発見されている。これらは典型的な柄鏡形態を呈しているとはいえないものの、その初源段階がこの時期まで遡ることはほぼ確実であろう。ただ、これまでの多く事例からすると、柄鏡形(敷石)住居址の確実な成立段階は、本遺跡例が示す時期に求められるものと思われる。今後とも事例の増加をまって、さらに細かな柄鏡形(敷石)住居の成立のありさまを探ってゆく必要性があろう。

　また、成立段階の柄鏡形(敷石)住居址例をみると、その敷石のありかたから、地域的な違いを指摘することが可能である。すなわち、中部山地から関東山地寄りといった内陸の地域では、敷石が全面ないしそれに近い状態のものが多数であるのに対し、埼玉の大宮台地や東京の武蔵野台地、あるいは神奈川の下末吉台地といった低位の台地域には敷石が部分的ないし、敷石をもたない柄鏡形住居が多く分布するという特性がうかがえるのである(山本 1980a)。こうした分布上の特性が単に石材入手の難易度だけではなく、柄鏡形態の受容を含めた地域的な集団の違いを反映していたものと考えられるのであり、そうした側面からの成立期の特性をさらに明らかにさせてゆくべきであろう。

註
(1) 遺跡の位置については、横浜市教育委員会の『横浜市文化財地図』を参考とした(横浜市教育委員会 1984・92)。なお、神奈川県史資料編20(考古資料)の記載によると、「洋光台5丁目」とされている(岡本 1979)。
(2) この点については、すでに神奈川編年の共同研究者である戸田哲也氏も「筆者等は口縁部文様帯をもつ土器が、それを持たない土器を伴出しないとは述べていないし、考えてもいない。従って当然認めるべき出土状態は認めるものであるが、共伴した事実と土器型式論、あるいは編年型式の設定とは別次元の問題である」(戸田 1986)と指摘している。
(3) この「加曽利E3-4(中間)式」の認定をめぐっては、提唱者の柳沢氏自身も、最近の論攷で、

「あらたに挿入された新細別、E3-4式には不明な点が多い。加曽利E3(新)式、E4(古)式との弁別は困難であり、鑑定を誤ることは度々である」、「自信をもって鑑定できない資料がどうしても残ることになる」(柳沢 1992)などと述べており、明確な型式認定に問題を残している。また、良好な加曽利E3-4(中間)式」土器を出土した遺跡として評価された(柳沢 1991b)、神奈川県相模原市新戸遺跡のありかたに対しても、山本孝司氏によって、「加曽利E4式」土器や「曽利V式」土器との関係について、その住居址内出土状態から疑問が出されている(山本孝 1992b)。

(4) 神奈川編年については、とくにⅣ期の位置づけとその土器の認定に対して、最近、柳沢清一氏が鋭く批判を行っている(柳沢 1991b)。その矛先は、主として鈴木保彦氏による神奈川考古同人会主催のシンポジウム後の研究(鈴木 1981・88)に向けられているが、鈴木氏とともに神奈川編年の共同研究者である、戸田哲也と筆者は、柳沢が指摘しているような「中期末葉の編年に関して鈴木氏とは一線を画しているように見える」(同書169頁)わけではない。この問題についてはいずれ、神奈川編年の共同研究者として明確にする必要性を感じている。

(5) 柳沢清一氏論攷(柳沢 1991b)中(150頁)にその指摘がなされている。

第3節 柄鏡形(敷石)住居成立期の様相

　柄鏡形(敷石)住居址は、これまでの発見事例からみると、列島中央部を中心として広域な分布を示しているが、細かくみると、時間的・地域的な違いを指摘することが可能である。その変遷過程は、すでに指摘したように(山本 1976a・82a・87a)、その萌芽形態が出現する中期後葉期の第1期、その形態的完成をみる中期終末・後期初頭期の第2期、さらに分布域を拡大し、形態的な変化もみられる後期前葉期の第3期、そして、敷石風習の終末を迎える後期中葉期以降の第4期に分かつことが可能と考えている。この変遷過程のうえでとくに注目されるのは、柄部すなわち張出部の形態・構造上の変化が著しいことである。中期後葉期に出入口部に埋設された埋甕の付属施設として萌芽的に出現した出入口施設としての張出部は中期終末期に典型的な「柄鏡形」として完成をみるが、第3期以降、さまざまな形状変化を生み、とくに第4期になると、張出部とは呼べない住居内部に造られた出入口施設までも登場するのである。したがって、「柄鏡形(敷石)住居」という総称が、この第1期から第4期までのすべてにあてはまる妥当な呼称かどうか問題が多い[1]が、張出部の変化といった観点に立てば、第1期から第4期までのありかたは明らかに系譜を一つにしていることから、便宜上この呼称を用いていきたい。

　ところで、旧稿発表後、筆者のいう第2期、すなわち柄鏡形(敷石)住居成立期の事例の増加は著しいものがある。また、かつては第2期を中期終末・後期初頭期、すなわち、加曽利E式末～称名寺式期として幅広くとらえてみた(山本 1976a・80a)が、近年、土器型式編年研究の進展に伴い、この時期の様相をより細かく把握することが可能となってきた[2]。そこで、ここでは、これら土器型式の編年学的成果をもとに第2期とした柄鏡形(敷石)住居成立段階のうち、加曽利E式末葉期でも、とくに古段階の実相を各地の事例を分析することを通じて明らかにしてみよう。

　なお、以下の分析にあたっては、柄鏡形(敷石)住居成立期の分布主体地域であった南関東、北関東、中部山地、伊豆半島の各地方について便宜的ではあるが、地形区分に留意しつつ、各県ごとにみることとし、東北、北陸、上越、東海以西の柄鏡形(敷石)住居址分布外縁地域の様相については、第5節において、全体を通じて別に詳しく検討を加えることとする。

1. 南関東地方 (第24図)

　南関東地方は、早くから柄鏡形態の存在が報告され、その分布の中心地域ともなっており、その初源形態のありかたを探るうえで重要な地域といえよう。すでに指摘したように(山本 1980a)、

南関東地方ではとくに住居内の敷石のありかたに地域性が色濃くうかがえる。すなわち、関東山地寄りの地域や内陸地域では、敷石が全面ないしそれに近い状態で施されるのに対し、海寄りの低位な台地域では敷石が部分的もしくは敷石をもたない事例が多いという傾向が指摘できる。こうした地域差は屋内敷石風習の祖源と柄鏡形態＝張出部の生成が異なる系譜のもとに成立した可能性をうかがわせているものと考えられる。

神奈川県域

神奈川県域の柄鏡形（敷石）住居址発見事例はこれまで多数にのぼっている。管見に触れた加曽利Ｅ式末葉期と思われる事例を発見した遺跡を列挙すると下記のとおりである。

　　川崎市大野、初山、西菅第三、仲町、岡上丸山、黒川丸山、横浜市蛇山下（勝田第16）、伊勢原、新羽第9、権田原、大原、北川貝塚、大熊第17、歳勝土、歳勝土南、Ｅ－3、Ｅ－5、Ｆ－2、Ｇ－5、山田大塚、打越、道中坂上、Ｃ－16・17、中里、あざみ野、稲ヶ原Ａ、荏田第2、荏田第17、華蔵台南、小黒谷、赤田地区遺跡群№1、同№15、杉山神社、堀之内ｂ、月出松、西之谷大谷、上谷本第2、桜並、けんか山、三の丸、大熊仲町、大場第2地区Ａ地点、同Ｃ地点、高山、小高見、寅ヶ谷東、二ノ丸、玄海田、猿田、清水ヶ丘、県営羽沢団地内、菅田羽沢農業専用地区、市ノ沢団地、上白根おもて、称名寺Ⅰ、平塚市王子ノ台、相模原市橋本、勝坂Ｄ、勝坂Ｄ隣接地、新戸、当麻第3、田名花ヶ谷、秦野市寺山、東開戸、厚木市下依知大久根、及川遺跡群第10区、伊勢原市下北原、御嶽、座間市中原加知久保、平和坂、津久井町寺原、藤野町嵯峨、山北町尾崎

このようにこれまで多くの遺跡から加曽利Ｅ式末葉期の柄鏡形（敷石）住居址の発見が知られているが、その多くは、横浜市域に集中している。これは港北ニュータウン地域内の広域かつ全面的な遺跡調査の結果によるもので、分布が偏在するという傾向を示すものではない。港北ニュータウン地域内の諸遺跡例のほとんどは、いまだ正式の報告がなされてはおらず、詳細が不明な点が多く、今後の整理・報告がまたれるのが現状である。そうした点に問題を残しているが、現状で報告され分析可能な遺跡例にもとづいて、その特徴について触れてみよう。

　その分布は、第24図に示したように、多摩川右岸、多摩丘陵から下末吉台地域、及び横浜南部の丘陵地帯に集中し、相模川水系では、上・中流域に多く、下流域では認められない。また、丹沢山地域にも事例が知られている。

　これら遺跡例のうち、加曽利Ｅ式末葉期でも比較的古段階に相当するものと思われる事例を取り上げてみると、川崎市岡上丸山、横浜市新羽第9、二ノ丸、稲ヶ原Ａ、華蔵台南、猿田、清水ヶ丘、称名寺Ⅰ、相模原市橋本、勝坂Ｄ隣接地、新戸、田名花ヶ谷、当麻第3、平和坂などの遺跡をあげることができる。

第3節　柄鏡形(敷石)住居成立期の様相　87

　川崎市岡上丸山遺跡からは加曽利Ｅ式末葉期及び堀之内式期の住居址(柱穴列含む)19軒が検出されている。このうち、Ｊ４号・Ｊ５号・Ｊ６号住が加曽利Ｅ式末葉期の柄鏡形(敷石)住居址である。ともに形態的には類似した構造を有している。Ｊ５号住(第26図１)に示したように、敷石を有さず、柱穴は壁際を巡るが、典型的な柄鏡形住居のように小ピットを多数壁際に巡らす壁柱穴とは異なっている。また、張出部の突出も短く「短柄」状を呈するのが特徴である。出土土器も図示したように加曽利Ｅ式末葉期でも古く、いわゆる「ＥⅢ」式期[3]に相当する。伴出する土器は覆土中に一部堀之内式土器を含むものの多くは、この時期のものであり、中には雨垂れ状列点文を有する曽利式土器末葉期の在地化された一群も伴出している。このように岡上丸山遺跡例は初源段階の柄鏡形(敷石)住居址の特徴を良く表しているものといえよう。とくに埋甕は有さないものの、柄部の突出が短いありかたは、前段階の小張出部を有するタイプとの共通性を良くうかがわせている。

　横浜市新羽第９遺跡１号住(第26図２)例は詳細が未報告であるため不明な点が多いが、石井寛によって加曽利「ＥⅢ」式期とされているものである。埋甕を張出部の接続部と先端部に有するが、石井も指摘するように、柱穴配置は壁柱穴と主柱穴をもち、典型的な柄鏡形住居とは異なっている。同様な例は、最近筆者が報告した横浜市洋光台猿田遺跡10号住(第26図３)にも認められる。張出部との接続部にある埋甕も明らかに加曽利Ｅ末葉期でも比較的古相を示している。

　この「ＥⅢ」式期に柄鏡形(敷石)住居が出現していることについては、ほかにも詳細は未発表のため不明であるが、横浜市清水ヶ丘遺跡Ｊ-１号例や二ノ丸遺跡例がある。とくに二ノ丸遺跡は、「ＥⅢ期では、プランから大別すると、ＥⅡ期から継続して、円形或は楕円形を呈すると思われるものと、張出部を有して謂ゆる『柄鏡形』を呈するものとに分けられる」とのことであり、柄鏡形態出現のありかたを探るうえで注目される遺跡であり、詳細な報告がまたれる。また、横浜市称名寺Ⅰ貝塚から発見された「参１号配石遺構址」は、トレンチ調査のため形状は不明であるが、炉址周辺に敷石を有し、「ＥⅢ」式とされている。

　横浜市稲ヶ原遺跡Ａ地点からは、中期後葉から後期初頭期にかけての住居址が14軒検出されている。このうち、Ｂ-17号住(第27図４)例は、神奈川編年第３期後半に位置づけられる住居址で、隅円方形を呈し、炉体土器２個体及び出入口部と小張出部にそれぞれ１個体の埋甕をもつ。曽利Ⅳ式土器を用いており、柄鏡形態出現直前段階の姿を示す好例といえよう。また、それに続くＢ-15号住では張出部は明瞭ではないものの、Ｂ-１号、Ｂ-２号、Ｂ-３号、Ｂ-５号住例では、配礫を伴う柄鏡形敷石住居が出現し、最古段階の称名寺式土器を出土したＢ-４号住では、柄鏡形敷石住居址として完成したありかたを示すという、柄鏡形(敷石)住居址の出現過程を知るうえで重要な遺跡である。このうち、Ｂ-２号住(第26図４)は張出部の遺存は良好ではないものの、壁際に配礫を巡らし、接続部近くに埋甕をもつ。埋甕や出土土器からみて、加曽利「ＥⅢ」式期に相当しよう。柱穴配置も典型的な壁柱穴を巡らすものではないことも、古相を良く示している。このほか、Ｂ-23号住も柄鏡形態は推定によるが、張出部先端部と考えられる位置に曽利式末の

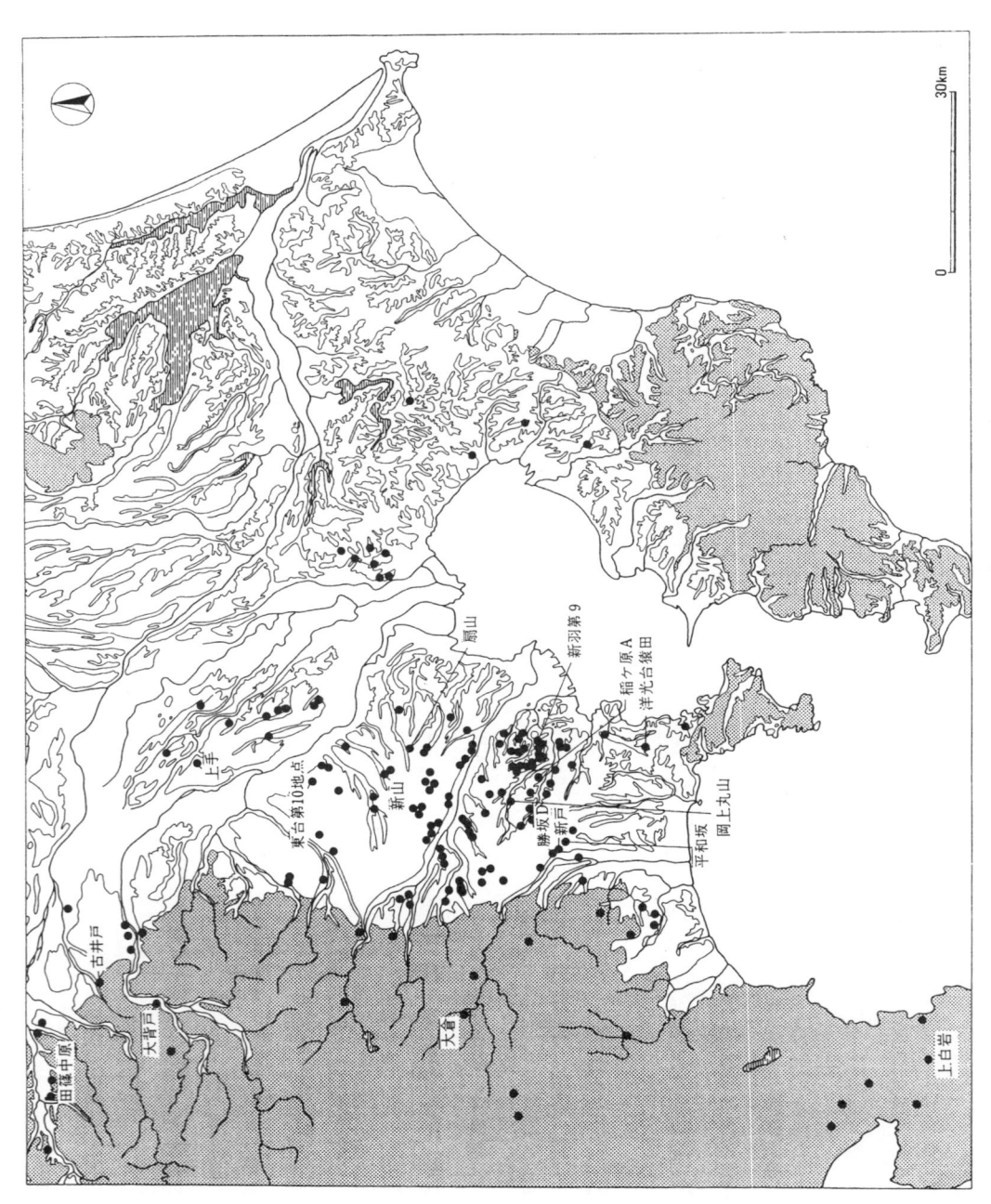

88　第2章　敷石住居址の変遷とその性格

第24図　南関東地方における中期終末期の柄鏡形（敷石）住居址発見遺跡分布図

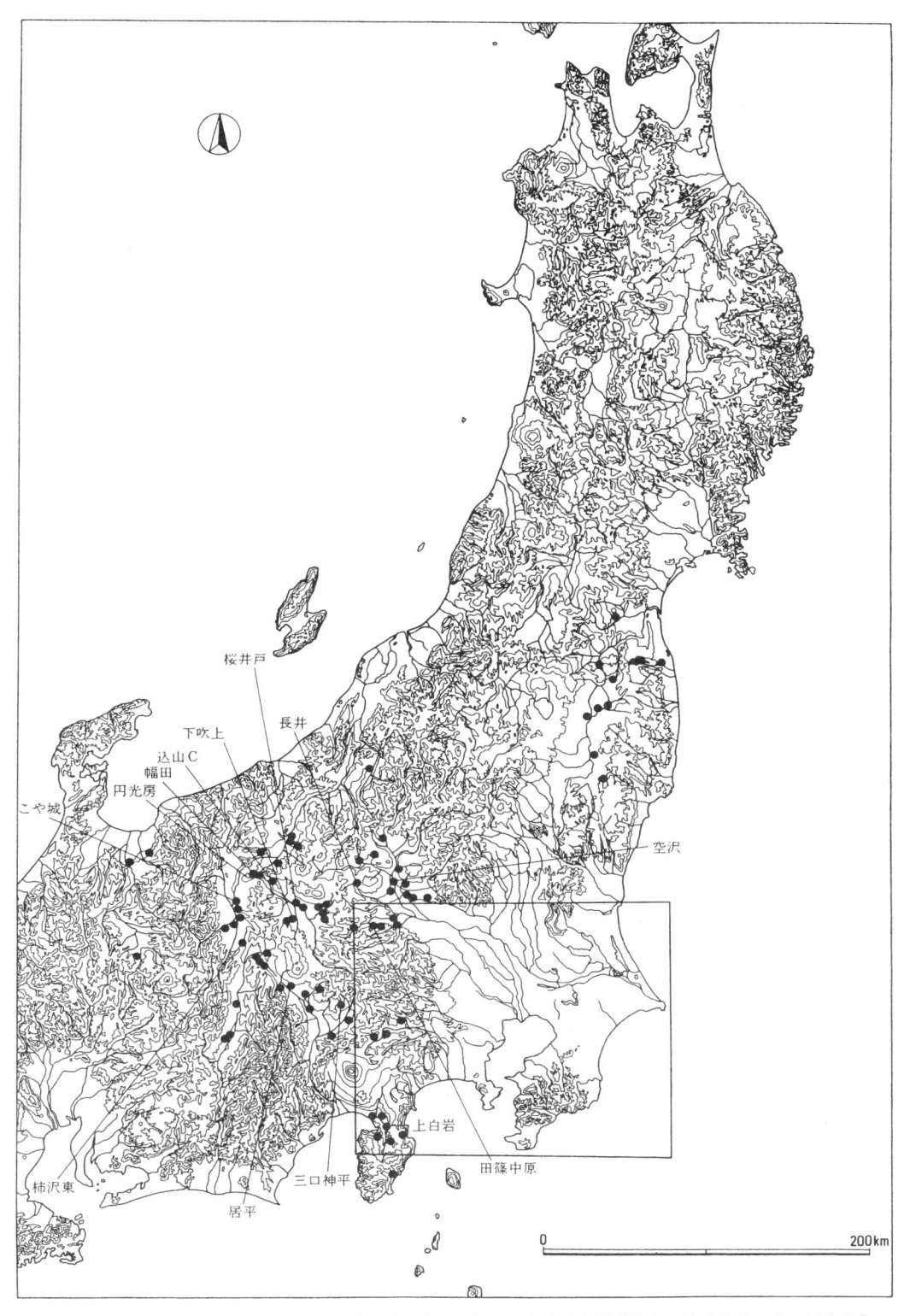

第25図　列島における中期終末期の柄鏡形(敷石)住居址発見遺跡分布図　[枠内の遺跡分布は第24図参照]

埋甕が認められる。

　横浜市華蔵台南遺跡は中期末及び後期前葉期の住居址が17軒検出されている。このうち、加曽利E式末葉期は1号・2号・16号住が相当する。このうち、1号住例は、多数の柱穴が重複し、プランは明確な柄鏡形を呈さないが、炉址周辺に若干の石敷きが見られる。出土土器は末葉期でも古相を示し、猿田遺跡10号住例に近い。2号・16号住はいわゆる「EⅣ」式期に相当し、周壁に配礫をもつ柄鏡形となっている。

　このように、川崎市・横浜市域の多摩丘陵から下末吉台地域では、加曽利「EⅢ」式段階にはすでに柄鏡形態が登場し、敷石もこの地域特有の壁際に小礫を巡らせる部分的な敷石をもつ例が一部に認められることが指摘できる。ただ、集落址全体が調査された横浜市三の丸遺跡をみると、加曽利「EⅢ」式期は住居址も少なく、明瞭な柄鏡形態は呈さず、続く「EⅣ」式期に入って柄鏡形態が登場していることから、「EⅢ」式期にプランが柄鏡形に徐々に変化を遂げたものらしい。いずれにせよ、この地域での柄鏡形（敷石）住居初源のありかたは、事例をあげたように広域に調査された港北ニュータウン地域内諸遺跡の詳細な報告が解明の糸口となるはずであり、今後の報告に期待しておきたい。

　次に相模川流域におけるありかたをみると、この地域でも加曽利E末葉期の柄鏡形（敷石）住居址が比較的多く検出されている。

　相模原市橋本遺跡は中期後葉期の環状集落址であるが、ここから、SS01号住とSS02号住の2軒の柄鏡形（敷石）住居址が検出されている。ともに遺存状態は良好とはいえないが、SS02号住（第26図5）は接続部に埋甕を有する柄鏡形敷石住居址である。出土土器は、「EⅣ」式の古段階に相当し、埋甕に曽利式末の影響を受けた土器が用いられている。橋本遺跡では、このSS02号住より一段階古い「EⅢ」式期では柄鏡形態は認められない。

　同様な例としては、相模原市勝坂遺跡D地点隣接地2号敷石住居址（第26図6）をあげることができる。張出部は明瞭ではないが、接続部に埋甕を有し、全面に小礫を敷石した住居址である。曽利式末葉の土器を共伴するもので橋本遺跡例よりも若干古い段階の一群と考えられ、より「EⅢ」式に近い。

　相模原市当麻遺跡第3地点とその後調査された田名花ヶ谷戸遺跡は同一の遺跡に相当し、この両遺跡をあわせると大規模な環状集落址となる。当麻遺跡第3地点では10軒、田名花ヶ谷戸遺跡では6軒と、多数の柄鏡形（敷石）住居址が検出されている。いずれも敷石をもち、当麻遺跡第3地点では、一部称名寺段階の事例を含むが多くは、橋本、勝坂遺跡D地点と同様、曽利式末葉土器を伴う、「EⅣ」式でも古段階の時期に相当する。田名花ヶ谷戸遺跡もほぼ同様であり、このうち、34号敷石住（第27図1）は竪穴プランを有し、ほぼ全面に敷石をもつ典型的な柄鏡形敷石住居址である。張出部先端近くにある埋甕もより古相を示している。

　相模原市新戸遺跡からは、柄鏡形（敷石）住居址が9軒検出されている。遺存状態の良好な例をみると、いずれも敷石をもつ柄鏡形を呈する。時期的には、中期終末期に属するものであるが、

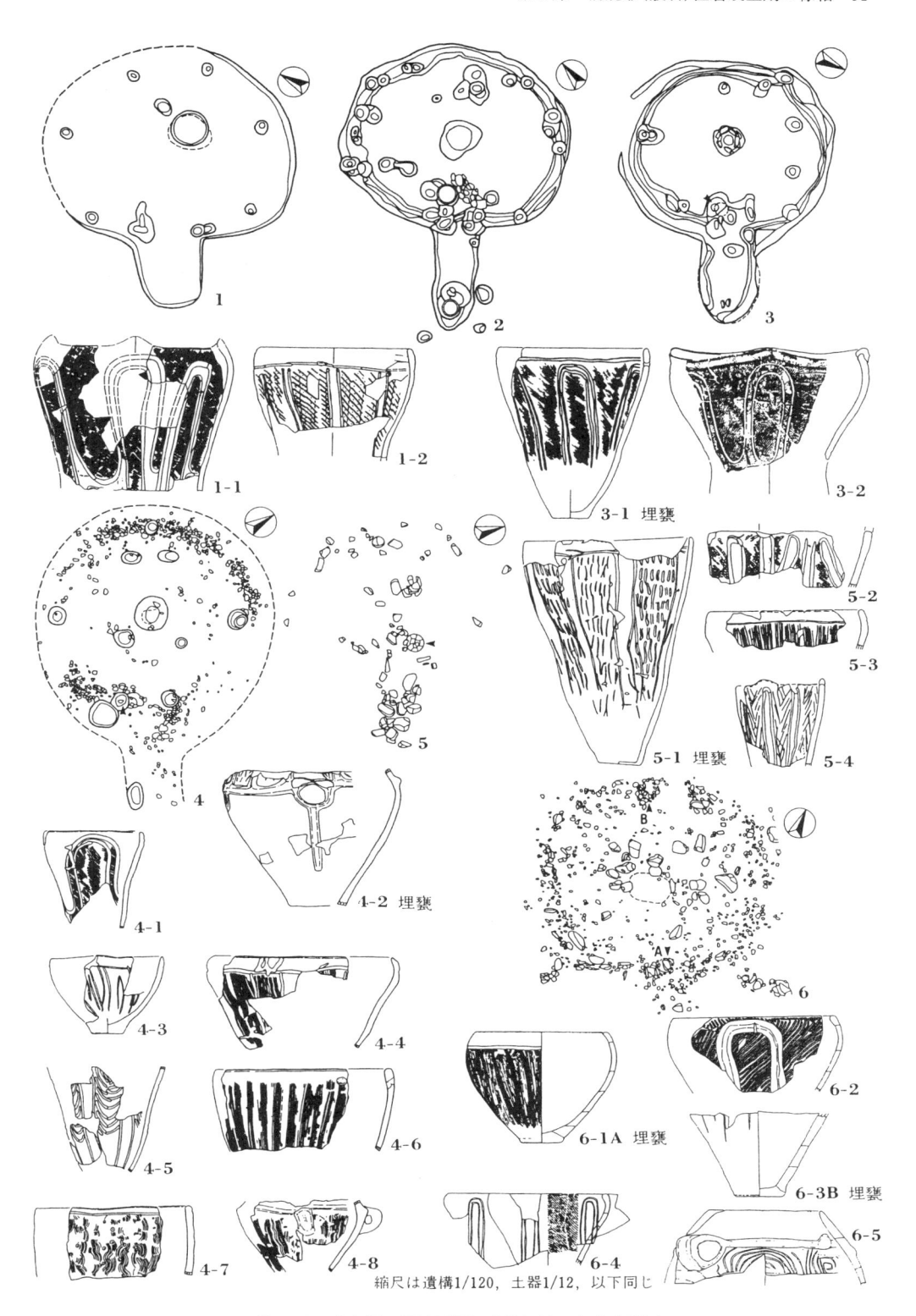

第3節　柄鏡形(敷石)住居成立期の様相　91

第26図　成立期の柄鏡形(敷石)住居址と出土土器(1)
1：岡上丸山J5号住，2：新羽第9-1号住，3：洋光台猿田10号住，4：稲ヶ原A・B-2号住，
5：橋本SS-02号住，6：勝坂式D隣接地2号敷石住

曽利式末葉土器を伴う点は前述の遺跡と同様である。このうち、J3号敷石住（第27図2）は雨垂れ状列点文を有する埋甕に端的なように、総じて典型的な「EⅣ」式よりも古い様相をもつものが多い。この点をとらえて、柳沢清一は、新戸遺跡の柄鏡形（敷石）住居址出土土器を「加曽利E3-4中間」型式の好資料ととらえている（柳沢 1991b）が、この型式設定については、山本孝司によって異論が出されていること（山本孝 1992b）や柳沢自身も型式認定上の難しさを指摘しており（柳沢 1992）、問題点を抱えているものの、広く加曽利E末葉期を「第4期」と段階設定するなら、新戸遺跡例を含めて、ここで取り上げている多くの事例は、その古段階に位置づけられ、いわゆる「EⅢ」に直接つながるものと考えて良いであろう。

　座間市平和坂遺跡では、3軒の敷石をもつ柄鏡形（敷石）住居址が重複して検出されており、その時間的変遷を層位学的に追うことができる好例である。このうち、SI-7号住（第27図3）は最も古く位置づけられる。出土土器の様相は、他の2軒が加曽利「EⅣ」式期に相当するのに対して、7号住は、明らかにそれより古く、確実に伴うかどうか断定はできないが、口縁部文様帯を有する「EⅢ」式期の土器も出土しており、曽利式系土器とあわせて、加曽利E末葉期でも古段階に相当しよう。

　このように相模川流域では、明確な「EⅢ」式期の事例はないものの、神奈川編年第4期の古段階には柄鏡形敷石住居址が出現していることが明らかである。しかも、この地域の特徴として、曽利Ⅴ式ないし、その影響を受けた一群が確実に存在することがあげられる。曽利式土器と加曽利E式土器の終末期の編年関係については、先の神奈川考古同人会主催のシンポジウムでも問題とされた点であるが、加曽利E式末葉期でも古段階に共伴している点に注目しておくべきであろう[4]。

　以上、みてきたように神奈川県域では加曽利「EⅢ」式段階には一部において柄鏡形態が出現したことはほぼ確実であるが、その確実な広がりは、続く加曽利「EⅣ」式の古段階に求められるものと思われる。ただし、県内の事例をみると、例えば、横浜市上白根おもて遺跡50号住、横浜市帷子峯遺跡第Ⅱ地点12号住（近藤他 1984）、海老名市本郷遺跡（富士ゼロックス株式会社 1979）例のように「EⅣ」式古段階の事例でも、柄鏡形態ではないものもみられることから、この時期に全域にわたって柄鏡形態へと変化を遂げたものではないらしい。

　また、川崎市岡上丸山遺跡例に端的なように、前段階の系譜を受けて柄鏡形態が成立したことはほぼ確実と思われるが、敷石の成立はいまだ不明な点が多い。敷石風習の発生を考える時、前段階の屋内石柱・石壇が重要な要素となると思われるが、そうした事例は神奈川県域では、これまで、座間市蟹ヶ沢遺跡1号住や城山町川尻遺跡3区例が知られていたが、ほかにも山北町尾崎26号住、津久井町寺原2号住（第27図6）や最近では津久井町大地開戸遺跡J7号住（第27図5）にも知られるようになり資料が着実に増加しつつある。敷石風習の出現は、柄鏡形（敷石）住居における敷石の有無にみられる地域性及び神奈川県域の屋内石柱・石壇を有する住居址の分布の偏在性からみて、やはり中部山地から関東山地寄りの山間部域にその初源を求めるべきであろう。

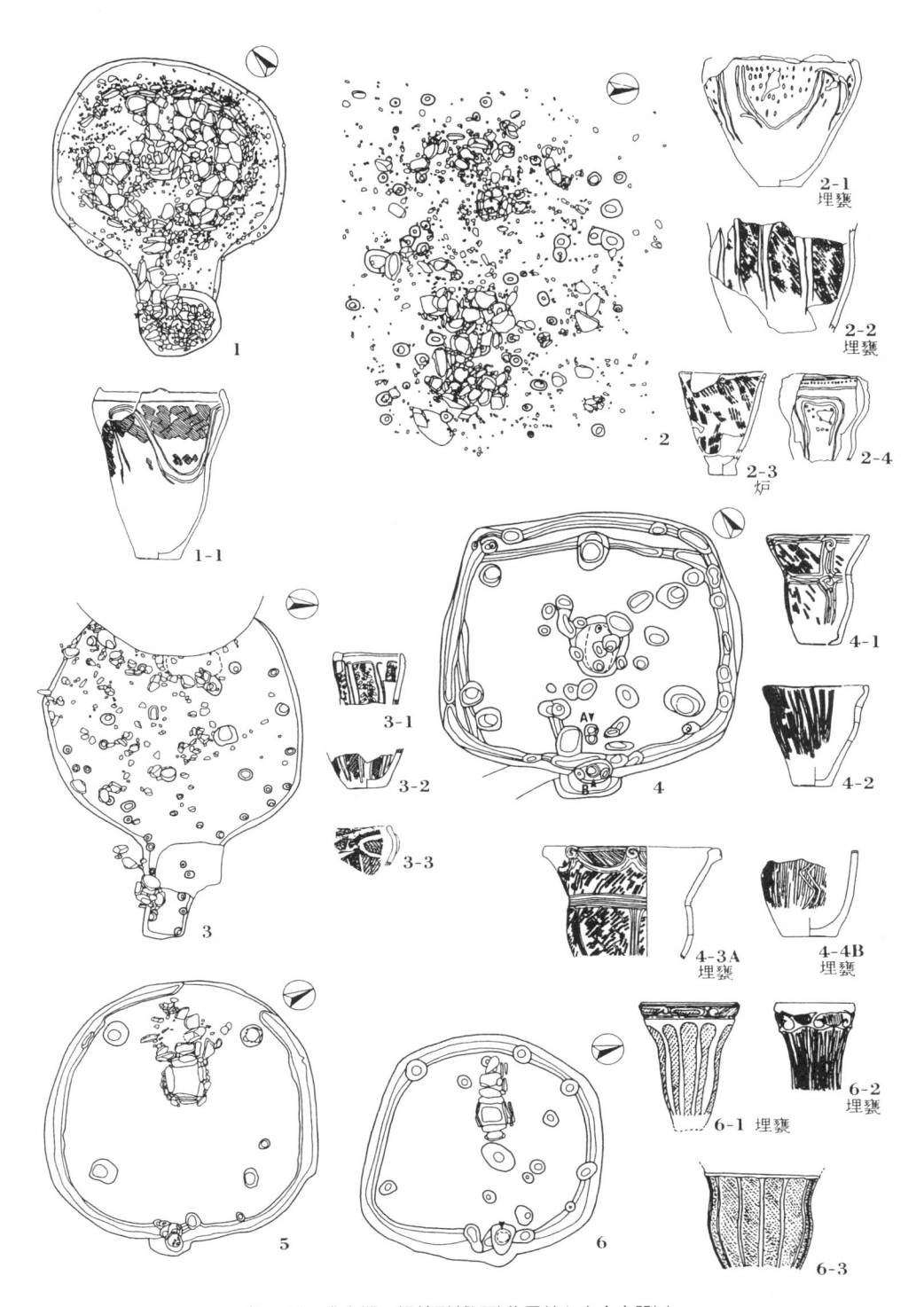

第 3 節　柄鏡形（敷石）住居成立期の様相　93

第27図　成立期の柄鏡形（敷石）住居址と出土土器(2)
1：田名花ヶ谷戸34号敷石住，2：新戸J3号敷石住，3：平和坂SI-7号住，4：稲ヶ原A・B-17号住，
5：大地開戸J7号住，6：寺原2号住

東京都域

東京都域でもこれまで多くの柄鏡形(敷石)住居址が知られている。その中で、管見に触れた加曽利E式土器末葉期と思われる事例を発見した遺跡を列挙すると下記のとおりである。

　　世田谷区大蔵、杉並区高井戸山中、練馬区貫井二丁目、扇山、武蔵野市御殿山、調布市上布田、中台、府中市清水が丘、浜尾ビル地区、三鷹市井の頭池遺跡群A、三鷹坂上、小金井市はけうえ、前原、中山谷、国分寺市羽根沢、恋ヶ窪、恋ヶ窪東、立川市向郷、大和田、国立市谷保東方、南養寺、南養寺裏、狛江市狛江駅北、弁財天、弁財天池、東久留米市自由学園、新山、東村山市南秋津、町田市大久保台、忠生、2・1・5線、八幡平、木曽森野都営住宅建替地、多摩市多摩ニュータウンNo.27、多摩ニュータウンNo.57、多摩ニュータウンNo.450、多摩ニュータウンNo.769、稲城市平尾台原、日野市第一小学校校庭、八王子市宇津木向原、山王台、小田野、小比企向原C、西中野、船田、多摩ニュータウンNo.107、多摩ニュータウンNo.67、多摩ニュータウンNo.72、多摩ニュータウンNo.304、多摩ニュータウンNo.446、多摩ニュータウンNo.796、南八王子地区No.3、椚田第Ⅲ、秋川市西秋留、二宮、羽ヶ田、青梅市裏宿、日の出町新井、奥多摩町西の平

このように東京都域においても多くの遺跡から加曽利E末葉期の柄鏡形(敷石)住居址の発見が多く知られている。その分布は第24図に示したように武蔵野台地域及び多摩丘陵から多摩川上流域に分れるが、とくに多摩丘陵でも町田市から八王子市周辺域に事例が集中する傾向がみられる。ただし、これも多摩ニュータウン建設地域を含む開発の盛んな地域といった影響も考えられよう。

これら遺跡例のうち、加曽利E式末葉期でも比較的古段階に相当するものと思われる事例は少なく、練馬区扇山、東久留米市新山、立川市向郷、多摩市多摩ニュータウンNo.57などの遺跡から検出されているにすぎない。

練馬区扇山遺跡からは、1号住と31号住の2軒の柄鏡形(敷石)住居址が検出されている。このうち、1号住は壁際に沿って小礫や土器片を巡らす例で、炉体土器からみて、「EⅣ」式期のものと考えられる。一方、31号住(第28図1)は、約半分が調査区外にあり全貌がうかがえないものの、張出状の施設をもつ住居址である。炉体土器2個体から判断すると、明らかに「EⅢ」式期に相当する。張出状施設に埋甕がみられないことや、張出部形態が典型的なものとはいえず、若干疑問が残るが柄鏡形住居とするなら、東京都域ではもっとも古い事例といえよう。

東京都域の「EⅢ」式段階の住居址例をみると、例えば、世田谷区廻沢北遺跡1号住(寺田良他 1984)、武蔵野市御殿山遺跡第2地区B地点2号住(竹内 1986)例のように柄鏡形態を呈しておらず、扇山遺跡31号住例はあるものの、本格的な登場は「EⅣ」式段階に入ってからと思われる。

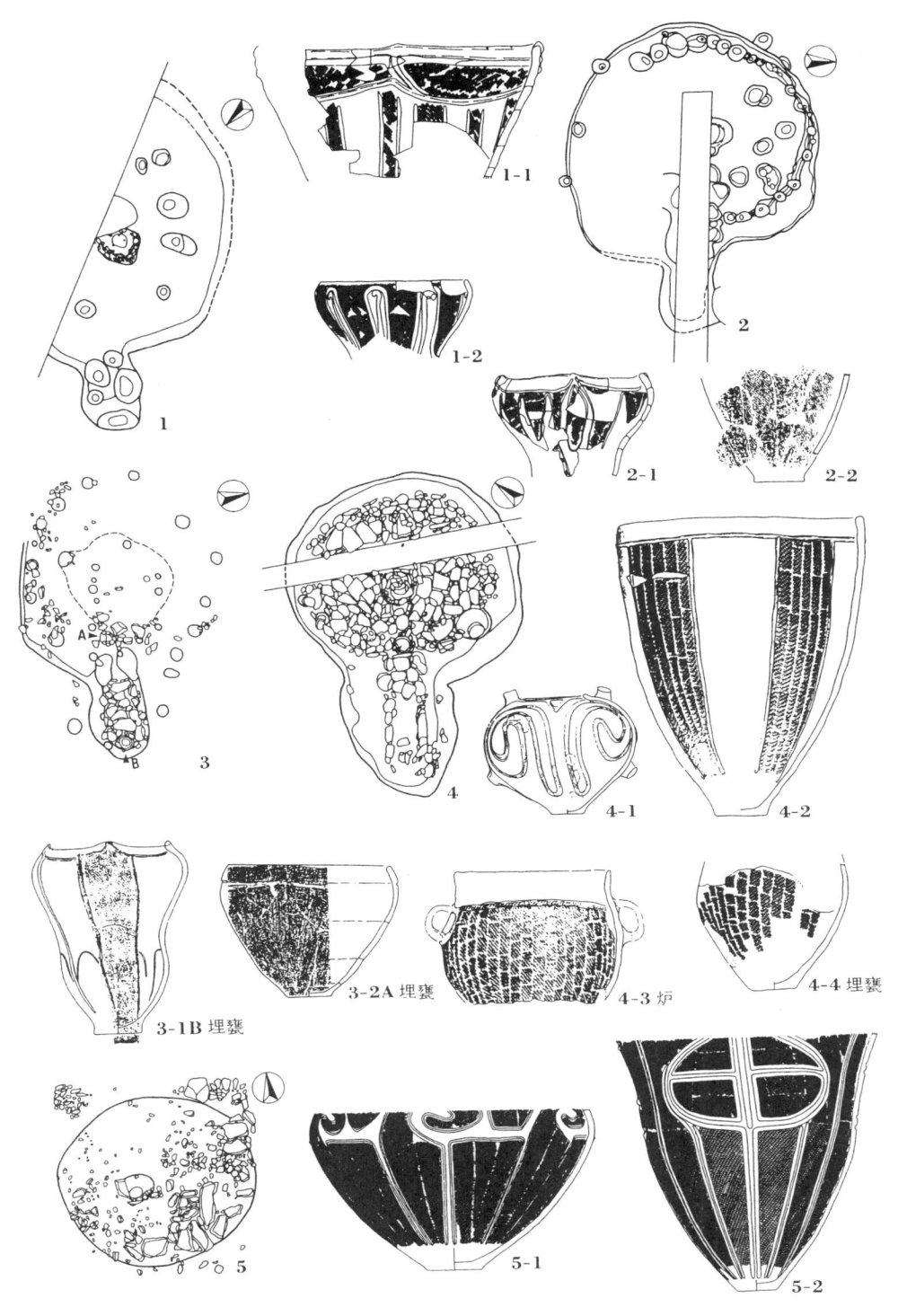

第 3 節　柄鏡形(敷石)住居成立期の様相　95

第28図　成立期の柄鏡形(敷石)住居址と出土土器(3)
1：扇山31号住，2：新山32号住，3：多摩ニュータウンNo57-2号住，4：古井戸J-73号住，
5：大背戸イ号住

この間の事情が良くとらえられるのは、東久留米市新山遺跡である。本遺跡では5次にわたる調査の結果、中期後葉から終末期にかけての住居址40軒、土坑66基、配石遺構2基、焼土址3箇所、屋外埋設土器8基が検出されている。このうち、柄鏡形(敷石)住居址は5基が検出されている。この遺跡では加曽利「EⅢ」式期の住居址が多数を占めており、「EⅢ」式から「EⅣ」式への変遷が良好にとらえられるとともに竪穴形態から柄鏡形(敷石)住居への変化を知るうえで重要な遺跡といえよう。「EⅢ」式期の住居址のほとんどは竪穴形態を呈しているが、唯一、26号住とした住居址が張出部をもつものとされている。ただし、プランのごく一部が調査されたのみであり、確実なものかどうか断定できない。一方、柄鏡形(敷石)住居址は、「EⅢ」式期の住居址分布とは離れたありかたで5軒検出されているが、いずれも大きくみて、「EⅣ」式期に相当するものである。壁際に小礫をめぐらすものや一部に敷石をもつ例がみられる。このうち、資料が少なくて断定できないが、5次調査で検出された32号住(第28図2)は「EⅣ」式期でも古段階の可能性がある。敷石をもたず、周溝を巡らすことや、主柱穴を有する点など、先にあげた洋光台猿田遺跡10号住例に近いありかたを示している。このように本遺跡では、加曽利E末葉期でも不確実ながら「EⅢ」式期に一部柄鏡形態が出現し、定着をみたのは「EⅣ」式期に入ってからとすることができる。同様なありかたは、練馬区貫井二丁目遺跡でも指摘できる。本遺跡では、J2号住が称名寺Ⅰ式を伴う加曽利「EⅣ」式期の柄鏡形(敷石)住居址であるのに対し、「EⅢ」式期に相当するJ3・4・5号住は張出部が形成されていない。

　最近報告された立川市向郷遺跡では、中央に環状に広がる土壙墓群を有する中期後葉期を主体とする環状集落址が検出されている。このうち、報告で「Ⅵ段階」とした「口縁部文様帯が消滅した加曽利E式土器が主体となり、曽利Ⅴ式土器が伴出する」時期、すなわち、「EⅢ」式期ないし「EⅣ」古段階には柄鏡形(敷石)住居はみられず、続く「Ⅶ段階」とした「前段階の文様モチーフを引き継いだ加曽利E式土器が主体となる。曽利Ⅴ式土器との伴出関係は明確ではない」時期、すなわち、「EⅣ」式期になると、柄鏡形(敷石)住居が登場している。このうち、SI14号住例は周溝を有する壁柱穴に沿って配石がなされ、張出部に全面敷石をもつ典型的な柄鏡形(敷石)住居址である。張出部内に埋設された埋甕2個体のうち、一つは両耳壺である。その他の破片出土土器からすると、「EⅣ」式期でも古い様相を示している。

　多摩市多摩ニュータウンNo.57遺跡からは3軒の柄鏡形(敷石)住居址が検出されている。いずれも敷石を有するが、このうち4号住は出土土器は乏しいが称名寺式期と考えられる。これに対し、2号住・3号住は「EⅣ」式期に相当するが、とくに2号住(第28図3)は張出部接続部と先端部にある2個体の埋甕やその他の破片出土土器からみると、古段階に位置づけられよう。とくに曽利式系末葉の土器の伴出が認められる。この遺跡の場合も、「EⅢ」式期の10号住は柄鏡形態を呈していない。

　多摩ニュータウン地域内では、これまで多くの柄鏡形(敷石)住居址が検出されているが、その多くは詳細が未発表のこともあり、不明な点が多く、今後の報告がまたれるが、No.57遺跡例のよ

うに、「EⅢ」式期には柄鏡形(敷石)住居はみられず、次の「EⅣ」式の古段階に入って出現するパターンが通例ではないかと思われる[5]。

このように、東京都域における柄鏡形(敷石)住居の成立期は、「EⅢ」式期に遡る可能性はあるものの、総じて「EⅣ」式期の古段階に求めることが可能であろう。ただ、この期の事例はいまだ少なく、本格的な登場は「EⅣ」式の新段階になってからと思われる。また、「EⅢ」式以前の段階では、埋甕に付属する小張出部を有する住居址例は知られているものの、敷石の初源形態をもつ住居址は不明な点が多く、東京都域において具体的にその成立過程を追うことはできないのが現状である。したがって、その普及・定着は外部からの影響によるものと考えられる。

埼玉県域

埼玉県域の柄鏡形(敷石)住居址のうち、管見に触れた加曽利E式土器末葉期と思われる事例を発見した遺跡を列挙すると下記のとおりである。

> 所沢市東の上、入間市坂東山、狭山市宮地、三芳町俣埜、飯能市加能里、日高市稲荷、宿東、深谷市出口、花園町台耕地、児玉町古井戸、寄居町樋の下、北塚屋、露梨子、皆野町大背戸、吉田町塚越向山、富士見市関沢第2、打越、朝霞市泉水山、鴻巣市赤台、大井町東台、浦和市会ノ谷、浦和市馬場北、大宮市A-64、下加、鎌倉公園、深作東部、白岡町皿沼、伊奈町志久、北本市上手

このように、その分布は第24図に示したように関東山地寄りの県西部諸丘陵・台地域から秩父山地、武蔵野台地及び大宮台地域に広がっている。すでに指摘したように(山本 1980a)関東山地寄りの諸地域では、敷石を全面にもつものやそれに近い柄鏡形態が分布するのに対し、武蔵野台地から大宮台地域では敷石を部分的ないしほとんどもたない柄鏡形住居が分布するという特徴を有している。とくに大宮台地域では、柄鏡形態とは別に張出部をもたない従来からの竪穴プランも多くみられ、柄鏡形(敷石)住居の受容が地域によって異なることを示しているのである。

これら遺跡例のうち、加曽利E式末葉期でも比較的古段階に相当するものと思われる事例は、花園村台耕地、児玉町古井戸、皆野町大背戸、大井町東台、北本市上手遺跡などから検出されている。

まず、関東山地寄りの諸丘陵台地域から秩父山地域でのありかたをみると、花園村台耕地遺跡では、炉体土器から「加曽利EⅢ式期」に位置づけられている22号住は一見張出部状の敷石をもつが、主体部の円形プランとの関係が明瞭ではなく、柄鏡形(敷石)住居址とは断定しにくい。河岸段丘上の砂利層中に構築されており、その点も考慮に入れる必要があろう。炉体土器は口縁部を欠いているため「EⅢ」式期かどうか断定はできない。また、33号住は勝坂式期の竪穴住居址の上に貼床して構築されており、楕円形のプランに埋甕3個体を伴う小張出部を有するものであ

る。この埋甕は連弧文土器からみて、明らかに「EⅢ」式以前のものであり、敷石をもたないことから柄鏡形(敷石)住居というよりは、その祖源形態としてとらえるべきであろう。

児玉町古井戸遺跡は隣接する将監塚遺跡(石塚他 1986)とともに中期勝坂式末葉から加曽利E式終末期にかけての大規模な環状集落址である。このうち、J-73号住(第28図4)は敷石をほぼ全面にもつ柄鏡形(敷石)住居址である。炉址は複式構造を有する点、東北南部地域との関連性をうかがわせている。出土土器から、報文では、「古井戸Ⅶ期」＝「加曽利EⅢ式新段階」に位置づけられているが、総じて、「EⅣ」式期の古段階に相当すると考えられる。本遺跡では、それ以前の、報文でいう「古井戸Ⅵ期」＝「加曽利EⅢ式古段階」、すなわち、「EⅢ」式期では柄鏡形態はみられず、その系譜を前段階に辿ることは困難である。

秩父山地、皆野町大背戸遺跡は昭和37年に調査され、永らく詳細が知られていなかったが、最近報告がなされた。敷石住居址が複数検出され、敷石の出現を知るうえで重要な遺跡である。確実に敷石住居址ととらえられたのは7軒である。いずれも中期終末期から後期初頭期に位置づけられるが、このうち、Ⅰ区Aトレンチイ号住(第28図5)は、張出部をもたない敷石住居址で、報告では、石囲炉内から出土した炉体土器は、掲図した2個体の深鉢形土器のどちらかに相当する可能性があるという。この土器は明らかに、「EⅢ」式期のものであり、もしそれが正しいものとすると、初源段階の敷石住居址と考えられる。本遺跡の場合、調査から相当年月がたってしまい、記録等に不備があり、所属時期を確定することに困難が伴うが、典型的な柄鏡形態を有する敷石住居址は加曽利「EⅣ」式期から称名寺式期に相当するもののようであり、その変遷過程が注目されよう。

この地域での柄鏡形(敷石)住居址への変化のありかたをみるうえで、重要な遺跡として、深谷市島之上遺跡と出口遺跡(柿沼他 1977)をあげることができる。島之上遺跡4号住は、全面が調査されていないため、断定はできないが長楕円形のプランをもつ竪穴住居址であり、その出土土器から判断して、「EⅢ」式から「EⅣ」式の古段階に位置づけられる。また、出口遺跡からは「EⅢ」式から「EⅣ」式期にかけての住居址が9軒検出されているが、「EⅣ」式期の9号住が柄鏡形態をとるのみでその他はいずれも張出部をもたない竪穴住居址である。このように柄鏡(敷石)形態の受容はこの地域にあっても、一律にとらえることは困難といえよう。

次に武蔵野台地域であるが、その事例のほとんどは「EⅣ」式期以降に相当する。その中で、大井町東台遺跡第10地点17号住(第29図1)は、小張出部を有する住居址である。炉体土器から、「EⅣ」式期に相当するが、微隆起帯の未発達からみて、古段階の様相がうかがえる。

大宮台地域では、加曽利E式末葉期の敷石をもたない柄鏡形住居址が竪穴住居とともに分布しているが、例えば最近報告された、大宮市下加遺跡第4次調査例で10軒の柄鏡形住居址をみると、「EⅣ」式から称名寺式期にかけての住居址であり、古段階の様相は認められない。同様な事例としては深作東部遺跡群にも認められる。同遺跡Cブロックでは、C-3号住が「EⅣ」式古段階、C-4号住・C-13号住が「EⅢ」式期に相当するが、柄鏡形態は呈していない。また、埋甕

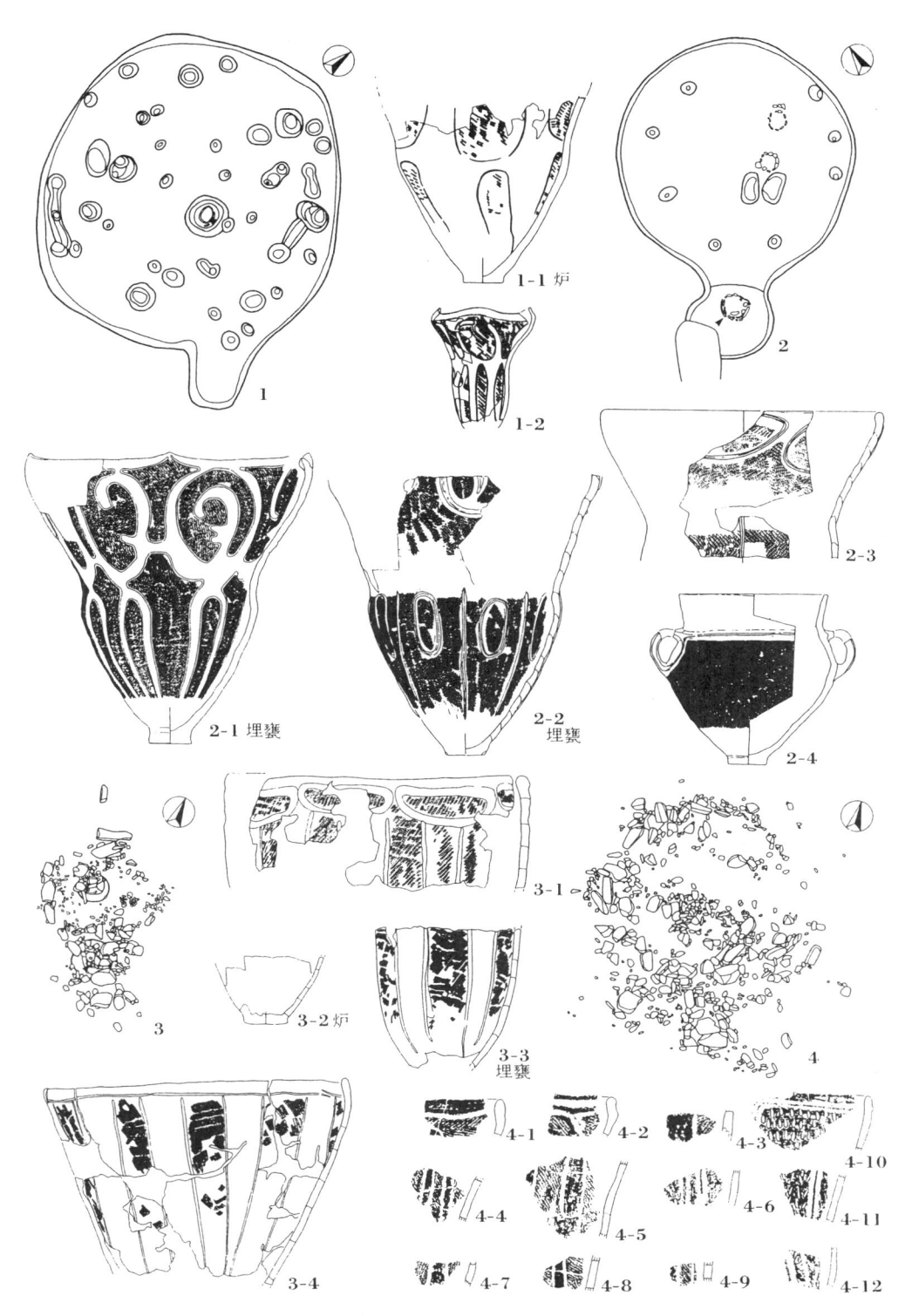

第 3 節　柄鏡形(敷石)住居成立期の様相　99

第29図　成立期の柄鏡形(敷石)住居址と出土土器(4)
1：東台第10地点17号住，2：上手 J 1 号住，3：田篠中原 8 号配石，4：田篠中原37号配石

の配置から柄鏡形と推定されるAブロック10号住例は、報告では「加曽利EⅢ式期」ととらえているが、「EⅣ」式に相当しよう。このように大宮台地域における柄鏡形（敷石）住居の受容は他地域に比較してやや遅れた時期に求められる可能性が強い。ただ、事例中、大宮台地北端部に位置する北本市上手遺跡の場合はそうした傾向とは異なる事例である。J1号住（第29図2）は袋状の張出部を有する柄鏡形住居址であるが、この住居址からは、炉体土器が口縁部文様帯を残す「EⅢ」式期、その南側に位置して検出された両耳壺の埋甕は、「EⅣ」式期、その下面に存した底部は「EⅢ」式期、張出部に入れ子状態で検出された埋甕は、「EⅢ」式と「EⅣ」式の古段階という複雑なありかたを示している。この共伴関係を同時期のものとみなすかどうか問題が多いが、報告では新・旧2時期としてとらえている。いずれにせよ、大宮台地域では今のところ最も古い時期の柄鏡形住居址例といえよう。なお、本遺跡の場合、J2号住は「EⅣ」式期の柄鏡形住居址、J3号住は称名寺Ⅰ式期の円形住居址と、時期が下って柄鏡形態へと転換したわけではないことも注意されよう。

　このように、埼玉県域の柄鏡形（敷石）住居の成立時期はいまだ不確実な点が多いことや、地域的な違いから複雑な様相を呈しているといえよう。皆野町大背戸遺跡Ⅰ区Aトレンチイ号住例が確実な事例だとすると、すでに秩父山地域では、「EⅢ」式期に敷石を有する住居が成立をみていたことになろう。また、柄鏡形態の成立も、上手遺跡J1号住例による限り、大宮台地域でも、「EⅢ」式期から「EⅣ」式期の前半段階には成立していたものとみなせるだろう。ただ、全体的な傾向としては、その定着は「EⅣ」式期に入ってからとみなすべきであり、それも、前述したように全面的に柄鏡形態へと転換したものではなく、従来からの竪穴形態も存続を続けるのである。したがって、埼玉県域での柄鏡形態は、その発祥の地ではなく、他地域からの受容とみなせるであろう。

千葉県域

　千葉県域における柄鏡形（敷石）住居址の分布は、先に分析した時点（山本 1980a）では事例数もきわめて少なかったが、その後事例も増加し比較的多くの事例が知られるようになった（西山 1990）。いずれも敷石をもたない柄鏡形住居址である点で共通しており、この地域に敷石風習は伝播しなかったことを示している。その中で管見に触れ加曽利E式土器末葉期と思われる柄鏡形（敷石）住居址を発見した遺跡を列挙すると下記のとおりである。

　　栄町龍角寺№4、佐倉市江原台、成田市長田雉子ヶ原、松戸市一の谷西貝塚、貝の花貝塚、金楠台、坂之台、大橋内山、市川市曽谷貝塚E地点、曽谷貝塚第17地点、堀之内権現原地区、千葉市餅ヶ崎、六道金山、市原市武士

　このように、柄鏡形態を呈する住居址例は増えたものの加曽利E式末葉期の事例は、これまで

みてきた南関東各地域に比較すると少なく、分布の中心地域からはずれた地域であることを良く示しており、その事例数の少なさと対応するように柄鏡形を呈さない一般的な竪穴住居形態が多数検出されている。また、その分布も第24図に示したように千葉県の北部から東京湾東岸の下総台地域に認められ、南部域には検出されていない。

　これらの事例のうち、加曽利Ｅ式末葉期でも古段階と思われる事例は明瞭ではなく、「ＥⅣ」式期に入って一部に柄鏡形態が受容され始めたものらしい。その間の事情は、例えば、栄町龍角寺№4、佐倉市江原台、成田市長田雉子ヶ原遺跡のように多数の中期末葉から後期初頭にかけての竪穴住居址に混じって部分的に柄鏡形住居が存在するというありかたからも良くうかがえるのである。しかも、張出部形態も南関東の他地域と比較して、小規模な張出をもつなど不整形なものが多い。したがって、今後の事例の増加によって、加曽利Ｅ式末葉期でもより古段階の事例が検出されたとしても、この地域が柄鏡形態の初源地域となることはないものと思われる。

　なお、市原市武士遺跡で加曽利Ｅ式末葉から堀之内式期の大規模な集落址が調査され、柄鏡形住居址も多数検出されている。加曽利Ｅ式末葉期は圧倒的に柄鏡形態をとらない竪穴住居が多数を占めているのに対し、堀之内式期になってようやく多くの柄鏡形住居が認められており、この地域での柄鏡形態の受容過程を知るうえで重要な遺跡と思われる。本遺跡の柄鏡形住居のありかたについては、加納　実が最近分析を行っているのが参考になろう（加納　2000・01・02）。

2．北関東地方

　北関東地方における柄鏡形（敷石）住居址の分布のありかたは地域によって大きな違いを示している。すなわち、東部関東の**茨木県域**では事例そのものが少なく、しかも加曽利Ｅ式末葉段階の事例は管見に触れたかぎりでは皆無であり、ようやく堀之内Ⅰ式期に事例がわずかながら認められ、しかもそれらは敷石をもたないタイプのものである。したがって、茨木県域への柄鏡形（敷石）住居の伝播はその出現からかなり遅れた時期となるものらしい。

　また、**栃木県域**でも事例が少なく、中期末葉から後期初頭期に相当するものとしては、宇都宮市御城田遺跡68号住、大田原市真子遺跡Ｗ１号住・Ｗ２号住などをあげるにすぎない。したがって栃木県域も茨木県域と同様なありかたを示しているといえよう。ただ、敷石を有している点に相違が認められる。この点については、第4節において詳しく検討を加えてみた。

　一方、**群馬県域**では、これまで多数の柄鏡形（敷石）住居址が検出されている。石坂　茂の集成（石坂　1985）によれば、74遺跡、約160軒が、また、その後の新発見例を加えて、約80遺跡、約180軒という数字も出されている（相沢　1988）。周知のように、群馬県域は東・北・西を険しい山地で囲まれ、わずかに南に利根川の沖積作用による平野が開けている地形的特徴を有しているが、こうした山間地域に多数の柄鏡形（敷石）住居址が発見されていること、しかもそのほとんどが床面に敷石を有していることなどから、その出現過程を探るうえで重要な地域と考えられる。

これら多数の発見例のうち、管見に触れた加曽利E式末葉期に相当する事例を発見した遺跡を列挙すると下記のとおりである。

  藤岡市白石大御堂、中大塚、甘楽町白倉下原、富岡市田篠中原、本宿・郷土、前橋市荒砥前原、荒砥二之堰、芳賀東部団地、群馬町保渡田Ⅱ、大胡町上ノ山、渋川市空沢、赤城村三原田、倉淵村長井（権田）、中之条町久森、高山村中山、月夜野町梨木平

このように事例数の多さに比して、加曽利E式末葉期とされる遺跡はさほど多くない。これは、事例中には発見が古く厳密な時期否定が困難な例が多いことにもよるであろう。その分布は第25図に示したように県南東部の平野部を除く山間地域に広く分布している。これら遺跡例のうち、加曽利E式末葉期でも比較的古段階に相当するものと思われる事例は、富岡市田篠中原、渋川市空沢、赤城村三原田、倉淵村長井（権田）、中之条町久森遺跡などから検出されている。

なかでもとくに注目されるのが富岡市田篠中原遺跡である。本遺跡からは中期終末期の環状列石とともに柄鏡形（敷石）住居址が11軒検出されているが、このうち、1号・2号・5号・17号・36号・37号・38号「配石遺構」[6]に、明瞭に口縁部文様帯を残存させる「EⅢ」式土器が伴出していることから、きわめて古段階の事例ということができよう。これら事例中、張出部を有するのは36号及び37号「配石遺構」（第29図4）であり、ともにほぼ全面に敷石を有している。このことから、すでに「EⅢ」式段階には群馬県域の一部には、柄鏡形（敷石）住居が出現していることが明らかである。また、37号「配石遺構」の出土土器をみると、矢羽根状や雨垂状の列点文をもつ曽利式土器の最末期の土器も伴出しており、その編年的関係を知ることができる。この段階には、ほかに敷石をもたない竪穴住居址も2軒検出されていることや柄鏡形態は限られることなどからして、すべてが柄鏡形（敷石）住居へと変化したものではないようである。一方、後出するとされる8号・23・24・26号「配石遺構」は、典型的な柄鏡形態を呈している。このうち、8号（第29図3）・26号例は、「EⅢ」式から「EⅣ」式でも古段階に相当するものであり、「EⅢ」式から「EⅣ」式へと変化する過程に柄鏡形（敷石）住居が完成をみたものと思われる。

渋川市空沢遺跡第3次調査で検出された、JH-24号住（第30図1）は残存状態が悪いものの敷石の存在や埋甕のありかたから、柄鏡形（敷石）住居址とみなされるが、接続部埋甕が「EⅣ」式に、張出部先端部にある伏甕とその内部から出土した底部穿孔の土器が「EⅢ」式にそれぞれ比定され、時期差を示しているが、先端部埋甕は古相を示している。

「EⅢ」式段階に相当する柄鏡形（敷石）住居址は、ほかにも赤城村三原田遺跡において認められる。本遺跡からは不確実な事例を含めて、実に40軒を越す柄鏡形（敷石）住居址が検出されている[7]。これらは、中期末から称名寺式期に相当する事例であるが、このうち、「EⅢ」式期の事例としては、7R-4、3-5、2-9、5-11、2-16、1-34、3-47などの住居址が、「EⅣ」式でも古段階と思われる事例としては、2-6、7-11、2-19、2-35、4-45、1-57など住居址を

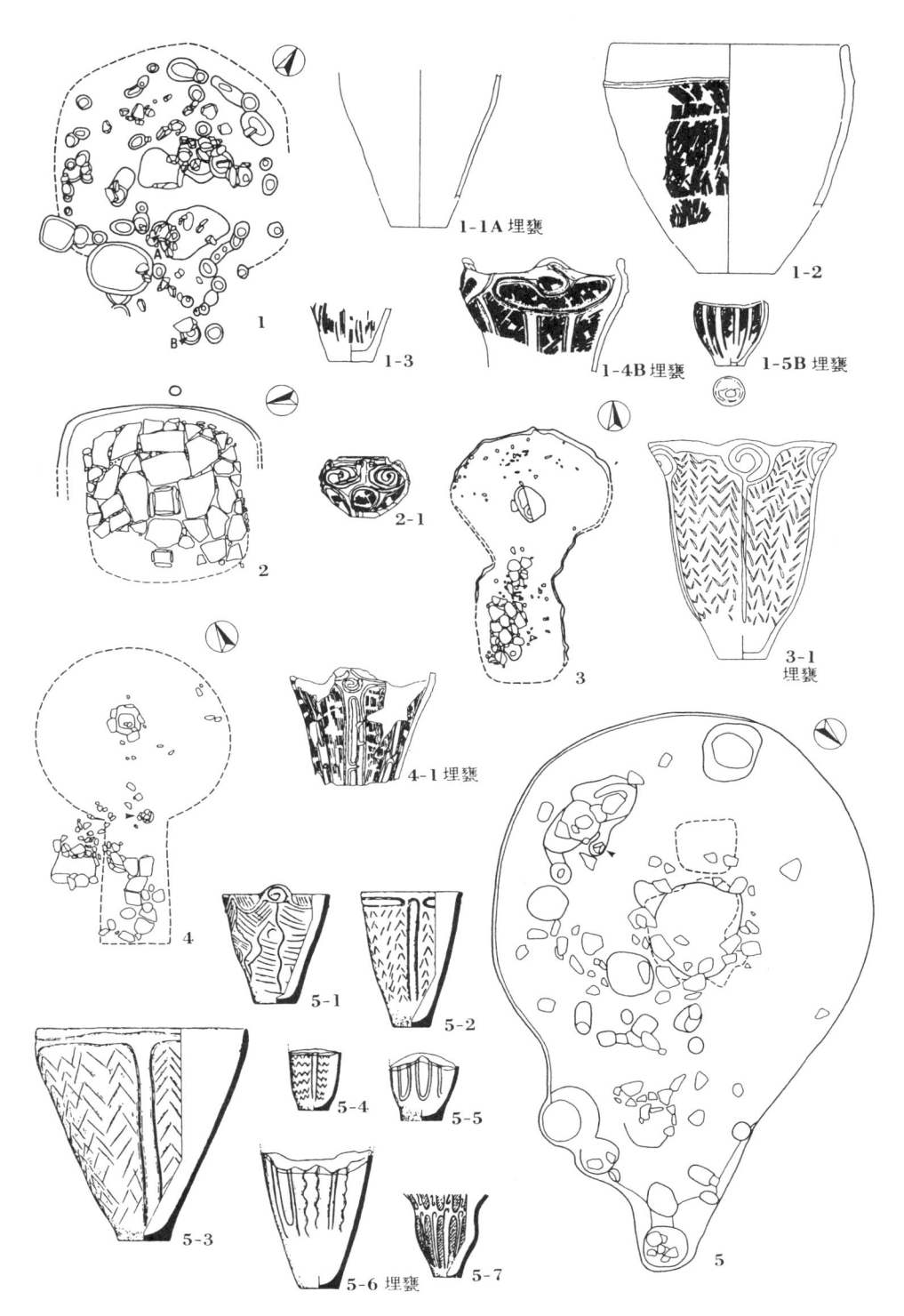

第 3 節 柄鏡形 (敷石) 住居成立期の様相　103

第30図　成立期の柄鏡形(敷石)住居址と出土土器(5)
1：空沢JH-24号住，2：長井(権田)，3：大倉1号住，4：三口神平NⅢ区SB-01号住，5：居平3号住

あげることができ、三原田遺跡の大規模な環状集落の変遷過程のうち、「EⅢ」式期に入って、柄鏡形(敷石)住居が出現をみていることが明らかであろう。

　倉淵村長井(権田)遺跡は昭和27年と古い時期に調査されたもので、張出部は不明であるが、竪穴構造をもち床面のほぼ全面に敷石をもつ事例である(第30図2)。「群馬県史資料編1」に掲載された、炉の南側の敷石面上から検出された広口両耳壺は、「EⅣ」式とされているが、その文様構成から「EⅢ」式に相当する可能性が考えられよう。

　中之条町久森遺跡からは、大規模な2帯構造をもつ環状列石が検出されているが、それとともに4軒の柄鏡形(敷石)住居址が検出されている。このうち、1号～3号住は敷石をもつ柄鏡形態を呈する。1号住は、張出部先端部にあった埋甕やその他の出土土器からみて、「EⅢ」式から「EⅣ」式の古段階に相当し、また、2号住は埋甕からは「EⅣ」式期とも思われるが、口縁部文様帯を残す「EⅢ」式土器もみられ、1号住と同様な時期とも思われる。

　このように群馬県の事例から判断すると、すでに加曽利「EⅢ」式期には、柄鏡形敷石住居址が出現をみていたことが明らかであるといえよう。この点、これまでみてきた地域と比較して、この段階により明確なありかたでその出現期が求められるということは、その発生史的あとづけを考えるうえで重要といえよう。

　群馬県域、とくに田篠中原遺跡をはじめとする鏑川流域の柄鏡形(敷石)住居址例について、最近、菊池実が分析を行なっている(菊池 1991)。その中でこの地域が他地域より先行する形で出現をみた可能性について指摘がなされているが、鏑川流域に限らず、群馬県の北西部域のありかたが今後とも注目されるであろう。

3. 中部山地

　中部山地は柄鏡形(敷石)住居の出現過程、とくに敷石の発生を探るうえで重要な地域と考えられる。敷石が住居内に施されるに至った理由についてはいまだ不明な点が多いが、はじめに触れたように、筆者が柄鏡形(敷石)住居の変遷過程の第1期に位置づけた、屋内に部分的な敷石が出現する中期後葉段階の事例は、中部山地に集中する傾向が指摘できることは前節で明らかにしたとおりである。

　周知のように、中部山地域では、中期後葉期は曽利式土器が広く分布し、加曽利E式系の土器は客体的に存在している。前述したように関東諸地域では曽利式(系)土器の終末期が加曽利E式土器終末期の古段階に位置づけられる可能性を指摘しておいたが、曽利式土器の分布主体地域であった中部山地域ではその関係がどのようなものであったのか、それと柄鏡形(敷石)住居の出現がどのような関係にあるのかが問題となろう。なお、中部山地における中期終末～後期初頭段階の柄鏡形(敷石)住居のありかたについては、はじめに触れたように、一度検討を試みたことがある(山本 1988)が、ここではそうした成果とその後の追加資料にもとづき中期終末期にしぼって

再検討してみることとする。

山梨県域

　山梨県域の柄鏡形(敷石)住居址のうち、管見に触れた加曽利E式・曽利式末葉期と思われる事例を発見した遺跡を列挙すると下記のとおりである。

　　上野原町大倉、都留市牛石、尾崎原、中道町城越、明野村屋敷添、勝沼町釈迦堂遺跡群三口神平地区、須玉町郷蔵地、上ノ原、牧丘町古宿道の上

　このように確実に加曽利E式・曽利式末葉期と思われる事例はいまだ多くなく、この地域で柄鏡形(敷石)住居が盛行するのは、後期段階に入ってからと思われる。その分布は第24図に示したように甲府盆地をのぞむ八ヶ岳西南山麓から派生する山麓地帯と相模川上流の桂川流域に認められる。

　これら事例のうち比較的古段階の様相をもつものをみてみると、まず、上野原町大倉遺跡1号住(第30図3)は、張出部に敷石をもつ例であるが、その先端部に埋設された埋甕は、矢羽状沈線文をもつ曽利「Ⅳ」式ないし「Ⅴ」式の古段階の土器であり、曽利式土器末葉段階には柄鏡形態が出現していたことを示す好例である。共伴する加曽利E式土器がどのようなものであるか知りたいところであるが、報告によるかぎり明確ではない。ただ、掲図された土器破片をみると、加曽利E式土器は、微隆起帯の未発達な「EⅣ」式でも古相を示す土器である。

　中道町城越遺跡601地点発見の敷石遺構は、報告では「加曽利EⅡ式併行」期とされているが、伴出土器は破片のみで明確ではない。中には称名寺式土器の破片もあるので、この時期に下る可能性もある。

　最近報告された明野村屋敷添遺跡は、大規模な配石遺構を伴って、中期末から後期前葉の柄鏡形(敷石)住居址が5軒検出されている。概報のため詳しい検討ができないが、このうち34号住とした例は張出部は明確ではないものの縁石を中心とする敷石をもつもので、埋甕は報告では、「曽利式Ⅳ～Ⅴ期」に位置づけられている。掲載された写真によると、ハの字状の刺突文をもつ曽利式末のものであり、先にあげた大倉遺跡例と同様な時期のものと思われる。

　勝沼町迦堂遺跡群三口神平地区からは大規模な中期集落址が検出されているが、この中期集落変遷過程の中でどのように柄鏡形(敷石)住居が出現をみているのかが注目される。報告で「曽利新式第4段階」とされた時期が概ね「EⅢ」式期に、「曽利新新式期」とされた時期が「EⅣ」式期に相当する。柄鏡形(敷石)住居址とされた事例は、S-Ⅲ区でSB-55、85、98号住、N-Ⅲ区でSB-01号住、N-Ⅳ区でSB-01号住と5軒検出されている。このうち、報告に伴出土器が掲載され、時期の把握が可能な事例をみると、SB-55住が微隆起帯をもつ「EⅣ」式土器がみられることから、中期終末段階に相当する。しかし曽利式土器との伴出は明確でない。SB-85号住も報告

では、「曽利新式第4段階」に位置づけられているが、出土土器は「EⅣ」式や称名寺式土器があることから、同様な時期と思われる。一方、N-Ⅲ区から検出されたSB-01号住(第30図4)は、大倉遺跡1号住と同様に張出部に敷石をもつもので、接続部に埋設された埋甕の時期は曽利「Ⅳ」式ないし「Ⅴ」式の古段階の土器と思われる。伴出した加曽利E式土器破片は、「EⅣ」式古段階の様相を示している。本遺跡では、柄鏡形(敷石)住居の出現は集落変遷の終末段階に認められるものの、その前段階の系譜を受けて成立したありかたは示していない。おそらく外部的な影響のもとに出現したものと思われる。

このほか、牧丘町古宿道の上遺跡から発見された2軒の柄鏡形(敷石)住居址のうち、1号敷石住居址に埋設された埋甕が曽利Ⅴ式であったとされているが、調査後この埋甕は紛失したとのことで、正確なものではない。

このように、山梨県域では、柄鏡形(敷石)住居の出現は曽利式土器の末葉段階に求めることが可能であるが、それが加曽利E式土器でみると、どのような段階かは、いまのところ資料が乏しく必ずしも明確ではない。ただ、釈迦堂遺跡群三口神平地区の報告にいう「曽利新新期」が加曽利「EⅣ」式を主体として、曽利式土器は形骸化したありかたでしか残存していない点からすると、南関東域でみたように、曽利式土器の終末段階は加曽利「EⅣ」式の古段階に求めることができるのではないだろうか。

長野県域

長野県域の柄鏡形(敷石)住居址はこれまで多数発見されてきた。それら事例のうち、管見に触れた加曽利E式・曽利式末葉期と思われる事例を発見した遺跡を列挙すると下記のとおりである。

> 富士見町居平、広原、諏訪市穴場、城山、湯の上、岡谷市花上寺、佐久市吹付、東祢ぶた、御代田町宮平、滝沢、望月町下吹上、平石、小諸市下笹沢、郷土、東部町桜井戸、坂城町込山、戸倉町幅田、円光房、長野市旭町、宮崎、高山村坪井、北坪井、八幡添、塩尻市柿沢東、松本市牛の川、大村塚田、波田町葦原、明科町こや城、北村、宮田村宮の沢、高森町広庭(北向)、大島山東部(花立)

その分布は第25図に示したように長野県域のほぼ全体に広がっているが、天竜川流域の上下伊那地域には事例は少なく、また木曽川流域の木曽谷地域にはその分布が知られていない。これらの事例中、古段階の様相をうかがわせてくれるものとして、富士見町居平、広原、諏訪市穴場、城山、湯の上、岡谷市花上寺、望月町下吹上、平石、東部町桜井戸、坂城町込山、戸倉町幅田、円光房、塩尻市柿沢東、松本市牛の川、大村塚田、波田町葦原、明科町こや城、北村、宮田村宮の沢などの遺跡から発見された事例をあげることができる。

第3節　柄鏡形(敷石)住居成立期の様相　107

　まず、八ヶ岳西南麓から諏訪湖盆地域でのありかたをみると、富士見町居平遺跡が注目される。3号住(第30図5)とされた住居址は、埋甕の埋設位置や炉址が2基存在することから確実ではないが、柄鏡形(敷石)住居址の可能性も考えられる。ここから出土した土器にもとづいて、いわゆる「井戸尻」編年の「曽利Ⅴ式」土器が設定されたことで知られているが、この共伴資料にある加曽利E式土器は、その文様構成からみて「EⅣ」式の古段階、ないし「EⅢ」式に近い位置づけが可能である。曽利式終末と加曽利E式との関係を知るうえで重要な事例といえよう。同じ富士見町広原遺跡1号住は炉辺部に敷石をもつが、やはり曽利Ⅴ式期と思われる。同様な例は諏訪市広原遺跡1号住にも認められる。また、諏訪市湯の上遺跡からは複数の柄鏡形(敷石)住居址が検出されており、曽利Ⅳ～Ⅴ式に相当するとのことであるが、詳細は不明である。

　岡谷市花上寺遺跡からは8軒の柄鏡形(敷石)住居址が検出されている。その多くは後期段階に属するものであるが、17号住は「中期最終末の土器を伴う敷石住居」とされている。ただ、張出部は明確ではないものの石蓋された埋甕は、写真によると曽利Ⅳ式に相当しよう。埋甕が石蓋されるという特徴は中部山地の中期後葉期の特徴であり、土器の古様相とあわせて注目される事例である。このほか、本遺跡からは祭壇状の敷石をもつ、筆者のいう第1期の事例もあり、柄鏡形(敷石)住居の成立過程を知るうえでも重要な遺跡と思われる。

　群馬県境に近い八ヶ岳山麓と浅間山麓に挟まれた千曲川上流域の佐久盆地と上田盆地にかけての東信地域は、最近柄鏡形(敷石)住居址の発見例が増加しつつある。中期末葉段階の事例をみると、加曽利E式土器の浸透力の強さがうかがえるが、これは、群馬県境という地理的な関係によるものと思われる。

　そうした中で、望月町下吹上遺跡1号住(第31図1)は、プランは不明であるが、炉辺部に板状石を敷いた柄鏡形(敷石)住居址で、張出部相当部に設置された埋甕は曽利Ⅴ式に相当する。共伴する加曽利E式系統の土器は小破片が多いが、「EⅣ」式でも古段階と考えられる。

　一方、同じ望月町平石遺跡からも多数の柄鏡形(敷石)住居址が検出されているが、このうち、2号住は全面に敷石をもつ柄鏡形を呈し、出土土器をみると接続部に設置された埋甕は「EⅣ」式であり、それと共伴して曽利式系の終末期の土器に類似する「唐草文系」土器が出土している。

　東部町桜井戸遺跡4号住(第31図2)は張出部は不明だが、全面に敷石をもつもので、炉内土器は「EⅣ」式、下面から入れ子状態で逆位で検出された土器は「EⅢ」式ないし「EⅣ」式の古段階のものと考えられる。この加曽利E式と曽利式末のありかたを示す好資料として坂城町込山C遺跡から検出された、「立石を伴う敷石遺構」(第31図3)がある。部分的な調査のため柄鏡形(敷石)住居址とは断定できないが、敷石下面に埋設された3個体の土器をみると、一個体は曽利Ⅴ式に類似する「唐草文系」土器、他の2個体は加曽利E「Ⅳ」式でも古段階のものとみなせる。とくに蕨手状に垂下する沈線文をもつ個体は、先にあげた居平3号住の事例に近く、ほぼ同様な時期に位置づけられよう。

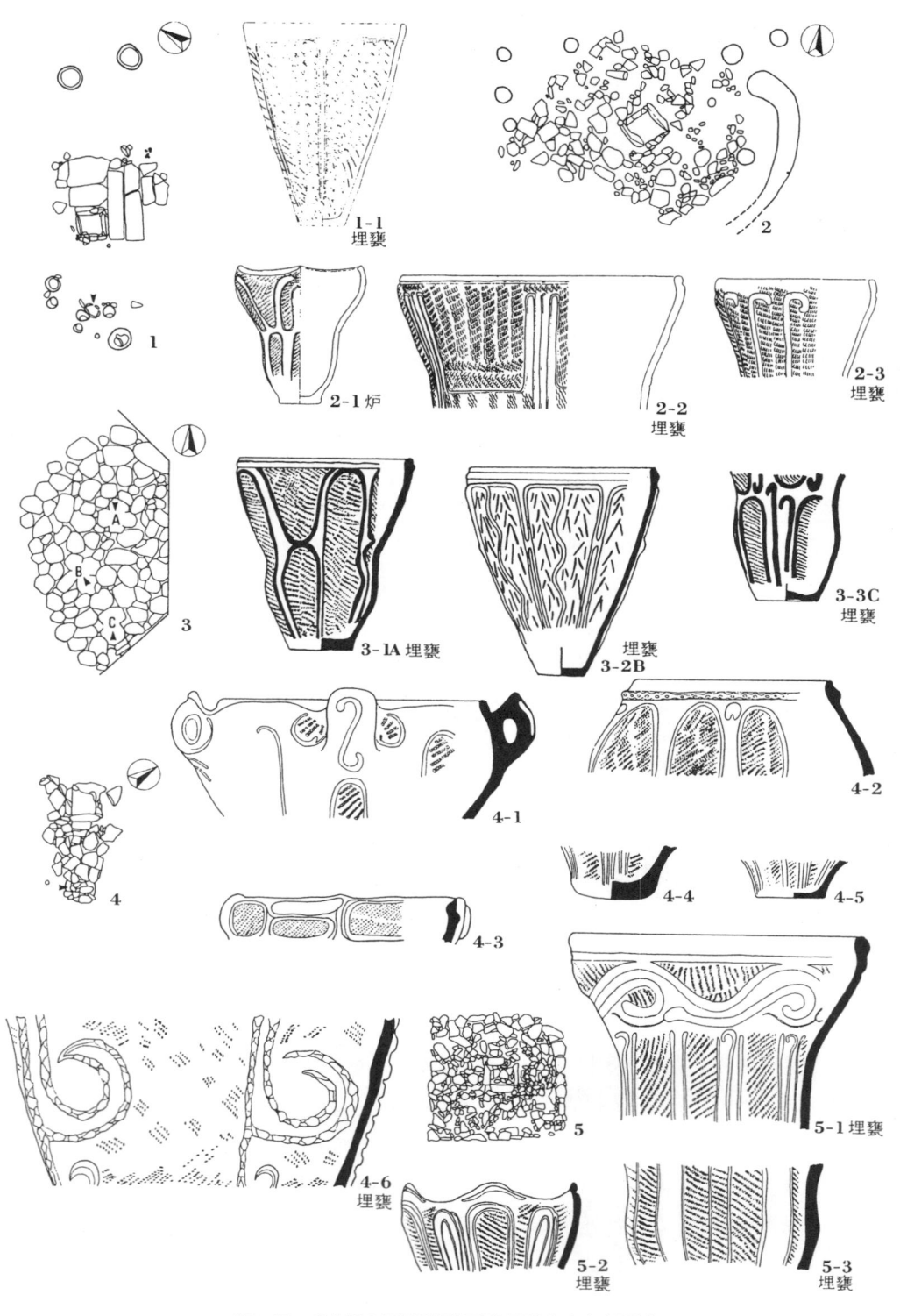

108 第2章　敷石住居址の変遷とその性格

第31図　成立期の柄鏡形(敷石)住居址と出土土器(6)
1：下吹上1号住，2：桜井戸4号住，3：込山C，4：幅田Ⅰ号配石，5：幅田Ⅱ号配石

第3節 柄鏡形(敷石)住居成立期の様相 109

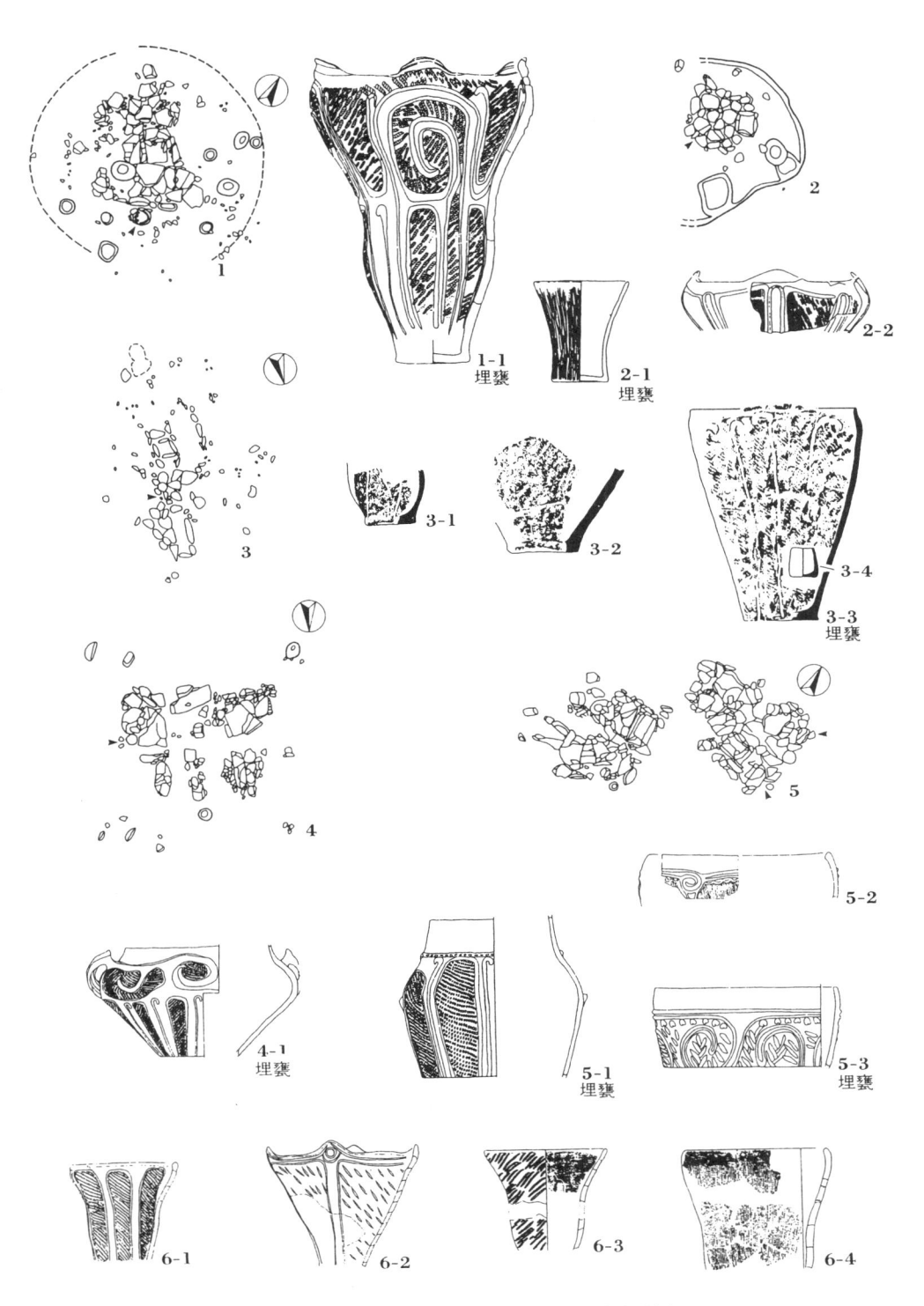

第32図 成立期の柄鏡形(敷石)住居址と出土土器(7)
1：円光房5号住，2：柿沢東4号住，3：葦原3号敷石住，4：こや城2・3号住，5：上白岩3号住

ただ、最近詳細が報告された佐久市吹付遺跡は加曽利E式土器の流入がいちじるしい傾向を示すが、「Ⅲ」式期では竪穴住居であったものが、「EⅣ」式期に入って、柄鏡形（敷石）住居へと変化する様相を示している。

長野盆地を中心とする千曲川流域の北信地域では、戸倉町幅田遺跡が注目される。この遺跡からは環状を呈する列石遺構とともに、「第Ⅰ号配石址」（第31図4）と「第Ⅱ号配石址」（第31図5）が検出されている。「第Ⅰ号配石址」とされたものは、黒浜式期の住居址覆土中に構築されていたためか、プランは不明であるが、上面に配石をもち、下面に石囲炉と敷石と埋設土器をもつ。その形状からみて、柄鏡形（敷石）住居の張出部に相当するものと思われる。また、「第Ⅱ号配石址」は全面に敷石をもつ方形のプランを呈するもので出入口部に埋甕をもつ。この2基の遺構から出土した土器は、いずれも加曽利E式土器が主体を占めており、しかも一部に口縁部文様帯を残すものを含み、その時期は明らかに「EⅢ」式期に該当するものである。このように、この地域ではすでに「EⅢ」式段階には柄鏡形（敷石）住居が出現していたこと、しかも加曽利E式系統の影響が色濃く認められることが注目されるだろう。

また、最近、幅田遺跡に隣接する地区の円光房遺跡が調査、報告されたが、この遺跡からも中期末から後期の柄鏡形（敷石）住居址が12軒検出されている。このうち、中期末葉期の事例中の5号住（第32図1）は炉辺部を中心に敷石をもつもので、張出部は不明だが、出入口部と思われる位置に埋設された埋甕は、「EⅢ」式から「EⅣ」式の古段階に相当する。本遺跡も一部在地的土器を含むものの[8]、加曽利E式土器が主体を占めている。

次に松本盆地周辺域をみると、塩尻市柿沢東遺跡4号住（第32図2）が注意される。炉辺部に敷石をもつこの住居址は、報告で「曽利Ⅴ期」に位置づけられているが、主体は加曽利E式土器であり、「EⅣ」式でも古段階の様相を示している。また、松本市牛の川遺跡A-1号住の上面にあった配石を報告では敷石住居址の可能性を考えているが、確実性は乏しい。出土土器は「EⅢ」式期とされており、もし、敷石住居址として確実なものであれば古段階の事例の一つとすることができよう。同じく松本市大村塚田遺跡から2基の敷石住居址が検出されている。このうち11号住は方形に敷石されたプランをもつもので、「曽利Ⅴ式期」とされているが、概報のため詳細は不明である。

波田町葦原遺跡からは4基の柄鏡形（敷石）住居址が検出されている。このうち、第3号敷石住居址（第32図3）は柄鏡形を呈するもので、接続部に埋設された埋甕は、加曽利E式系の土器で、蕨手状沈線文をもつ「EⅢ」式土器と判断される。共伴する土器には曽利式末葉の土器もあり、古段階の柄鏡形（敷石）住居址といえよう。

明科町こや城遺跡例も古段階の事例として注目される。本遺跡からは4軒の張出部が不明の敷石住居址が検出されている。このうち、1号住（第32図4）は炉辺部に敷石をもつもので、埋甕は口縁部文様帯を残す「EⅢ」式期に属し、2号、3号住（第32図5）も同様な時期と考えられる。ただ、4号住は一部に曽利式土器の初頭期の土器を含んでおり、時期が確定できない。同じ、明

科町北村遺跡からも中期末から後期中葉期の柄鏡形(敷石)住居址が多数検出されている。北村遺跡はまた、多数の埋葬人骨を伴う配石墓群が検出されたことでも良く知られているが、最近詳細が報告された。柄鏡形(敷石)住居址の主体は後期段階にあるが、その中で中期末葉期の事例もいくつか存在している。このうち、SB551号住・SB562号住は「EⅣ」式期に、SB560号住・SB584号住は「EⅢ」式期に相当し、北村遺跡でも「EⅢ」式期にはすでに柄鏡形(敷石)住居が出現していたことが明らかである。

　最後に天竜川流域の上下伊那地域をみると、中期末葉期の事例そのものが少ないことから、その初源地域とは考えがたい。おそらく、北・東信地域からの波及によって出現をみたものと思われる。そうした中で注意される事例として宮田村宮の沢2号住がある。炉辺部にのみ敷石をもつ円形プランの住居址であるが、出土土器は加曽利E式系の土器で、「EⅣ」式でも古段階に相当しよう。

　以上、長野県域の状況について、地域ごとのありかたについてみてみたが、その結果、柄鏡形(敷石)住居の出現時期は確実に加曽利「EⅢ」式段階、曽利式土器でいうなら、曽利「Ⅳ」式から「Ⅴ」式段階に求められることが明らかとなった。しかもこの時期は中部山地に分布の主体を有する曽利式土器よりも、加曽利E式(系)土器の進出がいちじるしいことが大きな特色として指摘できる。それはとくに千曲川水系域に顕著に表れており、先にみたように群馬県域との関わりの強さを良く示しているものと思われる。また、この加曽利E式末葉期の土器流入現象は曽利式土器の終末の時期とも関係するものと思われる。南関東地域でのありかたからも指摘したように、曽利式土器の終末は概ね「EⅢ」式から「EⅣ」式期の古段階に求められ、「EⅣ」式期から称名寺式期になると、中部山地域では曽利式土器の伝統は絶えてしまうのである。こうした土器型式の変化の過程に柄鏡形(敷石)住居が中部山地で出現をみたことは、中部山地では柄鏡形(敷石)住居の登場は加曽利E式土器の進出とともになされたことをうかがわせているものといえよう。したがって、いままでみてきた事例中にみられる曽利式土器終末期の存在は曽利式土器文化圏への波及と理解すべきものと思われる。

　では、柄鏡形(敷石)住居のとくに屋内敷石風習の成立もまた加曽利E式土器文化圏内からの波及ととらえるべきなのだろうか。その点については、次の伊豆半島地域での様相の検討のあと、触れることとしよう。

4．伊豆半島

　東海地域の柄鏡形(敷石)住居址事例は第25図に示したように圧倒的に静岡県、しかも伊豆半島地域に集中しており、ほかには愛知・岐阜県下でわずかに知られているにすぎない。愛知県南知多町林ノ峰貝塚から発見された事例は、張出部は不明だが、全面に敷石を有している称名寺式併行期の事例である。岐阜県久々野町堂の上遺跡からは、「中期最末」とされる2軒の張出部をも

たない敷石住居址が検出されている。ともに複式炉をもち、北陸地方の影響の強さがうかがえる事例である。なお、柄鏡形（敷石）住居址の南限はこれまでのところ、三重県名張市下川原遺跡11号住が相当する。堀之内Ⅱ式併行期の埋甕が張出部に埋設されている。

一方、事例が伊豆半島域に集中する静岡県域で加曽利E式末葉期と思われる事例を発見した遺跡を列挙すると下記のとおりである。

　　伊東市東小学校、中伊豆町上白岩、韮山町神崎、修善寺町大塚、河津町見高段間、三島市千枚原、沼津市大谷津

これら事例中、加曽利E式末葉期でも比較的古段階と思われる事例を検出した遺跡としては、中伊豆町上白岩、河津町見高段間、修善寺町大塚遺跡をあげることができるにすぎない。

中伊豆町上白岩遺跡3号住はプランは明確ではないが、敷石住居址とされたもので、その出土土器（第32図6）をみると、曽利「Ⅴ」式（口縁部の渦巻文からみて「Ⅳ」式の可能性もある）と加曽利「EⅢ」式が認められる。確実な事例とはいえないが、伊豆半島域でもこの時期まで柄鏡形（敷石）住居の出現がさかのぼる可能性があろう。河津町見高段間遺跡1号住は敷石をほぼ全面にもつ柄鏡形住居址であるが、出土資料はいずれも断片資料で確実性に乏しいものの、ハの字状の沈線文をもつ曽利式土器末葉期の土器片とともに加曽利E式土器も出土している。それらは「EⅣ」式でも古段階のものと思われる。

修善寺町大塚遺跡は、中期末葉から後期前葉にかけての柄鏡形（敷石）住居址が多数検出された伊豆半島でこれまで知られている最大級の遺跡である。このうち、A区3号・4号・5号住が中期末葉期に相当する。3号住は柄鏡形を呈する敷石住居址で、「EⅣ」式の一括資料が出土している。報告書で掲図された破片中には曽利式末の土器もあるが、その共伴関係ははっきりしない。4号住と5号住は重複住居と認識されているが、一体のものとしてとらえるべきかもしれない。4号住は「曽利Ⅴ」式期、5号住は「EⅣ」式期に位置づけられているが、資料が断片的なため、正確な時期の判定はむずかしい。伊豆半島域の中期末葉の柄鏡形（敷石）住居のありかたを知るうえで、沼津市大谷津遺跡発見の敷石住居址は注目される。この敷石住居址出土土器は「EⅣ」式であり、しかも曽利式土器を含んでいない。この事例からすると、伊豆半島域においても「EⅣ」式段階には曽利式土器はすでに終焉していたものと考えられる。

伊豆半島域はかつて寺田兼方によって、敷石住居址の初源地域と想定された（寺田 1958a）こともあるが、初源段階の事例数の少なさやその時期から判断すると、そうした解釈は困難であり、中部山地域あるいは神奈川県域からの波及、伝播によって成立したものと思われる。

5．成立過程の実相

　これまでみてきたことからすると、柄鏡形(敷石)住居址分布地域での成立期の様相は複雑ではあるが、概ね時期的・地域的な違いを指摘することが可能である。すなわち、その成立期の古段階事例は、神奈川、埼玉、東京といった南西関東域及び北関東域でも群馬の山地域と中部山地域に認められるのに対し、その他の東部関東、東北南部、東海、北陸地方ではやや遅れて出現する傾向がとらえられるのである。このことから、柄鏡形(敷石)住居はまず南西関東から関東山地寄りの地域及び中部山地において成立したあと、その他の地域へ波及していったものと思われる。

　また、柄鏡形(敷石)住居の成立時期は今のところ、加曽利「EⅢ」式期から「EⅣ」式の古段階に確実に求められることも各地のありかたから指摘が可能である。とくに群馬県域や中部山地の一部には、「EⅢ」式期の柄鏡形(敷石)住居の存在が顕著であり、その出現の中心地帯であった可能性も考えられる。このことから、柄鏡形(敷石)住居はまず「EⅢ」式段階の一部の地域に萌芽的に成立し、続く「EⅣ」式古段階にはほぼ完成を遂げたものと理解されよう。このように、これまでの分析の結果からすると、柄鏡形(敷石)住居の成立は中期終末期でも、より古段階に求められることが明らかとなったといえよう。

　そうした中でとくに注目されるのは、柄鏡形(敷石)住居の成立と加曽利E式末葉土器との関わり合いの強さである。とくに中部山地域では、東・北信地域を中心に加曽利E式土器の進出とともに成立した可能性が強い。このことは、中部山地を中心にその分布をみせた曽利式土器の終焉と無関係であったのではないらしい。すでに指摘したように、曽利式土器は加曽利「EⅣ」式段階でも古段階には、ほぼ終焉したものと思われ、以降、中部山地域は加曽利「EⅣ」式から称名寺式土器の分布圏に取り込まれてしまうのである。

　こうした中期終末段階における土器型式の地域的変化を考えると、柄鏡形(敷石)住居のとくに敷石風習の祖源が、中部山地域における曽利式土器を伴う住居址にしばしばみられる「石柱・石壇」といった部分的な屋内敷石に求められるという、これまでの筆者の理解に問題はないだろうか。

　ここで、注目しておく必要があるのは、中期後葉段階における曽利式土器の拡散・流入という現象である。周知のように曽利式土器の南関東域への進出は著しく、在地の加曽利E式土器との融合の結果、いわゆる「折衷土器」をも生みだしている。このことは曽利式土器のみの流入現象ということだけではなく、その背景に集団の移動も考慮されるのである(山本 1991b)。こうした背景のもと、中部山地に起源を発した敷石風習が南関東諸地域に伝播し、それが母体となって柄鏡形(敷石)住居の敷石成立をうながした可能性が強いものと思われる。だが、柄鏡形(敷石)住居の成立そのものは、いままでみてきたように、曽利式土器を使用した集団側にあるのではなく、加曽利E式土器を使用した集団でも南西関東から北関東域の関東山地域の集団の側にあった可能

性は、その古段階の柄鏡形(敷石)住居のありかたやそれに伴う加曽利Ｅ式末葉の土器からも指摘されるであろう。

　こう考えるとき、柄鏡形(敷石)住居は、概ね次のような過程を辿って成立したものと考えられる。

①中部山地域での屋内敷石風習の成立と曽利式土器の関東地域への波及と張出部の萌芽
　　中期後葉期(加曽利「ＥⅡ」式期・曽利Ⅲ～Ⅳ式期)
②曽利式土器の終焉と加曽利Ｅ末葉式土器の隆盛→柄鏡形(敷石)住居の成立
　　中期末葉期(加曽利「ＥⅢ」式～「ＥⅣ」式古段階)
③加曽利「ＥⅣ」式土器の波及＝柄鏡形(敷石)住居の伝播
　　中期終末期(加曽利「ＥⅣ」式段階)
④列島中央部における柄鏡形(敷石)住居の完成＝分布域の拡大
　　後期初頭～前葉期(称名寺式～堀之内Ⅰ式段階)

　このように、柄鏡形(敷石)住居は、これまで理解してきた中部山地帯の発生→拡散といった単純な図式では理解が困難であることは、いままでみてきた各地の状況からも明らかであり、その背景に集団の移動をも含んだ大きな時代的な変化の過程の中に成立を遂げていったものと思われる。

　現段階、柄鏡形(敷石)住居が最初に出現した地域は関東南西部から関東山地寄りの地帯にあると予想されるが、とくに群馬県域から長野県東・北信域に確実な古段階の事例が存在することから、この地域がその祖源地帯であった可能性も考えられる。ただ、今後の事例の増加によっては、また別な地域に求められることもあり得るので、ここではそうした判断は将来に委ねておくべきであろう。

　ところで、こうした柄鏡形(敷石)住居の出現過程に対する理解とは別に、本橋恵美子がこの問題について詳しく論じている(本橋 1988a)ので触れておこう。本橋は、「加曽利Ｅ3期の集落遺跡に屋外の配石や配石に埋甕が伴う遺構が存在することから、柄鏡形住居址は配石と埋甕が屋内に取り込まれることによって発生したものと考えられ」、「屋内敷石そのものは中部山地域から伝わり、これが関東地方南部・北部の配石と埋甕と結びつき、あるいは潮見台型(埋甕に伴う小張出部をもつ住居址をさす：筆者註)と関わって、また加曽利Ｅ3期の配石遺構の影響を受け、柄鏡形敷石住居として成立したと考えられる」と述べ、柄鏡形(敷石)住居の出現が屋外の埋甕や配石遺構と深く関わりをもつことを主張している。さらに、「結論として、柄鏡形住居は加曽利Ｅ4期の古段階にＡ類(ほぼ全面に敷石をもつ柄鏡形住居址をさす：筆者註)として主に多摩丘陵およびその周辺部に出現し、急速な勢いで多摩丘陵・武蔵野台地全域に広まり、関東地方最奥部利根川上流域および荒川中流域、東京湾岸に広まった」ものとしている。ただ、配石遺構や屋外

の埋甕は、柄鏡形(敷石)住居の出現と相前後して多発化したものであり、すでに指摘した(山本1981a)ように、祭祀の屋内→屋外への変化の過程としてとらえるべきであろう。また、その出現地帯を多摩丘陵周辺域に求めているが、これまでの事例の分析からすると、前述したようにそうした地域の限定は今後の課題と考えられる。

本橋(都築)は、さらに別稿(都築 1990)において、中期後葉から後期初頭期の住居変遷のありかたを論じた中で、「加曽利E3期の終わりから加曽利E4期の初め、住居形態で中部地方、特に八ヶ岳山麓地域の影響がみられる」が、「一転して加曽利E4期には柄鏡形住居が関東地方南部の武蔵野台地、多摩丘陵、相模野台地を中心に中部地方から東北地方南部にまで拡がるようになる」ことを指摘している。また、中期後葉から終末期の埋甕の特性を分析した論攷(本橋1992)では、「柄鏡形住居は加曽利3期に出現し」、「一型式内に土器とともに武蔵野台地・相模野台地周辺から利根川上流域に加曽利期E3段階に伝わり、加曽利E4期に利根川下流域に広がった」こと、その背景には、「柄鏡形住居址の濃厚な地域を中心に頻繁な『情報』が交換された、あるいは『集団』の移動があったと考えられる」として、より具体的にその出現過程と伝播のありかたについて論じている。こうした本橋の解釈は、その初源地帯や伝播経路にいまだ問題は残されているものの、柄鏡形(敷石)住居の斉一性や加曽利E式末葉期の土器の広がりからみて十分考えられるものと思われる。

今後とも、本橋や筆者らの視点を基礎として、より具体的にその出現過程の実相を明らかにさせていくことが要求されているように思う。

註
(1) このことをとらえて、筆者は、1987年論攷(山本 1987a)において、第3・4期の敷石をもたない事例については、「張出付き(出入口施設を有する)住居」と呼称してみた。
(2) 最近における中期末〜後期初頭期の土器型式編年研究の論攷は多数にのぼるが、とくに加曽利E式土器末葉段階の細かな編年研究としては、柳沢清一による一連の論攷がある(柳沢 1991a・b、1992他)。また、称名寺式土器の編年研究としては石井 寛の論攷に詳しい(石井 1992)。

なお、加曽利E式土器末葉の型式呼称名については、周知のとおり「Ⅳ」式あるいは「4」式と表記に違いをみせており統一されていない。また、最近では前掲の柳沢論攷のように「3」式と「4」式をつなぐ型式として「3-4(中間)」型式も設定されている。加曽利E式土器の編年及び型式呼称の問題については、先に神奈川考古同人会が主催して行なったシンポジウム「縄文中期後半の諸問題—とくに加曽利E式と曽利式土器との関係について—」で種々論議されたが、ここでは筆者らがこのシンポジウムで提起した「神奈川編年」に準拠して、とりあえず加曽利E式終末期を幅広く「第Ⅳ期」としてとらえたうえで検討を加えてみることとする。
(3) 「EⅢ」式は横須賀市吉井城山第一貝塚第三群土器B類を主体として認定された一群に相当するものをさす(岡本 1963)。型式呼称に不統一性がある現状から、本稿では、以下において型

式名を示すさい「EⅢ」式、「EⅣ」式のように「 」付きで表示することとする。なお、この時期は神奈川編年では第3期末葉から第4期の古段階に位置づけた時期に相当する。
（4）　この点については、最近山本孝司が論及している（山本孝　1992b）。山本は、加曽利E式終末と曽利式終末をほぼ併行関係としてとらえようとしている。筆者も先の神奈川考古同人会主催のシンポジウムにおいて、曽利式系土器が在地化して加曽利E式終末期に残存するという理解を示したが、これまでの相模川流域の諸集落址の資料から判断して、これら曽利式系土器は神奈川編年第Ⅳ期の古段階に位置づけるべきであろう。
（5）　多摩ニュータウン地域内の柄鏡形（敷石）住居址のありかたについては、山本孝司氏よりご教示を受けた。氏によれば、「EⅢ」式期の確実な柄鏡形（敷石）住居址事例は今のところ確認されていないとのことである。
（6）　報告では、これら柄鏡形（敷石）住居址は「配石遺構」名で遺構番号が付けられている。
（7）　報告で、住居型式「H」とされたものが柄鏡形（敷石）住居の範疇としてとらえられる。
（8）　北信地域では幅田遺跡「第Ⅰ号配石址」の張出部先端に埋設された土器のような土着的土器を「圧痕隆帯文」土器と仮称している（綿田　1983・1989a・b）。

追　記

　柄鏡形（敷石）住居の出現過程をどうとらえるべきなのかというテーマは依然として論議が続いている。1996（平成8）年2月に開催された「パネルディスカッション『敷石住居の謎に迫る』」（神奈川県立埋蔵文化財センター・㈶かながわ考古学財団　1996・97）においてもこの問題に論議が集中したことは、第1章でも触れたとおりである。本節の初出論文（山本　1995）発表以降の事例の増加もいちじるしい。それらの事例の追補は煩雑となるため、ここでは省略した。最新の事例をもとに作成した巻末の「柄鏡形（敷石）住居址発見遺跡参考文献」を参照願いたい。
　なお、近年再び、中期末・後期初頭期の土器型式編年がゆらいでいることについて付言しておきたい。それは加曽利E式土器の終末と称名寺式土器との関係である。とくに最近主張されているのは、加曽利EⅣ式期の単独時期の存在を否定し、称名寺式期に含めて、後期初頭に位置づける考え方である（谷井・細田　1995・97）。こうした見解に対して異論も多い（柳沢　1996、戸田　1998）。筆者も加曽利E式末から称名寺式期への変遷観は従来からの立場によっている。いずれにせよ、中期末から後期初頭期への変化は柄鏡形（敷石）住居の登場という歴史的変化とともに土器の変化も複雑な様相を呈しているということなのであろう。
　土器型式編年の大別という観点を一旦棄却して、中期と後期の境を歴史的な視点からみた場合、関東・中部域の中期環状集落址の多くが、加曽利E式末にその終焉を迎えていること、そのまさに終焉段階に柄鏡形（敷石）住居が登場することを考えあわせると、「加曽利EⅣ」式という時期

が一部において「称名寺式」とオーバーラップしたとしても、その時期区分はあくまで中期段階と認識すべきではないかと思う。

　柄鏡形（敷石）住居址、とくに敷石をもたない柄鏡形住居が最初に発見された神奈川県横浜市洋光台猿田遺跡第10号住居址の様相については、本章第2節に報告したとおりである。「加曽利ⅠⅤ式」でも古相を示す事例として貴重である。その後、本節でみたように、より古い段階に完成された柄鏡形（敷石）住居址が検出されつつある。群馬県から長野県の浅間山麓周辺や、南西関東でも山地寄りの地域にこうした古相を示す事例が増えてきている。

　ところで、筆者が本書で示した柄鏡形（敷石）住居の成立のプロセスについては、批判も多い。その最大の批判点は、石柱・石壇をもつ住居址・小張出をもつ住居址と完成された柄鏡形（敷石）住居址との間に懸隔が大きいのではないか、という点にある。とくに敷石と張出部の融合は別個のものではないか、初期の敷石住居は張出部をもたないのではないかという視点である。たしかに、本節でみたように、屋内敷石風習の成立と張出部の成立には地域的な違い、それは土器型式上の差、すなわち、屋内敷石風習は中部山地、曽利式土器文化圏内に、張出部の成立は南西関東の加曽利E式土器文化圏内に、それぞれその源を発しているといえよう。しかし、重要なことは、その両者が結合した結果として柄鏡形（敷石）住居が誕生したことである。その背後には、中期終末期における活発な交流・融合の過程があると思われる。この点については、別に相模川流域での両土器型式交流のありかたについて考察したことがある（山本　1991b）。中期終末期の複雑な集団の再編成が、柄鏡形（敷石）住居を生み出したともいえるのである。

　本節初出論文発表後、あらたに管見に触れた初期の柄鏡形（敷石）住居址例の中で、とくに注目される事例を一つあげておく。

山梨県南都留郡西桂町下暮地所在の宮の前遺跡1号住（第33図）
山梨県南部、相模川上流、桂川の支流の河岸段丘上に形成された遺跡で、第1節の追補の中でも触れた遺跡である。住居内ほぼ全面に敷石をもち、「住居址北壁際には、小さな立石、石棒、磨石や角礫のまとまりが認められ。あたかも祭壇を思わせる」施設があり、「住居址入口部（南側）に口縁部の一部と底部が欠損した埋甕」が「埋設され」た住居址である。埋甕と床面上出土土器をみると、加曽利EⅢ式の新段階に相当し、張出部は認められないが敷石が全面に敷設された事例としては最も古い段階の事例と考えられる。しかも、祭壇状の立石施設を有しており、石柱・石壇をもつ住居址との系譜を考えるうえで重要な事例である。今後、山梨県南部から相模川上流地域にもこうした事例が増えてくることが予測されよう。

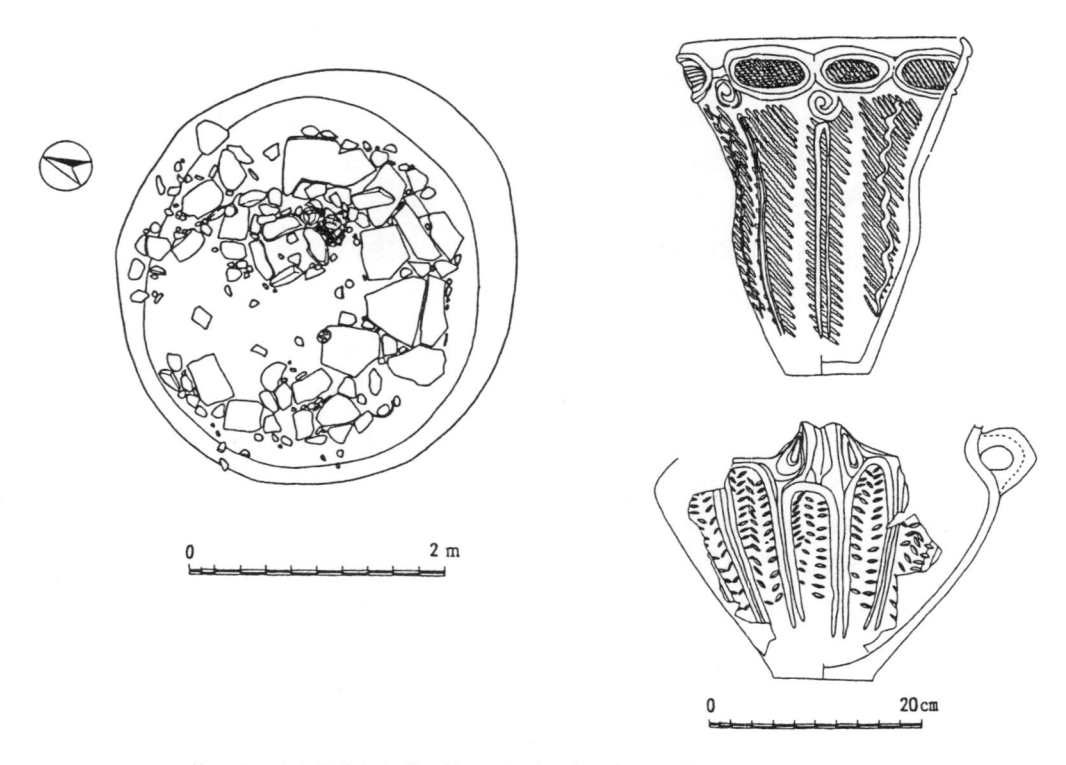

118　第2章　敷石住居址の変遷とその性格

第33図　山梨県南都留郡西桂町下暮地所在の宮の前遺跡1号住と出土土器

第4節　柄鏡形(敷石)住居の発展と終末の諸相

　中期終末期に完成をみた柄鏡形(敷石)住居は、後期以降、分布域を拡大しつつ発展を遂げるに至る。この後期以降の柄鏡形(敷石)住居の変遷は、大きく二つの段階に設定が可能と思われる。すなわち、中期末に完成を遂げた柄鏡形(敷石)住居がさらに分布域を拡大しつつ盛行をみた第3期・後期前葉の段階と、その伝統が終焉を迎える第4期・後期中葉以降の段階である。筆者は先の論攷(山本 1987a)において、この時期の柄鏡形(敷石)住居址の特徴と変遷のありかたについて詳しく分析を試みた。また、この時期の関東地方における集落址の様相についても、別に検討を加えてみたことがある(山本 1986・89b)。旧稿発表後、新たな事例が多数追加されてきたことは周知のとおりである。そこで、ここでは柄鏡形(敷石)住居址変遷の後半段階の様相について、旧稿を基礎として再検討を加えてみたいと思う。

　はじめに前節では取り扱わなかった、筆者のいう柄鏡形(敷石)住居変遷過程第2期の後半に相当する後期初頭・称名寺式期の様相について触れたあと、第3期とした後期前葉段階及び第4期とした後期中葉以降の段階について、その特性を明らかにさせてゆきたい。

　なお、分布の外縁地帯であった、北関東東部・東北・上越・北陸・東海以西の各地域の様相については、第5節で中期終末期を含めて全体にわたって詳しく検討を加えているので、ここでは柄鏡形(敷石)住居址分布の主体地域であった南関東・北関東西部・伊豆半島・中部地方を中心に触れることとする[1]。

1．後期初頭・称名寺式期の様相

　旧稿(山本 1976a)では、第2期を、「中期末・後期初頭期」として位置づけ、土器型式では、加曽利E式末(Ⅳ式)と称名寺式段階をさしていたわけであるが、周知のとおり、称名寺式土器の研究が進み、その細分も大きくみて3段階にとらえられている(今村 1977)。しかし、その初頭期の様相については、第3節の追記でも触れたように、その土器編年大別区分論議を含めて、加曽利EⅣ式との関係が問題とされて久しい。ここでは、一部第3節と重複する事例もあるが、加曽利EⅣ式とともに称名寺式と認定される土器を出土した柄鏡形(敷石)住居址事例も含めて、各地域ごとに挙げながらその特徴についてみてみよう。

(1)　南関東地方
　第3節でみたように、柄鏡形(敷石)住居は南西関東から関東山地寄りの地帯において中期終末

120　第2章　敷石住居址の変遷とその性格

段階に成立をみたと考えられる。その後、後期初頭段階に入ると、前段階の分布的傾向を維持しつつ、各地へと拡散を示す状況がみてとれる。近年、当該期の発見事例の増加はいちじるしい。以下、南関東地方のありかたについて、便宜的ではあるが各都県別にその特徴をみることとする[2]。

神奈川県域

神奈川県域で管見に触れた称名寺式期と思われる事例を発見した遺跡を列挙すると下記のとおりである。

　　横浜市松風台、稲ヶ原A、杉山神社、荏田第2、京塚、宗元塚、水窪、山田大塚、権田上、殿森、三の丸、二の丸、高山、西之谷大谷、北川貝塚、菅田・羽沢農業専用地区、羽沢大道、川島町西原、帷子峰、鎌倉市島ノ神西、藤沢市鳥居前、海老名市杉久保、大和市下鶴間長堀、相模原市下溝鳩川、下溝上谷戸、当麻第3、田名花ヶ谷戸、上中丸、愛甲郡清川村ナラサス（Na15）、久保ノ坂（Na4）、厚木市山ノ上、平塚市上ノ入B、小田原市諏訪ノ原清掃工場、南足柄市塚田、足柄上郡山北町尾崎

神奈川県域では35遺跡の事例をあげることができる。港北ニュータウン地域内遺跡をはじめ詳細が未報告な遺跡が多く、いまだ不明な点が多いが、いくつかの確実な事例からその特徴をみてみよう。まず、分布的には前段階とほぼ変わらず多摩丘陵から下末吉台地、相模川水系、丹沢山地寄りの地域に事例が認められる。

横浜市松風台3号住（第34図1）は称名寺Ⅰ式でも古段階の事例であるが、短柄形の張出部の先端部に埋甕を有し、周壁に小礫を配し、張出部に敷石をもつ、この地域では典型的な柄鏡形（敷石）住居址である。注目されるのは、焼土とともに大型石棒が2本床面から出土していることで、第3章第1節でも触れているが、住居廃絶に伴う火入れ行為と関連する祭祀行為がうかがわれる事例である。藤沢市鳥居前2号住（第34図3）も奥壁部に被熱した大型石棒が横位に出土しており、松風台3号住のありかたに近い。横浜市荏田第2-15号住（第34図2）も詳細は不明であるが周壁に小礫と土器片を並べたもので、張出部はやはり短柄形状を呈する。こうした特徴は港北ニュータウン地域内の横浜市水窪1・2号住、山田大塚11・21号住、権田上1号住、三の丸遺跡の発見事例にも共通していえる傾向である。また、最近報告された横浜市羽沢大道遺跡からも敷石を伴わない中期末から後期初頭期の柄鏡形住居址が多数検出されているが、D-3号住（第34図4）のように張出部が短柄形で、次の堀之内期の柄部変化の兆候がうかがえる事例がみられる。

相模川水系上流域では相模原市田名花ヶ谷13号住（第34図5）のように全面に敷石をもつ事例が注目される。壁柱穴に沿って小礫が巡るありかたは、上にあげた横浜市域などの事例と共通する。また、張出部は埋甕は伴わないが、敷石の敷設状態が凸字状を呈しており、次の堀之内式段階の

第4節　柄鏡形(敷石)住居の発展と終末の諸相　121

第34図　後期初頭期の柄鏡形(敷石)住居址(1)
1：松風台3号住，2：荏田第2-15号住，3：鳥居前2号住，4：羽沢大道D-3号住，
5：田名花ヶ谷13号住，6：尾崎11号住，7：塚田3号住　縮尺：1-180，以下同じ

ありかたに近い様相を示している。丹沢山地寄りの地域では山北町尾崎11号住（第34図6）が全面に敷石が敷設された事例であるが、出土土器の様相から中期終末期にさかのぼる可能性がある。また、南足柄市塚田3（第34図7）・15住（第35図1）例は炉辺部から張出部にかけて敷石が敷設され、張出部がきわめて細長くしかもスロープ状を呈する特異な形状を示すが、詳細が未報告のため、細かな時期比定が不明であり、その張出部の特徴から後期前葉段階に下る可能性がある。

　このように神奈川県域の該期事例は、竪穴構造をとり、円形プランを基調として、壁柱穴を巡らし、張出部をもつものが大半を占める。敷石の敷設のありかたは前段階を踏襲し、低位の下末吉台地、相模川下流域では部分敷石もしくは無敷石であるのに対して、上流域、丹沢山地寄りの地域では全面ないしそれに近いありかたを示すことも前段階とほぼ同様である。この傾向は炉址形態にも反映しており、前者が地床炉が多いのに対して、後者は石囲炉・石囲埋甕炉が多い。張出部の埋甕の埋設は住居址事例としてあげることができた46事例中、9例と全体に占める率は低いが張出部先端部に埋設される傾向は前段階からの伝統を受け継いでいるものといえよう。

　これら事例と集落との関わりをみると、やはり詳細が未報告のため不明な事例が多いが、横浜市杉山神社、三の丸、二の丸、海老名市杉久保、相模原市当麻第3・田名花ヶ谷（両者は同一集落と考えられる）遺跡のように、中期大規模環状集落址の最終段階に位置づけられる事例が多い。一方、横浜市稲ヶ原Ａ、荏田第2、山田大塚、羽沢大道遺跡のように中期末から後期前葉段階に形成された集落も認められ、この時期の集落変化の複雑な様相を伺わせている。

東京都域

　東京都域で管見に触れた称名寺式期と思われる事例を発見した遺跡を列挙すると下記のとおりである。

　　　港区伊皿子、新宿区百人町Ｃ区、目黒区東山、世田谷区下野毛、練馬区貫井2丁目、中島、北区八幡原、御殿前、東久留米市自由学園南、東村山市南秋津、武蔵野市御殿山、三鷹市坂上、井の頭池、狛江市狛江駅北、弁財天池、田中・寺前、和泉駄倉、調布市上布田Ⅱ、下布田、小金井市はけうえ、府中市浜尾ビル地区、清水が丘、国立市谷保東方、稲城市平尾台原、多摩市多摩ニュータウンNo.769、町田市市木曽森野、平和台No.1、日野市吹上、七ツ塚、八王子市多摩ニュータウンNo.72、北野、上宿、郷田原、あきる野市橋場、西多摩郡奥多摩町西の平、利島村大石山

　東京都域では36遺跡の事例をあげることができる。武蔵野台地から多摩丘陵地帯、関東山地寄りの奥多摩地域に広がりを示しており、その分布的傾向は前段階と変化はない。低位な武蔵野台地域では敷石の敷設が無いか部分的であり、多摩丘陵から奥多摩地域に敷石の敷設が顕著であることも変化はみられない。

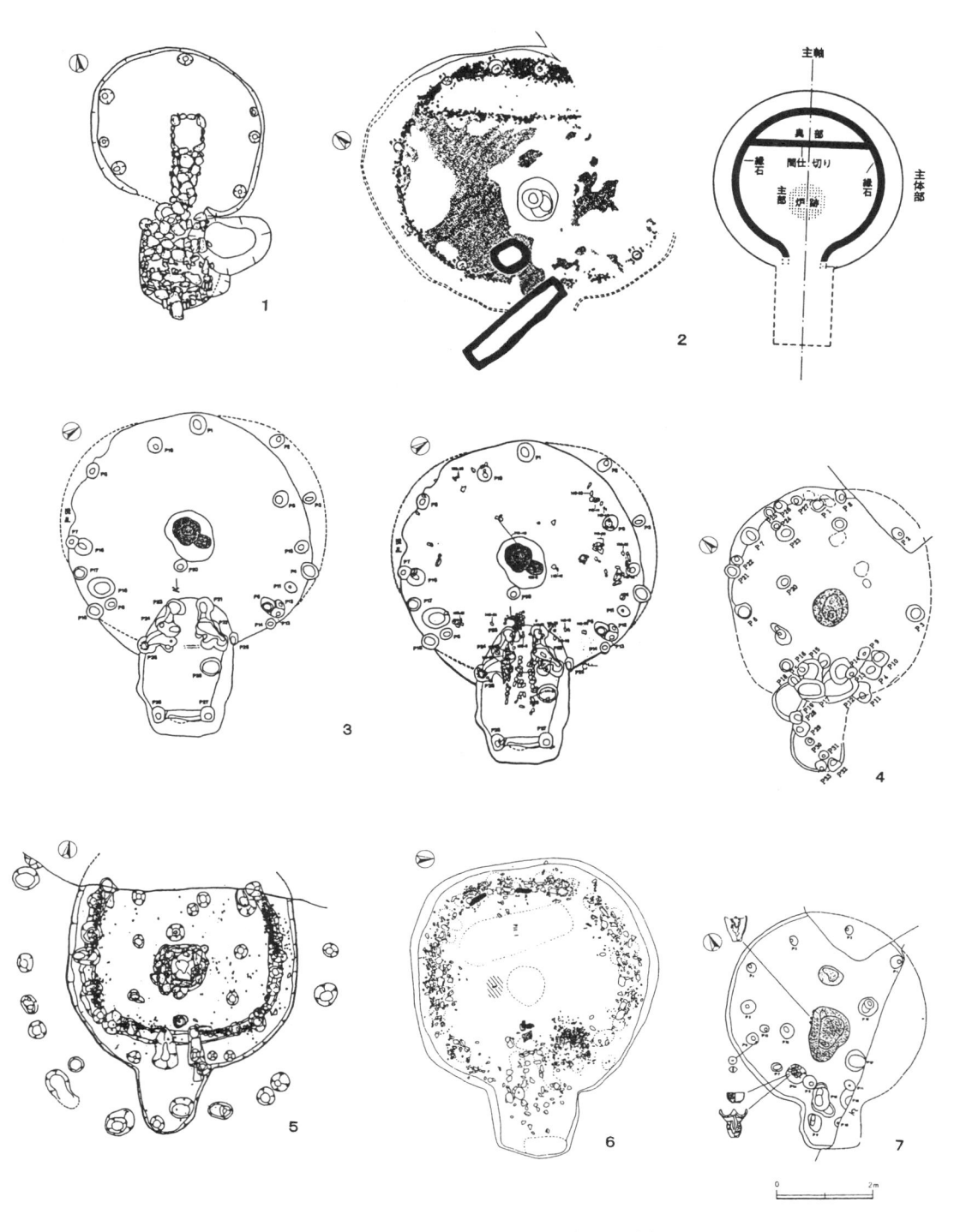

第4節　柄鏡形(敷石)住居の発展と終末の諸相　123

第35図　後期初頭期の柄鏡形(敷石)住居址(2)
1：塚田15号住，2：伊皿子貝塚4号住，3：下野毛5次26号住，4：貫井2丁目2号住，5：坂上3号住，
6：はけうえ9号住，7：八幡原2号住

港区伊皿子貝塚4号住（第35図2）は張出部の存在は不明だが小礫で壁柱穴間を結び、奥壁部を区画するありかたを示している。火災住居で、半截された柱材が残っている。新宿区百人町Ｃ区遺跡は称名寺から堀之内期の柄鏡形住居址が多数検出されている。詳細は未報告のため不明だが、敷石を伴わない柄鏡形住居址のありかたを知るうえで今後の報告書の刊行が期待される。世田谷区下野毛5次26号住（第35図3）、練馬区貫井2丁目2号住（第35図4）、三鷹市坂上3号住（第35図5）、小金井市はけうえ9号住（第35図6）等も周壁に配礫したものや部分的な敷石が施されたもので共通性が認められる。無敷石の事例では北区八幡原2号住（第35図7）、府中市清水が丘4号住（第36図1）などの事例がある。

全面に敷石が敷設された事例は以外と少なく、府中市浜尾ビル地区10号住、国立市谷保東方、八王子市多摩ニュータウンNo.72-18号住（第36図2）、北野、あきる野市橋場18号住（第36図3）などがあげられる程度である。調布市上布田Ⅱ-4号住（第36図4）は奥壁空間部に敷石を欠いているが、全面敷石に近いものである。

このように、東京都域でも竪穴構造の円形プラン、壁柱穴を巡らし、張出部をもつものがほとんどである。炉址も武蔵野台地域には地床炉が多く、多摩丘陵から奥多摩地域では石囲炉、石囲埋甕炉が多いことも敷石の敷設のありかたと共通する。埋甕は確実な事例38例中、19例に認められ、中期末の段階を踏襲している。埋設位置も張出部の接続部や先端部に集中している。張出部の形態は長柄形・短柄形がほとんどであり、とくに形状変化は認められない。集落との関わりを検討できる遺跡例は少ないが、多摩ニュータウンNo.72遺跡のように大規模中期環状集落継続の最終末期に位置づけられる事例のほか、小規模な中期終末から後期初頭期の集落が多い傾向が指摘できる。したがって、東京都域の該期の柄鏡形（敷石）住居址の様相は中期末期と大きな変化はないものといえよう。

埼玉県域

埼玉県域で管見に触れた称名寺式期と思われる事例を発見した遺跡を列挙すると下記のとおりである。

入間郡越生町南原、大里郡寄居町東、樋ノ下、児玉郡神泉村阿久原平、秩父郡皆野町大背戸、駒形、吉田町塚越向山、荒川村姥原、両神村薬師堂、和光市義名山、川口市卜伝、叺原、石神貝塚、入間郡大井町苗間久保、富士見市北通第2地点、打越、貝塚山、上福岡市宅地添、浦和市北宿、本太3丁目、上木崎東、大間木内谷、明花東、会ノ谷、川越市上組、大宮市鎌倉公園、下加、西大宮バイパスNo.5、A-64号、A-69号、指扇下戸、御蔵山中、今羽丸山、岩槻市裏慈恩寺東、上尾市山下、東谷、桶川市八幡耕地、北足立郡伊奈町志久、戸崎前、蓮田市久台、鴻巣市赤台、北埼玉郡川里村赤城、南埼玉郡白岡町皿沼、宮代町前原、金原、久喜市足利

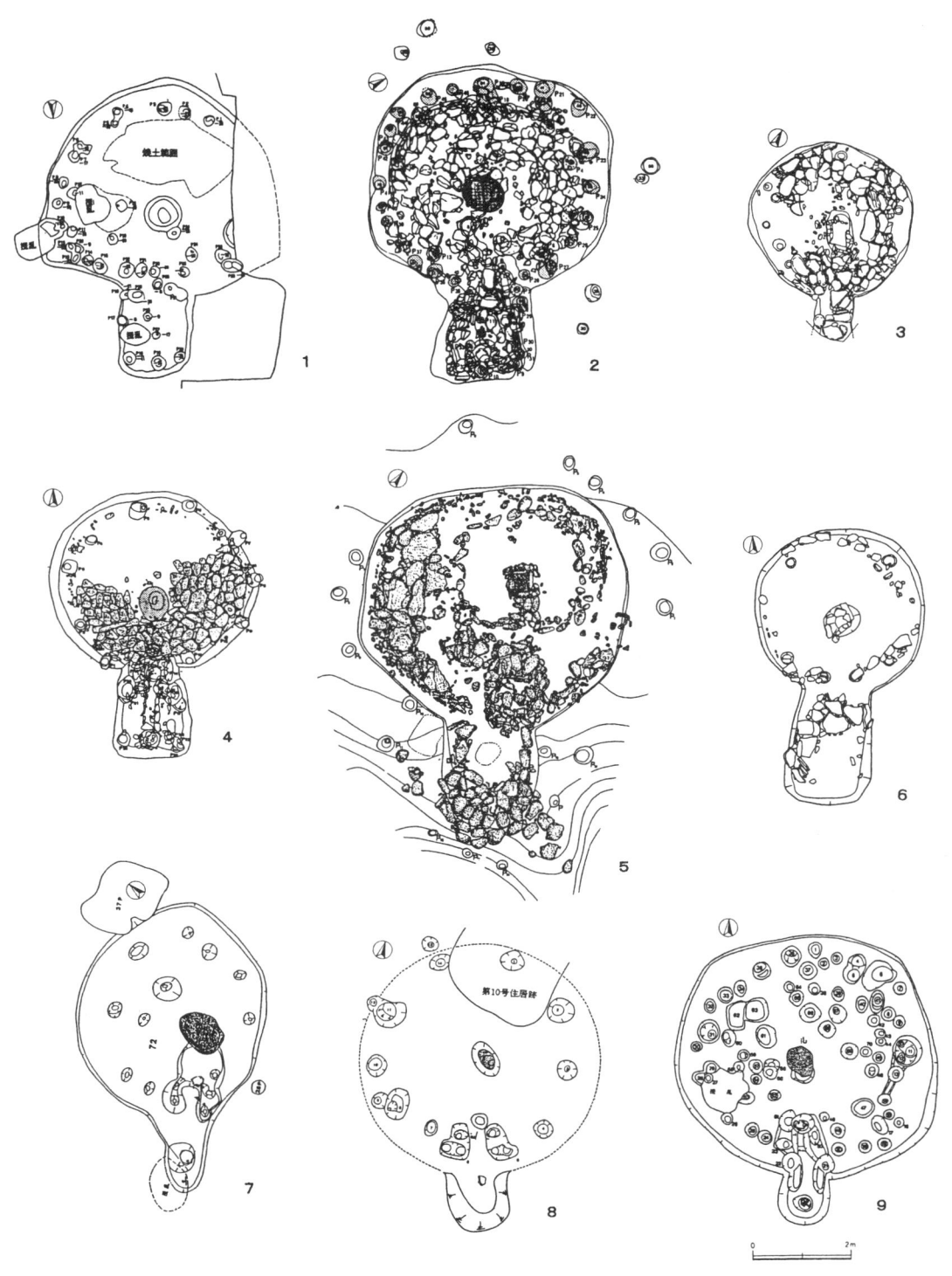

第4節　柄鏡形(敷石)住居の発展と終末の諸相　125

第36図　後期初頭期の柄鏡形(敷石)住居址(3)
1：清水が丘4号住，2：多摩ニュータウンNo.72-18号住，3：橋場18号住，4：上布田Ⅱ-4号住，
5：樋ノ下30・31号住，6：姥原11号住，7：北宿72号住，8：鎌倉公園11号住，9：指扇下戸1号住

埼玉県域では46遺跡も事例をあげることができ、南関東では発見遺跡数がもっとも多い。埼玉は西に関東山地に連なる秩父山地から、その東端に沿って、北から南に諸丘陵・台地が展開し、さらにその南側に武蔵野台地が東京都にかけて広がり、県東部には荒川低地と下総台地に面する中川低地に挟まれた大宮台地からなる地形的特徴を有している。すでに指摘したように（山本 1980a）、こうした地形的特徴に反映されて、秩父山地から県西部諸丘陵・台地域では中期終末期では敷石を敷設する柄鏡形敷石住居址が多く、大宮台地から武蔵野台地域では、無敷石ないし部分的な敷石をもつ事例が多い傾向が認められた。この傾向はそのまま後期初頭以降も受け継がれていくが、この時期、大宮台地域への進出が顕著となったことが事例数の多さに反映されているといえよう。

秩父山地から県西部諸丘陵台地域では、寄居町樋ノ下遺跡から後期初頭から後期前葉期の柄鏡形敷石住居址が多数検出されているのが注目される。30・31号住（第36図5）は大型の30号住と小型の31号住が入れ子状態で重複した珍しい事例である。30号住はほぼ全面に敷石が敷設されている。荒川村姥原11号住（第36図6）は、石が抜かれている可能性もあるが、典型的な柄鏡形敷石住居址である。

武蔵野台地域では敷石をもたない柄鏡形住居址がほとんどであるが、富士見市貝塚山16号住のように遺存状態は悪いが、土坑状の張出部に沿って配礫した事例も認められる。

大宮台地域では事例が多い。敷石が敷設されない柄鏡形住居がこの地域の特徴である。代表的な事例を図示すると、浦和市北宿72号住（第36図7）、会ノ谷19号住、大宮市鎌倉公園11号住（第36図8）、指扇下戸1号住（第36図9）、下加4-45号住（第37図1）、西大宮バイパスNo.5-1号住（第37図2）、今羽丸山1号住（第37図3）、伊奈町志久8号住（第37図4）などがある。また、蓮田市久台遺跡からは26基の称名寺式から堀之内式期の住居址が検出されているが、そのうち、15基が敷石をもたない柄鏡形態をとっている（このうち、11基が称名寺式期）。張出部は短柄形タイプがほとんどで埋甕の埋設はない。称名寺Ⅱ式期の例も多く、後期前葉に近いありかたを示しているといえよう。

このように埼玉県域でも、前段階の特徴を継承し、竪穴構造の円形プランを基調として壁柱穴を巡らす事例がほとんどであり、炉址形態も地域性が反映されている。張出部の形状もやはり、長柄形・短柄形タイプがほとんどであり、大きな形状変化は認められない。ただ、少ないながらも蓮田市久台6号住（第37図5）のように称名寺Ⅱ式期の事例には形状の変化が認められる。張出部に伴う埋甕の埋設は確実な85住居址事例中35例と高率な割合を占めている。埋設位置も張出部の接続部や先端部に集中していることは神奈川県や東京都域域のありかたと同様である。

集落との関係をみると、中期集落変遷の最終段階に位置づけられる事例は少なく、後期初頭から前葉ないしそれ以降の集落址事例が多い。この点、神奈川県や東京都域とはやや異なった様相を示しているといえる。

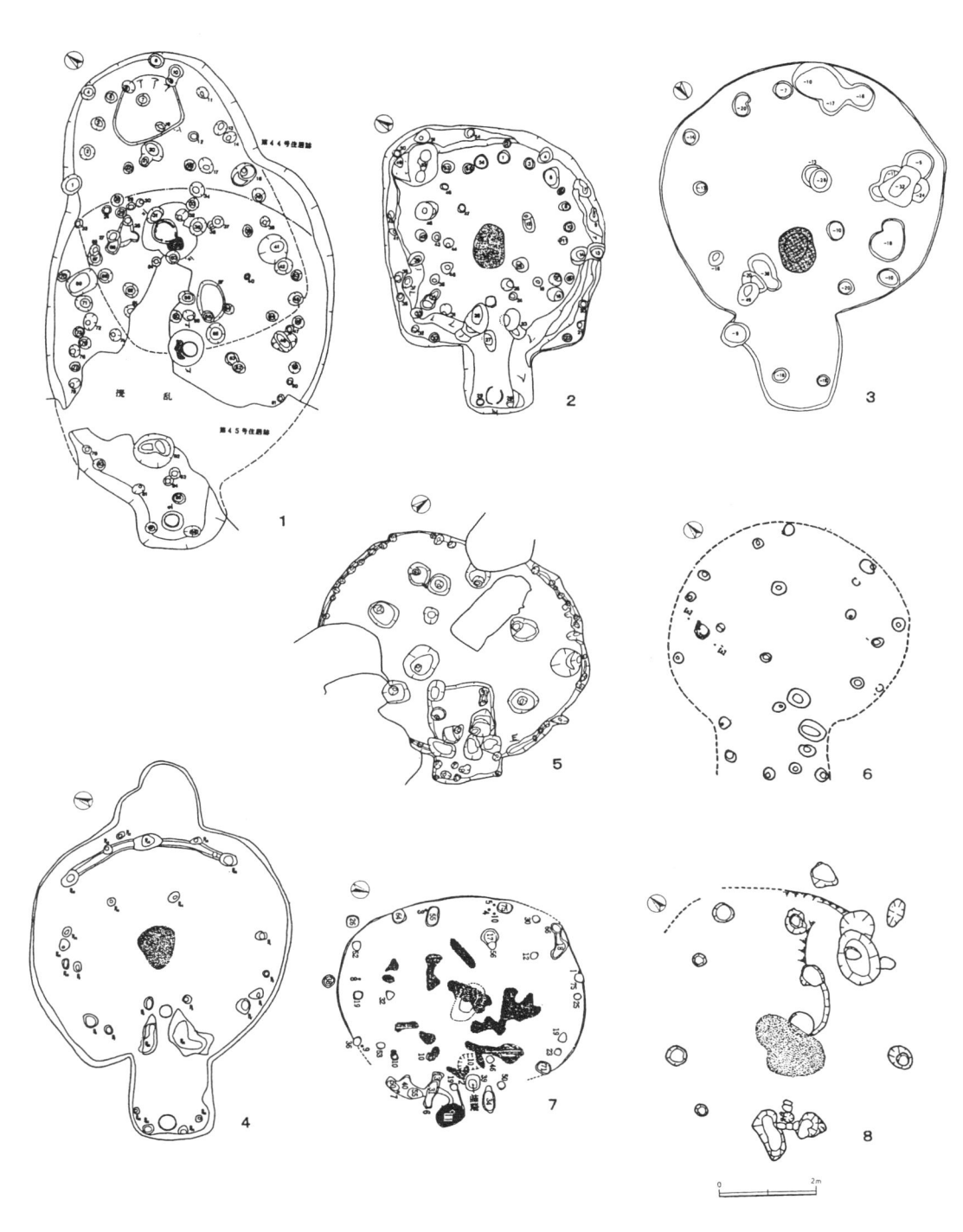

第 4 節　柄鏡形(敷石)住居の発展と終末の諸相　127

第37図　後期初頭期の柄鏡形(敷石)住居址(4)
1：下加4-45号住，2：西大宮バイパスNo.5-1号住，3：今羽丸山1号住，4：志久8号住，
5：久台6号住，6：長田雉子ヶ原2-366号住，7：金楠台1号住，8：貝の花貝塚27号住

千葉県域

千葉県域で管見に触れた称名寺式期と思われる事例を発見した遺跡を列挙すると下記のとおりである。

> 成田市長田雉子ヶ原、松戸市金楠台、貝の花、陣ヶ前、一の谷西、市川市曽谷貝塚Ｅ地点、曽谷貝塚第17地点（高谷津）、堀之内堀之内地区、堀之内権現原地区、千葉市内野第１、中野僧見堂、四街道市千代田Ⅳ、市原市祇園原貝塚、武士、袖ヶ浦市伊丹山、木更津市藪台Ⅰ

千葉県域では16遺跡の事例をあげることができる。中期末から後期初頭期にかけて柄鏡形（敷石）住居址が成立をみた関東地方にあって東部関東域はこれまで発見事例も少なく、その受容は一歩遅れてなされたものと思われる。ただ、前節でもみたように近年発見事例も増加し、その受容の具体的な様相が明らかにされつつある。

これまでのところ、該期の発見事例は前段階と同様、県北西部の東京湾東岸域から下総台地域に偏る傾向が認められる。

このうち、成田市長田雉子ヶ原遺跡は中期末・後期初頭期の住居址53基、土坑300基以上、掘立柱建物址４基などが検出された集落址であるが、柄鏡形態をとる住居址が15基検出されている。出入口部のピットの配列から張出部が想定されたものが多く、短柄形を呈する。ただ、報告書では細かな時期対比に不明な点があり、確実に称名寺式期と判断されるのは、２－366号住（第37図６）で、その他は中期末〜後期初頭期とされている。２－366号住は張出部ではない壁際に埋甕が埋設されている。松戸市金楠台遺跡１号住（第37図７）は張出部は不明であるが対ピット間に埋甕をもつ。松戸市貝の花貝塚27号住（第37図８）も同様な構造を持つ事例である。松戸市一ノ谷西３号住（第38図１）の張出部はヒゲ状対ピット施設をもつ長柄形のもので、埋甕が接続部と先端部に埋設されている。堀之内堀之内地区と権現原地区でも該期の事例が多く検出されているが、張出部形態は南西関東にみられるような典型的な長柄形は呈していない。また、市原市武士遺跡は次の堀之内式期を主体とする大規模な集落址であるが、称名寺式期の事例も４基検出されている。袖ヶ浦市伊丹山６号住（第38図２）は張出部が対状ピット状を呈するが、埋甕の埋設位置は張出部ではない。

このように、千葉県域の事例をみると、南西関東にみられる典型的なというか形の整った柄鏡形態はあまりとらない傾向が認められ、柄鏡形態を受容した地域差をうかがせている。しかし、竪穴構造、円形プラン、壁柱穴を巡らすというありかたには差がない。この地域では敷石が敷設されることは稀で、金楠台２号住、貝の花貝塚27号住のように出入口部の埋甕に接してわずかな配礫がみられる程度である。このことと関連して炉址も地床炉がほとんどを占めている。また、埋甕の埋設は46事例中18例で、埋甕風習も柄鏡形態の受容とともになされたものらしい。集落とのかかわりをみると、埼玉県域と同様に中期末から後期前葉段階の集落に存在する傾向が指

摘できる。

(2) 北関東地方

北関東でのありかたは、地域性が色濃く反映され、西部の群馬県域に事例が集中しており、栃木・茨城県は柄鏡形(敷石)住居址分布域の外縁地域に相当する。とくに東部の茨城県域では中期末～後期初頭期の事例はこれまでのところほとんど知られていない。そこで、これら地域については、次節で触れることとして、ここでは群馬県域の様相についてみることとする。

群馬県域

群馬県域で管見に触れた称名寺式期と思われる事例を発見した遺跡を列挙すると下記のとおりである。

  甘楽郡甘楽町白倉下原、富岡市南蛇井増光寺、碓氷郡松井田町行田梅木平、仁田、暮井、安中市天神原、高崎市若田原、田端、前橋市横俵遺跡群、荒砥二之堰、芳賀東部団地、芳賀北曲輪、佐波郡境町北米岡G、東村根性坊、東村曲沢、赤堀町今井柳田、新田郡笠懸町阿佐美、新田町北宿・観音前、上江田西田、太田市東長岡戸井口、群馬郡榛名町三ツ子沢中、勢多郡北橘村小室、八崎前中後、粕川村安通・洞、赤城村三原田、吾妻郡長野原町横壁中村、利根郡昭和村糸井太夫

群馬県域では27遺跡の事例をあげることができる。群馬県域に発見された柄鏡形(敷石)住居址については、先に石坂　茂によって、荒砥二之堰遺跡の報告書中に集成されたものがあったが(石坂 1985)、遺跡の所在地や細かな内容等が不明であった。その後、最近三ツ子沢中遺跡の報告書において、池田政志によって最新のデータが詳しく集成された(池田 2000)。このデータを参考として、筆者が集成しえた事例は、全体では150遺跡を超え、南関東方の神奈川県域及び東京都域に次いで事例数が多い。

群馬県域は北・東・西を険しい山地に囲まれ、南に利根川の沖積作用による平野が開けている地形的特徴を有しており、敷石を敷設する柄鏡形敷石住居址事例が多数を占める。しかも、第3節でも触れたように、県北西部域では、古式の柄鏡形(敷石)住居址が検出されており、その成立期の様相を探るうえで重要な地域の一つといえよう。

該期の事例で特徴的な事例をいくつかあげてみよう。甘楽町白倉下原B-26号住(第38図3)のようにほぼ全面に敷石を敷設し、張出部の接続部には、この地域の一つの特徴である石囲状の施設(鈴木徳 1994)を有し、先端部に埋甕をもつ事例や、松井田町仁田3号住(第38図4)のように周壁と張出部に敷石が集中し、やはり接続部に石囲状の施設をもつ事例などがある。前橋市荒砥二之堰遺跡からは加曽利E末～堀之内式期にかけての柄鏡形敷石住居址が多数検出されたことで

知られているが、この遺跡で注目されるのは全面に敷石が敷設されず、いずれも壁柱穴に沿って配礫が施された事例であり、南関東域での部分敷石をもつ事例と共通性を示している（第38図5）。この壁柱穴間に認められる配礫をどう解釈するかは、先のパネルディスカッションでも議論が分かれた点でもあった（長岡 1997）。その点は、第3章第3節で触れているので参照願いたい。県内では類例はさほど多くないが、前橋市芳賀東部団地8・9・10号住（第38図6～8）や太田市東長岡戸井口55号住（第38図9）、榛名町三ツ子沢中18号住（第39図1）などに知られている。新田町北宿・観音前A-5住（第39図2）は接続部埋甕中心に敷石をもつ事例である。北橘村小室1号住（第39図3）は古くから知られた事例であるが、全面に敷石をもつ柄鏡形敷石住居址の典型例である。

　赤城村三原田遺跡は中期の大規模な環状集落址であるが、その最終段階の中期末・後期初頭期には多数の柄鏡形（敷石）住居が構築されており、南関東域の神奈川県・東京都域と共通性を示している。このほか、特徴的な事例としては昭和村糸井太夫9号住（第39図4）のように、ほぼ全面に敷石をもち、張出部の両側にも敷石され、炉址南側に大型石棒が樹立状態で出土した特異な事例がある。

　このように、群馬県域でも南関東と同様に該期の柄鏡形（敷石）住居址の特徴は前段階と同様な共通性を示し、竪穴構造をもち、円形プラン、壁柱穴を巡らすタイプが基調をなす。炉址は敷石の敷設のありかたに反映されて、地床炉は少なく、石囲炉ないし石囲埋甕炉が主体を占める。張出部の形態も長柄形・短柄形を呈するものがほとんどである。埋甕の埋設は確認された60事例中22例に認められ、張出部接続部ないし先端部に埋設されるものが多いことも変わりがない。ただ、前述したように、この地域の特徴ともいえるが、張出部接続部に石囲状の施設が認められる事例がある。敷石の敷設は一般的であり、全面あるいは周壁・張出部に敷設される事例が多い。集落とのかかわりをみると、三原田遺跡のように中期大規模環状集落の最終段階に認められる事例もあるが、総じて、この中期終末から後期前葉にかけての集落に存在する傾向が強い。

(3)　伊豆半島域

　静岡県域では柄鏡形（敷石）住居址の事例は今のところ、県東部の伊豆半島とその周辺域に集中している。西部域ではわずかに愛知県境、磐田郡佐久間町半場遺跡例があるが、発見は昭和8年と古く、配石遺構の可能性があり、確実な事例とはいえない。この事例を除くと、最近中期後半から後期にかけての配石遺構とともに柄鏡形敷石住居址が発見された庵原郡富士川町破魔射場遺跡例がもっとも西部に位置する。ただ、報告書は未刊のため詳細は不明である。称名寺式期とされる確実な事例は少なく、駿東郡長泉町中峰遺跡1号配石と報告されているものが張出部の可能性があるほか、田方郡修善寺町大塚遺跡D7号住があげられる程度で、この大塚遺跡例も張出部は明瞭でない。したがってこの地域での該期の具体的様相はいまだ不明な点が多い。

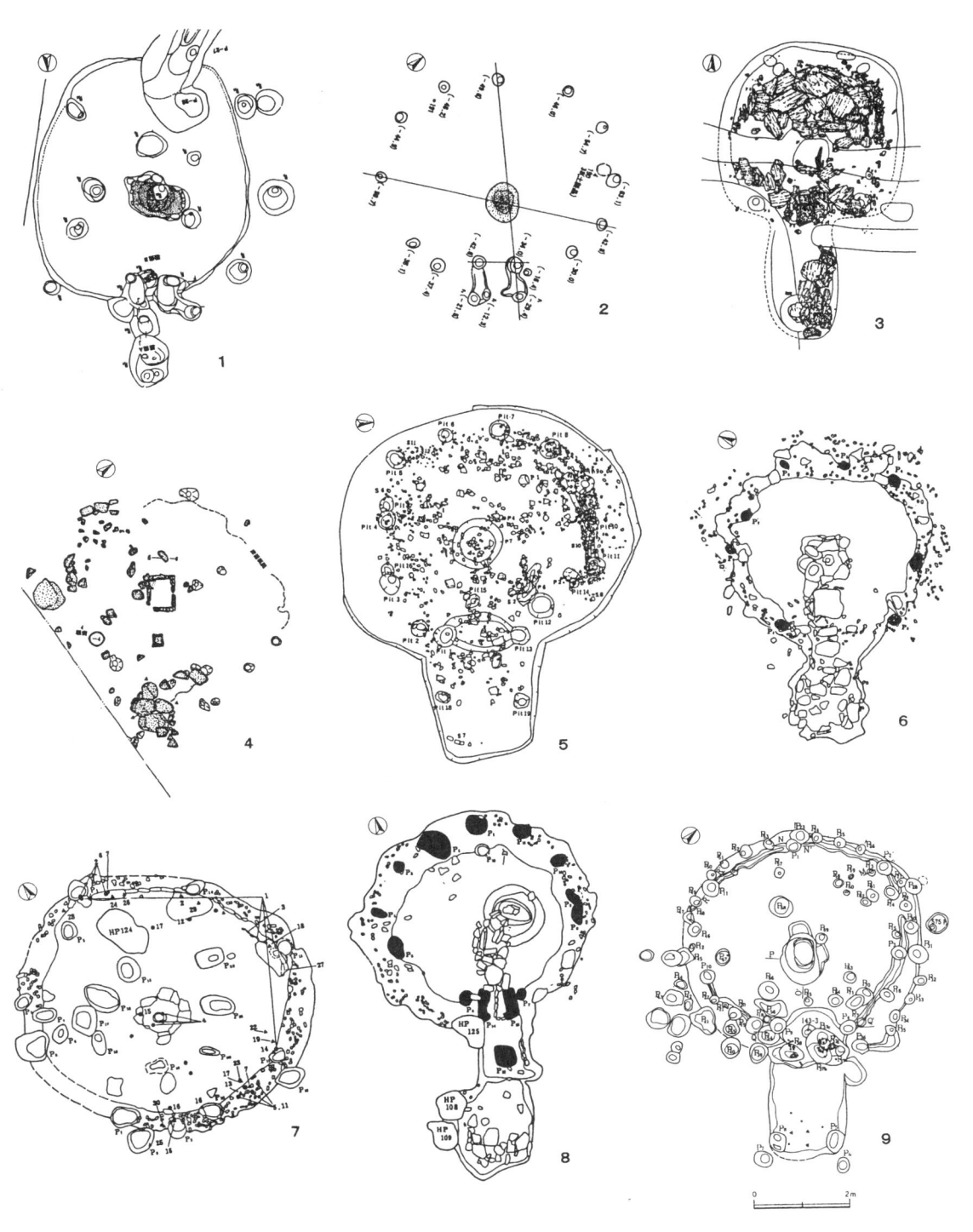

第4節　柄鏡形(敷石)住居の発展と終末の諸相　131

第38図　後期初頭期の柄鏡形(敷石)住居址(5)
1：一ノ谷西3号住，2：伊丹山6号住，3：白倉下原B-26号住，4：仁田3号住，5：荒砥二之堰28号住，
6：芳賀東部団地8号住，7：芳賀東部団地9号住，8：芳賀東部団地10号住，9：東長岡戸井口55号住

(4) 中部山地

　中部山地はいうまでもなく、中期文化が華開いた地帯として知られ、八ヶ岳山麓域を中心として大規模な中期集落が形成されたが、中期末を境にその繁栄は終わりを告げる。そうした衰退過程の中で、屋内敷石風習の初源とみなされる石柱・石壇をもつ住居が構築されるようになったことは、第1節でみたとおりである。八ヶ岳山麓から山梨県域、伊豆半島に広く広がった曽利式系土器もその後半段階に急激に衰え、その最末期段階に加曽利EⅣ式土器にとって替わられるのである。そうした激動期の中に柄鏡形(敷石)住居が成立をみたことは興味深い。

山梨県域

　山梨県域で管見に触れた称名寺式期と思われる事例を発見した遺跡を列挙すると下記のとおりである。

　　大月市大月、東八代郡一宮町釈迦堂S-Ⅱ(塚越北B)、釈迦堂S-Ⅲ(三口神平)、境川村水口、北巨摩郡明野村清水端、屋敷添、韮崎市宮ノ前、須玉町上ノ原、高根町川又坂上

　山梨県域では9遺跡の事例をあげることができる。このうち、大月1(第39図5)・7・13号住(第39図6)及び釈迦堂S-Ⅲ(三口神平)SB-85号住は加曽利E末～称名寺式期に位置づけられており、細かな時期対比がなされていない。この大月市大月遺跡例は、ほぼ全面に敷石をもつ長柄形の張出部を有する典型的な柄鏡形敷石住居址であり、1号住は接続部に埋甕をもつ。一宮町釈迦堂S-Ⅱ(塚越北B)SB-10号住(第39図7)もほぼ全面に敷石を有し、張出部に石棒2点が出土している。須玉町上ノ原遺跡は次の堀之内式期の敷石を有する住居址が多数検出された遺跡であるが、称名寺式期の事例も8基ほど検出されている。本遺跡例は堀之内式期を含めて張出部は明瞭でなく、全面に敷石された例も少なく、特異なありかたを示している。
　このように、山梨県域の該期事例はいまだ乏しく、不明な点が多い。ただ、竪穴構造、円形プラン、壁柱穴をもつものが多い点は他地域と共通性を示している。炉址も石囲炉・石囲埋甕炉がそのほとんどである。敷石は部分的にせよ敷設されるが、張出部は大月遺跡例に典型をみるが不明瞭な事例も多い。また、これと関連するのか埋甕の埋設事例は17例中1例と少ない。集落とのかかわりをみると、釈迦堂S-Ⅲ(三口神平)遺跡のように、中期集落の末期に認められる事例もあるが、中期末以降の集落内に存在する事例が多い。中期的な集落の解体と新たな後期的集落の成立がこうした山梨県域の柄鏡形敷石住居址のありかたと連動しているのであろう。

長野県域

　長野県域で管見に触れた称名寺式期と思われる事例を発見した遺跡を列挙すると下記のとおりである。

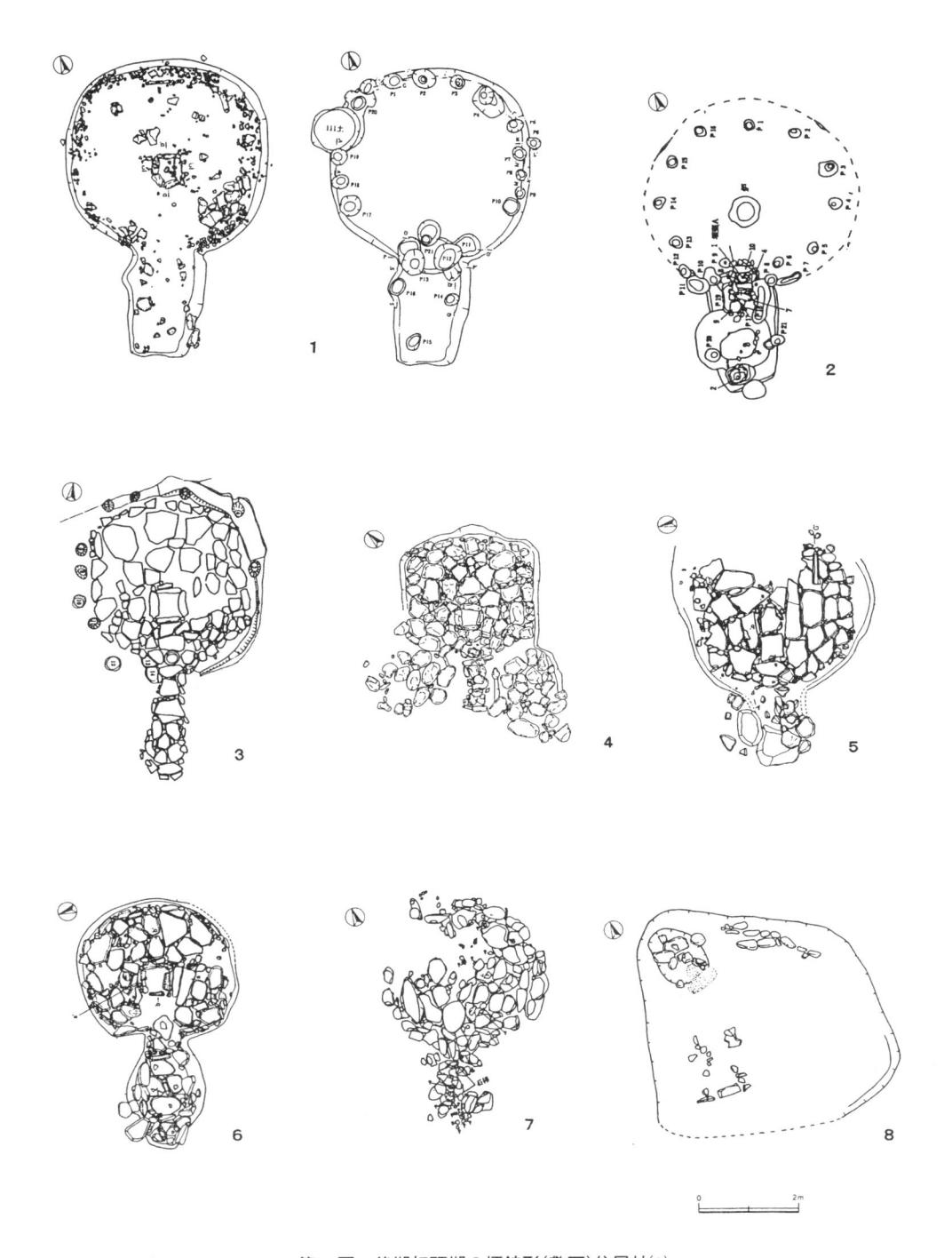

第4節　柄鏡形(敷石)住居の発展と終末の諸相　133

第39図　後期初頭期の柄鏡形(敷石)住居址(6)
1：三ツ子沢中18号住，2：北宿・観音前A-5住，3：小室1号住，4：糸井太夫9号住，5：大月1号住，
6：大月13号住，7：釈迦堂S-Ⅱ(塚越北B)10号住，8：茅野和田西22号住

諏訪郡富士見町井戸、茅野市茅野和田西、佐久市西片ヶ上、鵯ヲネ、北佐久郡御代田町西荒神、滝沢、小諸市下笹沢、郷土、三田原遺跡群、岩下、小県郡東部町加賀田、上田市八千原、更級郡上山田町新屋、上水内郡信州新町宮平、中野市栗林、東筑摩郡明科町北村、波田町葦原、松本市山形、塩尻市平出、下伊那郡高森町瑠璃寺前、大島山東部

　長野県域では21遺跡の事例をあげることができる。ほぼ長野県全域に広がりを示しているが、天竜川流域の上下伊那地域、木曽川流域の木曽谷地域では事例が少ない傾向がみられる。各地の該期事例のうち、特徴的な事例を地域ごとにみてみよう。
　まず、山梨県北西部から続く八ヶ岳西南麓から諏訪湖盆地域は、中期集落が栄えた地域であるが、後期初頭期に入ると事例は極端に少なくなる。茅野市茅野和田西22号住（第39図8）は後期初頭とされた敷石住居址であるが張出部は明瞭でなく、部分的な敷石をもつ事例である。これに対して、群馬県境に近い八ヶ岳山麓と浅間山麓に挟まれた千曲川上流域の佐久盆地と上田盆地にかけての東信地域には事例が多い。前節でも触れたように、この地域は群馬県域からの加曽利E式系土器の進出が顕著で、加曽利E末期でも古段階の柄鏡形（敷石）住居址が知られており、その成立過程を考えるうえでも重要な地域でもある。佐久市西片ヶ上1号住（第40図1）は部分的敷石ではあるが典型的な柄鏡形敷石住居址である。御代田町西荒神2号住（第40図2）はごく部分的に出入口部と周壁に配礫を伴うもので、出入口部に楕円形の土坑を伴い、張出部の変形したものとも思われる。また、上信越自動車道建設に伴い調査された小諸市郷土、三田原遺跡群、岩下遺跡の報告書が最近刊行され、これらの遺跡の詳細が明らかとなったのは貴重である。郷土遺跡は古くから知られた遺跡であるが、この調査によって中期から後期初頭期の大規模な集落が検出された。103号住（第40図3）は周壁と張出部に部分的な敷石をもつ事例であるが、対ピットをもつ長柄形の張出部を有する。三田原遺跡群7号住（第40図4）も対ピットをもつ長柄形の張出部をもつが、とくに張出部の敷石が石積み状を呈し、しかも、積石のありかたら、張出部先端ではなく側面に出入口がとらえられた事例として注目される。18号住例も同様な構造をもち、張出部先端が必ずしも出入口とはならないことに注意を払う必要があろう。岩下遺跡は次の堀之内式期が主体となる遺跡であるが、41号住（第40図5）も周壁と張出部に敷石をもつ。郷土遺跡例には埋甕の埋設された事例は認められるが、三田原・岩下遺跡ではない。
　中・北信地域をみると、明科町北村遺跡から中期末〜後期中葉にかけての柄鏡形敷石住居址が多数発見されているのが注目される。配石を伴う多数の墓坑から300体を越す埋葬人骨が検出されたことで知られているが、称名寺式期の柄鏡形敷石住居址も8基発見されている。いずれも部分的な敷石をもつものである。
　南信域では事例が少ないが、古くから注目されているのが、高森町瑠璃寺前3号住（第40図6）である。円形プランに奥壁から炉、出入口にかけて帯状に敷石された特異なもので、埋甕内に大型石棒が樹立状態で検出されている。張出部はない。

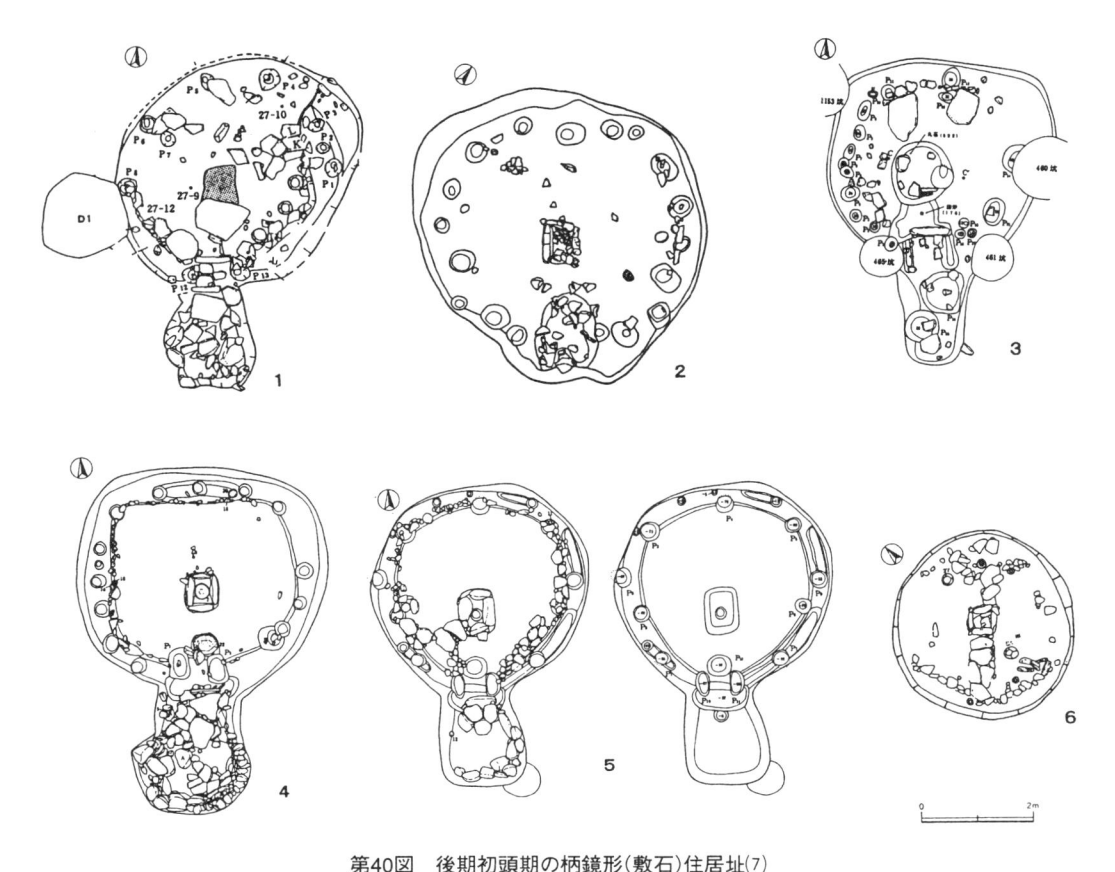

第4節　柄鏡形(敷石)住居の発展と終末の諸相　135

第40図　後期初頭期の柄鏡形(敷石)住居址(7)
1：西片ヶ上1号住，2：西荒神2号住，3：郷土103号住，4：三田原遺跡群7号住，5：岩下41号住，
6：瑠璃寺前3号住

　このように、長野県域の該期事例は最近増えつつあり、その具体的な様相も明らかとなってきているが、中期末段階に比較すると事例は少ない。竪穴構造・円形プラン、壁柱穴をもち、石囲炉・石囲埋甕炉が多いこと、敷石は全面に施された事例は少ないが、いずれの事例にも伴うこと、張出部は確認された事例をみると長柄形をとることなど山梨県域でのありかたと大きな差はない。埋甕の検出事例は42例中4例と少ない。南西関東域の典型的な柄鏡形(敷石)住居址例と比較すると若干地域性がうかがえよう。集落との関わりも郷土遺跡のように中期集落変遷末期に存在する例も見られるが、複数の事例が検出された多くは、中期末から後期前葉段階の集落に存在する傾向が指摘されよう。

　以上、後期初頭段階の柄鏡形(敷石)住居址のありかたについて、南関東・北関東・伊豆半島・中部地方を中心に、便宜的ではあるが各都県別にみてみた。一部時期の不確定な事例も含まれるが、先の論攷(山本 1987a)であげた当該期の遺跡例が37遺跡であったことと比較すると、現段階192遺跡にその存在が知られるようになった。管見に触れえなかったものや詳細が未報告のもの

を加えれば、さらにその数は増すものと思われ、その後の発見事例の増加はいちじるしいことに驚かされる。

これまでのところ茨城県を除く各都県域に広がりを示しているが、その分布的傾向は前段階の中期終末期と大きな変化は認められず、南西関東域から関東山地寄りの群馬県域に分布が集中する。ただ、前段階には事例が少なかった東京湾東岸域の千葉県域にも確実に事例が増加していることや、埼玉県域の大宮大地周辺域への進出も顕著となることが指摘されよう。これは、柄鏡形(敷石)住居の成立とともに、とくに柄鏡形構造が確実に東部関東方面に受容されていったことを良く示しているものと思われる。

柄鏡形(敷石)住居の形状・構造も大きな変化は認められず、竪穴構造をとり円形プランを基調として、壁柱穴を巡らすタイプがそのほとんどである。張出部の形状もこの段階までは大きな変化はなく、対ピットを伴う長柄形・短柄形のものが圧倒的多数を占める。敷石のありかたも前段階と同様であり、地域性が色濃く反映されている。張出部と密接な関係をもつ埋甕は地域性は認められるものの、この段階に入ってもその埋設は顕著である。なお、埋甕のありかたについての詳しい分析は第3章第2節で行っているのでそれを参照願いたい。

集落でのありかたをみると、中期集落の最終段階に認められるものと、中期終末期を含めて、この時期から堀之内式期にかけての集落の先駆け的ありかたを示すもの、あるいは単独時期として存在するものがみられる。これは中期的集落の解体→後期的集落の形成として理解すべきものと思われる。

2．後期前葉・堀之内式期の様相

中期終末期に成立をみた柄鏡形(敷石)住居は、後期初頭期を挟んで、この後期前葉・堀之内式期に入ると、分布域をさらに拡大して発展期を迎えるに至る。筆者は先の論攷(山本 1987a)において、この時期を柄鏡形(敷石)住居址変遷過程の第3期として位置づけ、詳しく検討を試みたが、その後事例の増加はいちじるしい。

以下、最新の事例をもとに、該期の様相をあらためて検討してみることとする[3]。

(1) 南関東地方

中期集落の崩壊を受けて新たに構築された後期集落の南関東でのありかたについては、かつて分析を試みた(山本 1986)が、そこでも指摘したように、この時期、南関東域の住居構造は柄鏡形態が主流を占めることとなる。しかも、主体部や張出部の形状変化、敷石の敷設のありかたにも変化が認められるようになるのが大きな特徴である。以下、各都県別に事例の特徴について検討を加えることとする。

神奈川県域

神奈川県域で管見に触れた堀之内式期と思われる事例を発見した遺跡を列挙すると下記のとおりである。

川崎市岡上丸山、横浜市稲ヶ原A、杉山神社、上谷本第2、荏田第1、荏田第2、荏田第9、華蔵台、華蔵台南、牛ヶ谷、宗元塚、道中坂上、山田大塚、西ノ谷貝塚、月出松、原出口、東方19、川和向原、三の丸、大丸、小丸、ドウ屋敷、A-8、住撰、神隠丸山、都築自然公園予定地内№5、帷子峰、稲荷山貝塚、青ヶ台、鎌倉市島ノ神西、東正院、藤沢市西富貝塚、善行、茅ヶ崎市行谷、海老名市杉久保、座間市間原、上栗原D、大和市台山、相模原市九坊院、下溝鳩川、稲荷林、当麻亀形、田名塩田・西山、津久井郡城山町川尻、相模湖町内郷中学校、寸嵐二号、川坂(津久井町№1)、青山開戸、愛甲郡清川村ナラサス(№15)、久保ノ坂(№4)、北原(№9)、馬場(№3)、馬場(№6)、北原(№11)、表の屋敷(№8)、厚木市東開戸、伊勢原市神成松、東大竹・山王塚、八幡台、三ノ宮・宮ノ前、三ノ宮下谷戸、下北原、秦野市曽屋吹上、中里、寺山、平塚市王子ノ台、原口、上吉沢市場地区、小田原市北側下、御組長屋第Ⅱ、南足柄市馬場、塚田

神奈川県域では72遺跡と多数の事例をあげることができる。遺跡数は後期初頭期より倍増し、三浦半島域を除けばほぼ全域に広がりを示している。

横浜市域では港北ニュータウン地域内遺跡群内に多くの事例が認められるが、報告書が未刊の遺跡が多く、実態はいまだ不明な点が多い。これら不明な事例が明らかとなれば事例数はさらに増えると思われる。

県東部、多摩丘陵から下末吉台地域の事例は、前段階からの地域性を保ち、住居内に敷石の敷設が稀な柄鏡形住居址がほとんどを占めるが、張出部構造に大きな変化が認められるようになる。該期の柄鏡形(敷石)住居址を多数検出した横浜市山田大塚遺跡をみてみよう。加曽利E式末の柄鏡形(敷石)住居址も検出されているが、主体をなすのは堀之内式期である。長柄形の4号住(第41図1)のほかに、22号住(第41図2)、26・27号住(第41図3)、36号住(第41図4)などのように、柱穴列やそれをつなぐ溝のありかたから、ヒゲ状を呈する張出部をもつ。また、24号住(第41図7)、42号住(第41図5)のように、ハの字状を呈するピット列からなる例や23(第41図7)・34号住(第41図6)のように、凹字状を呈する例など、その形状変化がいちじるしい。同様な特徴は、横浜市原出口遺跡や川和向原、三の丸、小丸遺跡などから検出されている該期の柄鏡形(敷石)住居址例に共通する特徴である。この張出部構造の変化がなぜ起こったのか、それが上屋構造とどのような関わり合いを示しているのかといった点はいまだ不明な点が多いが、以下でみるように敷石を施すことが稀な南関東域の低位な台地域における柄鏡形(敷石)住居址の特徴となるのである。

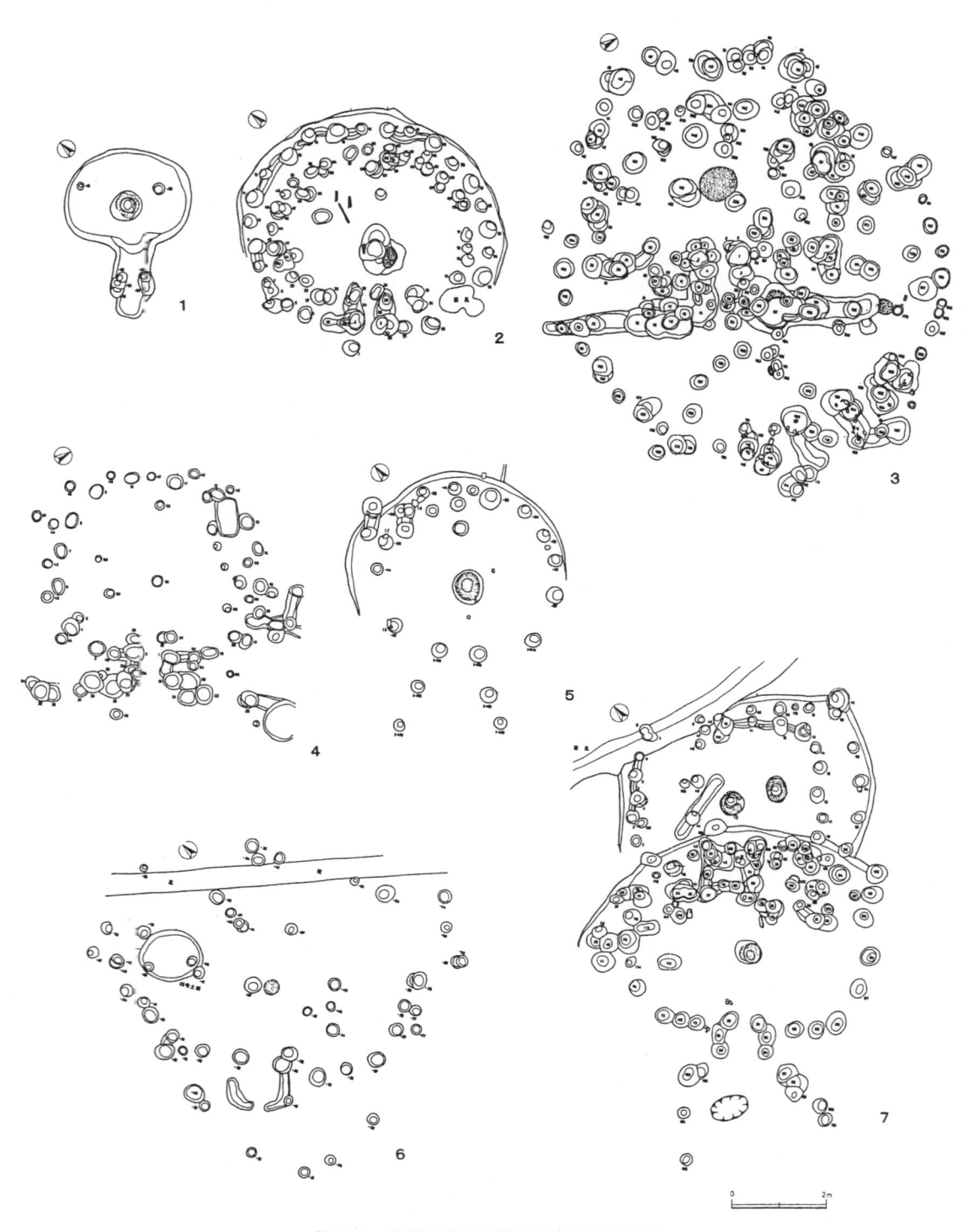

138　第2章　敷石住居址の変遷とその性格

第41図　後期前葉期の柄鏡形(敷石)住居址(1)
1：山田大塚4号住，2：山田大塚22号住，3：山田大塚26・27号住，4：山田大塚36号住，
5：山田大塚42号住，6：山田大塚34号住，7：山田大塚23・24号住

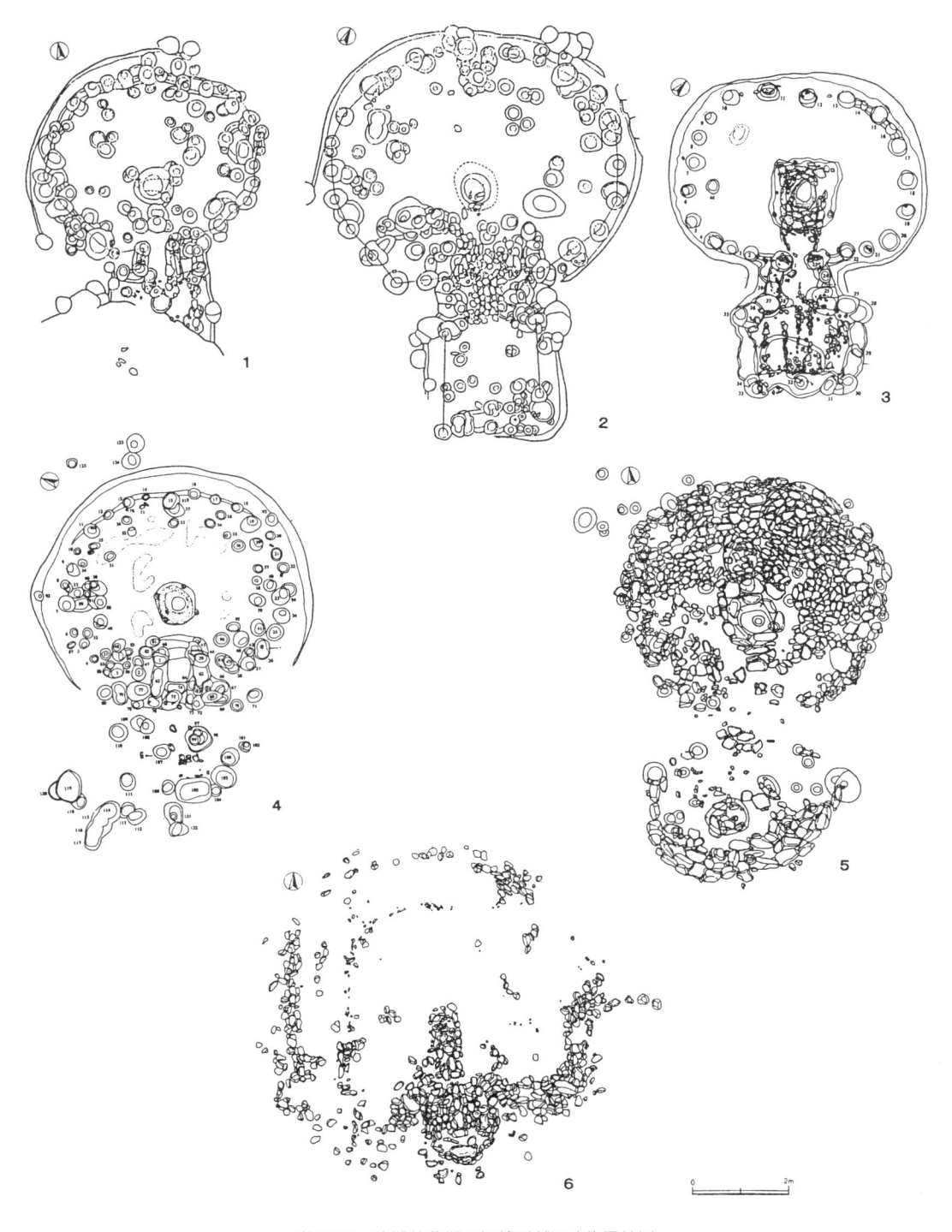

第4節　柄鏡形(敷石)住居の発展と終末の諸相　139

第42図　後期前葉期の柄鏡形(敷石)住居址(2)
1：三の丸B-16号住，2：三の丸B-17号住，3：小丸48号住，4：小丸29号住，5：下溝鳩川B-1号住，
6：稲荷林　(1/300)

この地域の部分的な敷石のありかたをもつ事例をみると、三の丸B-16号住（第42図1）のように張出部にわずかに配礫が認められる例や、同じくB-17号住（第42図2）のように出入口部に集中して配礫がされる例がある。小丸29号住（第42図4）も同様な事例である。小丸48号住（第42図3）例は炉辺部と張出部に敷石が施されたもので、張出部は深い掘り込みをもち、凸字状の形態を呈しているのが大きな特徴である。

　この凸字形を呈する張出部構造は、県西部の相模川水系上流域や丹沢山地寄りのより高位な台地・丘陵地域では顕著に指摘できる。相模原市下溝鳩川B-1号住（第42図5）は称名寺式期の住居を建て替えたものであるが、全面に敷石が敷設され、しかも張出部が凸字状に長大化した事例である。ほかに藤沢市西富貝塚4号住、座間市間原2号住、相模原市九坊院遺跡例、稲荷林遺跡例（第42図6）、当麻亀形C-1号住、城山町川尻1号住、相模湖町内郷中学校遺跡例、川坂（津久井町№2）遺跡（第43図1）例、清川村北原（№9）4号住（第43図2）、表の屋敷（№8）2号住（第43図4）、伊勢原市東大竹・山王塚1号住（第43図3）、下北原10・16号住（第43図5・7）、三ノ宮下谷戸2・10号住（第43図6）、秦野市曽屋吹上4・6・7号住（第44図1〜3）、寺山2号住（第46図1）、平塚市王子ノ台2号住（第44図4）、南足柄市馬場A-2号住（第44図5）など事例は多数にのぼり、この時期に入って、敷石を伴う張出部の構造にも共通して変化が生じたことを良く示している。

　相模川水系上流域、県西部丹沢山地寄りの地域では敷石の敷設は顕著であるが、全面ないしほぼ全面に敷石をもつ事例としては、清川村ナラサス（№15）2号住（第44図6）、北原（№9）4号住、馬場（№3）1号住（第44図7）、北原（№11）1号住（第44図8）、厚木市東谷戸2号住（第45図1）、伊勢原市神成松27（第45図2）・30・31号住、三ノ宮下谷戸1号住（第45図3）、下北原1・2（第45図4）・11（第45図5）・19・21号住（第45図6）、秦野市曽屋吹上1・2（第45図7）・3・4・5（第45図8）・6・12号住、寺山2号住（第46図1）、中里1号住（第46図2）、小田原市御組長屋第Ⅱ-1号住（第46図3）、南足柄市馬場A-2号住（第44図5）など多数の事例があり、この中には前掲の凸字状の張出部をもつものがみられる。このうち、御組長屋第Ⅱ1号住は敷石が小礫というか砂利敷という特異なありかたを示している。一方、部分的な敷石をもつ事例には特徴的な傾向が指摘できる。それは、炉址から出入口部・張出部空間に帯状の敷石をもつ事例である。前掲の小丸48号住もその範疇に含まれるが、ほかに横浜市域では、最近調査された、稲荷山貝塚1号敷石住や青ヶ台第3地点遺跡例があるものの、主体は県西部に多く見られる。藤沢市西富貝塚4号住、座間市間原1・2号住、相模原市九坊院遺跡例、稲荷林遺跡例、当麻亀形C-1・2・3号住、城山町川尻1号住、相模湖町内郷中学校遺跡例、川坂（津久井町№2）遺跡例、清川村表の屋敷（№8）2号住、伊勢原市東大竹・山王塚1号住、三ノ宮・宮ノ前1号住、三ノ宮・下谷戸2・10号住、下北原10号住、秦野市曽屋吹上7号住、平塚市王子ノ台2号住、南足柄市塚田3・15号住などがそれである。凸字形の張出部の構築と連動して、こうした特徴的な部分敷石が施された可能性がある。なお、当麻亀形遺跡例や塚田遺跡例は未報告のため、詳細は不明である

が、その構造上の特徴からこの段階に含めてみた。

　さらに、この特徴的な敷石のありかたは、とくに堀之内Ⅱ式以降、次に触れる加曽利BⅠ式期にかけて出現する環礫方形配石遺構と周堤礫を有する住居と関連が深い。事例中、座間市間原2号住、川坂(津久井町№2)遺跡例、伊勢原市三ノ宮・下谷戸2号住が環礫方形配石を伴い、相模原市稲荷林遺跡例、清川村表の屋敷(№8)2号住、伊勢原市三ノ宮・下谷戸10号住は周堤礫を伴う。ほかに、清川村北原(№9)4・7号住、北原(№11)1号住にも周堤礫が伴う。この環礫方形配石遺構と周堤礫を伴う事例については、第3章第3節で詳しく検討を試みているので、それを参照願いたいが、構築当初から存在していたかどうかが議論の分かれる点でもある(長岡 1997)。

　このように後期前葉段階に入ると神奈川県域では張出部の構造や敷石敷設のありかたに大きな変化が認められるのである。こうした構造変化はなにも神奈川県域に限ったことではないことは、以下の各都県域での分析でも明らかとなろう。

　その他の特徴をみると、竪穴構造を基本としていることに変わりはない。敷石をもつもので平地式にみえる事例も黒土層中に構築されていため、竪穴構造が確認できないことによるものと思われる。柱穴は壁柱穴を巡らせるタイプのものがほとんどであり、この点も前段階の特徴を受け継いでいる。ただ、主体部の形状は円形・楕円形のものが多いものの、中には隅円方形や方形プランの事例が認められる。横浜市山田大塚28号住(第46図4)、三の丸B-131・132号住(第46図5)、清川村北原(№9)4号住、馬場(№6)3号住、秦野市下北原14号住(第46図6)[4]、曽屋吹上5・6号住、南足柄市馬場A-2号住などがそれである。また、前述の環礫方形配石遺構もそれに含まれよう。主体部の形状にも変化が生じていることがうかがえる。炉址は敷石の有無と連動して、敷石を伴わない県東部域では地床炉がほとんどであり、県西部には石囲炉が主体をなす傾向が読みとれる。

　また、張出部と結びつきの強かった埋甕の埋設は、この時期に入ると急激に事例が少なくなる。事例をあげると、平塚市原出口6号住(炉址東隣接に埋設)、横浜市三の丸B-91・92・103号住、桜並7号住、厚木市東谷戸2号住(炉址南隣接敷石面下横位埋設)、伊勢原市神成松29号住、三ノ宮・宮ノ前1号住、三ノ宮下谷戸1号住(奥壁部敷石面下2基埋設)・2号住(炉址東隣接に埋設)、平塚市上吉沢市場地区1号住など、わずかに11例をあげるにとどまる。しかも、前段階までにみられた、張出部との強固な結びつきがくずれていることが指摘できるのである。埋甕風習がこの時期に入って急激に廃れていったことを示しているものといえよう。

　集落とのかかわりをみると、中期環状集落解体後、あらたに中期末・後期初頭期から堀之内・加曽利B式期にかけて構築された集落に存在する事例が多い。山田大塚、原出口、川和向原、三の丸、小丸遺跡など港北ニュータウン内遺跡例が典型であり、多数の柄鏡形住居址が検出されている。ほかに、下溝鳩川、当麻亀形、北原(№9)、神成松、三ノ宮下谷戸、下北原、曽屋吹上、王子ノ台、塚田遺跡など柄鏡形敷石住居址が複数検出された集落址もあり、この時期の集落が柄鏡形(敷石)住居主体のありかたを示していることがうかがえるのである。

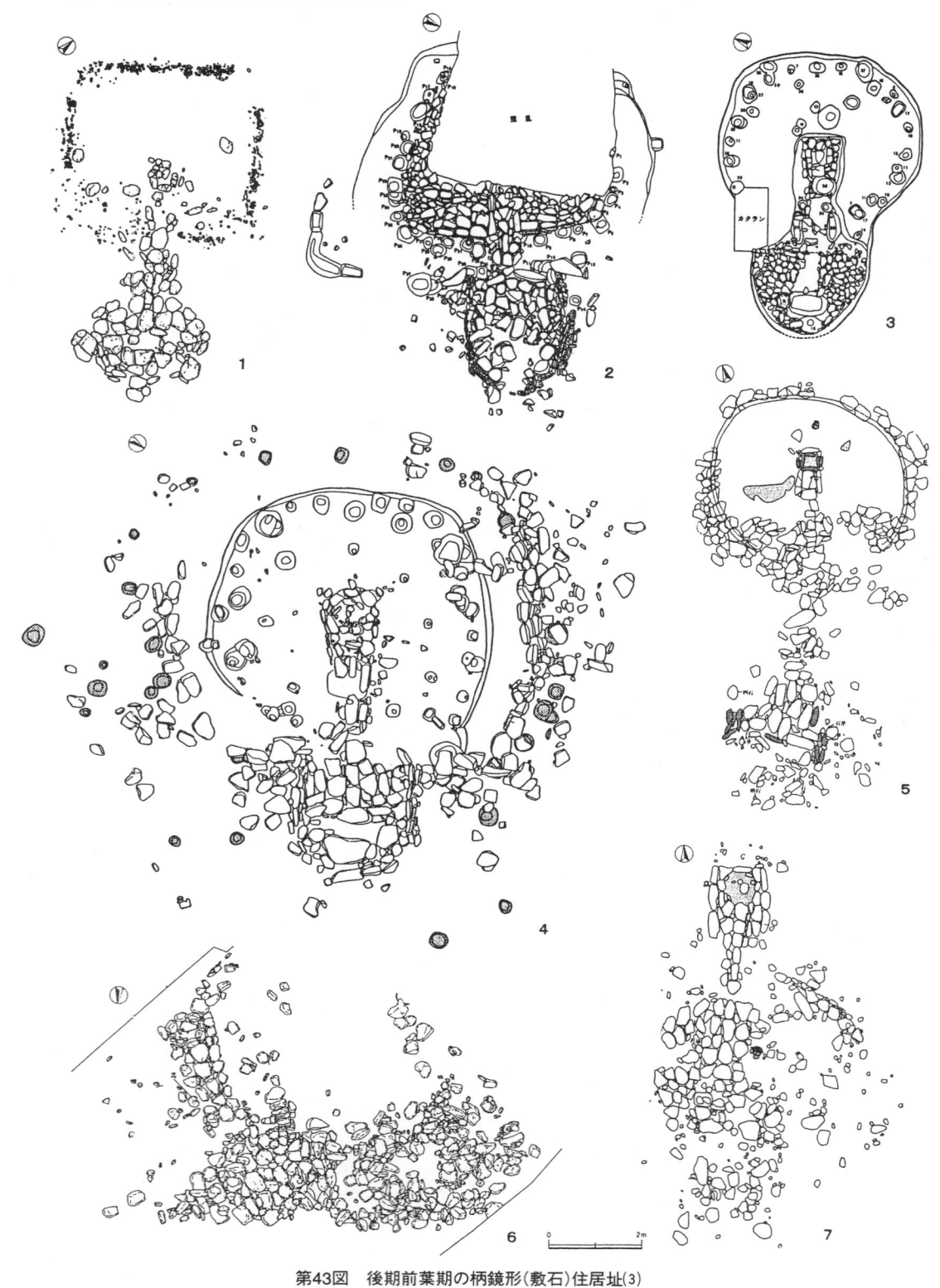

142　第2章　敷石住居址の変遷とその性格

第43図　後期前葉期の柄鏡形(敷石)住居址(3)
1：川坂(津久井町No.2)，2：北原(No.9)4号住，3：東大竹・山王塚1号住，4：表の屋敷(No.8)2号住，
5：下北原10号住，6：三ノ宮下谷戸10号住，7：下北原16・17号住

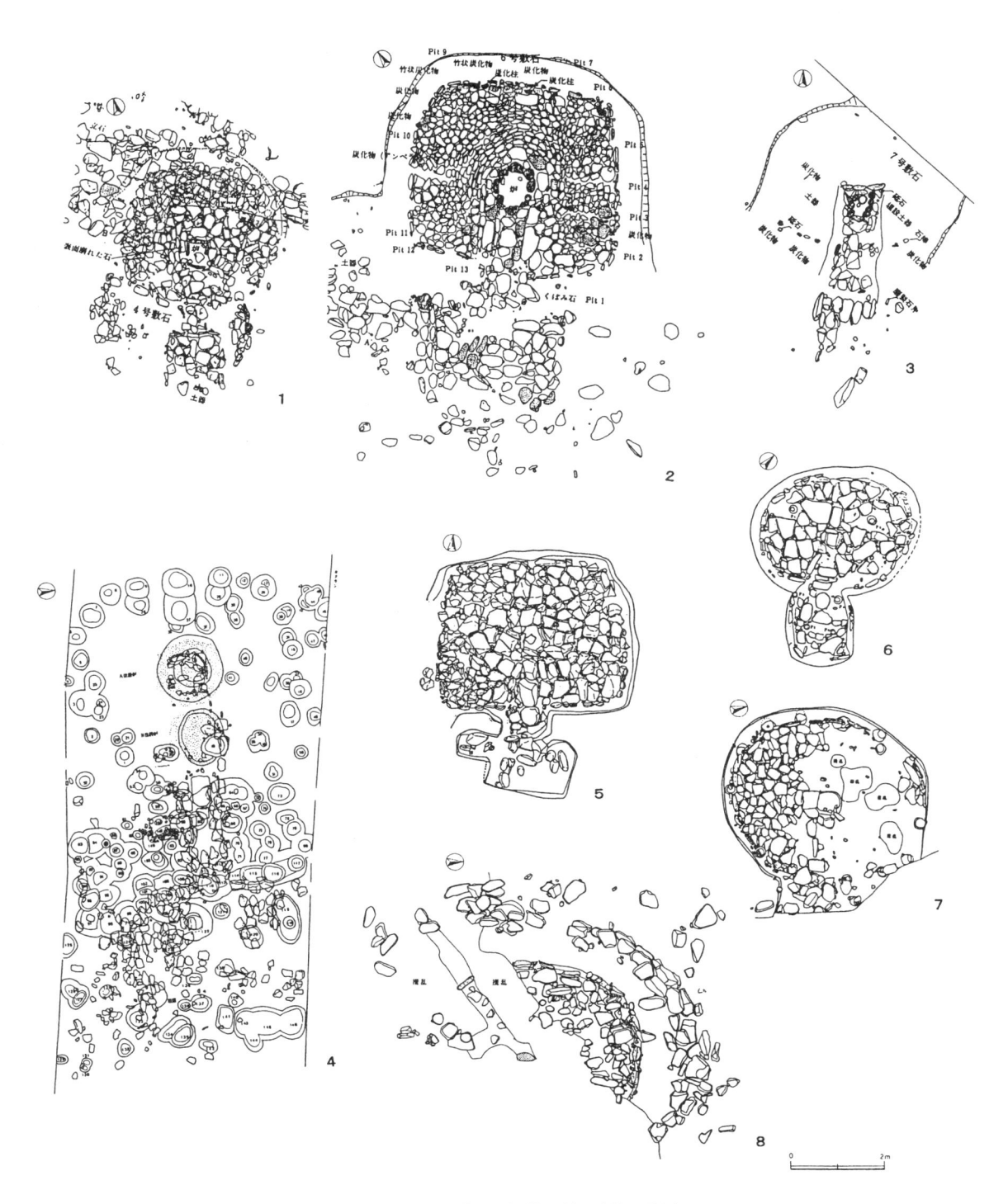

第4節　柄鏡形(敷石)住居の発展と終末の諸相　143

第44図　後期前葉期の柄鏡形(敷石)住居址(4)
1：曽屋吹上4号住，2：曽屋吹上6号住，3：曽屋吹上7号住，4：王子ノ台2号住，5：馬場A-2号住，
6：ナラサス(№15)2号住，7：馬場(№3)1号住，8：北原(№11)1号住

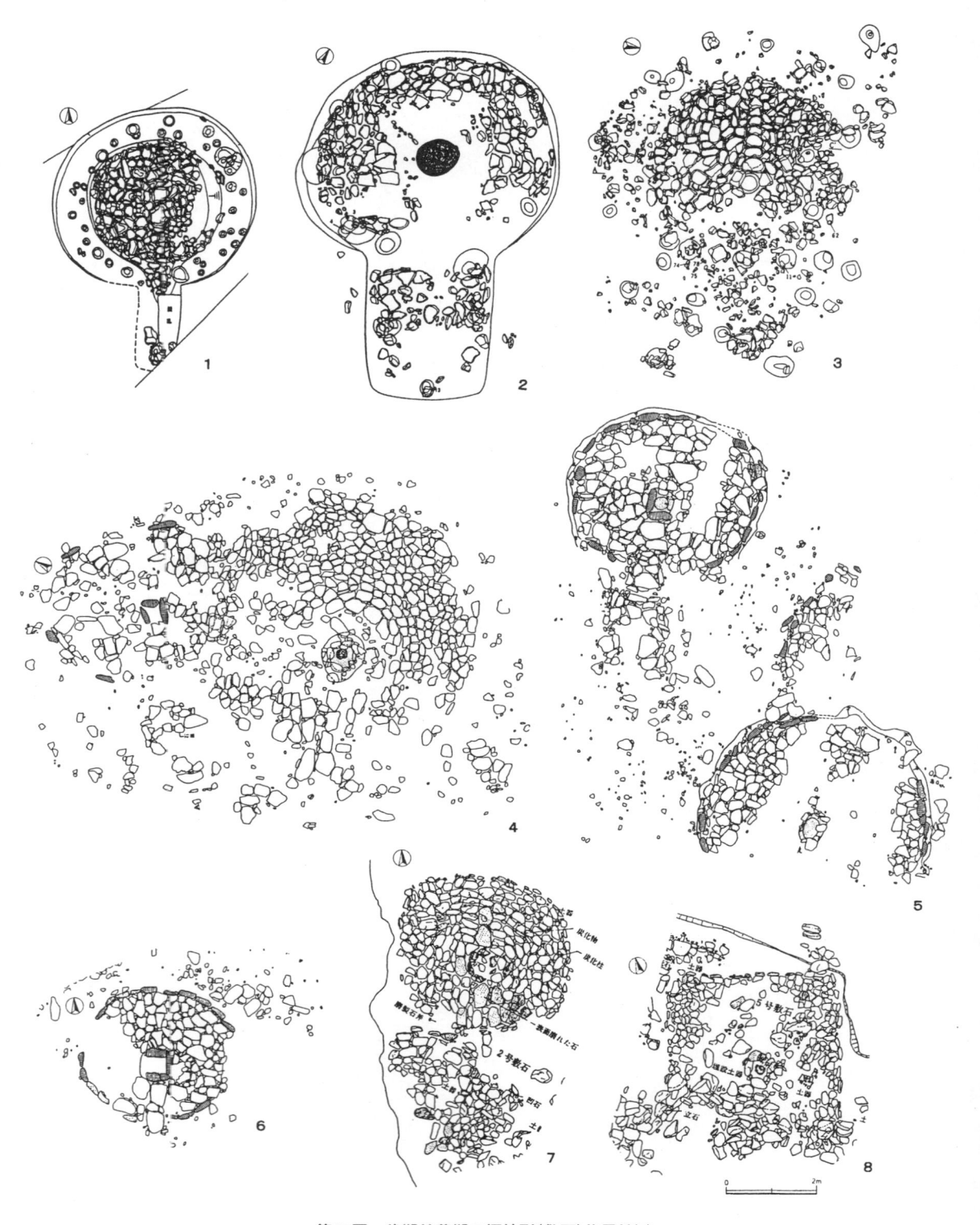

144 第2章 敷石住居址の変遷とその性格

第45図 後期前葉期の柄鏡形(敷石)住居址(5)
1：東谷戸2号住, 2：神成松27号住, 3：三ノ宮下谷戸1号住, 4：下北原1・2住,
5：下北原11・12・13号住, 6：下北原21号住, 7：曽屋吹上2号住, 8：曽屋吹上5号住

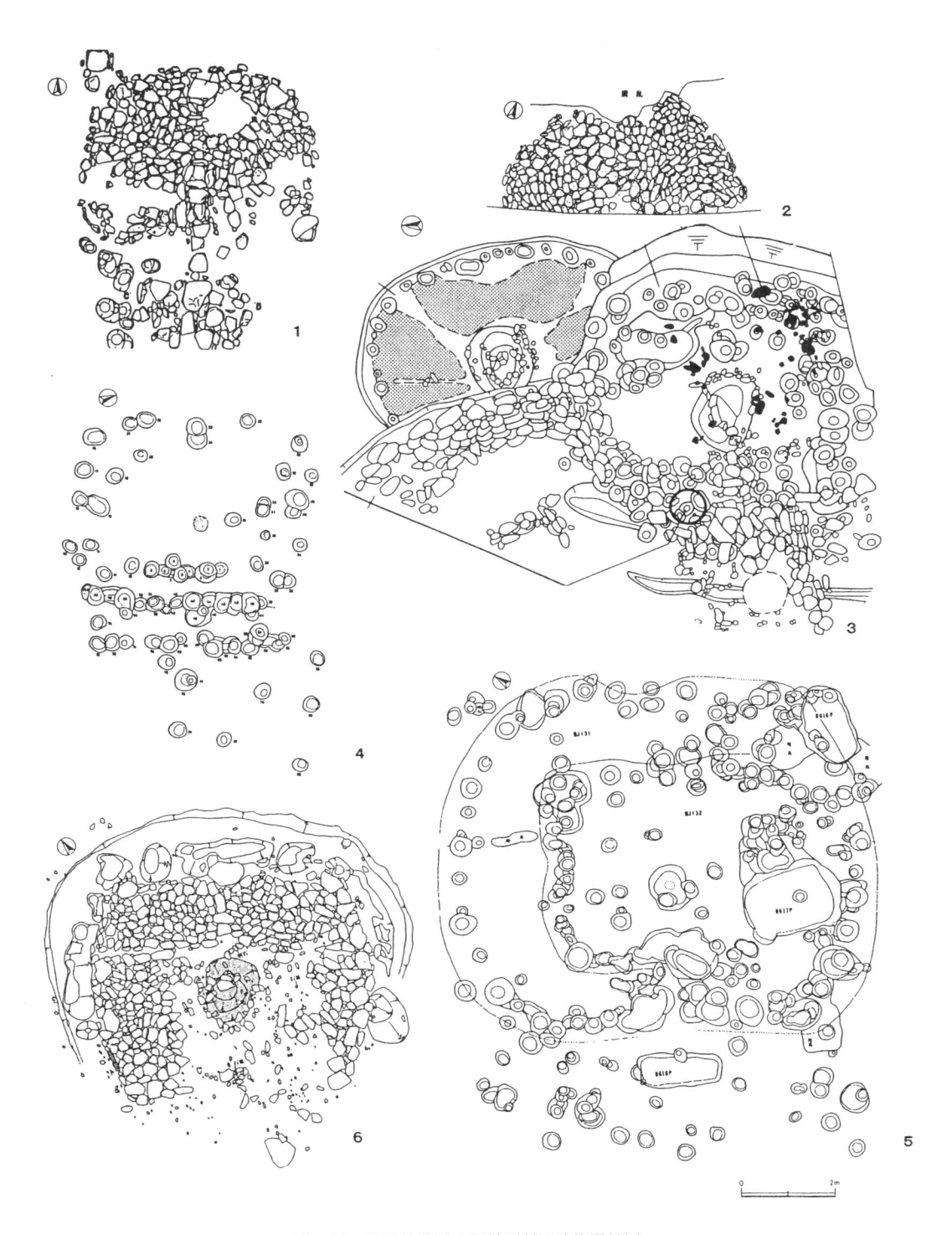

第 4 節　柄鏡形(敷石)住居の発展と終末の諸相　145

第46図　後期前葉期の柄鏡形(敷石)住居址(6)
1：寺山2号住，2：中里1号住，3：御組長屋第Ⅱ1・2号住，4：山田大塚28号住，
5：三の丸B-131・132号住，6：下北原14号住

146　第2章　敷石住居址の変遷とその性格

東京都域

東京都域で管見に触れた堀之内式期と思われる事例を発見した遺跡を列挙すると下記のとおりである。

　　　大田区馬込、新宿区百人町Ｃ区、渋谷区豊沢貝塚、杉並区釜寺東、光明院南、板橋区大門、北区東谷戸、東村山市下沢、東大和市宮前川南、三鷹市出山、調布市下石原、小金井市野川公園北境界、野川中州北、はけうえ、国分寺市恋ヶ窪、昭島市龍津寺東、稲城市平尾台原、多摩市多摩ニュータウンNo.281、多摩市道1458線、桜ヶ丘ゴルフ場内、町田市多摩ニュータウンNo.194、No.245、No.341、鶴川Ｍ、なすな原、日野市南広間地、八王子市多摩ニュータウンNo.64、大原Ｃ、船田向、甲の原、深沢、落越、御嶽山、あきる野市前田耕地、野辺、西多摩郡日の出町岳の上、青梅市寺改戸、崩橋、喜代沢

　東京都域では前段階の称名寺式期とほぼ同数の39遺跡の事例をあげることができる。関東山地寄り東端諸丘陵から多摩丘陵にかけての地域と武蔵野台地域にほぼ万遍なく事例が知られている。

　武蔵野台地域では、類例はいまだ少ないが、無敷石もしくは部分的な敷石をもつ事例が多い傾向は変化がない。北区東谷戸２号住（第47図１）は主体部出入口部に対ピットを伴う事例である。小金井市野川中州北２号住（第47図２）は散漫ではあるが炉址から張出部に帯状に敷石される事例で、張出部は長柄形を呈する。また、はけうえ６号住（第47図３）は、長柄形の張出部をもち、炉址南側の出入口部空間に部分的な敷石が施されたもので、床面から東北の十腰内Ⅰ式に類似する壺形土器の破片が出土している。

　一方、多摩丘陵から奥多摩地域にかけての諸丘陵には多くの遺跡例が認められる。稲城市平尾台原３次２号住（第47図４）、多摩市道1458線遺跡例（第47図５）、八王子市多摩ニュータウンNo.64-２号住（第47図６）などの事例も野川中州北２号住と同様、炉址から張出部に帯状に敷石をもつもので、とくに前者は張出部形態が凸字状を呈しており、神奈川県域と同様な特徴をもつ。多摩ニュータウンNo.64-２号住は、周辺部に焼土が堆積し、一部網代状の炭化物が検出されており、敷石が施されない部分に何らかの敷物の存在が推定される事例である。また、町田市多摩ニュータウンNo.194-10（第47図７）・12号住（第47図８）、No.245-17号住（第49図１）は、無敷石でヒゲ状の張出施設をもつもので、この点も神奈川県域における変化と共通性を示している。町田市なすな原遺跡は後期前葉から晩期初頭にかけての住居址が多数検出されている。このうち、後期前葉に相当する住居址は24例ある（第48図）が、無敷石で張出部をもつもの、部分的な敷石をもつものが主体を占め、全面に敷石をもつ事例は1-101号敷石（第49図２）・2-104号敷石（第49図３）と少ない。1-129号住（第49図４）は円形プランの外周にも壁柱穴を巡らし、出入口部に敷石をもち、張出部が凸字状に近いものである。また敷石が敷設されない事例にはヒゲ状張出が多く認められ、

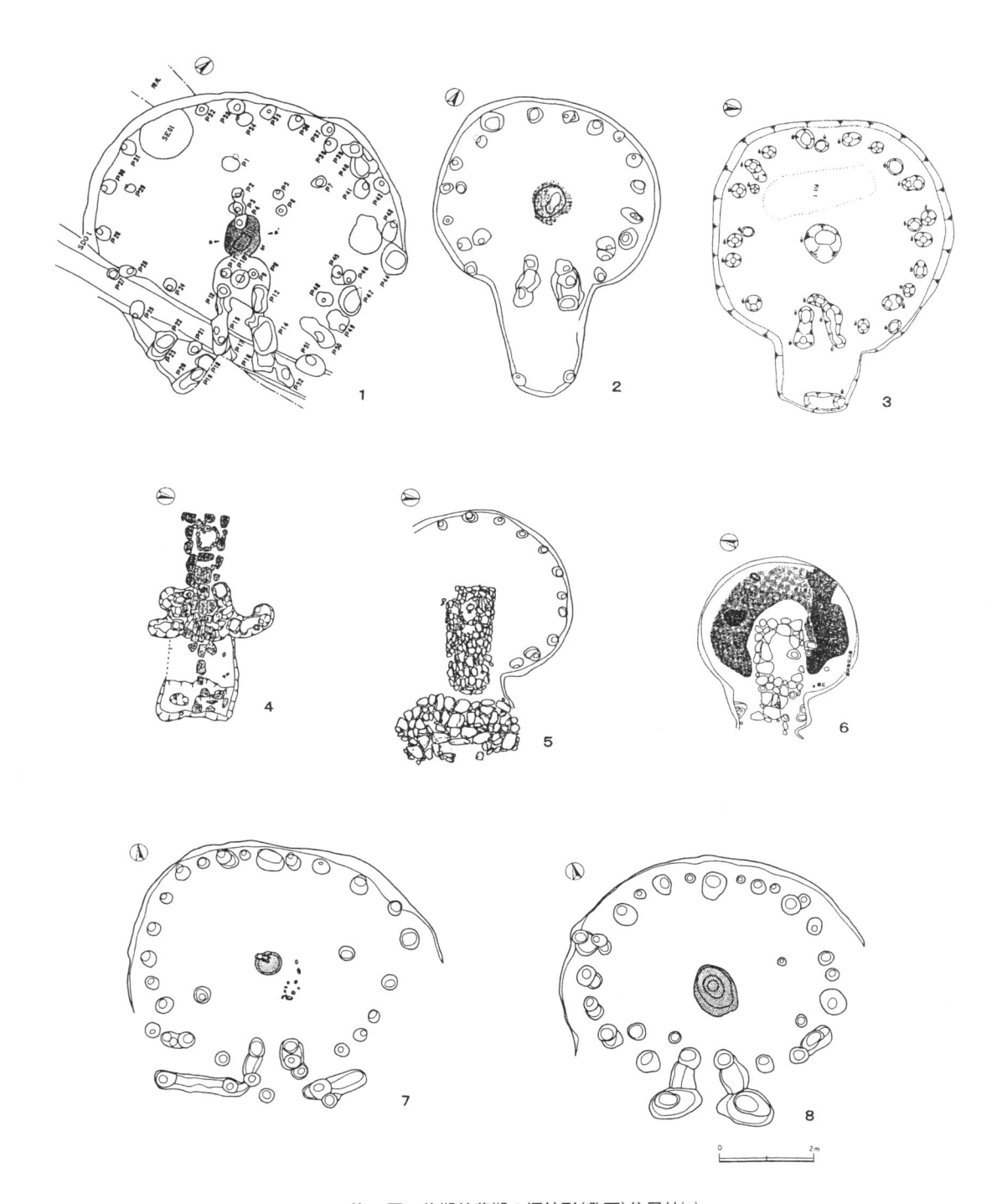

第4節　柄鏡形(敷石)住居の発展と終末の諸相　147

第47図　後期前葉期の柄鏡形(敷石)住居址(7)
1：東谷戸2号住，2：野川中州北2号住，3：はけうえ6号住，4：平尾台原3次2号住，5：多摩市道1458線，
6：多摩ニュータウンNo.64-2号住，7：多摩ニュータウンNo.194-10号住，8：多摩ニュータウンNo.194-12号住

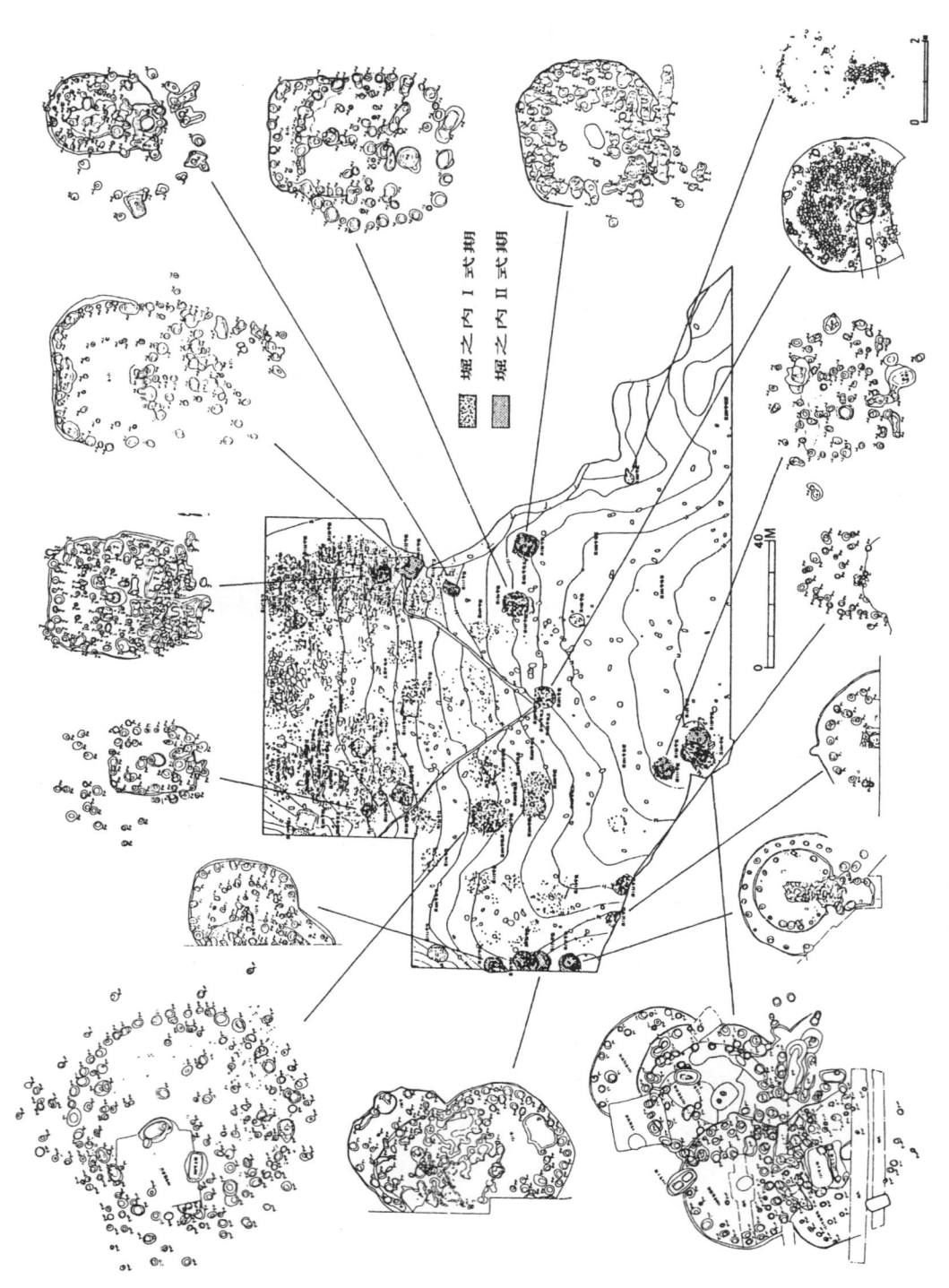

148　第2章　敷石住居址の変遷とその性格

第48図　町田市なすな原遺跡の柄鏡形（敷石）住居址分布　後期前葉期

第4節　柄鏡形(敷石)住居の発展と終末の諸相　149

第49図　後期前葉期の柄鏡形(敷石)住居址(8)
1：多摩ニュータウンNo.245-17号住，2：なすな原1-101号敷石，3：なすな原2-104号敷石，
4：なすな原1-129号住，5：深沢，6：前田耕地5-1号住

この時期の柄鏡形(敷石)住居を主体とする集落の特徴を良く示しているものといえよう。

全面に近い敷石をもつ事例としては、八王子市深沢遺跡例(第49図5)やあきる野市前田耕地5-1号住(第49図6)が好例である。前者は主体部左空間部に敷石が意図的に敷設されない特徴をもっている。

このように、東京都域のありかたは、神奈川県域と同様な傾向が指摘され、張出部の形状変化が顕著である。竪穴構造を基本として、主体部は円形・楕円形を基調とするものの、一部に方形プランも八王子市、多摩ニュータウンNo.245-17号住、町田市なすな原1-107号住・1-147号住などに認められ、プランの形状変化が生じつつあることが指摘できる。柱穴配置は壁柱穴がほとんどである傾向に変わりない。炉址も敷石の敷設と関連して、無敷石の事例には地床炉が多く、敷石をもつ事例に石囲炉が多い傾向も同様である。埋甕の埋設は80事例中、戦前に発見された八王子市船田向遺跡例を含めてわずかに3例に知られるだけであり、衰退化の傾向がいちじるしい。

集落とのかかわりをみると、八王子市多摩ニュータウンNo.194・245、町田市なすな原遺跡例などのように後期前葉期の集落に複数の柄鏡形(敷石)住居址が検出された事例があるが、とくに、前述したように、なすな原遺跡は集落規模で検出されており、後期集落における柄鏡形(敷石)住居のありかたを知るうえで重要な遺跡と思われる。

埼玉県域

埼玉県域で管見に触れた堀之内式期と思われる事例を発見した遺跡を列挙すると下記のとおりである。

　　東松山市岩の上、比企郡玉川村五明、大里郡寄居町上郷西、樋ノ下、秩父郡皆野町大背戸、駒形、言田町塚越向山、大滝村入波沢西、入波沢東、和光市丸山台、柿の木坂、新座市沢、川口市卜伝、叺原、赤山、富士見市本目第4、打越、浦和市本太3丁目、大谷場下町、広ヶ谷戸稲荷越、川越市東洋大学川越校舎、上組、坂戸市足洗、与野市神明、大宮市鎌倉公園、B-91号、今羽丸山、上尾市山下、北足立郡伊奈町戸崎前、蓮田市久台、鴻巣市中三谷、北埼玉郡川里村赤城、南埼玉郡宮代町山崎山

埼玉県域では33遺跡の事例をあげることができる。遺跡数は、前段階と比較すると減少はみせているが、分布のありかたには変化は認められない。県西部諸丘陵・台地から秩父山地域の事例をみると、部分的にせよ敷石が敷設される事例がほとんどであるのに対して、大宮台地、武蔵野台地域の事例には敷石が認められないことは、前段階までの傾向を受け継いでいる。

東松山市岩の上2号住(第50図1)は長柄形の張出部をもち、ほぼ全面に敷石された事例であるが、敷石は小砂利敷きという特徴がある。3号住(第50図2)も奥壁部を中心に張出部に部分的な敷石をもつがやはり小砂利が敷かれている。類例は先にあげた神奈川県小田原市御組長屋第Ⅱ地

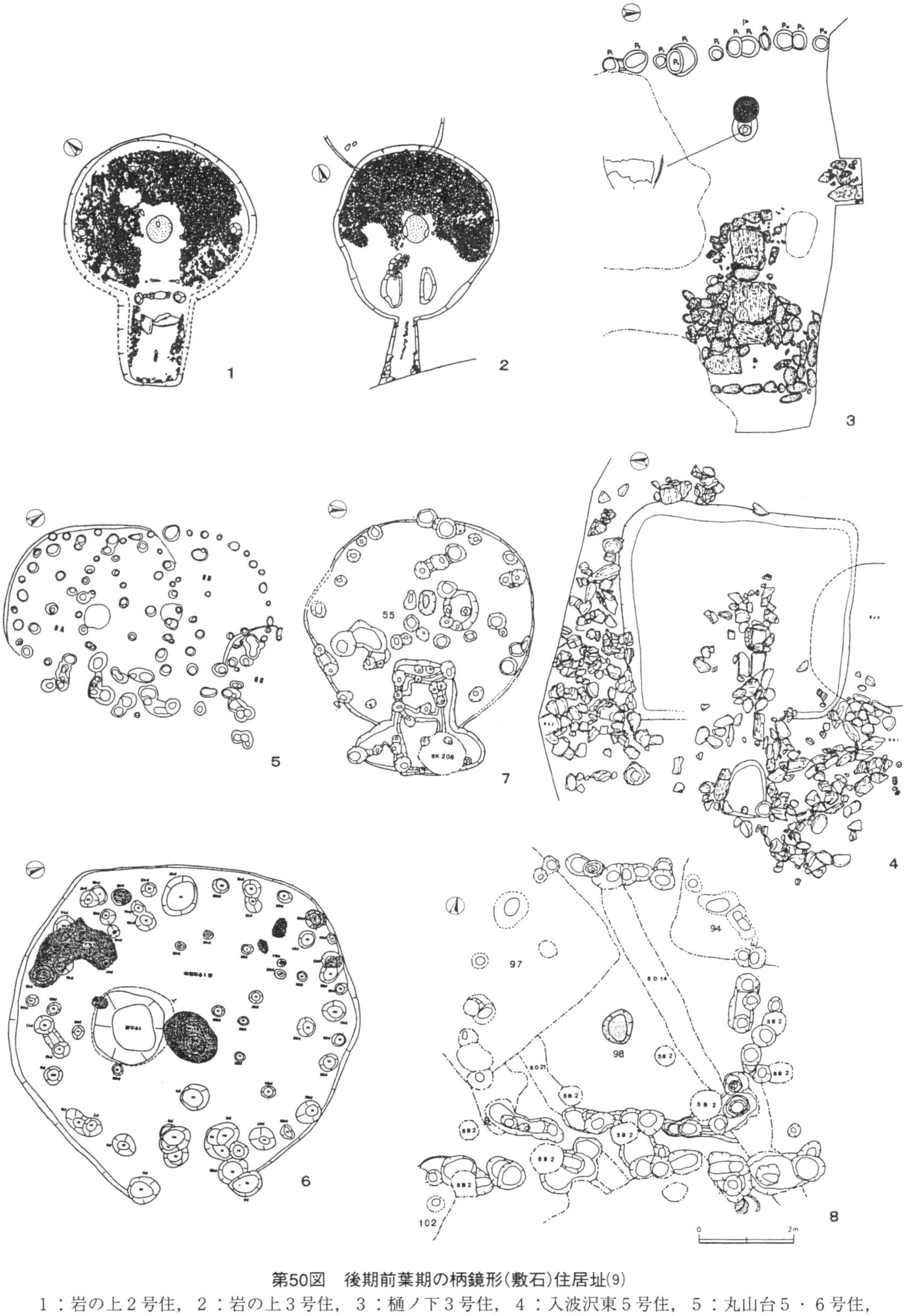

第4節　柄鏡形(敷石)住居の発展と終末の諸相　151

第50図　後期前葉期の柄鏡形(敷石)住居址(9)
1：岩の上2号住，2：岩の上3号住，3：樋ノ下3号住，4：入波沢東5号住，5：丸山台5・6号住，
6：広ヶ谷戸稲荷越1号住，7：上組55号住，8：上組48号住

点1号住があるが珍しい。寄居町樋ノ下遺跡は称名寺式期から続く集落址であるが、この時期4基の柄鏡形敷石住居址が検出されている。3号住（第50図3）は主体部の大半が攪乱を受けているが、張出部が凸字状の敷石をもつ事例である。また、最近報告された入波沢西・東遺跡からも遺存状態は悪いが該期の柄鏡形敷石住居址が複数検出されている。このうち、大滝村入波沢東5号住（第50図4）は、方形の竪穴プランに炉辺部から張出部にかけて帯状の敷石をもつ凸字状を呈するもので、しかもプラン周囲に周堤礫状の配石を伴う事例であり、神奈川県域の事例に類似している。先端部にはこの時期としては珍しい埋甕が認められる。時期的には堀之内Ⅱ式から加曽利BⅠ期と思われる。

　これら秩父山地から県西部の諸丘陵域の事例に対して、県南の武蔵野台地及び大宮台地周辺域では無敷石の柄鏡形住居址がほとんどである。和光市丸山台遺跡からは堀之内式期から加曽利BⅠ式期にかけての柄鏡形住居址が多数検出されている。隅円方形・楕円形・円形プランに対状・ヒゲ状・ハの字状の張出部をもつもの（第50図5）で、神奈川県、東京都域の事例と共通性が指摘できる。浦和市広ヶ谷戸稲荷越1号住（第50図6）もハの字状のピット列をもつもので、出入口部に逆位の埋甕をもつ。川越市上組遺跡からも堀之内式期の柄鏡形住居址が10基検出されているが、張出部の形状はやはり、短柄形のほかに凸字状、ハの字状、ヒゲ状などのバリエーションが認められている（第50図7・8）。ほかにも事例の列挙は省略するが、与野市神明、蓮田市久台、鴻巣市中三谷、川里村赤城遺跡のように複数の柄鏡形住居址が発見された事例にも共通性を示している。

　このように、埼玉県域では、敷石の敷設のありかたに地域性が顕著であることが指摘でき、しかも張出部の形状変化のありかたも神奈川県・東京都域と共通性を示している。また、竪穴構造を基本とし、円形、隅円方形プランが多く、明瞭な方形プランをとるものは少ない点が多少の地域差をうかがわせるが、柱穴配置は壁柱穴タイプのものがほとんどであることや、炉址形態も無敷石の柄鏡形住居址は、地床炉・埋甕炉が主体を占める傾向も同様である。埋甕の埋設事例も確実な70事例中、4例と極端に少なくなる傾向が指摘できる。集落とのかかわりをみると、上にあげたように称名寺式期から加曽利B式期にかけての集落址内に複数基存在する事例が主体を占めていることから、この時期、柄鏡形（敷石）住居は集落内にあって安定的な存在であったことがうかがえる。

千葉県域

　千葉県域で管見に触れた堀之内式期と思われる事例を発見した遺跡を列挙すると下記のとおりである。

　　流山市鰭ヶ崎、佐倉市吉見台、井戸作、五反目、成田市小菅法華塚Ⅱ、印旛郡酒々井町総合公園、伊篠白幡、市川市曽谷M、堀之内権現原地区、姥山貝塚、下台、株木B、船橋市薬園

台、千葉市木戸作、小金沢、加曽利南貝塚南側平坦面、駒込、矢作貝塚、宮ノ台、市原市祇園原貝塚、西広貝塚、武士、菊間手永貝塚、袖ヶ浦市嘉登、山野貝塚

　千葉県域では25遺跡の事例をあげることができる。千葉県域では、筆者の管見に触れた最新のデータによれば、中期終末・加曽利EⅣ式期が10遺跡（中期末〜後期初頭期とされている例は称名寺式期に含めた）、称名寺式期が16遺跡であったことと比較して確実に発見遺跡例は増加しており、下総台地周辺域への柄鏡形(敷石)住居址の進出が、この時期顕著となったことを示しているものといえよう。事例はいずれも敷石が敷設されない柄鏡形住居址であり、敷石材の入手の困難性もあって、南西関東から北関東域の関東山地寄りの地域とは際だった対照性をみせている。

　張出部の形状変化は顕著であり、成田市小菅法華塚ⅡB-6号住（第51図1）、市川市下台4地点、千葉市小金塚13号住（第51図2）、市原市祇園原貝塚45号住（第51図3）、袖ヶ浦市嘉登37号住例のように長柄形・短柄形タイプの事例のほかに南西関東域と同様な、対ピット、ヒゲ状、ハの字状、凸字状、凹字状などのタイプのものが多数認められる。とくに、ヒゲ状の張出部は多く、市川市堀之内権現原地区20号住（第51図4）、船橋市薬園台Ⅱ-8号住（第51図5）、千葉市木戸作30号住（第51図6）、市原市祇園原貝塚7号住（第51図7）・25号住などが典型的な事例である。

　最近報告された市原市武士遺跡は大規模な堀之内式期を主体とする集落址であるが多数の柄鏡形住居址が検出されている（第52図1）。張出部の形状も不整形ながらも長柄形・短柄形を主体として、ヒゲ状の張出部も顕著である。この遺跡の事例をみると張出部に土坑が伴うものが多い。なんらかの用途をもった付属施設と思われるが、その性格等は不明である（第51図8・9、第52図2・3、第53図1）。

　このように千葉県域の該期事例は、南西関東の低位な台地域と共通性を有している。竪穴構造、円形・楕円形プランが主体を占め、方形化の傾向が稀薄な点は埼玉県域の大宮台地域でのありかたと共通する。壁柱穴配置のありかたも変わらない。炉址は地床炉が圧倒的で埋甕炉や土器片囲炉がわずかにみられる。埋甕の埋設も少なく、該期の確実な事例111例中、13例にすぎない。埋設位置も中期末・後期初頭期のように張出部接続部や先端部といった位置に固定的に埋設される例は少なく、千葉市木戸作28号住（第53図2）のように主体部東壁寄りに横位に埋設された事例など、埋甕埋設位置の規制を逸脱している観を受ける。中には袖ヶ浦市山野貝塚2号住（第53図3）のように出入口部他に6個体が埋設されるという特異な事例もある。集落とのかかわりをみると、前掲の市原市武士遺跡のように、柄鏡形住居址集落とでもいえる大規模な集落址や千葉市木戸作、矢作貝塚、市原市祇園原貝塚、西広貝塚など複数の柄鏡形住居址が検出された事例があり、堀之内式期に柄鏡形住居が主体を占めるようになったことを裏付けているといえよう。

(2)　北関東地方

　北関東でのありかたは、前段階までと同様に地域性が色濃く反映され、西部の群馬県域に事例

154　第 2 章　敷石住居址の変遷とその性格

第51図　後期前葉期の柄鏡形（敷石）住居址(10)
1：小菅法華塚ⅡB-7号住，2：小金塚13号住，3：祇園原貝塚45号住，4：権現原地区20号住，
5：薬園台Ⅱ-8号住，6：木戸作30号住，7：祇園原貝塚7号住，8：武士17号住，9：武士79号住

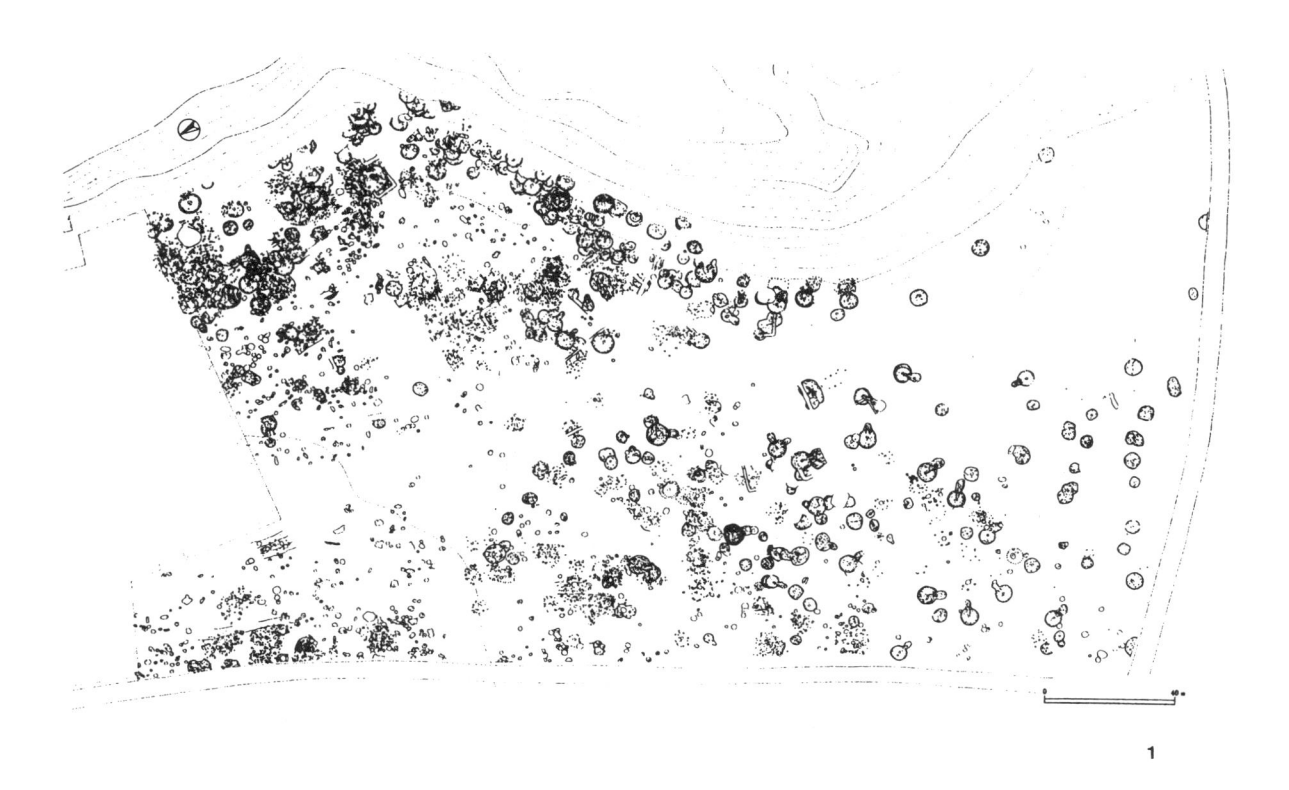

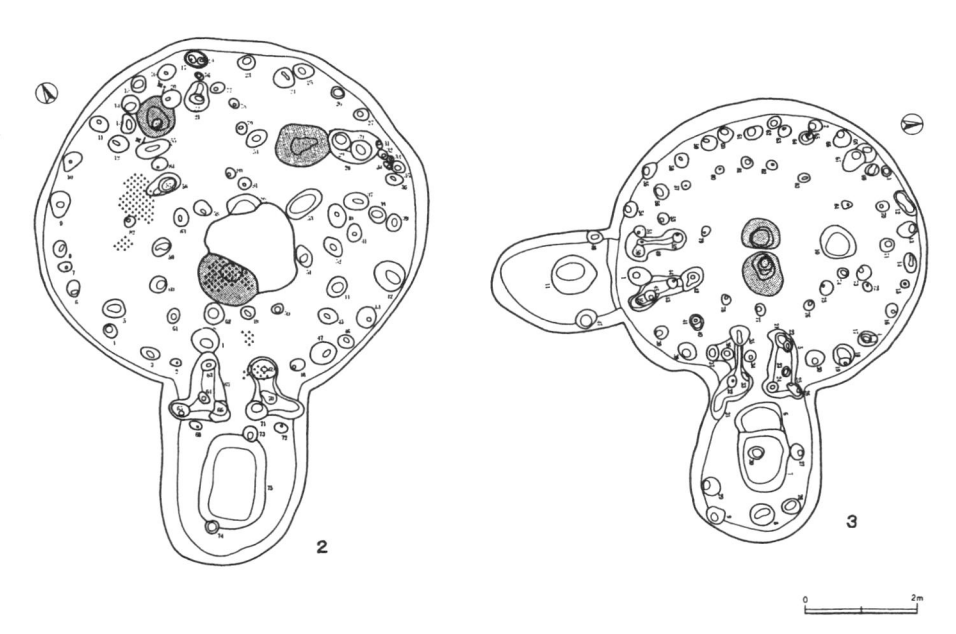

第4節　柄鏡形(敷石)住居の発展と終末の諸相　155

第52図　後期前葉期の柄鏡形(敷石)住居址(11)
1：武士遺跡全体図，2：武士93号住，3：武士125号住

が集中しており、栃木・茨城県は柄鏡形(敷石)住居址分布域の外縁地域に相当する。この時期前段階には事例が知られていなかった茨城県域にいくつか事例をあげることができ、柄鏡形(敷石)住居の分布の広がりを知ることができる。その点は、次節で詳しく触れるとして、ここでは群馬県域の様相についてみることとする。

群馬県域

群馬県域で管見に触れた堀之内式期と思われる事例を発見した遺跡を列挙すると下記のとおりである。

> 藤岡市薬師前、上栗須寺前、坂野、山間、甘楽郡甘楽町白倉下原、富岡市内匠上之宿、南蛇井増光寺、碓氷郡松井田町行田梅木平、二軒在家二本杉、安中市下宿東、天神原、高崎市若田、田端、万相寺、前橋市荒砥二之堰、佐波郡赤堀町今井新田、曲沢、新田郡笠懸町阿佐美、藪塚本町中原、太田市東長岡戸井口、群馬郡榛名町三ツ子沢中、高権、勢多郡新里村上鶴ヶ谷、勢多郡赤城村三原田、桐生市千網谷戸、吾妻郡長野原町榑谷Ⅱ、長原一本松、横壁中村、向原、吾妻郡中之条町清水、沼田市上光寺、利根郡昭和村糸井太夫、白沢村高平、片品村土出北原

群馬県域では34遺跡の事例をあげることができる。南西関東の山地域の事例と同様に、前段階までと同様にそのすべての事例が全面ないし部分的な敷石が敷設された柄鏡形敷石住居址である。藤岡市薬師前ＢＪ-1号住(第53図5)は隅円方形プランに対ピットをもつ短柄形の張出部があり、炉辺部から出入口部にかけて部分敷石されたものである。時期的には堀之内Ⅱ～加曽利Ｂ式とされている。富岡市南蛇井増光寺Ｃ-363号住(第53図4)はほぼ全面に敷石をもち、張出部からヒゲ状の列石が延びる特徴をもつ。壁際に周礫をもつ例は前段階の称名寺式期と同様に前橋市荒砥二之堰34・35号住(第53図6・7)にも認められる。安中市下宿東遺跡からは3基の堀之内式期の柄鏡形敷石住居址が検出されているが、炉辺部から張出部に帯状敷石をもつもので、凸字状の形態を呈し、南西関東域でのありかたに類似している。沼田市上光寺1号住(第54図1)は堀之内～加曽利Ｂ式期とされた事例であるが、ほぼ全面に敷石をもち、凸字状の張出部を呈し、しかも張出部から周堤礫状の配石を伴っている。神奈川県域にみられた事例に近いものかもしれない。

このように、群馬県域においてもいくつかの特徴的な事例をあげることができるが、竪穴構造を基本として、主体部は円形プランのものがほとんどで方形化の傾向は弱いが、壁柱穴を巡らすものがほとんどであることに変わりはない。炉址は敷石敷設が一般的であることと関連して、石囲炉、とくに石囲埋甕炉が多い。張出部の形状は長柄形・短柄形が多いものの、上にあげたように、凸字形態が存在することも南西関東域と共通する。埋甕の埋設事例は、その有無が明らかな

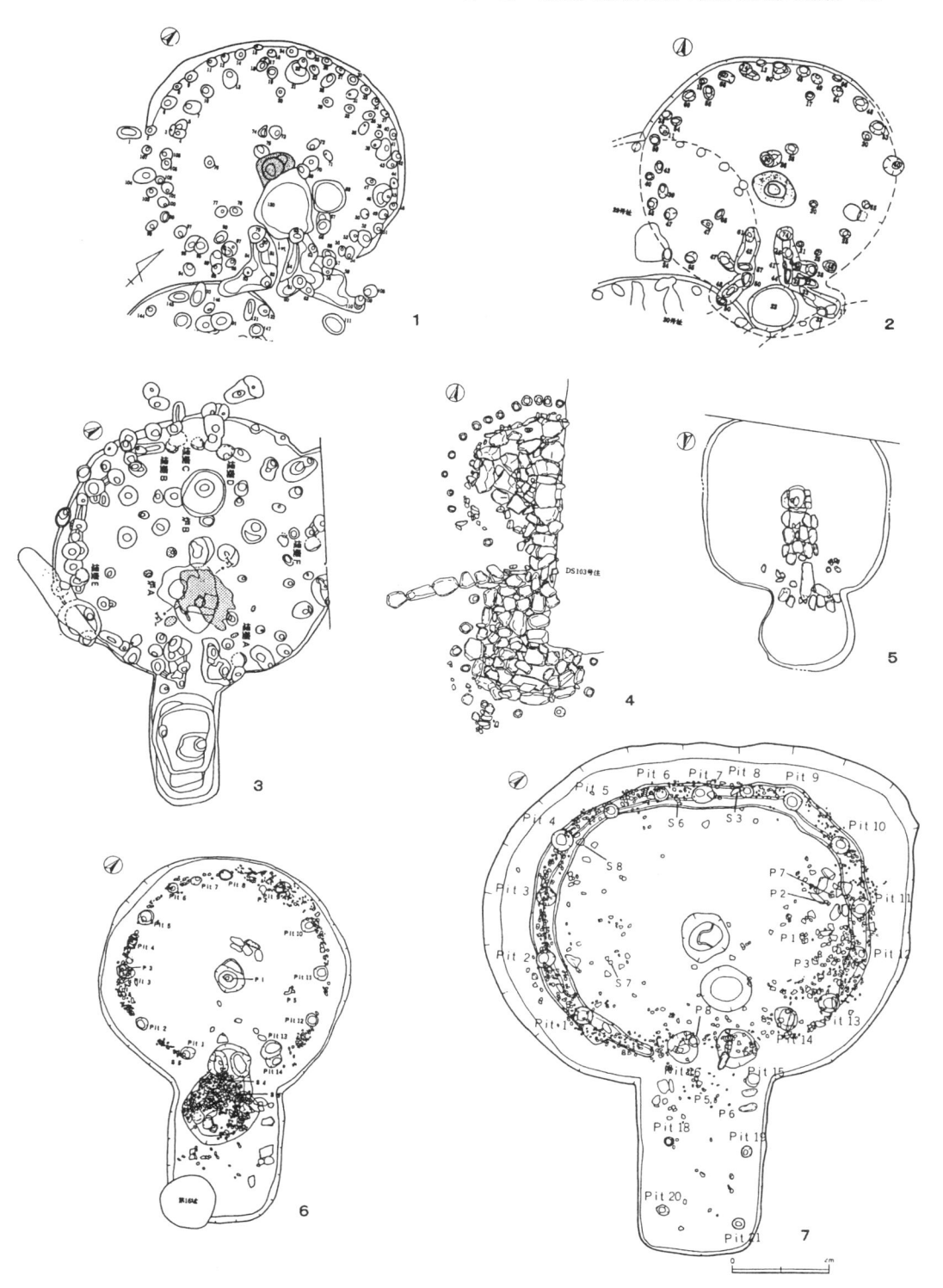

第4節　柄鏡形(敷石)住居の発展と終末の諸相　157

第53図　後期前葉期の柄鏡形(敷石)住居址(12)
1：武士138号住，2：木戸作28号住，3：山野貝塚2号住，4：南蛇井増光寺C-363号住，
5：薬師前BJ-1号住，6：荒砥二之堰34号住，7：荒砥二之堰35号住

48事例中、4例と少ない傾向も変わりない。集落とのかかわりをみると、大規模な事例は少ないものの称名寺式期から加曽利B式前半段階の集落に複数の事例が存在するものが多いが、規模的には小規模なものである。

(3) 伊豆半島域

静岡県東部、伊豆半島とその周辺域で管見に触れた堀之内式期と思われる事例を発見した遺跡を列挙すると下記のとおりである。

> 三島市北山、伊東市内野、竹の台、賀茂郡東伊豆町宮後、田方郡修善寺町大塚、庵原郡富士川町大北

この地域では6遺跡の事例をあげることができる。前段階の事例はほとんど知られていなかったことと比較すると事例そのものは少ないものの、柄鏡形(敷石)住居の広がりを知ることができる。いずれも全面もしくは部分敷石をもつものである。三島市北山15号住は、ほぼ全面に敷石をもつ円形プランを呈するが、張出部形態は不明である。伊東市竹の台遺跡例は詳細が未報告であるが、長柄形の張出部をもつ全面敷石された事例である。東伊豆町宮後遺跡では3基の事例が検出されている。遺存状態の比較的良好な4号住(第54図2)は隅円方形プランをもち、奥壁部から炉辺・出入口部の主軸空間に敷石が敷設されている。張出部は明瞭でない。これら事例のなかで注目されるのは修善寺町大塚遺跡である。加曽利E末、称名寺式期にも事例が認められるが主体は堀之内式期であり、10基が検出されている。とくに、B14号住(第54図4)は、報告で「配石囲繞方形竪穴家屋址」とされたもので、方形竪穴プランの外壁沿いに配石を巡らし、出入口部から張出部にかけて敷石をもち、凸字状の形態を示すもので、神奈川県域を中心に分布を示す周堤礫をもつ柄鏡形敷石住居址に類似している。また、「配石囲繞円形竪穴家屋址」とされたD9号住(第54図3)も円形プランで同様な配石・敷石をもつもので、この種の特異な構造をもつ柄鏡形敷石住居が伊豆半島域にも広がっていたことを示している。

このように事例は少ないが、基本的には、南西関東から北関東西部域の様相に近いものといえよう。

(4) 中部山地

中期末・後期初頭期を境として、中部山地は独自の土器文化は概ね失われ、堀之内から加曽利B式土器文化圏内に取り組まれてしまうのが特徴である。

山梨県域

山梨県域で管見に触れた堀之内式期と思われる事例を発見した遺跡を列挙すると下記のとおり

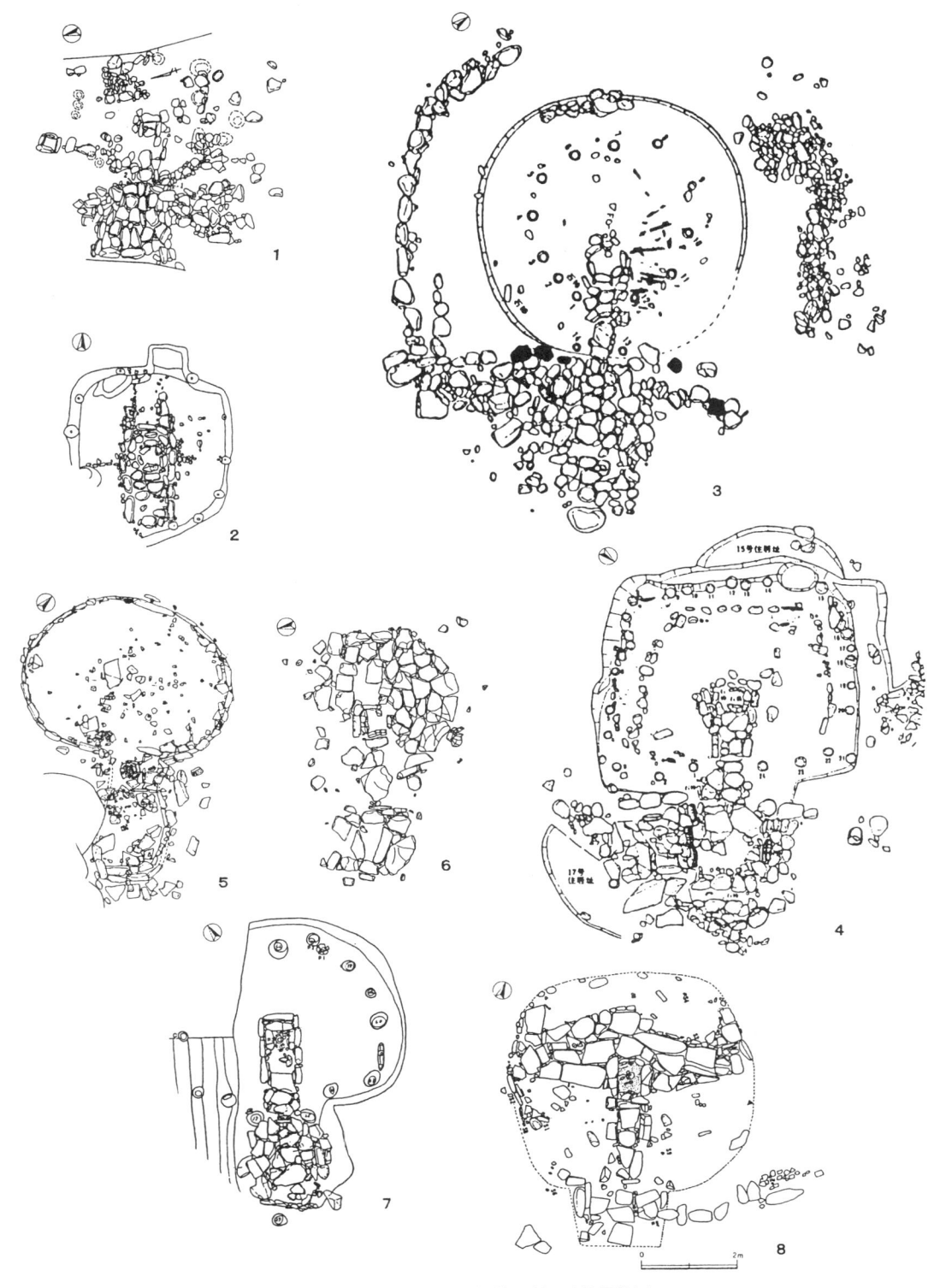

第 4 節　柄鏡形 (敷石) 住居の発展と終末の諸相　159

第54図　後期前葉期の柄鏡形 (敷石) 住居址(13)
1：上光寺 1 号住，2：宮後 4 号住，3：大塚 D 9 号住，4：大塚 B 14 号住，5：中谷 1 号住，
6：一の沢西 2 号住，7：金山 2 号住，8：古宿道の上 2 号住

である。

　　　　北都留郡上野原町日留野、大月市寺原、塩瀬下原、外ガイド、都留市法能（天神山）、中谷、
　　　　尾崎原、西八代郡三珠町大塚北原、富士吉田市池之元、東八代郡釈迦堂Ｓ－Ⅰ区（塚越北Ａ）、
　　　　釈迦堂Ｓ－Ⅱ区（塚越北Ｂ）、釈迦堂Ｓ－Ⅲ区（三口神平地区）、境川村一の沢西、水口、金山、
　　　　東山梨郡牧丘町古宿道の上、韮崎市宮ノ前、北巨摩郡明野村屋敷添、須玉町上ノ原、高根町
　　　　社口、大泉村姥神、金生、豆生田第３、長坂町競馬場、別当、宮久保、小淵沢町上平出

　山梨県域では27遺跡の事例をあげることができる。前段階に比較して発見事例が急増する。分布は県東部域に偏る傾向が認められる。

　相模川水系上流、桂川周辺域では、詳細が未報告であるが、大月市塩瀬下原１号住（第３章第３節第112図参照）が注目される。方形プランの主体部は奥壁部と石囲炉を中心として十字状に敷石され、張出部は凸字状の敷石をもつ。さらに縁石の内側に沿って環礫方形配石が施され、プラン外周及びプラン内を覆うように、周堤礫が巡る事例である。十字状という特徴的な敷石のほかに周堤礫と環礫方形配石遺構を伴う特徴は先にあげた神奈川県域の事例に近い。堀之内Ⅱ式期に属するものである。周堤礫を伴う事例は富士吉田市池之元７-１・３号住にも知られている。

　都留市中谷遺跡は古くから知られた後・晩期の遺跡であるが、1993・94年の調査で曽利式末〜加曽利Ｂ式期の柄鏡形敷石住居址が多数検出されている。１号住（第54図５）は主体部は楕円形を呈し縁石が巡り、張出部に敷石をもつ事例である。埋甕ではないが、接続部に潰れた状態で１個体の土器が出土している。境川村一の沢西２号住（第54図６）は全面に敷石をもつもので、張出部は凸字形に近い。柱穴は不明である。金山２号住（第54図７）は出入口部から張出部にかけて部分敷石されたもので、凸字状に近い形態を示している。

　八ヶ岳南麓域にも多くの事例が知られている。牧丘町古宿道の上２号住（第54図８）はＴ字状に敷石されたもので、周堤礫状の配石も部分的に認められる。敷石のありかたは前掲の塩瀬下原１号住に近い。長坂町別当２号住（第55図１）は円形プランと思われる主体部から張出部にかけてほぼ全面に敷石をもつもので、その周囲に配礫が認められ周堤礫の可能性もある例である。大泉村姥神遺跡からは堀之内式から加曽利Ｂ式の事例が７基検出されている。このうち、堀之内式期の１・５号住（第55図３・４）は張出部をもたない敷石住居址である。須玉町上ノ原遺跡からは曽利式末から堀之内式にかけて、発見住居址60例中42例と多数の事例が検出されており、該期では県内最大級の遺跡である。この遺跡の場合、敷石は全面に及ぶものは少なく、しかも張出部もほとんど認められないという特徴が指摘できる。多少の損壊の影響は受けていたとしても、他遺跡と比較して特異性が認められる遺跡といえよう（第55図４〜６）。高根町社口遺跡では８基の事例が検出されている。このうち、７基が堀之内式期に相当する。張出部が明確な事例は短柄形を呈し、部分的な敷石をもつ。このうち、19号住（第55図７）は炉辺部から張出部にかけて敷石されたもの

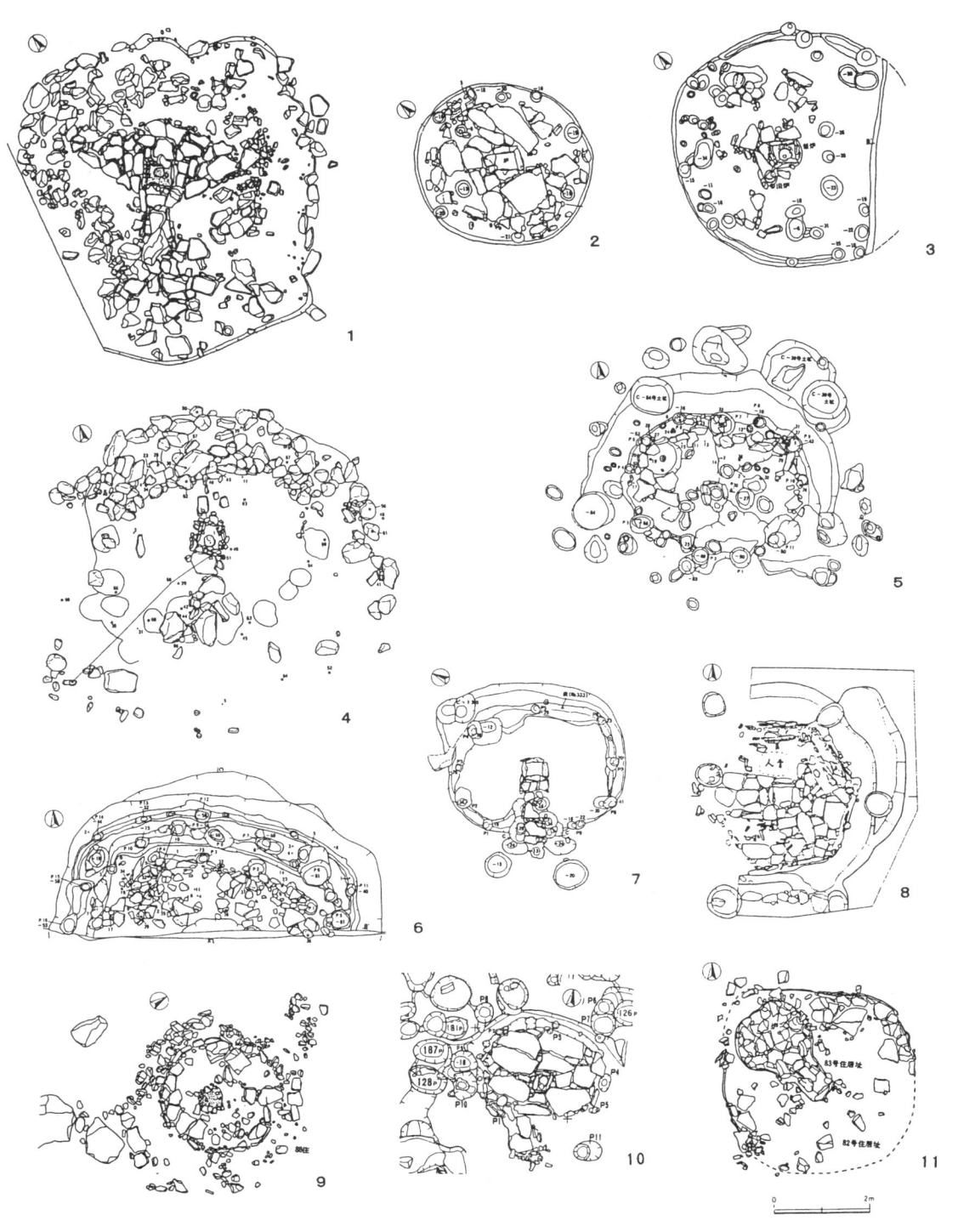

第4節　柄鏡形(敷石)住居の発展と終末の諸相　161

第55図　後期前葉期の柄鏡形(敷石)住居址⑭
1：別当2号住，2：姥神1号住，3：姥神5号住，4：上ノ原C-1号住，5：上ノ原C-12号住，
6：上ノ原C-10・48号住，7：社口19号住，8：上横道7号住，9：十二ノ后88号住，
10：梨久保40号住，11：花上寺82・83号住

で、ヒゲ状に近い対状ピットをもつ例である。

このように山梨県域では県西南部を除き多くの事例が知られているが、いずれも部分的にせよ敷石を伴う事例がすべてを占める。主体部の形状は円形・楕円形を基調とするものの確実に方形ないし隅円方形のプランも存在する。柱穴は不明な事例も多いが、壁柱穴を巡らす特徴に加えて、上ノ原遺跡や社口遺跡例のように、主柱穴を伴う例も多い。炉址は敷石の敷設と関連して、石囲炉ないし石囲埋甕炉が圧倒的多数を占める。張出部は上にあげた上ノ原遺跡のように不明というか伴わない事例も見られるが、短柄形・長柄形に加えて凸字状の形態が新たに加わることは、関東域でのありかたに共通する。埋甕は韮崎市宮ノ前遺跡417号住に知られる程度でほとんどの事例に埋設が認められず、後期初頭以降、埋甕風習の急激な衰退化がうかがえる。集落とのかかわりをみると、各遺跡とも複数の存在が確認された事例が多いが、中期末を含めて称名寺式以降形成された集落に存在する。集落規模でとらえられた上ノ原遺跡は、他の遺跡と比較すると張出部の存在が不明瞭な特異なありかたを示すが、八ヶ岳南麓域でのこの時期の集落の特徴を示すものかもしれない。

長野県域

長野県域で管見に触れた堀之内式期と思われる事例を発見した遺跡を列挙すると下記のとおりである。

  諏訪郡富士見町井戸尻、徳久利、原村臥竜、山の神上、上横道、上前尾根、茅野市下の原、茅野和田西、中原、諏訪市穴場、十二ノ后、岡谷市梨久保、花上寺、目切、南佐久郡佐久町宮の本、北佐久郡御代田町宮平、滝沢、軽井沢町南石堂、望月町平石、小諸市加増、久保田、郷土、寺の浦、三田原遺跡群、岩下、石神、小県郡東部町古屋敷Ｃ、和中原、戌立、中原、辻田、上田市八千原、小県郡丸子町深町、真田町雁石、更級郡上山田町新屋、埴科郡戸倉町円光房、長野市宮崎、村東山手、平柴平、上水内郡牟礼村明専寺、三水村小野、中野市栗林、下高井郡山ノ内町伊勢宮、東筑摩郡明科町北村、ほうろく屋敷、南安曇郡離山、梓川村荒海渡、松本市林山腰、坪ノ内、山影、塩尻市御堂垣外、木曽郡南木曽町戸場

長野県域では52遺跡と多数の事例をあげることができる。前段階の称名寺式期の事例が21遺跡であったのと比較して、この時期に事例が急増する傾向が指摘できるが、南信域では南木曽町戸場遺跡例をあげる程度で、東・中・北信域に分布が集中している。

八ヶ岳西南麓域では、富士見町徳久利遺跡で4基検出されているが、いずれも部分敷石で、張出部は明瞭ではない。また、原村上横道遺跡でも4基検出されているが、1・2・3号住は方形のプランとされており、敷石も部分的なことや張出部も明確でない。方形プランかどうかは疑問な点が多い。ただ、その後調査された7号住（第55図8）は、円形と思われる竪穴構造の内側に六

角形に敷石されたもので、敷石されていない部分には炭化材が残り、人骨も検出されている。張出部は確認されていない。茅野市茅野和田西遺跡例も部分敷石で張出部は確認されていない。こうした不確実な事例の中で、諏訪市穴場遺跡例は全面ないしそれに近い敷石をもつもので、とくに8号住は張出部をもつ。ただ、詳細は報告されていないため不明である。諏訪市十二ノ后88号住（第55図9）は張出部は不明であるが、円形プランにほぼ全面敷石されたものであり、外周に周堤礫状の配石が巡っている。岡谷市梨久保・花上寺遺跡からも該期の敷石をもつ住居址例が複数検出されている。遺存状態の悪い例が多いが、梨久保40号住（第55図10）は全面敷石の柄鏡形敷石住居址である。花上寺82号住と重複する83号住（第55図11）は主体部が1.4×1.6mときわめて小型の柄鏡形敷石住居址で、特異なありかたを示している。

東信・浅間山麓とその周辺域の千曲川上流域では事例が多い。御代田町滝沢5号住は散漫ではあるがほぼ全面に敷石をもち、出入口部の対ピットがプラン内側にみられる事例で張出部はない。軽井沢町南石堂4地点1号住（第56図1）は円形プランに一部損壊を受けているが、ほぼ全面に敷石があり、張出部も認められる。望月町平石遺跡からは遺存状態の良好な事例が検出されている。15号住（第56図2）は楕円形プランに長柄形の張出部をもつもので、ほぼ全面に敷石が認められる。柱穴は壁外周をめぐるものである。張出部接続部左右には列状の配石も認められる。15号住に接するように16号住（第56図3）があるが、全面敷石の典型的な柄鏡形敷石住居址で、この事例はとくに張出部の外縁を積み石状に構築しているきわめて丁寧な造りをもっている。

小諸市内では久保田6・7号住（第56図4・5）は典型的な柄鏡形敷石住居址であるが、ほかに13号住（第56図6）が周堤礫をもつきわめて巨大な柄鏡形敷石住居址であるのが注目される。また、上信越自動車道建設に伴って調査された郷土、三田原遺跡群、岩下遺跡からも多数の柄鏡形敷石住居址が検出されている。郷土遺跡は大規模な中期集落で柄鏡形敷石住居址は加曽利E末から称名寺式期が主体をなしており、堀之内式期の事例は1例と少ない。それに対して三田原遺跡群と岩下遺跡は堀之内式期が主体をなしている。三田原遺跡群4号住（第56図7）は一部重複するが、円形プラン壁柱穴に沿って配礫が認められ、出入口部から張出部にかけて凸字状に敷石されたものであるが、その張出部を囲むように石列があり、さらにその東側に石列が延びる特異なありかたを示している。岩下遺跡も多数の柄鏡形敷石住居址が検出されているが、とくに重複を繰り返す大型の住居址の南側には段切り状に削平された面に沿って帯状に配石が認められ、そこに石棺墓・土坑墓群が集中して検出されている（第57図1）。こうした特異なありかたがどのような意味をもつのか、いまのところ判然としないが、柄鏡形敷石住居群と一体となって、こうした配石施設を構築して祭祀場・墓域を形成したこの時期の集落の特徴がうかがえよう。上田市八千原遺跡は、加曽利E末から堀之内・加曽利B式期にかけての集落址であるが、堀之内式期が主体をなしており、多数の柄鏡形敷石住居址が検出されている。部分的な敷石をもつ事例がほとんどであるが、張出部の存在する事例も多い（第56図8）。

中・北信地域では、長野市村山東手遺跡から8基検出されている。張出部は不明な事例が多い

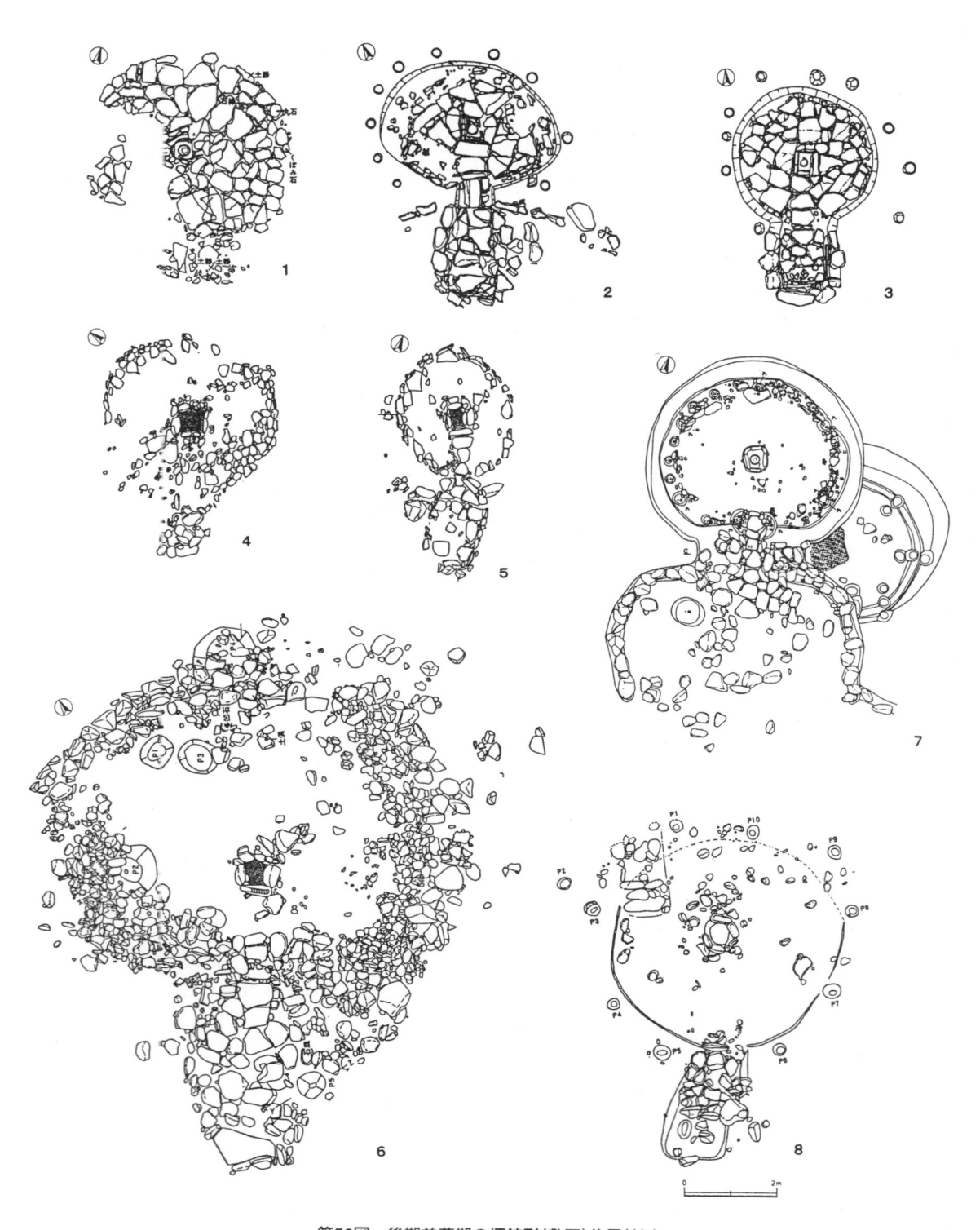

164　第2章　敷石住居址の変遷とその性格

第56図　後期前葉期の柄鏡形(敷石)住居址(15)
1：南石堂4地点1号住，2：平石15号住，3：平石16号住，4：久保田6号住，5：久保田7号住，
6：久保田13号住，7：三田原遺跡群4号住，8：八千原B17号住

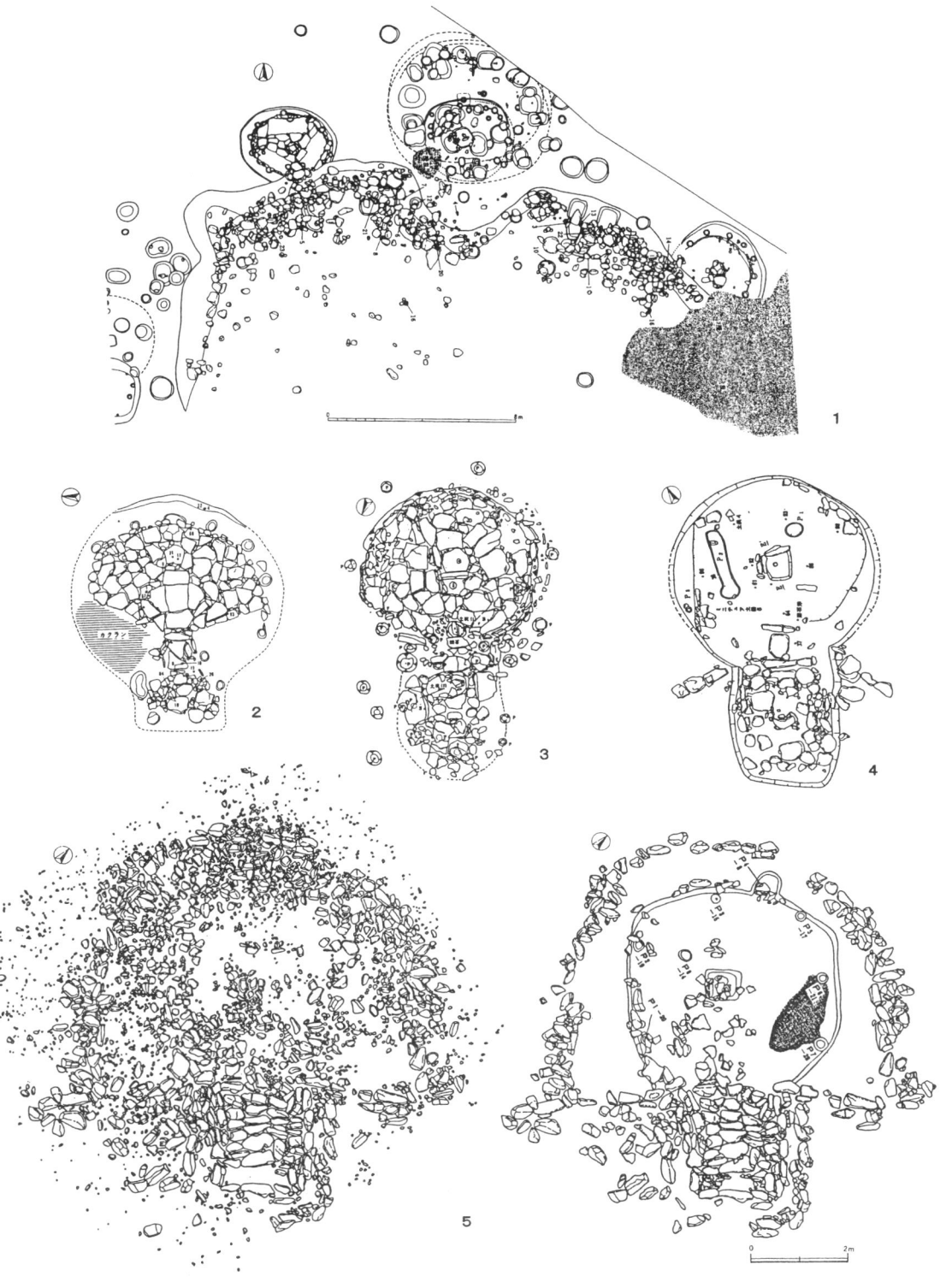

第4節　柄鏡形(敷石)住居の発展と終末の諸相　165

第57図　後期前葉期の柄鏡形(敷石)住居址(16)
1：岩下遺跡の柄鏡形敷石住居址と石棺墓・土坑墓群，2：村山東手8号住，3：伊勢宮A-1号住，
4：林山腰4号住，5：北村SB101号住

が、8号住は扇形の主体部に張出部をもつ全面に敷石された事例である（第57図2）。
山ノ内町伊勢宮A-1号住（第57図3）は全面敷石された典型的な柄鏡形敷石住居址で接続部に土坑を伴う。松本市林山腰4号住（第57図4）も典型的な柄鏡形敷石住居址であるが、敷石は張出部に集中している。明科町北村遺跡は大規模な配石墓群と人骨300体以上が検出された遺跡であり、内陸部の墓制を考えるうえで重要な遺跡であるが、それとともに該期の柄鏡形敷石住居址が多数検出されている。配石を伴う墓坑群と住居址群は複雑に重複しているが、SB101号住（第57図5）は、周堤礫を伴う事例として注目される。とくに上面の配礫と下面から検出されたプランとの関係が問題となろう。

　このように、長野県域では、これまで多数の事例が報告されており、この時期の柄鏡形敷石住居の拡散状況を知ることができる。しかも個別集落址に複数の存在が知られる事例も多く、柄鏡形敷石住居形態が普遍化したことを示しているものと思われる。長野県域では、主体部のプランは、円形・楕円形を呈するものがほとんどであるが、北村遺跡では隅円形を呈するものもみられる。柱穴配置は不明なものも多いが、柄鏡形敷石住居址特有の壁柱穴配置が主体をなす点は変わりはない。炉址形態は圧倒的に石囲炉（石囲埋甕炉含む）である。敷石は全面にせよ、部分的にせよ、敷設されている。敷石の中には、事例としてあげたように、周堤礫を伴う事例や石列が認められる事例などもあり、南西関東の山地域や群馬県域での事例と類似している。張出部の形状は確認された事例では短柄形・長柄形のものが多いが、他地域と同様に凸字状を呈するものもみられる。埋甕の埋設例はきわめて少なく、2例をあげるにとどまる。これも他地域と同様な傾向にある。

　集落とのかかわりをみると、中期末以降に形成された集落に存在する事例がほとんどである点も他地域と共通性を示している。

　以上、後期前葉段階の柄鏡形（敷石）住居址のありかたについて、南関東・北関東・伊豆半島・中部地方を中心に、便宜的ではあるが各都県別にみてみた。一部時期の不確定な事例も含んで検討してみたが、現段階288遺跡にその存在が確認された。これにここでの検討対象からはずした、柄鏡形（敷石）住居址分布外縁部域の事例や管見に触れ得なかった事例を加えるとさらに増加するものと思われる。

　このように後期前葉段階入って、分布は確実に広がりを示していることが明らかである。敷石の敷設の地域性は前段階からの伝統を受け継ぎ、南西関東の山地寄りの地域から北関東・伊豆半島・中部山地域には全面ないし部分的な敷石をもつものがほとんどであるのに対して、南関東の低位な台地域や東部関東域では敷石がごく部分的ないし無敷石の柄鏡形住居址が分布をみせている。こうした前段階からの伝統を受け継ぎつつも、この時期大きな変化が認められる。それは、一つには張出部形態・構造の変化である。敷石をもたない事例では、従来からの短柄形・長柄形に加えて、ピット列や溝で区画された、ヒゲ状、ハの字状、凹字・凸字状の形態が登場するよう

になったことである。また、敷石が敷設された張出部も凸字状を呈するものが顕著に現れる。敷石の敷設のありかたにも、この張出部の形状変化と対応して、炉辺部から張出部という主軸空間に帯状に敷石される事例が顕著となる。こうした張出部の変化が上屋構造の変化とどのように対応していたかはいまだ不明な点が多いが、中期末・後期初頭期の柄鏡形態とは異なった意識がその構造の上に表れているものと思われる。それは、前段階までに顕著であった張出部への埋甕の埋設がこの時期に入って事例がきわめて減少することと対応しているのかもしれない。埋甕風習の衰退化と連動して張出部の形状変化がもたらされた可能性が考えられよう。

また、敷石と関連して、この時期特徴的に現れるのが、いわゆる周堤礫や環礫方形配石を伴う事例である。敷石が敷設される地域のとくに神奈川を中心とする地域では、こうした特異な配石が認められるのである。それは次の後期中葉以降へと受け継がれていく。住居の主体部の形状にも一部において変化が認められた。従来からの円形・楕円形を基調とするプランに加えて確実に方形もしくは隅円方形のプランが登場し、この傾向が後期中葉以降に顕著となるのである。

集落とのかかわりをみると、規模的には、中期集落とは異なり大規模な環状集落の形成はなくなり、中期末以降形成された比較的小規模な集落に存在する事例が多い。しかも複数の柄鏡形（敷石）住居で構成される集落が多いことが指摘できる。柄鏡形（敷石）住居形態が確実に各地の集落に受け入れられたことを示すものであろう。

3．後期中葉・加曽利B式期以降の様相

縄文時代後期中葉以降、関東地方から中部山地域では、大規模な集落の形成はなくなり、しかも集落そのものも激減し、縄文文化は衰退化の一途を辿る。その具体的な様相については、別に関東地方を対象として分析を試みたことがある（山本 1989b）ので、それを参照願いたい。そこでも触れたように、遺跡数・集落規模の縮小化と反比例するように、この時期は大規模な配石遺構が内陸地帯に多く認められ、第二の道具と称される祭祀用具も多数検出され、呪術的色彩の強い社会が現出したことがうかがわれるのである。

こうした時代的な変化の過程で、中期末以来、各地に構築され続けた柄鏡形（敷石）住居も大きな変化が認められるようになる。それは後期前葉期に現れた張出部の形態・構造上の変化が一挙に進み、「張出部」とは呼べないような出入口構造をもつ住居址が広く東日本一帯に検出されるようになることである。こうした構造について、「柄鏡形（敷石）住居址」という総称とは別に、先の論攷（山本 1987a）では「張出付き（出入口施設を有する）住居」と呼んでみた。これに対して、中期末以来連綿と続いてきた住居内敷石風習は、概ね後期中葉期を境として衰退化し、「敷石住居」は終焉を迎えるのである。以下、第4期とした柄鏡形（敷石）住居変遷過程の終末段階の様相について検討を加えてみよう。なお、本来ならば、土器型式細分に対応させて細かな段階変化のありかたをみるべきであろうが、ここでは大まかに後期中葉以降、晩期に至る変化の様相を各地

にみることとする。

(1) 南関東地方

南関東の諸地域では集落規模・遺跡数の減少が顕著である。敷石の住居内敷設は、概ね、後期中葉段階で終焉を迎えるに至る。以下、南関東地方のありかたについて、便宜的ではあるが各都県別にその特徴をみることとする。

神奈川県域

神奈川県域で管見に触れた後期中葉以降と思われる事例を発見した遺跡を列挙すると下記のとおりである。

　　川崎市下原、横浜市華蔵台、三の丸、小丸、神隠丸山、平台北、仏向貝塚、三殿台、鎌倉市東正院、藤沢市西富貝塚、海老名市杉久保、綾瀬市上土棚南、座間市間原、津久井郡青根馬渡遺跡群№4、青山開戸、愛甲郡清川村馬場（№6）、伊勢原市三ノ宮下谷戸（東海自動車道№14）、伊勢原市下北原、沼目・坂戸第Ⅱ、秦野市曽屋吹上、平塚市王子ノ台、上吉沢、小田原市御組長屋第Ⅱ、南足柄市五反畑

神奈川県域では24遺跡の事例をあげることができる。遺跡数は前段階72遺跡であったことと比較して、後期中葉以降晩期に至る幅広い時期にもかかわらず遺跡数の減少化はいちじるしい。

後期中葉・加曽利B式期の事例をみると、横浜市三の丸、小丸遺跡では、前段階から引き続き無敷石でヒゲ状張出部をもつ事例が多く認められる。三殿台303号住は張り出さず、出入口部に対ピットをもつ。下末吉台地とその周辺域ではこうした形態が一般的であったものと思われる。

敷石を伴う事例には顕著な特徴が指摘できる。堀之内Ⅱ式期に出現をみた環礫方形配石や周堤礫をもつ事例が多い。平台北遺跡例（第58図1）は、中期末に多い、壁柱穴に沿って配礫された例に近いが、周礫やプラン全体が火を受けており環礫方形配石遺構とみなせるものである。ほかに、鎌倉市東正院1・2号環礫方形配石遺構、綾瀬市上土棚南1号住、座間市間原2号住、青根馬渡遺跡群№4-1号住（第58図2）、清川村馬場（№6）4号住（第58図3）、伊勢原市沼目・坂戸第Ⅱ地点3号住（第58図4）、三ノ宮下谷戸（東海自動車道№14）16号住（第58図5）、下北原第1・2・3号環礫方形配石遺構、秦野市曽屋吹上10号住（第59図1）、平塚市王子ノ台20号住、小田原市御組長屋第Ⅱ-2号住（第46図3）などがあげることができる。炉辺部から張出部に帯状に敷石を施し、張出部が凸字状を呈し、壁際に環礫方形配石をもち、プラン外周に周堤礫を施す例もみられるという特徴をもつ。堀之内Ⅱ式から加曽利BⅠ式期にかけての終末段階の柄鏡形敷石住居が変容を遂げたことを良く示している。この特異なありかたをどう解釈するかについては、別に第3章第3節で触れているのでここでの言及は略すこととする。

第4節　柄鏡形(敷石)住居の発展と終末の諸相　169

第58図　後期中葉期以降の柄鏡形(敷石)住居址(1)
1：平台北，2：青根馬渡遺跡群№4-1号住，3：馬場(№6)4号住，4：沼目・坂戸第Ⅱ地点3号住，
5：三ノ宮下谷戸(東海自動車道№14)16号住

続く後期後葉から晩期の事例はさらに少ない。しかも晩期前半の事例に限られ、神奈川県域では、この段階をもって、縄文集落の形成が絶たれることとなる。川崎市下原遺跡 2（第59図 2）・3号住は古く調査され、長らくその実態が不明であったが、近年報告書が刊行された。とくに 2号住は重複いちじるしく、大型の方形プランをもつもので、凹字状の出入口施設をもつものである。詳細は不明であるが、横浜市華蔵台 8 号住も同様な構造をもつ。津久井町青山開戸 4 号住は方形プランで出入口施設として対ピットを有する事例である（第59図 3 ）。

このように、敷石敷設は概ね加曽利BI式期ころ終焉を迎え、しかも環礫方形配石遺構に象徴されるように、特異な構造をもって長き伝統を絶つのである。

該期の事列は竪穴構造を基調として、方形プランが多数を占め、柱穴は壁柱穴に加えて、後期後葉から晩期前半段階の事例には主柱穴を伴う。炉址は地床炉を主体に敷石敷設例に石囲炉が多い傾向は前段階までと同様である。張出部の形状も、堀之内式後半段階の伝統を受け継いでいる。埋甕の埋設事例は、横浜市小丸 1 ・ 2 号住、鎌倉市東正院第 2 号環礫方形配石遺構に認められるが、ほぼその伝統は絶たれたものと思われる。

東京都域

東京都域で管見に触れた後期中葉以降と思われる事例を発見した遺跡を列挙すると下記のとおりである。

> 目黒区東山、武蔵村山市吉祥山、稲城市平尾№ 9 、町田市多摩ニュータウン№194、真光寺広袴遺跡群・向、なすな原、野津田上の原、東雲寺上、日野市南広間地、八王子市狭間、横川弁天池、あきる野市五日市高校

東京都域では12遺跡の事例をあげることができる。前段階が39遺跡であったことと比較すると、神奈川県域と同様に遺跡が激減する。

武蔵村山市吉祥山 2 号住（第59図 4 ）は加曽利BⅢ～曽谷式期の事例である。D字形のプランに壁柱穴を巡らすもので、出入口部は張り出さず対状ピットを有する無敷石の住居址である。稲城市平尾№ 9 - 6 号住（第59図 5 ）も対状ピットを有する無敷石の住居址で、プランは方形を呈する。町田市多摩ニュータウン№194遺跡は後期前葉から中葉にかけての集落址であるが、このうち、2号住は方形プランにヒゲ状の張出部をもつ加曽利BI式期の事例である。また、町田市真光寺広袴遺跡群・向 2 号住は加曽利BI式期の凹字状に近いピット列からなる張出部をもつもので、張出部に砂利敷きが認められる。

加曽利BI式期の環礫方形配石遺構は町田市なすな原、野津田上の原、東雲寺上、八王子市狭間遺跡に事例が知られる。なすな原 1 -101号配石（第59図 6 ）は、張出部はないものの、方形プランに環礫方形配石をもつ。野津田上の原 1 号環礫方形配石遺構は、隅円方形プランに炉辺部から

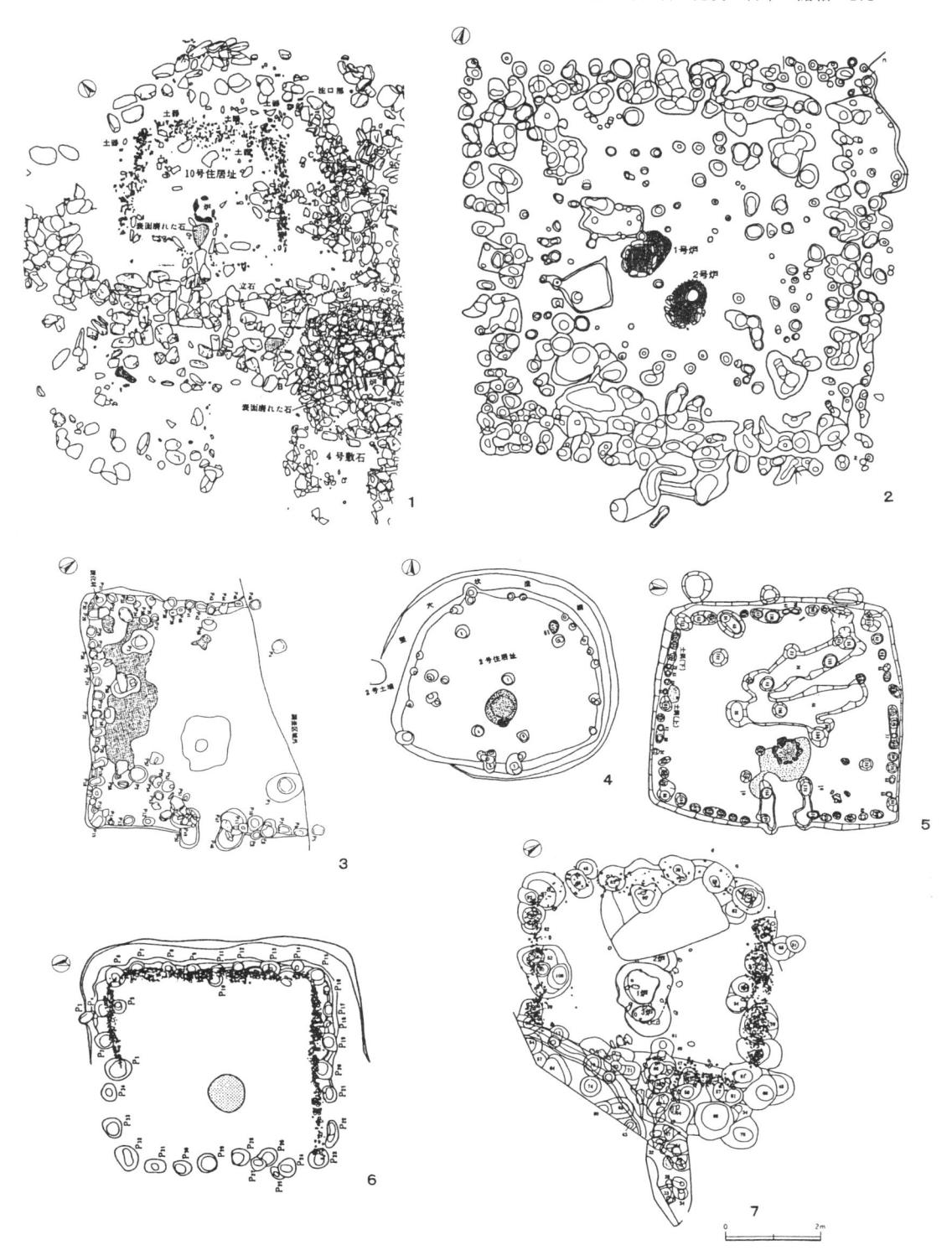

第4節　柄鏡形(敷石)住居の発展と終末の諸相　171

第59図　後期中葉期以降の柄鏡形(敷石)住居址(2)
1：曽屋吹上10号住，2：下原遺跡2号住，3：青山開戸4号住，4：吉祥山2号住，5：平尾№9-6号住，
6：なすな原1-101号配石，7：東雲寺上1号環礫方形配石遺構

張出部にかけて敷石されたもので、凸字状を呈する典型的な事例である。最近報告された町田市東雲寺上1号環礫方形配石遺構（第59図7）は長柄形の張出部に敷石された事例である。

後期後葉から晩期にかけての事例では、町田市なすな原遺跡に5住居址の事例が認められる。いずれも敷石をもたず、張出部の形状は短柄形、対状、凹字状を呈するもので、楕円形や方形プランに壁柱穴と主柱穴が配置されている（第60図1）。

このように、東京都域では事例は少ないものの、無敷石の事例や環礫方形配石遺構にみられるように神奈川県域でのありかたと共通性を示している。

埼玉県域

埼玉県域で管見に触れた後期中葉以降と思われる事例を発見した遺跡を列挙すると下記のとおりである。

　　秩父郡冥秩父村関場、大里郡花園町台耕地、秩父郡皆野町駒形、秩父市木戸原、大滝村入波沢西、和光市丸山台、川口市宮合貝塚、石神貝塚、大宮市東北原、岩槻市真福寺貝塚第2地点、桶川市高井東、蓮田市ささらⅡ、雅楽谷、久台、北埼玉郡川里村赤城、南埼玉郡宮代町山崎山、久喜市御陣山、大里郡岡部町四十坂下、原ヶ谷戸

埼玉県でに19遺跡の事例をあげることができる。前段階が33遺跡例であったのと比較すると、比較的遺跡数は多い傾向がみてとれるが、いずれも小規模な集落に検出されている。

後期中葉・加曽利B式期の事例をみると、この時期に入って、敷石をもつ確実な事例はほとんど認められない。大滝村入波沢西1・2号住は、敷石というか、配礫されたもので、確実な事例とはいえない。このことから、秩父山地から県西部諸丘陵に広がりを示した柄鏡形敷石住居は、堀之内Ⅱ～加曽利BⅠ式を境として、ほぼ構築が途絶えるものと思われる。一方、大宮大地や県南の武蔵野台地域では、前段階からの伝統を受けて、無敷石の、対状、凸字状、凹字状の張出部をもつ住居址例がみられる。川口市石神貝塚1号住（第60図2）は方形プランに凸字状張出部をもつ加曽利BⅡ式の事例である。桶川市高井東遺跡は後期中葉～晩期前半の集落址であるが、この時期では、5・7・25号住（第60図3・4、第61図1）のように、円形・楕円形プランの主体部出入口部に凹字状の施設をもつ例がある。川里村赤城遺跡も対状、凹字状の出入口施設が敷設されている住居址が4基検出されている（第61図2・3）。

この傾向は後期後葉～晩期前半にも受け継がれる。大宮市東北原遺跡例のように、方形プランに短柄形の張出部を構築し、その主体部内側に対状、凹字状の施設を構築した3次住居や6次3・6号住など、安行Ⅲ式期の住居址が検出されている（第61図4・5）。蓮田市雅楽谷1号住（第61図6）や高井東1・13A・17A号住（第62図1）も凹字状の張出部をもつ事例である。

このように、埼玉県域では、この時期に入って、敷石敷設はほとんど認められなくなり、方形

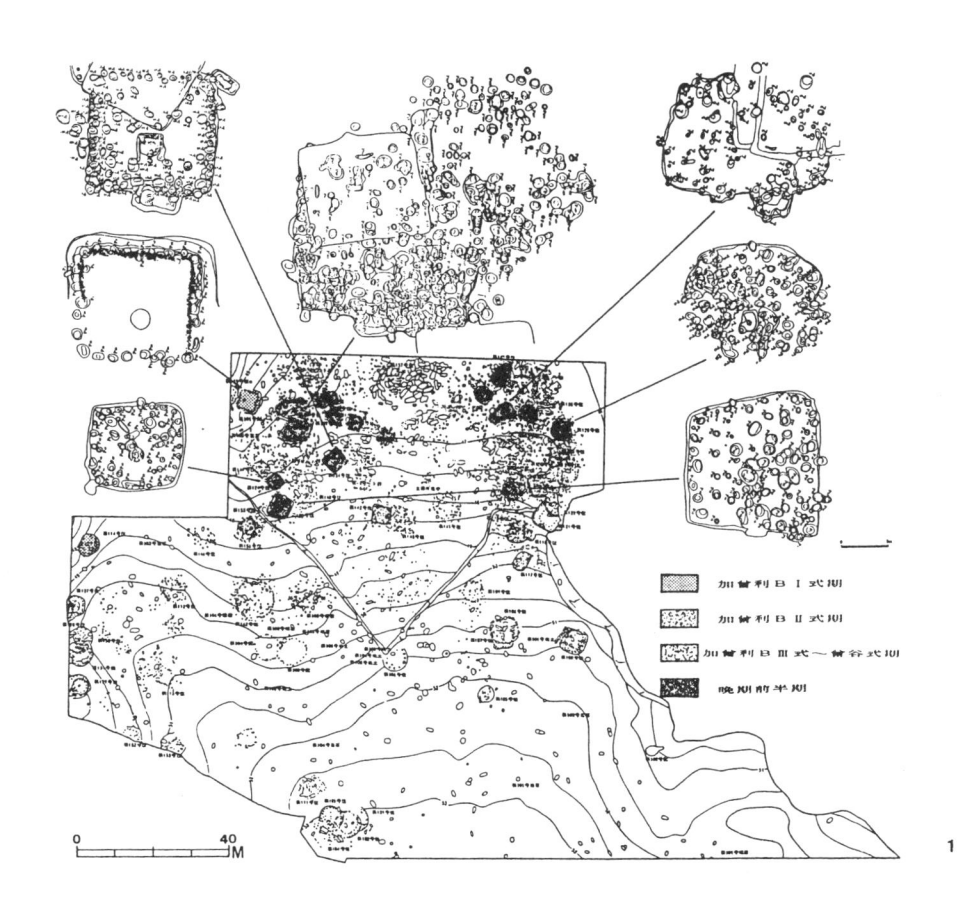

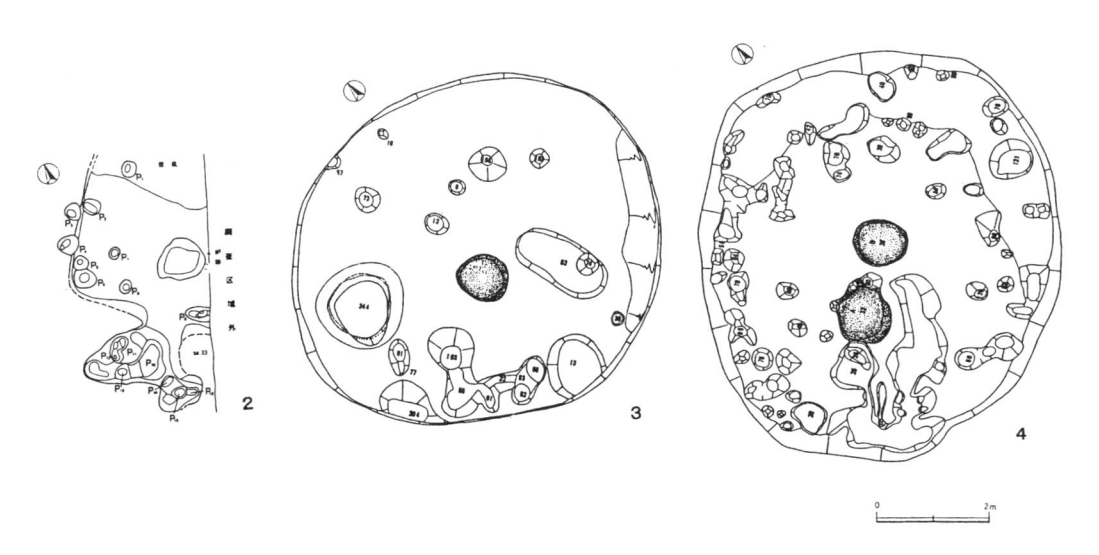

第4節　柄鏡形(敷石)住居の発展と終末の諸相　173

第60図　後期中葉期以降の柄鏡形(敷石)住居址(3)
1：なすな原遺跡の後期中葉以降住居址分布，2：石神貝塚1号住，3：高井東5号住，4：高井東7号住

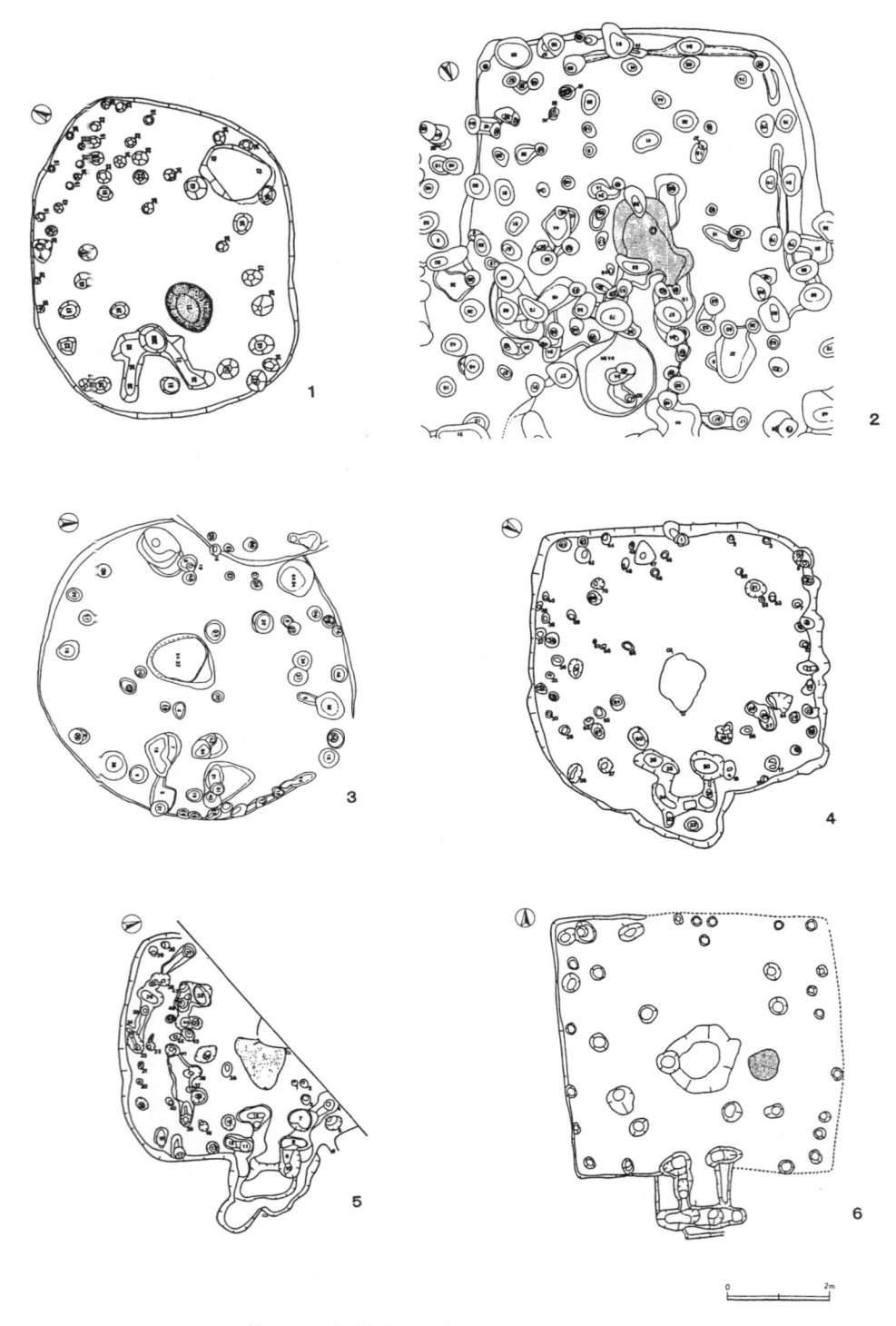

174　第2章　敷石住居址の変遷とその性格

第61図　後期中葉期以降の柄鏡形(敷石)住居址(4)
1：高井東25号住，2：赤城12号住，3：赤城8号住，4：東北原6次3号住，5：東北原6次6号住，6：雅楽谷1号住

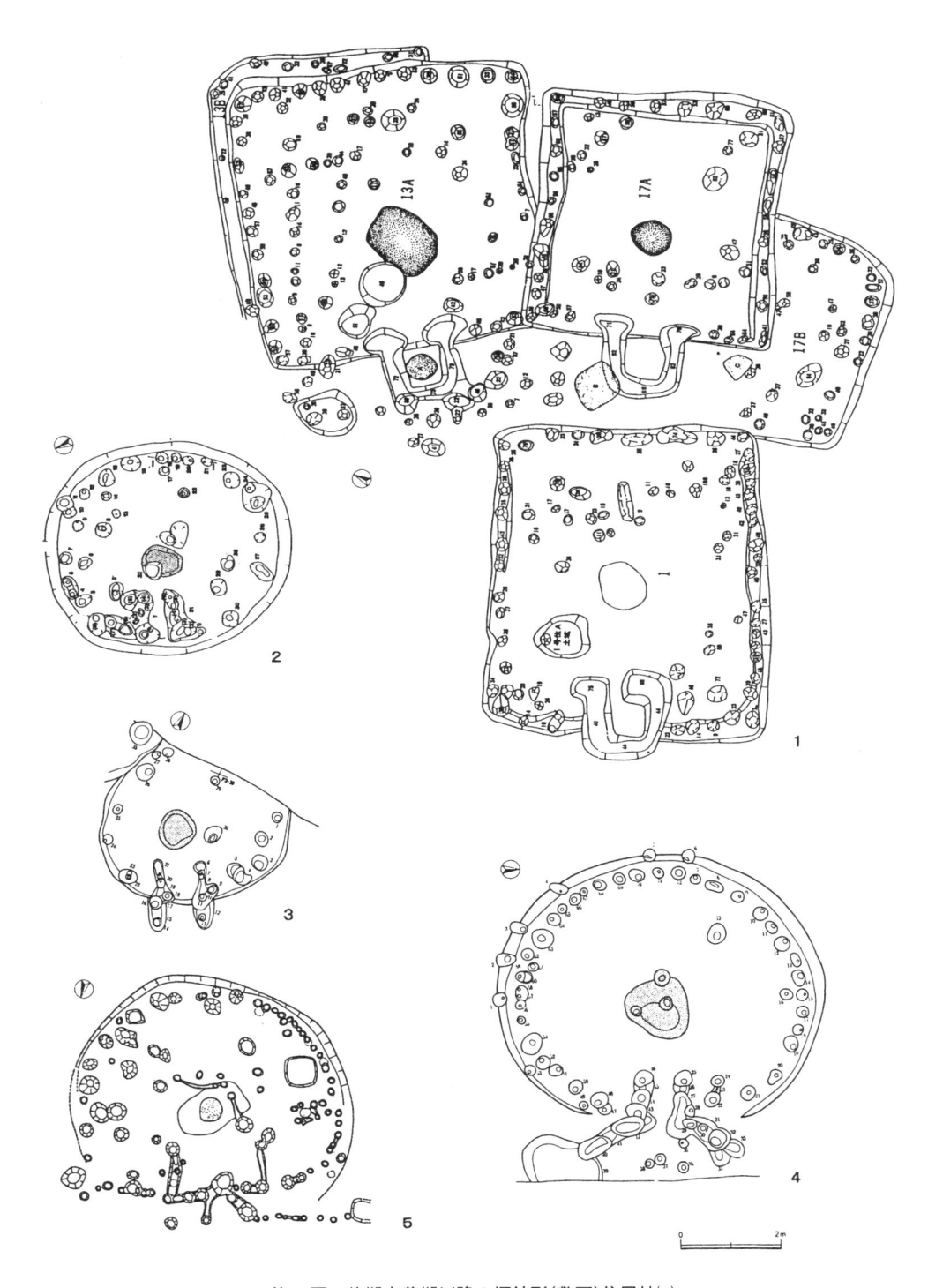

第4節　柄鏡形(敷石)住居の発展と終末の諸相　175

第62図　後期中葉期以降の柄鏡形(敷石)住居址(5)
1：高井東1・13A・17A号住，2：曽谷貝塚20地点1号住，3：武士367号住，4：武士423号住，
5：千代田Ⅳ5号住

プランに壁柱穴と主柱穴を配置する事例が多く、出入口施設を付属させるタイプが主体となる。こうした傾向は南西関東の低位な台地域から下総台地、東部関東に共通するものといえよう。

千葉県域

千葉県域で管見に触れた後期中葉以降と思われる事例を発見した遺跡を列挙すると下記のとおりである。

> 我孫子市下ヶ戸宮前、佐倉市吉見台、井戸作、市川市曽谷貝塚D地点・第20地点、船橋市池谷津、千葉市加曽利貝塚東傾斜面、築地台貝塚、四街道市千代田Ⅳ・Ⅴ、市原市祇園原貝塚、武士、菊間手永貝塚

千葉県域では13遺跡をあげることができる。千葉県域でも前段階に比較して遺跡数は減少し、集落規模も縮小化の傾向が指摘できる。もともと、住居内敷石敷設が稀な地域であり、すでに前段階から、敷石を伴う事例は認められない。これに対して、前段階から張出部の形状変化は顕著であったが、その傾向は晩期前半段階まで受け継がれる。後期中葉・加曽利B式期の事例では、市川市曽谷貝塚D地点7号住・第20地点1号住（第62図2）、千葉市加曽利貝塚東傾斜面55号住、市原市祇園原貝塚42・51号住、武士367・423号住（第62図3・4）などの事例をあげることができるが、対状、ヒゲ状、凹字状などの出入口施設がプラン内外に敷設され、プランは円形・隅円方形を呈するものである。

後期後葉から晩期前半にかけての集落址では注目される遺跡が多い。我孫子市下ヶ戸宮前、佐倉市吉見台、井戸作、市原市菊間手永貝塚などの遺跡はいずれも詳細が報告されておらず不明な点が多いが、吉見台6号住や井戸作118号住（第63図1）のように張出施設をもつきわめて巨大な住居址が検出されている。安行Ⅰ式期に相当する船橋市池谷津1号住（第63図2）は方形プランにヒゲ状張出と逆凹字状の出入口施設をもつ事例である。四街道市千代田Ⅳ5号住（第62図5）も凹字状の出入口施設をもつ。

こうした事例のほかに、これまで該期の集落址として注目されてきた市原市祇園原貝塚の詳細が最近報告された。後期初頭から晩期初頭にかけての規模の大きな集落址であり、この地域での集落の様相をとらえるうえで重要な遺跡である（第64図1）。加曽利B式から安行Ⅲ式期にかけての住居址は11基ほど検出されてる。円形、方形、台形などプランの形状にバリエーションは認められるが、壁柱穴に加えて主柱穴を配し、対状、ヒゲ状、凹字状を呈する張出部を敷設した住居址である（第64図2～65図4）。無敷石の柄鏡形住居址が主体であった地域での最終的な様相は、この祇園原貝塚に代表されるものと思われる。

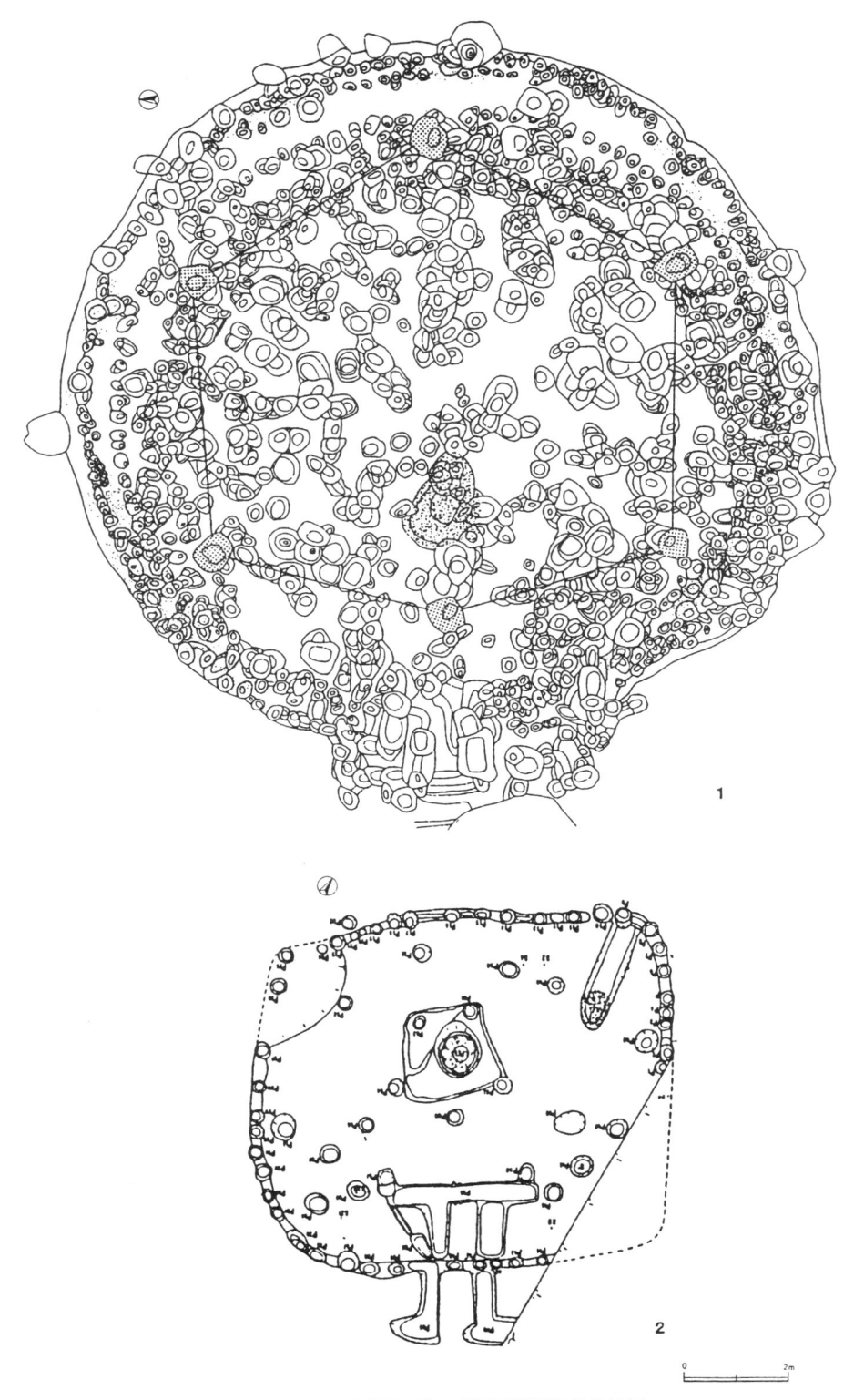

第4節　柄鏡形(敷石)住居の発展と終末の諸相　177

第63図　後期中葉期以降の柄鏡形(敷石)住居址(6)
1：井戸作118号住，2：池谷津1号住

178　第2章　敷石住居址の変遷とその性格

第64図　後期中葉期以降の柄鏡形(敷石)住居址(7)
1：祇園原貝塚全体図，2：祇園原貝塚8号住，3：祇園原貝塚25号住

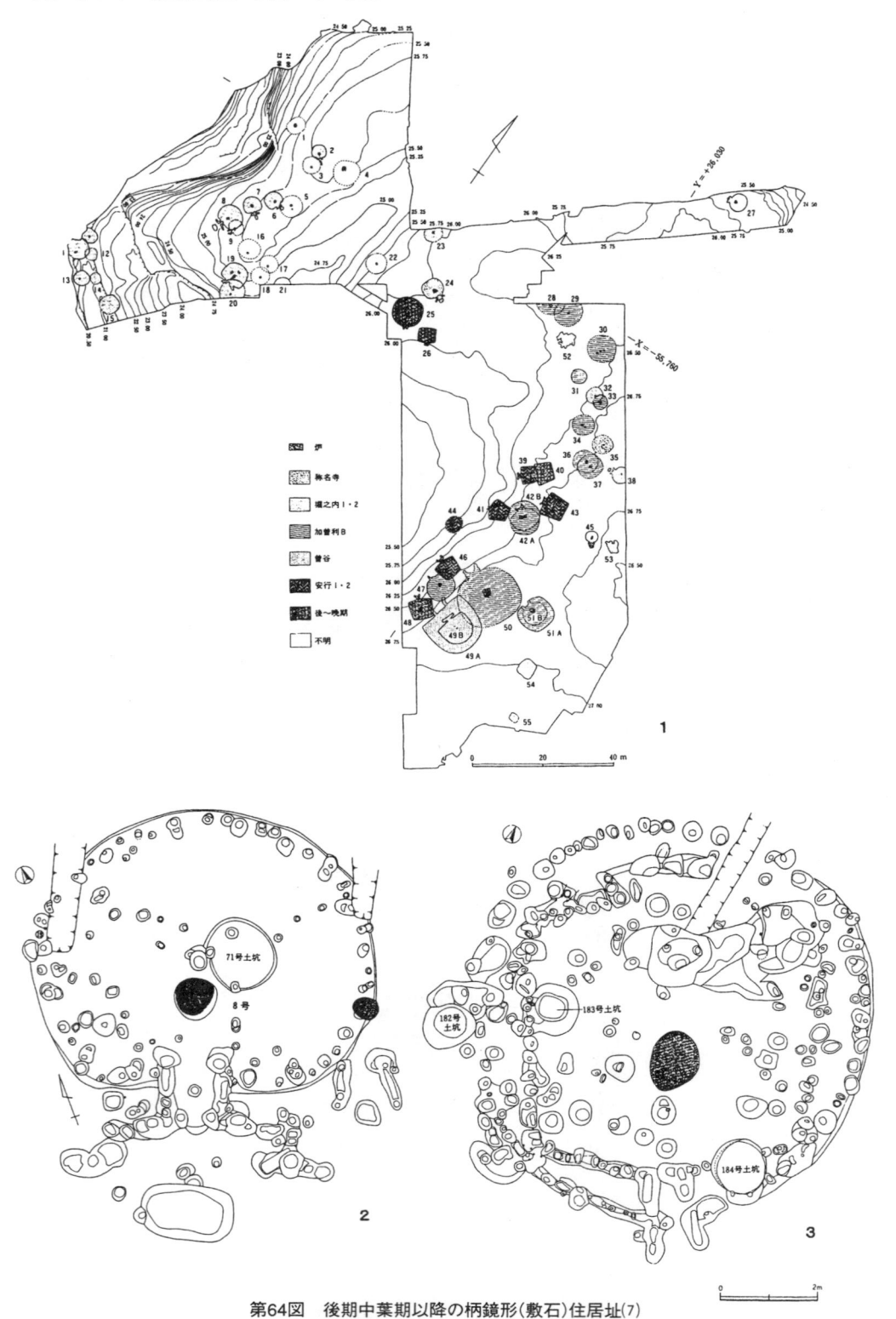

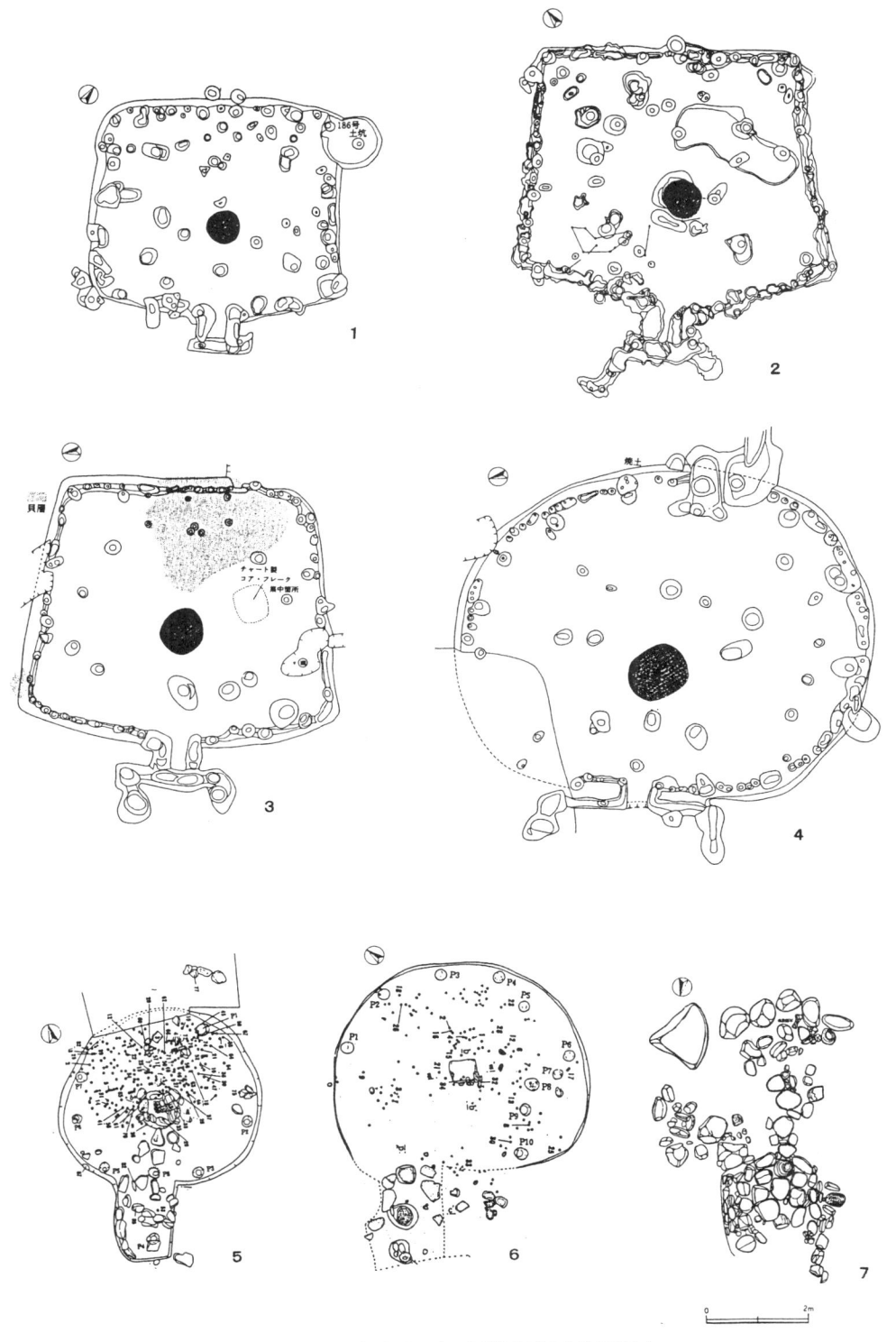

第4節　柄鏡形(敷石)住居の発展と終末の諸相　179

第65図　後期中葉期以降の柄鏡形(敷石)住居址(8)
1：祇園原貝塚26号住，2：祇園原貝塚40号住，3：祇園原貝塚46号住，4：祇園原貝塚47号住，
5：横俵遺跡群大道118号住，6：横俵遺跡群大道126号住，7：千網谷戸

(2) 北関東地方

　北関東では西部の関東山地寄りの群馬県域に、多数の柄鏡形(敷石)住居址事例が知られてきた。しかし、後期中葉以降、その事例は激減し、南関東と同様、柄鏡形(敷石)住居の終焉を迎えるに至る。前段階までと同様にここでは群馬県域の事例をみることとして、栃木・茨城県域の様相は次節で検討する。

群馬県域

　群馬県域で管見に触れた後期中葉以降と思われる事例を発見した遺跡を列挙すると下記のとおりである。

　　前橋市横俵遺跡群大道、北群馬郡榛東村茅野、下新井、桐生市千網谷戸、沼田市上光寺、利根郡新治村布施

　群馬県域では6遺跡をあげることができる。後期前葉・堀之内式期の発見遺跡数が35遺跡であったのに比較して、その激減化がいちじるしい。
　加曽利B式期とされる事例には、前橋市横俵遺跡群大道118・126号住(第65図5・6)がある。ともに長柄形の張出部に敷石をもつもので、126号住はこの時期としては数少ない埋甕が先端部に埋設されている。形状としては、中期末の柄鏡形(敷石)住居址に近い。桐生市千網谷戸遺跡(第65図7)例は、敷石された凸字状張出部と思われる部分のみの検出例であり、加曽利B式期の可能性がある。新治村布施1号住は、敷石住居址とされているが、配石遺構の可能性も考えられる。このように、群馬県域でも敷石の敷設は後期中葉段階まで認められることは確実である。後期後葉以降の事例をみると、横俵遺跡群大道113号住、榛東村下新井1A・B・C号住(第66図1)、茅野3号住(第66図2)、千網谷戸4号住(第66図3)のように、他地域と同様にプラン内外に凹字状対状の張出部・出入口施設をもつ事例が認められるようになる。このうち、茅野3号住は対状の出入口施設に配石が認められ、敷石敷設の伝統を受け継いでいる可能性も考えられるが、総じて加曽利B式期をもって、住居内敷石敷設の伝統は終焉を迎えたものと思われる。

(3) 伊豆半島域

　静岡県東部、伊豆半島とその周辺域で管見に触れた後期中葉以降と思われる事例を発見した遺跡を列挙すると下記のとおりである。

　　三島市北山、千枚原、伊東市井戸川

　この地域では3遺跡の事例をあげるにすぎない。いずれも加曽利B式期に相当する事例であり、

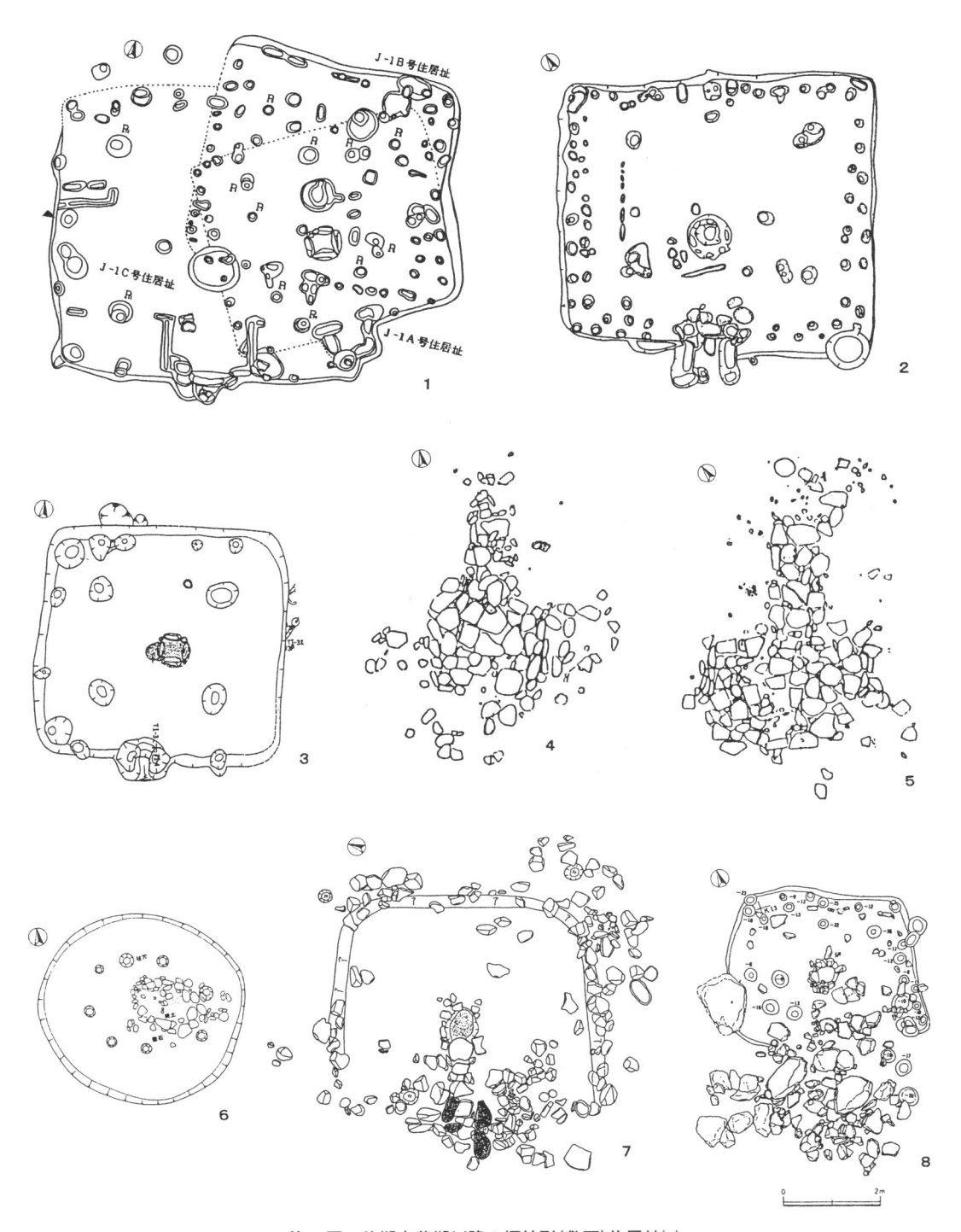

第4節　柄鏡形(敷石)住居の発展と終末の諸相　181

第66図　後期中葉期以降の柄鏡形(敷石)住居址(9)
1：下新井1A・B・C号住，2：茅野3号住，3：千網谷戸4号住，4：千枚原B1号住，
5：千枚原B2号住，6：井戸川8号住，7：清水端2号住，8：姥神6号住

いまのところ後期後葉以降の事例は認められない。三島市北山12号住は方形プランの出入口部に部分敷石をもつ事例で、張出部は明瞭でない。三島市千枚原Ｂ１・Ｂ２号住（第66図４・５）はともに凸字状の敷石をもつ張出部のみが検出された事例である。伊東市井戸川８号住（第66図６）は円形プランをもち、炉址周辺に敷石されたもので、張出部は認められない。このように事例そのものが少なく、この地域での様相は不明な点が多いが、加曽利Ｂ式段階までは確実に敷石は敷設されていたことがとらえられる。

(4) 中部山地

中部山地もまた、後期中葉以降、遺跡数の激減化がいちじるしいが、この地域では敷石をもつ事例が残存するという特徴が指摘できる。

山梨県域

山梨県域で管見に触れた後期中葉以降と思われる事例を発見した遺跡を列挙すると下記のとおりである。

　　北都留郡上野原町桐原中学校、南都留郡秋山村富岡、都留市中谷、尾咲原、北巨摩郡明野村清水端、高根町青木、石堂Ｂ、大泉村姥神、金生

山梨県域では９遺跡例をあげるにすぎない。前段階が27遺跡例であったことと比較すると急激な衰退化が指摘できるが、後期後葉以降の事例が注目される。

加曽利Ｂ式期の事例では、明野村清水端２号住（第66図７）が方形プランをもち、出入口部から張出部にかけて凸字状に近く敷石され、外壁部に周堤礫状の配石をもつもので、同様な事例は、周堤礫はもたないが、大泉村姥神６（第66図８）・７（第67図１）・８・９（第67図２）号住にも発見されている。堀之内Ⅱ式～加曽利ＢⅠ式期に相当する。こうした構造をもつ柄鏡形敷石住居址は前述したように、この時期、環礫方形配石遺構を含めて、神奈川西部を中心として関東山地寄りの山地域に分布に広がりを示す特徴を有しているのである。

山梨県域では、後期中葉以降、大規模な配石遺構や配石墓（石棺墓）を伴う集落址の存在が知られている。都留市尾崎原、高根町青木、石堂Ｂ、大泉村金生遺跡などがそれである。これら遺跡では後期中葉以降の住居址にも敷石の敷設が顕著に認められる特徴が指摘できる。金生遺跡を除きその詳細は報告されていないため、不明な点が多いが、清水天王山式土器を伴う尾崎原２号住は方形プランの外壁に周堤礫状の石積みをもつものである。青木遺跡の石棺墓群とともに検出された住居址群（第67図３）にも敷石の敷設が顕著である（第67図４・５）。石堂Ｂ遺跡も大規模な配石遺構群内に検出されている住居址に敷石の敷設が認められる（第67図６）。

詳細が報告されている金生遺跡は、帯状に連なる大規模な配石遺構・配石墓群に伴い、堀之内

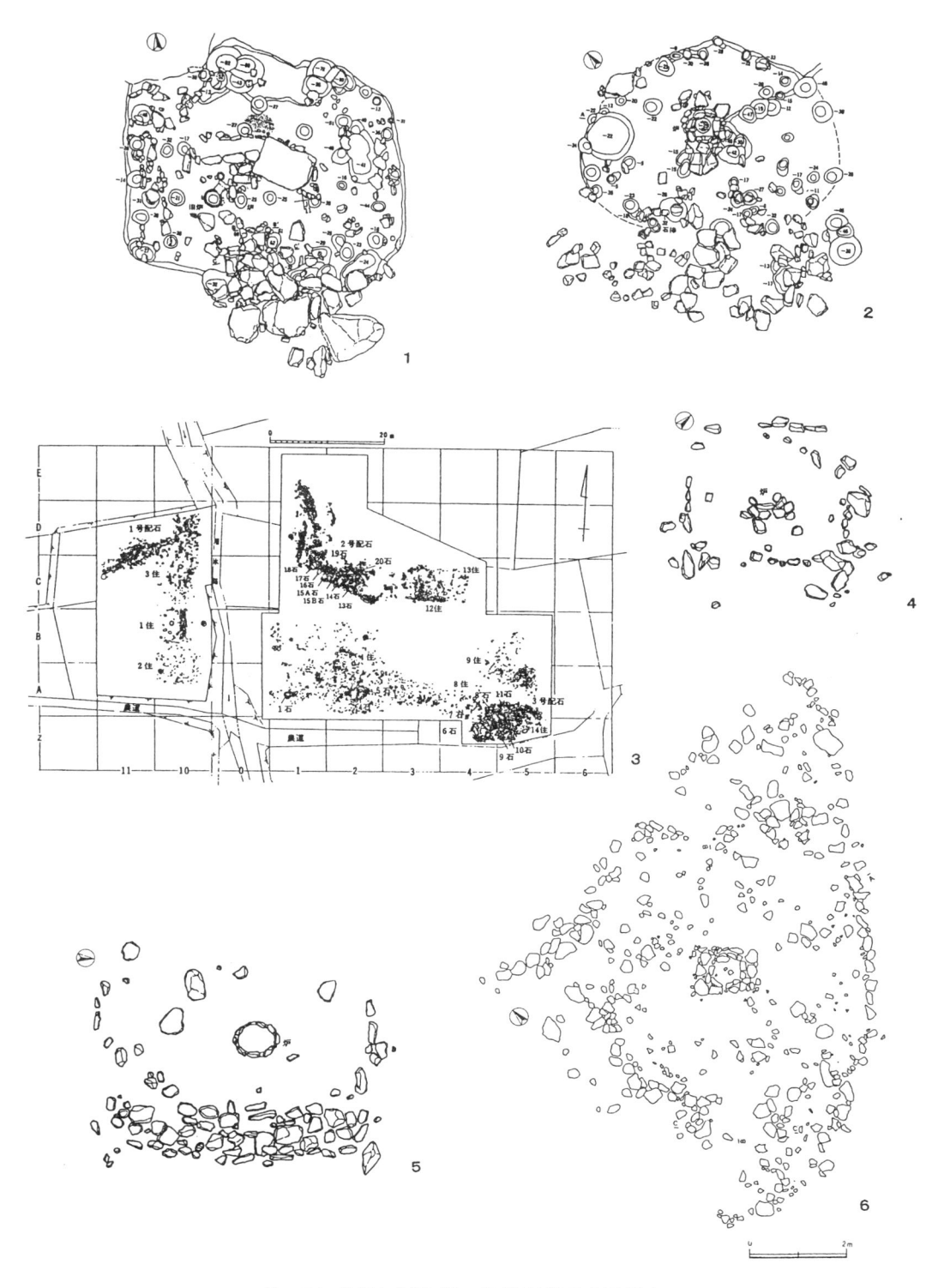

第4節　柄鏡形(敷石)住居の発展と終末の諸相　183

第67図　後期中葉期以降の柄鏡形(敷石)住居址(10)
1：姥神7号住，2：姥神9号住，3：青木遺跡全体図，4：青木8号住，5：青木1号住，6：石堂B3号住

式期〜晩期にかけての住居址群が検出された遺跡である（第68図1）が、7（第68図2）・11号住（第68図3）のように、石囲炉を中心にそれを取り巻くように、敷石というより配礫・石積みをもつ住居址が多数検出されている。中には、18号住（第68図4）のように、方形プランのコーナーから長柄形に敷石を施した張出部状施設をもつ事例も認められる。こうした特徴は次にあげる長野県域の遺跡例にも認められることから、中部山地域では晩期前半段階まで、敷石敷設の伝統が受け継がれたものと思われる。今後上記の遺跡の詳細が報告され、より詳しく、その内容が明らかにされることを期待しておきたい。

長野県域

長野県域で管見に触れた後期中葉以降と思われる事例を発見した遺跡を列挙すると下記のとおりである。

　　諏訪郡富士見町徳久利、茅野市上ノ段、諏訪市大安寺、岡谷市花上寺、北佐久郡軽井沢町南石堂、小諸市石神、上田市八千原、小県郡青木村中挾、埴科郡戸倉町円光房、上水内郡牟礼村明専寺、東筑摩郡明科町北村

　長野県域では11遺跡をあげることができる。後期前葉・堀之内式期が52遺跡であったことと比較して、やはり遺跡数は激減する。加曽利B式期の事例では、富士見町徳久利6号住、岡谷市花上寺82号住、軽井沢町南石堂1・2号住、小諸市石神J1・2・9・10・19号住、上田市八千原C-1・11・19号住、青木村中挾遺跡例、戸倉町円光房33号住、明科町北村SB555・577・594号住などの事例がある。いずれもプランの一部が検出された例を含めて、部分的にせよ、敷石が敷設されているのが特徴である。石神遺跡例は後期中葉から晩期にかけての集落址であるが、この時期、J1（第68図5）・J2（第68図6）・J10号住のように、プラン内に逆凹字状、対状の出入口施設が敷設された例が認められる。敷石は顕著ではない。北村SB555住（第68図7）は方形プランを有し、張出部に敷石が敷設された例であるが、石囲炉を囲むように炭化した板材が敷かれている特徴をもつ。柄鏡形敷石住居址の事例中には、主体部プラン内に意図的な敷石がなされていない事例も多く認められるが、これらの中には本例と同様に板材が敷かれていたものが存在していた可能性も考えられよう。八千原C-1号住（第69図1）は北村遺跡例と同様に張出部に敷石が認められる。奥壁にも縁石状の敷石をもつ事例である。これら事例には埋甕は認められていない。

　後期後葉から晩期の事例では、小諸市石神J15・27・28・29・32・34号住、牟礼村明専寺J1号住例がある。事例そのものは少ない。明専寺J1号住は礫群が集中する箇所に石囲炉が存在する事例で、確実に敷石が敷設されたものとは断定できない。石神遺跡の事例をみると、部分的にせよ、敷石もしくは配礫が認められる。J15号住（第69図2）は炉辺部に敷石を伴う事例である。

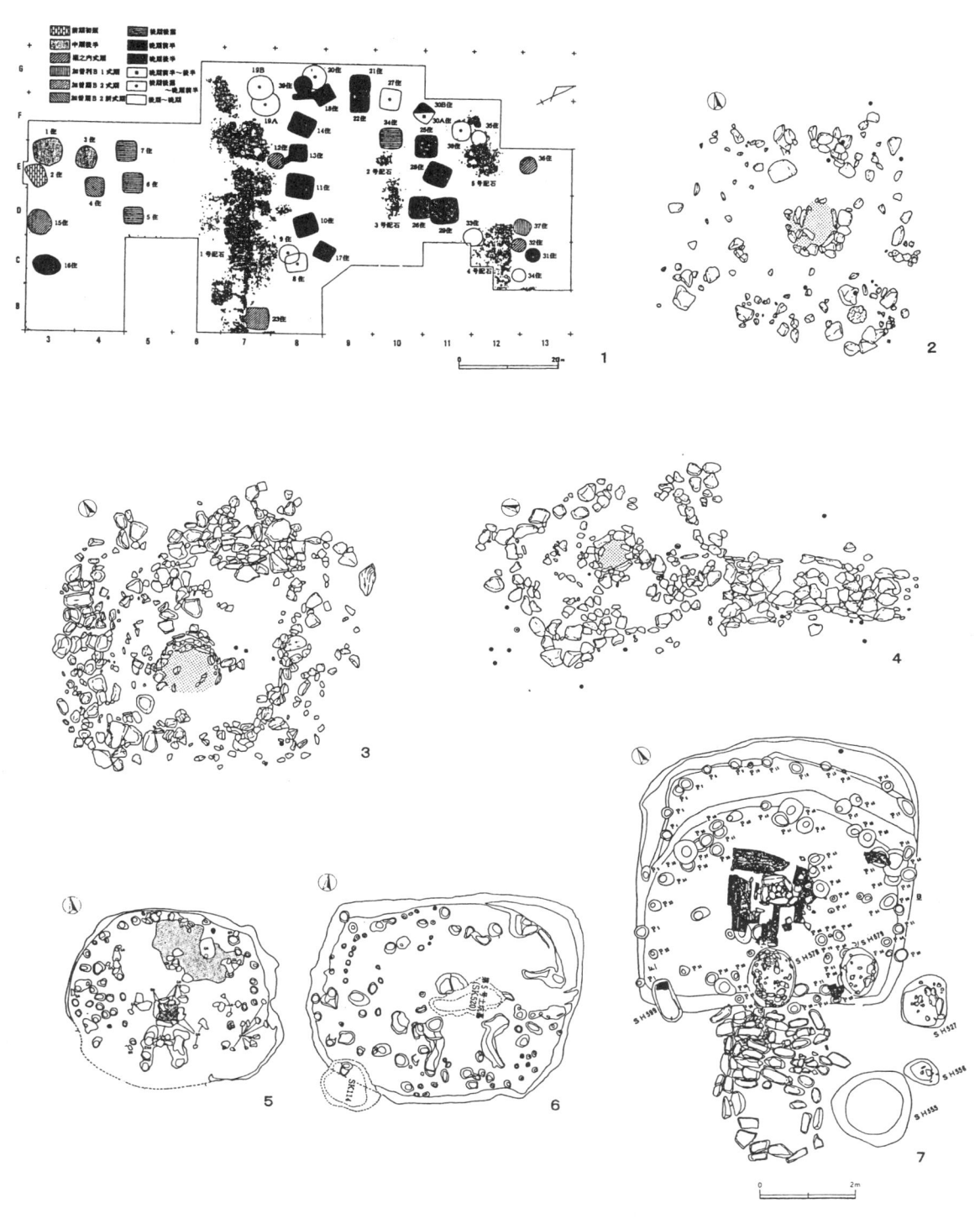

第4節　柄鏡形(敷石)住居の発展と終末の諸相　185

第68図　後期中葉期以降の柄鏡形(敷石)住居址(11)
1：金生遺跡全体図，2：金生7号住，3：金生11号住，4：金生18号住，5：石神J1号住，
6：石神J2号住，7：北村SB555住

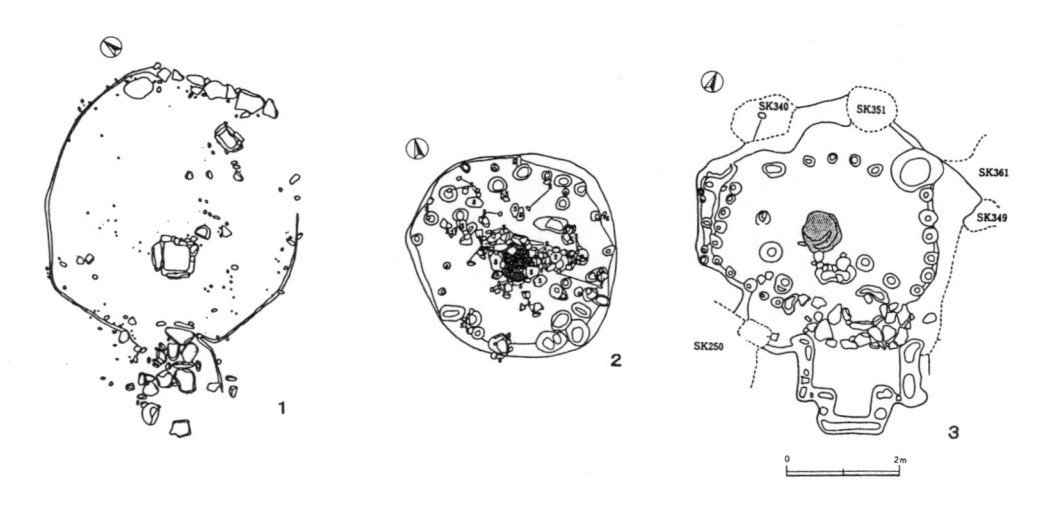

第69図　後期中葉期以降の柄鏡形（敷石）住居址(12)
1：八千原C-1号住，2：石神J15号住，3：石神J32号住

　J32号住（第69図3）は凹字状の張出部をもつもので、出入口部に敷石が認められる。
　このように、長野県域の事例では、先にあげた山梨県域の様相と同様に、事例そのものは少ないものの、後期後葉以降も敷石を敷設する伝統が受け継がれていたものらしい。

　以上、後期中葉以降の柄鏡形（敷石）住居址のありかたについて、南関東・北関東・伊豆半島・中部地方を中心に、便宜的ではあるが各都県別にみてみた。一部時期の不確定な事例も含んで検討してみたが、現段階97遺跡にその存在が確認された。前段階の堀之内式期の遺跡数が288遺跡であったのに比較すると、後期中葉以降という長い時間幅であるにもかかわらず、遺跡数が激減化したことがよくうかがえる。
　柄鏡形（敷石）住居址の地域的な様相、とくに敷石の敷設に認められる地域差はそのまま継承される。後期中葉・加曽利B式期は概ね前葉段階の様相と差がない。神奈川の山間部を中心として、その周辺域に、この時期特有の「環礫方形配石遺構」と周堤礫をもつ住居址が分布し、柄鏡形（敷石）住居址の変容した姿がとらえられる。
　屋内敷石敷設の伝統は、各南西関東の山地寄りの地域では、概ね加曽利B式期をもってその伝統が絶たれるに至るが、今みたように、山梨・長野県域の中部山地では、後期後葉から晩期前葉にかけても、山梨県大泉村金生遺跡のように一部に残存することがとらえられる。ただ、それは柄鏡形（敷石）住居址と呼ぶにはふさわしくない、構造や形態をもつものとなっている。
　一方、住居のプランは、方形化の傾向と、それまでの壁柱穴配置から壁柱穴に主柱穴を配するものが認められ、張出部もまた、後期前葉以降に出現した変形した構造が受け継がれ、張出部と呼ぶにはふさわしくない、出入口部を有する住居へと変質する。この構造は、この時期、東日本域全体に広がりを示すに至るがその点は次節で触れることとする。遺跡数の激減化とともに、集

落規模も小規模化する傾向もいちじるしい。長く繁栄し続けた、関東・中部域の縄文集落は、敷石風習の終焉とともに、晩期前葉段階をもってその形成の伝統を絶つに至るのである。

註
（１）　以下にあげる、各遺跡及び事例の参考文献は、巻末に掲載した「柄鏡形(敷石)住居址発見遺跡参考文献」を参照願いたい。
（２）　各都県域別にあげた事例中には、称名寺式を出土した柄鏡形(敷石)住居址事例を含むが、報告書が未刊で住居址番号・軒数等の詳細が不明な遺跡例や報告書・概報等で細かな時期比定がなされておらず、「後期初頭期」、「中期末・後期初頭期」、「称名寺～堀之内式期」などととされているもの、あるいは、加曽利ＥⅣ式とともに称名寺式土器が伴出した事例も含んでいる。したがって正確な事例軒数をあげることはできない。
（３）　各都県別にあげた事例中には、報告書等で単に後期とされているもので、細かな時期が比定されていない事例や報告書が未刊で住居址番号・軒数等の詳細が不明な遺跡例も含んでいる。なお、「称名寺～堀之内式期」とされている事例については称名寺式期に、「堀之内～加曽利Ｂ式」とされている事例については堀之内式期に含めている。また、堀之内式土器の細かな細分編年による対比は、いまのところ困難であるので、ここでは大まかに堀之内式期として一括して取り扱うこととする。
（４）　下北原遺跡14号住については、旧稿(山本 1987a)を含めて、これまで、報告書の時期比定にしたがって、後期中葉・加曽利ＢⅠ式期に位置づけてきたが、出土土器からみて、堀之内Ⅱ式期の新段階に相当するものと思われるので、訂正しておきたい。

第5節　外縁部の柄鏡形(敷石)住居の様相

　前節までにみたように、柄鏡形(敷石)住居址は、南西関東及び北関東・中部山地・伊豆半島に分布の中心を有している。とくに中部山地や北関東、南西関東でも山地寄りの地域では、床面に敷石を有する特徴が顕著であるのに対して、関東でも下末吉台地・武蔵野台地・大宮台地や東京湾東岸を中心とする千葉県域では、敷石をもたない、あるいは部分的な敷石を施す「柄鏡形住居」が優勢な分布的傾向を示している(山本 1980a)。

　これまで何度も主張してきたように、屋内に敷石を施すという風習は、中期後半段階に現れた住居奥壁部を中心に構築された「石柱・石壇」にその初源を求めることが可能と考えている(山本 1976a・94)が、その終焉は概ね、後期中葉・加曽利B式期に相当すると思われる(山本 1987a)。一方、柄鏡形(敷石)住居に特徴的な張出部もまた、中期後半段階に出入口部に設置された埋甕を中心とする小張出にその初源が求められるが、張出部そのものは時期が新しくなるにつれて変形を遂げ、敷石風習の終焉時期よりもさらに新しく晩期段階まで存続し、形態的には柄鏡形と呼ぶにはふさわしくない出入口施設として残存していったものと思われる(山本 1987a)。

　さて、ここで取扱う『外縁部』とした地域は、柄鏡形(敷石)住居址の発見事例が少ない東北・北陸・上越・東海以西ならびに東北南部域とのつながりの強い北関東東部の各地域をさしている。これらの地域では柄鏡形(敷石)住居の分布中心地帯とは異なり、敷石を有するものの典型的な柄鏡形態を呈さない住居址事例が多い。とくに中期末葉、東北地方から北陸・上越地域の大木式土器文化圏内における複式炉をもつ住居址内に敷石を有する事例は、以下でみるように柄鏡形態を示していない。

　そこで、ここでは、総称としての「柄鏡形(敷石)住居」という筆者が呼称する用語(山本 1982b他)は用いるものの、柄鏡形態を呈さない敷石を有する住居を含めて検討を試みることとする。また、時間軸としては、これら地域での屋内敷石風習が初源する中期末葉から後期前葉期を中心とし、後期中葉以降の敷石をもたない出入口施設を有する住居址事例についても視野に入れて検討することとしたい。

1．外縁部域の柄鏡形(敷石)住居をめぐるこれまでの研究

　柄鏡形(敷石)住居分布の外縁地域、とくに東北・北陸・上越地域での敷石をもつ住居址のこれまでの研究についてまず簡単に触れておこう。

　東北地方南部における柄鏡形(敷石)住居址について、はじめて総合的な分析を加えたのは森

貢喜である。1974(昭和49)年、森は福島大学考古学研究会研究紀要に発表した論文(森 1974b)ならびにその論文中の「縄文時代における敷石遺構について」を抜粋・補訂し、福島考古第15号に掲載した論文(森 1974a)において、その当時知られていた東北地域の「敷石遺構」[1]について考察を行った。森のこの論文は、単に東北地方南部の「敷石遺構」にとどまらず、全体の視野の上に立って論じられたものであるが、その当時知られていた外縁部の「敷石遺構」のありかたを知るうえで重要な論文となった。森は、「敷石と土器埋設石組複式炉が融合した該種遺構は、縄文時代中期末に福島中通りを中心として宮城、新潟、山形の各県において確認され、時間的にも空間的にも極めて限定された範囲に、その存在が知られている土器埋設石組複式炉という一地域性として理解され」、「しかも、当該地方においては時間的、構造的に最古のものとして把握される」こと、したがってこのことは「この時期においては、住居内に石を敷くということよりも土器埋設石組複式炉を設置するということの方が未だ意味が強かったと思われ、敷石は炉跡の周囲の限定された範囲に存在し、炉跡が住居の主体を占め、敷石はそれに付随的に存在していた」として、中期末葉の大木式土器文化圏内における住居内敷石敷設と、いわゆる複式炉が密接な関係を有していたとする考えを明らかにした。

　1975(昭和50)年には、福島県田村郡三春町堂平遺跡の報告書中の考察において、鈴木　啓によって、その当時知られていた福島県内で発見された「敷石遺構」が集成、紹介された(鈴木他 1975)。各遺跡の発見事例が検出状況の写真とともに解説されており、福島県域の事例を考えるうえで貴重な資料となった。

　また、1978(昭和53)年、日下部善巳は福島県伊達郡梁川町に所在する夏窪遺跡の報告書において、福島県内の複式炉を伴う住居址ならびに「敷石住居(遺構)」の発見遺跡例を集成し、その特性について論じ、福島県内の敷石を伴う住居址事例とその分布のありかたを明らかにした(日下部他 1978)。

　この東北南部、福島県域の複式炉をもつ住居址と敷石との関係について、さらに詳しく論じたのが鈴鹿良一である(鈴鹿 1986)。鈴鹿は、福島県域の複式炉をもつ住居址について、その時空的特性について検討を加え、さらに福島県内の「敷石住居跡」の特徴について触れている。とくに「敷石住居と複式炉の関連」について、中期終末期の「敷石住居が、関東・中部地方にその分布の中心があり、そのうちの関東地方の加曽利E式土器分布圏からの影響によって本県の敷石住居が成立していることはまず間違いないところであ」るが、「この時期は県内では複式炉という同じ石構遺構が住居形態の中で盛行した時期であ」り、「ここに同じ石構遺構同士が折衷形態をとって成立している」のであり、「後期の敷石住居に比べて在地性の強いものと言え」ること、「中期に比べ後期前葉になると、東北地方は堀之内式土器圏内に含められ、本県も例外ではな」く、後期前葉期には、「関東地方と全く同じ形態の敷石住居が構築されるようになる」ことから、「後期の方形石囲炉を持った敷石住居と、中期の複式炉を持った敷石住居とを系譜の上から区別する必要はないと言えるが、前述の土器分布圏の問題を考え合わせた時には、明らかに成立時の

背景が違い、間に検出例の空白時期は挟んではいるが、一線を画することができるものと」としている。この鈴鹿の論文によってあらためて大木式土器文化圏における住居内敷石風習の成立の独自性が強調されることとなったといえよう。

　1989（平成元）年4月、福島県田村郡三春町教育委員会は、三春ダム建設に伴い調査された西方前遺跡と柴原A遺跡から発見された配石遺構と柄鏡形敷石住居址をめぐって、「シンポジウム縄文の配石と集落―三春町西方前遺跡と柴原A遺跡の問題点―」を開催した（三春町教育委員会編 1989a）。筆者もパネラーの一人として参加し、東北南部域の敷石を有する住居址との関連から、関東地方を中心とした柄鏡形（敷石）住居のありかたについて発表を行った（山本 1989a）。このシンポジウムは、配石と敷石住居という密接な関連をもつ遺構について、とくに東北南部からの視点で、その問題点を抽出するという意義のあるものであった。シンポジウムでは、別に鈴鹿良一・押山雄三によって「福島県における縄文時代中期末葉から後期前葉の住居跡」が発表され、福島県域の敷石が敷設された住居址の事例集成化がなされた（鈴鹿・押山 1989）。シンポジウムの討議（三春町教育委員会 1989b）において、鈴鹿は「今まで私は敷石の発生というのは関東からの影響と考えていたんですが」、「どうも関東の敷石の発生した地域と、福島県あるいは宮城県の発生期の敷石のある部分との間に、空白の地帯があるのではないか」、「福島・宮城の部分敷石のものは炉を中心として広がっている。ですから、あるいは発生が2つの地域で別々に起こっている可能性があるのではという感想を持ちました。それから柄鏡、これは完全に関東の方からの影響で、福島には時期的にもちょっと遅れて来ているんじゃないかと、そのように思われました。」と述べて、複式炉に伴い出現した敷石をもつ住居は、大木式土器文化圏内で独自に成立をみた可能性について指摘している。

　こうした解釈に対して、筆者は「東北南半に敷石住居そのものが別系統で成立したという理解ではなく、敷石そのものと言いますか柄鏡形住居形態を受容しなかった理由、初期の段階で関東、中部と同列になかったということの意味を逆に考えてみる必要があるんじゃないか」、「大木の持っている文化の力の強さというか」、「敷石自生論を別系統論で述べるならば、やはり複式炉との関連で出てきているのではないか」、「只、同時に無縁の存在で、大木独自で敷石が発生したと考えるべきかどうかというのは、まだ結論が出しにくいんですけれども、敷石風習そのものの一部は大木文化圏に受容されていったんじゃないだろうか」と述べて、こうした東北南部での住居内敷石風習成立をめぐる系統性の問題については意見を留保せざるをえなかった。

　1990（平成2）年、押山雄三は、福島県内で検出された複式炉を伴う住居址事例を悉皆集成し、その時期的変化のありかたを明らかにさせた（押山 1990）。この論文により、複式炉をを伴う住居址と敷石敷設の関係がより具体的にとらえられることとなったといえよう。

　三春町柴原A遺跡で発見された「敷石住居跡」については、報告とは別に仲田茂司が考察を行っている（仲田 1992）。この柴原A遺跡例は、後期前葉期の柄鏡形を呈する敷石住居址であり、張出部が凸字形に大きく発達するもので、関東域でのありかたと共通性を示しているが、仲田は、

これを「円方連結型敷石住居跡」と呼んで、「主体部とは独立した機能をもつ施設」としてとらえ、「出入口としての機能の可能性よりも、むしろ葬送や再生儀礼に関わる施設としての機能が強調されるべきであろう」とした。

　このように、外縁地域では、その初源期にあたる中期末葉期には柄鏡形態を呈さないことから、その独自性が強調されてきたが、最近、佐藤雅一は新潟県中魚沼郡津南町堂平遺跡から発見された「第1号住居跡」が柄鏡形の住居址であった可能性を指摘している（佐藤　1997）。この住居址の炉址は、「南東北地域で数多く発見されている複式炉に比較すれば、その平面構造が近似し」、「広義の複式炉の範疇で取り扱う」ことのできるものであり、その時期は「大木8b式新段階」に相当するという。佐藤によれば、そうした類例は、堂平遺跡に隣接する津南町沖ノ原遺跡1・2号住居址（大木9式段階）にも認められるとのことであるが、柄鏡形（敷石）住居の分布中心域での典型的な柄鏡形態の成立は、加曽利EⅢ式後半段階に求められることから、やや時期的に古く、単純に柄鏡形態の外縁部への波及・受容とするには問題があるものと思われる。なお、これと関連して、阿部昭典も、新潟県内を中心として分布する「卵形住居跡」を分析する中で、「卵形住居跡は中期末葉になると、入口部の小柱穴が複雑な構造を呈し、顕在化する。これは、中期末葉に出現する、いわゆる、柄鏡形住居跡の範疇で捉えられるもの」として、「関東・信州地方の卵形住居跡」の類例を呈示したうえで、「基本的住居構造からも、柄鏡形住居跡が卵形住居跡の系統上にある可能性が想定され」るが、「中期末葉は汎東日本的に住居跡形態が大きく変化する時期であり、一系統的に一つの住居跡形態から柄鏡形住居跡の派生を、単純に解釈することはできないことは言うまでもなく、中期の住居跡形態の総体の中で、柄鏡形住居跡の派生が検討されるべきである」としている（阿部　1998）。「卵形住居跡」が「柄鏡形住居跡の構造や初源的形態と関連することが想定され」るという解釈には柄鏡形住居の分布中心地域でのありかたをみると納得しがたい点があるが、少なくとも佐藤が指摘した堂平遺跡1号住例などは、そうした「卵形住居跡」との関わり合いの中で検討されるべきものと思われる。

　複式炉を有する住居址中に敷石が敷設された事例に注目が集まる中、能登谷宣康は「中期末葉の竪穴住居跡にみられる特殊施設」について考察した中で、「奥壁部に配石遺構（石壇）をもつ竪穴住居跡」について、福島県相馬郡飯舘村上ノ台D遺跡4号住例をあげて、屋内祭祀とのかかわりについて論じている（能登谷　1996）。こうした住居内の一画に部分的な敷石をもつ事例は外縁地域では、いまだ事例そのものは少ないものの、関東・中部における「石柱・石壇をもつ住居址」（山本　1994）との関連が注意される。

　また、井　憲治も、福島県相馬郡飯舘村真野ダム関連遺跡での成果にもとづいて、中期末葉の集落のありかたについて複式炉の変遷や集落構成を分析した中で、敷石をもつ住居址のありかたについて触れている（井　1996）。この真野ダム関連遺跡からは大木10式期に相当する複式炉を有する住居址に敷石を敷設した事例が比較的多く検出されており、井は集落内に事例が限られることから「特別の住居跡ではなく、むしろ特別な人物が営んだ住居跡」、「保存食の管理者・及び指

導者や司祭者的な人物」が住んだ住居の可能性を想定している。このほか、真野ダム関連遺跡群から発見された「敷石住居跡」については、佐藤　啓が「集落研究」との関連から触れている（佐藤 1998）。

　北関東では、柄鏡形(敷石)住居址は群馬県域に集中的に検出され、しかもそのほとんどは敷石をもつ柄鏡形敷石住居址例であるのに対し、茨城県や栃木県では事例が少ない。これは栃木・茨城北半といった地域が東北南部と強い関わり合いを有していたことと関連するものと思われるが、海老原郁雄は「栃木・茨城の北半を接圏と略称」し、その「接圏の敷石住居」について栃木県域の事例を中心に検討を行っている（海老原 1997）。栃木県域の柄鏡形(敷石)住居は敷石をもち、柄鏡形を呈するものが多く、分布の中心域と対比しても大きな違いはない。これは、海老原が指摘しているように「大木10式は、古手の段階まで遺存するものの加曽利EⅣ式の急速な進出によって後退し、接圏は関東圏に取り込まれる」ことと無関係ではないと思われる。

　東北南部の住居内敷石敷設は複式炉と深い関わりを示していることがこれまで指摘されてきたが、新潟県域でも、近年、岩船郡朝日村奥三面ダム関連遺跡群アチヤ平遺跡から多くの柄鏡形敷石住居址が発見され注目を集めた。この遺跡の「敷石住居跡」について富樫秀之がその特徴について触れている（富樫 1999）。アチヤ平遺跡の「敷石住居跡」は、「大木10式期から南三十稲場式期までみられ」、大木10式期のそれは、複式炉をもつ住居址に敷石が敷設されたもので東北南部でのありかたに共通性を示しているが、中期末から後期前葉へと続く集落での敷石をもつ住居の変遷のありかたを知るうえで重要な遺跡といえよう。

　以上、外縁地域での柄鏡形(敷石)住居をめぐるこれまでの研究について触れてみた。発見事例数が少ないことから、研究はこれまであまり活発になされてきたとはいえない。複式炉をめぐる研究の蓄積と比較してもそれは一目瞭然である。しかも、外縁地域での柄鏡形(敷石)住居が、はたしてどのような出自・系統のもと成立をみたのか、分布主体地域での柄鏡形(敷石)住居と同列に扱ってよいものなのかどうか、そうした点は明確な答えが出せないまま今日まで至っているのである。そうした研究の現状を踏まえたうえで、次に時空別にそうした外縁部の柄鏡形(敷石)住居の諸相について検討を加えることとしたい。

2．外縁部の柄鏡形(敷石)住居の諸相

　以下、空間的には、北関東東部、東北南部、東北北部、北陸・上越、東海以西の地域区分にしたがって、中期終末から後期初頭段階、後期前葉段階、後期中葉以降の3段階の時間軸に分けて各地の特徴をみることとする。

北関東東部域
　北関東東部、栃木・茨城県域で管見に触れた柄鏡形(敷石)住居址発見遺跡は下記のとおりであ

栃木県 阿蘇郡田沼町町屋、宇都宮市御城田、竹下、湯南荘付近、大田原市平林真子、塩谷郡阿久村石末、氏家町堂ッ原・勝山城、下都賀郡藤岡町後藤、小山市乙女不動原北浦、寺野東、河内郡上河内村古宿、那須郡西那須野町井口、槻沢、芳賀郡茂木町河原台

茨城県 竜ヶ崎市仲根台B、廻地A、那珂湊市柳沢太田房、高萩市小場、猿島郡五霞村石畑、冬木A、鹿島郡鹿島町沼尾原、岩井市高崎貝塚、日立市大近平

　栃木県域におけるこれまで発見された柄鏡形（敷石）住居址のありかたについては、前述したように、海老原郁雄の研究に詳しい（海老原 1997）。氏の研究を参考として、柄鏡形（敷石）住居址事例の時期別の特徴をみてみよう。

　中期末・後期初頭段階では、町屋3～6号住、御城田68号住、真子W1・2号住、寺野東Ⅳ区539号住、古宿2・34・133号住、井口、河原台、槻沢12・23・31・52・62号住などをあげることができる。このうち確実に加曽利EⅣ式期に相当する事例では、河原台遺跡例がある（第70図1）。遺存状態はあまり良くないが、敷石がほぼ全面に認められる柄鏡形敷石住居址であり、埋甕はないものの、接続部に石囲施設が認められる。この石囲施設は、最近、群馬県の事例から鈴木徳雄により埋甕との関連が指摘されている（鈴木 1994）が、この接続部にみられる石囲施設を除けば、典型的な柄鏡形敷石住居とみなせよう。一方、槻沢遺跡では、12号住（第70図2）は埋甕はないものの、対ピットを伴う小張出をもつ住居址で、埋甕炉の周辺に石囲風の敷石が施されている。時期は大木9式の新段階に相当する。南関東域の小張出をもつ住居址に類似しており、その影響下に出現した可能性も考えられよう。槻沢遺跡の敷石をもつ住居址は、いずれも部分的な敷石をもつもので、12号住の小張出を除けば張出部は有していない。また、本遺跡は大木式系土器の影響が濃厚であるが、たとえば、23A号住（第70図3）のように複式炉の石敷き埋設土器部に接して小規模な敷石を有した例が注意される。加曽利EⅣ古式段階の土器と大木10式古段階[2]の土器が伴出している。海老原によれば、栃木県域の複式炉を有する住居址は、今のところ「那須・塩谷郡地内に限られている」（海老原 1998）とのことであり、今後こうした地域に東北南部と同様な複式炉に伴う敷石敷設住居址の発見事例が増加すると思われる。

　一方、古宿133号住（第70図4）は張出部は明瞭ではないが、南壁際に埋甕を有する全面敷石された住居址で、埋甕は主体部中央に向けて斜傾して埋設されており、柄鏡形（敷石）住居址の埋甕のありかた（山本 1996c・97）と共通性を示す。

　後期初頭・称名寺式段階に属する事例をみると、町屋遺跡からは、詳細な報告がなされてはいないが、柄鏡形敷石住居址が4軒検出されている。残存状態は不良なため、部分的な検出にとどまるが、明瞭な張出部を有しており、南西関東域の事例に共通する。御城田68号住（第70図5）も、時期的には中期終末～堀之内式期と細かな時期は特定されていないが、接続部に部分的な敷石を

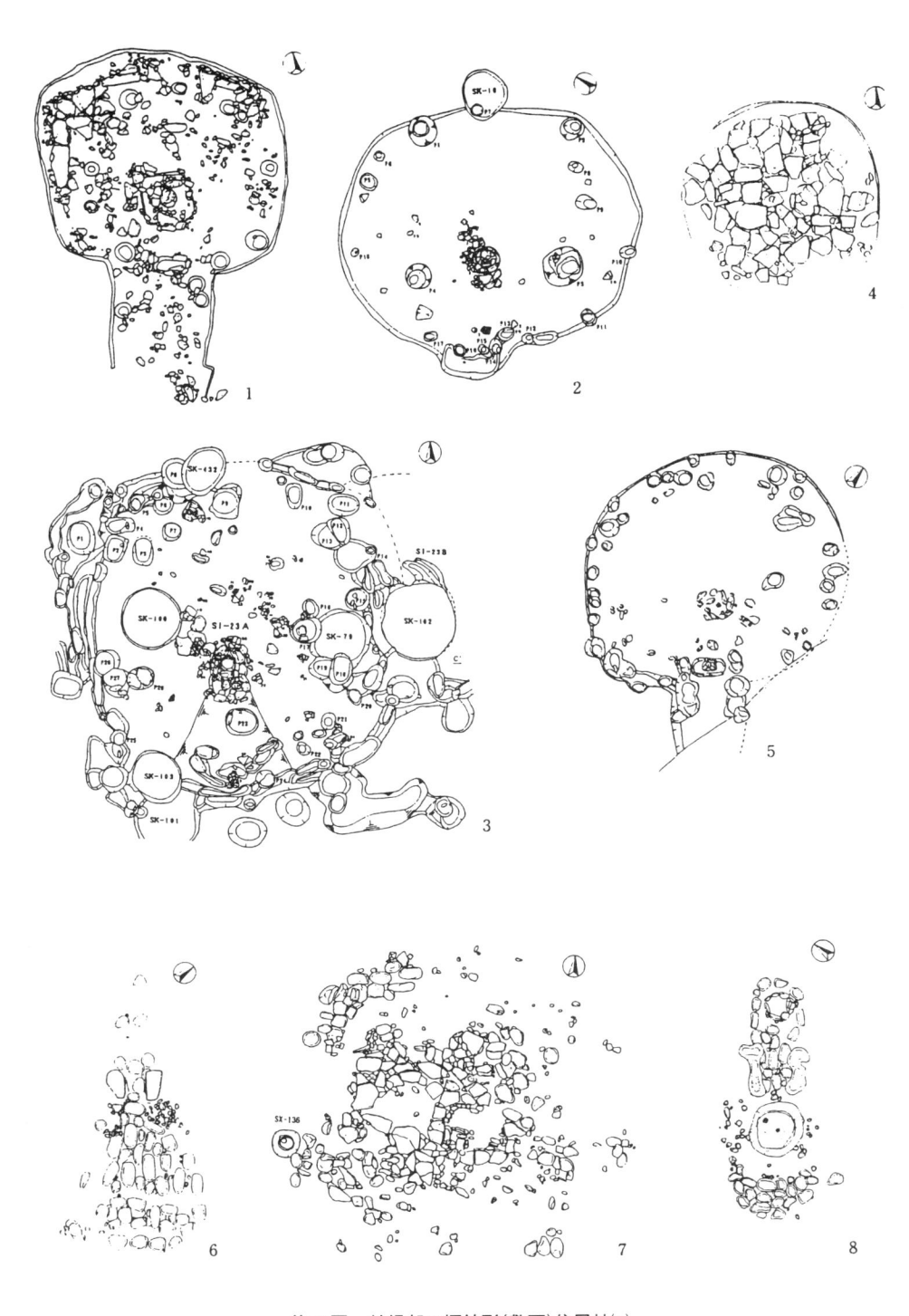

第 5 節　外縁部の柄鏡形(敷石)住居の様相　195

第70図　外縁部の柄鏡形(敷石)住居址(1)
1：河原台3号住，2：槻沢12号住，3：槻沢23A号住，4：古宿133号住，5：御城田68号住，
6：勝山城7号住，7：古宿38号住，8：勝山城3号住　　　縮尺：1/120

もつ柄鏡形敷石住居址で共通性を示す。このほか、平林真子W1・W2号住、寺野東Ⅳ区539号住、古宿2・34号住、井口、槻沢38号住例なども後期初頭段階と思われるが、いずれも敷石を有し、南西関東域のありかたを逸脱するものではない。

　後期前葉・堀之内式期の事例としては、湯南荘付近、石末、後藤、勝山城7号住、古宿38号住、槻沢37号住例などがある。このうち、後藤遺跡例は敷石をもたない、出入口施設を有する住居址である。勝山城7号住（第70図6）は敷石をもつ張出部のみの事例であり、南西関東と同様に張出部が発達したありかたを示している。古宿38号住（第70図7）は、ほぼ全面に敷石をもつ隅円方形プランを呈するもので、張出部と思われる敷石面が認められる。綱取Ⅱ式系土器が主体を占めている。

　後期中葉・加曽利B式期では、竹下、勝山城3・2号住がある。竹下遺跡からは加曽利B式期の住居址が13軒検出されており、敷石はもたないが、対状、コの字状を呈する出入口施設をもつ住居址が検出されている。勝山城3号住（第70図8）は炉址から張出部にかけて検出された事例であるが、石囲炉から張出部にかけて直線的に敷石され、張出部が発達するもので、張出部下にフラスコ状の土坑が伴う。海老原が「"逆"柄鏡形敷石住居」と「仮称」している（海老原 1997）が、南西関東域の当該時期にみられる柄鏡形敷石住居址事例中のいわゆる「環礫方形配石遺構」や「周堤礫を有する柄鏡形敷石住居」のありかたときわめて共通性を示す事例である（山本 1985b・98）。

　後期後葉・安行式段階に入ると、敷石をもつ住居址事例は認められなくなる。後期後葉から晩期前葉段階の集落址として知られる乙女不動原北浦遺跡からは、出入口施設を有する住居址が数多く検出されているが、この傾向も南関東地域でのありかたと同様である。

　このように、栃木県域のありかたは、とくに中期末から後期前葉にかけて東北南部の土器文化圏の影響力は強いものの、総じて、柄鏡形（敷石）住居分布の中心地帯とあまり大きな差異は認められず、ほぼ同様な時期的変化を辿っているものと考えられる。ただ、その初源段階では、槻沢23A号住例のように複式炉に伴う部分的な敷石をもつ事例も認められることから、一部において東北南部との共通性を示しており、敷石の系統差もうかがえるのである。

　次に茨城県域の様相についてみてみよう。周知のように、柄鏡形（敷石）住居は、その成立期にあたる中期終末段階には、南関東でも東京湾東岸域の千葉県域への進出は弱く、後期初頭から前葉段階にその進出が本格化する傾向がとらえられる。しかも、石材の乏しさも反映して、敷石をもつ事例は稀である。

　この傾向は茨城県域においても同様であり、中期終末段階の事例はほとんど知られていない。わずかに大近平1号住（第71図1）が張出部をもつ柄鏡形住居址として認識されているが、分布中心圏から離れているにもかかわらず、その所属時期は加曽利EⅢ式期に相当し古いことや、張出部も典型的ではないことから、柄鏡形住居址として認識できるかは疑問である。また、後期初頭段階の事例もいまだ未発見であり、後期前葉・堀之内式期に入って、ようやく確実な事例が知ら

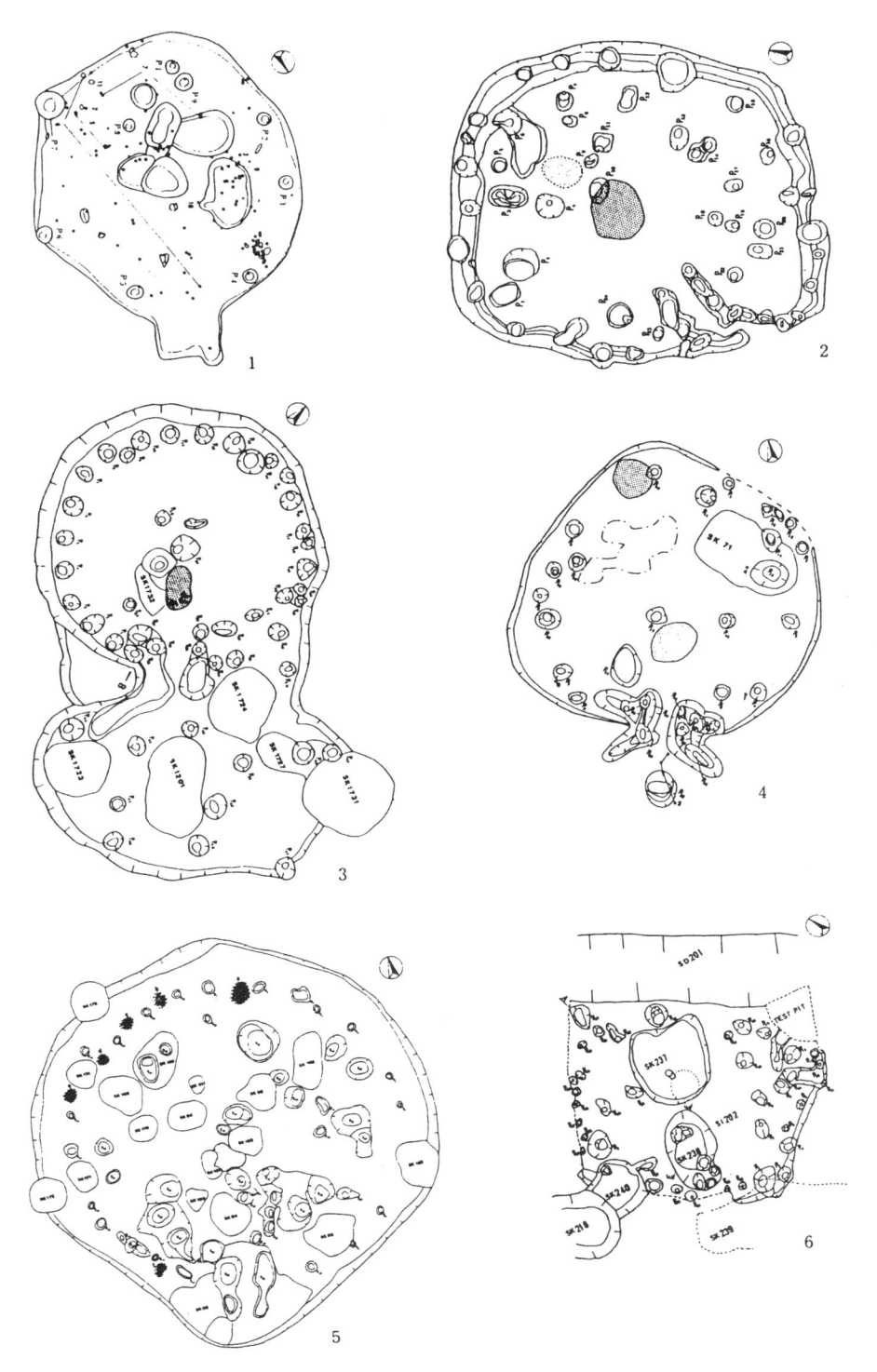

第 5 節　外縁部の柄鏡形(敷石)住居の様相　197

第71図　外縁部の柄鏡形(敷石)住居址(2)
1：大近平1号住，2：冬木A21号住，3：廻地A106号住，4：高崎貝塚23号住，5：小場25号住，
6：沼尾原202号住　　縮尺：1/120

れるようになる。この時期では、仲根台Ｂ２・７・16号住、小場15・18号住、冬木Ａ貝塚21・22（？）号住、廻地Ａ４Ｂ・106号住、高崎貝塚15・19(？)・23号住などの事例をあげることができる。いずれも南西関東域の柄鏡形住居址の典型例と比較すると不整形なものが多いが、とくに対状の小ピットを有する溝状施設をもつものが多い。冬木Ａ21号住（第71図２）、廻地Ａ４Ｂ号住、高崎貝塚19号住のように壁外に張出さない事例や、仲根台Ｂ16号住、冬木Ａ貝塚22号住、廻地Ａ106号住（第71図３）、高崎貝塚23号住（第71図４）のように張出す事例がある。このうち、廻地Ａ４Ｂ・106・高崎貝塚23号住は、いわゆる「ヒゲ」状を呈する構造をもつ。この後期前葉の張出部及び出入口形態は、概ね南西関東域や千葉県域の敷石を持たない柄鏡形住居址と共通性を示しており、その地理的位置関係から、千葉県域からの波及の可能性が強いものと思われる。

　この出入口構造は後期中葉期以降に受け継がれる。後期中葉・加曽利Ｂ式期では、小場10・16・21号住、沼尾原202号住、後期後葉・安行式期では、柳沢太田房第Ⅱ地点、小場９・25号住（第71図５）、石畑Ⅱ－１・２号住、洞坂畑Ｂ１－１号住などの事例をあげることができよう。このうち、小場遺跡の各事例は、小張出ないしそれに付随する対をなす溝状施設をもち、後期前葉段階からの共通性が指摘できる。その他の事例は、沼尾原202号住（第71図６）、柳沢太田房第Ⅱ地点（第72図１）、石畑Ⅱ－１・２号住（第72図２）、洞坂畑Ｂ１－１号住例のように、いわゆる出入口施設を有する住居址であり、各地の後期中葉以降の出入口施設を有する住居址との共通性が強い。したがって茨城県域でのありかたは、南関東域での敷石をもたない柄鏡形住居とその発展した形態である出入口施設を有する住居址と共通性を示し、とくに際だった地域性は示していないことが指摘できよう。

　このことから北関東の東部地域では、一部に大木式土器文化圏の影響力はうかがえるものの、南関東地域からの波及の結果、こうした住居が構築されたものとしてとらえることが可能と思われる。

東北南部

　東北南部、福島・宮城・山形県域で管見に触れた柄鏡形（敷石）住居址発見遺跡は次のとおりである。

　福島県　耶麻郡西会津町芝草原、上小島Ａ、上小島Ｃ、相馬郡飯舘村羽白Ｄ、宮内Ａ、上ノ台Ａ、上ノ台Ｃ、上ノ台Ｄ、日向、日向南、福島市宮畑、月崎、田村郡船引町高森、前田、田村郡三春町越田和、柴原Ａ、西方前、堂平、伊達郡国見町岩淵、伊達郡川俣町　庚申森、小島上台、伊達郡梁川町夏窪、石川郡石川町長郷田、大沼郡三島町佐渡畑、入間方、大沼郡会津高田町道上、東白河郡鮫川村壇ノ岡、相馬郡鹿島町上栃窪、八幡林、喜多方市五百苅、東白川郡古殿町三株山麓、河沼郡柳津町下中沢、阿寺、いわき市作、郡山市河内四十四、割田Ｂ、荒小路、仁井町、倉屋敷

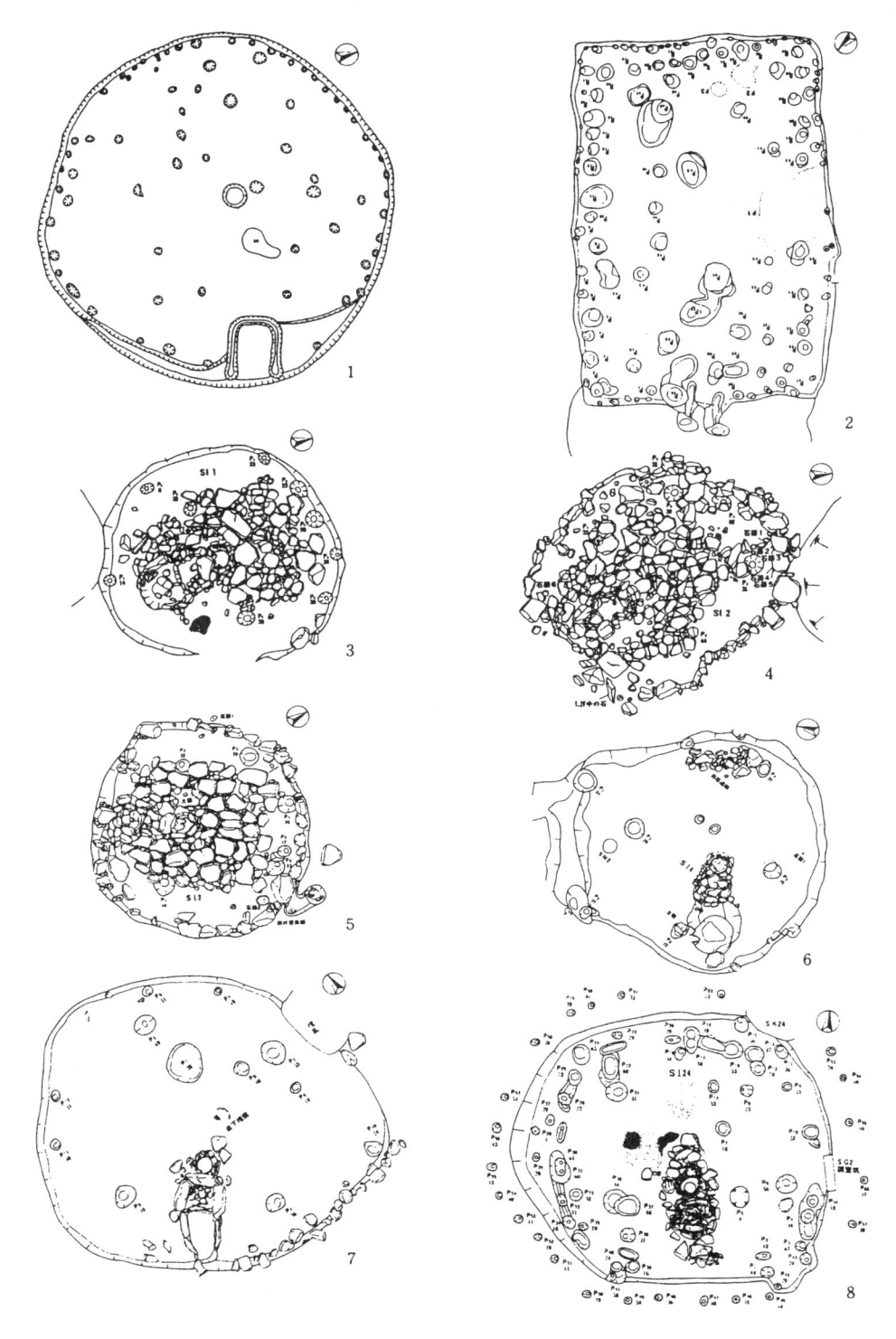

第5節　外縁部の柄鏡形(敷石)住居の様相　199

第72図　外縁部の柄鏡形(敷石)住居址(3)
1：柳沢太田房貝塚，2：石畑1号住，3：宮内A1号住，4：宮内A2号住，5：上ノ台D2号住，
6：上ノ台　D4号住，7：上ノ台A14号住，8：上ノ台A243号住　　　縮尺：2は1/160、その他は1/120

宮城県　白石市菅生田、荒井、仙台市下ノ内、観音堂、山田上ノ台、苅田郡蔵王町二屋敷
山形県　西置賜郡小国町千野

　福島県域の敷石を伴う住居址事例については、前述したように、これまで、森　貢喜(1974a・b)、日下部(1978)、鈴鹿良一(1986)、鈴鹿良一・押山雄三(1989)による集成とその研究や三春町堂平遺跡の報告書中の鈴木　啓による集成(鈴木他　1975)などがなされてきたが、最近さらに事例が増加しつつある。これらこれまでの研究成果とその後の事例増加を踏まえて、その時期的変遷のありかたをみてみよう。
　福島県域で敷石を伴う住居址が出現するのは、中期終末段階・大木9新～10式期に相当する。この時期に属すると考えられる確実な事例としては、宮内A1・2号住、上ノ台A14・24・52号住、上ノ台D2・4号住、日向5号土坑上面配石、11号住、日向南27号住、宮畑、月崎5号住、前田、西方前6号住、庚申森、長郷田B、壇ノ岡、上栃窪、八幡林、割田B6・8号住、仁井町1・6号住などをあげることができよう。
　このうち、宮内A、上ノ台A・D、日向、日向南の各遺跡は相馬郡飯舘村大倉に所在する真野ダム建設に伴い調査された「上ノ台地区遺跡群」に相当し、互いに近接した位置にあることが注目される。宮内A1・2号住(第72図3・4)は複式炉を中心としてほぼ全面に敷石をもつ事例である。敷石は土器埋設石組複式炉を取り巻くように敷設されている。埋設土器から判断して1号住は大木10古段階、2号住はそれよりも新しく新段階に位置づけられる。上ノ台D2号住(第72図5)も同様な事例である。4号住(第72図6)は複式炉と反対側の壁際に集石状の施設をもつもので、能登谷宣康により「配石(石壇)」とされたものである(能登谷　1996)。大木10式古段階に相当する。一方、上ノ台A14・24号住(第72図7・8)は石組複式炉に付随するように部分的な敷石が施された事例であり、52号住(第73図1)も複式炉ではないが、土器埋設炉に接して部分的な敷石をもち、共通性を有している。大木10式古～新段階の住居址である。日向南27号住(第73図2)、日向「5号土坑上面配石」(第73図3)、11号住(第73図4)は炉址埋設土器の周囲に上ノ台A遺跡例よりも広い範囲に敷石が施されている。大木10式新段階ないしそれに近い時期と思われる。このことから、「上ノ台地区遺跡群」にあっては、大木10式期に複式炉ないし土器埋設炉に付随するように敷石が施された住居址が現れたこと、しかも、その敷石のありかたは全面に及ぶ例もあれば部分的にとどまるものも認められるというバリエーションがうかがえるのである。また、上ノ台A遺跡では、24号住例のように小張出状の施設が付属しており、他にも敷石はないが、複式炉をもつ39・41・46号住などにも小張出が認められる。ただ、南西関東域の典型的な柄鏡形(敷石)住居と比較すると共通性は低く、しかも事例も少ないことからみて、大木10式段階に柄鏡形形態が波及したものとはいえないようである。
　その他の事例では、プラン全面ないしそれに近い敷石をもつ例としては、西方前6号住(第73図5)、上栃窪(第73図6)、前田、月崎5号住(第73図7)が、複式炉ないし炉址に付随して敷石

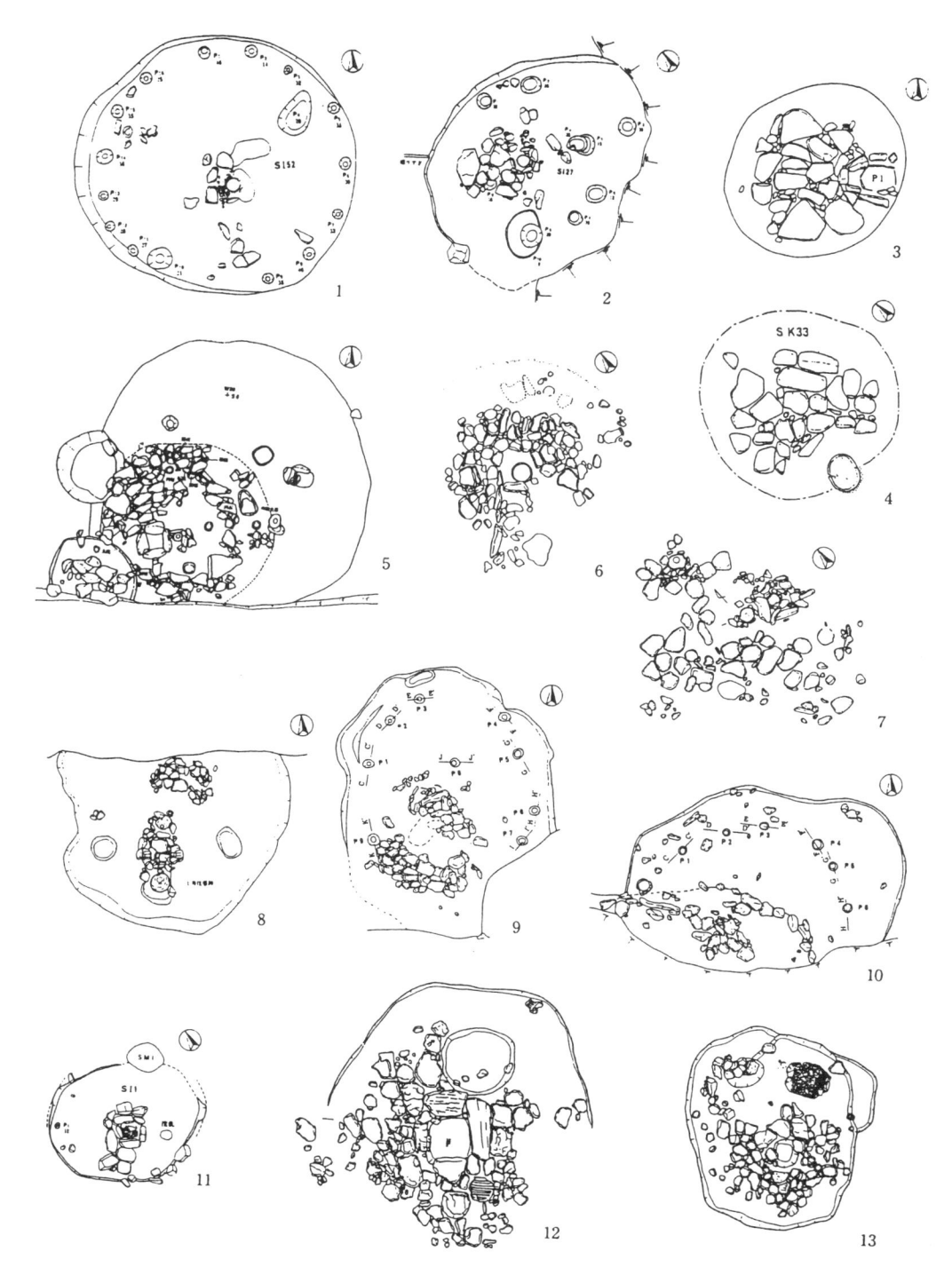

第5節　外縁部の柄鏡形(敷石)住居の様相　201

第73図　外縁部の柄鏡形(敷石)住居址(4)
1：上ノ台A52号住，2：日向南27号住，3：日向「5号土坑上面配石」，4：日向11号住，5：西方前6号住，6：上栃窪2号住，7：月崎5号住，8：仁井町13号住，9：割田B6号住，10：割田B8号住，11：上ノ台D1号住，12：倉屋敷15号住，13：倉屋敷21号住　　縮尺：3・4は1/60、6・7・11は1/100、その他は1/120

をもつ例では、庚申森、長郷田遺跡例がある。また、仁井町１号住（第73図８）、割田Ｂ６・８号住（第73図９・10）例は住居プランの一角に敷石というか配石状の施設をもつもので先にあげた上ノ台Ｄ４号住と類似している。仁井町１号住は大木９式期とされ、複式炉を伴う住居に敷石が敷設された初期の事例として注目される。また、６号住も周壁に小礫が巡るように配置された例である。

　このように、これまでのところ福島県域においては、複式炉が隆盛した中期終末段階には確実に住居内敷石風習が出現したことが明らかであるが、その出現時期は、仁井町１号住のように大木９式期とされたものや、西方前６号住や割田Ｂ８・６号住のように、いわゆるアルファベット文をもつ大木10式古段階に遡るようである。問題は、その起源を柄鏡形（敷石）住居の分布中心地帯からの敷石風習の波及・定着としてとらえるべきなのかどうかという点である。複式炉を中心として敷石が施された事例が多いことや典型的な柄鏡形態が欠如していることからみて、この地域に独自に出現した可能性が強いことがうかがえよう。しかし、複式炉周辺への部分的な敷石から徐々に敷石範囲が広がり、全面ないしそれに近い敷石へと変化するとは単純に割り切れないことは、ここにあげた事例の時期別検討からも指摘できる。宮内Ａ１号住や西方前６号住例のように、大木10式古段階にほぼ全面に敷石をもつ事例が存在しているからである。この点については、以下の各地でのありかたを検討したうえで、その考えを明らかにしたい。

　次に、後期初頭〜前葉、綱取Ⅰ・Ⅱ式段階に相当する確実な事例としては、芝草原１・３号住、上小島Ａ１・２号住、上小島Ｃ２・５・６・14・19号住、上ノ台Ｃ１号住、上ノ台Ｄ１号住、高森、越田和１〜６・19号住、柴原Ａ１〜８号住、西方前１・２・３・20号住、堂平Ａ１・２、Ｂ３号住、佐渡畑１・２号住、割田Ｂ４号住、倉屋敷15・21・24・30号住、宮畑遺跡例などがあげることができる。この他にも夏窪、下中沢、三株山麓、五百苅、入間方遺跡から発見された敷石住居址も詳細は不明だが、この時期に相当する可能性が強い[3]。

　後期初頭・称名寺式併行、綱取Ⅰ式期では、上小島Ｃ２号住、上ノ台Ｄ１号住、越田和２・５・19号住、割田Ｂ４号住、倉屋敷15・21・24・30号住などが相当する。この時期に入ると、複式炉は終焉を迎え、石囲炉へと変化するが、上ノ台Ｄ１号住（第73図11）、倉屋敷15・21・24・30号住（第73図12・13、第74図１・２）のように、前段階にみられたような炉址周辺に敷石を比較的広範囲にもつ事例のほかに、越田和２・５号住（第74図３・４）のように柄鏡形敷石住居形態が確実に存在するようになるのが大きな特徴である。また、上小島Ｃ２号住（第74図５）は、第１号住とされた敷石を底面にもつ大型石組複式炉の北側に接して検出されたもので、埋設土器をもつ石囲炉を中心に敷石し、さらにほぼ円形に縁石を巡らせた事例である。報告では石組複式炉を伴う住居址（１号住）を大木10式期、２号住が後期初頭と時期差があるものとして区別されているが、検出状態の写真図版をみると、石組複式炉とされたものは、東北南部に典型な構造からみると異質であり、その位置関係からみて柄鏡形敷石住居の張出部の可能性も考えられる。出土土器はその地理的位置を反映して、十三稲場式新段階の色彩が強いものである。

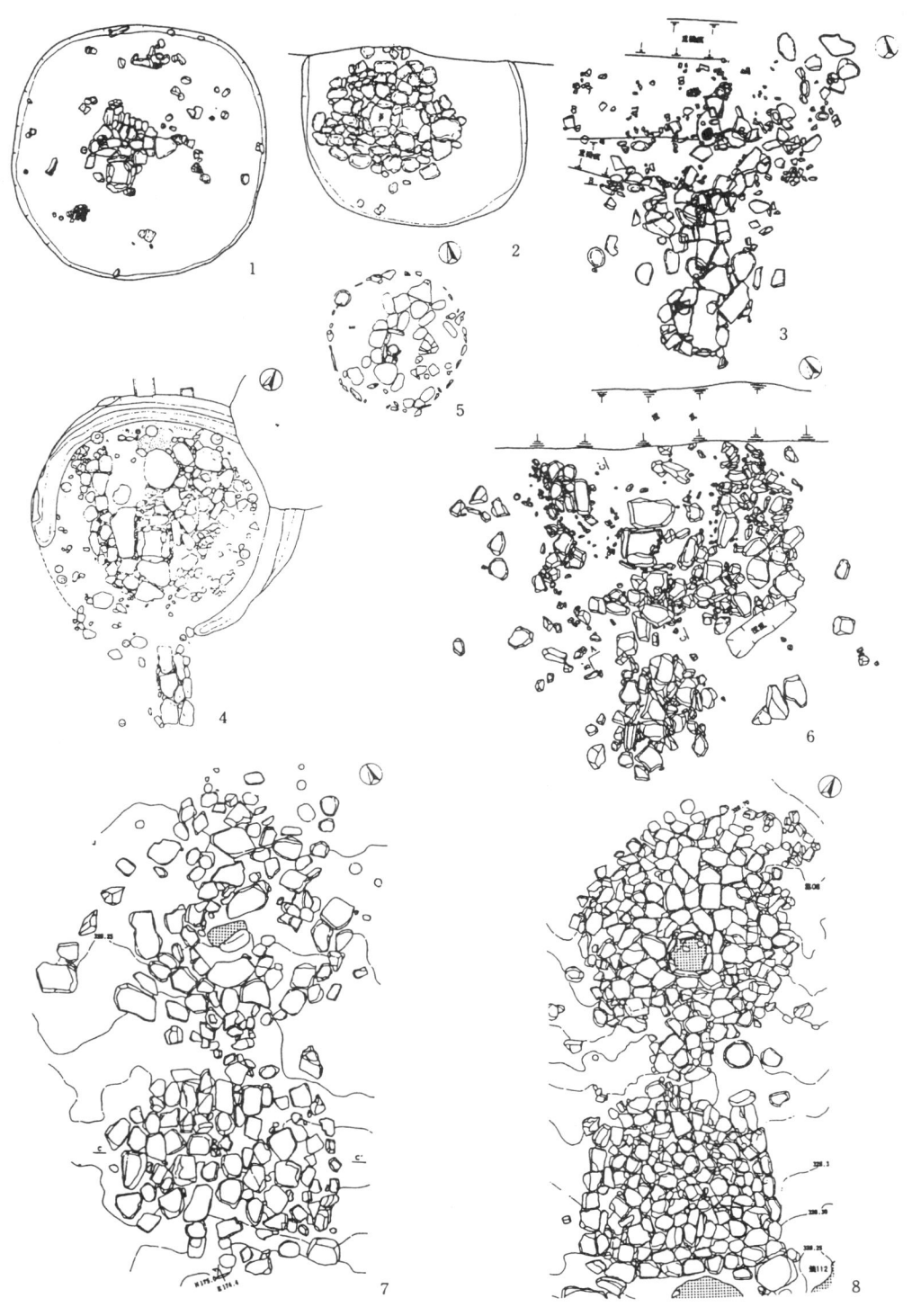

第 5 節　外縁部の柄鏡形(敷石)住居の様相　203

第74図　外縁部の柄鏡形(敷石)住居址(5)
1：倉屋敷24号住，2：倉屋敷30号住，3：越田和2号住，4：越田和5号住，5：上小島C2号住，
6：越田和1号住，7：柴原A1号住，8：柴原A2号住　　　縮尺：1/120

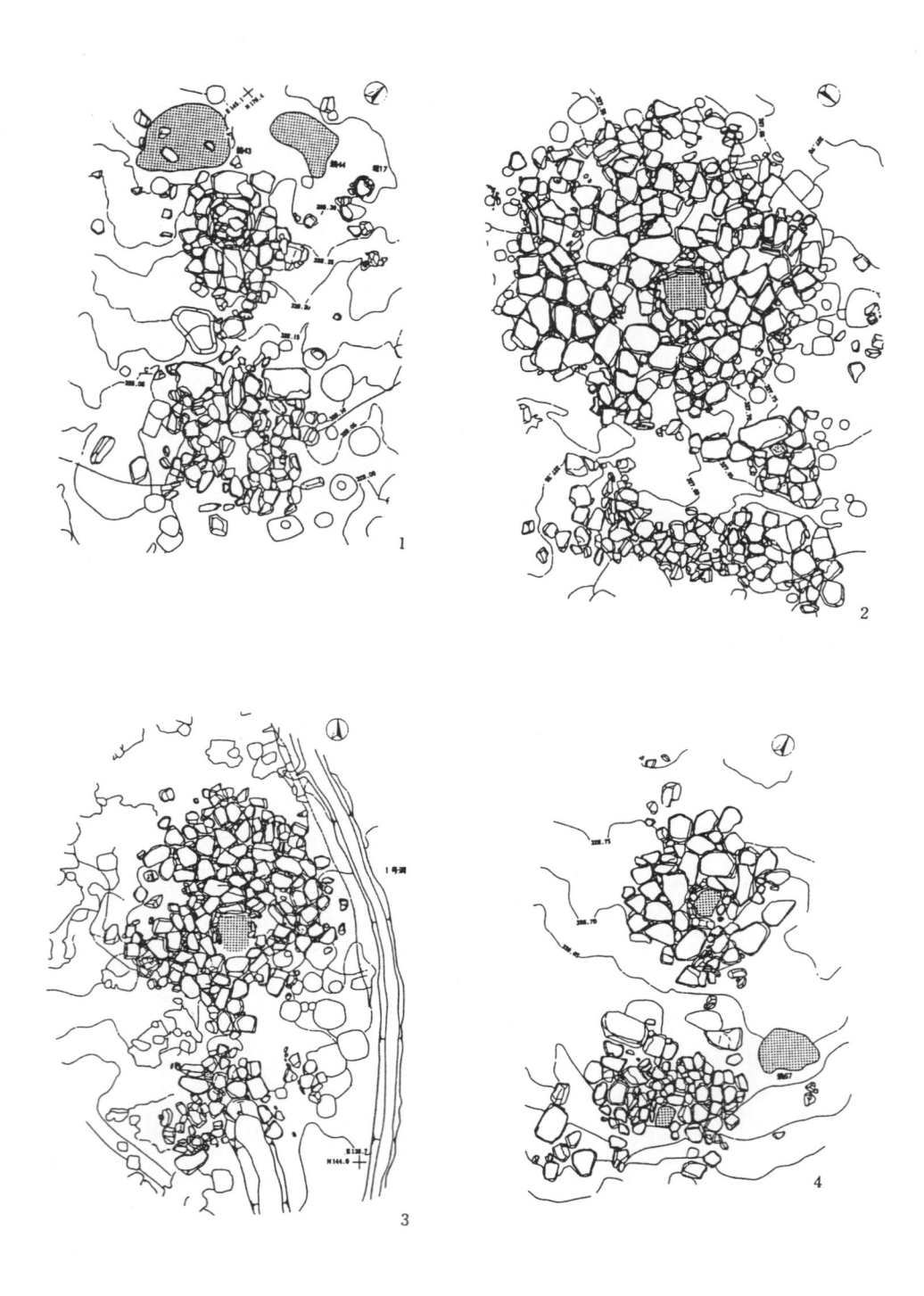

204　第2章　敷石住居址の変遷とその性格

第75図　外縁部の柄鏡形（敷石）住居址(6)
1：柴原A3号住，2：柴原A4号住，3：柴原A5号住，4：柴原A6号住，　　　　縮尺：1/120

第5節 外縁部の柄鏡形(敷石)住居の様相 205

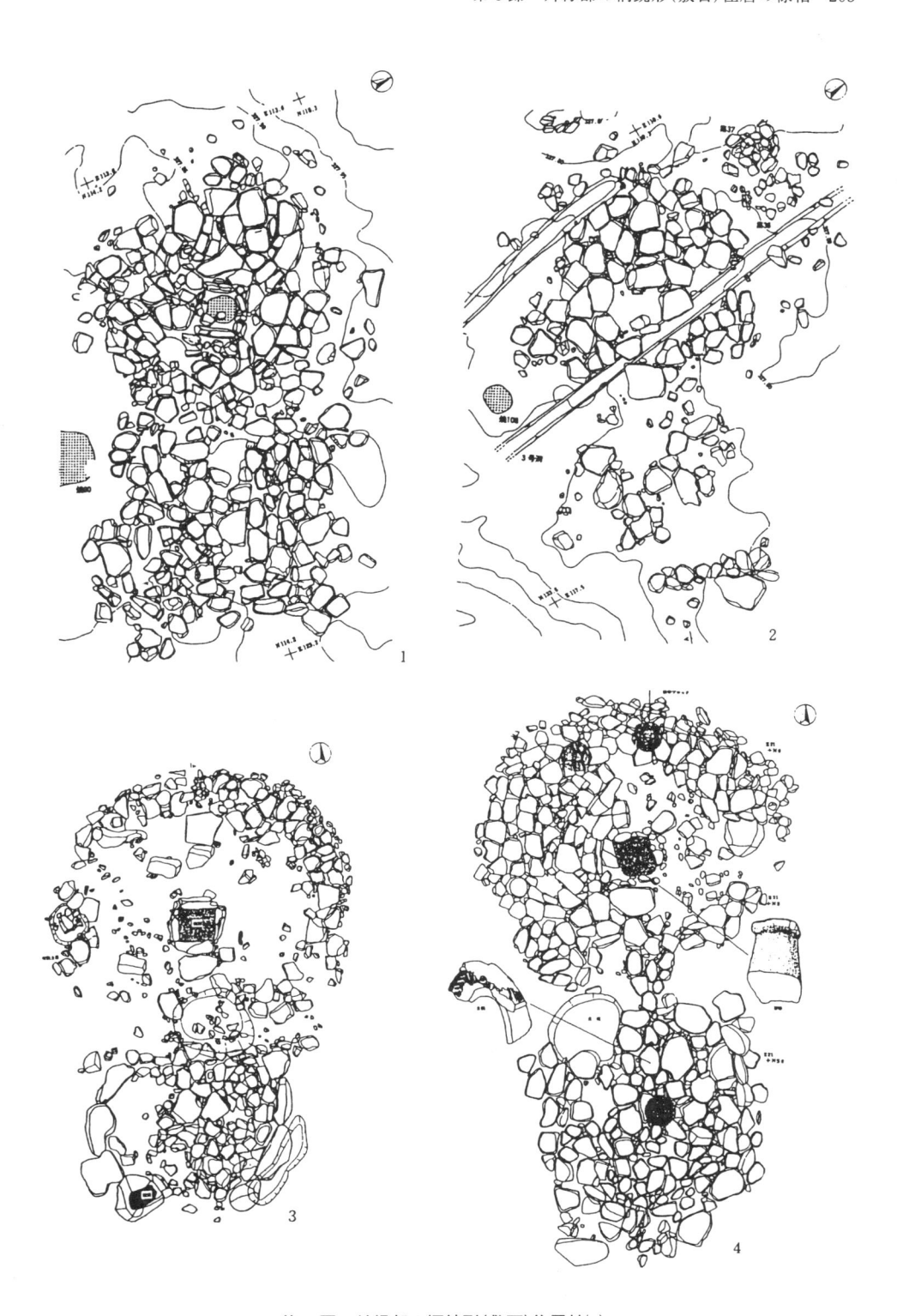

第76図 外縁部の柄鏡形(敷石)住居址(7)
1：柴原A7号住，2：柴原A8号住，3：西方前1号住，4：西方前3号住　　　縮尺：1/120

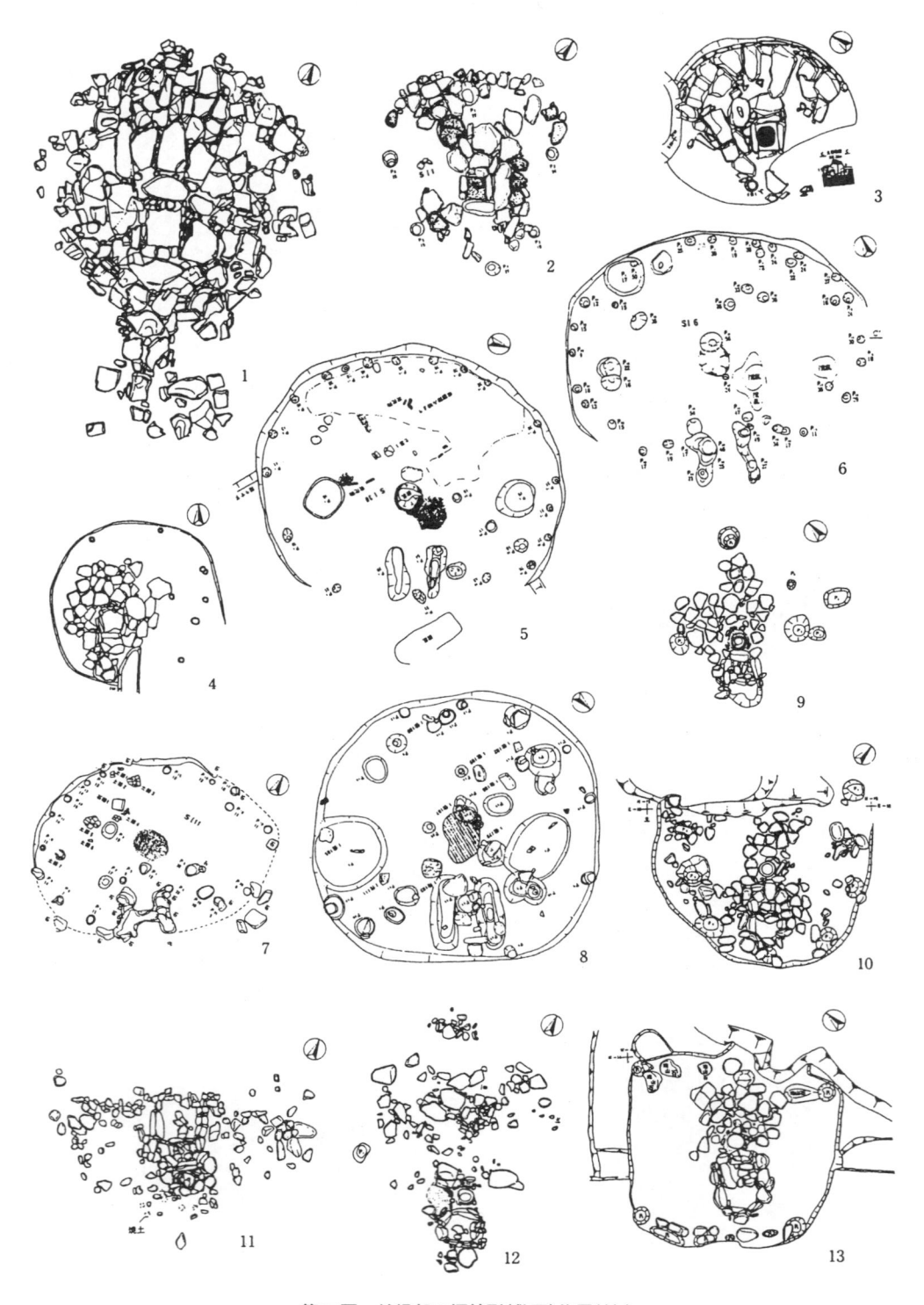

206　第2章　敷石住居址の変遷とその性格

第77図　外縁部の柄鏡形(敷石)住居址(8)
1：堂平3号住，2：上ノ台C1号住，3：越田和6号住，4：西方前20号住，5：羽白D30号住，
6：宮内A6号住，7：宮内A11号住，8：荒小路1号住，9：菅生田3号住，10：菅生田4号住，
11：菅生田5号住，12：菅生田13号住，13：菅生田16号住　　　縮尺：1/120

第5節　外縁部の柄鏡形(敷石)住居の様相　207

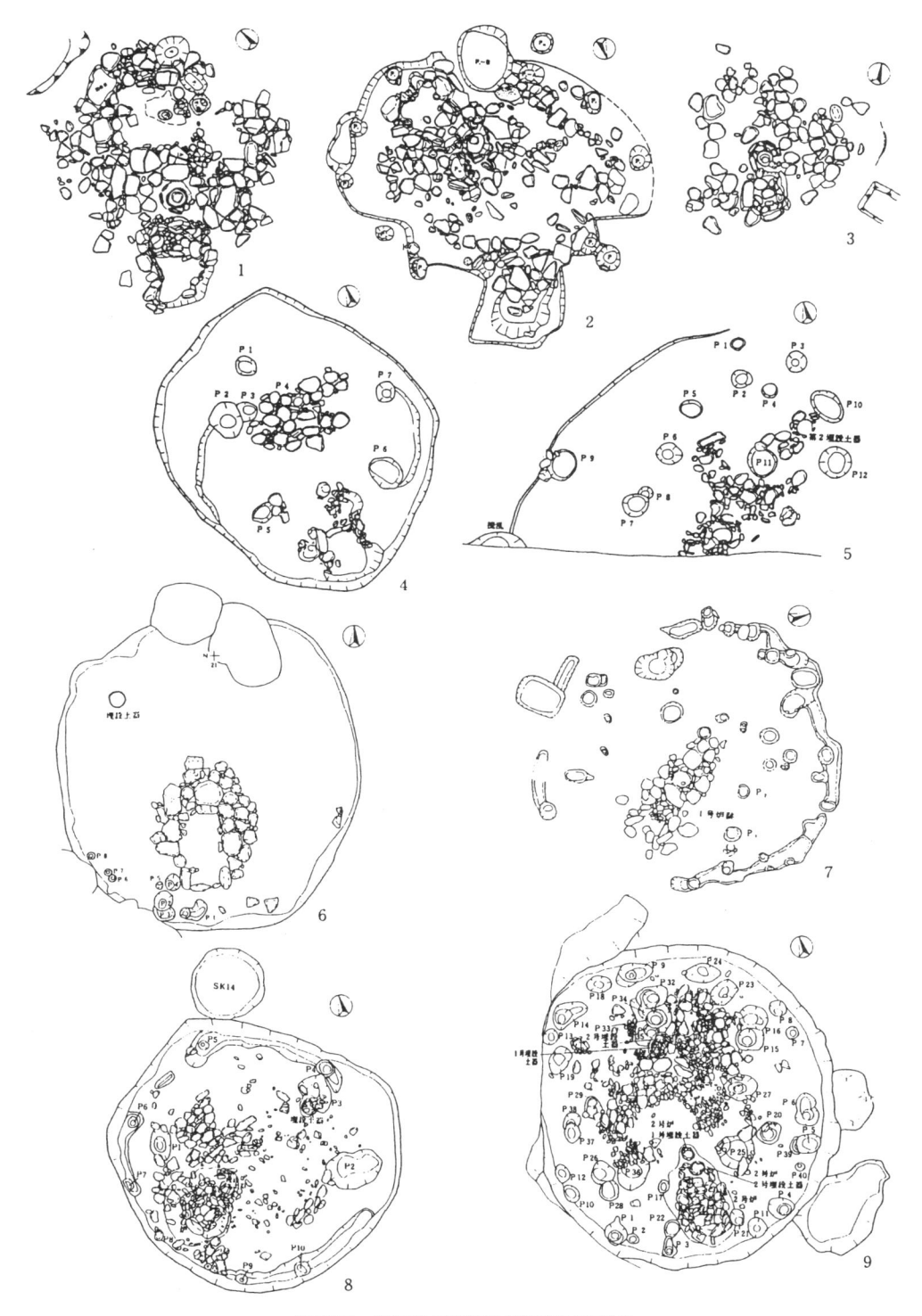

第78図　外縁部の柄鏡形(敷石)住居址(9)
1：菅生田10号住，2：菅生田11b号住，3：菅生田17号住，4：観音堂2a号住，5：観音堂4号住，
6：山田上ノ台15号住，7：二屋敷7号住，8：下ノ内6号住，9：下ノ内7号住　　　縮尺：1/120

この傾向は後期前葉・堀之内式併行、綱取Ⅱ式期に入るとさらに顕著となる。明瞭な柄鏡形敷石住居としてとらえられる事例をあげると、上小島、越田和1号住（第74図6）、柴原A1～8号住（第74図7・8、第75図1～4、第76図1・2）、西方前1・3号住（第7図3・4）、堂平3号住（第77図1）(4)などがあり、上ノ台C1号住（第77図2）、越田和6号住（第77図3）なども張出部が存在していた可能性も考えられる。中期末以来の炉辺部に敷石をもつ事例としては、西方前20号住（第77図4）、芝草原1・2号住、佐渡畑1・2号住などがあるが主体をなしてはいない。また、この時期、張出部の発達が顕著で柴原A遺跡や西方前遺跡に発見された柄鏡形敷石住居址にその典型をみることができる。

このように後期初頭から後期前葉段階に至ると、福島県域は、中期終末段階と全く様相を変え、柄鏡形敷石住居が主体を占めるようになるのである。後期前葉段階の張出部の発達化や西方前3号住のように炉石に有頭石棒を転用した例、あるいは、越田和6号住例のように、出入口相当位置に胴下半部を欠く逆位に埋設された埋甕の存在など、より南関東的な色彩が目立つようになるといえよう。こうした中期末葉から後期への変化は、内在的な力でもたらされたものではなく、外部的な影響下に生じたことを意味しているものと理解されるのである(5)。

後期中葉以降の事例は、羽白D30号住（第77図5）、宮内A6・11号住（第77図6・7）、荒小路1号住（第77図8）など、加曽利B式期の住居址例で、出入口部に対状の溝状施設をもつ共通性が指摘できる。この段階、住居内への敷石の敷設は終焉し、張出部は出入口施設として変容していったものといえよう。なお、時期は後期初頭と遡るが、越田和19号住のように敷石をもたず出入口部に対状の溝と埋甕がある事例がある。

次に宮城県域の事例をみると、不確実な荒井遺跡(6)を除くと、いずれも中期末・大木10式期に相当する。中でも菅生田遺跡からは11軒の敷石をもつ住居址が検出されているのが注目される。いずれも複式炉を中心として敷石されたものである。部分的な敷石をもつ2・3（第77図9）・4（第77図10）・5（第77図11）・13（第77図12）・14・16（第77図13）号住や、ほぼプラン全体に敷石をもつ10・11b・17号住（第78図1～3）がある。とくに、11b号住は北側に張出状の施設をもち、柄鏡形敷石住居との関連性のうえで、これまで注目されてきた事例である。ただ、本遺跡は白石川の段丘上の砂礫層中に住居が構築されており、検出状態の写真で見る限り、明瞭な張出部とはいいがたいこと、複式炉の主軸と張出状の施設がずれていること、また、敷石のありかたからすると、複式炉を中心とした円形プランを想定すべきではないかといったことなどから、分布主体地域の柄鏡形敷石住居と同列に扱うことには無理があるように思われる。

そのことは、その後発見された観音堂・山田上ノ台・二屋敷遺跡の事例をみても同様である。観音堂2a・4号住（第78図4・5）、山田上ノ台15（第78図6）・19号住、二屋敷7号住（第78図7）のように部分的な敷石をもつ事例、下ノ内6・7号住（第78図8・9）のように比較的プラン全体に広がる敷石をもつ事例や下ノ内5号住のように壁際に立石を含む配石風の敷石をもつ事例などがあり、いずれも張出部は認められない。

宮城県域では後期前葉以降の敷石をもつ住居址は今のところ知られていないようであるが、中期末段階は、福島県域とほぼ同様に、複式炉に伴う敷石という特徴が指摘できよう。したがって、東北南部にあっては、まず中期末段階の大木9～10式期の複式炉を伴う住居の一部に敷石を敷設する事例が登場し、その後、宮城県域では不明瞭であるが、後期初頭から前葉段階に入って関東的な柄鏡形敷石住居形態へと変化したものと思われる。

　山形県域では最近、小国町千野遺跡で県内初の敷石をもつ住居址が検出された。石囲埋甕炉を中心に敷石が施された不整楕円形プランの住居址で張出部は認められない。後期前葉に相当するとされる。後述するように、地理的位置は、最近敷石をもつ住居址が多く発見された新潟県岩船郡朝日村アチヤ平遺跡とも近く、東北南部からの影響下に出現した可能性が強い。

北陸・上越

　北陸・上越、新潟・富山・福井県域で管見に触れた柄鏡形(敷石)住居址発見遺跡は次のとおりである。

　　新潟県　十日町市城倉、野首、長岡市岩野原、南魚沼郡六日町宮下原、南魚沼郡塩沢町原、中魚沼郡津南町沖ノ原、堂平、中頸城郡中郷村湯の沢、東蒲原郡上川村北野、岩船郡朝日村アチヤ平、本道平、北蒲原郡安田町ツベタ
　　富山県　中新川郡立山町二ツ塚、上新川郡大沢野町布尻
　　福井県　今立郡池田町常安王神の森

　このように北陸・上越地方では、事例が新潟県に集中し、石川県域には事例がなく、富山・福井県にわずかな事例が知られる程度である。

　中期末葉段階の事例としては、宮下原1・2号住、北野、アチヤ平上段423号住(第79図1)、堂平1号住、沖ノ原1・2号住、布尻15号住(第79図2)、常安王神の森(第79図3)などをあげることができる。宮下原1号住は埋設土器のありかたから複式炉に近いものと思われるが、炉址を中心に敷石がみられる。2号住は埋設土器2基を伴うものでプランがはっきりしない。北野遺跡は正式な報告がなされていないため不明点が多いが、中期末～後期初頭の環状集落址中に5軒の敷石をもつ住居址が発見されているという。このうち1基は敷石された張出部をもつ柄鏡形敷石住居址であることが注目される。短報に掲載された写真による限り、南西関東域の柄鏡形敷石住居とほとんど差がないように思えるが、細かな所属時期が問題となろう。一方、アチヤ平上段423号住は大木10式期の複式炉をもつ住居址に敷石が敷設されたもので東北南部域のありかたに近い。また、堂平1号住・沖ノ原1・2号住は前述したように、佐藤雅一により柄鏡形住居址として認識されたものである(佐藤 1996)が、堂平1号住が大木8b、沖ノ原1・2号住が大木9式期に相当するとされており、南西関東域の典型的な柄鏡形住居の出現時期と比較すると、やや

古く、分布主体地域からの波及の結果、この住居構造が成立したとはみなしがたい。阿部昭典が指摘している（阿部 1998）ように「卵形住居跡」形態との関連のうえで考えるべきであろう。なお、沖ノ原遺跡からは敷石住居址と思われる「配石遺構」も検出されているが、正確な時期は不明である。

　富山県布尻15号住は、縁石を施した事例で、「串田新Ⅱ式」期とされている。福井県常安王神の森遺跡から発見された「柄鏡形配石遺構」は炉址が検出されていないことから、柄鏡形敷石住居と認識すべきかどうか問題が残る事例である。所属時期も中期後葉から後期初頭期のいずれかに相当するらしく、細かな時期対比は不明である。

　このように、北陸・上越地域での中期末葉段階の敷石を伴う住居事例は、いまだ不明な点が多いが、少なくともアチヤ平上段423号住のように大木10式期の複式炉を伴う敷石をもつ住居址が確実に存在していることからすると、東北南部域でのありかたと共通性を有していたことはいえそうである。ただ、北野遺跡の柄鏡形敷石住居の存在をみると、柄鏡形（敷石）住居分布主体地域からの影響もうかがえることから、今後細かな事例の時期対比がなされたうえでそのありかたについて再検討されるべきであろう。

　後期初頭から前葉段階、三十稲場式から南三十稲場式期の事例としては、野首（第79図4）、岩野原34号住（第79図5）、湯の沢、アチヤ平下段（第79図6）、アチヤ平上段17・34・57・157・129・139・154・156（第79図7）・322号住、本道平、原1・2・4（第79図8）・11・15・16号配石、ツベタ遺跡例などをあげることができる。岩野原遺跡は中期から後期にかけての大規模な集落址であるが、後期集落のほぼ中央部から後期前葉に属する敷石住居址が1軒検出されている。34号住はほぼ全面に敷石をもつ円形プランであるが、張出部の存在は不明である。アチヤ平遺跡は最近、配石遺構、掘立柱建物址とともに多数の敷石をもつ住居址が検出され注目を集めた遺跡である。詳細な報告書が刊行されていない現在不明な点が多いが、先にあげた大木10式期の423号住を含めて、上段では11軒、下段では1軒が検出されている。河岸段丘上に形成された集落址で砂礫層中に構築されており、プランが明瞭にとらえられたものが少ない。とくに張出部の存在については不明な点が多い。下段から検出された事例は最近報告されたが、岩野原遺跡例と同様に円形のプランに全面敷石をもつものである。富樫秀之によると、三十稲場式期6軒、南三十稲場式期2軒、そのいずれかが不明なもの3軒であるという（富樫 1999）。このうち、156号住（第79図7）は柄鏡形敷石住居を取り囲むようにいわゆる周堤礫が認められ注目されるが、張出部と思われる敷石部位にも炉址が存在しており、その点神奈川県域を中心として最近事例が増加している「周堤礫を有する柄鏡形敷石住居址」と同列に扱えるかが問題であろう。ただ、同じ奥三面ダム関連遺跡群の一つである本道平遺跡例は柄鏡形敷石住居址として認識されているようである。

　最近報告された原遺跡からも部分的な敷石をもつ事例がいくつかみられる。「配石遺構」として報告されているが、1・2・4・11・15・16号「配石」は「敷石住居跡」としても認識されて

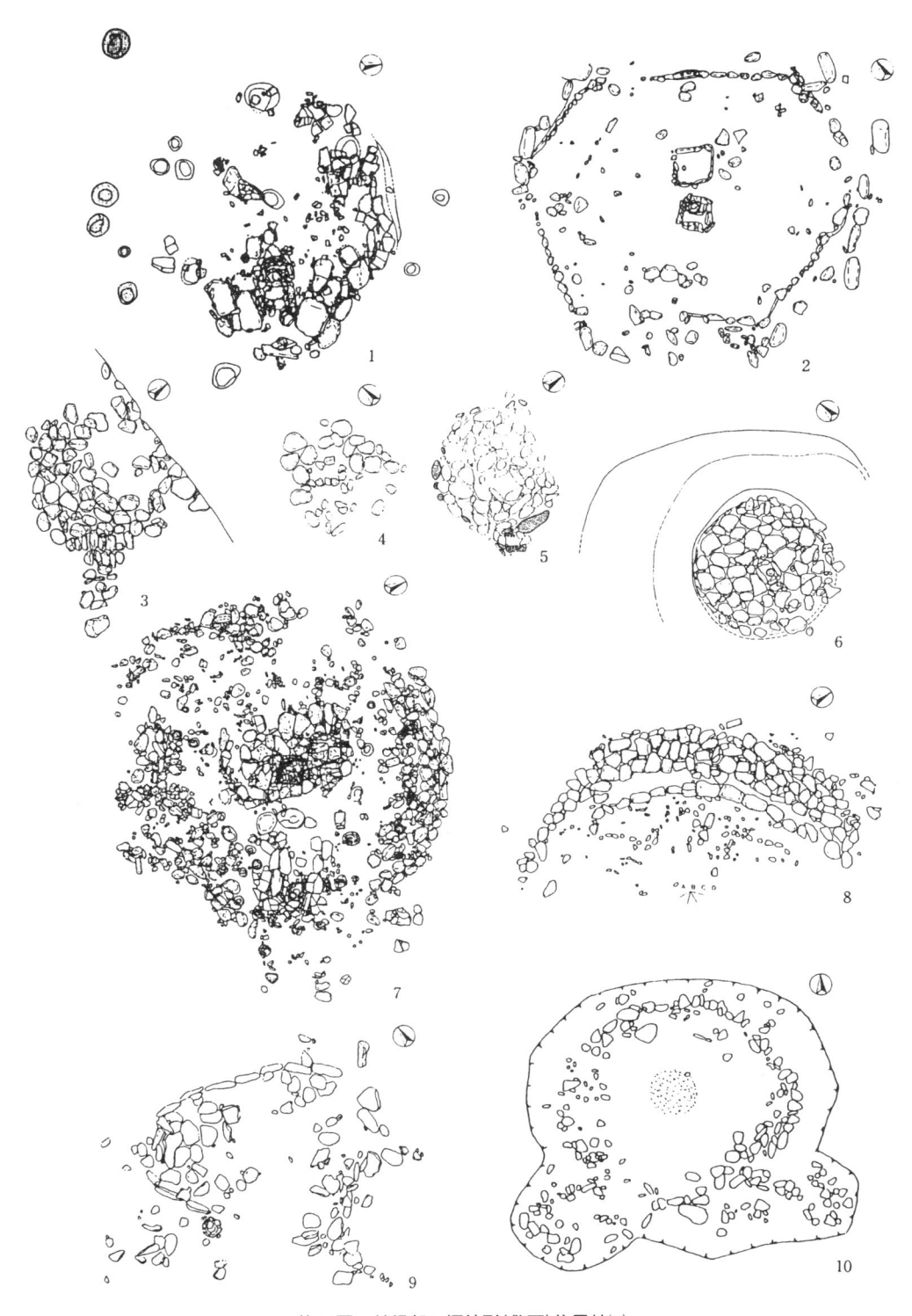

第5節　外縁部の柄鏡形(敷石)住居の様相　211

第79図　外縁部の柄鏡形(敷石)住居址(10)
1：アチヤ平上段423号住，2：布尻15号住，3：常安王神の森，4：野首，5：岩野原34号住，
6：アチヤ平下段，7：アチヤ平上段156号住，8：原4号号住，9：長谷堂貝塚，10：田屋環状組石遺構
縮尺：3は1/60、7は1/200、その他は1/120

いる。プランが不明瞭なものが多いので、その評価は難しいが、「第4号配石遺構」（第79図8）は、縁石の外側に半弧状に敷石が施される事例で、「周堤礫を有する柄鏡形敷石住居」に近いありかたを示している。湯の沢遺跡例は二重の石囲炉に接して部分的な敷石をもつもので、後期前葉の可能性があるが不明な点が多い。

このように、北陸・上越地域での事例は最近、新潟県域に事例が増えつつあり注目されるものの、いまだ具体的に柄鏡形敷石住居分布主体地域との関連性を論ずるには資料不足の感があるが、総じて云えば、東北南部域との共通性をみてとることは可能であるように思う。今後の事例増加を期待しておきたい。なお、後期中葉以降、敷石をもつ住居址例は確認されていない。とくに出入口施設を有する住居のありかたについては、事例の検索が十分行いえなかったので確実ではないが、事例は少ないものと思われる。

東北北部

東北北部、岩手・秋田・青森県域では、これまでのところ、敷石を有する住居址発見例はきわめて少ない。一方、後期以降から晩期にかけては出入口施設を有する住居址は比較的多く発見されている。ただ、今回東北北部の出入口施設を有する住居址については、最近の事例について十分な検索ができなかったので、それは今後補完するとして、ここでは管見に触れた敷石を有する住居址事例を中心に取り上げ、出入口施設を有する住居址例については概略を触れるにとどめたい。

管見に触れた敷石を有する住居址事例は次のとおりである。

岩手県　大船渡市長谷堂貝塚、稗貫郡石鳥谷町田屋、二戸郡安代町扇畑Ⅱ、東磐井郡大東町板倉

秋田県　鹿角市大湯環状列石

このように青森県域では今のところ事例が知られていない。長谷堂貝塚例（第79図9）は比較的古くから知られた事例であり、堀之内Ⅱ式併行の埋甕を伴うが、炉址が検出されていないことや、不整形であるため、確実に住居址とは断定できない。また、田屋遺跡例（第79図10）は「環状組石遺構」として報告されたものであり、中央部に地床炉をもち、円形に縁石状の積み石が巡る事例である。張出状の敷石も認められ、次に触れる大湯環状列石周辺部に検出された「環状配石遺構」に近い構造を示すが、時期的には大木10式期とされており古い。扇畑Ⅱ1Ⅱc6号住（第80図1）は円形プランに対ピットの出入口施設が伴い、そこに張出状に敷石が敷設された柄鏡形態となる事例で、確実な時期は不明であるが後期中葉段階と判断される。板倉遺跡1号住（第80図2）は不整円形プランの床面に敷石をもち、壁面にも石が認められる。炉址はなく、床面に赤色顔料が残る特殊なありかたを示す。出土土器から後期中葉段階と考えられる。

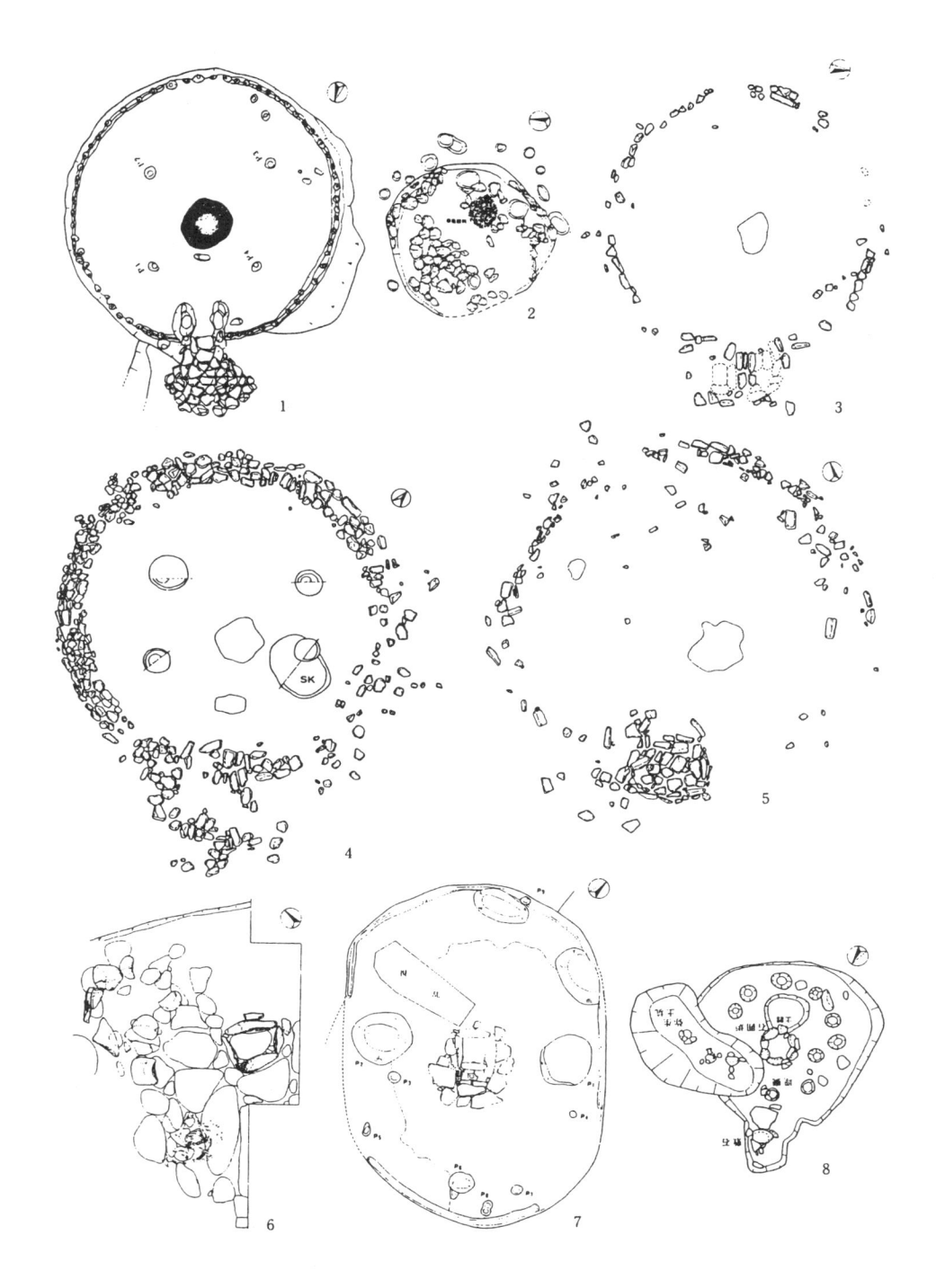

第 5 節　外縁部の柄鏡形(敷石)住居の様相　213

第80図　外縁部の柄鏡形(敷石)住居址(11)
1：扇畑 1 ⅡC 6 号住，2：板倉 1 号住，3：大湯環状列石301環状配石遺構，4：大湯環状列石401環状配石遺構，
5：大湯環状列石402環状配石遺構，6：林の峰貝塚，7：堂之上20号住，8：下川原
縮尺：3～5 は1/160、6 は1/60、その他は1/120

214　第2章　敷石住居址の変遷とその性格

　万座・野中堂の二つの環状列石からなる大湯環状列石の周辺部調査、とくに万座環状列石の周囲のD1～5区の調査によって「環状配石遺構」と呼ぶ「環帯部と張り出し部からなる特異な形態の配石遺構」(秋元他 1994,169頁)が検出されている(第80図3～5)。いずれも円形に縁石を巡らせ、敷石をもつ張出部が付属するもので、中央に地床炉をもつのが大きな特徴であり、柱穴の存在も確認されている。時期的には後期前葉から中葉に位置づけられる。この「環状組石遺構」は柄鏡形敷石住居や「周堤礫を有する柄鏡形敷石住居」に類似しているが、それらと関連性を有しているのかは、現段階判断がつけにくい。また、万座環状列石遺構周辺部の多年にわたる調査結果(秋元 1997)からすると、分布主体地域の柄鏡形(敷石)住居のように一般的な住居とは解釈することは困難であろう。しかし、後期前葉から中葉以降の過程において、分布主体域の柄鏡形(敷石)住居も形態的な変化、張出部構造の変化が指摘される(山本 1987a)ことから、何らかの影響下にこうした構造物が出現したものと考えるべきではないだろうか。また、前述したように東北北部域でも、後期から晩期にかけて、張出部の変容した姿として、出入口施設を有する住居址が比較的多く知られている。その中に、先にあげた張出部に敷石をもつ扇畑Ⅱ1Ⅱc6号住もあげることができるだろう。そうした出入口施設を有する住居址が検出された主な遺跡をあげると、岩手県北上市八天、岩手郡岩手町川口Ⅱ、岩手郡西根町上斗内Ⅲ、岩手郡滝沢村卯遠坂、岩手郡松尾村野駄、九戸郡軽米町馬場野Ⅱ、叺屋敷Ⅰa、大日向Ⅱ、九戸郡九戸村道地Ⅲ、秋田県鹿角郡小坂町白長根館Ⅰ、鹿角市赤坂A・B、北秋田郡鷹巣町藤株、青森県北津軽郡金木町神明町、上北郡六ヶ所村大石平、八戸市鶉窪、丹後谷地、田面木平(1)、風張(1)、三戸郡南郷村右エ門次郎窪、東津軽郡平舘村尻高、下北郡大畑町水木沢などがある[7]。

　これらの事例をみると、対状ピットや溝、ヒゲ状・コの字状のピットや溝、小張出などのバリエーションが認められ、住居プラン外に張出す例やプラン内に構築されている例がみられる。こうした特徴は敷石を除けば関東・中部域ときわめて共通性を示している(山本 1987a)ものといえ、張出部形態の変容がほぼ東日本全域でなされたものと評価することができよう。

東海以西

　東海以西では、静岡県の東端、とくに伊豆半島を中心とする地域には典型的な柄鏡形敷石住居が比較的多く知られており、ほぼ分布の主体地域内に含まれるが、それより以西では事例が極端に少なくなる。

　これまでのところ、管見に触れた敷石を有する住居址発見遺跡は、愛知県知多郡南知多町林ノ峰貝塚、岐阜県大野郡久々野町堂之上、三重県名張市下川原の3遺跡をあげるにとどまる。

　林ノ峰貝塚(第80図6)例は全体が確認されていないが、石囲炉を中心に敷石をもつ住居址で、床面上に屈葬人骨が検出され、廃屋葬とみなされる。時期は後期初頭、称名寺Ⅰ式併行と思われる。張出部の有無は不明である。堂之上遺跡からは、20号住(第80図7)が敷石住居址として報告されている。他に16号住や12号住など床面から覆土にかけて板石が多く検出されている住居址例

もあり、敷石住居の可能性も考えられる。とくに12号住は壁際に板石が巡り、石組複式炉をもつ中期終末段階の住居址で、壁際にピットを挟んで2個の立石が検出されている。20号住は石組複式炉の周囲を板石で囲んでおり、周壁の一部にも石積みの礫の集中が認められる。張出部の存在はない。中期終末段階に相当する。

下川原遺跡例(第80図8)は、いまのところ柄鏡形敷石住居址としては、最西端の発見例である。接続部に蓋石をもつ埋甕があり、張出部には部分的な敷石をもつ。時期は堀之内Ⅱ式併行期に相当する。柄鏡形(敷石)住居形態が西日本域にも波及していたことを示す事例といえよう。

このように東海以西では事例も少なく、関西方面では後期以降の出入口施設を有する住居址の存在も明瞭ではないようである(関西縄文文化研究会編 1999)。堂之上遺跡例は北陸・上越地域の複式炉住居と関連性をもつものと思われ、柄鏡形(敷石)住居址分布主体地域からの波及成立とは考えがたいが、下川原遺跡例のように、後期前葉段階には柄鏡形態が波及していたことがうかがわれるのである。

4．外縁部の柄鏡形(敷石)住居の特性

柄鏡形(敷石)住居がどのような契機から、あるいはどのような過程を辿って出現をみるに至ったかについては、現段階においても決着をみたとはいえない状況にある。このことは、1996年2月に開催された「パネルディスカッション『敷石住居の謎に迫る』」(神奈川県立埋蔵文化財センター・㈶かながわ考古学財団編 1996・97)においても論議の焦点となった点でもあった。争点は筆者がこれまで提示してきた柄鏡形(敷石)住居の成立過程に対する解釈(山本 1976a他)に対する疑義であり、パネルディスカッション開催後も、この問題については、石井 寛や村田文夫らが詳しく論じている(石井 1998、村田 1997)。今後とも新たな事例の発見によって、より合理的な解釈が求められていくことになろう。その点は本稿の目的からそれるので、また別の機会に論ずることとして[8]、ここでは前節で検討を試みた外縁部の柄鏡形(敷石)住居の特性についてその考えを明らかにさせておきたい。

柄鏡形(敷石)住居の出現は現段階、縄文時代中期末葉、土器編年でいうなら、加曽利E式Ⅲ式後半段階に、南西関東や北関東の山地寄り地域に完成された形で出現する(山本 1995)。この時期、各地に大規模な拠点的な環状集落を形成した関東・中部域は急激な衰退期を迎え、多くの大規模環状集落は中期終末期を境にその継続を絶つに至るのである(山本 1980a)。こうした衰退期に出現をみた柄鏡形(敷石)住居はその後各地に拡散を示す。したがって、外縁部に認められる柄鏡形(敷石)住居址事例は分布主体地域からの波及によって出現・成立をみたとするのが当然の解釈となろう。しかし、東北南部を中心とする大木式土器文化圏内の複式炉に伴う敷石のありかたを見るかぎり、そうした単純な解釈は正しいものとはいえないようである。そのことは先にも触れたように、森 貢喜や鈴鹿良一らによってすでに指摘されてきた点でもある(森 1974a、鈴鹿

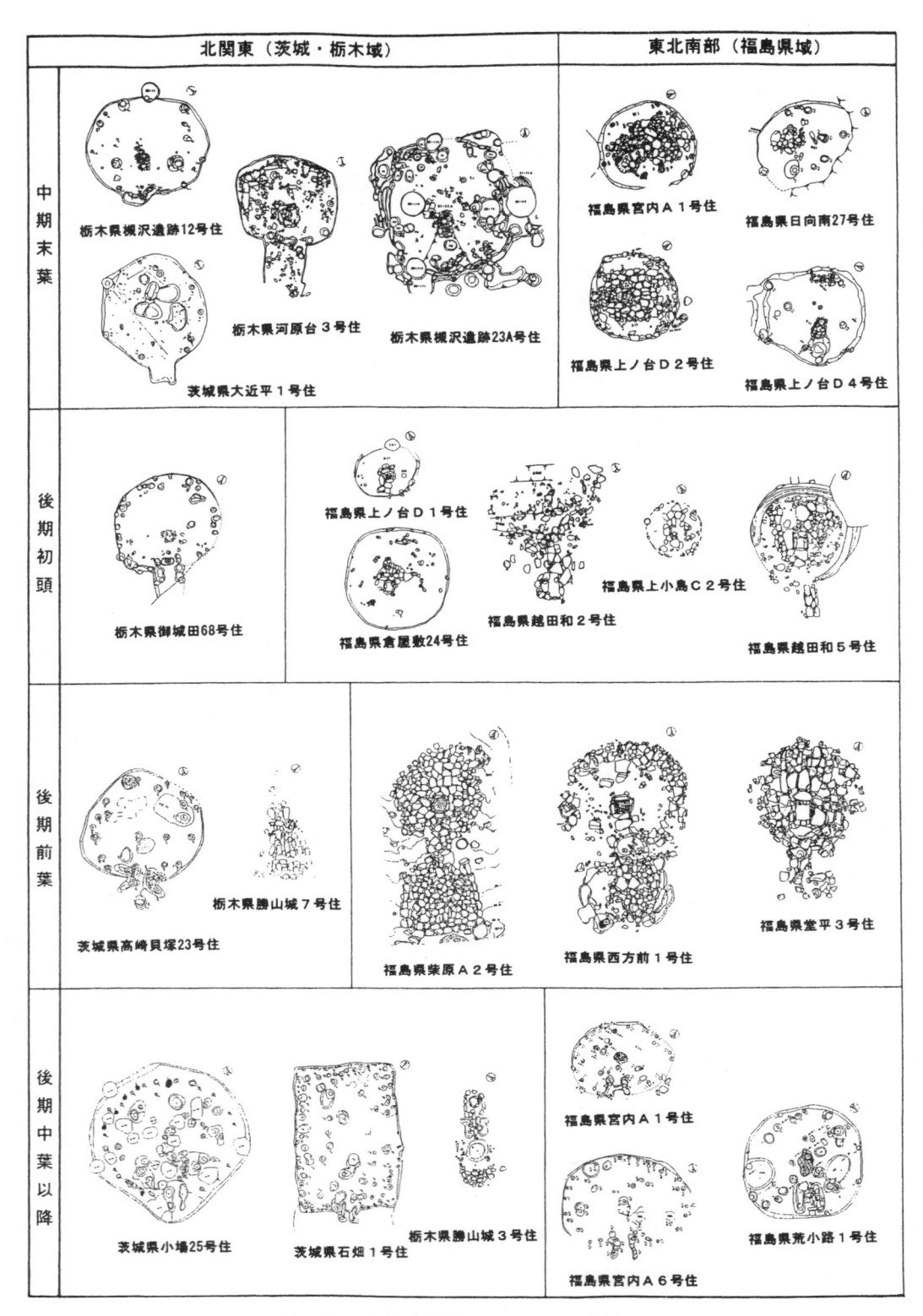

第81図　外縁部の柄鏡形（敷石）住居変遷図(1)

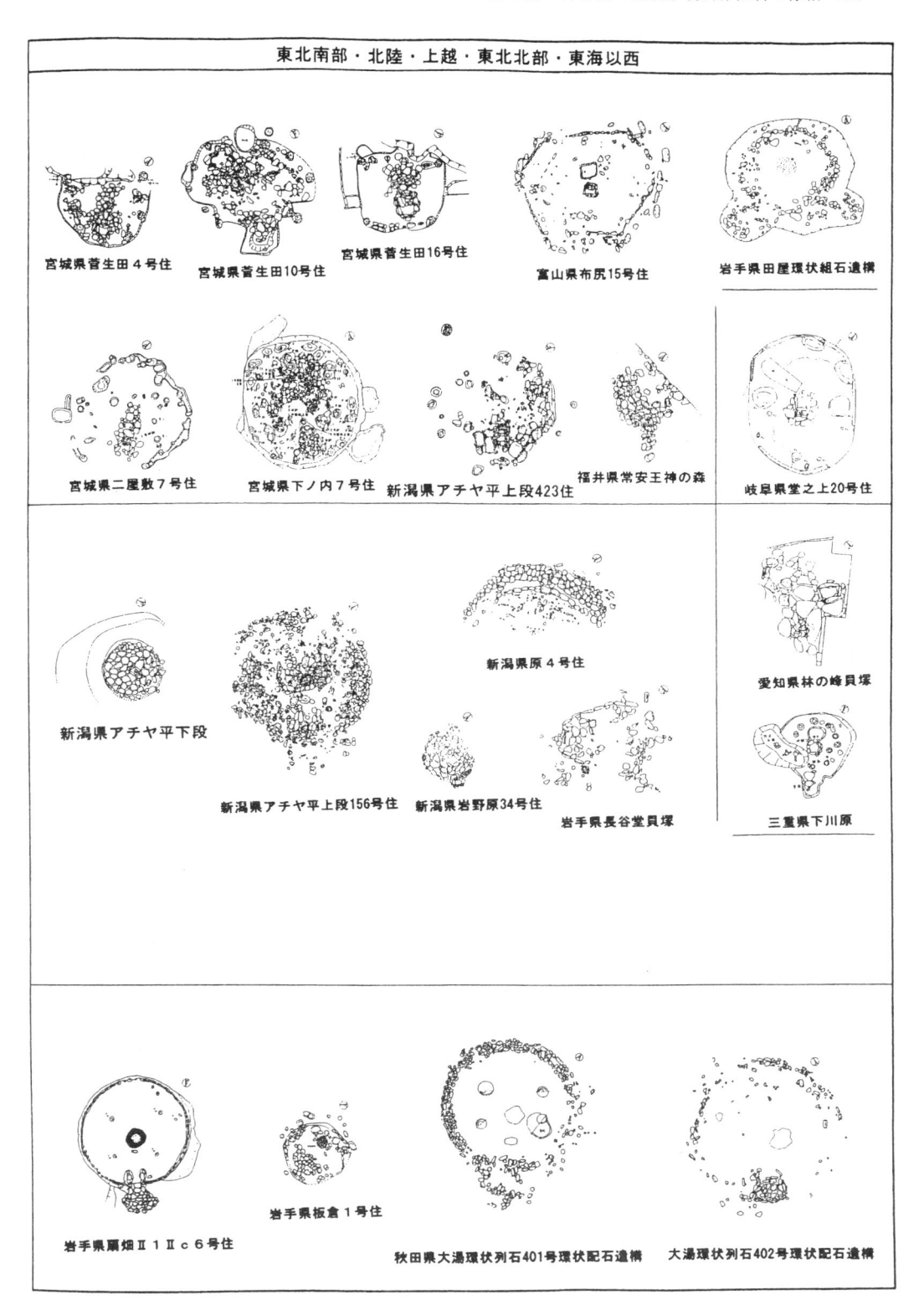

第5節　外縁部の柄鏡形(敷石)住居の様相　217

東北南部・北陸・上越・東北北部・東海以西

宮城県菅生田4号住　宮城県菅生田10号住　宮城県菅生田16号住　富山県布尻15号住　岩手県田屋環状組石遺構

宮城県二屋敷7号住　宮城県下ノ内7号住　新潟県アチヤ平上段423住　福井県常安王神の森　岐阜県堂之上20号住

新潟県アチヤ平下段　新潟県アチヤ平上段156号住　新潟県岩野原34号住　新潟県原4号住　岩手県長谷堂貝塚　愛知県林の峰貝塚　三重県下川原

岩手県蕨畑Ⅱ1Ⅱc6号住　岩手県板倉1号住　秋田県大湯環状列石401号環状配石遺構　大湯環状列石402号環状配石遺構

第82図　外縁部の柄鏡形(敷石)住居変遷図(2)

1986)。それは、外縁部域に出現する敷石を伴う住居は、柄鏡形態をとらず複式炉に付随する形で出現するという事実から指摘された点であった。

　また、複式炉に付随して部分的な敷石が成立し、その後住居内に全面に敷石が広がるという発展過程や、中部・南西関東域にみられる、いわゆる「石柱・石壇をもつ住居址」(山本 1994)のように屋内に取り込まれた敷石が発展した形で成立したものとは、事例をみるかぎりいえないようであり、大木式土器文化圏内での屋内敷石風習の出現過程はいまだ不明な点が多いというのが研究の現状といえよう。では、柄鏡形(敷石)住居分布主体地域とは全く無縁な関係で、大木式土器文化圏内において独自に住居内へ敷石が取り込まれたのであろうか。

　周知のように、これまで大木式土器文化圏内に成立をみた複式炉を伴う住居址ならびに複式炉の形態・構造的な研究は数多くなされてきた。そうした研究成果によれば、複式炉は大木8b式末期に萌芽し、大木9式〜10式期に盛行期を迎え、大木10式終末段階には忽然とその終焉を迎えるのである(鈴鹿 1986、押山 1990など)。しかも重要な事実は、この時期、関東・中部域では集落が急激な崩壊現象を示すのに対して、大木式土器文化圏内にあっては、複式炉の発達に象徴されるように大規模な集落が形成され、まさに隆盛期を迎えるに至る。こうした背景のもと、大木式土器文化圏内において複式炉に付随して敷石を敷設した住居が出現をみたとすることができよう。この複式炉の発達、とくに石組部の大規模化は、その地域的な時代背景は異なるものの、あたかも南西関東〜北関東山地寄り地域における柄鏡形(敷石)住居の発達と同等な評価が与えられるのではないだろうか。押山雄三によれば、前庭部の機能は埋設土器が存在する例から、出入口部に相当する可能性が考えられるとされる(押山 1990)。すなわち、土器埋設部＋石組部＋前庭部からなる典型的な複式炉構造は、柄鏡形(敷石)住居の埋甕と敷石を伴う張出部とあたかも共通性を示しているかにみえるのである[9]。複式炉を伴う住居は柄鏡形(敷石)住居と構造は異なるものの同質の存在と理解すべきなのである。

　しかも土器の複雑な交流のありかたや相互影響力を考えると、この時期全く別個に孤立したありかたで屋内敷石風習が出現したものともいいきれないだろう。敷石風習そのものが大木式土器文化圏内にもたらされた結果、複式炉に付随して敷石された住居が成立した可能性も否定できないのである。大木9式期後半段階以降、複式炉を発達させた大木式土器文化圏内の集団が柄鏡形態・構造の受容は拒否しつつ、選択的というか排他的に敷石風習のみを受容していった可能性をここでは考えておきたい。その背景には、この中期末葉段階における大木式土器文化の隆盛があったものと思われる[10]。

　この独自に華開いた中期末葉の大木式土器文化は、どのような理由からかは不明ではあるが、その終焉を迎えるに至る。この結果、複式炉構造をもつ住居・集落はその継続を絶ち、後期初頭以降、関東からの影響下に典型的な柄鏡形敷石住居が進出することは、前節でみたとおりである。後期前葉に相当する福島県田村郡三春町西方前遺跡や同柴原遺跡に発見された柄鏡形敷石住居の肥大化した張出部構造は、南西関東寄り地域のありかたと極めて近い共通性を示しており、文化

的にも柄鏡形(敷石)住居分布主体地域と一体化したものと理解される。

　このように、外縁部における柄鏡形(敷石)住居の特性は理解されるものと思われる。最後に、外縁部各地域での柄鏡形(敷石)住居の変遷のありかたを代表的な事例をもとに図示してみた(第81・82図)。系統性の問題はともかくとして、各地におけるおおまかな変遷はとらえられるものと思われる。
今後とも新たな事例の増加によってより具体的な変遷のありかたがとらえられるようになることを期待しておきたい。

　註
(1)　呼称は森論文による。以下、柄鏡形(敷石)住居址について「敷石住居跡」などと括弧付きで記したものは、各報告・論文に用いられた呼称をそのまま引用したものである。
(2)　大木10式土器の時期細分は、細部の違いはあるにせよ、本間　宏(1991・94)、池谷信之(1988)の理解にしたがった。
(3)　最近、福島県安達郡本宮町高木遺跡から、後期初頭から前葉の柄鏡形敷石住居群が検出された。詳細な調査成果の公表が期待される。
(4)　堂平遺跡「1号敷石遺構」と「2号敷石遺構」とされた相接して検出された遺構は、西方前や柴原A遺跡で発見された張出部が巨大化した柄鏡形敷石住居のように一つになる可能性が考えられる。
(5)　福島県域での中期末葉から後期へと変遷する過程で、敷石をもつ住居がどのようなありかたを示すかといった点について、最近調査が実施されている福島市宮畑遺跡でのありかたが注目される。この遺跡は中期から晩期の大規模な複合遺跡であるが、これまでの調査から中期末葉の複式炉をもつ敷石住居址や後期の柄鏡形敷石住居址も検出されており、今後の調査の進展が期待される。
(6)　本遺跡の原典は未見。下ノ内遺跡の報告中にあげた敷石をもつ住居址事例から引用した。ただ、『白石市史』(片倉他 1976)では、製鉄関連の敷石遺構とされている。
(7)　前述したように事例検索を十分行えなかったため、ここに挙げた事例は最近報告されているものは含まれていない。
(8)　ただし筆者は、柄鏡形(敷石)住居の成立過程の解釈について、細かな点はとりあえずおくとして、従来からの見解に大幅な変更の必要はないものと考えている。その点については別稿で詳しく触れているので参照願いたい(山本 1995)。ただ、総体的にみて炉辺部にしろ石柱・石壇あるいは、出入口部埋甕に付随する敷石にせよ、住居内に石を取り込む行為が柄鏡形敷石住居の成立をうながしたものと評価すべきであろう。
(9)　これと関連して、複式炉に伴う埋設土器がしばしば斜傾埋設されていることが知られている。柄鏡形(敷石)住居の張出部にしばしば伴う埋甕が斜傾埋設されていることと、その性格において

220　第2章　敷石住居址の変遷とその性格

共通性を感じさせる（山本　1996c・97）。なお、炉址内斜傾埋設土器をめぐっては、小倉和重が「斜位埋設土器炉」と総称して東日本域全体を視野に入れて論じているのが注目される（小倉1998）。

(10)　中期末葉、大木式土器の南関東への影響を評価して、複式炉に伴い出現した敷石風習が、逆に柄鏡形敷石住居の成立に影響を与えた可能性を考える見解もあろうが、複式炉に伴う敷石を有する住居址事例の少なさから考えると、そうした解釈は困難であろう。

追　記

柄鏡形（敷石）住居址の分布中心地帯以外の地域、ここでは「外縁部」とした地域での事例の増加は近年いちじるしい。その点は本節でみたとおりである。本節の目的が屋内敷石風習の広がりをどうとらえていくべきなのかという点にあったため、東北北半部に後期以降顕在化する住居出入口施設の存在については十分な検討を加えることができなかった。これを柄鏡形（敷石）住居の張出部の変化の延長線上にとらえるべきなのかは、いまだ問題があろう。

最近、成田滋彦が青森県域の事例を分析している（成田　2000）のが参考となるが、柄鏡形（敷石）住居址の張出部との関連性については触れていない。また、北海道域でのありかたについてはほとんど検討を加えなかったが、礼文島船泊遺跡で、後期中葉期の出入口施設を伴う住居址が検出されていることを知った。報告書では、「『柄鏡形』のプランを呈する住居址も3基検出された。こうした住居の形態は、関東以北から北海道南部における縄文後期の遺跡で一般的に知られているものである。付属施設については入口とする説や住居奥の祭壇とする説があるが、今のところその構築目的を特定できない。」（西本豊弘・佐藤孝雄他　2000『礼文島船泊遺跡発掘調査報告書―平成10年度発掘調査の報告―　平成11年度』　北海道礼文町教育委員会　389頁）とされている。船泊遺跡例は後期中葉に相当し、対状の溝が構築された事例であるが、東北北半域との関連のうえで考えるべきであろう。東北北半から北海道地域での事例検索は今後の課題としたい。

なお、本節の初出論文発表と相前後して、阿部昭典が東北地方における複式炉をもつ住居の詳細な分析と、それにからめて中期末～後期前葉にかけての柄鏡形（敷石）住居の東北地方への波及のありかたについて検討を加えた論文を発表している（阿部　2000）。本節と関連が強いこともあり、また別な機会に論評を加えたいと思うが、阿部は、「柄鏡形敷石住居の伝播の背景は、その変容過程から推測すると、中部高地で派生した柄鏡形敷石住居が中部・関東へと拡散し、複式炉分布域へと影響を与え、東北地方を中心に分布する複式炉と住居形態に部分的な要素が受容される。次第に柄鏡形敷石住居の影響が強まり、複式炉が消失していく過程」として捉えている。阿部も実践的に試みているように、今後とも大木式土器文化圏内への柄鏡形（敷石）住居波及の具体相を明らかにさせてゆく必要があろう。

第 3 章　敷石住居址と祭祀

第1節　柄鏡形(敷石)住居と石棒祭祀

　石棒が柄鏡形(敷石)住居址からしばしば出土することは、これまでよく知られてきたことである。古くは、昭和11年(1936)、宮崎　糺が「甲斐國西八代郡大塚字西村發見の敷石住居趾に就いて」において、敷石住居址内の西北隅に石棒が樹立されていたことを報告した(宮崎 1936)中で、石棒と住居との関連について触れている。氏は、他の事例にも言及したうえで、「住居趾は多く敷石式である」ことなどに着目し、「何故に敷石住居趾に屢ヽ伴ひ、従つて其の分布が関東・中部地方に限られるのであるか」という疑問を呈し、その解明を通じて「初めて石棒樹立の意義は闡明されると考へる」という、今日的にみると、すぐれた研究の方向性を示したのである。

　一方、石棒という男根を模したかにみえる特異な形状を有する石器の用途・性格論議も今日にいたるまで活発に行われてきた。その学史的回顧については別稿において詳しく触れたことがある(山本 1987b)ので、それにゆずるが、とくに石棒が柄鏡形(敷石)住居址や竪穴住居址から出土する事例の多いことに着目して、その住居址の性格を特殊視する傾向が強かったことも事実である。

　筆者も石棒と柄鏡形(敷石)住居址をはじめとする各種遺構との関わりについて、かつて分析を試みたことがある(山本 1979・83・91a)が、その後事例も確実に増加してきた。とくに近年、柄鏡形(敷石)住居址の発見例が急増し、それとともに石棒の興味ある出土事例も多く知られるようになった。そこであらためて柄鏡形(敷石)住居址と石棒の関係について分析を試み、石棒祭祀の実態解明の一助としたいと思う。

1．柄鏡形(敷石)住居址内出土石棒事例の検討

　今回取り扱う対象は、従来、敷石住居址とか柄鏡形住居址と呼ばれてきた住居址、すなわち筆者のいう「柄鏡形(敷石)住居址」(山本 1980a・87a・95等)から出土した石棒事例である。周知のように柄鏡形(敷石)住居は中期後半に遡源し、中期末から後期初頭期にかけて典型的な柄鏡形(敷石)住居形態を完成させた後、後期以降、とくに出入口部と考えられる、いわゆる「張出部」構造を中心に変化を遂げつつ後期中葉から晩期までその伝統を保った特異な住居構造として認識できる。この柄鏡形(敷石)住居址内から出土する石棒がどのようなありかたを示しているのかを分析し、それを通じて柄鏡形(敷石)住居と石棒祭祀との関わり合いを明らかにさせることが本稿の目的である。

　管見に触れた柄鏡形(敷石)住居址から出土した石棒事例は第3表に示したとおりである。既発

表の報告書等の文献をもとに可能な限り集成を試みたが、残念ながら時間的な制約等もあり、十分な文献検索がなされたものとはいいがたい。したがって、脱漏が多いものと思われるが、その点は今後補完してゆきたいと思う。ただ、これまで柄鏡形(敷石)住居址から出土した石棒のありかたのおおよその傾向については、ほぼ今回の集成でとらえることができたのではないかと考えている。

　集成にあたっては、先の論攷(山本 1979)を踏襲して一覧表に示したように次の諸点に留意した。まず、柄鏡形(敷石)住居と石棒祭祀を考えるうえで注意される出土状態について、とりあえず、廃棄されたと思われる覆土中から出土する事例も含めて柄鏡形(敷石)住居址と認識された住居址から出土した事例すべてを対象として、その出土状態を覆土中、床面上、炉址内、埋甕内(埋甕に近接する事例を含む)に区別し、他に炉石材や敷石材として再利用された事例をあげてみた。また、床面出土事例や敷石材として転用された事例については、その出土位置を、筆者の便宜的な空間分割(山本 1976a)にもとづき、A：奥壁部、B：炉辺部、C：出入口部、D：右空間部、E：左空間部、F：周壁・周縁部、G：張出部に区別してみた。

　次に出土した石棒の形状については、典型的な石棒といわゆる石剣・石刀タイプのものも含めて、A：有頭、B：無頭、C：両頭に分けてみた。さらに石棒の破損状態について、A：完形、B：胴下半部欠損、C：頭部のみ、D：胴下半部のみ、E：胴部のみ、F：破片に分けている。なお、○印中の数値は出土点数を示している。その他、出土状態等で特記すべき事項について備考欄にあげてみた。また、時期については、柄鏡形(敷石)住居址から出土した土器について報告書中の判断に準拠して、土器型式の明らかな事例は型式名で示してみた。

(1) 出土事例の時空分布

　管見に触れた事例は、全国142遺跡、222住居址例である。その空間分布をみると、神奈川県25遺跡41例、東京都35遺跡46例、埼玉県15遺跡29例、千葉県10遺跡13例、茨城県１遺跡１例、栃木県１遺跡２例、群馬県12遺跡23例、福島県３遺跡３例、静岡県７遺跡13例、山梨県11遺跡20例、長野県22遺跡31例であり、当然のことながら柄鏡形(敷石)住居址の分布的傾向にそったありかたを示している。とくに柄鏡形(敷石)住居址が色濃く分布する南西関東から中部山地域にかけて事例が多い傾向が指摘できることは柄鏡形(敷石)住居址と石棒の結びつきの強さの表れといえよう[1]。

　次に、これら事例の時間分布の傾向をみてみよう。出土土器型式による正確な時期対比がすべての事例になされているわけではないので、細かくみることは困難であるが、大まかに、中期終末期：加曽利E式終末(EⅢからⅣ式)期併行期、後期初頭期：称名寺式併行期、後期前葉期：堀之内式併行期、後期中葉期：加曽利B式併行期、後期末葉～晩期：安行式併行期以降の５時期に分けてみると[2]、中期終末期は66遺跡81例、後期初頭期は30遺跡35例、後期前葉期は41遺跡49例、後期中葉期は16遺跡23例、後期末葉から晩期は10遺跡31例、時期不明３例となる。

第1節　柄鏡形(敷石)住居と石棒祭祀　225

第3表　柄鏡形(敷石)住居址内出土石棒事例一覧表（1996年1月現在）

遺跡名	所在地	住居址番号	出土状態 覆土	床面	炉址	埋甕	炉石	敷石	形状	破損状態	備考	時期	参考文献
稲ケ原A地点	神奈川県横浜市緑区	B-1		A②F①					B③	D②C①	壁際周縁中1点出土	加曽利EⅣ古	平子他 1992
		B-4	①下層					①G	B①A①	B②	小形石棒2点、1点は張出部の敷石中出土	称名寺Ⅰ古	
		B-5				①			D		張出部先端部埋甕の外縁部に樹立出土	加曽利EⅣ古	
		B-12		A					A	A①	奥壁部に石組み、本来は樹立か、報告では台石としているが、無頭石棒の可能性あり	称名寺Ⅰ古	
松風台	横浜市緑区	JT-3		B②F②G②					B③	A①C①D①E①F①	壁柱穴内側被熱、遺物も被熱あり、炉辺完形石棒は被熱のため3つに剥離、火災住居	称名寺Ⅰ古	渡辺 1990
桜並	横浜市緑区	J-4							B	B	倒立状態、位置不明	加曽利EⅣ古	坂上 1995
		J-10							A②	B②	石剣状2点、出土位置不明	加曽利EⅣ	
三の丸	横浜市緑区	EJ-2		A							炉址奥壁部、約90cm長、本来は樹立か	加曽利EⅣ	伊藤他 1985
		BJ-110		G							張出部中央部横位出土、石棒と対をなして円礫出土	加曽利EⅣ	
華蔵台南	横浜市緑区	8							A	F	奥壁部相当部に凹とともに大形破片で出土	堀之内Ⅰ	石井 1993
		12～14								F	破片、出土位置不明	堀之内Ⅰ	
川和向原	横浜市緑区	8							D		小形石棒、奥壁部出土	堀之内Ⅱ	石井 1995
原出口	横浜市緑区	12	D②						B①D①	B①D①	小形石棒、内1点滑石製垂飾	堀之内Ⅱ	石井 1995
		15		②					A①	A①D①	15号住居床面相当出土、位置不明、小形石棒	堀之内Ⅱ	
		20・21		G					B	B①F①	小形石棒張出部床面出土、他に筒形土偶・土器、大形石棒胴部破片二次加工品あり	堀之内Ⅱ	
荏田第2	横浜市緑区	15	D②								右空間部破損石棒2点立てる	称名寺	坂上・石井 1976
山田大塚	横浜市港北区	27		G					A		小形石棒完形、出入口部出土、多重複住居址	堀之内Ⅰ	石井他 1990
権田上	横浜市港北区	1		B							炉辺部	称名寺	今井 1978
平台北	横浜市神奈川区	5地点						G	B	C	環礫方形配石遺構、張出部配石材に有頭石棒破片	加曽利BⅠ	戸田他 1984
青ケ台	横浜市金沢区	3地点						G	B	A	炉址か張出部の敷石のみ検出、張出部先端に石皿、張出部敷石材として石棒を利用	堀之内Ⅱ	佐野・西田他 1994
東正院	鎌倉市	2環礫		F②					A②	A①E①	環礫方形配石遺構、配礫中、小形石棒2点出土、被熱帯びる	加曽利BⅠ	鈴木 1972
下鶴間長堀第2地点	大和市	1		B					B	D	被熱を帯び炉址近くに破片となって出土、他にも火を受けた石砕片多量出土	加曽利EⅣ+称名寺Ⅰ	相田他 1993
上栗原D	座間市	敷石住		G?					B	B	縁石をもつ敷石住居址の外縁部出土、張出部不明	堀之内Ⅰ	浅野 1982
鳥居前	藤沢市	2		A					A	A	奥壁寄り壁際縁石近く横位出土、被熱帯びる	加E末～称名寺	神奈川埋文1996
原口	平塚市	4	①						B	B	被熱を帯び破損	称名寺	長岡 1996
新戸	相模原市	J-1		A					B	E	奥壁部出土、被熱帯びる、J-9号敷石出土と接合	加曽利EⅣ	御堂島 1988
		J-4								D	小形扁平石剣タイプ、出土位置不明	加曽利EⅣ	
		J-9		F					B	B	左壁部出土、J-1号出土と接合、他に破片1	加曽利EⅣ古	
当麻第3地点	相模原市	10敷石		F					B	C	奥壁部縁石際出土、小形石棒頭部破片	加曽利EⅣ	白石他 1977
下北原	伊勢原市	16敷石		G					B	B	張出部出土	堀之内Ⅰ	鈴木 1977
		19敷石					G			E	張出部敷石材	堀之内Ⅰ	
		22敷石								D	出土位置不明、敷石面出土	後期?	
		28敷石		G					B	B	張出部出土	加曽利EⅣ古	
		2環礫	①	F①					A②	B②	環礫方形配石遺構、奥壁部小礫近く1点出土	加曽利BⅠ	
曽屋吹上	秦野市	7敷石		D								堀之内Ⅰ	高山他 1975
馬場(No6)	愛甲郡清川村	J1		F					C?	D	縁石中樹立状態出土	加曽利BⅡ	鈴木他 1995
		J4		F					A	B	環礫方形配石遺構、北側小礫中小形石棒片出土、他に周堤礫(J1号配石)近くから有頭石棒出土	加曽利BⅡ	
塚田	南足柄市	SI-15									張出部敷石中出土	後期前葉?	安藤 1996
		SI-3									張出部敷石中石棒樹立	加曽利EⅢ	
尾崎	足柄上郡山北町	11									張出部敷石面横位出土	称名寺Ⅰ	岡本他 1977
沼代	小田原市										出土位置等不明	堀之内?	西村 1950
大蔵	東京都世田谷区	配石址		E①			F②	A①		D②E①	縁石に2個使用、配石址と報告されているが、縁石をもつ柄鏡形敷石住居址と判断される	加曽利EⅣ	石井他 1962

226　第3章　敷石住居址と祭祀

遺跡名	所在地	号								備考	時期	文献
眉山	練馬区	1		③				B③	C①	3点覆土中出土、内1点は扁平	加曽利EⅣ	佐伯他 1982
御殿前	北区	SI303	A					A	B	奥壁部被熱帯びて破砕状態で出土、近接して大形深鉢、礫器出土、張出部不明	称名寺Ⅰ	小林他 1988
出山	三鷹市	1				B			E	住居址中央部敷石中、敷石材として出土	堀之内Ⅰ	関塚他 1979
井の頭池A地点	三鷹市	SI-8			①					張出部先端部埋甕の縁石として配置	称名寺	吉田他 1988
前原	小金井市	4		F					E	壁柱穴をめぐる周礫中胴部破片出土	加曽利EⅣ	小田他 1976
はけうえ	小金井市	9		F				A?	B	奥壁部周礫中、石皿とともに横位出土	加曽利EⅣ	小田他 1980
野川公園北境界	小金井市	Aトレンチ						G	E	埋甕を伴う張出部の敷石材として配置	堀之内Ⅱ	Kidder他 1990
恋ケ窪	国分寺市	110		F①G②						昭和12年調査遺構の再調査の結果、張出部を新たに検出、張出部に2個の石棒	加曽利EⅣ	後藤 1937 国分寺市 1995
向郷	立川市	SI-14	①					B	C	頭部破片覆土中出土	加曽利EⅣ	吉田 1992
谷保東方	国立市	2					F	A	B	縁石中、小形石棒	加曽利EⅣ	渡辺他 1978
自由学園	東久留米市					①				炉石材として石棒片樹立	加曽利EⅣ	大場 1936
新山	東久留米市	20		D①E①	①				D①	石囲炉脇横位1点、他2点破砕状態出土、敷石材に石皿、大形凹石利用、周礫内焼土堆積	加曽利EⅣ	山崎他 1981
		21			①				E	張出部埋甕の側石として配置	加曽利EⅣ	
吉祥山	武蔵村山市	2	③					B③		石刀タイプ3点出土、他に異形台付土器	加曽利BⅢ・曽谷	高橋他 1979
甲の原	八王子市				①					炉石に石棒転用	堀之内Ⅱ	吉田 1980
山王台	八王子市	B地点		G②				A・B		張出部先端部石棒2点樹立	加曽利EⅣ	中村 1960
西中野	八王子市			D①		①		B①	B・D	炉石材に石棒、床面上に石棒下半部と丸石	加曽利EⅣ	佐々木 1967
北野	八王子市			G②				B②	A②	張出部に有頭石棒2点横位出土	称名寺	吉田 1959
多摩NT№67	八王子市									敷石材に石皿転用、石棒破片、出土位置不明	加曽利EⅣ	可児 1995
多摩NT№796	八王子市	2								張出部横位出土	加曽利EⅣ	川崎他 1986
船田	八王子市	B-15			①			A①	B・D	炉辺樹立、他頭部1点	加曽利EⅣ	城近他 1970
		C-35	B					A	B	炉の横に樹立	加曽利EⅣ	
椚田第ⅢC地区	八王子市	SB-53							D	出土位置不明、他にSB18・54からも出土しているらしいが詳細不明	加曽利EⅣ	服部他 1976
上布田第2地点	調布市	SI-04	C①					B①	A② A・B	敷石床面上1点横位出土、本来は樹立か、被熱あり	称名寺Ⅰ古	赤城他 1992
武蔵台	府中市	J-22	F					B	A	周礫中出土、周礫沿い焼土あり、石棒被熱帯びる	加曽利EⅣ古	河内他 1994
忠生	町田市								A	外周部に沿って焼土堆積、完形石棒床上出土	加曽利EⅣ	川口 1992
木曽森野	町田市	J1敷								出土位置不明	加曽利EⅣ	前田他 1993
		J2敷							F	石棒断片	加曽利EⅣ	
		J3敷				①		B	B F	破砕状態で敷石礫の一部として出土、他に1点、遺構外とJ5号住出土のものが接合	加曽利EⅣ	
なすな原№1	町田市	120						A	A	基部に彫刻もつ石剣完形品、出土位置不明	晩期前半	成田他 1984
		123		D①E②				A②B①	A②B	石剣3点、東壁寄りに2点、西壁寄りに1点床面上出土、うち、1点基部に彫刻あり	晩期前半	
		134						A	B	石剣破片、出土位置不明	晩期前半	
		136						A	B	出土位置不明、張出部不明確	加曽利BⅡ	
		150						B③	A①B②	小形石棒3点、内1点頭部に彫刻あり、出土位置不明	晩期前半	
		153他	①					B	B	ピット上出土、小形有頭石棒1点、151～153号住	晩期前半	
		154						A・B	B②	石棒・石剣類4点、出土位置不明、内2点のみ掲図	晩期前半	
		158 159		①				A②B②	A①B	石剣3点、内1点床面出土	晩期前半	
桜ケ丘ゴルフ場	多摩市	2							E	柱穴内横位出土	堀之内Ⅰ	吉田 1961
平尾台原	稲城市	3次2	G					B	B	張出部敷石上横位出土、敷石面被熱帯びる	後期前葉?	小谷田 1981
西秋留	秋川市	1	G							張出部に出土、形状等不明	加曽利EⅣ?	後藤 1933
二宮	秋川市	敷石					G	A	B	張出部敷石材として利用	加曽利EⅣ	河野他 1975
前田耕地	秋川市	1敷				①		A	B	敷石材として利用	堀之内Ⅰ	紀野他 1979
新井	西多摩郡日の出町	2	①							石棒破片	加曽利E末?	酒詰他 1942
西の平	西多摩郡奥多摩町	9	②							床面下炉址東側石棒破片2点出土、被熱帯びる	称名寺Ⅰ	安藤 1991
大石山	利島村	1	G①					B	E②	炉辺部敷石材及び張出部に石皿とともに出土	称名寺Ⅰ	後藤他 1959 小杉他 1986
宮地	埼玉県狭山市	敷石					F②	A②	B②	縁石として2点利用、他に張出部に独鈷石	加曽利EⅣ	城近他 1972
俣野	入間郡三芳町				①					埋甕の縁石に石棒利用	加曽利EⅣ	埼玉県 1980
加能里	飯能市						G		E	石棒破片張出部の敷石材として利用	加曽利EⅣ	富元他 1991

第1節 柄鏡形(敷石)住居と石棒祭祀　227

五明	比企郡玉川村	敷石		①				炉上石棒断片	堀之内	坂詰 1961
出口	深谷市	9			①		E	埋甕を囲む縁石に利用	加曽利EⅣ	柿沼他 1977
樋ノ下	大里郡寄居町	28	B			B	B	炉脇横位出土、本来は樹立か	称名寺	細田 1994
	大里郡寄居町	32			①		E	炉址内覆土中出土、小形石剣破片	加曽利EⅣ	
丸山台	和光市	M-2D・E				A	B	6軒の重複、柱穴と樋床土から小形石棒出土 2Cからも石棒状石器出土	堀之内Ⅱ	野中他 1992・93
		3					E	小形石棒片、出土位置不明	堀之内Ⅱ	
下加	大宮市	40			①	A① D②	A①	炉辺部樋乱から炉材と思われる1点他、樋乱土より2点、石皿完形埋甕に接して出土	加曽利EⅣ	山形他 1992a
		46	G				E	張出部対ピット上、凹石に転用胴部破片出土	称名寺	
		52			①		D	炉材として転用、石皿も炉材として使用	加曽利EⅣ	
指扇下戸	大宮市	4	E①			B①	A・E	扁平小形石棒、大形被熱石棒破片1床面出土、伏甕	加曽利EⅣ	山形他 1992b
西大宮バイパスNo6	大宮市	1		①			E	炉址内石棒破片出土	加曽利EⅣ?	山形他 1995
東北原	大宮市	2				A②	A・B	石剣2点、出土位置不明、亀形土製品、耳飾など	晩期前半	山形他 1985
		3				A② B①	B③ E①	石剣破片4点、出土位置不明、他に独鈷石	晩期初頭	
		7					E	小形石棒破片、出土位置不明	安行Ⅱ～Ⅲ	山形他 1991
皿沼	南埼玉郡白岡町	7			①		D	埋甕上に蓋石状に横位出土	称名寺Ⅰ	青木他 1983
高井東	桶川市	1	①			B	B	石棒頭部、覆土層出土	安行Ⅰ	城近他 1974
		5	①	①		B②	B・F	出土位置不明	加曽利BⅡ	
		7	③			A① E②	B①	覆土層3点出土	加曽利BⅠ	
		8					B①	覆土層3点出土	安行Ⅲa	
		10A	④			A① E③	B①	覆土層石剣3点出土	安行Ⅲa	
		12	①			B	B	覆土層出土、小形、彫刻ある頭部	安行Ⅰ	
		13	⑤			B② D② E①	A②	覆土下層出土、石剣5点	安行Ⅱ	
		21	①				E	覆土層出土	加曽利BⅢ	
		27	②			B①	B①	覆土層出土、1点は破片、彫刻石棒頭部1点	加曽利BⅡ・Ⅲ	
坂東山	入間市	B3		G			D	張出部に樹立状態で出土 第2次調査70号住にも石棒出土：報告書未見	加曽利EⅣ	谷井他 1973
泉水山	朝霞市							出土位置等詳細不明	加曽利EⅣ	宮野他 1974
一の谷西貝塚	千葉県 松戸市	1		E①		②	D① E②	石囲炉の炉石材に2個、石皿とともに利用、他の1点は、破損後凹石として利用	加曽利EⅣ～称名寺Ⅰ	川名他 1984
		3	G				E	大形胴部破片、張出部ピット上出土、凹痕あり	称名寺Ⅰ	
金楠台	松戸市	1	③			A③ B②	B③ C②	1号住覆土とその周辺出土	称名寺Ⅰ	沼沢 1973
		2	A① D①			B①	C① E①	頭部破片状態で出土	加曽利EⅣ	
権現原地区	市川市	3	①	F①		F②		破片2点、内1点はピット内出土	称名寺Ⅱ	浅川他 1987
堀之内地区A区	市川市	5	D			F		西壁際床面出土、被熱	称名寺	
曽谷貝塚17地点(高谷津)	市川市	11	A① G①			A① E①		張出部対ピット基部に横位出土、本来は樹立か、他の1点は奥壁部出土、凹石として利用、被熱	称名寺Ⅰ	渡辺 1986・95
築地台貝塚	千葉市	3	②			B①	A①	石剣完形出土、小形石棒は胴部破片、出土位置不明	安行Ⅲa	折原他 1978
千代田Ⅳ区	四街道市	3					E	出土位置不明	称名寺Ⅰ	米内他 1972
		5	④			A①	B①	小形石棒片覆土中出土	安行Ⅰ	
祇園原貝塚	市原市	19	A				E	床面よりやや浮いて出土	加曽利BⅢ～曽谷	米田他 1978
能満上小貝塚	市原市	12				B① E⑦ D・C	B①	石棒4、石剣6、独鈷石1 出土位置不明	晩期前葉～中葉	忍澤 1995
嘉登	袖ヶ浦市	36	D			B	A	北東壁際床面上出土、小形有頭石棒完形	加曽利EⅣ	西原 1994
沼尾原	茨城県 鹿島郡嘉島町	202		①			E	炉址内大形石棒樹立	加曽利B	森下他 1980
乙女不動原北浦	栃木県 小山市	J9		C①		C① B・D	A①	出入口部近く両頭の完形小形石棒横位出土、他に石刀片1点、両頭石棒下部頭部破片1点出土	安行Ⅲd	三沢他 1982
		J12	B			A	B	小形石棒、下部欠損のほぼ完形品	後期末	

遺跡名	所在地	号数							備考	時期	文献
空沢	群馬県渋川市	1次1	E①			③	A① B①	B① E② F①	頭部破片1点他の破片は敷石材に利用	加曽利EⅣ	大塚他 1979
空沢	群馬県渋川市	3次24	C① F①						2点出土、形状・破損状態等不明	加曽利EⅣ古	大塚他 1982
荒砥前原	前橋市	C区3	C				A	E	接続部埋甕と炉址の間の敷石面上やや浮いて横位	加曽利EⅣ	藤巻他 1985
芳賀東部団地	前橋市	J6	F					D① F①	1点は石棒破片を再加工	加曽利EⅣ～称名寺	井野他 1990
		J8	D				A	B		称名寺Ⅱ	
		J9	F⑤				A② B②	B③ C① E①	周礫周辺から破損品5点出土	称名寺Ⅰ	
		J10	F					E	周礫部破損品1点	称名寺Ⅰ	
		J11	F					E	東側周礫部破損品出土	称名寺Ⅰ	
		J13	G					E	張出部先端部出土	加曽利EⅣ～称名寺Ⅰ	
西小路	勢多郡大胡町	6	A				B	A	奥壁部横位出土、大形石棒完形	加曽利EⅣ	山下 1994
中大塚	藤岡市	1	E?				B	F	敷石プラン西南1.5mのところに出土	加曽利EⅣ	塚越 1974・88
三原田	勢多郡赤城村	1-48		②			A①	B①	石囲炉に接して石棒2点並べる	称名寺Ⅰ	赤山 1980・92
		2-1		①			B	B	炉址内破片出土	加曽利EⅣ	
		2-57	①					E	覆土中胴部破片出土	堀之内?	
		4-6	G②				A②	A① B①	張出部接続部付近2点出土	称名寺Ⅰ	
小室	勢多郡北橘村	1	B②					E②	炉の東40cmとその北60cmに2点	加曽利EⅣ	相沢他 1968
長井（権田）	群馬郡倉渕村		G③					E③	接続部方形石組み施設に接して出土	加曽利EⅢ	山崎 1953 松島他 1988
糸井東地区	利根郡昭和村		B						石囲炉脇に大形石棒樹立	後期	平野 1995
白倉下原	碓氷郡松井田町	A区37	B				A	A	小形石棒炉部出土	堀之内Ⅰ	木村他 1994
		B区26				G	A	F	張出部敷石材に転用、凹痕あり	称名寺Ⅰ	
田篠中原	富岡市	1配石	B				A	B	炉辺部出土、凹石に転用	加曽利EⅢ	菊池他 1990
下新井	北群馬郡榛東村	J-1A					A③	A① B②	出土位置不明、小形石棒3点、他に胴部破片1点	晩期前半	洞口他 1985
		J-3	B?				B	C	炉址北方出土、有頭部破片	後期中葉～後半	
佐渡畑	福島県大沼郡三島町	2	F						敷石の南東、外壁部に上端に凹みある立石（石棒）	綱取Ⅱ	小柴 1971 鈴鹿他 1989
倉屋敷	郡山市	24								綱取Ⅰ	鈴鹿他 1989
西方前	田村郡三春町	3		①			B	B	石囲炉址のコーナーに樹立	綱取Ⅱ	仲田他 1989・92
赤坂	静岡県伊東市		A?				B	A	北西壁際大形石棒、本来は樹立の可能性あり	曽利末?	長田 1954 小野 1975
段間	賀茂郡河津町	1				C			主体部南縁に大形石棒破片敷石として利用	加曽利EⅣ古	寺田 1972
大塚	田方郡修善寺町	A区3	C③						出入口部付近3点出土	加曽利EⅣ	小野他 1982
		A区4	A				B	B	奥壁部有頭石棒横位出土	曽利Ⅴ	
		B区14			①	G②	A①	B①	炉石材1点、張出部敷石材2点、炉石材に石皿転用	堀之内Ⅰ	
		D区9	B① F①						炉辺部と南壁際に2点出土	堀之内Ⅱ	
		D区13							石棒1点、出土位置不明	堀之内Ⅱ	
北山	三島市	5				G	B	B	出入口部敷石材として使用	加曽利BⅠ	鈴木 1986
		12	G②			G②	A② B②	B④	張出部敷石両側端部に有頭石棒2点樹立、無頭石棒2点張出部敷石材として使用	加曽利BⅣ	
十石洞	三島市	1	C?				B	A?	炉辺部敷石住居、南壁寄りに横位出土	加曽利EⅣ	寺田他 1990
千枚原	三島市	B1	G②				B①	B① D①	張出部敷石内出土	加曽利B?	山内他 1967
		B2	G						小形石棒1点、張出部敷石内出土	加曽利B?	
上白岩	田方郡中伊豆町	3					A	B	無頭石棒1点、出土位置不明	加曽利EⅢ	鈴木他 1979
法能	山梨県都留市		B②						炉辺部石棒2点横位出土	堀之内～加曽利B	山本 1957
大塚北原	西八代郡三珠町		G?						張出部と思われる位置に石棒樹立	堀之内	宮崎 1936
大月	大月市	1	E				A	B	敷石面上石棒横位出土	加曽利E末	長沢 1995
塚越北A	東八代郡一宮町	SX-01				①		E	張出部先端部縁石利用	堀之内	小野他 1986

第1節　柄鏡形(敷石)住居と石棒祭祀　229

遺跡名	所在地	号	列3	列4	列5	列6	列7	備考	時期	文献
塚越北B	東八代郡一宮町	SB-10	G②					張出部2点出土	称名寺?	小野他 1986
姥神	北巨摩郡大泉町	7	G③			D③		小形石棒1他、3点張出部出土、内2点直立	堀之内～加曽利BⅠ	櫛原 1987
姥神	北巨摩郡大泉町	9	C			B	B	出入口部付近出土	加曽利BⅠ～Ⅱ	櫛原 1987
金生	北巨摩郡大泉村	6				B	C	石囲み住居、小形石棒住居址周辺出土	後期後葉	新津 1989
		14				A	A	扁平小形、石剣に近いか?	晩期前半	
		17					B	石剣、10・17号住出土とある、位置不明	晩期後半	
		21				A	B	出土位置不明	晩期前半	
		22					D	出土位置不明、小形石棒	晩期前半	
		28				B	A	石剣完形品、28号住居址外とある、位置不明	晩期前半	
		29					A	石剣完形品、出土位置不明	晩期中葉～後葉	
		30				B	B	小形有頭石棒、30A号住出土、位置不明	晩期中葉～後葉	
		31				B②	B① C・E	小形石棒破片3点、出土位置不明 他に表では11・18・20・27住から出土していると されているが、実測図ないため不明	晩期前半	
石堂B	北巨摩郡高根町	3						長さ25cmの石棒1点、ヒスイ玉、耳飾30、石冠	後期中葉?	雨宮他 1986
郷蔵地	北巨摩郡須玉町	1	A②			A②	A① B①	奥壁部敷石面横位出土、内1点は柱状の石、他に奥 壁部に伏甕、丸石、三角壔形土製品	加曽利EⅣ	田代 1987
古宿道の上	東山梨郡牧丘町	2			F③		B③	縁石に3点、他に敷石材に2点、遺構上に1点	堀之内Ⅱ	森 1981
上平出	北巨摩郡小淵沢町	7J	B?				E	炉の南東に小形石棒胴部破片出土	堀之内Ⅱ?	末木他 1974
上横道	長野県 諏訪郡原村	1	B?			B	B	長方形プラン、中央部に被熱石棒横位出土、敷石住 居としては?	堀之内Ⅱ	武藤 1968
梨久保	岡谷市	26	C			B	B	接続部付近横位出土	堀之内Ⅰ	戸沢他 1986
花上寺	岡谷市	53		①		A①	A①	石囲炉の隅に破片樹立、他に石剣床面に刺さった状 態で出土	後期	高林他 1987 1996
吹付	佐久市	9	B				E	胴部破片、炉辺部出土	加曽利EⅣ	百瀬他 1991
鵜ワネ	佐久市	2		①			E	胴部破片、凹石に転用後、石材として使用	称名寺Ⅰ	羽毛田他 1988
宮平	北佐久郡宮平	J-13	①					床面出土、空間の位置不明	堀之内	林 1985
南石堂	北佐久郡軽井沢町	3-5			D			敷石材に転用、他に丸石	堀之内Ⅱ	上野他 1968・83
郷土	小諸市	83						3点出土、位置不明	後期初頭?	桜井他 1994
三田原	小諸市	4					D	小形石棒1点	堀之内Ⅰ	宇賀神他 1992
石神	小諸市	J1					E	胴部破片、出土位置不明	後期中葉	花岡他 1994
		J3				B	B・E	出土位置不明	後期前葉	
		J28				A	B	石剣1点	晩期中葉	
古屋敷A	小県郡東部町	SB03	C					接続部両側に立石、その付近から石棒出土	後期前葉?	川崎 1993
桜井戸	小県郡東部町	4	B②			B①	C①		加曽利EⅣ古	土屋他 1970
八千原	上田市	B-25	G					張出部に石棒と柱状石対状に樹立	堀之内Ⅱ	久保田他 1991
大庭	北佐久郡立科町	J5		①				炉址内1点	加E末+曽利Ⅴ	島田他 1990
円光房	埴科郡戸倉町	5		①		B	B	石囲炉址隅に小形有頭彫刻石棒樹立	加曽利EⅢ	原田他 1990
伊勢宮	下高井郡山ノ内町	A区1	G					張出部の土坑内から石棒破片	堀之内Ⅰ	田川 1995
葦原	東筑摩郡波田村	1	E				E		加曽利EⅣ?	小松 1966
北村	東筑摩郡明科町	SB555				G	E②	張出部に胴部破片出土、他に破片1点	加曽利BⅠ	平林他 1993
		SB559				D①		小形石棒、出土位置不明	堀之内Ⅱ	
		SB560				A	B	無頭石棒、出土位置不明	加曽利EⅣ	
		SB573					B	出土位置不明	加曽利EⅣ	
		SB574					B	出土位置不明	加曽利EⅣ	
		SB594					B	小形石棒、出土位置不明	加曽利BⅠ	
		SB595	B				B	小形有頭石棒頭部破片	称名寺	
坪井	上高井郡高山村	寺宮2	A				E	他に凹痕もつ石皿、砲丸状自然石	加曽利EⅣ?	関 1969
林山腰	松本市	4	G②			A② B①	A② B①	自然石に近い無頭石棒2点接続部付近に対状に樹立 他に有頭石棒1点出土、他3点	堀之内Ⅱ	竹原他 1988
瑠璃寺前	下伊那郡高森町	3		①		B	B	奥壁部埋甕内有頭石棒樹立	称名寺	神村 1972
戸場	木曽郡南木曽町	1	B			A	B	炉辺部小形石棒	堀之内	白沢 1983
		2	B				B	炉辺右空間小形石棒出土	堀之内	

* 出土位置の表示　A：奥壁部　B：炉辺部　C：出入口部　D：右空間部　E：左空間部　F：周縁部　G：張出部
* 形状の表示　A：無頭石棒　B：有頭石棒　C：両頭石棒
* 破損状態の表示　A：完形　B：胴下半部欠損　C：頭部　D：胴下半部　E：胴部破片　F：破片
* ○印中の数字は石棒の出土点数を示す
* 各事例の参考文献は、巻末の「柄鏡形(敷石)住居址発見事例参考文献一覧表」を参照願いたい。

230　第3章　敷石住居址と祭祀

第4表　柄鏡形（敷石）住居址内出土石棒事例追補表（1996年2月以降）

遺跡名	所在地	住居址番号	出土状態 覆土	出土状態 床面	出土状態 炉址	出土状態 埋甕	出土状態 炉石	出土状態 敷石	形状	破損状態	備　考	時　期	参考文献
谷保東方	東京都国立市				①				不明	E	炉辺部に接して石棒胴部破片と石皿が接して置かれる	加曽利EⅣ＋称名寺Ⅰ	佐々木他 1997
多摩ニュータウンNo.245	東京都町田市	1	①						B	C	小形有頭石棒頭部破片	堀之内Ⅰ	山本他 1998
		21		B					B	B	炉近く、配礫とともに出土	加曽利EⅣ古	
		52		E					A	A	被熱した石柱状石棒横位出土、火災住居、砂利敷き	堀之内Ⅱ	
多摩ニュータウンNo.341	東京都町田市	21		D					不明	D	ピット上出土、頭部欠損の小形石棒、被熱	堀之内Ⅰ	山本他 1998
野津田上の原	東京都町田市	4敷							不明	E	出土位置不明	加曽利EⅣ	後藤他 1997
七ツ塚	東京都日野市	第2地点2		F③					B① E②	B① E②	周縁部敷石面3点	称名寺Ⅰ	和田他 1997
		第2地点3		②					B①	B① E①	凹み痕多数、被熱	称名寺Ⅰ	
		第2地点6						G	不明	E	縁石材に利用	称名寺Ⅰ	
小比企向原	東京都八王子市	J-78									1点出土、位置・形状不明	加曽利EⅣ	吉田他 1998
		J-105								D E	2点出土、出土位置は報告書に記載なし	加曽利EⅣ	
寸嵐	神奈川県津久井郡相模湖町	J-1						G	A	A	張出部の敷石材に転用。砥石と報告されているが無頭の石棒と思われる	堀之内Ⅰ～Ⅱ	吉田他 1998
会ノ谷	埼玉県浦和市	34		G					B	B	張出部接続部寄りピット内斜位樹立	加曽利EⅣ	青木他 1996
中谷	山梨県都留市	12		D E					A②	A② B①	敷石床面上2個、1個は出土状態不明	曽利Ⅴ	長沢他 1996
大月	山梨県都留市	1		D					A	B	敷石床面上横位出土、他に出土位置不明1（胴部破片）	加曽利EⅣ	長沢他 1997
		2									石棒4点（出土位置不明、胴部破片3、胴下半部欠損1）	加曽利EⅣ	
		7									石棒3点（出土位置不明、胴部破片3）	加曽利EⅣ	
		10		C					B	B	張出部の接続部付近、横位出土、樹立していた可能性が指摘されている	加曽利EⅣ	
		13									石棒2点（出土位置不明、無頭胴下半部欠損1、胴部破片1）	称名寺Ⅰ	
水口	山梨県東八代郡境川村	1		A②					A① B①	C② E①	炉址内1、奥壁部付近敷石中2	堀之内Ⅰ	平野・櫛原他 1994

＊　出土位置の表示　　A：奥壁部　B：炉辺部　C：出入口部　D：右空間部　E：左空間部　F：周縁部　G：張出部
＊　形状の表示　　　　A：無頭石棒　B：有頭石棒　C：両頭石棒
＊　破損状態の表示　　A：完形　B：胴下半部欠損　C：頭部　D：胴半部　E：胴部破片　F：破片
＊　○印中の数字は石棒の出土点数を示す

　先の論攷（山本　1979）において指摘したように、石棒は中期後半期：加曽利E式併行期以降に住居址内出土事例が増加する傾向が指摘できるが、柄鏡形（敷石）住居形態が完成を遂げる中期終末期：加曽利E式終末期併行期に遺跡数・事例数がもっとも多いことに着目しておく必要があろう。続く後期初頭期：称名寺式併行期の事例を加算すると、全体の事例の7割弱の遺跡数と約5割強の事例数が中期終末期から後期初頭期に集中する傾向を示すのである。

(2)　**時期別にみた事例の検討**

　ここでは、柄鏡形（敷石）住居址から出土した石棒がどのようなありかたを示しているのかを明らかにさせるために事例の検討を行うこととする。検討に際しては、前項で触れたように大きく5時期に分けて、時期別の特徴を明らかにしたい。また、石棒祭祀のありかたを探るうえで重要と考えられる出土位置と出土状態の観察、石棒の形状・大きさ・破損状態などの特徴を中心に検討を加えることとする。

中期終末期

　この時期の事例は66遺跡81住居址例である。柄鏡形(敷石)住居の成立段階に相当する。近年の調査成果によれば柄鏡形(敷石)住居形態の成立は中期終末期でもやや古い、土器型式に照らせば、加曽利EⅢ式からⅣ式の古段階に求められる(山本 1995)が、ここでは細かな時期対比が目的ではないので、中期終末期として一括して扱ってみた。また、一部、加曽利EⅣ式に伴って称名寺式古段階の土器を出土する事例も含めてここでは検討を加えている。

　まず、出土位置をみると、覆土中出土例2、床面出土例62、炉址内及び近接出土例7、埋甕内及び近接出土例4、炉石材転用例5、敷石材転用例6、出土位置不明例8の94例である。1軒の柄鏡形(敷石)住居址内から複数の石棒が出土した例のうち異なる空間位置から出土した例があるため、事例数より上回っている(以下のカウント数も同様)。この出土位置からも明らかなように、この時期の事例では覆土中から出土した事例がきわめて少ないことが指摘できよう。出土位置が不明な事例中に覆土中出土事例もあると考えられるが、総じて廃絶された柄鏡形(敷石)住居の窪地に廃棄する傾向が低いことは確実であり、石棒祭祀のありかたを知るうえで重要な特徴といえよう。これに対して、転用例を含めた床面出土例が圧倒的多数を占めている。床面出土事例の空間的位置をみてみると、奥壁部出土例12、炉辺部出土例9、出入口部出土例6、右空間部出土例4、左空間部出土例9、周縁・周壁部出土例8、張出部出土例13、不明1の62例となる。先の論攷(山本 1979)でも指摘した点であるが、奥壁部から炉辺部、出入口部、張出部という主軸空間に出土する傾向が強い。ただし、樹立状態といった特殊な出土状態でないと、その出土位置がなにか特定の意味をもっていたのかを判断することは難しいことも事実である。

　これら床面出土例の中で特徴的な事例をあげてみると、まず奥壁部出土例では、詳細が不明だが、神奈川県三の丸遺跡E区J-2号住(第83図1)がある。柱状の細長い石棒(石柱)状の石が炉址に接して横転しているが、本来は奥壁部に樹立していたものと思われる。また、神奈川県鳥居前遺跡2号住(第83図2)、群馬県西小路遺跡6号住(第83図3)、山梨県郷蔵地遺跡1号住(第83図4)なども奥壁部空間に大形石棒が横位に出土している事例である。神奈川県鳥居前遺跡例は石棒が被熱を帯びている。山梨県郷蔵地遺跡1号住例は、石棒に接して柱状の石棒状石や丸石、伏甕、三角壽状土製品が奥壁部空間から出土しており、祭祀的空間としての色彩が強いことをうかがわせてくれる事例といえよう。

　炉辺部出土事例は、炉址内出土及び炉石材転用例を含めて炉址との関わりのうえでとらえるべきものと思われる。それらの事例をあわせると18例となり、石棒と炉址との関わり合いの強さをうかがわせている。その中で東京都新山遺跡20号住(第83図5)の出土状態は注目される。石囲炉址の脇に接して胴下半部の石棒が横位に出土している事例であるが、炉石材の転用の可能性もある。他に周壁を巡る小礫近くから2ヶ所に破砕状態で石棒が出土している。他にも敷石材に石皿や凹石が用いられていることや、周礫沿いに焼土の堆積が認められるなど、石棒祭祀にかかわる火入れ行為をうかがわせる事例である。

232 第3章 敷石住居址と祭祀

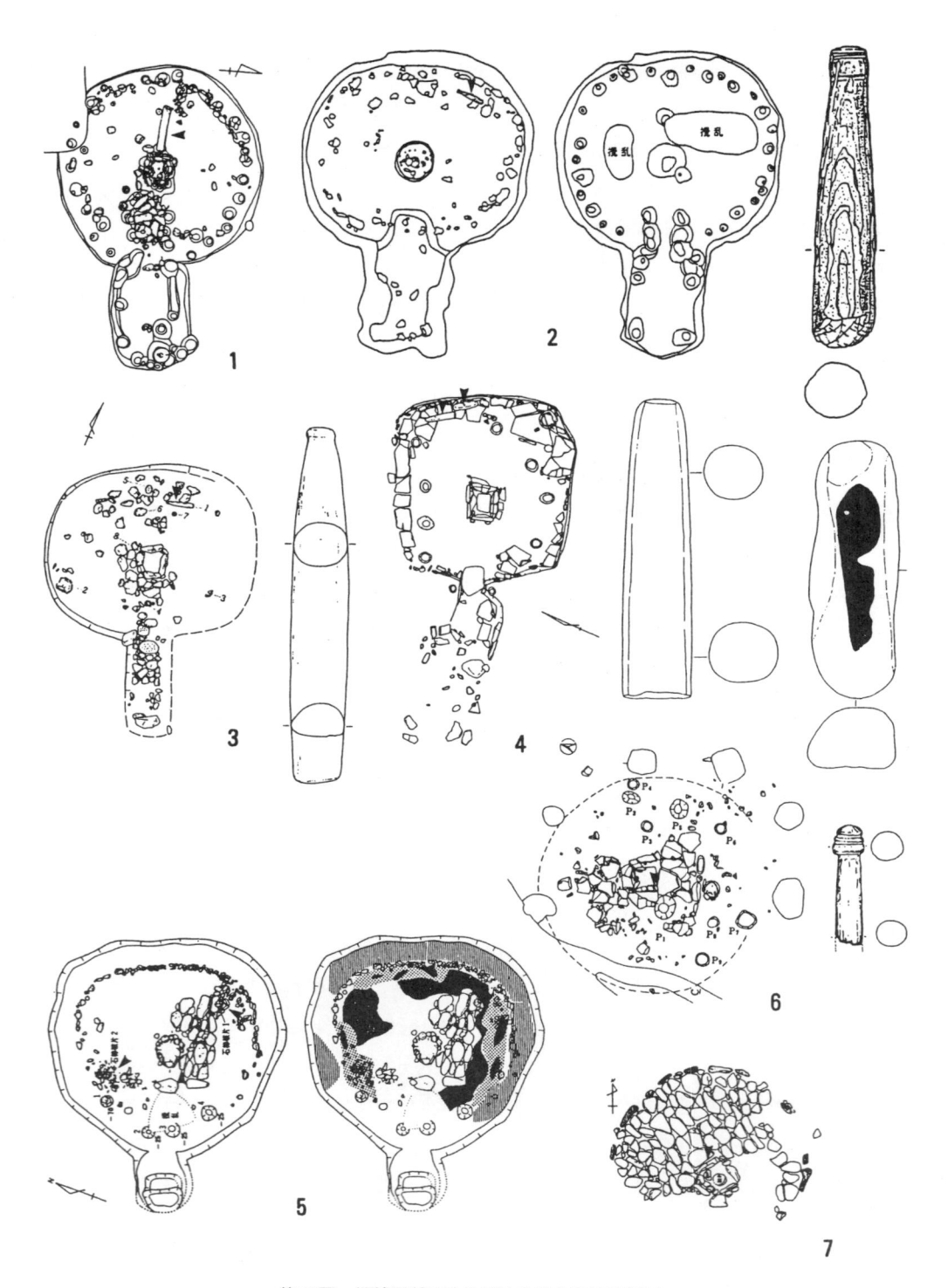

第83図 柄鏡形（敷石）住居址内出土石棒事例(1)
1：神奈川県三の丸E区J-2号住，2：神奈川県鳥居前2号住，3：群馬県西小路6号住，
4：山梨県郷蔵地1号住，5：東京都新山20号住，6：長野県円光房5号住，7：東京都西中野
住居址は1/120、石棒は1/6、以下同じ。矢印は石棒の出土位置を示す。

第1節　柄鏡形(敷石)住居と石棒祭祀　233

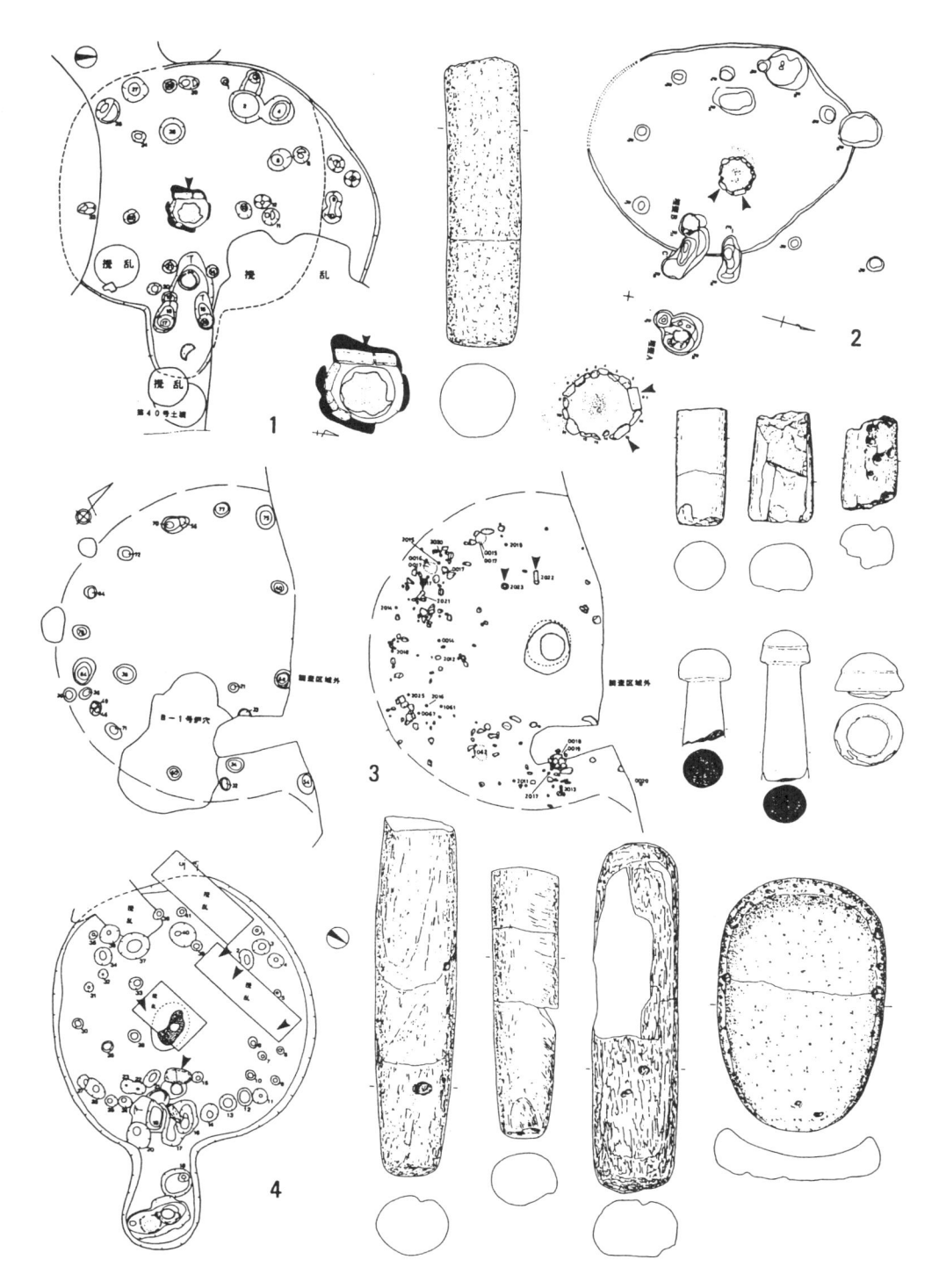

第84図　柄鏡形(敷石)住居址内出土石棒事例(2)
1：埼玉県下加遺2号住，2：千葉県一の谷西貝塚1号住，3：神奈川県稲ケ原A地点B-1号住，
4：埼玉県下加40号住

石囲炉址の一角に石棒を樹立させる事例は中期後半期にしばしば認められる特徴的なありかたである（神村 1995）が、この時期でも、東京都船田遺跡 B-15 号住、C-35 号住例や長野県円光房遺跡 5 号住（第83図 6）例のように石囲炉址の隅に小形の有頭彫刻石棒が樹立して出土した例などがあげられる。石囲炉址の炉石材として転用した例としては、東京都西中野遺跡例（第83図 7）のように有頭石棒を用いた例が代表的な事例といえよう。この西中野遺跡例は敷石面上からも、頭部を欠く石棒と丸石が並んで出土している。同様な事例は埼玉県下加遺跡 52 号住（第84図 1）や千葉県一の谷西貝塚 1 号住（第84図 2）などにもみられる。これら炉石材に転用した例は、破損した石棒が炉石材として用いるのに都合が良いという単純な理由からだけではなく、炉ないし火との関わりを意識して設置された可能性が強いとみるべきであろう。

この他、柄鏡形（敷石）住居の主体部空間内の床面出土事例の中から、いくつか代表的な事例をあげてみると、神奈川県稲ヶ原遺跡 A 地点 B-1 号住（第84図 3）のように炉辺からやや奥壁部と考えられる位置に有頭石棒の頭部と胴下半を欠く大形の石棒が 2 点と、壁際に巡る周礫中に 1 点の計 3 点が出土した事例や埼玉県下加遺跡 40 号住（第84図 4）のように 3 点出土した事例がある。下加遺跡 40 号住例は、撹乱のため断定できないが、1 点は炉石材に転用された可能性がある。また、張出部との接続部に埋設された埋甕に接して石皿が置かれている。埼玉県指扇下戸遺跡 4 号住（第85図 1）からは小形の扁平な石棒と大形の被熱を帯びた石棒破片が出土している。千葉県嘉登遺跡 SI-036 号住（第88図 3）は、埋甕を伴う出入口施設が竪穴プランの外側に張り出さない事例であるが、この出入口施設の右空間部から小形の有頭石棒が出土した事例である。群馬県荒砥前原遺跡 C-3 号住（第85図 2）、山梨県大月遺跡 1 号住、静岡県十石洞 1 号住（第85図 3）なども、敷石床面ないし床面から出土した事例である。こうした複数の出土事例を含めた柄鏡形（敷石）住居址主体部空間の床面出土事例は、前述したように、その置かれた位置になんらかの意味をもっていたのかは判然としない。

主体部空間の奥壁部から炉辺部・出入口部といった住居の主軸空間から出土する事例の多い傾向とは別に、プランの周壁沿いに出土した事例中にも特徴的な出土状態が指摘できる。例えば、東京都前原遺跡 4 号住（第85図 4）や同はけうえ遺跡 9 号住（第85図 5）例のように、周壁をめぐる壁柱穴にそって配される小礫（周礫）中に出土する事例がそれである。この周礫を住居使用時に存在した何らかの施設とみなすものなのか、あるいは、住居廃絶後に配された儀礼行為の姿なのかといった解釈に見解の違いがある（金井 1984、山本 1985b、石坂 1985 など）が、こうした周礫中に石棒が配されている点注目されよう。敷石をもつ柄鏡形住居址の縁石に転用された事例、例えば、東京都大蔵遺跡例（第85図 6）、埼玉県宮地遺跡例（第86図 1）などと同様な転用事例とみなすには、前原遺跡例のように周礫中に石棒とともに打製石斧や土器破片などを並び立てている特徴をみるとなんらかの特殊性をそこにうかがうことができるのではないだろうか。それは先にあげた神奈川県稲ヶ原遺跡 A 地点 B-1 号住例（第84図 3）も同様である。こうした問題に示唆的な出土事例が新たに報告された。それは、東京都武蔵台遺跡 J-22 号住（第86図 2）である。この住居

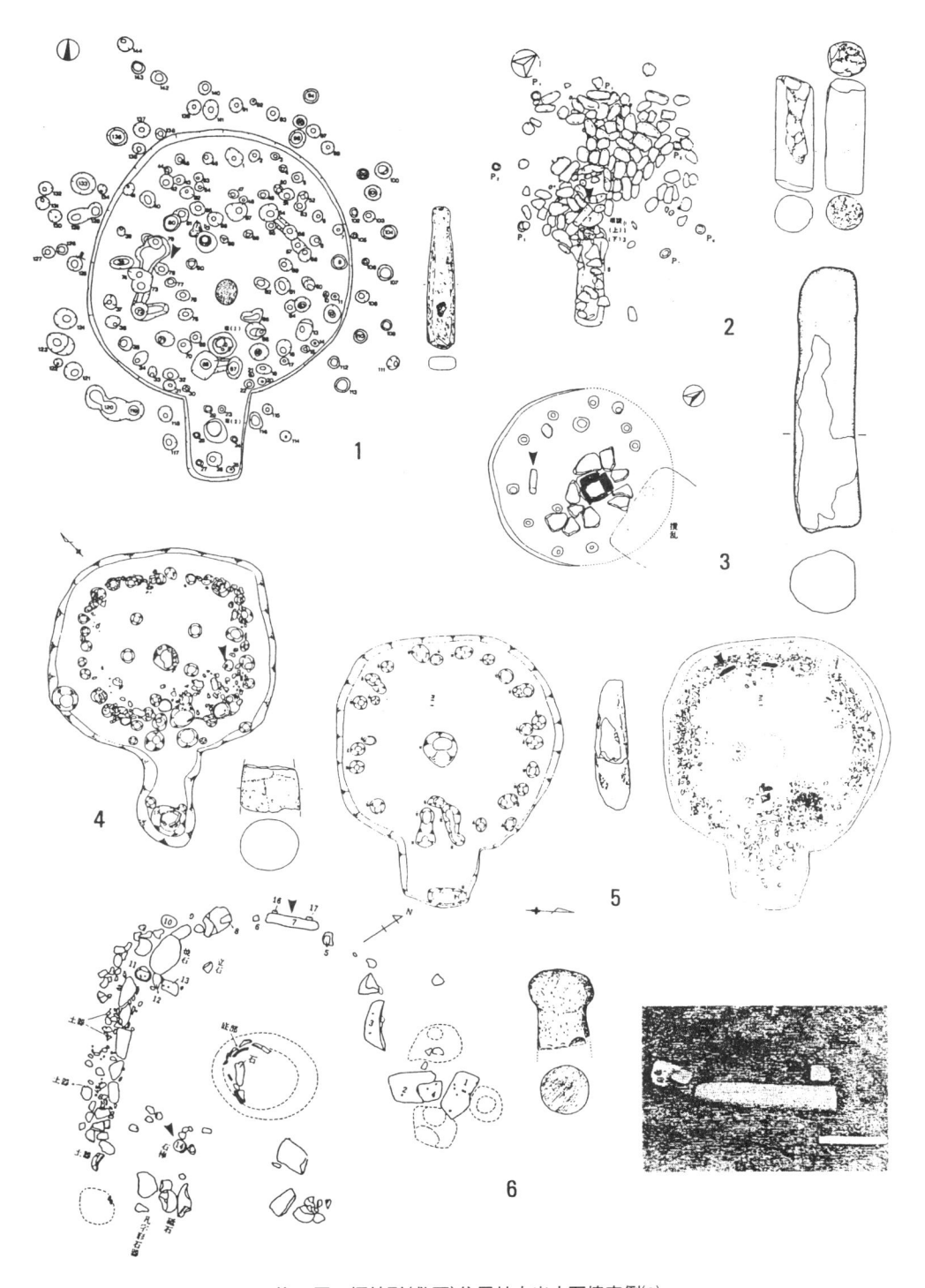

第1節　柄鏡形(敷石)住居と石棒祭祀　235

第85図　柄鏡形(敷石)住居址内出土石棒事例(3)
1：埼玉県指扇下戸4号住，2：群馬県荒砥前原C-3号住，3：静岡県十石洞1号住，4：東京都前原4号住，
5：東京都はけうえ9号住，6：東京都大蔵

236 第3章 敷石住居址と祭祀

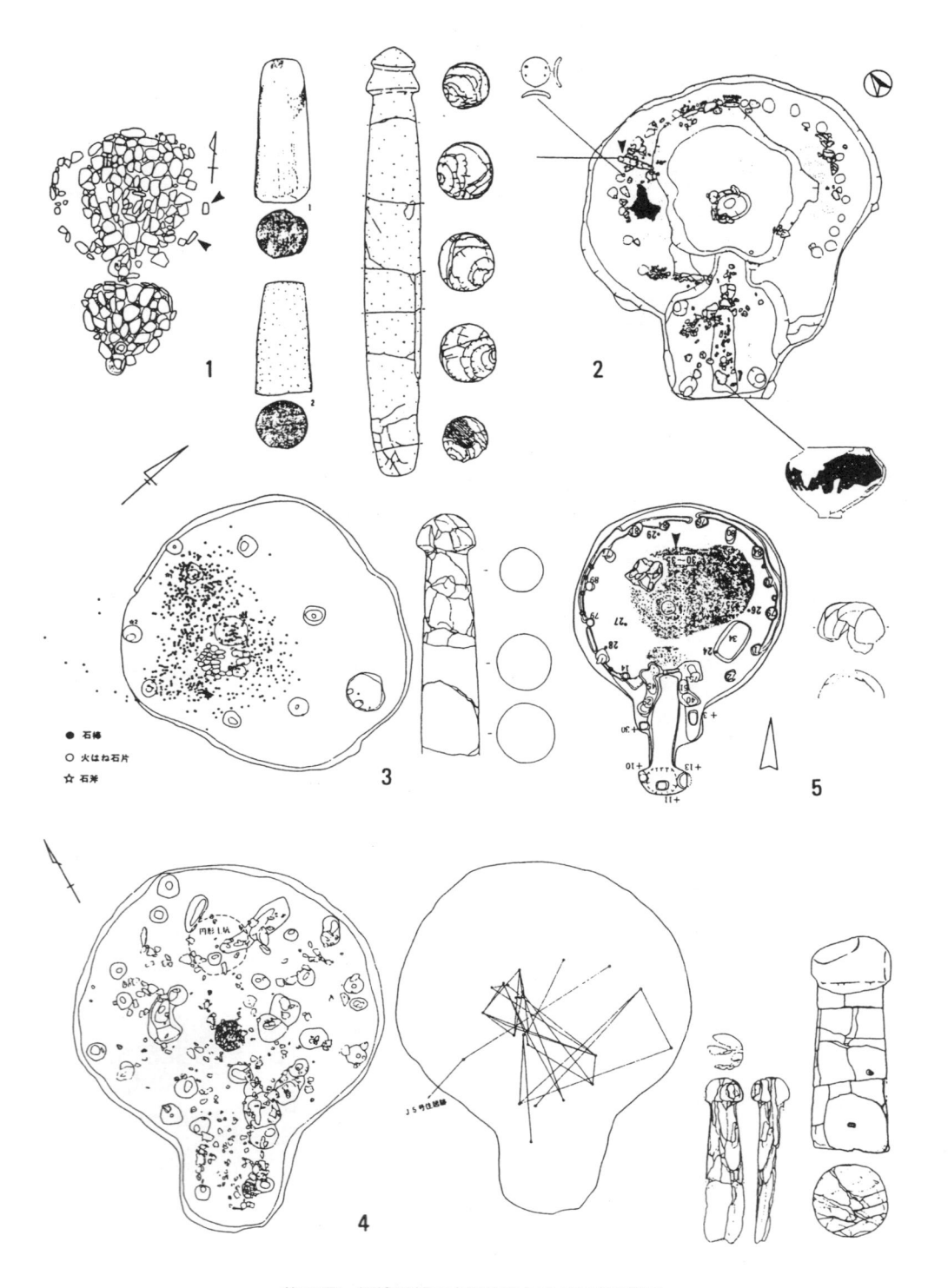

第86図 柄鏡形(敷石)住居址内出土石棒事例(4)
1：埼玉県宮地，2：東京都武蔵台J-22号住，3：神奈川県下鶴間長堀第2地点1号住，
4：東京都木曽森野J3号敷石住，5：千葉県金楠台2号住

第 1 節　柄鏡形(敷石)住居と石棒祭祀　237

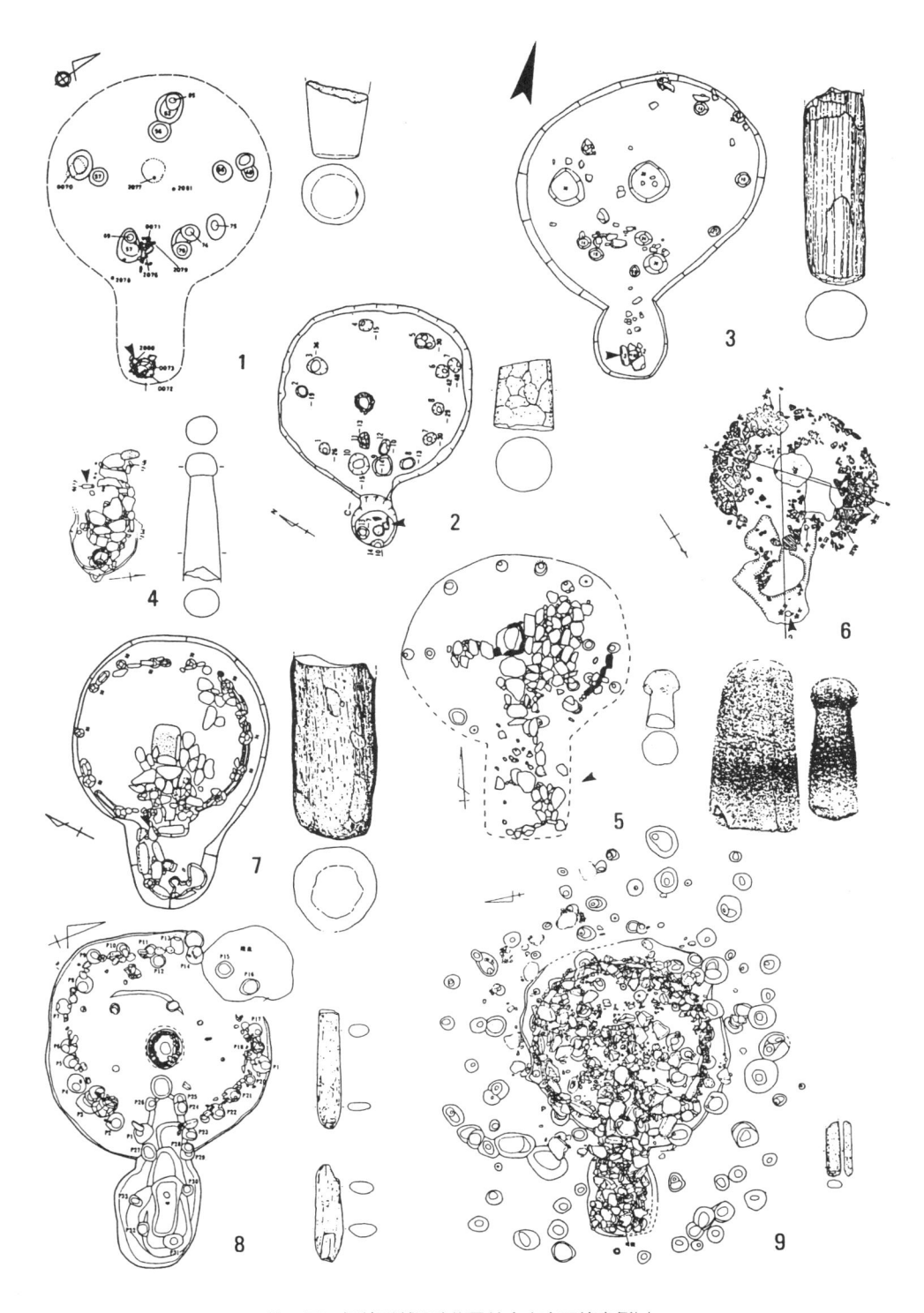

第87図　柄鏡形(敷石)住居址内出土石棒事例(5)
1：神奈川県稲ケ原Ａ地点Ｂ-5号住，　2：東京都新山21号住，　3：埼玉県出口9号住，
4：神奈川県下北原28号敷石，　5：東京都多摩ニュータウンNo.796-2号住，　6：東京都山王台Ｂ地点，
7：埼玉県坂東山Ｂ地点3号住，　8：神奈川県桜並Ｊ-10号住，　9：神奈川県新戸Ｊ-4号住

址は周礫をもつ典型的な柄鏡形住居址であるが、周礫にかさなるように大形の有頭石棒の完形品が出土しており、しかも周礫・壁柱穴の内側にそって多量の焼土がみられ、石棒も被熱のため破砕された出土状態を示している。このありかたに酷似する事例としては先にあげた東京都新山遺跡20号住（第83図5）があり、ほかにも詳細は未報告であるが、東京都忠生遺跡例も同様なありかたを示している。このように、周礫と石棒との関係が住居内の焼土の堆積や火熱を受けた石棒のありかたからも想像されるように、住居の火災と石棒や周礫が密接な関係を示しているのであり、単なる火災住居の姿としてとらえるのではなく、何らかの住居廃絶に伴う火入れ行為という廃屋儀礼との関わりのうえでとらえてゆく必要があるのである。この点は、すでに触れたことでもある（山本 1985b）が、後述する後期中葉以降にみられる、いわゆる「環礫方形配石遺構」との関連性が問題となろう。

　これと関連して、石棒が被熱のため、破砕状態で出土した事例としは、神奈川県下鶴間長堀遺跡第2地点1号住（第86図3）例がある。この住居址は炉辺部に部分的な敷石をもつ事例であるが、大形有頭石棒が被熱を帯びて破砕状態で出土しており、火との関わりの強さがうかがえる事例である。石棒が破砕状態で出土している事例としては、他に、東京都木曽森野遺跡J3号敷石住（第86図4）、千葉県金楠台遺跡2号住（第86図5）例などがある。木曽森野遺跡3号敷石例は、床面からやや浮いた状態で多数の礫とともに破砕状態で出土したもので、1点は小形の有頭石棒、他の1点は大形有頭石棒で、大形のものは遺構外と他の住居址出土のものが接合関係を示している。また、金楠台遺跡2号住例は無敷石の柄鏡形住居址であるが、奥壁部寄りの空間に、有頭石棒の頭部破片が破砕状態で出土したものである。いずれも被熱状況は不明だが、石棒を意識的に破砕して住居内に放置した事例としてとらえられるもので、石棒祭祀儀礼の一端がうかがせている。遺構間接合の事例は他にも神奈川県新戸遺跡J-1号住とJ-9号住間にも認められ、住居内への分割「廃棄」といった行為も行われたものらしい。

　次に、出入口部及び張出部空間から出土した事例についてみてみよう。この空間部は、この時期高率に埋設される「埋甕」との関わりも注目される。前述したように、出入口部から出土した事例は6例、張出部から出土した事例は14例、張出部の敷石材の転用例2例、埋甕内もしくはそれと関連して出土した事例は4例の計26例と空間的位置からするともっとも出土例が多い。出入口空間部では特に特徴的な出土状態を指摘できないが、張出部とそれに付随する埋甕との関わりで出土する事例中にはいくつかの特徴的な出土状態がとらえられる。まず、先に埋甕との関わりについてみてみると、神奈川県稲ヶ原遺跡A地点B-5号住（第87図1）、東京都新山遺跡21号住（第87図2）、埼玉県俣野遺跡例、同出口遺跡9号住（第87図3）をあげることができる。これらはいずれも張出部に埋設された埋甕の側石として欠損した石棒が転用されている事例であり、稲ヶ原遺跡B-5号住のそれは胴下半部の石棒を埋甕に接して樹立させている。埋甕の用途論については胎盤収納説、幼児埋葬説等見解が分かれているが、大方が指摘するように女性原理に結びつくものとした場合、それに接するように男性原理の石棒が置かれていることが注目される。

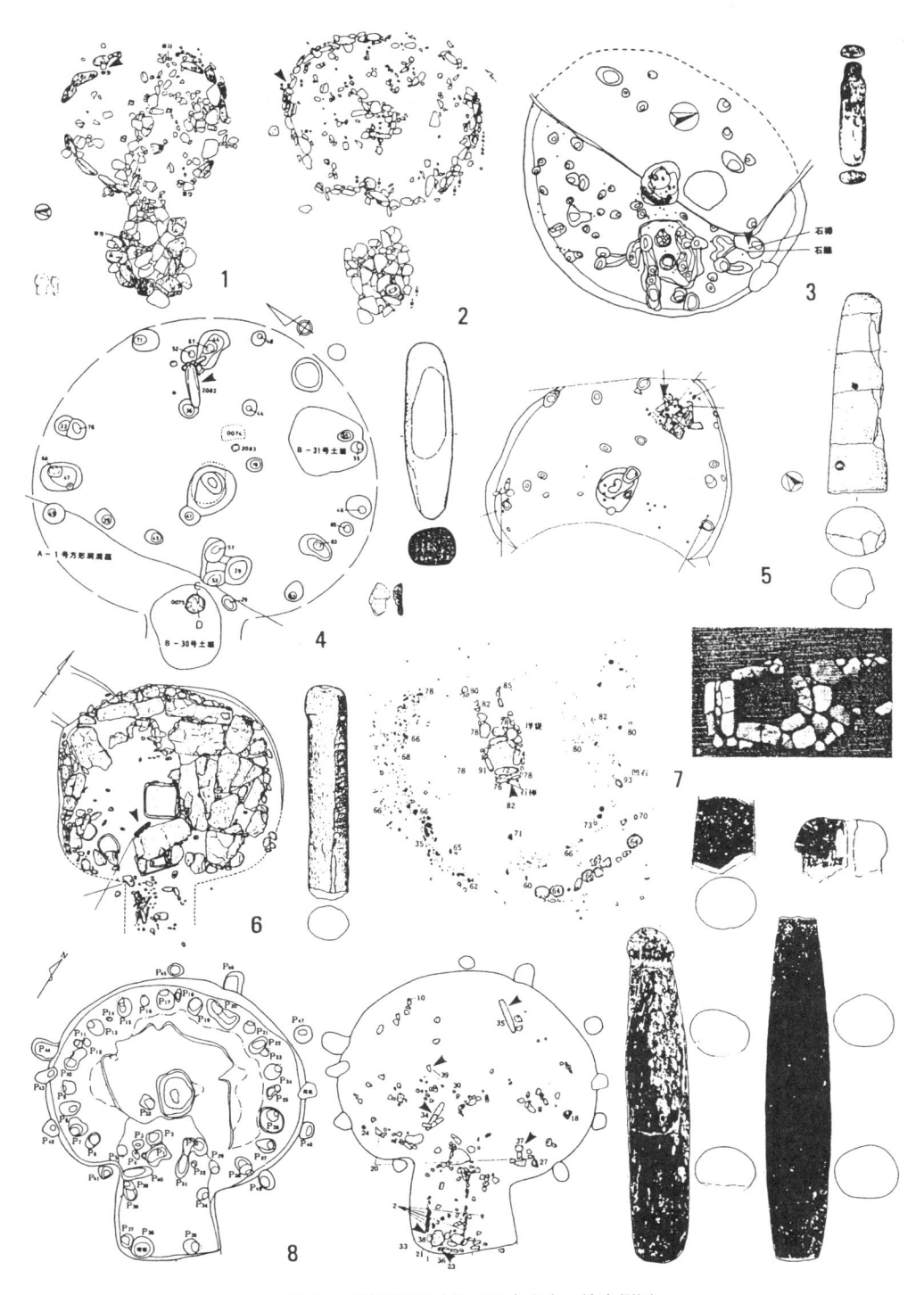

第1節　柄鏡形(敷石)住居と石棒祭祀　239

第88図　柄鏡形(敷石)住居址内出土石棒事例(6)
1：神奈川県当麻第3地点10号敷石，2：東京都谷保東方2号住，3：千葉県嘉登SI-036号住，
4：神奈川県稲ケ原A地点B-12号住，5：東京都御殿前SI-303号住，6：埼玉県樋ノ下28号住，
7：群馬県三原田1-48号住，8：神奈川県松風台遺跡JT-3号住

張出部から出土した事例では、神奈川県下北原遺跡28号敷石(第87図4)や東京都多摩ニュータウンNo796遺跡2号住(第87図5)のように横位に出土した事例や、古くから報告されていて著名な例であるが、東京都山王台遺跡B地点例(第87図6)のように張出部先端部に石棒が2点樹立して出土した例がある。樹立状態の出土例は他に埼玉県坂東山遺跡B地点3号住(第87図7)をあげることができる。このように、この時期石棒は張出部空間との関わり合いを強く有していたことに注目しておく必要があろう。

次に、出土した石棒の形状や大きさ、破損状態についてみてみると、まず、その形状は大小にかかわらず、無頭石棒は21例、有頭石棒は31例であり、両頭石棒は認められない。やや有頭石棒が多いが、有頭か無頭か胴部破片のため明らかでない事例も他にあることから、有頭、無頭の意識的な区別はなされていないものとみるべきであろう。また、大きさも破損例が多いのでグラフにその分布率を示すことは避けたが、大形の石棒とともに小形の石棒も確実に認められる。神奈川県桜並遺跡J-10号住(第87図8)、同新戸遺跡J-4号住(第87図9)、埼玉県樋ノ下遺跡32号住例などは扁平な石剣タイプの石棒であり、ほかに小形石棒を出土した事例としては、神奈川県当麻遺跡第3地点10号敷石(第88図1)、東京都谷保東方遺跡2号住(第88図2)、埼玉県指扇下戸遺跡4号住(第85図1)、千葉県嘉登遺跡SI-036号住(第88図3)、長野県円光房遺跡5号住(第83図6)などの事例をあげることができる。この時期、大形の石棒事例は多いものの、それとともに小形石棒の存在も確実に存在していることに注意を向けておく必要があろう。

石棒の破損状態の観察は、石棒祭祀の実態を知るうえで参考となるものと思われる。前述したように、その典型は破砕状態で柄鏡形(敷石)住居址内から出土した事例であり、石棒を破砕するという行為が柄鏡形(敷石)住居内で行われていたことがうかがえるのである。破砕状態ではない事例も、完形のものは少ない傾向が指摘できる。完形事例の代表的な例は、神奈川県鳥居前遺跡2号住(第83図2)、東京都武蔵台遺跡J-22号住(第86図2)、群馬県西小路遺跡6号住(第83図3)などがあげられるが、鳥居前や武蔵台遺跡例は石棒の被熱が顕著である。破損部位は一覧表に示したように、とくにどの部分が破損しているというような強い傾向は示さず、破損品が多いのことが特徴ともいえる。これは本来、完形であったものが、最終的に柄鏡形(敷石)住居内に取り込まれたさい、すでに破損していた事例が多かったことを示すものといえるが、だとすると石棒祭祀の執行された場そのものは、本来屋外で行われ、なんらかの理由から柄鏡形(敷石)住居内に持ち込まれた場合が多かったのではないだろうか。この点は柄鏡形(敷石)住居址と石棒祭祀との関係を知るうえで重要な点といえるが、続く後期初頭期以降の事例の分析をなしたうえで再度検討を試みてみたい。

後期初頭期

この時期の事例は30遺跡35住居址例である。中期終末段階に成立を遂げた柄鏡形(敷石)住居は、この時期に入って確実な定着を遂げるが、その諸特徴は中期終末期と大きな隔たりはまだ認

第1節　柄鏡形(敷石)住居と石棒祭祀　241

められない。

　まず、出土位置をみると、覆土中出土例5、床面出土例40、炉址近接出土例2、埋甕内及び近接出土例3、炉石材転用例1、敷石材転用例4、出土位置不明例4の59例である。この時期も覆土中から出土する事例が少ないことが指摘できる。

　床面出土事例の空間的位置をみると、奥壁部出土例3、炉辺部出土例5、出入口部出土例1、右空間部出土例4、周縁・周壁部出土例10、張出部出土例14、不明3の40例であり、張出部空間からの出土例が多い傾向が指摘できる。この点も前時期の傾向と類似している。

　これら床面出土例の中で特徴的な事例をみてみると、まず、奥壁部出土例では、神奈川県稲ヶ原遺跡A地点B-12号住(第88図4)がある。奥壁部のピットに接して石組みがあり、それに接して柱状の無頭石棒が横位に出土している。本来は石組みに伴って樹立していた可能性が強い。報告では、台石としているが、柱状の石を用いた石棒と理解したい。中期後半時期にみられる奥壁部石柱・石壇(山本 1994)との関わりをうかがわせる事例である。また、東京都御殿前遺跡SI-303号住(第88図5)では奥壁部に被熱を帯びた無頭石棒が破砕状態で出土し、近接して大形深鉢や礫器が出土している。この住居址の張出部は不明だが、柄鏡形住居址の可能性がある。奥壁部空間が祭祀的色彩を有する事例である。

　炉辺部出土例は炉址近接出土例と炉石材転用例を含めてとらえると8例となる。埼玉県樋ノ下遺跡28号住(第88図6)例は石囲炉址に近接して横位に出土した事例であるが、報告では本来は樹立していた可能性が指摘されている。石囲炉址に接して出土した例としては、群馬県三原田遺跡1-48号住(第88図7)がある。この住居址は周壁と炉址周辺に部分的な敷石を遺す事例であるが、石囲炉址に接して石棒が2点横位に並んで設置されている。

　この時期の床面出土事例の中で注目されるのが、神奈川県松風台遺跡JT-3号住(第88図8)と東京都上布田遺跡第2地点SI-04号住(第89図1)である。松風台JT-3号住は壁柱穴内側に沿って多量の焼土の分布がみられ、床面上に被熱して壊れた完形の石棒と頭部を欠くほぼ完形の石棒の他に、主体部の周礫他に混じって2点、張出部の配礫中に2点の破片が出土している。石棒出土量の多さや被熱状況、焼土の堆積のありかたは、前時期の東京都新山遺跡20号住(第83図5)や同武蔵台J-22号住(第86図2)に酷似し、住居廃絶に伴う火入れ行為に付随する石棒祭祀を示す好例といえよう。上布田SI-04号住は奥壁空間に敷石を欠く住居址であるが、出入口部寄りの敷石面上に1点と別に炉辺部の敷石材に1点が出土している。また、張出部との接続部に底の穴があいた石皿が仕切り状に樹立しているのも特徴的な出土状態である。敷石面は被熱しており、石棒もまた被熱が顕著である。本例も火入れ行為との関連性がうかがえる事例といえよう。

　前時期特徴的なありかたとして取り上げた周礫に伴う事例は、群馬県芳賀東部団地遺跡J9号住(第89図2)に知られる。この住居址の張出部は明確ではないが、周礫を有し、それに沿って石棒欠損品が5点出土しており、周礫との関係の強さをうかがわせている。

　前述したように、この時期は、張出部空間からの出土事例が多いという特徴が指摘できるが、

242 第3章 敷石住居址と祭祀

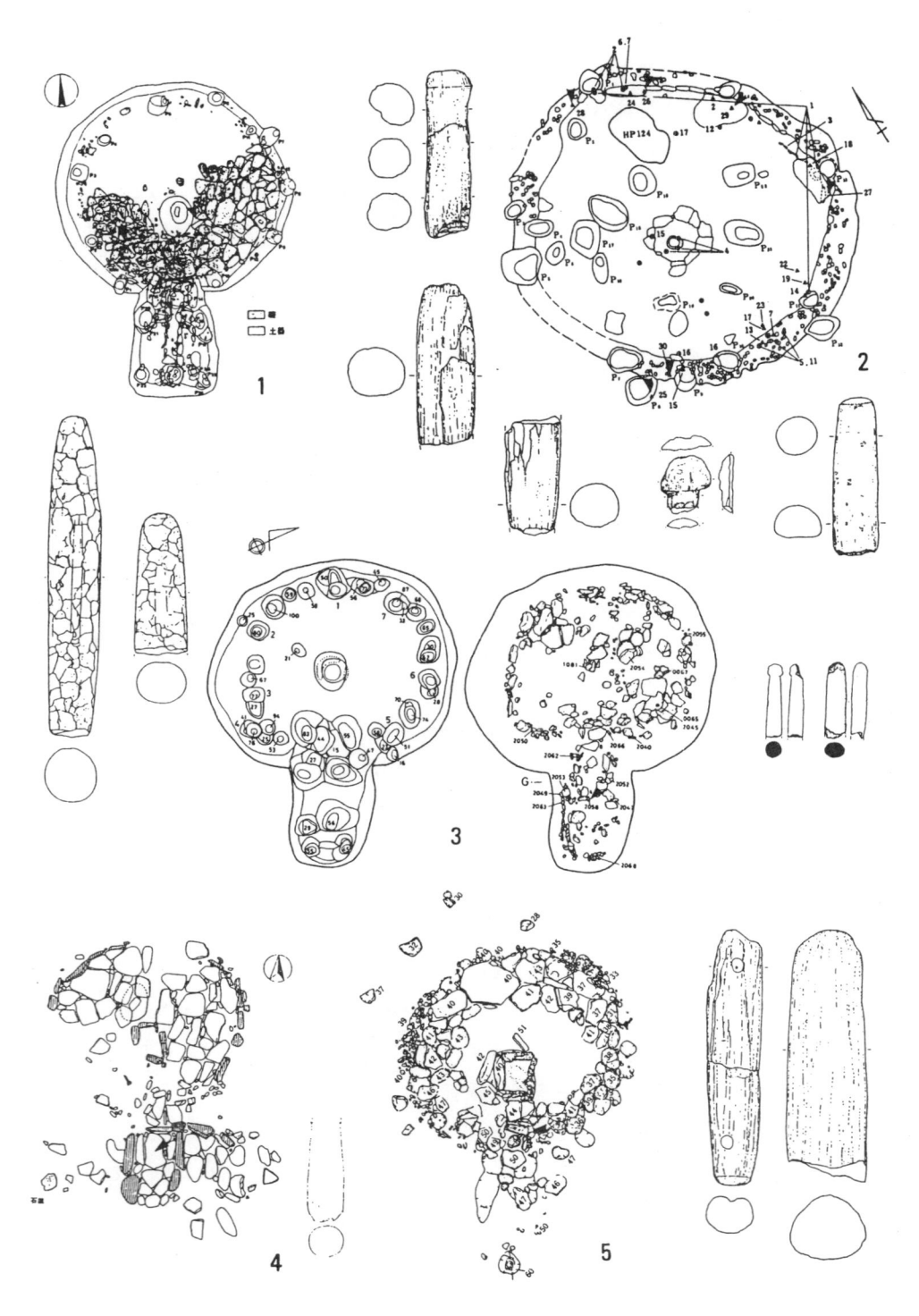

第89図 柄鏡形(敷石)住居址内出土石棒事例(7)
1：東京都上布田第2地点SI-04号住, 2：群馬県芳賀東部団地J9号住, 3：神奈川県稲ケ原A地点B-4号住,
4：神奈川県尾崎11号住, 5：群馬県三原田4-6号住

第1節　柄鏡形(敷石)住居と石棒祭祀　243

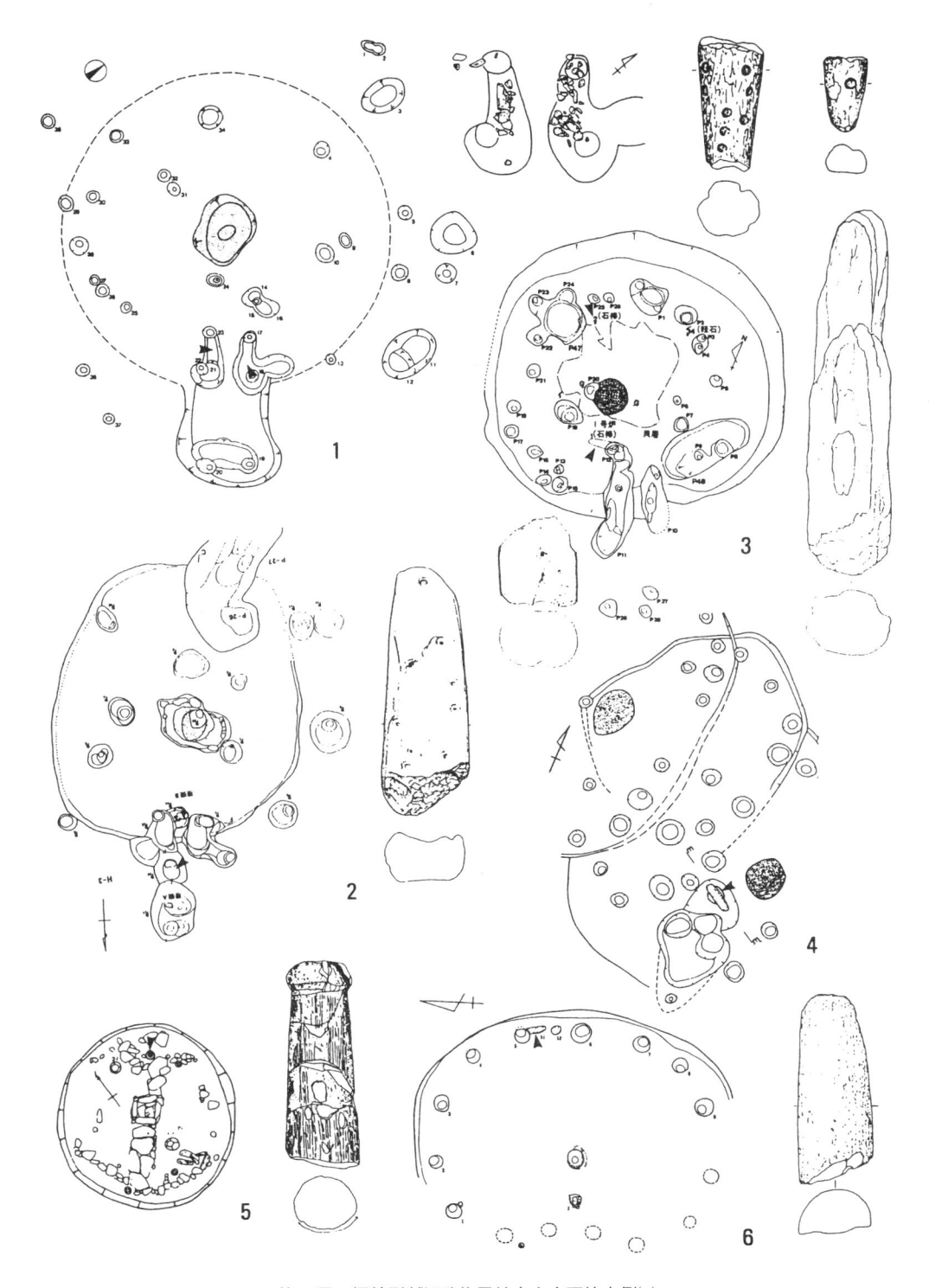

第90図　柄鏡形(敷石)住居址内出土石棒事例(8)
1：埼玉県下加46号住，2：千葉県一の谷西貝塚3号住，3：千葉県高谷津（曽谷貝塚17地点）11号住，
4：埼玉県皿沼7号住，5：長野県瑠璃寺前3号住，6：神奈川県華蔵台南8号住

埋甕に伴う事例と張出部の敷石材への転用例を含めると17例が張出部空間と関わりをもつ事例としてあげることができる。敷石をもつ柄鏡形住居址の張出部上から出土した事例の中で、古くから知られているのは東京都北野遺跡例である。詳細は不明だが、張出部に大形の有頭石棒が２点横位に出土している。神奈川県稲ヶ原Ａ地点Ｂ-４号住（第89図３）からは張出部の敷石に混じって小形の無頭石棒が出土したほか、覆土下層からも小形の有頭石棒が１点出土している。同尾崎遺跡11号住（第89図４）は張出部の敷石面上出土の典型例である。また、群馬県三原田遺跡４-６号住（第89図５）からは接続部付近から２点出土している。

　敷石をもたない柄鏡形住居址の張出部から出土した事例では、埼玉県下加遺跡46号住（第90図１）、千葉県一の谷西貝塚３号住（第90図２）、千葉県高谷津遺跡（曽谷貝塚17地点）11号住（第90図３）などがある。下加遺跡46号住は対状ピットをもつ張出部上に配礫があり、それに伴って凹み痕をもつ胴部破片が出土している。敷石材への転用例ともみなせる事例である。一の谷西貝塚３号住は張出部上に横位で出土した胴部破片の事例であるが、凹石や砥石としても再利用されている。本来は張出部ピットに樹立していた可能性が報告では指摘されている。高谷津遺跡11号住も同様な事例で、張出部対状ピット上に横位で出土しており、本来は樹立していた可能性がある。この住居址からは、奥壁部空間に被熱、凹み痕をもつ胴部破片が別に出土している。また、この時期の埋甕に伴う事例は、東京都井の頭池Ａ地点SI-８号住の張出部先端部埋甕の縁石として配置した事例や埼玉県皿沼遺跡７号住（第90図４）の埋甕上に蓋石状に横位に出土した事例がある。埋甕内から出土した事例として著名なのは、長野県瑠璃寺前遺跡３号住（第90図５）である。奥壁部から出入口部を中心とした主軸空間を中心に敷石が施された住居址であるが、奥壁部相当の位置に埋設された埋甕内に大形有頭石棒が樹立して出土した特異な事例である。埋甕という出入口空間に埋設される通常のありかたと異なるため、他の柄鏡形（敷石）住居址にみられる埋甕と同様な性格づけができるか問題があるが、奥壁部に樹立して設置するという意識は中期後半期の石柱・石壇に通ずるものがあるといえよう。

　次に、出土した石棒の形状や大きさ、破損状態についてみてみると、まず、その形状は大小にかかわらず無頭のもの16例、有頭のもの13例とほぼ同数であり、両頭のものは認められない。この点は前時期とほぼ同様な傾向を示している。大きさは大形の石棒が主体を占めるが、神奈川県稲ヶ原遺跡Ａ地点Ｂ-４号住、長野県北村遺跡SB-595号住では小形の石棒が出土している。

　破損状態を次にみると、やはり完形の事例は少なく、その多くは破損品であり、一部は凹石として再利用がなされている例がある。石棒自体の被熱例も、神奈川県松風台遺跡JT-３号住、同原口遺跡４号住、東京都御殿前遺跡SI-303号住、同上布田遺跡第２地点SI-04号住、同西の平遺跡９号住、千葉県堀之内地区Ａ区５号住、同高谷津遺跡11号住などに知られ、前時期と同様なありかたを示している。

　このように、後期初頭期の事例は、ほぼ前時期の中期終末期と同様な傾向を示していることがとらえられるのである。

後期前葉期

　この時期の事例は41遺跡49住居址例である。柄鏡形（敷石）住居は後期前葉段階に入るとその分布域を拡大し、発展段階を迎える（山本 1987a）。とくに、この時期は張出部の形状・構造の変化が顕著に指摘できる。

　まず、出土位置をみると、覆土中出土例1、床面出土例34、炉址内及び近接出土例2、炉石材転用例2、敷石材転用例12、出土位置不明例7の58例である。この時期も覆土中出土事例は少なく床面出土例が主体を占めている。

　床面出土事例の空間的位置をみると、奥壁部出土例2、炉辺部出土例8、出入口部出土例2、右空間部出土例3、周縁・周壁部出土例3、張出部出土例13、不明3の34例であり、いぜんとして張出部空間からの出土事例が多い傾向が認められる。

　これら床面出土事例の中で特徴的な事例をみてみると、まず、奥壁部出土例では顕著な出土例を指摘できないが、神奈川県華蔵台南遺跡8号住（第90図6）のように奥壁部の壁柱穴にかかるように大形胴部破片が横位に出土した例がある。近接して凹石が出土している。柱穴にかかるが破片でもあり、樹立していたものとは断定できない。

　炉辺部では、群馬県白倉下原遺跡A区37号住（第91図1）のように炉址にかかるように細身の無頭石棒が横位に出土した事例がある。また、炉石材の転用事例は2例あるが、福島県西方前遺跡3号「柄鏡型敷石」住（第91図2）は石囲炉址の南東コーナーに有頭石棒を樹立状態で出土した好例である。炉辺部に石棒を樹立させるという伝統がこの時期まで継続していたことをうかがわせている。ただし、このほかの主体部空間事例では、この時期はとくに目立った出土状態は認められない。

　一方、この時期、事例が集中するのは張出部空間からの出土事例である。張出部出土事例が13あるが、これに加えて張出部との接続部付近から出土した事例が2、張出部の敷石材への転用例が5と、この時期の出土事例の主体をなしている。その中でいくつか特徴的な出土状態をあげると、神奈川県山田大塚遺跡27号住や同原出口遺跡20・21号住のように小形の有頭石棒が出入口部から出土した例や神奈川県下北原遺跡16号敷石住（第91図3）、同19号敷石住、長野県梨久保遺跡26号住（第91図4）のように張出部敷石面から破損品が出土した例があるが、典型例としては、東京都平尾台原遺跡第3次調査2号住（第91図5）のように主体部との接続部にある対状ピット付近の敷石面に横位に出土した事例をあげることができる。

　張出部空間から樹立状態で出土した事例としては、はじめに触れたように戦前の発見事例として著名な山梨県大塚北原遺跡例（第91図6）があげられる。この敷石住居址は炉址を2ヶ所もつことやプランが明瞭にとらえられていないため、確実に張出部からの出土例とは断定できないが、出入口空間に近い位置の出土と思われる。確実な事例では、長野県上田市八千原遺跡B-25号住と同林山腰遺跡4号住（第91図7）をあげることができる。八千原遺跡B-25号住は、石棒と柱状石を対状に樹立状態で出土した例、林山腰遺跡4号住は、接続部の敷石面に柱状の自然石を若干

246　第3章　敷石住居址と祭祀

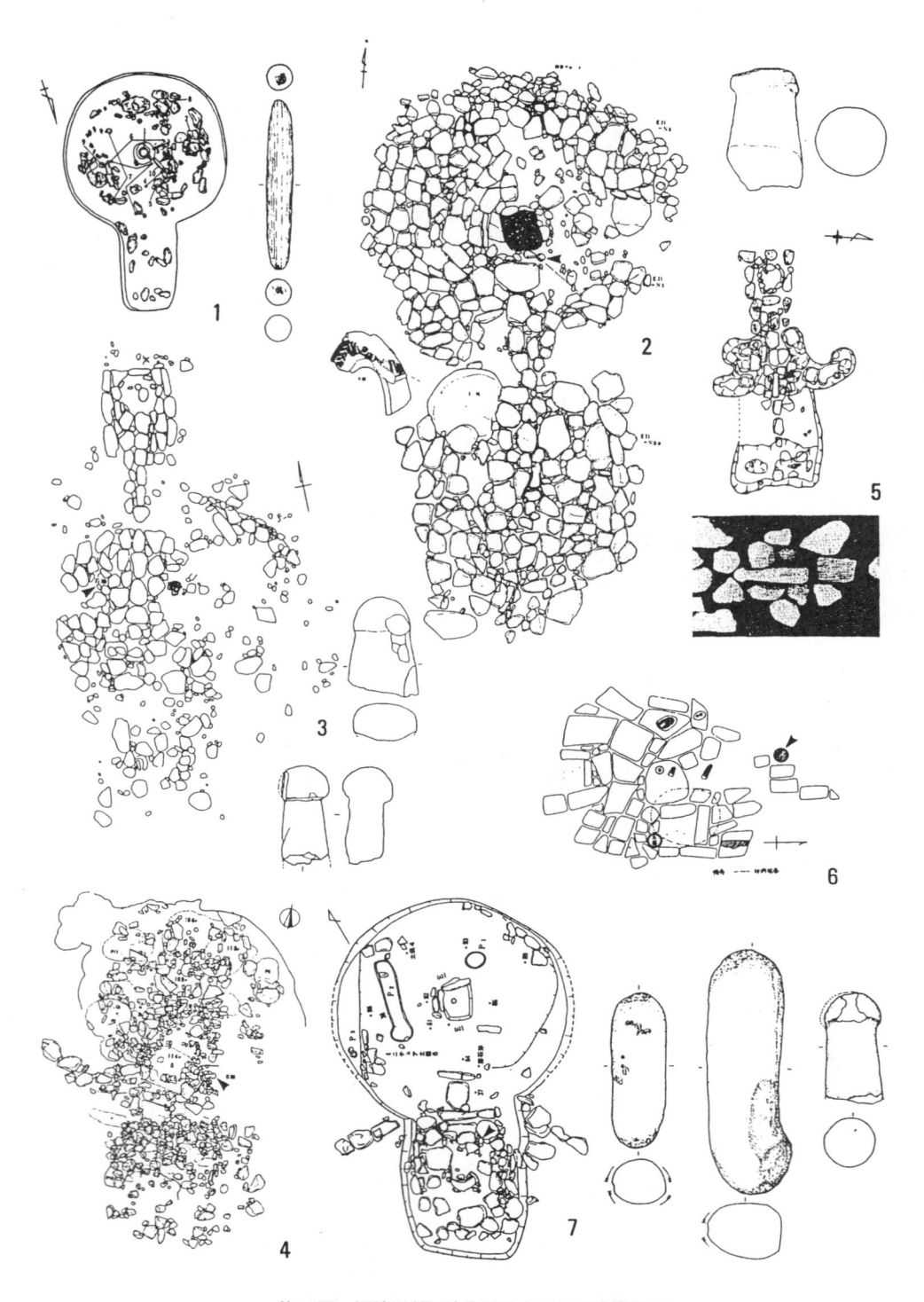

第91図　柄鏡形(敷石)住居址内出土石棒事例(9)
1：群馬県白倉下原A区37号住，2：福島県西方前3号「柄鏡型敷石」住，3：神奈川県下北原16号敷石住，
4：長野県梨久保26号住，5：東京都平尾台原第3次調査2号住，6：山梨県大塚北原（縮尺不明），
7：長野県林山腰4号住

第1節　柄鏡形(敷石)住居と石棒祭祀　247

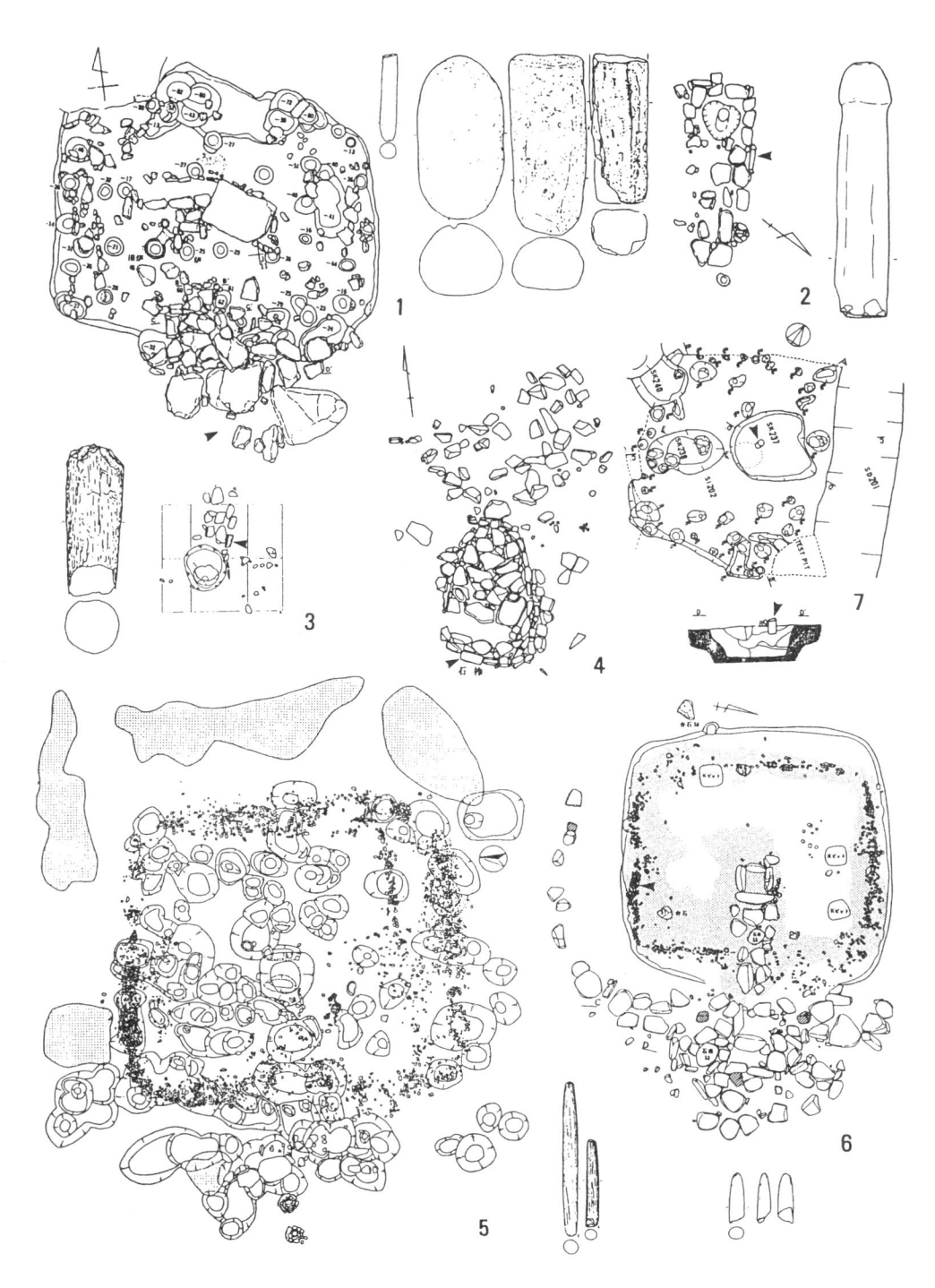

第92図　柄鏡形(敷石)住居址内出土石棒事例(10)
1：山梨県姥神7号住，2：神奈川県青ケ台3地点，3：東京都野川北境界Aトレンチ，
4：山梨県塚越北ASX-01号住，5：神奈川県東正院2号環礫方形配石遺構，6：神奈川県馬場(№6)J4号住，
7：茨城県沼尾原202号住

加工した無頭の石棒を対状に樹立させた事例である。また、山梨県姥神遺跡7号住（第92図1）例も小形石棒を含む3点の石棒が張出部から出土しているが、そのうち2点は直立して出土している。

　張出部の敷石材への転用例では、神奈川県青ヶ台遺跡3地点（第92図2）、東京都野川北境界遺跡Aトレンチ（第92図3）、山梨県塚越北A遺跡SX-01号住（第92図4）がある。野川北境界遺跡例は埋甕の埋設位置に接するように敷石した例でその敷石材として再利用されている。

　このように張出部との関わりの強さが指摘できる。一方、張出部の成立に深く関わったと考えられる埋甕は、この時期急速に廃れる傾向が指摘できるが、それを裏付けるように埋甕内ないし埋甕に近接して出土した事例は、わずかに野川北境界遺跡例に認められるだけで、他に全く事例が認められなくなるのである。埋甕埋設事例の急激な衰退にもかかわらず、いぜんとして張出部空間への石棒の設置、配置というこだわりがこの時期も継続していることに注意を払うべきであろう。

　次に、出土した石棒の形状や大きさ、破損状態についてみてみると、まず、その形状は大小にかかわらず、無頭のもの9例、有頭のもの12例と、この時期も偏りはなく、また、両頭の石棒は認められない。大きさは13例が小形石棒であり、大形石棒が多いものの、この時期に入って小形の石棒が増加する傾向が指摘できる。破損状態をみると完形の事例は小形石棒にいくつかみられるほかは少なく、その多くは破損状態を示しており、この傾向も前段階までと変化はない。ただ、破砕状態での出土例はなく、被熱事例も長野県上横道遺跡1号住出土例にある程度で、特殊な出土事例が減少する傾向がうかがえ、中期末から後期初頭期とのありかたと比較してある程度の変化が認められるようになるのである。

後期中葉期

　この時期の事例は16遺跡23住居址例であり、遺跡数、事例数ともに前段階より減少する傾向が指摘できる。柄鏡形（敷石）住居は、後期前葉期の発展段階をへて、後期中葉・加曽利B式併行期に入ると、とくに敷石風習の衰退、終末期を迎える。その一方で張出部の形状変化も著しくなり、張出部と呼べない、出入口施設としての変容もまた顕著となる（山本 1987a）。

　まず、出土位置をみると、覆土中出土例11、床面出土例14、炉址内出土例1、敷石材転用例5、出土位置不明例4の35例である。前段階と比較して、覆土中の出土事例が増加するという変化がとらえられる。すなわち、柄鏡形（敷石）住居構築から使用時（廃絶時を含む）に床面内に取り込まれることとは別に、住居廃絶後の覆土中に廃棄ないし投げこまれる事例がこの時期に入って増加するという特徴が指摘できるのである。

　一方、床面上から出土した事例の空間的位置をみると、奥壁部出土例1、炉辺部出土例1、出入口部出土例1、周縁・周壁部出土例5、張出部出土例5、不明1の14例であり、とくに主軸空間からの出土という傾向が認められなくなるのが特徴である。

これら床面出土事例の中で特徴的な事例をみてみると、周礫・周壁部出土事例が注意される。それは、この時期に現れる「環礫方形配石遺構」(鈴木 1976)と呼んでいる遺構の周礫中に出土する事例である。この「環礫方形配石遺構」については、別に考察を加えたように柄鏡形(敷石)住居址として認識し、周礫は廃屋儀礼として行われたものと理解している(山本 1985)が、神奈川県東正院遺跡2号環礫方形配石遺構(第92図5)や、同下北原遺跡2号環礫方形配石遺構、同馬場(№6)遺跡J4号住(第92図6)に周礫中から小形石棒が出土している。とくに東正院遺跡例は被熱した小形石棒が2点出土した点注目される事例である。この環礫方形配石遺構はプラン内に焼土が堆積し、周礫は全体に被熱が顕著な特徴をもち、前述したように中期末から後期初頭期の周礫との関係が注意される。

炉辺部出土例は1例と少なく、とくに出土状態の特徴を指摘できないが、炉辺部と関わりをもつ炉址内からの出土例として、茨城県沼尾原遺跡202号住例(第92図7)のように炉址内に樹立状態で出土した事例などは前段階までの事例中のありかたと共通性をみせている。

この他、張出部空間からの出土事例は5例あるが、他に張出部の敷石材への転用例が5例あり、空間的位置のありかたとしては、前段階までと同様張出部との関連性が強いことも事実である。その中で、静岡県北山遺跡12号住(第93図1)例が注意される。張出部敷石の両端部に有頭石棒を2点樹立させ、敷石材としても無頭石棒を2点用いており、後期前葉期のありかたに近い事例といえよう。

次に、出土した石棒の形状や大きさ、破損状態についてみてみると、まず、その形状は大小にかかわらず、無頭のもの9例、有頭のもの11例と相半ばし、両頭のものは不確実ながら1例認められる。また、東京都吉祥山遺跡2号住(第93図2)のように、覆土中から出土した3点は扁平な石刀タイプの事例であり、この時期に石棒の形状変化が生じてきたことをうかがわせてくれる。これと連動して、前段階にその傾向が顕著になりはじめた石棒の小形化傾向はこの時期に入って一層顕著となり、33石棒例中17例が小形の石棒である。破損状態はやはり完形例は、わずかに神奈川県東正院遺跡2号環礫方形配石遺構から出土した2点中の1点にみられるだけで他はすべて破損品である。

このように、後期中葉期に入ると、石棒は小形化の傾向と覆土層出土事例の増加という、それまでとは質的な変化を遂げるのである。

後期末葉～晩期

この時期の事例は10遺跡31住居址例である。遺跡数が減少するのは、この時期の住居址事例そのものが減少する傾向に一致している。この時期の柄鏡形(敷石)住居址は、敷石を施す事例も山梨県金生遺跡を例外としてほとんどみられなくなり、張出部の形状変化も前段階より一層顕著となり、柄鏡形という呼称にそぐわない形状・構造を呈するようになることから、後期以降の無敷石で出入口施設を有する住居址を「張出付(出入口施設を有する)住居跡」と呼んでみたことがあ

る（山本　1987a）。

　まず、出土位置をみると、覆土層出土例21例、床面出土例6例、出土位置不明47例と、圧倒的に出土位置が不明なものが多い。これは、住居址内の床面上に出土しないため、その出土位置の記録が行われていないことによるものが多いためであろう。したがって、覆土層からの出土事例はさらに増えて、この時期の事例の大半は覆土層中からの出土とみなせるのではないだろうか。こうした傾向は、石棒そのものを住居内に取り込もうとする意識の喪失化と評価できる。また、このことと関連すると思われるが、1住居址内から複数の石棒が出土する事例も多く、最大では千葉県能満上小貝塚12号住例のように10点も出土する事例がある。

　少ない床面出土事例からは当然のことながら、出土位置の限定性といった傾向をうかがうことができない。また、炉址、埋甕、炉石材・敷石材への転用といったことも、この時期は認められなくなる。床面出土事例の中で、東京都なすな原遺跡№1地区120号住（第93図3）と同123号住（第93図4）をあげておく。120号住からは基部に彫刻をもつ精巧な造りの石剣が出土し、123号住からは扁平な小形の石剣が、東壁寄りに2点、西壁寄りに1点出土している。精巧な造りをもつ石剣は中期以来の大形石棒の変質した姿をよく表しているものといえよう。

　出土した石棒の形状や大きさ、破損状態についてみてみると、まず形状は無頭のもの20例、有頭のもの21例と形状の分かるものについては相半ばする傾向はこれまでと変化はない。また、両頭と思われるものが栃木県乙女不動原北浦遺跡J9号住に1点知られている。形状のうち、石剣・石刀タイプのものは、石剣と小形石棒の区別がされていない例があるため実数がとらえにくいが、約35例、小形石棒が約19例とその大半が小形の石棒、石剣・石刀であり、この時期に入って石棒は小形化を完全に遂げたものとみなされるのである。

　破損状態をみると、完形のもの14例、破損品52例で、破損例は多いものの前段階までと比較すると完存率は高いものといえよう。これは、この時期の石棒が祭祀の対象として破砕するというような行為が行われずに、祭祀用具として用いられた事例の多かったことを意味しているものと思われる。

　このように、柄鏡形（敷石）住居址から出土した石棒は、この時期に至って、全く異なった様相を示すこととなるのである。

2．柄鏡形（敷石）住居と石棒祭祀

　これまで石棒は概ね、縄文時代中期中葉に遡源するものとみなされてきたが、最近、長野県南佐久郡小海町穴沢遺跡の調査によって、土坑内から「九兵衛尾根Ⅰ式期」（五領ヶ台式期）の事例が報告され（島田他　1995）、中期初頭期に遡ることが明らかとなった。また、群馬県勢多郡富士見村陣馬遺跡の縄文前期諸磯C式期の住居址内から長さ11.1cmの小形石棒が出土した事例（羽鳥・藤巻　1989）や同碓氷郡松井田町行田Ⅰ遺跡の諸磯b式期に属する第4号住居址からも小形の

第 1 節　柄鏡形(敷石)住居と石棒祭祀　251

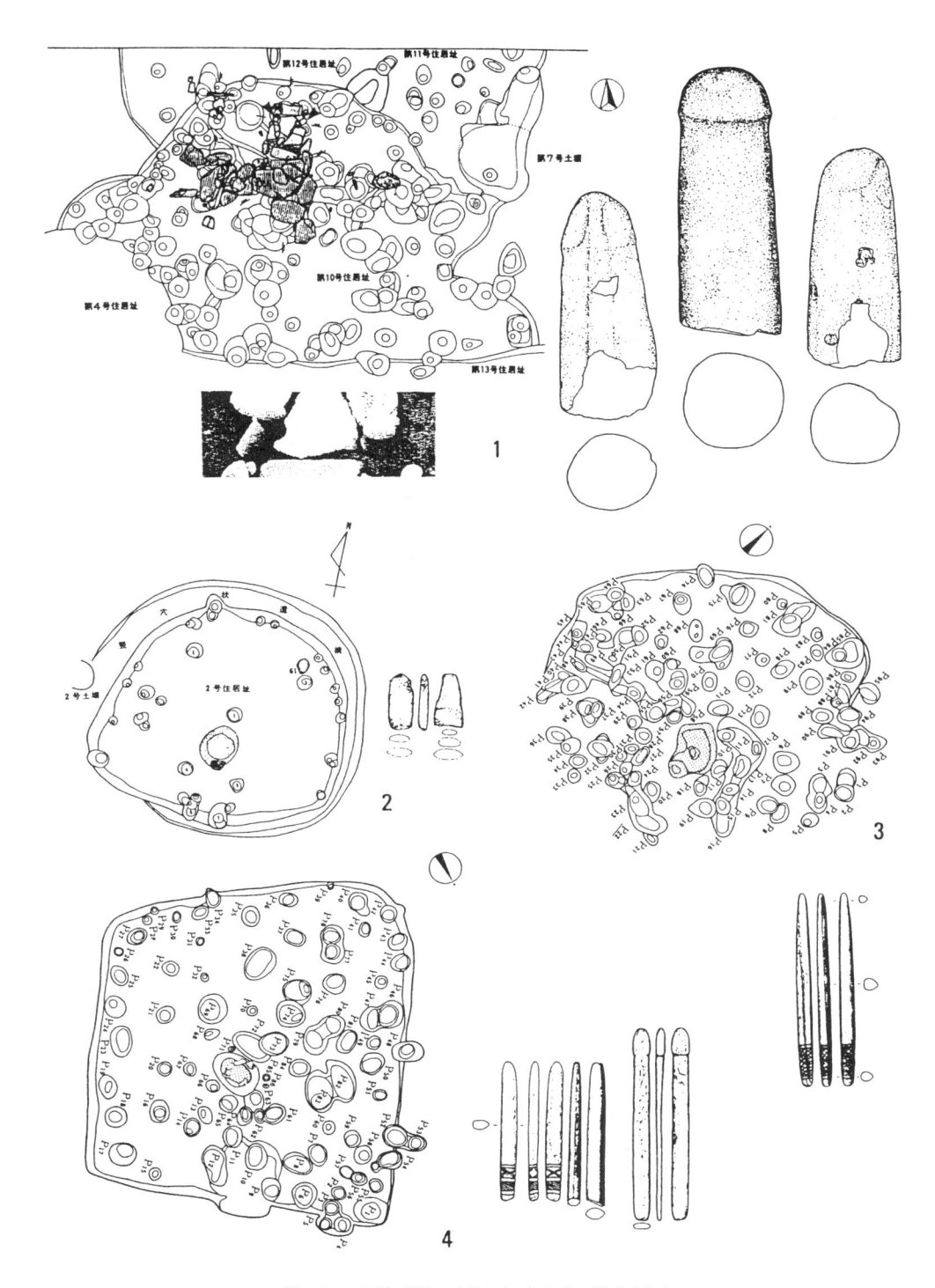

第93図　柄鏡形(敷石)住居址内出土石棒事例(11)
1：静岡県北山12号住，2：東京都吉祥山2号住，3：東京都なすな原№1地区120号住，
4：東京都なすな原№1地区123号住

石棒が2点出土した事例（長井 1989）が報告され、形態は中期の大形石棒とは異なるものの、石棒形態の石製品は前期中葉段階までその初源を辿れることが明らかとなった。一方、その終末は晩期終末から弥生時代初頭まで一部が残存することが知られており、石棒は縄文時代の初頭期を除くほぼ全期間にわたって縄文人たちが用いた道具であったことが明らかになりつつある。ただ、主体をなすのは中期中葉期以降であることはほぼ間違いないところであろう。とくに中期後葉期以降住居址内から出土する事例が多くなる傾向については、すでに分析したとおりである（山本 1979）。その延長上に今回取り上げた柄鏡形（敷石）住居址内に出土する石棒が存在するのである。

　前章において柄鏡形（敷石）住居の生成から終焉に至る段階を大きく5期に分けて、そこから出土した石棒のありかたについて検討を加えてみた。その結果、柄鏡形（敷石）住居の時期的変化と連動するかのように石棒の出土のありかたや形状等の変化も認められることが明らかとなった。

　その時期別変遷の特徴を要約すると、次のようになろう。

①石棒は、柄鏡形（敷石）住居が構築されたほぼ全期間にわたって、その住居址内から出土する傾向が強い。

②とくに柄鏡形（敷石）住居が完成を遂げた、中期終末から後期初頭期にかけての事例が多い傾向が指摘できる。

③後期前葉期を境として、出土する石棒のありかたに大きな変化が認められる。

④具体的には、中期終末期から後期前葉期にかけては、住居廃絶後の覆土層からの出土が少なく、床面上に出土する事例が多く、その出土位置も奥壁部、炉辺部、出入口部、張出部といった住居の主軸空間や周縁・周壁部から出土するという、場の限定性がとらえられる。とくに炉辺部では炉石材への転用や樹立例、張出部では埋甕に近接する例などがみられ、敷石材への転用もしばしば認められる。総じて張出部との関わり合いが強い点が指摘できる。また、出土状態の中には破砕状態や火を受けた住居址内に出土する事例や被熱した石棒も多く認められ、火との関わりが強い。石棒の形状は無頭・有頭の比率の差はなく、小形の石棒も認められる。また、完形のまま遺存した例は少なく、多くは破損品である。

　　一方、後期中葉以降は、覆土層出土事例が増加するとともに、出土位置の限定性が時代が下るにしたがってなくなる。石棒の形状も小形化の傾向が強く、石剣・石刀類も多い。

　このように、柄鏡形（敷石）住居址内出土の石棒のありかたは、漸移的な変化ではあるが、大きくみて2段階に分けてとらえることが可能であり、しかもその間に大きな質的な変化を指摘できるのである。このことから、柄鏡形（敷石）住居と石棒祭祀との関係を問題とする場合、一律に論ずることはできないので、以下この2段階に分けて、石棒祭祀の実態について考察を加えてみよう。

(1) 中期終末期から後期前葉段階

　前述したように、石棒は中期後半期以降、住居址内から出土する事例が増加する。とくに奥壁

部、炉辺部、出入口部という主軸空間から出土する傾向が強いことは、すでに指摘したとおりである(山本 1979・83)。このことは、1995年9月岐阜県宮川村で開催されたシンポジウム「石棒の謎をさぐる」の資料集掲載データをみても明らかである(岐阜県宮川村・同教育委員会編 1995)が、石囲炉の一角に樹立状態で出土する事例に代表されるように、火との関わり合いの強さがうかがえるのである[3]。この中期後半期の特徴を引き継ぐ形で、中期終末期に完成を遂げた柄鏡形(敷石)住居内出土の石棒がとらえられることは、事例の検討結果からも明らかであろう。

では、この段階の柄鏡形(敷石)住居内石棒祭祀のありかたをどのようにとらえるべきであろうか。この点は、石棒の出土状態の観察から想定せざるをえないが、出土状態をみた場合、それが単なる柄鏡形(敷石)住居址内への廃棄の結果なのか、その場における祭祀行為結果なのか、あるいは炉石材や敷石材などへの単なる転用にすぎないのか、といった点が問題となる。すなわち、石棒が柄鏡形(敷石)住居へ取り込まれた時点がいつであったかという点である。この段階の事例を観察すると、柄鏡形(敷石)住居址内覆土中出土事例は少ないことから、廃絶住居の窪地へ単に石棒を廃棄するという行為はあまり行われなかったことは確かであろう。したがって、その取り込み時点は、住居が構築、使用され、廃絶されるまでの過程に求められる。構築から使用時にかけて取り込まれたことを明確に示すのは転用されている事例である。石囲炉や敷石材あるいは埋甕の縁石に利用する例などがこれに相当する。また、使用時の姿としては、樹立状態で出土する事例がこれに相当しよう。ただ、床面上に横位で出土した事例の場合、使用時であるのか、廃絶時であるのか判断が難しく、そのいずれかであったとしかいいようがない。一方、住居廃絶時をうかがわせるのは、床面上に破砕状態で出土した事例や住居址が火を受けて焼土が堆積し、それとともに被熱した石棒が出土した事例である。前者は、住居の廃絶時点で石棒の破砕行為が行われたものと考えられるし、後者の場合も、単なる火災住居とみるよりは意図的な火入れ行為、廃屋儀礼の過程の中で石棒が用いられた可能性が強い。この点は、柄鏡形(敷石)住居の周壁沿いにめぐる周礫中から出土する事例にも同様なことが指摘できる。

先の事例の検討から明らかなように、この段階の石棒は完形率が低く、住居に取り込まれる以前の段階ですでに破損していた可能性が強い。だとすると、石棒祭祀は二段階の過程をへていたことになろう。まず、屋外にあって完形であった石棒が何らかの祭祀行為の結果、破損、破砕され、その後住居内へ取り込まれ、住居内に樹立させたり、転用されたものと考えられる。

破損した石棒中には、凹石や砥石として再利用されている場合もしばしば認められることから、屋外での石棒祭祀が行われた直後に住居内に取り込まれた場合や、しばらく再利用された後の場合も想定される。一方、火入れ行為に伴う事例は、住居廃絶時での石棒祭祀を想定することができるが、それ以前に屋外で祭祀行為が行われ、その後再び住居廃絶に伴う祭祀行為が行われた可能性も考えられよう。

破損品や転用例が多いことから、それ以前に屋外においてなんらかの石棒祭祀が執行された可

能性が指摘されるものの、この屋外における石棒祭祀がどのようなものであったのかについては不明な点が多い。それは、屋外出土事例がなんらかの遺構に伴って出土する事例が少ないため、具体的な祭祀行為やその執行時期を想定することが困難だからである。その点は、今後の課題としてひとまずおくとして、ここでは柄鏡形(敷石)住居内における石棒祭祀のありかたについて限定してその特徴をみると、一つには炉辺部出土や炉石材転用例、あるいは石棒自体の被熱例、住居の火入れ行為などから想定されるように火との関わり合いが強いことがあげられる。このことは、石棒祭祀行為の中に石棒自体を火によって浄める行為が行われていたことを意味しよう。

　一方、この段階は出入口部、張出部から出土する事例も多い。張出部は何度も指摘しているように、出入口部に埋設された埋甕との関係から発達、成立したものと思われる(山本 1976a他)が、中期終末から後期初頭期の柄鏡形(敷石)住居址内には主体部の接続部と張出部の先端部にかなりの高率で設置される傾向が強い。したがって、石棒が張出部から出土する事例の多さは、この埋甕との関わり合いの中で考えるべきであろう。埋甕は、中期後半期以降住居内に高率で埋設されることが知られており、後期前葉期にはその風習が廃れるという短い軌跡を辿るが、幼児埋葬あるいは胎盤収納にせよ、出産・妊娠習俗との関わり合いのうえでとらえられるとした場合、男性原理の石棒と女性原理の埋甕との結合を強めるという石棒祭祀の一形態がこの段階に存在していたものと理解されよう。ただ、後期前葉段階では埋甕そのものはほとんど設置されなくなるものの、張出部に石棒の出土する事例が多い傾向はそれ以前と変化がないことから、石棒を張出部に設置するという場の限定性の伝統はこの時期まで継続したものと思われる。

　住居址内出土の石棒のもつ意味については、先の論攷(山本 1979・83)で触れた点でもあるが、中期後半期以降の屋内祭祀発達の象徴的な姿として、この石棒も意義づけられるべきであろう。これまで筆者は、石棒は中期中葉段階にあっては、屋外に出土する事例が主体を占めていたものが、中期後葉以降屋内に出土する事例が増加することから、石棒祭祀のありかたが、屋外における共同体成員中心の祭祀から屋内成員中心のありかたへ変化したものと単純に理解してきた。ただ、そうした傾向は否定できないものの、前述したように住居址内出土石棒の完形率の低さから想定されるように石棒祭祀は、当初屋外祭祀として執行された後に屋内に取り込まれたものと理解される。したがって、今後、住居内へ石棒が取り込まれる以前の屋外における石棒祭祀のありかたがどのようなものであったのか目を向けてゆくべき必要があろう[4]。

(2) 後期中葉以降

　前述したように、後期中葉以降の石棒の柄鏡形(敷石)住居址内出土のありかたは、覆土層出土事例の増加や出土位置の限定性が失われるという傾向を示す。また、石棒の小形化、石剣・石刀類の増加が顕著となる。こうした傾向は、この段階の柄鏡形(敷石)住居址のみに限定されるものではなく、今回はその検討対象から除外したが、張出部・出入口施設を有さない住居址事例にも指摘されることであり、後期中葉以降の石棒の特徴なのである。

後期中葉以降、晩期にかけて、住居址内からは、小形石棒・石剣・石刀をはじめ、独鈷石、土偶、異形台付土器、耳飾など、祭祀的色彩の強い、いわゆる「第二の道具」の出土が顕著となる。そうした傾向から、すでに指摘したように「祭祀の対象として機能していた石棒が、この段階に至って、祭祀を司どる用具へと分化したものと理解される」(山本 1979)のである。一方、東京都下布田遺跡(川崎他 1980)の土坑内から多数の大形石棒が出土した事例や、最近では埼玉県赤城遺跡(新屋他 1988)や群馬県天神原遺跡(大工原他 1994)などから発見された石棒祭祀遺構の存在から、この段階は屋外における石棒祭祀も顕著であり、中期以来の伝統もまた継続していたことが考えられよう。

　以上、甚だ散漫ではあったが、柄鏡形(敷石)住居址から出土する石棒事例を検討することを通じて、その石棒祭祀のありかたについて若干の考察を加えてみた。石棒という縄文時代特有の道具が柄鏡形(敷石)住居と関連を強めて出土することの意味を十分解き明かしたとはいいがたいが、その出土状態から判断されるように、時代的な変化を辿りながら複雑な様相を呈していることが明らかとなったと思う。
　その結論は、先に分析した論攷(山本 1979)を追認するにとどまり、特に新たな視点を呈示することはできなかったが、柄鏡形(敷石)住居址と石棒の結びつきの強さを具体的に示すことができたのではないかと思う。もとより、石棒祭祀の実態解明のためには、柄鏡形(敷石)住居址から出土する石棒だけではなく、住居内外に出土する石棒のありかた全体からあらためてとらえ直す必要があろうが、その点は今後の課題としたい。
　今回はあまり言及しなかったが、柄鏡形(敷石)住居址から石棒が出土する事例の多いことを根拠に、柄鏡形(敷石)住居址を特殊視し、住居址として認めず、特殊な施設としてとらえる傾向は今日においてもいぜんとして根強い。しかし、中期後葉以降の住居址内から出土する石棒のありかたの延長線上にこの柄鏡形(敷石)住居址内出土の石棒があることは事例の検討結果からも明らかであり、とくにそれをもって特殊施設と断ずる理由は認められないのである。また、柄鏡形(敷石)住居址を含めた住居址から出土する石棒の存在をもって、その住居に居住した人たちを特殊視して、例えば司祭者、集落の統率者の家屋であったなどとする考えかたも一方において根強い。だが、こうした解釈が成立するためには、なぜ中期後葉以降の住居に一定の階層差を認識できる住居が登場するようになったのかを具体的に説明する必要があろう。正しくは、これまで何度も指摘してきたことである(山本 1979・83・94など)が、個別の住居内へ石棒が取り込まれる時代性そのものを認識すべきなのである。
　石棒という男性性器を模した特異な祭祀用具は、すぐれて縄文人たちの精神的営為の産物であるがゆえに、具体的な祭祀の実態の解明はいぜんとしてあいまいのままに終わってしまっているのが現状である。その解明のためにも、出土状態の微細な観察は今後ともなされてゆかねばならないであろう。

註

（1）　ちなみに、柄鏡形(敷石)住居址発見遺跡事例に対する石棒出土遺跡例の割合をみると、約15.9％の数値を示すこととなる。事例中、石棒が発見されていながら検索ミスのためカウントできなかった事例も多いものと思われるから、この数値は若干増えると思われるが、遺跡数からすると約2割弱の遺跡に柄鏡形(敷石)住居址内石棒出土例があることとなり、従来から言われてきた柄鏡形(敷石)住居址と石棒の結びつきの強さを、より具体的にうかがうことができるのではないだろうか。ただ、より正確な割合は柄鏡形(敷石)住居址発見事例数との比較のうえでなすべきであろう。その点は後日を期したい。

（2）　一覧表中、一部正確な時期が不明なものがあり、それらはカウントから除外している。また、時期で「？」マークのついたものについては、便宜的にその想定時期に含めてみた。このほか、時期がまたがる例については古い時期に含めている。

（3）　炉辺部樹立石棒のありかたについては、最近、神村　透が信州・飛騨地域の事例をもとに分析を加えている(神村 1995)。

（4）　その点、住居址内外を問わず、遺物の詳細な接合関係をとらえ、その意味を解釈しようとする動きが、土井義夫、黒尾和久、小林謙一らによって精力的に取り組まれはじめており(縄文中期集落研究グループ・宇津木台地区考古学研究会 1995)、石棒も、東京都木曽森野遺跡などでもとらえられたように、接合関係が今後重視されねばならないであろう。

追記

本節で取り上げた事例は初出論文(山本 1996b)当時のものである。その後管見に触れた事例を追補表として掲載したが、本文中のデータ数値に加えていない。他にも多くの追加事例があると思われるが、その追補はまた別な機会に試みてみたい。なお、発見事例の参考文献は巻末の一覧表を参照願いたい。

第2節　柄鏡形(敷石)住居と埋甕祭祀

　縄文時代中期終末期に出現をみた、「柄鏡形(敷石)住居址」(山本 1980a・87a)を特徴づけるものの一つに、いわゆる埋甕の存在がある。埋甕は住居の出入口部に埋設され、一部は中期中葉段階にさかのぼる事例はみられるものの、中期後葉段階に多発化し、後期前葉段階でほぼ消滅するという短い軌跡を辿ることで知られているが、柄鏡形(敷石)住居構造が完成を遂げた中期終末から後期初頭段階には、きわめて高率的に埋甕が認められるのである。とくに、住居主体部と張出部との接続部及び張出部先端部に設置されることが多い。したがって張出部の成立はこの埋甕と深い関係があることが考えられるのである(山本 1976a)。

　柄鏡形(敷石)住居址内を含めた住居址内出土の「埋甕」については、これまでさまざまな論議がなされてきたことは周知のとおりである。筆者もかつて屋外に埋設された土器を「屋外埋甕」と呼び、住居内埋甕との関係から、幼児埋葬の場の変化や祭祀・儀礼行為などについての考えを明らかにしたことがある(山本 1977)。そこでも、注目した点は、中期終末期における柄鏡形(敷石)住居址との関係の強さであった。その後、柄鏡形(敷石)住居址の発見事例は急増し、それとともに埋甕事例も数多く知られるようになった。そこで、最近の事例にもとづき柄鏡形(敷石)住居址内から検出される埋甕事例について検討を加え、埋甕をめぐる祭祀のありかたについて再度論じてみることとしたい。

　これまで柄鏡形(敷石)住居址内出土例を含む住居址内出土の埋甕事例の集成化作業については、猪越公子による全国集成(猪越 1973)を嚆矢として、神村　透による長野県「南信地方」事例の集成(神村 1973)や佐藤　洋(1976)、木下　忠(1981)、田中　信(1982)、金子義樹(1984)、百瀬忠幸(1987)らによって試みられており、埋甕研究のうえで基礎的な資料の提示が行われてきた。こうした作業は埋甕をめぐる研究の基礎をなすものであり、今後とも事例の追補が図られてゆく必要があろう。

1．柄鏡形(敷石)住居址内検出埋甕事例の検討

(1)　検出事例の時空分布

　管見に触れた事例は、全国227遺跡435住居址例である(1997年2月現在　第5表参照)。その空間分布をみると、神奈川県46遺跡96例、東京都38遺跡62例、埼玉県46遺跡76例、千葉県21遺跡31例、茨城県2遺跡2例、栃木県2遺跡2例、群馬県25遺跡73例、福島県7遺跡11例、宮城県3遺跡7例、岩手県1遺跡1例、新潟県2遺跡3例、山梨県5遺跡7例、長野県29遺跡64例である[1]。

258　第3章　敷石住居址と祭祀

第5表　柄鏡形(敷石)住居址内検出埋甕事例一覧表（1997年2月現在）

神奈川県

遺跡名	所在地	住居址番号	埋設位置	埋設個数	埋設状態	破損状態	敷石の有無	備　考	時　期	参考文献
大野	川崎市宮前区		A+B	2	A・B	C・F	部分	先端部は土坑上に逆位、接続部は両耳壺	加曽利EⅣ	高山他 1970
初山	川崎市宮前区	西1	A	1	A		部分	詳細未報告のため不明	加曽利EⅣ	渡辺 1971
権田上	横浜市都筑区	1	C	1			部分	張出部中央埋設、詳細未報告のため不明	称名寺	今井 1978・90a
蛇山下	横浜市都筑区	1	C	1			部分	詳細未報告のため不明	加曽利EⅣ	今井 1978・90b
		4	A	1			部分	詳細未報告のため不明	加曽利EⅣ	
新羽第9	横浜市港北区	1	A+B	1	A		部分	詳細未報告のため不明	加曽利EⅢ	坂上・石井 1976 伊藤 1990
F-2	横浜市都筑区	1	A	1			部分	周礫、詳細未報告のため不明	加曽利EⅣ	鈴木 1990
水窪	横浜市都筑区	1・2	B	1	A○	略A	無	埋甕は口縁部の大半と胴部の一部欠く	称名寺Ⅰ	伊藤 1985
あざみ野	横浜市青葉区	11	B	1	A○	B	部分	先端部北壁寄りに埋設、上半部大半欠く	加曽利EⅣ	小西他 1988
稲ケ原A地点	横浜市青葉区	B-1	A○+B	3	A	A2・H	部分	周礫	加曽利EⅣ古	平子他 1992
		B-2	A	1	A○	H		周礫、口縁部と底部欠く	加曽利EⅣ古	
		B-3	A+B	2	A2○	B2		周礫	加曽利EⅣ古	
		B-5	A+B	2	A2○	A・B	無	覆土中礫、先端部埋甕（両耳壺）に接して石棒破片樹立、大形破片のる	加曽利EⅣ古	
		B-12	A	1	A	A	部分	奥壁部石棒状石と配石	加曽利EⅣ+称名寺	
		B-23	B	1	A○	B	無		加曽利EⅣ古	
荏田1	横浜市青葉区	J1		1	A	A	無	埋設位置等詳細不明	堀之内Ⅰ	今井 1990c
荏田第17	横浜市青葉区		A+B	2			部分	接続部敷石、詳細未報告のため不明	加曽利EⅣ	石井 1990
華蔵台南	横浜市青葉区	2	A	1	A○	略A	部分	散漫な配礫、埋甕は両耳壺	加曽利EⅣ	石井 1993
大熊17	横浜市青葉区	J2	B	5			無	張出部2重の構造、中央部に3個体、先端部に2個体埋設、詳細未報告のため不明	加曽利EⅣ	今井 1990d
原出口	横浜市青葉区	6	D	1	B	E	無	炉址東側近接して逆位埋設	堀之内Ⅱ	石井 1995
小黒谷	横浜市青葉区	I-F		1			無	張出部不明、埋甕位置不明	加曽利EⅣ	中央大考研 1973
西之谷大谷	横浜市緑区	51	B	1	A	A	無		加曽利EⅣ	滝沢他 1988
松風台	横浜市青葉区	3	B	1	A○	B	部分	周礫、大形石棒2点他、焼土堆積	称名寺Ⅰ	渡辺 1990
桜並	横浜市青葉区	4	A+B	2	A	F・I	無	石棒あり、先端部埋甕埋設状態不明	加曽利EⅣ古	坂上 1995
		6	A	2	A・B	C・E	無	埋甕下に深鉢破砕状態で敷き詰める	加曽利EⅣ古	
		7	C	1	A	C	無	張出部形状不明	加曽利EⅣ	
三の丸	横浜市青葉区	E-2	A+B	2	A		部分	炉址と奥壁部の間に大形石棒横位出土 本遺跡の埋甕の詳細は未報告のため不明	加曽利EⅣ	伊藤他 1983・85
		E-5	A+B	2			無		加曽利EⅣ	
		E-6	A	1			部分		加曽利EⅣ	
		E-7	B	1	A○?		部分	周礫、先端部埋甕に配礫	称名寺	
		F-2	A	1			無		加曽利EⅣ	
		B-91	B	2	A		無	91住と92住の重複、2基の埋甕がされぞれに対応する可能性あり	堀之内Ⅰ	
		B-103	A	1			無		堀之内Ⅰ	
		B-121		1			無	遺存状態悪く張出部不明	加曽利EⅣ	
		B-123	B	1			無		加曽利EⅣ	
		B-133	A	1			無		称名寺	
大熊仲町	横浜市青葉区	50	A+B	2			部分	詳細未報告のため不明	加曽利EⅣ	坂上・今井 1984
小丸	横浜市青葉区	1	B?	2			無	ヒゲ状張出部の外側に埋設、2号と重複？	加曽利BⅠ	坂上・石井 1976 坂上 1977・90
		2	B?	2			無	ヒゲ状張出部の外側に埋設、1号と重複？	加曽利BⅠ	
玄海田(№3)	横浜市緑区	SI002	A+B	2	A		部分	配礫	加曽利EⅣ	伊丹他 1989
		SI003	B	1	A○	A	無	周礫、先端部埋甕は注口土器	加曽利EⅣ	
洋光台猿田	横浜市南区	10	A	1	A	略A	無		加曽利EⅣ古	桜井 1967 山本 1993
羽沢大道	横浜市神奈川区	A区1	B	1	A	A	部分	埋甕周囲に配礫	加曽利EⅣ	中山他 1993
		D区4	A	1	A	遺存不良	無	張出部西側ピット内石棒片	中期末・後期初頭	
		D区5	A	1	A○	B	無		加曽利EⅣ	
		D区8	A+B	2	A	C・E	無		加曽利EⅣ古	
		D区10	A+B	2	A○	A・B	部分	周礫に配礫、接続部埋甕上に深鉢が覆う	加曽利EⅣ	

第2節　柄鏡形(敷石)住居と埋甕祭祀　259

遺跡名	所在地	号	型式	数	位置1	位置2	検出	備考	時期	文献
羽沢大道	横浜市神奈川区	D区11	A◎	3	A	B・C・F	無	接続部に入れ子埋甕と別に1個重複	加曽利EⅣ古	中山他 1993
称名寺Ⅰ貝塚	横浜市金沢区	参1号配石	A?	1			部分	プラン不明、炉の南側に埋設　称名寺参道1号配石遺構とされる	加曽利EⅢ	岸上他 1984
油壺	三浦市	10	A+B	2			部分	ヒスイ大珠	加曽利EⅣ	須田 1995
東正院	鎌倉市	第2環礫配石	B	2				周礫、ヒゲ状張出部の外側に2個体埋設、土器の状態報告書では不明	加曽利BⅠ	鈴木 1972
橋本	相模原市	SS02	A	1	A◎	略A	部分		加曽利EⅣ古	大貫他 1986
勝坂D隣接地	相模原市	2	D+A	2	A	A・C	部分	奥壁部相当部と接続部に埋設	加曽利EⅣ古	青木他 1981
上中丸	相模原市	A-95	A+B	2	A1◎	略A・C	部分	入口立石あり、埋甕2個体とも石蓋有り	加曽利EⅣ古	三ツ橋他 1994
		A-121	A	1	B	E	部分	張出部不明瞭、報告では敷石住居とする	加曽利EⅢ	
新戸	相模原市	1	B	1	A	H	全面		加曽利EⅣ古	御堂島 1988
		2	A+B◎	3	A2・C	略A・I・C	部分	先端部埋甕、上部に両耳壺横位、下部に深鉢大形破片正位	加曽利EⅣ古	
		3	B◎	2	A2◎	B・I	部分	先端部入れ子埋設	加曽利EⅣ古	
		4	B	1	A	B	全面		加曽利EⅣ古	
		5	A+B	2	A2◎	B・半A	部分		加曽利EⅣ古	
		7	B◎	2	A2◎	C2	部分	先端部入れ子埋設	加曽利EⅣ古	
		9	A+B	2	A1◎	B・C	全面		加曽利EⅣ古	
田名花ケ谷	相模原市	10	A?	1			散漫	詳細不明	中期末〜後期初頭	滝沢他 1993a
		12	B◎	2	A◎	B・C	部分	報告で炉址出土の土器としているが誤り?	加曽利EⅣ	
		18	B+D	2	A1◎		部分	先端部埋甕内立石、埋甕の状態不明	加曽利E末	
		34	B	1	A◎	略A	ほぼ全面	敷石の外周部に周礫	加曽利EⅣ古	
		40	B◎	2		B2	部分	先端部入れ子埋設	加曽利EⅣ古	
当麻No.3地点	相模原市	1敷	B◎	2	A◎	A・H	全面	先端部入れ子埋設	加曽利EⅣ	白石他 1977
		2敷	B	2	A◎	B・C	全面?	張出部のみ検出、打石斧挟んで2個埋設	加曽利EⅣ	
		3敷	B	1	破砕状態	C	全面		加曽利EⅣ	
		4敷	B◎	3	A◎	B・C(G)	部分	先端部入れ子埋設、内部の土器底部穿孔	加曽利EⅣ	
		5敷	A+B	2	A1◎	B(G)・C	ほぼ全面	接続部埋甕底部穿孔	加曽利EⅣ	
		6敷	B	1	A◎	B	部分	張出部のみ検出	称名寺Ⅰ	
		8敷	A+B	2	A2◎	C・F	全面		加曽利EⅣ	
		9敷	C	2	A	B・C	部分	張出部のみ検出	加曽利EⅣ	
寺山	秦野市		位置不明				全面?	埋甕らしき指摘あり	加曽利B?	八幡・矢島 1935
東開戸	秦野市	4号石囲炉	B	1	A	B	部分	石囲炉址に近接して先端部に埋甕をもつ敷石、柄鏡形敷石住居址の可能性あり	加曽利EⅢ	安藤 1996
		10号石囲炉	B	1	A	A	部分	4号石囲炉と同様	加曽利EⅣ	
		11号石囲炉	A	1	A	B	部分	接続部相当部に埋甕、柄鏡形敷石住居址の可能性あり	加曽利EⅢ	
下依知大久根	厚木市	1	A	1	A	A	全面		加曽利EⅣ	北川他 1987
東谷戸	厚木市	B区2	D	1	C	B	部分	炉址南隣接して敷石面下横位埋設	堀之内Ⅰ	追他 1994
		B区3	A	1	A	I	無	張出部不明瞭、出入口部に埋設、対ピット	堀之内Ⅰ	
下北原	伊勢原市	15敷	B	1	C	B	ほぼ全面	先端部大形破片横位出土、埋甕としては?	加曽利EⅣ	鈴木 1977
		28敷	B◎	2	A◎	B・C		張出部のみ、入れ子埋設、石棒敷石出土	加曽利EⅣ古	
三ノ宮ノ前	伊勢原市	1	C	1		B		張出部に石組みの土坑内部から出土	堀之内Ⅰ	難波・諏訪間 1989
神成松	伊勢原市	29	B2	2	A1◎	B2		2軒の重複に伴う埋甕2個体	堀之内Ⅰ	高橋他 1995
平和坂	座間市	A-5	B	1	A	A	ほぼ全面		加曽利EⅣ	滝沢他 1993b
		A-6	B	1	A1◎	A	部分		加曽利EⅣ	
寺原	津久井郡津久井町	10	B	1	A	A	ほぼ全面	鉢形土器埋設	加曽利EⅣ	明星大考古学研究部 1979・85
大地関戸	津久井郡津久井町	J1	B?	1	A◎	略A	部分	張出部のみ検出	加曽利EⅣ	河野他 1995
		J2	B?	1	A	B	無	対状ピットあり	加曽利EⅣ古	
		J3	B	1	A	略A	無	対状ピットあり	加曽利EⅣ古	
		J11	A	1	A	C	部分	出入口部に敷石を伴い埋設、張出部不明瞭	加曽利EⅣ古	
ナラサスNo.15	愛甲郡清川村	J1	C	1		I	全面	張出部中央敷石面下横位埋設	堀之内Ⅰ	長岡 1991
尼崎	足柄上郡山北町	24	B	1		I	部分	接続部破片状態	加曽利EⅣ	岡本 1977
諏訪ノ原清掃工場建設地	小田原市	敷石	B	1	B	D	部分	張出部逆位、埋設かどうかはっきりしない	称名寺Ⅰ	山内他 1981

260　第3章　敷石住居址と祭祀

東京都

遺跡名	所在地	住居址番号	埋設位置	埋設個数	埋設状態	破損状態	敷石の有無	備考	時期	参考文献
大蔵	世田谷区	配石址	A	1	A		部分	報告中の写真によると埋甕が認められる	加曽利EIV	石井 1962
高井戸山中	杉並区	2	A	1	A		全面	出入口部脇に取り囲むように敷石され埋設	加曽利EIV	平山・杉本 1982
扇山	練馬区	1	D	2	A	E	部分	埋設状態等不明な点多い	加曽利EIV	矢島・村主 1940
中島	練馬区	1	A	1	A○	B	無	張出部形状不明、2号住称名寺I期埋甕あり、張出部は無し	称名寺I	河野他 1995
貫井2丁目	練馬区	2	A+D	2	A1○	A2	部分	奥壁部と接続部に埋設、奥壁部の埋甕は斜位、他に床面倒置土器、出入口部に深鉢	加曽利EIV+称名寺	富樫他 1985
赤羽台	北区	1	A寄り	1	A○	E	無	埋甕の上に椀形土器ののる、接続部西側に埋設	称名寺	鈴木他 1990
御殿山	武蔵野市　1963年調査	敷石	A	1	A	A	部分	張出部不明瞭	加曽利EIV	吉田他 1965
	A地点	1	A	1	A	B	部分	埋甕に接して蓋石状石がのる	加曽利EIV+称名寺	大場他 1966
	第2地区B地点	2	A	1	A○	A	無	張出部もつ可能性あり	加曽利EIV古	竹花他 1986
坂上	三鷹市	3	A	1	A		部分		加曽利EIV+称名寺	高麗 1985
井の頭池A	三鷹市	SI-8	A+B	2	A2○	B	部分	石棒を先端部埋甕の縁石として用いる	称名寺	吉田・高麗 1988
中山谷	小金井市　第9次	25	B	1	A	C	部分		加曽利EIV	伊藤 1987
	第13次	44	B	1					加曽利EIV	吉田・伊藤 1990
前原	小金井市	4	A+B D2	4	A3 B1	A2 E2	部分	主体部奥壁部周囲中逆位、接続部南側周囲中正位、他接続部と先端部埋設	加曽利EIV	小田他 1976
野川公園北境界	小金井市	トレンチA	B?	1	A○	B	部分	敷石をもつ張出部のみ検出、敷石材に石棒	堀之内II	J.E.Kidder他 1990
恋ケ窪東	国分寺市	19	B	1			ほぼ全面	滝口・板倉1992ではA区3号住に相当する	称名寺I	滝口・板倉 1992 国分寺市教委 1995
谷保東方	国立市	2	A+B	2	A1○	A	ほぼ全面		加曽利EIV	渡辺他 1978
南養寺	国立市	26	A+B	2	A1○	A・C	ほぼ全面	埋甕は共に敷石で囲む	加曽利EIV	和田他 1990
		55	B	1	A○	A	ほぼ全面		加曽利EIV	馬橋他 1994
		57	A	2	A○	F・I	無	接続部に2個体接して埋設、1個体両耳壺	加曽利EIV	
		75	A寄り	1	A○	C	部分		加曽利EIV古	
		97	A+B	2	A	略A C(G)	部分	接続部埋甕は胴下半部で穿孔、26号柄鏡形（敷石）住居址と重複、先端部埋甕は石皿を含む敷石で囲む	加曽利EIV古	馬橋他 1995
向郷	立川市	SI-14	C	2	A2○	B・H	部分		加曽利EIV	吉田他 1992
田中・寺前	狛江市	3	A	1	A○	A	無	出入口部対ピットの間に埋設	称名寺I	寺畑他 1995
弁財天池	狛江市	3a	B	1	A○	A	部分		加曽利EIV	永峯・対比地 1992
新山	東久留米市	19	B	1	A○	A	部分		加曽利EIV	山崎他 1981
		21	A+B	2	A2○	A・F	無	先端部埋甕に接して石棒破片	加曽利EIV	
		22	A+B	2	A2○	A2	部分	接続部埋甕の北側にも1個体埋設？あり	加曽利EIV	
吹上	日野市	敷石	B	1	A	F	部分	プラン不明、敷石を伴うピット内埋設	称名寺	上川名他 1970
甲の原	八王子市		A	1	B	A	部分	埋甕は注口土器逆位、下面に蓋が出土	堀之内II	吉田 1980
多摩NTNo.796	八王子市	2	B	1	A	C	部分	石棒	加曽利EIV	川崎他 1986
船田	八王子市		A	1	A○	A(G)	部分	昭和2年調査、埋甕は斜位埋設、底部穿孔	堀之内II	後藤 1933
		B地区 16配石	B	1	A○	A	部分	報告では配石遺構とされるが柄鏡形（敷石）住居址の可能性あり	加曽利EIV	城近他 1970
椚田第III	八王子市	B区54	B	1			部分		加曽利EIV	服部他 1976
		C区53	B	1			部分		加曽利EIV	
椚田原	八王子市	J6	B	1	A	A	部分	先端部やや東壁寄りピット内に浮いて埋設鉢形土器を使用、J2号住の接続部土器破片集中、埋甕ではないとされる	加曽利EIV	吉田他 1996
上布田第2	調布市	3	B	1	A○	C	部分	接続部に敷石	称名寺	赤城 1992
		4	A+B	2	A	A	部分	接続部石皿で仕切る、被熱石棒2点	加曽利EIV+称名寺	
浜尾ビル地区	府中市	10	A脇	1			ほぼ全面	埋甕を中心にケルーン状配置	中期末・後期初頭	坂詰・荒井 1982
武蔵台	府中市	22	B	1	A	B	部分	周縁に沿って焼土堆積、被熱石棒出土	加曽利EIV古	河内他 1994
武蔵台東	府中市	8	A?	1		D	部分	張出部不明瞭	中期終末	西野他 1994
		10	D	1				住居中央北側、正確な位置不明	中期終末	
		17	B+D	2	A		全面	張出部先端部と主体部奥壁西側に埋設	中期終末	
		56	A+B+D	4	A	A・E	部分	接続部1、先端部2、主体部北東縁寄り1	中期終末	
		80	B	1			部分		中期終末	

第2節 柄鏡形(敷石)住居と埋甕祭祀　261

遺跡名	所在地	住居址番号	埋設位置	埋設個数	埋設状態	破損状態	敷石の有無	備考	時期	参考文献
清水が丘	府中市	24	不明	1	A○	A	部分	敷石に近接して埋設、張出部かどうか不明	加曽利EIV古	中野他 1985
木曽森野	町田市	J1敷	B	1	A○	B(G)	部分	胴上半部欠損、底部穿孔	加曽利EIV	前田他 1993
		J2敷	B	1	A	C	部分	底部、敷石に囲まれる	加曽利EIV	
		J3敷	B	1	A	C	部分	石棒破砕状態で出土	加曽利EIV	
		J4敷	B	1	A○	C	無		称名寺	
		J5	A	1	A	略A	無	プラン不明、出入口相当部に胴部欠く埋甕	加曽利EIV	
		J6	A	1	A	B	無	円形プラン、敷石をもつ対ピット間に埋設	加曽利EIV古	
多摩NTNo57	多摩市	A-2	A+B	2	A○	A	部分		加曽利EIV	安孫子他 1988
平尾台原	稲城市	A区6	A	1	A	A	部分		加曽利EIV+称名寺	小谷田 1981
裏宿	青梅市	6	B	1	A	A	部分	埋甕は両耳壺	加曽利EIV	久保田他 1985
		7	A	1	A○	B	部分	埋甕は両耳壺	加曽利EIV	
		8	A	1	A	C	部分		加曽利EIV	
		9	A	1	A	略A	部分	埋甕は注口土器	加曽利EIV	
羽ケ田	秋川市	1	B	1	A○		ほぼ全面		加曽利EIV	後藤 1937・38
二宮	秋川市		B	1	A	B	部分	主体部不明瞭	加曽利EIV	河野 1975
岳の上	西多摩郡日の出村	SB6	A	1	A	A	無	張出部不明	堀之内I	服部他 1972
大石山	利島村	1	A?	1	A		ほぼ全面		称名寺I	後藤他 1959 / 小杉他 1986

埼玉県

遺跡名	所在地	住居址番号	埋設位置	埋設個数	埋設状態	破損状態	敷石の有無	備考	時期	参考文献
坂東山B地点	入間市	1	B寄り	1	A	H	散漫	張出部西壁寄り埋設	加曽利EIV	谷井他 1973
		2	A	1	A○	A	散漫	埋甕は大形両耳壺	加曽利EIV	
		3	B	1			ほぼ全面	破壊を受けていたため埋設状態等不明	加曽利EIV	
宮地	狭山市	1	A	1	A	B	全面		加曽利EIV	城近他 1972
宇尻	狭山市	1	A	1	A	B	部分	鉢形土器埋設	加曽利EIV古	石塚 1995
		2	A	1	A○	B	無		加曽利EIV古	
		3	A	1	A○	C	主体部敷石	埋甕囲み配礫、敷石中石棒	称名寺I	
保埜	入間郡三芳町		A+B	2	A○	略A・B	散漫	接続部の埋甕（両耳壺）に伴う石組に石棒あり、先端部埋甕斜傾	加曽利EIV	埼玉県史編纂室 1980
足洗	坂戸市	1	A	1	A	C	無	張出部なし	称名寺I	細田他 1994b
加能里	飯能市　第12次	敷石	A	1	A○	C	ほぼ全面	石棒破砕片敷石材に利用	加曽利EIV	富元他 1991
出口	深谷市	2	A	1	A○	F	無	敷石なし、張出部なし、対状ピット間埋甕	加曽利EIV	柿沼他 1977
		9	B	1	A	A	散漫	埋甕囲む石組に石棒利用	加曽利EIV	
東	大里郡寄居町		B	1	A○	B	全面	埋甕内石鏃・丹塗亜円礫出土、敷石をもつ張出部のみ検出	称名寺I	梅沢 1973
樋ノ下	大里郡寄居町	27	B	1	C?	I	ほぼ全面	近世の溝で破壊され、当初の状態は不明	称名寺I	細田他 1994a
		28	A	1	A	C	ほぼ全面	接続部敷石下石組遺構内出土、炉址南西部に石棒、張出部不明瞭	称名寺I	
		30	B	2	A1○	B2	ほぼ全面	張出部先端部近くに2個体隣接して埋設 小形の31号敷石住居と重複	称名寺I	
		32	A?	1	A	H	部分	プランの一部残存したのみで全体は不明	称名寺I	
		35	B	1	A	C	部分	張出部のみ確認、大型破片も近接して出土	称名寺I	
露梨子	大里郡寄居町	1	B	1	A○	C	散漫		加曽利EIV	並木他 1978a
大背戸	秩父郡皆野町	III区ロ	A+B	2			ほぼ全面	埋設状態等不明	加曽利EIV	田部井 1988
貝塚山	富士見市　第2地点	16	A+B	2	A2○	略A2	部分	張出部と埋甕のみ検出	称名寺I	荒井他 1985a
	第3地点	14	A	1	A	C	無	張出部不明だが埋甕伴う対状ピットあり 報告では別に胴下半部の土器も埋甕とある	称名寺I	荒井他 1985b
		15	A	1	A○	B	無	張出部不明だが埋甕伴う対状ピットあり	称名寺I	
関沢第2地点	富士見市	1	A	1	A○	C	無		加曽利EIV	会田他 1977
打越	富士見市	172	B	1	A○	A	無	プラン不明	加曽利EIV	荒井他 1983
		205	A	1	A○	B	無	倒置土器あり	称名寺I	
泉水山	朝霞市		A+B	2			無	詳細不明	加曽利EIV	宮野 1974
義崎山	和光市	E区4 A・B	B	1	A○	B	無	対状ピットの軸線延長上に、第17号土坑とした内部に斜位埋設	称名寺I	野中他 1992
ト伝	川口市	A-2	A	1	A○	B	無	対状ピット間埋設	称名寺I	柿沼他 1980

262　第3章　敷石住居址と祭祀

黒谷田端前	岩槻市		5	A	1	A	A	無	対状ピットより主体部側に両耳壺を埋設	加曽利EⅣ	宮崎他 1976
裏慈恩寺東	岩槻市		3	A	3	A2○・B	B・C・E	無	張出部のみ検出、斜位2個埋甕に逆位の甕がかぶさる	称名寺Ⅱ	並木他 1978b
足利	久喜市		1	A	1	A	C	無		称名寺Ⅰ	青木他 1980
			2	A	1	A	C	無		称名寺Ⅰ	
赤台	鴻巣市		4	C○+D	3	A2○	A3	無	住居中央部と張出部に埋設、張出部埋甕は深鉢と浅鉢の入れ子	加曽利EⅣ	山崎 1985
東台11地点	入間郡大井町		20	A+B	2	A2	A?	散漫	接続部埋甕は両耳壺	加曽利EⅣ	坪田 1986
苗間東久保	入間郡大井町		9	A	2	A	C	無	接続部対状ピット近くに2個体の埋甕併設	加曽利EⅣ	鍋島他 1994
A-69	大宮市		1	A+B	2	A2○	略A	無	7号住と重複	称名寺Ⅰ	山形他 1991
			7	B	1	A○	B	無	1号住と重複、先端部埋甕	称名寺Ⅰ	
下加	大宮市		4次40	A2+B2	4	A1○	A2・B2		接続部と先端部に2個体づつ埋設、石棒3	加曽利EⅣ	山形他 1992a
			4次43	A	1	A	C	無	攪乱のため形状不明、対状ピット間埋設	加曽利EⅣ	
			4次45	B	1	A○	B	無		称名寺Ⅰ	
			4次47	B	1	B○	A	無	逆位斜位埋設	加曽利EⅣ	
			4次52	A	1	A	A	無	石囲炉址に石棒転用	加曽利EⅣ	
			4次53	A+B	2	A1○	B・C			加曽利EⅣ+称名寺	
			4次58	A	1	A○	E	無		加曽利EⅣ	
			4次62	B	1	A○	A	無		加曽利EⅣ	
鎌倉公園	大宮市		3	A+B	2	A2○	A・B	無		加曽利EⅣ	山形他 1984a
			4	B	1	A	A	無		称名寺Ⅰ	
			11	A	1	A○	B	無		称名寺Ⅰ	
御蔵山中	大宮市		4	C	1	A○	B	無	張出部中間部に埋設、北東に接するJ13号住は柄鏡形は呈さないが、南壁に逆位埋設	称名寺Ⅰ	山形他 1989b
指扇下戸	大宮市		1	A+B	2	A1○	A・1	無	先端部埋甕は破片	称名寺Ⅰ	山形他 1992b
			4	A○+B	3	A1○	A2・E1・I	無	接続部埋甕は鉢内に深鉢を入れ子、上面に甕形土器破片がのる、側置土器・石棒出土	加曽利EⅣ	
深作東部	大宮市		A-10	B+D	2	A2○	B2	無	炉辺部と先端部に埋設	加曽利EⅣ古	山形他 1984b
西大宮バイパスNo.5	大宮市		1	A+B	2	A2○	A2	無	埋甕内から石鏃・チップ出土	称名寺Ⅰ	山形他 1989a
西大宮バイパスNo.6	大宮市		1	A	1	A○	C	無	対ピットと埋甕の存在から柄鏡形住居址と判断される、炉址内石棒破片	中期終末?	山形他 1995
			2	B	1	A○	A	無		加曽利EⅣ	
広ケ谷戸稲荷越	浦和市		1	A○	2	B	E・F	無	ハの字状対ピットと炉址の間に2個体重ねた状態の伏甕	堀之内Ⅰ	岩井他 1987
馬場北	浦和市	18区	132	A+B○	3	A2○	A・C2	無	張出部先端部埋甕は2個体重なる	加曽利EⅣ	青木他 1989
		19区	67	B	1	A	B	無		加曽利EⅣ古	
北宿	浦和市		72	A+B	2	A1○	B2	無		称名寺Ⅰ	青木他 1990
			74	A	1	A○	略A	無	張出部は土坑状ピット	称名寺Ⅰ	
明花東	浦和市		1	A	1	A	C	無	対ピット前面に埋設	加曽利EⅣ+称名寺	青木他 1994
会ノ谷	浦和市		7次34	A+B	2	A2○	A・B	無	接続部埋甕埋設ピットに石皿片、石棒張出部ピット内斜位樹立	加曽利EⅣ	青木他 1996
皿沼	南埼玉郡白岡町		7	A	1	A	A	無	完形の深鉢の外側に胴上半部の個体が巻かれている、埋甕上面に石棒	加曽利EⅣ+称名寺	青木他 1983
前原	南埼玉郡宮代町		8	D	1	A○	A	無	西壁際に埋設、張出部とは離れる、建替に伴い出入口部を変える	称名寺Ⅱ	青木 1983
宿前Ⅲ	上尾市		2	D	1	A	B	無	炉址と接続部の中間に埋設、外側に破片	加曽利EⅣ	小宮山他 1995
志久	北足立郡伊奈町		8	A+B	2	A	A・B	無		加曽利EⅣ+称名寺	笹森他 1976
修理山	北埼玉郡騎西町		11	A	1	A○	A	無	炉址に近接して埋設、他に柄鏡形を呈さない同時期の住居址に埋甕あり	加曽利EⅢ	吉田 1995
赤城	北埼玉郡川里村		B区3	A	1	A○	C	無	対状ピット間埋設、時期不明瞭	称名寺～堀之内?	新屋他 1988
上手	北本市		1	C○+D	4	A2○	A2 B・C		主体部炉址の南側と張出部に埋設、主体部内埋甕は基底部に深鉢底部を置き、その中に黒曜石の石鏃と剥片を納め、石皿で蓋したあと両耳壺を埋設、張出部の埋甕は入れ子	加曽利EⅣ	柿沼 1989
			2	B+D	1	A2	A2	無	東壁寄りに1基両耳壺を埋設	加曽利EⅣ	
提灯木山	北本市	2次	1	A+C	2	A1○	E・B	無	張出部埋甕は張出部中央に埋設	加曽利EⅣ古	磯野他 1996
			3	A+B	2	A	A・B	無	2号住(斜頬埋甕あり)と重複、埋設位置から張出部が存在した可能性強い、接続部相当部埋甕は両耳壺	加曽利EⅣ古	

第2節　柄鏡形(敷石)住居と埋甕祭祀

宅地添	上福岡市	2	B	1	A○	F	無		称名寺 I	笹森 1985
阿久和平	児玉郡神泉村	A区1	B	1			有		後期初頭	矢内 1991
		A区2	A+B	2		G1	有	接続部埋甕は土器底部で蓋され、先端部の埋甕は底部穿孔、磨石が蓋石としてのる	後期初頭	

千葉県

遺跡名	所在地	住居址番号	埋設位置	埋設個数	埋設状態	破損状態	敷石の有無	備　考	時　期	参考文献
龍角寺NTNo.4	印旛郡栄町	9	A?	1	A	B	無	張出部不明瞭	加曽利EⅣ	柿沼他 1982
江原台	佐倉市	18	A	1			無	報告書では埋甕の状態不明	加曽利EⅣ	高田他 1980
長田雉子ケ原	成田市　第2地点	282	D	2	A1○	E・A	無	主体部中央壁寄りに2個体埋設	加曽利EⅣ	喜多他 1989
		366	D	1	A○	略A	無	張出部ではない壁際に埋設	称名寺 I	
一の谷西貝塚	松戸市	1	A+B	2	A2○	A・B	無	石囲炉に石棒・石皿転用	加曽利EⅣ+称名寺	川名他 1984
		3	A+B	2	A2○	B・C	無	多孔をもつ石棒張出部に出土	称名寺 I	
		5	A+B	2	A2○	A	無		称名寺 I	
貝の花貝塚	松戸市	24	A	1	A	A	無	対状ピット間に埋設	称名寺 I	八幡他 1973
		27	A	1	A	A?	部分	対ピットと埋甕を囲んで配石あり	称名寺 I	
金楠台	松戸市	1	A	1	A	略A	部分	埋甕に接して小規模な配石	称名寺 I	沼沢 1973
陣ケ前	松戸市	2	A	2	A	A・B	無	明瞭な張出部をもたないが、対状ピット有	称名寺 I	岩崎 1963
大橡内山	松戸市　第1地点		不明	1	A	略A	無	張出部の存在不明確	加曽利EⅣ	関根 1971
株木B	市川市　第2地点	4	A	1	B	A	無	張出部と出入口対状ピット施設が一致せず	堀之内 I	小西他 1983
曽谷貝塚	市川市　D地点	2	A	1	A○	B	無	柄鏡形は呈していない、埋甕内骨片	称名寺 I	堀越 1977
	E地点	3	A		無		無	埋甕はないが接続部にピットあり、報告では埋甕が抜かれた可能性を指摘している	称名寺?	堀越 1978
	市川市　第17地点	7	D	1	A○	E	無	渡辺(1995)では高谷津遺跡としているプラン不明瞭、8号住と重複	称名寺?	花輪他 1986
堀之内権現原地区	市川市	3	A	1	A	E	無	張出部対ピット間埋設	称名寺Ⅱ	浅川他 1987 渡辺 1991
		16	A	1	A○	A	無	対状ピット間埋設	称名寺 I	
		18	A	1	A○	E	無	対状ピット間埋設	称名寺 I	
		19	推定C◎	3	A3○	略A	無	張出部相当部に2箇所埋設、出入口部寄りの埋甕は入れ子、ともに斜位埋設	加曽利EⅣ+称名寺	
堀之内堀之内地区C区	市川市	8	A	1	A	H	無		称名寺	浅川他 1987
小金沢貝塚	千葉市	4	D	1	C	F	無	主体部東壁際土坑内横位埋設	堀之内 I	郷田他 1982
木戸作貝塚	千葉市	28	D	1	C	F	無	主体部東壁寄り横位埋設	堀之内 I	郷田他 1979
餅ケ崎	千葉市		A+B	2	A	A2	無		加曽利EⅣ	横田 1983
中野僧見堂	千葉市	5	A	1	C	I	無	対状ピット間埋設、張出部不明瞭	称名寺?	折原他 1977
千代田Ⅳ	四街道市	3	A	1	A	A	無	出入口部対状ピット間埋設	称名寺 I	米内・宮内 1972
西広貝塚	市原市　7次	605	D	2	C		無	北東壁際2基埋設、屋内埋甕ではない可能性あり、埋甕内幼児骨・タカラガイ装身具・丹塗貝の副葬	堀之内 I	高橋 1989 忍沢 1993
伊丹山	袖ヶ浦市	6	D	1	A○	C	無	北壁際埋設、出入口部ではない	称名寺Ⅱ	三森 1979
嘉登	袖ヶ浦市	SI036	A	2	A○・B	B・E	無	対状施設に伴い、正位と逆位(伏甕)埋設	加曽利EⅣ	西原 1994
		SI037	C	2	B	E2	無	張出部に打ち欠いて逆位に埋設	堀之内 I	
山野貝塚	袖ヶ浦市	2	A+D	6			無	埋甕6基、出入口部他に埋設、建替があり逆方向に張出部を付設	堀之内 I	上守 1993

茨城県

遺跡名	所在地	住居址番号	埋設位置	埋設個数	埋設状態	破損状態	敷石の有無	備　考	時　期	参考文献
仲根台B	竜ヶ崎市	7	D	1	A○	E	無	南東壁際埋設	堀之内 I	山本 1984
廻地A	竜ヶ崎市	106	D	1	A○	E	無	北壁際埋設、上に深鉢がのる	堀之内	瓦吹他 1982

栃木県

遺跡名	所在地	住居址番号	埋設位置	埋設個数	埋設状態	破損状態	敷石の有無	備　考	時　期	参考文献
古宿	河内郡上河内村	133	A?	1	A○	F	全面	南壁際、張出部無し	加曽利EⅣ	芹沢他 1994
寺野東	小山市	SI539	A	1			ほぼ全面	出入口部に埋設、詳細不明	後期初頭	岩上他 1994

264　第3章　敷石住居址と祭祀

群馬県

遺跡名	所在地	住居址番号	埋設位置	埋設個数	埋設状態	破損状態	敷石の有無	備考	時期	参考文献
空沢	渋川市	1次1	A	1	A	A	ほぼ全面	埋甕は注口、敷石中石皿・石棒・多孔石	加曽利Ⅳ	大塚 1979
		2次2	A◎	1	A	A	ほぼ全面	石囲炉から張出部のみ、埋甕内底部破片	加曽利Ⅳ？	大塚他 1980
		3次24	A+B◎	3	A・B	E・H・G	全面	先端部埋甕は逆位、内部に底部穿孔土器	加曽利Ⅲ	大塚他 1982
	Ⅰ地点	5次26	B	1	A？		ほぼ全面	先端部埋甕？埋設	加曽利Ⅳ	大塚他 1985
荒砥前原	前橋市	C区3	A◎	2	A	C2	全面	床面上石棒、接続部胴下半部2個体入れ子	加曽利Ⅳ	藤巻 1985
荒砥二之堰	前橋市	27	B	1	A	B	部分	接続部楕円形土坑	称名寺Ⅱ	石坂 1985
		32	A	1	A	H	部分	壁柱穴に沿って周磔、小形深鉢胴部埋設	称名寺Ⅰ	
		33	C	1	A	C	部分	張出部中央に埋設、本来は完形か？	称名寺Ⅱ	
芳賀東部団地	前橋市	8	A	2	A	F・C	部分	接続部付近に離れて2個体埋設	称名寺Ⅱ	井野他 1990
		13	A	1	A	B	ほぼ全面	接続部に石囲されて埋設	加曽利Ⅳ	
横俣遺跡群大道	前橋市	126	B	1	A	C	部分	張出部に敷石	加曽利BⅠ	近江屋他 1991
小室	勢多郡北橘村	1	A	1	A	E	全面	張出部先端延長上に多孔石	称名寺Ⅰ	相沢他 1968
西小路	勢多郡大胡町	6	D	1	A	B	部分	完形石棒出土、主体部北西壁際に埋設	加曽利Ⅳ	山下 1994
		7	A+B	2	A	略A・B		先端部埋甕上に礫がのる	加曽利Ⅳ	
中大塚	藤岡市	1	A+B2	3	A・C	A他	全面	石棒、先端部埋甕は下面にも壺あり	加曽利Ⅳ	塚越 1974
白石大御堂	藤岡市	1	B◎	3	A◎	B2	全面	張出部先端部入れ子埋設、他に底部のみ	加曽利Ⅳ	菊池他 1991
		2	A+B	2	A◎	略A・C	全面	先端部埋甕斜位埋設、別個体胴部破片あり	加曽利Ⅳ	
田篠中原	富岡市	1配石	A？	1	A◎	略A	部分	炉址周辺敷石、凹石転用石棒	加曽利Ⅲ	菊池他 1990
		2配石	A？	1	A◎	H	部分	埋甕内土器底部出土、炉辺部敷石	加曽利Ⅲ	
		5配石	A	1	B	E	部分		加曽利Ⅲ	
		8配石	A	1	A◎	H	ほぼ全面		加曽利Ⅲ	
		23配石	B	2	A2◎	B2	部分	張出部2個体埋設	加曽利Ⅳ古	
		24配石	A+B	2	A2◎	略A		接続部埋甕蓋石を伴う	加曽利Ⅳ	
		26配石	B	1	A◎	C	散漫	先端部斜位埋設	加曽利Ⅳ古	
		36配石	A+B	2	A2◎	E・F	ほぼ全面	接続部埋甕蓋石2個、1点は石皿を使用	加曽利Ⅲ	
		37配石	B	1			ほぼ全面	耕作の破壊によって埋甕の状態不明	加曽利Ⅲ	
		38配石	A？	1	A◎	略E	散漫		加曽利Ⅲ	
南蛇井増光寺	富岡市	E区22	A寄り	2	A	B	散漫	炉址南側接続部近く2個体離れて埋設	堀之内Ⅱ	斉藤他 1993
久森環状列石	吾妻郡中之条町	1	B	1	A	I	ほぼ全面	遺存状態悪く破片状態	加曽利Ⅳ古	丸山他 1985
		2	A	1	A	C	散漫	蓋石あり	加曽利Ⅳ	
		3	A+B？	2	A	C2	散漫	張出部敷石面下埋設	加曽利Ⅳ	
梨の木平	利根郡月夜野町	1	A	1	A	B	ほぼ全面		加曽利Ⅳ	能登 1977
三原田	勢多郡赤城村	1-34	A	1	A	H	部分	埋甕に石蓋	加曽利Ⅲ	赤山 1980・92
		1-36	D？	2	A	H	部分	位置不明、石蓋された2個体	加曽利Ⅲ？	
		1-45	A	1	A	C	部分		加曽利Ⅳ	
		1-48	D	1	A	A	部分	炉址脇埋設	称名寺Ⅰ	
		1-56	A	1	A	E	部分	出入口相当部埋設	加曽利Ⅳ	
		1-66	A	3		C2・I	部分	出入口部3個体集中、内1個体は破片	加曽利Ⅳ古	
		1-73	A？	1	A◎	E	部分		加曽利Ⅳ古	
		1-85	A？	1	A	略A	部分		加曽利Ⅳ古	
		2-2	A？	1	A	H	部分		称名寺Ⅰ	
		2-6	A？	1	B	C	部分		加曽利Ⅳ古	
		2-9	D	1	A	H	部分	石囲炉南隣接して埋設	加曽利Ⅲ	
		2-10	A+B	2	A	B・C	部分		加曽利Ⅳ	
		2-11	A？	1	A	B	部分	埋甕は両耳壺	加曽利Ⅳ	
		2-15	A？	1	A	C(G)	部分	出入口部か、胴下半部、底部穿孔	称名寺Ⅰ	
		2-16	A	1	A	B	部分		加曽利Ⅳ古	
		2-19	A	2	A	C	全面		加曽利Ⅳ古	
		2-35	A？	1	A	B	部分		加曽利Ⅳ古	
		3-3	A？	1	A	E	部分	敷石住居址の可能性あり	加曽利Ⅳ古	

第2節 柄鏡形(敷石)住居と埋甕祭祀

遺跡名	所在地	住居址番号	埋設位置	埋設個数	埋設状態	破損状態	敷石の有無	備考	時期	参考文献
三原田	勢多郡赤城村	3-5	D	2	A	H2	部分	炉址南埋設	加曽利EⅢ	赤山 1980・92
		3-34	D	1	A	C	部分	炉址南西部埋設	加曽利EⅣ?	
		4-6	A+B	1	A		部分	石棒2、埋甕の状況不明	称名寺	
		4-15	A	1	A○	E	無	柄鏡形(敷石)住居址と断定できない	加曽利EⅣ古	
		5-11	A?	1	A				加曽利EⅢ	
		5-19	A◎	2	A	C2	部分	入れ子に近い重複埋設	加曽利EⅣ?	
		7-R2	A?+D	2	A		部分	炉南1個体、出入口部?1個体	称名寺Ⅰ	
		7-R4	A+B?	2	A	B・C	部分	プラン不明	加曽利EⅢ	
		7-29	A	1	A	C	部分		加曽利EⅣ	
		7-36	A	1	A○	B	部分		加曽利EⅣ	
		8-7	A	1	A	F	部分	接続部石囲内埋設	称名寺Ⅰ	
乾田	利根郡水上町		A				部分	詳細不明、相沢1968より引用	不明	相沢 1968
大穴	利根郡水上町						部分	詳細不明、相沢1968より引用	不明	相沢 1968
千網谷戸	桐生市	5	B?	1	A○	C	部分	凸字状の張出部の可能性あり	堀之内Ⅱ	増田他 1977
天神原	安中市 C・D区	9	B	1	A	A	部分		称名寺Ⅱ	大工原 1994
東畑	安中市	8	A+B	2	A	A・C	部分		加曽利EⅣ	大工原 1994
行田Ⅲ	碓氷郡松井田町	183	B	1	A		部分	詳細不明	中期終末	山武考古研 1993
仁田	碓氷郡松井田町	3	D	1	A	A	部分	張出部から離れた南壁際に埋設、接続部に石囲施設をもつ	称名寺Ⅰ	大江他 1990
白倉下原	碓氷郡松井田町	B区26	B	1	A○	B	ほぼ全面	接続部石囲施設	称名寺Ⅰ	木村他 1994
		B区89	A◎+B	4	A	C2・B2		接続部入れ子、先端部2個体埋設	加曽利EⅣ	
白川傘松	群馬郡箕郷町	1	A	1	A		部分	張出部のみ敷石	中期終末～後期初頭	相京 1994
北宿・観音前	新田郡新田町	A-5	A+B	2	A	A・B	部分	接続部埋甕を囲んで敷石	称名寺Ⅰ	長谷川 1993
根性坊	佐渡郡東村	11	A	1	A○	略A	部分	埋甕周囲を配石で固定	称名寺	横山 1982

福島県

遺跡名	所在地	住居址番号	埋設位置	埋設個数	埋設状態	破損状態	敷石の有無	備考	時期	参考文献
芝草原	耶麻郡西会津町	3		1?			全面	埋甕らしき土器あり	綱取Ⅱ	小滝 1969 鈴木 1975、鈴鹿・押山 1989
月崎	福島市	5	A?	1	A	C	部分	敷石の形状不明	大木10	鈴鹿・押山 1989
前田	田村郡舟引町			4			全面	敷石外縁部に焼土を伴う埋設土器4個体	綱取Ⅰ?	鈴鹿・押山 1989
柴原A	田村郡三春町	2	A寄り	1	A	A	全面	張出部接続部近くに埋設	綱取Ⅱ	福島他 1989
		3	D	1	A		部分	主体部に隣接して埋設	綱取Ⅱ	
西方前	田村郡三春町	1敷石	D	1	C	F	ほぼ全面	敷石に隣接して横位埋設土器、伴うか不明	綱取Ⅱ	仲田他 1989・92
		6	D	1	C	A	ほぼ全面	壁際横位埋設、胴部側面穿孔	大木9-10	
		20	A	1	B○	F	部分	石蓋あり、逆位埋設	綱取Ⅱ	
越田和	田村郡三春町	3	B	1	A○	C?	部分	残存状態悪い、先端部埋設、接続部に18号埋設土器遺構、共伴関係不明	後期前葉	福島他 1996
		6	A?	1	B○	E	ほぼ全面	張出部不明、接続部ないし出入口部近くに逆位、やや斜傾埋設	後期前葉	
宮内A	相馬郡飯舘村	2	D	1	B○	B	全面	土器埋設複式炉を伴う敷石住居、炉址先端部敷石面下に小形土器逆位埋設	大木10	鈴鹿他 1989

宮城県

遺跡名	所在地	住居址番号	埋設位置	埋設個数	埋設状態	破損状態	敷石の有無	備考	時期	参考文献
菅生田	白石市	4	A◎?	3	A	C2・H	部分	土器埋設複式炉周辺敷石、底部2個体と胴部の三重埋設	大木10	志間他 1973
		5	D	1	C	B	部分	土器埋設複式炉の周辺敷石、炉の南敷石下に横位埋設土器	大木10	
		10	A?	1	A	H	ほぼ全面	土器埋設複式炉	大木10	
下ノ内	仙台市	SI-6	D	1	A	C	部分	炉辺部中心に敷石、北東壁際に埋甕	大木10	篠原他 1990
		SI-7	D	2	A	A・F	部分	複式炉をもつ敷石住居址、埋甕は重複	大木10	
山田上ノ台	仙台市	15	D	1	A	不明	部分	炉辺部敷石、埋甕は確認のみで詳細不明	大木10	主浜他 1987
		19	D	3	A	H2・I	部分	北東寄り敷石、3軒の重複	大木10	

岩手県

遺跡名	所在地	住居址番号	埋設位置	埋設個数	埋設状態	破損状態	敷石の有無	備考	時期	参考文献
長谷堂	大船渡市		D	1	A	C？	縁石他散漫	炉址不明、敷石住居址としては不確実	堀之内Ⅱ併行	玉川他 1972

新潟県

遺跡名	所在地	住居址番号	埋設位置	埋設個数	埋設状態	破損状態	敷石の有無	備考	時期	参考文献
宮下原	南魚沼郡六日町	1	A？○	2	A	E 2	ほぼ全面	炉址西壁際入れ子埋設、南側にも敷石伴う埋甕あり、張出部の可能性あり	大木9併行	折井他 1981
		2	D	1	A	C	散漫に全面	1号住と同様に東側に敷石伴う埋甕あり	大木10	
湯の沢	中頚城郡中郷村	AT住		1	A	C	部分	炉辺部敷石、埋甕埋設位置は北側の方形竪穴プランの外、隣接して石柱	中期末？	室岡他 1967

山梨県

遺跡名	所在地	住居址番号	埋設位置	埋設個数	埋設状態	破損状態	敷石の有無	備考	時期	参考文献
大倉	北都留郡上野原町		B	1	A	A	部分		曽利Ⅳ	長谷川 1981
大月	大月市	1	A	1	A○		ほぼ全面	詳細未報告	中期終末・後期初頭	山梨県埋蔵文化財センター 1994
		2	B	1	A		ほぼ全面	詳細未報告	中期終末・後期初頭	長沢他 1995
屋敷添	北巨摩郡明野村	34	A？	1			部分	張出部不明瞭、詳細不明	曽利Ⅳ～Ⅴ	佐野 1993
釈迦堂N-Ⅲ（三口神平）	東山梨郡勝沼町	SB-01	A	1	A	E	部分	張出部に敷石	曽利Ⅳ	小野他 1987
古宿道の上	東山梨郡牧丘町	1 敷石	D	1	A		部分	石囲炉南に近接して埋設	加曽利EⅣ併行	森 1981
		2 敷石	A？	1			部分	張出部に近い敷石の間に埋設、状態不明	堀之内Ⅱ	

長野県

遺跡名	所在地	住居址番号	埋設位置	埋設個数	埋設状態	破損状態	敷石の有無	備考	時期	参考文献
居平	諏訪郡富士見町	3	A？	1	A	B	部分	南側対状ピット内埋設	曽利Ⅴ	藤森他 1965
広原	諏訪郡富士見町	1	A	1			部分		曽利Ⅴ？	藤森他 1965
穴場	諏訪市	12	A	1			全面	出入口部石囲施設内埋甕	曽利Ⅴ	高見 1982・83
湯の上	諏訪市	1	A	1			部分	詳細不明	曽利Ⅳ	長野県埋文センター 1984
		2	A	1			部分	詳細不明	曽利Ⅴ	
花上寺	岡谷市	17	A	1	A	B	部分	石蓋されている	曽利Ⅳ	高林 1987
吹付	佐久市	4		1			部分		加曽利EⅣ	百瀬他 1991a
東栃ぶた	佐久市	1	D	1	A○	C	部分	プラン不整形、壁際配石	加曽利EⅣ	百瀬他 1991b
宮平	北佐久郡御代田町	9	A	1	A○		全面	接続部斜位埋設	加曽利EⅣ	林 1985
		15	D？	1	A	B	部分		堀之内Ⅰ	
		17	A？	1	A	A	部分	両耳広口壺埋設	加曽利EⅣ	
滝沢	北佐久郡御代田町	8	A	1	A	C	部分	対状ピット間石蓋して埋設	加曽利EⅣ	小山 1993
		10	A	1	A	略A	ほぼ全面	対状ピット間埋設	加曽利EⅣ古	
下吹上	北佐久郡望月町	1	A？	1	A○	A	部分	対状ピット間埋設	曽利Ⅴ	福島 1978
平石	北佐久郡望月町	2	A	1	A	F	部分		加曽利EⅣ	福島他 1989
大庭	北佐久郡立科町	J 5	D	1	A	略A	部分	炉址内石棒	加曽利EⅣ古	島田他 1990
		J 6	A	2	A	B 2	部分	出入口部敷石に伴い2個並んで埋設	加曽利EⅣ古	
桜井戸	小県郡東部町	3	位置不明	2		B・D	部分	1個は石蓋	加曽利EⅢ	土屋他 1970
		4		2			全面		加曽利EⅣ古	
四日市	小県郡真田町	5	D	1	A○		部分	南壁に石柱、炉址に近接して埋甕、丸石	加曽利EⅣ	宇賀神他 1990
		8	A	2	A	C 2	部分	出入口相当部に重複して埋設	加曽利EⅣ	
		12	A	1	A	C	無	埋甕に蓋石	加曽利EⅣ	
		13	A	1	A		部分		加曽利EⅣ？	
		19	D	1	A○	A	部分		加曽利EⅣ古	
		20	A	1	A○	C	無	対状ピット間斜位埋設	加曽利EⅣ	
		21	A＋B？	2	A	C 2	無	出入口部2個体離れて埋設	加曽利EⅣ古	
		25	A	1	A	B 2	無	出入口部石がのる	加曽利EⅣ	
日影	上田市	SB02	B	1	A○	略A	部分	先端部斜位埋設	加曽利EⅣ古	中沢他 1992
		SB04	B	1	A		全面	石蓋	加曽利EⅣ	

第2節　柄鏡形(敷石)住居と埋甕祭祀　267

日影	上田市	SB08	A＋C	2	A	B 2	部分	炉址南接続部寄りと張出部に埋甕	加曽利EⅣ古	中沢他 1992
込山C	埴科郡坂城町		D	3	A	A 2・B	全面	敷石面に立石	加曽利EⅣ古	金子他 1964
幅田	埴科郡戸倉町	1	B	1	B	E	部分	第Ⅰ号配石遺構とされる、埋甕内石皿	加曽利EⅢ	金子他 1965 森島 1982
		2	A	1	B	E	全面	第Ⅱ号配石遺構とされる	加曽利EⅢ	
円光房	埴科郡戸倉町	1	B	2	A○	B	部分		加曽利EⅣ古	原田他 1990
		4	A？	1	A	B	部分		加曽利EⅣ古	
		5	A？	1	A	A	部分	炉址南側埋設、小型石棒	加曽利EⅣ古	
		6	A＋B	2	A＋破砕	E・H	部分		加曽利EⅣ古	
		13	A	1	A	E	全面		加曽利EⅣ古	
		16	A	1	A		部分	張出部に敷石集中	加曽利EⅣ？	
		24	B	1	A		部分		加曽利EⅣ	
宮崎	長野市	1		1	A	B	部分	石蓋された埋甕内から黒曜石塊と砕片	加曽利EⅣ	矢口他 1988
		1		1	A		部分	埋甕内定角式磨製石斧4点出土、付近に耳栓、小型磨製石斧、昭和23年発見	後期	宮下 1982
柿沢東	塩尻市	4	D？	1	A	A	部分	炉辺部敷石	加曽利EⅣ古	小林 1984
藪原	東筑摩郡波田町	3	A◎	2	A	A	部分	石蓋された埋甕内部に小型土器	加曽利EⅣ古	小松 1966
		4	A？	2	A・C		部分	正確な時期不明	不明	
こや城	東筑摩郡明科町	1	D？	1	A		部分		加曽利EⅢ	大沢他 1979
		3	D？	2	A	D・H	部分		加曽利EⅢ	
北村	東筑摩郡明科町	SB101	B	1	C	I	ほぼ全面	張出部先端に1個体破片で横位に敷かれて出土、裸堤をもつ柄鏡形(敷石)住居址	堀之内	平林 1993
		SB560	D	2	A	B・C	部分	炉址脇に離れて2個体埋設	曽利V	
		SB562	A	1	A	A	部分	奥壁部敷石	加曽利EⅣ	
		SB583	A？	1	A	C	部分	SB581に大半が切られている	称名寺Ⅰ	
坪ノ内	松本市	1	D	1			部分		堀之内Ⅰ	島田 1990
		10	A	1	A	A	部分		堀之内Ⅰ	
八幡添	上高井郡高山村	2	A	1		I	部分		加曽利EⅣ	緒田 1984
		4	A？	1	A○		部分		加曽利EⅣ	
		5	A？	1	A		部分	石蓋されている	中期末？	
		6・7	A？	1	A	C	部分	重複	中期末？	
		8	D	1	A		無	炉址南に埋設、石蓋あり	中期末？	
		9	D	1	A		部分	炉址南側に埋設	中期末？	
		10	D	1	A	C	部分	炉址南西側に埋設、底部、内部から揉器	中期末？	
栗林	中野市	5	D	1	B	A	部分	炉址東側土坑内逆位埋設	堀之内Ⅰ	中島他 1994
屋代遺跡群	更埴市							埋甕をもつ柄鏡形(敷石)住居址あり 詳細未報告	中期末・後期初頭	寺内 1994
瑠璃寺前	下伊那郡高森町	3	D	1	A	A	部分	奥壁部埋甕内石棒樹立	称名寺併行	神村 1972
戸場	木曽郡南木曽町	1炉址	位置不明	1		B(G)	部分	敷石を伴う1号と2号石囲炉址の中間に出土、口縁部を欠く底部穿孔土器	堀之内Ⅱ	白沢 1983

＊　埋設位置の表示　　A：主体部と張出部との接続部（出入口部含む）　B：張出部先端部　C：張出部空間　D：主体部空間　◎印は入れ子状態を示す。数値は個数
＊　埋設状態の表示　　A：正位　B：逆位　C：横位　○印は斜傾埋設を示す。数値は個数
＊　破損状態の表示　　A：完形（略完形を含む）　B：口縁部欠損　C：胴下半部　D：胴部欠損　E：胴下半部欠損　F：底部欠損　G：底部穿孔（ただし底部穿孔以外の部位の欠損を含む）　H：胴部　I：大形破片
＊　時期の表示　　参考文献で型式名が明らかな事例は型式名をあげているが、不明なものは大まかな時期を示した。
＊　各事例の参考文献は、巻末の「柄鏡形(敷石)住居址発見事例参考文献一覧表」を参照願いたい。

第6表　柄鏡形(敷石)住居址内検出埋甕事例追補表（1997年3月現在）

遺跡名	所在地	住居址番号	埋設位置	埋設個数	埋設状態	破損状態	敷石の有無	備考	時期	参考文献
多摩ニュータウンNo.245	東京都町田市小山	21	C	1	A	E	配礫	埋甕は勝坂式土器を使用、報告では敷石ではなく庭経に隠しての礫の投げ込みとしている	加曽利EⅣ古	山本他 1998
野津田上の原	東京都町田市	2敷	B	1	A	B	奥壁部+張出部		加曽利EⅣ	後藤他 1997
		3敷	A	1	A	H	周壁中心	張出部不明瞭	加曽利EⅣ	
谷保東方	東京都国立市	1	B	1	A	C	ほぼ全面	甑形土器を利用、炉址に接して石棒胴部破片と石皿が出土	加曽利EⅣ+称名寺Ⅰ	佐々木他 1997
小比企向原	東京都八王子市	J-78	B	1	A	C	部分	張出部石囲状敷石、上面に破砕された土器が覆う。	加曽利EⅣ	吉田他 1998
		J-81	B	1	A○	C	部分	張出部先端部埋甕を囲む敷石	加曽利EⅣ古	
		J-141	B	1	A	B	部分	埋甕に接して配礫	加曽利EⅣ	
		J-181	B	1	A○	H	部分	対ピット間埋設	加曽利EⅢ	
七ツ塚第2地点	東京都日野市	6	B	1	A	B	部分	遺存状態不良、石囲炉別にあり、石棒	称名寺Ⅰ	和田他 1997
		7	B	1	A	C	張出部敷石	埋甕は底部のみ	加曽利EⅣ	
赤田地区遺跡群No.15	神奈川県横浜市青葉区	2	A+B	2	A・A○	共に半欠	無	先端部埋甕は鉢形土器	加曽利EⅣ古	渡辺他 1998
市の沢団地	神奈川県横浜市瀬谷区	D区1	A又はB	1	A	A	散漫な敷石	プラン不明、若干の敷石と炉と埋甕のみ	加曽利EⅢ	境他 1997
		D区2	A	1	A	A	散漫な敷石	掘り方は不明	加曽利EⅣ	
		D区3	A又はB	1	A	B	散漫な敷石	プラン不明	加曽利EⅢ	
		D区4	A	1	A	H	散漫な敷石	柱穴あり	加曽利EⅢ	
及川天台	神奈川県厚木市	10区敷石	B	1	A○	C	ほぼ全面		加曽利EⅣ	香村他 1997
川尻	津久井郡城山町	J2	B	1	A		全面	張出部先端部の敷石のない部分に埋設、両耳壺	加曽利EⅣ	加藤 1998
東谷	埼玉県上尾市	1	A	1	A	A	無		称名寺Ⅰ	原典?・鈴木 1997
西原大塚	埼玉県志木市	54		1				敷石住居か？埋甕は両耳壺、内部打製石斧	加曽利EⅣ	佐々木 1998
寺脇	埼玉県日高市	1	A?	1		H	無敷石	初源期柄鏡形住居址、埋甕は両耳壺	中期後半	中平薫 1998
		2	B	1	A○	B	有り	埋甕は両耳壺	加曽利EⅣ	
		8	A・B	2	B①	A2	有り		加曽利EⅣ	
宿東	埼玉県日高市	A区11	A・B2	3	A3	B1・C2	無	埋甕から柄鏡形(敷石)住居址を想定	加曽利EⅣ古	渡辺 1998
		A区48	A○・B○	4	A○	E1+I1・B(底部欠)1+C	散漫な配礫	埋甕は共に入れ子状	加曽利EⅣ古	
		A区56	A+B	2	B+A	E・B	埋甕に接して配礫	埋甕から柄鏡形(敷石)住居址と想定	加曽利EⅢ	
		D区13	A+B	2	A2	H・C	無	埋甕から柄鏡形(敷石)住居址と想定	加曽利EⅣ古	
		D区32	A+B2	3	A3○	H・F・B	散漫な配礫 先端部埋甕に接して配礫	張出部先端部に2個体埋設	加曽利EⅣ古	
宿北Ⅴ	埼玉県上尾市	2	A	1	A○	A	無	埋甕に接して小形鉢形土器倒置状態で出土	加曽利EⅣ	上野他 1999
中谷	山梨県都留市	2	A	1	A	C	奥壁部+張出部		曽利Ⅴ	長沢他 1996
		9	D	1	A	F	張出部のみ	出入口部に近い主体部に埋設	曽利Ⅴ	
大月	山梨県都留市	1	A	1	A○	A	ほぼ全面	奥壁部攪乱のため不明、無頭大型石棒奥壁寄り敷石面上横位出土	加曽利EⅣ	長沢他 1997
		2	A	1	A	C	ほぼ全面	埋甕上蓋石あり、石棒4点	加曽利EⅣ	
		11	A	1	A○	F	ほぼ全面	張出部確認されず。埋甕は曽利Ⅴ	曽利Ⅴ	
宮ノ前	山梨県韮崎市	408	A	1	A○	略A	縁石+主体部散在	対ピット内斜位埋設	堀之内Ⅰ	平野・楜原 1992
		417	B	1	A○	略A	張出部敷石	張出部先端部斜位埋設	称名寺Ⅰ	
町屋	栃木県田沼町	6	A?	1	A	C	部分敷石	埋甕とわずかな敷石から柄鏡形敷石住居址と判断されている	称名寺	河野他 1998
白川傘松	群馬県群馬郡箕郷町	1	A+B	2	A2	F・H	張出部敷石	両耳深鉢	加曽利EⅣ	関根 1996
		10					炉辺部敷石		加曽利EⅢ	
下川原	三重県名張市	11	A	1	B	E	張出部敷石	逆位埋甕に蓋石	堀之内Ⅱ	門田 1997

この空間分布の特徴は別に論じた柄鏡形(敷石)住居址内出土石棒事例と同様、柄鏡形(敷石)住居址の分布的傾向に沿ったありかたを示している(山本 1996b)。およそ15年程前に川名広文が集成した当時(川名 1985)、89遺跡142住居址例であったことを考えると、その後の柄鏡形(敷石)住居址の発見例の急増に伴い、埋甕検出事例もそれに比例して確実に増加していることがうかがえ、柄鏡形(敷石)住居址と埋甕の結びつきの強さをあらためて認識することができる。また、その後の発見例の増加もあるが、とりあえず、1996年2月に石棒出土事例を集成したさい(山本 1996b)、呈示した柄鏡形(敷石)住居址発見遺跡数882箇所をもとに、埋甕検出遺跡事例の割合をみると、25%強を占め、やはり埋甕と柄鏡形(敷石)住居址がきわめて密接な関係を有していることがうかがえる。

　しかし、時間分布の傾向をみると、際だった特徴が指摘できる。出土土器型式による正確な時期対比がすべての事例になされているわけではないので、細かくみることは困難であるが、大まかに、中期終末期：加曽利E式終末(EⅢからⅣ式)期併行期、後期初頭期：称名寺式併行期、後期前葉期：堀之内式併行期、後期中葉期：加曽利B式併行期の4時期に分けてみると[2]、中期終末期は142遺跡290例、後期初頭期は69遺跡97例、後期前葉期は35遺跡40例、後期中葉期は4遺跡5例、時期不明は3遺跡3例となる。全住居址数に占める時期別にみた住居址事例の割合をみると、中期終末期約66.7％、後期初頭期約22.3％、後期前葉期約9.2％、後期中葉期約1.1％、時期不明約0.7％であり、圧倒的に中期終末期の事例に集中し、時期が新しくなるにつれ急激な事例の減少化傾向がとらえられる(第107図1　軒数　時期別グラフ参照)。中期末葉か後期初頭期か位置づけが難しい事例もあることから、加曽利EⅣ式から称名寺式を含めて中期末・後期初頭期としてとらえるなら、実に9割弱がこの時期の事例ということになる。

　柄鏡形(敷石)住居址にのみ埋甕が設置されるものではないにせよ、中期末・後期初頭段階における柄鏡形(敷石)住居址と埋甕の結びつきの強さは、こうした事例の集成作業の結果、あらためて注目しておく必要があるだろう。また、後期前葉期以降、事例は急激な減少化傾向をみせ、後期中葉期を境としてそれ以降、事例は検出されなくなる。このことは柄鏡形(敷石)住居の完成から終焉に至る軌跡(山本 1976a・87a)と軌を一にして埋甕もまた消長を遂げていったものと理解されるのである。

(2)　時期別にみた事例の検討

　ここでは柄鏡形(敷石)住居址から検出された埋甕の特徴について検討を加える。検討にあたっては、前項で触れたように大きく4時期に分けて、とくに埋甕の埋設位置、埋設個数、埋設状態、埋甕使用土器の特徴(器形・破損状態等)、埋甕内検出遺物、集落址内におけるありかた等について検討し時期別の特徴を明らかにさせたい。

中期終末期

　この時期に相当する事例は142遺跡290例と柄鏡形（敷石）住居址内検出埋甕事例中、圧倒的多数を占める。この時期は柄鏡形（敷石）住居形態が完成を遂げる時期に相当する。その事例の空間分布をみると、神奈川県33遺跡75例、東京都24遺跡44例、埼玉県26遺跡39例、千葉県6遺跡6例、栃木県1遺跡1例、群馬県14遺跡52例、福島県3遺跡3例、宮城県3遺跡7例、新潟県2遺跡3例、山梨県5遺跡6例、長野県25遺跡54例であり、南西関東から中部山地域に分布が偏る傾向がとらえられる。この傾向は、中期後葉段階の住居址内埋甕検出事例の分布傾向をそのまま受け継いでいることを良く示しており、中期後葉段階の竪穴住居形態が中期終末期を境に柄鏡形（敷石）住居形態へと変化しても、埋甕風習はそのまま受け継がれていったことを示しているものといえよう。近年、千葉県・茨城県といった東部関東域にも中期終末期の事例が知られるようになってきたが、この地域はいまだ竪穴住居形態が主体を占め、同時に埋甕検出事例も少なく、依然として排他的な傾向にあったことがうかがえるのである。

　① 埋設位置

　張出部空間と主体部空間に分けて検出位置をみてみると（多少不確実な表中？を付した事例等を含む）、A（主体部と張出部との接続部・出入口部相当部を含む）は109例、B（張出部先端部）は76例、A＋B（張出部接続部と先端部に複数埋設された事例）は50例、A＋Cは2例、C（張出空間部）は4例、A・B・C＋D（張出部空間と主体部空間に複数埋設された事例）は9例、D（主体部内）は29例、位置不明11例であり、張出部空間に埋設された事例がバリエーションはあるものの全体の約83.6％と圧倒的多数を占める（主体部空間と張出部空間に複数埋設した事例を含む）。この張出部空間に埋設される傾向は、中期後葉段階にみられた出入口部に埋設される傾向の強さを、そのまま受け継いでいることを明瞭に示しており、すでにたびたび指摘してきたように、柄鏡形（敷石）住居を特徴づけている張出部が埋甕と密接な関係を有していたことを端的に示しているものといえるのである（山本　1976a・80a他）。とくに、この時期に特徴的なことは、張出部の成立に伴い、主体部空間との接続部（連接部・連結部・基部ともいう）に埋設する事例とともに、張出部の先端部にも埋設する事例が多数認められ、しかも、接続部と先端部の両者に埋設が認められる事例も多く存在することである。この張出部空間における埋設位置が、ある程度規制されているという現象は、柄鏡形（敷石）住居における埋甕の機能的側面を探るうえで重要な特徴と思われる。

　接続部を含む張出部空間以外に埋設された事例は29例（張出部と主体部空間に複数埋設された事例を含めると38例）と少ないが、それらの主体部空間における埋設位置をみてみると、壁際埋設が10例、炉址付近埋設が16例と、主体部空間の埋設位置にも偏りが認められる。このうち、東京都前原遺跡4号住（第94図1）は、張出部の接続部と先端部に埋設する以外に壁柱穴に沿って配礫（周礫）された中に2個体が別々に埋設されている特異な事例である。

② 埋設個数

　単独の1個体埋設例は181例、複数の個体を埋設した例は98例である。複数埋設例の個数をみると、2個体埋設が78例、3個体埋設が14例、4個体埋設が5例、5個体埋設が1例である。全体の約65％が単独埋設例であり、個体数が増えるにしたがって事例数が減少する。複数埋設例のうち、23例が二重の入れ子状埋設ないしそれに近い埋設状態を示している。

　ちなみに、筆者自身、中期後葉期の住居址内埋甕事例の集成を試みていないため、データはやや古いが、金子義樹が1984年時点で集成した埋甕集成表「300遺跡、950軒、1215例」（金子　1984）を参考にすると、中期後葉段階では、入れ子状出土例は7例にすぎず、こうした埋設例は柄鏡形（敷石）住居が完成を遂げる中期終末期に入って顕在化したものと考えられる。入れ子状態で埋設するという意識がどのような理由から生じたものかは不明な点が多いが、埋設位置の規制の強さとあわせて、この時期の埋甕が中期後葉段階のそれとは意識の上で違いが生じてきたことを示すものと思われる。

　複数埋設例中、切り合い状態の事例は少ない。神奈川県羽沢大道遺跡D区11号住は、プランは不明瞭であるが、接続部相当部に入れ子状の埋甕とそれに切られて古い時期（加曽利EⅢ？）の埋甕が認められる例である。2個体例の多くは前述したように、入れ子状態や張出部空間のとくに接続部と先端部にそれぞれ埋設したものであるが、神奈川県勝坂遺跡D地点隣接地2号住（第94図2）は接続部と奥壁部に埋甕をもつ例である。また、埼玉県深作東部遺跡群A-10号住（第94図3）は張出部先端部と炉辺部に埋甕をもつ。3個体埋設事例では、神奈川県稲ヶ原遺跡A地点B-1号住（第94図4）のように、接続部に入れ子状態の2個体の埋甕の他に、周礫中に埋設された例や埼玉県赤台遺跡4号住（第94図5）のように張出部に深鉢と浅鉢を入れ子状態に埋設した他に主体部中央に埋設した例など、入れ子例が多い。また、宮城県菅生田遺跡4号住（第95図1）は土器埋設複式炉の周辺に敷石をもつ東北地方南部の特徴的な敷石住居址であるが、敷石端部に底部2個体と胴部1個体が3重入れ子状態で埋設された特殊な事例である。他に特殊な例としては、長野県込山C遺跡例がある。部分的な調査のため敷石住居址と断定できるか問題が多いが、立石を伴う敷石面下に3個体の深鉢が埋設された事例である。

　4個体以上が埋設された例は少ない。前述した東京都前原遺跡4号住（第94図1）例もその一つである。この他、神奈川県大熊第17遺跡J2号住（第95図3）は張出部が特異な二重の構造を呈し、中央部に3個体、先端部に2個体の計5個体が埋設された事例である。ただし同時期に埋設されたものかは不明である。また、東京都武蔵台東遺跡56号住は接続部1、先端部2、主体部北東寄りに1の4個体の埋甕をもつ事例である。埼玉県下加遺跡4次40号住（第95図2）は張出部の接続部と先端部にそれぞれ2個体づつ埋設された例であり、住居址内から石棒が3点出土している。

③ 埋設状態

　この時期の埋甕埋設状態をA（正位）、B（逆位）、C（横位）に分けてみてみると、埋設状態のと

272 第3章 敷石住居址と祭祀

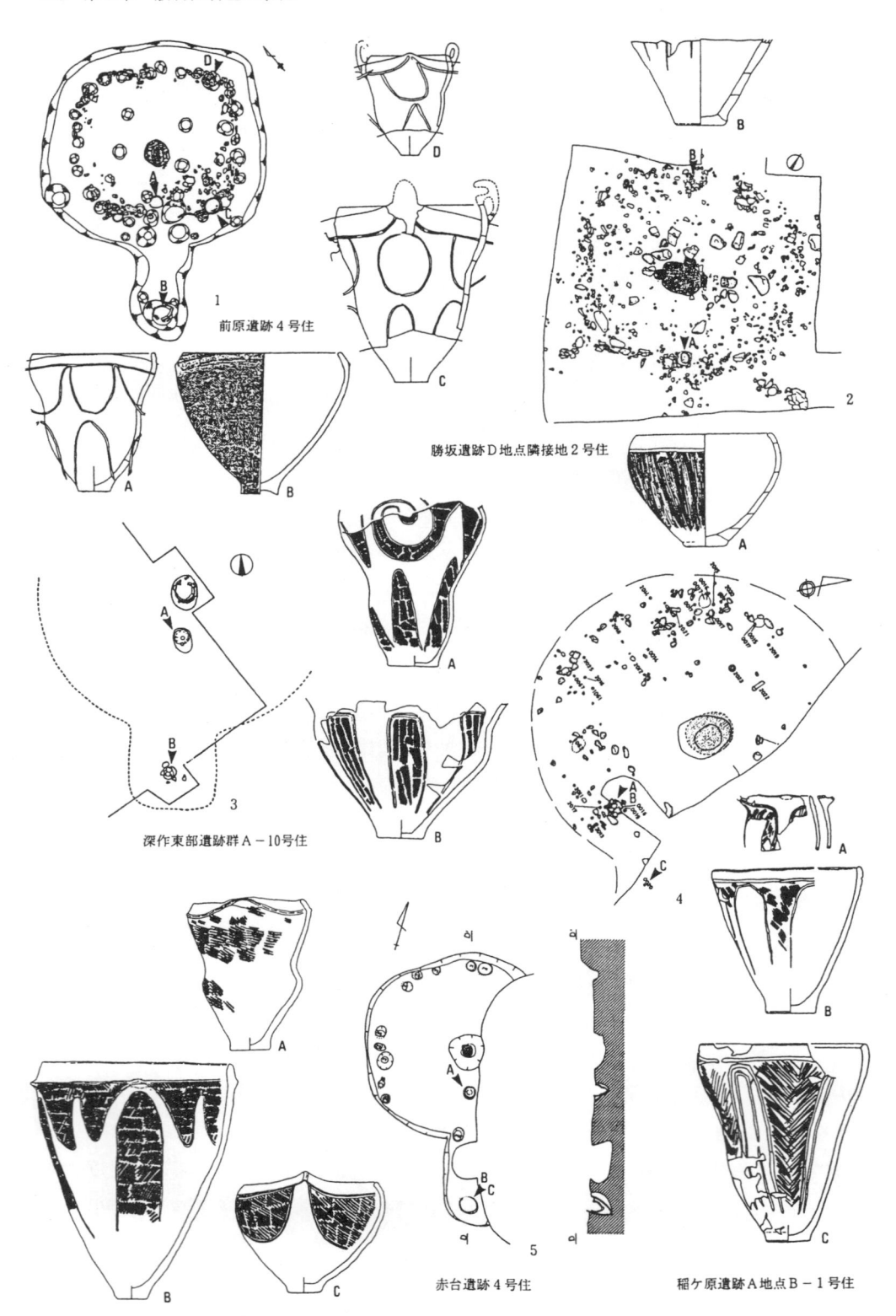

1 前原遺跡4号住
2 勝坂遺跡D地点隣接地2号住
3 深作東部遺跡群A-10号住
4 赤台遺跡4号住
5 稲ケ原遺跡A地点B-1号住

第94図 埋甕出土柄鏡形(敷石)住居址事例(1) 中期終末期 住居址1/120,埋甕1/12 以下同じ

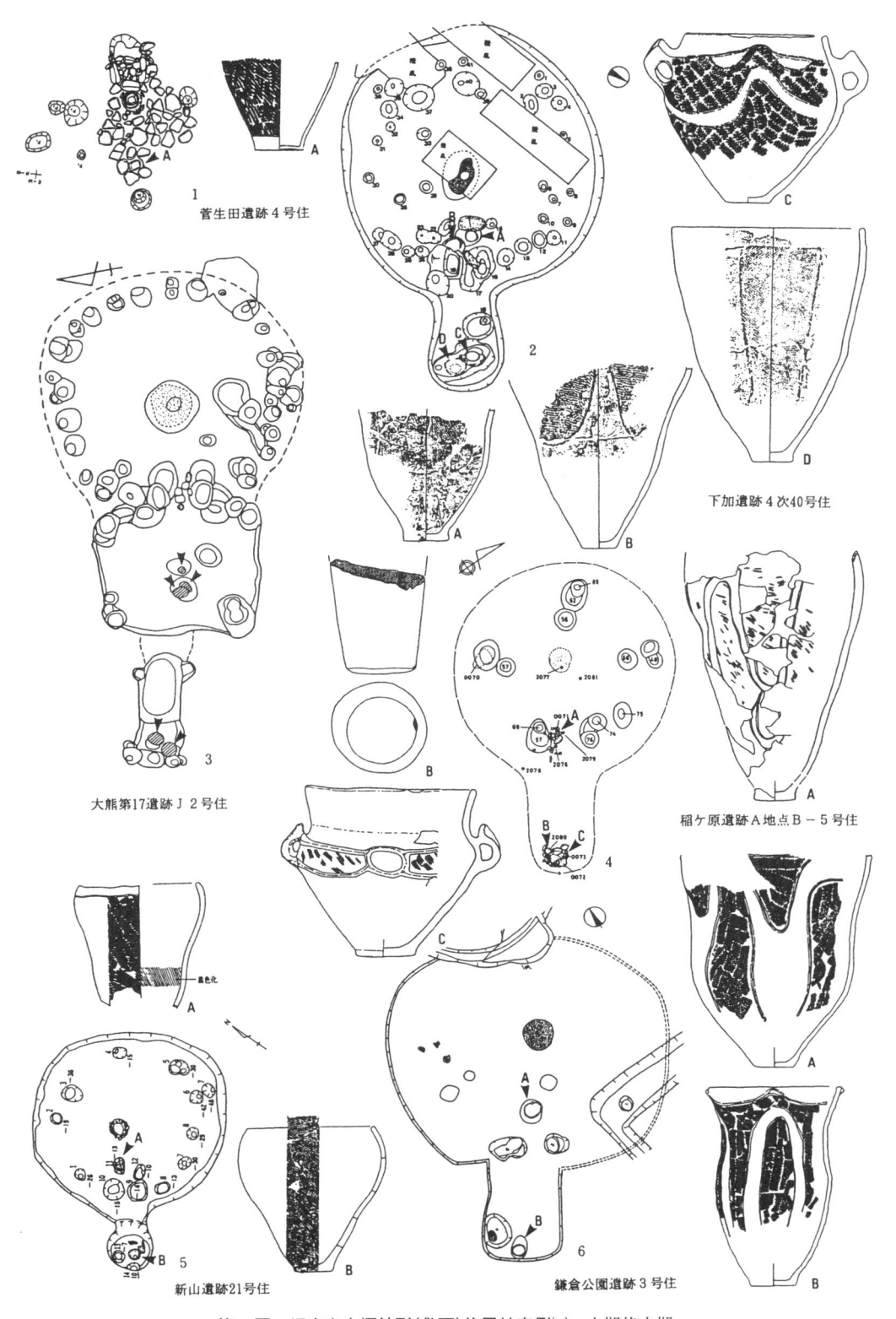

第2節　柄鏡形(敷石)住居と埋甕祭祀　273

菅生田遺跡4号住

大熊第17遺跡J2号住

下加遺跡4次40号住

稲ケ原遺跡A地点B-5号住

新山遺跡21号住

鎌倉公園遺跡3号住

第95図　埋甕出土柄鏡形(敷石)住居址事例(2)　中期終末期

らえられた事例中、Aが265例、Bが12例、Cが5例であり、圧倒的に正位置での埋設例が多く、逆位、横位埋設例は例外的といえる。正位置埋設例の中で特に注目されるのは、斜傾埋設事例である。この柄鏡形（敷石）住居址内検出埋甕事例の多くが斜めに傾けて埋設する、しかも主体部中心に向けて斜傾する特徴について指摘したのは、川名広文であった（川名 1984・85）。その解釈等については後に触れるとして、今回集成した事例の中から斜傾埋設と判断された事例をあらためて抜き出すと、正位埋設例中126例あり、全体の約5割弱の事例が斜傾埋設されていることとなる。埋設状態が報告書等で不明な事例が多いことから実数はさらに増えると思われ、柄鏡形（敷石）住居の埋甕が斜傾して埋設されるという規制がかなり強かったことがうかがえる。また、逆位埋設例中にも数は2例と少ないが斜傾埋設例が認められる。斜傾埋設例は張出部に埋設された埋甕に多いが、接続部と先端部にそれぞれ埋設された埋甕がともに斜傾するという事例も多く、神奈川県稲ヶ原遺跡A地点B-5号住（第95図4）、東京都新山遺跡21号住（第95図5）、埼玉県鎌倉公園遺跡3号住（第95図6）、同馬場北遺跡18区132号住（第96図1）などがその代表的な例である。

　逆位、すなわち伏甕事例は12例とさほど多くはないが、前述の東京都前原遺跡4号住（第94図1）の4個体の埋甕中、奥壁部の周礫中の個体は逆位に埋設された事例である。埼玉県下加遺跡4次47号住（第96図2）は撹乱が著しくプランがはっきりしないが、張出部先端部相当箇所にやや斜傾して逆位埋設されている。また、千葉県嘉登遺跡SI-036号住（第96図3）は炉址東側のプラン内に対状のピットを連結した溝状施設があり、その中に2個体の埋甕が設置されている。炉址寄りの埋甕は正位の斜傾埋設、出入口寄りの埋甕はピット上にわずかに食い込んで逆位に検出されている。群馬県空沢遺跡3次24号住（第96図4）は接続部と先端部に埋甕をもち、ともに上面が石蓋された例で、先端部埋甕が逆位で、しかも内部から底部穿孔の小型深鉢の胴下半部が出土した特異な事例である。この他、長野県幅田遺跡「第Ⅰ号配石遺構」・「第Ⅱ号配石遺構」（第96図5）と報告された事例は、柄鏡形敷石住居址とみなされるが、ともに接続部に逆位埋設埋甕が認められる。

　横位埋設例では神奈川県新戸遺跡J2号敷住（第97図1）がある。接続部と先端部に埋設された典型例であるが、先端部埋甕は下面に正位の口縁部と胴部の大半を欠く深鉢があり、その上に大型の両耳壺が横位に埋設されていた。福島県西方前遺跡6号住（第97図2）は主体部壁際のピット内に横位で検出されたもので、底部近くの側面に穿孔が認められる特異な事例である。

　その他特殊な埋設状態の事例をいくつかあげると、神奈川県桜並遺跡6号住（第97図3）のように接続部対状ピット間に底部を欠く深鉢を破砕状態で敷き詰め、その上に深鉢胴下半部が埋設された事例、逆に同羽沢大道遺跡D区10号住（第97図4）のように先端部の埋甕の上面に破砕状態の深鉢を覆った事例や埼玉県上手遺跡1号住（第97図5）のように、主体部内炉址の南側に隣接して基底部に深鉢底部を置き、その中に黒曜石の石鏃と剥片を納め、石皿で蓋したあとに両耳壺を埋設するという、きわめて特殊な埋設状態を示す例などがある。

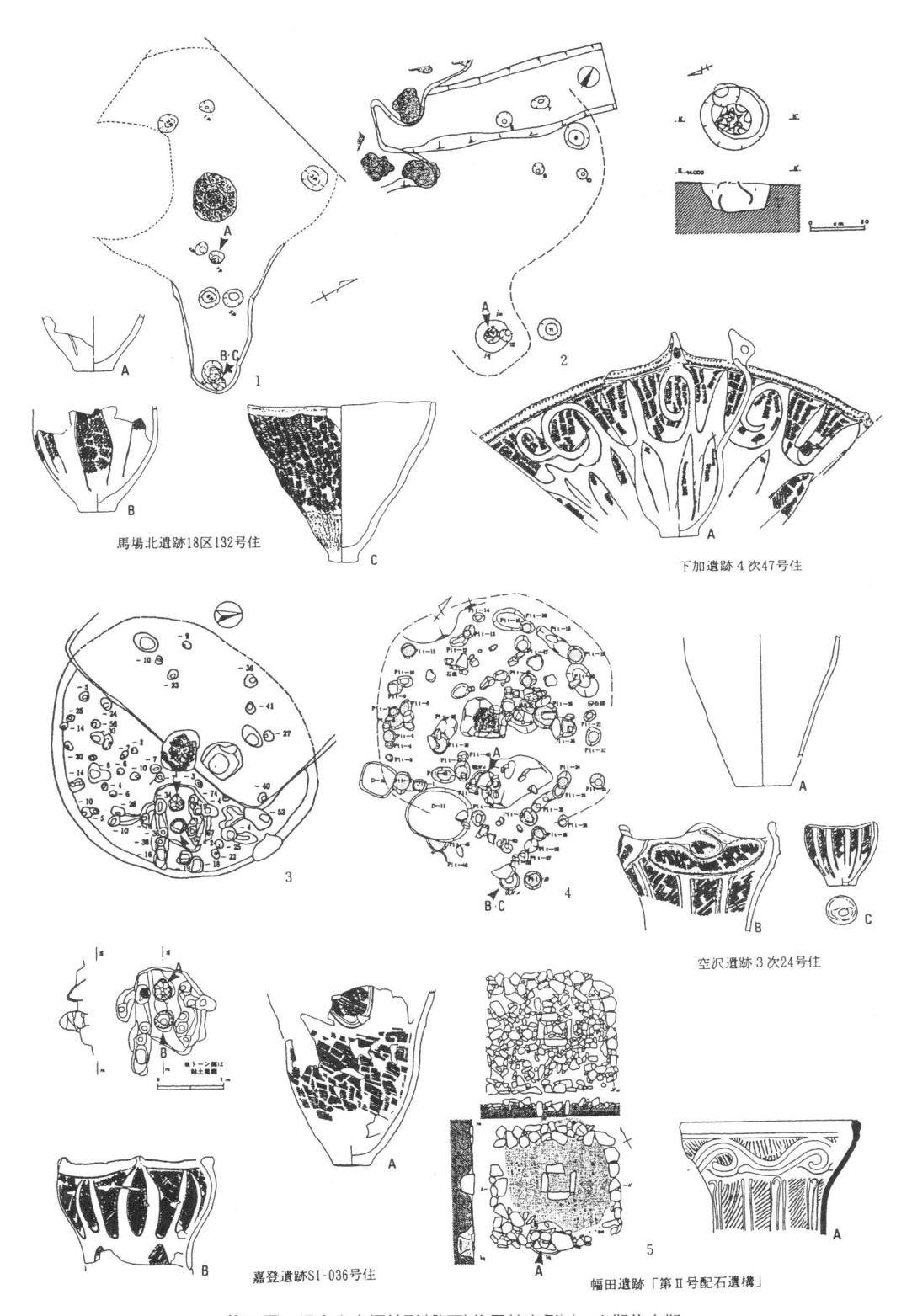

第2節 柄鏡形(敷石)住居と埋甕祭祀 275

馬場北遺跡18区132号住

下加遺跡4次47号住

空沢遺跡3次24号住

嘉登遺跡SI-036号住

幅田遺跡「第Ⅱ号配石遺構」

第96図 埋甕出土柄鏡形(敷石)住居址事例(3) 中期終末期

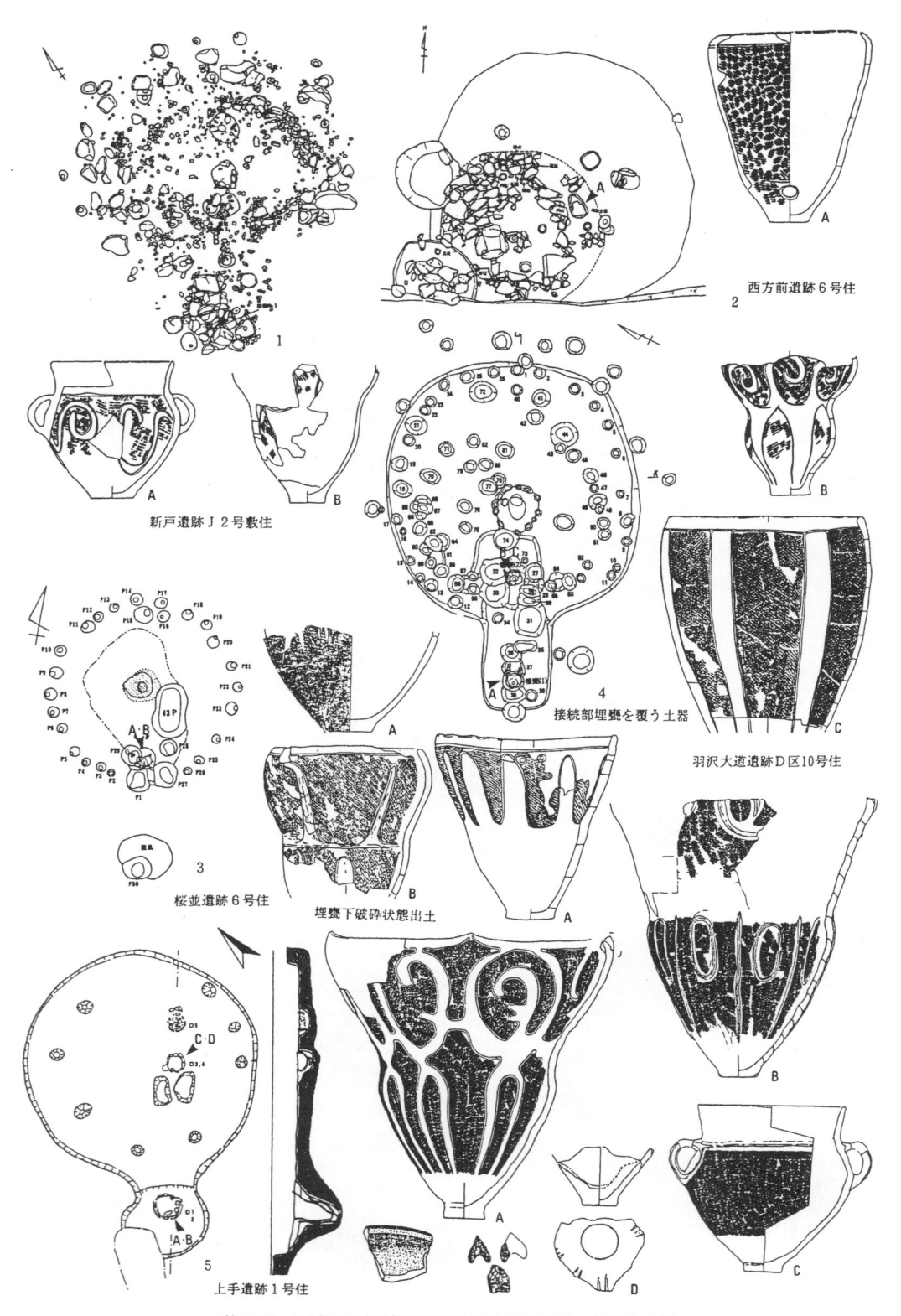

276 第3章 敷石住居址と祭祀

第97図 埋甕出土柄鏡形(敷石)住居址事例(4) 中期終末期

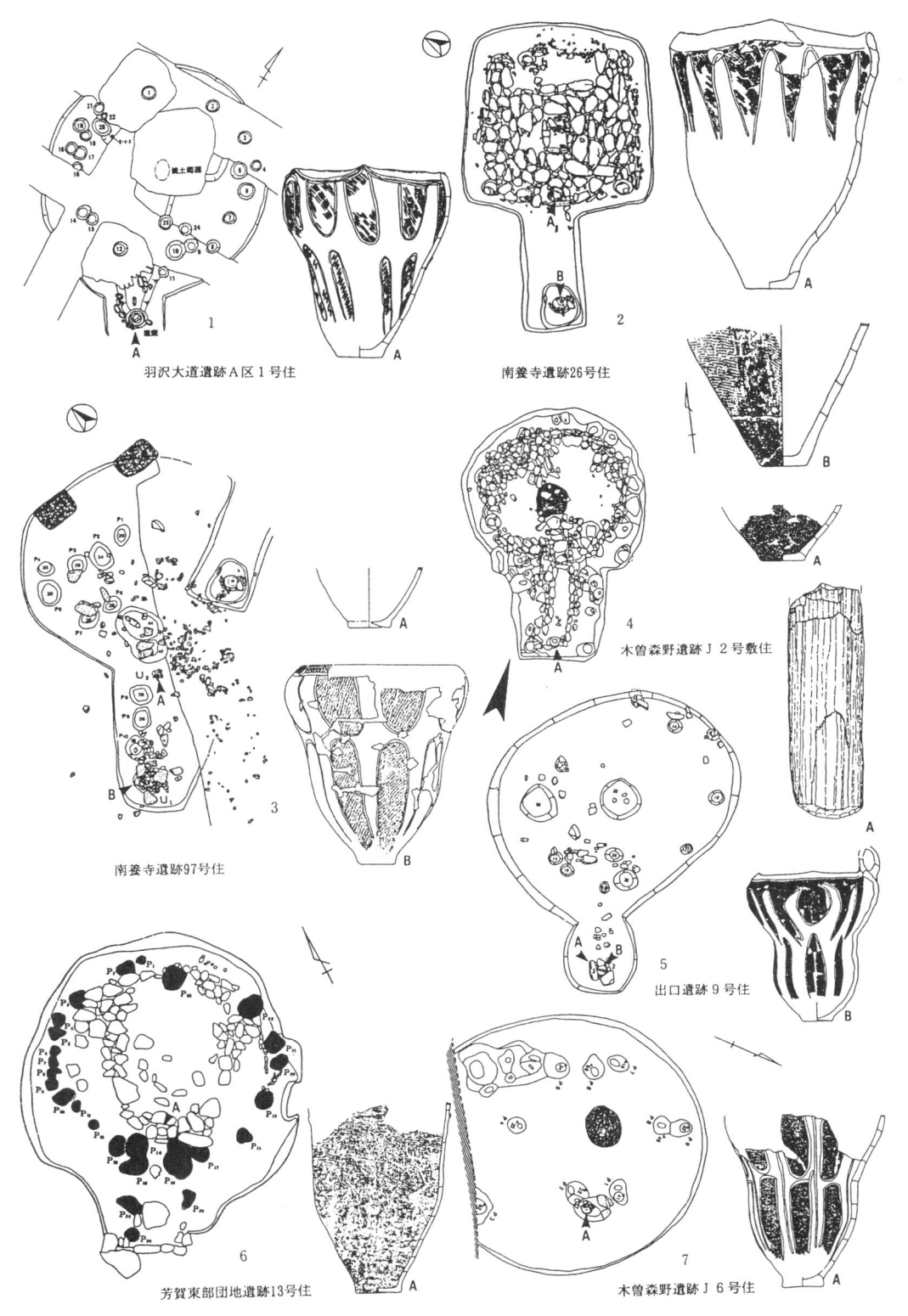

第 2 節　柄鏡形(敷石)住居と埋甕祭祀　277

第98図　埋甕出土柄鏡形(敷石)住居址事例(5)　中期終末期

278　第3章　敷石住居址と祭祀

　次に、この埋設状態と関連して埋甕に付属する施設・遺物のありかたをみると、いくつか特徴的な事例の存在が認められる。

　敷石をもつ柄鏡形（敷石）住居址の場合、敷石に囲まれて埋甕が存在する事例が多いが、他に意図的に埋甕を囲むように礫石を配した例では、神奈川県羽沢大道遺跡A区1号住（第98図1）・同D区10号住（第97図4）、同大地開戸遺跡J11号住、東京都高井戸山中遺跡2号住、同南養寺遺跡26号住（第98図2）、同97号住（第98図3）、同浜尾ビル地区遺跡10号住、同木曽森野遺跡J2号敷住（第98図4）、同J6号住（第98図7）、埼玉県俣埜遺跡例、同出口遺跡9号住（第98図5）、群馬県芳賀東部団地遺跡13号住（第98図6）などがある。このうち、南養寺遺跡97号住の先端部埋甕を囲む敷石中に石皿が、俣埜遺跡例と出口遺跡9号住例は埋甕に伴う石組み中に石棒を伴っている。

　埋甕の上面に石蓋をもつ例は、中期後葉期の中部山地域を中心とした地域の住居址内埋甕事例にしばしば認められるが、この時期の柄鏡形（敷石）住居址内埋甕事例中にも、前述の群馬県空沢遺跡3次24号住や神奈川県上中丸遺跡A-95号住（第99図1）、群馬県西小路遺跡7号住（第99図2）、同田篠中原遺跡「24号配石」・同「36号配石」、同久森環状列石2号住（第99図3）、同三原田遺跡1-34号住、同1-36号住、長野県花上寺遺跡17号住（第99図4）、同滝沢遺跡8号住、同桜井戸遺跡3号住、同四日市遺跡12号住・同25号住、同日影遺跡SB04号住、同葦原遺跡3号住、同八幡原遺跡5号住・同8号住など比較的多く知られ、やはり中部山地に事例が多い傾向がとらえられる。

　埋甕を囲む礫石の石材として石棒や石皿が利用されているケースを指摘したが、他にも、神奈川県稲ヶ原遺跡A地点B-5号住（第95図4）のように先端部に両耳壺を埋設し、それに接するように石棒破片を樹立させ、大型破片で覆っている事例や、同田名花ヶ谷遺跡18号住のように埋甕内に立石をもつ例、東京都新山遺跡21号住のように先端部埋甕に接して石棒破片が置かれた例、埼玉県皿沼遺跡7号住のように埋甕上面に蓋石状に石棒を横位に置いた例などがあり、事例はさほど多くないが、石棒（立石を含む）や石皿が埋甕と強い関係を有して配されていることに注目しておく必要があろう。

④　埋甕使用土器の特徴

　埋甕に転用された土器の特徴についてみてみると、その多くは深鉢形土器を用いているが、中期末葉に現れる「両耳壺」と呼ばれる把手付きの広口壺の転用例が目立つ。事例をピックアップすると17例ほどあり、この時期に意識的に選択されて埋甕に転用された可能性も考えられる。神奈川県稲ヶ原遺跡A地点B-5号住（第95図4）や同華蔵台南遺跡2号住（第99図5）、東京都南養寺遺跡57号住（第99図7）などがその代表的な事例である。また、鉢形土器も比較的多く使用されており、前述の神奈川県勝坂遺跡D地点隣接地2号住（第94図2）、東京都前原遺跡4号住（第94図1）の先端部埋設土器、同郷田原遺跡J6号住（第99図6）などに知られる。その他、神奈川県玄海田（№3）遺跡SI003号住（第100図1）や東京都裏宿遺跡9号住（第99図8）、群馬県空沢遺跡第

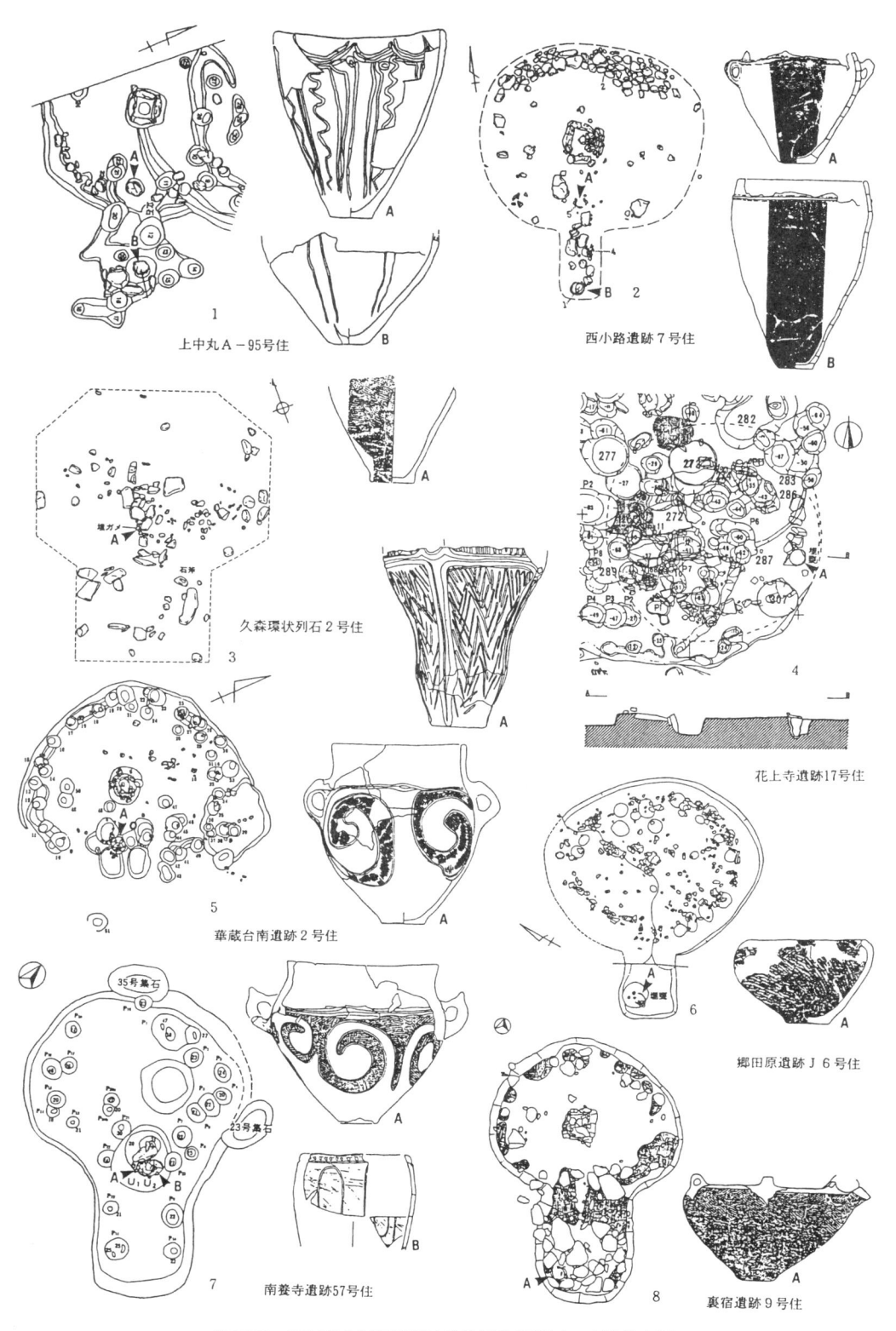

第2節　柄鏡形(敷石)住居と埋甕祭祀　279

1　上中丸A-95号住
2　西小路遺跡7号住
3　久森環状列石2号住
4　花上寺遺跡17号住
5　華蔵台南遺跡2号住
6　郷田原遺跡J6号住
7　南養寺遺跡57号住
8　裏宿遺跡9号住

第99図　埋甕出土柄鏡形(敷石)住居址事例(6)　中期終末期

1次1号住(第100図2)のように注口土器を用いている例もみられる。

　使用された埋甕が破損状態にあり、おそらくは意識的に破損させて埋設したものが多いという特徴は、中期後葉期の埋甕の特徴として指摘されるが、柄鏡形(敷石)住居址が成立した時期の埋甕の破損状態はどうであろうか。埋甕の破損状態を、Ａ：完形(略完形を含む)、Ｂ：口縁部破損、Ｃ：胴下半部、Ｄ：胴部欠損、Ｅ：胴下半部欠損、Ｆ：底部欠損、Ｇ：底部穿孔(ただし底部以外の穿孔を含む)、Ｈ：胴部、Ｉ：大型破片に分けて、破損状態が明らかな事例からその割合をみると、Ａは97個体(29.7％)、Ｂは77個体(23.5％)、Ｃは77個体(23.5％)、Ｄは3個体(0.9％)、Ｅは27個体(8.3％)、Ｆは11個体(3.4％)、Ｇは5個体(1.5％)、Ｈは20個体(6.1％)、Ｉは10個体(3.1％)であり、完形ないし完形に近い口縁部欠損例が全体の5割以上を占めるという特徴が指摘できる[3]。中期後葉期のありかたとの比較資料が出せないので断定的なことはいえないが、中期終末段階に入って完形土器の占める割合が増えていることだけは指摘できそうである。ただ、Ｃとした胴下半部の埋甕例も依然として多く、完形ないし完形に近い状態で埋設される事例と破損した状態で埋設される事例がほぼ拮抗しているといえよう。したがって一概に完形ないしそれら近い個体を埋設するという意識の変化がこの時期にあったとはいいきれないかもしれない。一方、Ｉとした底部穿孔例は底部を残す事例からピックアップしているので一部他の破損例と重複しているが、10個体がある。このうち、先にあげたように福島県西方前遺跡6号住(第97図2)例は壁際に横位に埋設され、胴下半部側面に穿孔がみられる特異な事例であるが、西方前遺跡には他にも同様な事例が認められる。南関東域の柄鏡形(敷石)住居址にみられる埋甕とは同一視できないと思われる。

　埋甕に用いられた土器にみられる型式学的特徴、とくに異系統土器の存在の背景に通婚圏の存在を読みとろうとする佐々木藤雄の研究(佐々木 1981・82)があるが、この時期の埋甕にはとくに異系統土器を選択的に用いるという傾向は認められない。南西関東域の柄鏡形(敷石)住居址内埋甕に見られる曽利式系統土器の存在も異系統とみるよりは、曽利式系統土器の流入による在地化した姿とみなすべきであろう。

　なお、埋甕がなんらかの収納容器であったとするなら、使用された土器の大きさや容量が問題となろう。ただ、当然のことながら、破損状態の事例も多くバラツキがあるので、単純な比較によって、そこに有意な傾向を読みとることは困難であるので、今回はあえて比較を試みなかったが、完形品にせよ破損品にせよ、収納容器としてみた場合は、その大きさが問題となるわけで、今後中期後葉期の事例と比較対照のうえ検討する必要があろう。

　⑤　埋甕内検出遺物

　埋甕内から検出される遺物はいぜんとして少ない。それが埋甕の用途論が決着をみないでいる理由の一つであるが、逆にそうした事実を評価したうえで用途論議はなされてゆかねばならないだろう。それはそれとして、この時期の柄鏡形(敷石)住居址の埋甕内から検出された遺物をみると、やはりわずかな事例しかない。埼玉県会ノ谷遺跡7次34号住(第100図3)は接続部と先端部

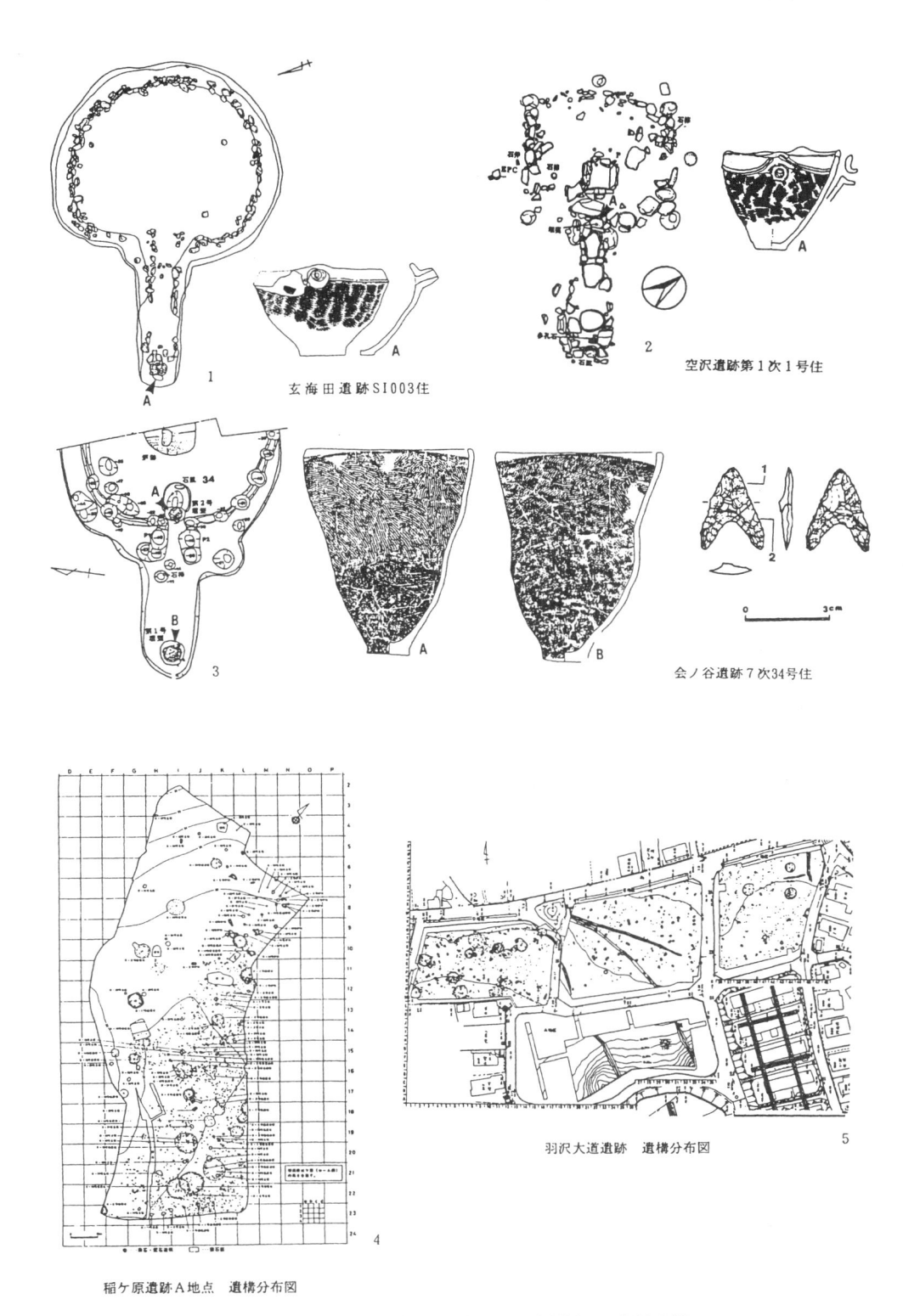

第２節　柄鏡形(敷石)住居と埋甕祭祀　281

1　玄海田遺跡SI003住

2　空沢遺跡第1次1号住

3　会ノ谷遺跡7次34号住

4　稲ケ原遺跡A地点　遺構分布図

5　羽沢大道遺跡　遺構分布図

第100図　埋甕出土柄鏡形(敷石)住居址事例(7)　中期終末期

に完形の深鉢形土器をともに正位斜傾埋設した事例である。接続部の埋甕埋設ピット内の炉址寄りには石皿破片、接続部対状ピット寄りの小ピット上面に下半部を欠く有頭小型石棒が検出されるという特異なありかたを示しているが、この埋甕内からそれぞれ石鏃の破片が出土し、それが接合して完形となった。埋甕に使用された土器はきわめて類似しており、石鏃の接合関係からもほぼ同時期に埋設されたことは確実である。また、前述したように埼玉県上手遺跡J1号住（第97図5）も特殊な埋設状態とともに石鏃と剥片、石皿が出土した事例である。この他、長野県宮崎遺跡1号住からは石蓋された埋甕内から黒曜石の石塊と剥片が出土し、同八幡添遺跡10号住の埋甕からは掻器が出土している。

　事例は少ないが、石鏃、掻器、黒曜石や剥片類が出土するというありかたがどのような意味を有するかはっきりしない点があるが、貯蔵するという意識というよりもなんらかの特殊な儀礼行為の結果を思わせる出土事例といえよう。

　⑥　集落内におけるありかた

　個別集落址にみられる柄鏡形（敷石）住居址の事例中に占める埋甕をもつ住居址ともたない住居址の関係はどうであろうか。中期後葉期の集落址にあっては、すべての住居址に埋甕は認められるわけではなく、きわめて不均等なありかたを示しているが、柄鏡形（敷石）住居が成立した中期終末段階のありかたについて検討しておく必要がある。ただ、残念ながら集落址全域を調査した事例が少なく、そうした傾向性を正しくみてとることは現状では不可能に近いが、大規模な調査の結果、複数の柄鏡形（敷石）住居址を検出した遺跡の中から代表的な遺跡を取り上げてそのありかたについてみてみよう。

　神奈川県稲ヶ原遺跡A地点からは8軒の柄鏡形（敷石）住居址が検出されている（第100図4）。集落全体の範囲は不明な点が多いが、このうち、6軒の住居址に埋甕が認められる。時期的にはB-1、B-2、B-3、B-5、B-23号住の5軒がほぼ加曽利EⅣの古段階に位置づけられ、B-4、B-12号は称名寺Ⅰ式古段階の土器と加曽利EⅣ新段階が共伴する住居址である。B-7号住は遺物の出土が少なく時期比定が困難な住居址である。中期終末期に相当する5基の柄鏡形（敷石）住居址にすべて埋甕が伴っている。神奈川県羽沢大道遺跡はA地区とD地区から一部不確実な事例を含むが推定13軒の柄鏡形（敷石）住居址が検出されている（第100図5）。D地区に集中して検出されており、中期終末から後期初頭期に属する事例である。このうち、加曽利EⅣ期の柄鏡形（敷石）住居址は11軒あるが、このうち6軒が埋甕を有する事例である。埋甕の型式からみてすべてが同一時期のものとはいえないが、埋甕を伴う住居がかなり高率であることはいえよう。

　こうした傾向は神奈川県では他にも新戸遺跡や当麻遺跡第3地点やそれと同一集落址に含まれる田名花ヶ谷遺跡にもうかがえ、中期終末期の柄鏡形（敷石）住居址に埋甕がかなりの高率で埋設されていることが指摘できよう。

第2節　柄鏡形(敷石)住居と埋甕祭祀　283

後期初頭期

　この時期に相当する事例は69遺跡97例である。註(2)でも触れたように称名寺Ⅰ式古段階の土器とともに加曽利EⅣ式土器が出土する事例も、後期初頭期に含めてこの時期の特徴についてみてみたい。事例数は中期終末期に次いで多く、その空間分布をみると、神奈川県7遺跡8例、東京都14遺跡14例、埼玉県24遺跡36例、千葉県11遺跡19例、栃木県1遺跡1例、群馬県9遺跡16例、福島県1遺跡1例、長野県2遺跡2例であり、前時期と比較して神奈川県、東京都域に事例は減少するのに対し、千葉県域の事例が増加しているのが目立つ。これは柄鏡形(敷石)住居の東部関東域への進出がこの時期に顕著となったことと対応しているものと思われる。

　①　埋設位置

　中期終末期と同様に張出部空間と主体部空間に分けて検出位置をみてみると(多少不確実な表中？を付した事例等を含む)、A(主体部と張出部の接続部)は45例、B(張出部先端部)は23例、A＋Bは15例、C(張出部空間)は4例、A・B・C＋Dは2例、D(主体部空間)は7例、位置不明は1例であり、張出部空間に埋設された事例が、バリエーションはあるものの、全体の89.9%と圧倒的多数を占める。この期に入っても、張出部空間に埋設するという規制は依然として強く保たれていたことをうかがわせてくれる。また、接続部(出入口部を含む)に埋設される事例が多いものの、中期終末期に特徴的であった張出部の先端部や、接続部と先端部に複数埋設される事例が多い傾向も変化は認められない。一方、接続部を除く主体部空間に埋設された事例は7例(主体部空間と張出部空間に複数埋設された事例を含めると9例)と事例的にはきわめて少ない。それらの主体部空間における埋設位置をみてみると、東京都貫井2丁目遺跡2号住(第101図1)のように奥壁部に埋設される例を含めて壁際埋設が7例、炉址付近埋設が2例であり、やはり中期終末期と同様偏りが認められる。

　②　埋設個数

　単独の1個体埋設例は74例、複数の個体を埋設した例は22例である。複数埋設例の個数をみると、2個体埋設が19例、3個体埋設が2例、4個体埋設が1例である。なお、千葉県曽谷貝塚E地点3号住は埋甕はないが、接続部にピットがあり、報告では埋甕が抜かれている可能性が指摘されている。全体の約77%が単独埋設例であり、個体数が増えるにしたがって事例数が減少する傾向も中期終末期と変化はない。ただ、中期終末期に特徴的であった複数埋設例中の入れ子状態埋設例はこの時期に入ると少なく、わずかに千葉県堀之内権現原地区遺跡19号住(第101図2)のように張出部相当部に2箇所埋設され、出入口部寄りの埋甕が入れ子状態であった事例があるだけで、その他は埋設位置が異なるものである。また、福島県前田遺跡例は敷石外縁部に焼土を伴って埋設土器4個体が検出された事例であるが、一般的な柄鏡形(敷石)住居址内に検出される埋甕のありかたとしてはやや異なる事例といえよう。

　③　埋設状態

　この時期の埋甕の埋設状態がとらえられている事例をみると、A(正位)が96例、B(逆位)が2

284 第3章 敷石住居址と祭祀

貫井2丁目遺跡2号住

堀之内権現原地区遺跡19号住

貝塚山遺跡第2地点16号住

A-69号遺跡1・7号住

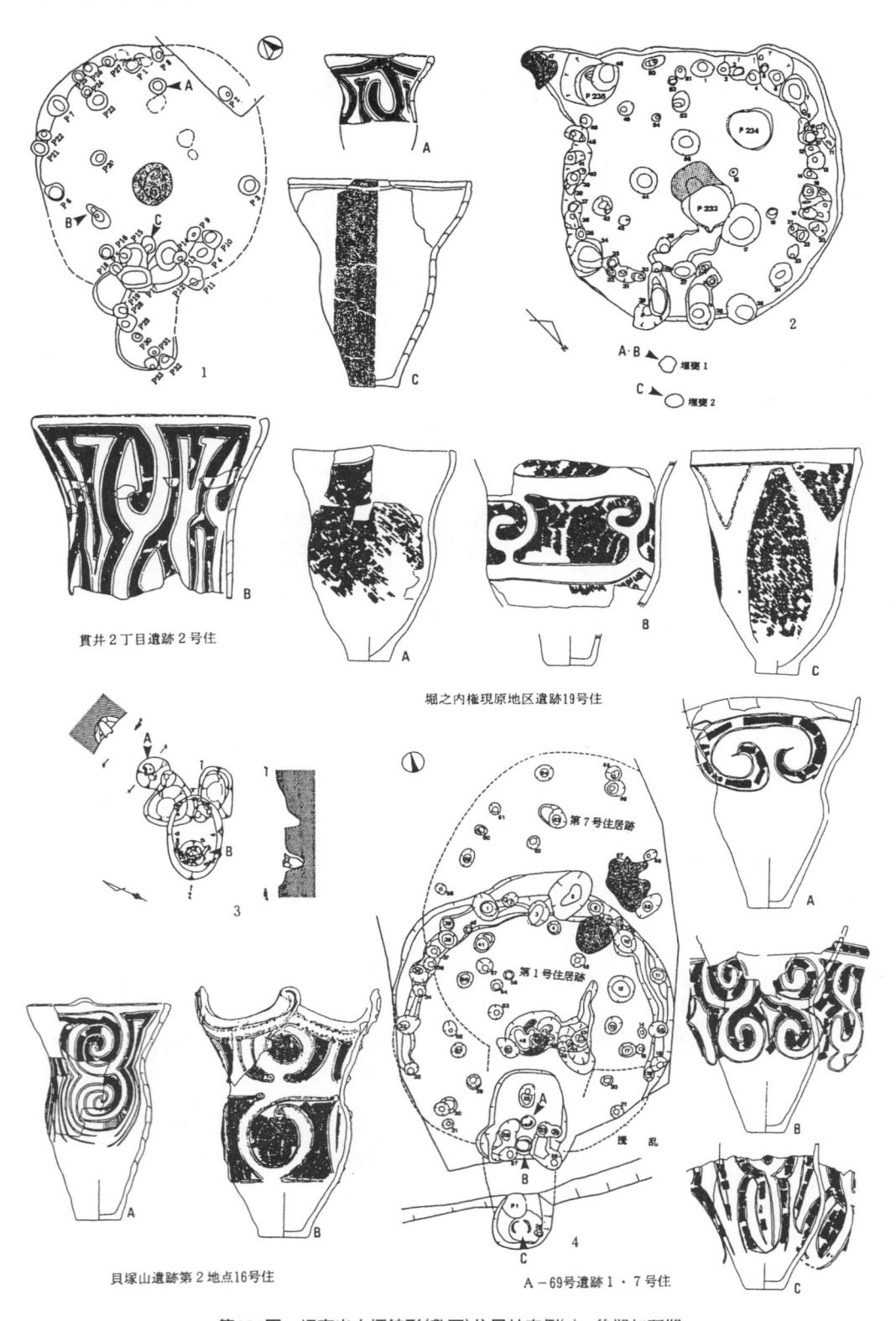

第101図 埋甕出土柄鏡形(敷石)住居址事例(8) 後期初頭期

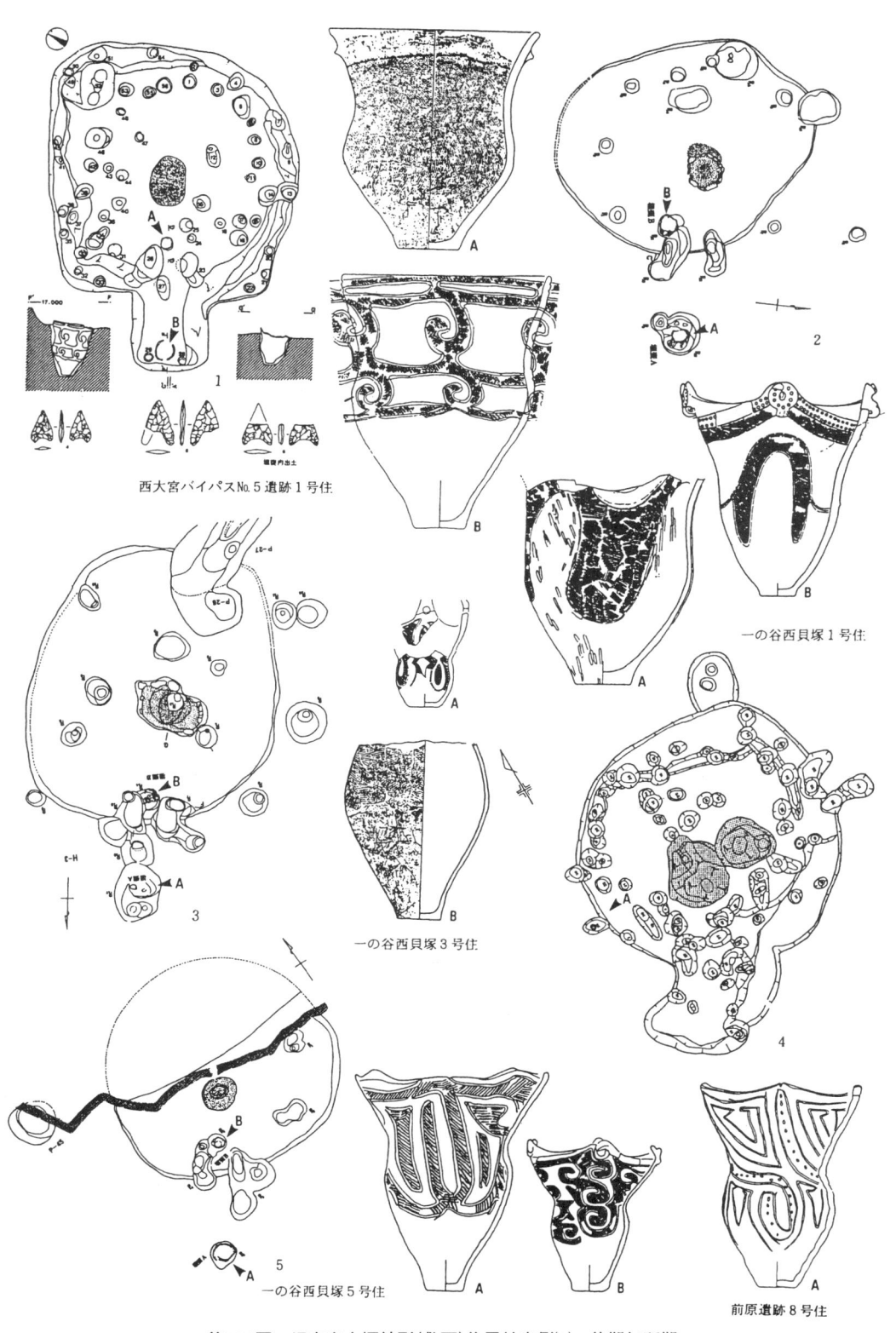

第 2 節　柄鏡形(敷石)住居と埋甕祭祀　285

西大宮バイパスNo.5遺跡 1 号住

一の谷西貝塚 1 号住

一の谷西貝塚 3 号住

一の谷西貝塚 5 号住

前原遺跡 8 号住

第102図　埋甕出土柄鏡形(敷石)住居址事例(9)　後期初頭期

例、C（横位）が2例であり、圧倒的に正位置での埋設状態であり、逆位、横位は例外的であることは中期終末期と共通している。また、斜傾埋設例は確認されただけでも31例あり、実数はさらに増加すると思われる。とくに東京都井の頭池遺跡A地点8号住、埼玉県貝塚山遺跡第2地点16号住（第101図3）、同A-69号遺跡1号住（第101図4）、同西大宮バイパスNo.5遺跡1号住（第102図1）、千葉県一の谷西貝塚1・3・5号住（第102図2・3・5）例などのように、張出部接続部と先端部にある埋甕がともに斜傾埋設されていた事例など、中期終末期との共通性が強い。他に埋設事例の中には、東京都貫井2丁目遺跡2号住（第101図1）、埼玉県前原遺跡8号住（第102図4）、千葉県長田雉ヶ原遺跡366号住（第103図1）例のように、主体部空間に埋設された事例にも斜傾埋設が認められ、斜傾埋設することへの強い意志が読みとれる。一方、逆位埋設例は少なく、埼玉県裏慈恩寺東遺跡3号住（第103図2）は、張出部のみが検出された事例であるが、接続部相当部の掘り込み中に斜傾する2個体の埋甕があり、その上に被せるように逆位の埋甕が埋設された特異な事例である。

　横位埋設例とされる事例としては千葉県中野僧見堂遺跡5号住（第103図3）がある。この住居址は張出部がなく、出入口相当部に対状ピットをもつ例であるが、対ピット間に深鉢胴下半部約1/4の破片が横位に埋設されていた。

　次に、この埋設状態と関連して埋甕に付属する施設・遺物のありかたをみると、中期終末期同様いくつかの特徴的な事例の存在が認められる。

　まず、埋甕に接するように部分的な敷石、配礫を伴う事例としては、神奈川県三の丸遺跡E-7号住、東京都御殿山遺跡A地点1号住、千葉県貝の花貝塚27号住（第103図5）、同金楠台遺跡1号住（第103図4）がある。また、埼玉県樋ノ下遺跡28号住（第103図6）は接続部近くの敷石面下に方形の掘込みがあり、内部に四方を石で囲んだ埋甕がある特異な事例である。中期終末期に認められた石蓋をもつ事例は、東京都御殿山遺跡1号住がそれに近いが、典型的な事例はない。埋甕に接するように遺物が出土した例では、東京都井の頭遺跡A地点8号住のように石棒を張出部先端部埋甕の縁石に用いた例や、埼玉県皿沼遺跡7号住のように、埋甕上面に接して小型石棒が出土している事例、埋甕内に石棒が樹立した状態で検出されたことで知られる長野県瑠璃寺前遺跡3号住例など、この時期も石棒と結びついた検出例が認められる。この他、東京都上布田第2遺跡4号住（第103図7）のように、接続部埋甕の張出部側に接して石皿を配している例、東京都赤羽台遺跡1号住（第104図1）のように、埋甕の上に碗形土器が載って出土した例、埼玉県阿久和平遺跡A区2号住のように接続部埋甕は土器底部で蓋され、先端部の埋甕が底部穿孔され、その上に磨石が蓋石として載っていた例などがあり、特殊なありかたをうかがわせている。

　④　埋甕使用土器の特徴

　この時期の埋甕に使用された土器の特徴についてみてみると、そのほとんどが深鉢形土器を転用している。前段階の一つの特徴であった両耳壺を用いた例は、わずかに群馬県白倉下原遺跡B区26号住（第104図2）に知られる程度で、鉢形や浅鉢形土器は事例中には認められない。その背

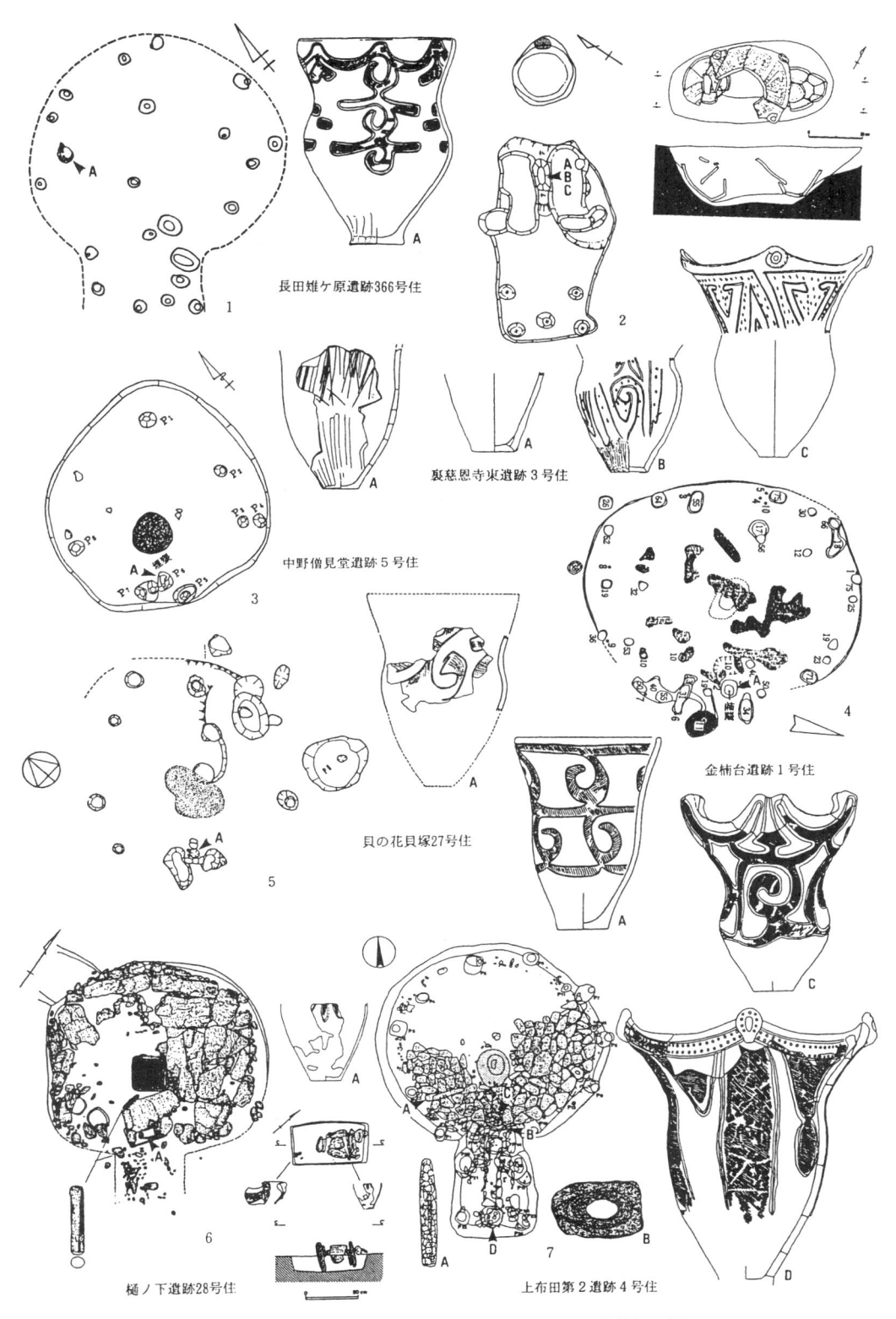

第2節　柄鏡形(敷石)住居と埋甕祭祀　287

第103図　埋甕出土柄鏡形(敷石)住居址事例(10)　後期初頭期

景に器種の限定があったものか、さだかではないがそうした傾向に注意を払う必要があろう。

　使用された土器の破損状態をみると、A（完形・略完形含む）は33個体（32.4％）、B（口縁部欠損）は31個体（30.4％）、C（胴下半部）は18個体（17.6％）、D（胴部欠損）は1個体（1.0％）、E（胴下半部欠損）は6個体（5.9％）、F（底部欠損）は4個体（3.9％）、G（底部穿孔）は2個体（2.0％）、H（胴部）は4個体（3.9％）、I（大型破片）は3個体（2.9％）であり、完形ないし完形に近い口縁部欠損例が全体の6割強を占めるという特徴が指摘できる。次いで多いのが胴下半部の個体でその他の破損例はきわめて少ない。こうした傾向もほぼ中期終末期と共通性をもつものといえよう。

　⑤　埋甕内検出遺物

　この時期の埋甕内から検出された遺物は中期終末期と同様少ない。埼玉県東遺跡例（第104図3）は敷石をもつ張出部のみが検出された事例であるが、先端部にある口縁部を欠く埋甕内から石錐（一覧表中、石錘とあるのは誤り）と丹塗り亜円礫が出土している。また、西大宮バイパスNo.5遺跡1号住（第102図1）の埋甕からは石鏃3点とともに黒曜石・チャート・安山岩の剥片が出土している。覆土中にも石鏃とその未製品が出土しており、石鏃製作がこの住居で行われていたものと報告では指摘されている。このことと埋甕内から出土した石鏃や剥片類が関係をもつものなのか断定はできないが、剥片類の出土量が多いことも注目しておく必要があろう。石鏃や剥片類の出土は先にあげた中期終末期の埼玉県会ノ谷遺跡7次34号住や同上手遺跡J1号住、長野県宮崎遺跡1号住例などと共通性をもつもので、前述したようになんらかの儀礼的な行為をうかがわせているものといえよう。

　一方、千葉県曽谷貝塚D地点2号住は撹乱を受けプランが明確ではなく、柄鏡形（敷石）住居址と断定できないが、対状ピットの前面に白い灰層に囲まれてやや斜傾して口縁部を欠く埋甕が検出されているのでいるので事例に含めてみたが、報告によれば「内部は灰と貝殻片を交える暗褐色土層で充たされていたが、その中に骨片が2個ほど含まれて」いたという。それが「人間のものか、他の動物のものかは、まだ不明である」とされており、この埋甕に納められたものかはさだかでないが、埋甕内検出事例としては稀有な骨片が出土した事例として注意しておく必要があろう。

　⑥　集落内におけるありかた

　中期終末期から後期初頭期にかけて柄鏡形（敷石）住居からなる集落が構成される遺跡例は多いが、前述したように大規模調査例が少ないことや、この時期は小規模な集落に変化していることなどから、埋甕をもつ柄鏡形（敷石）住居址の集落址に占めるありかたを正確に検討できる遺跡が少ない。

　そうした中で、大雑把な傾向をみるうえで、埼玉県樋ノ下遺跡をとりあげてみてみよう。この遺跡からは後期初頭から前葉にかけての住居址が13軒が検出されている（第104図6）。このうち報告によれば「平面形態が不確実な4軒を除く9軒が、いわゆる柄鏡形敷石住居跡である」とされ、比較的多くの柄鏡形（敷石）住居址が検出されている遺跡といえよう。このうち、後期初

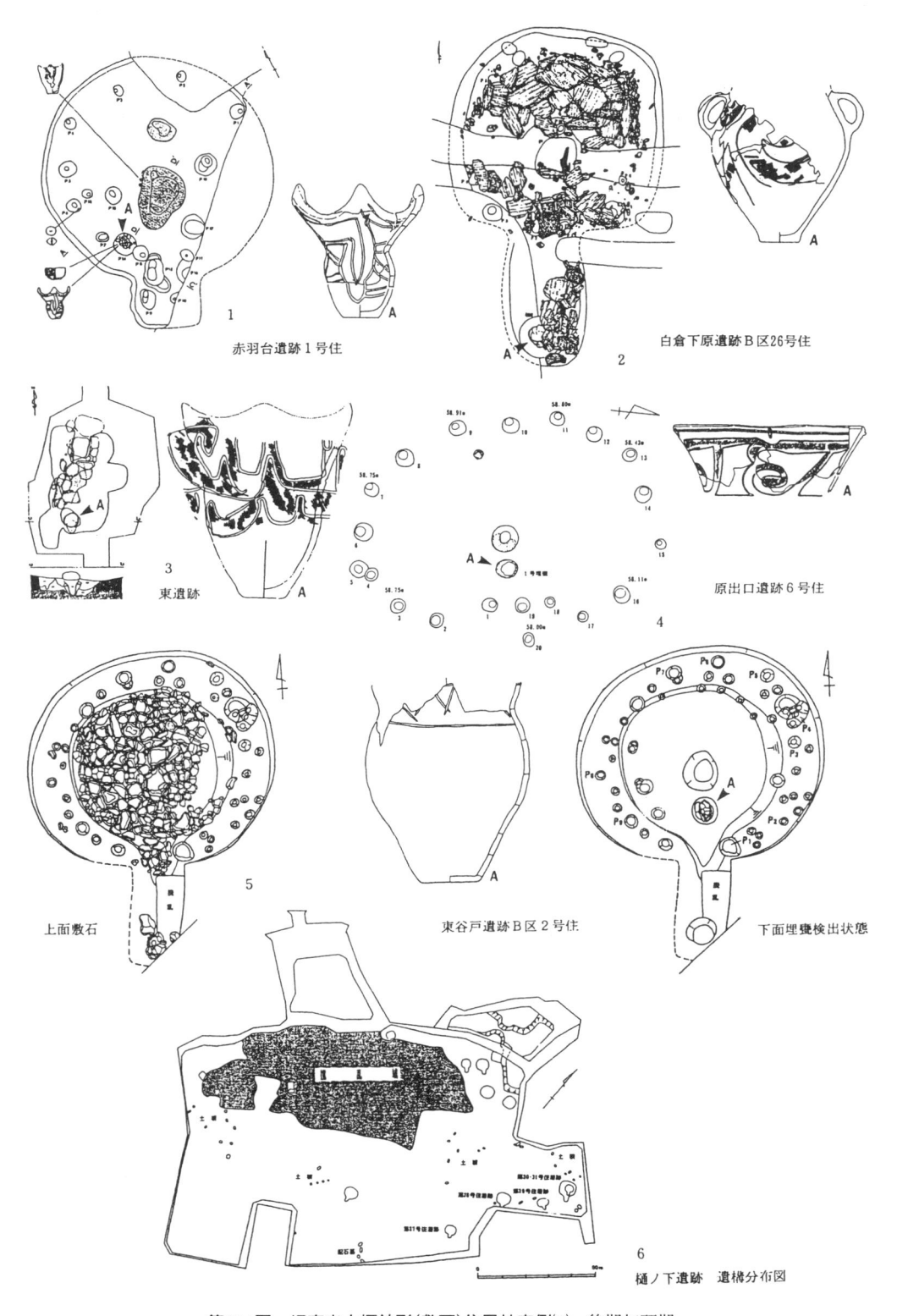

第2節 柄鏡形(敷石)住居と埋甕祭祀 289

1 赤羽台遺跡1号住
2 白倉下原遺跡B区26号住
3 東遺跡
4 原出口遺跡6号住
5 上面敷石 / 東谷戸遺跡B区2号住 / 下面埋甕検出状態
6 樋ノ下遺跡 遺構分布図

第104図 埋甕出土柄鏡形(敷石)住居址事例(11) 後期初頭期

頭、称名寺式段階に相当する住居址は、報告書によると時期的に細分され、35→27・29・30・32・33・34→28→12号住の変遷がとらえられている。このうち、35・27・30・32・28号住に埋甕が認められる。33号と34号は撹乱著しく部分的な検出であったため埋甕が存在しなかったかはさだかではないので、称名寺初頭段階から中葉段階にはきわめて高率的に埋甕を有する傾向が指摘されよう。12号住とされた称名寺Ⅱ式期の柄鏡形(敷石)住居址以降堀之内期の住居址に埋甕が伴わないことと比較すると対照的なありかたを示すものといえよう。

　なお、樋ノ下遺跡の報告では30号住から検出された2個体の埋甕のうち2号埋甕とされている個体について、その土壌の脂肪酸分析が土壌内埋設土器や土壌とともに行われているので触れておくが、分析の結果は「食糧の貯蔵容器であった可能性が考えられ」、「アブラナ科植物と動物遺体、特に骨とが混在していた可能性が強い」とされている。張出部に「食糧貯蔵容器」を2個体埋設することが妥当かどうかは疑問を感ずるが、その他の土壌等の分析結果は、「高等動物の体脂肪や骨油に由来する脂肪が残存する」ことから墓の可能性が強いことを考えると、この分析結果は柄鏡形(敷石)住居址内埋甕の用途・性格を考えるうえで興味深い。

後期前葉期

　この時期に相当する事例は35遺跡40例である。中期終末から後期初頭期の事例に比して激減するのが大きな特徴である。また、この時期の柄鏡形(敷石)住居址は分布域を広げるとともに、とくに張出部の形状に変化が認められるようになることで知られる(山本 1987a)が、そうした現象と埋甕事例数の激減化が対応している可能性が考えられる。事例の空間分布をみると、神奈川県8遺跡9例、東京都4遺跡4例、埼玉県1遺跡1例、千葉県6遺跡6例、茨城県2遺跡2例、群馬県2遺跡2例、福島県4遺跡7例、岩手県1遺跡1例、山梨県1遺跡1例、長野県6遺跡7例であり、柄鏡形(敷石)住居の分布の拡大と対応して事例そのものは広がりをみせているといえよう。

　① 埋設位置

　この期の埋甕が検出された位置をみると(多少不確実な事例等を含む)、A(主体部と張出部の接続部)は12例、B(張出部先端部)は7例、C(張出部空間)は3例、D(主体部空間)は13例、A＋Dは1例、位置不明は4例である。AからCの張出部空間に埋設された事例が22例と約55％を占めており、いぜんとして張出部空間へ埋設するという規制は感じられるものの、中期終末〜後期初頭期と比較して大きな違いは、A＋Bとした張出部接続部と先端部に複数埋設するという特徴的であった事例が認められないことである。このことは、張出部に埋設する傾向は認められるものの、強い規制力が失われ始めたことを意味するものと思われる。このことを裏付けるように、主体部空間に埋設される事例が、主体部空間と張出部空間に複数埋設された事例を含めると、14例約35％を占めるようになる。この主体部内の埋設位置の傾向をみると、神奈川県原出口遺跡6号住(第104図4)や同東谷戸遺跡B区2号住(第104図5)のように、炉址に近接して埋設された

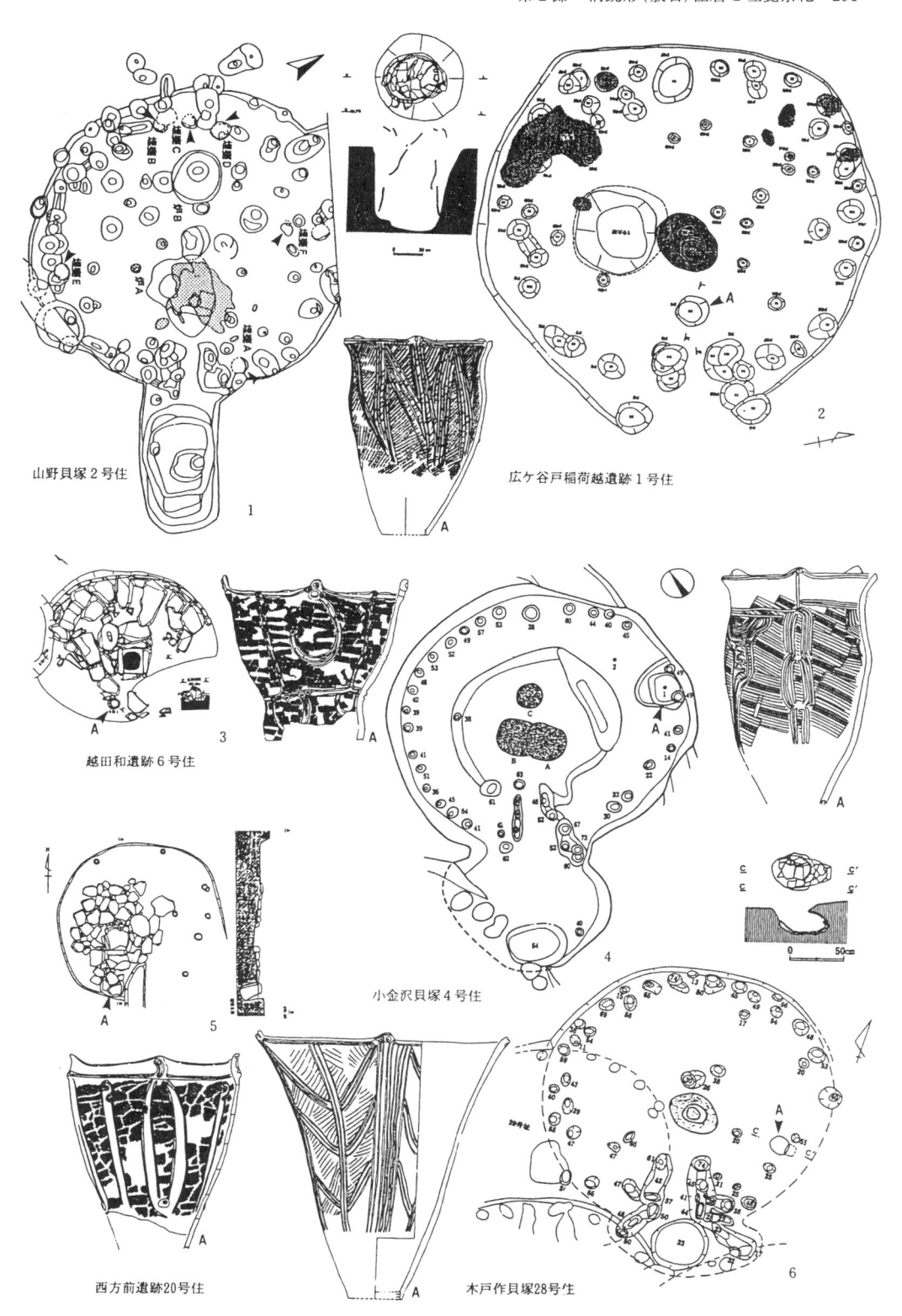

第2節　柄鏡形（敷石）住居と埋甕祭祀　291

1　山野貝塚2号住
2　広ケ谷戸稲荷越遺跡1号住
3　越田和遺跡6号住
4　小金沢貝塚4号住
5　西方前遺跡20号住
6　木戸作貝塚28号住

第105図　埋甕出土柄鏡形（敷石）住居址事例(12)　後期後葉期

事例が３例、出入口部を除く壁際に埋設された事例が11例（主体部内に複数の埋設個体があるのでそれらの位置を含めている）あり、壁際に埋設する傾向性は認められよう。

② 埋設個数

　単独の１個体埋設は33例、複数の個体を埋設した例は７例であり、単独埋設例が主体を占める傾向は変わらない。複数埋設例の個数をみると、２個体埋設が６例、６個体埋設が１例である。このうち、神奈川県三の丸遺跡B-91号住や同神成松遺跡29号住は重複住居址例であり、埋甕はそれぞれの住居址に対応するものと思われ、単独埋設例に含まれよう。一方、６個体もの多数の埋甕が検出された、千葉県山野貝塚２号住（第105図１）も張出部の位置を変えて重複する住居址で一時期の埋設個数は減少する。報告によれば３回の建替えが想定され、２Ａと２Ｂとした時期に埋甕が伴うとされるが、個々の埋甕がどの時期の住居に付属するか必ずしも明確ではない。ヒゲ状張出施設に伴うものが３基、その他の３基は壁際にある。

　複数埋設例中、入れ子状態の出土事例は埼玉県広ヶ谷戸稲荷越遺跡１号住（第105図２）に認められる。この事例はハの字状対ピットと炉址の間に２個体が重なるように逆位に埋設されている特異なありかたを示している。

③ 埋設状態

　この時期の埋甕の埋設状態がとらえられている事例をみると、Ａ（正位）が18例、Ｂ（逆位）が８例、Ｃ（横位）が７例であり、正位埋設例が多い傾向は変わらないが、逆位や横位埋設事例も多いことが注意される。正位埋設例中、斜傾埋設例は東京都野川公園北境界遺跡や住居址内埋甕が初めて発見された東京都船田向遺跡例など６例あり、逆位埋設例中にも福島県越田和遺跡６号住（第105図３）のように、やや斜傾埋設した事例や同西方前遺跡20号住（第105図５）のように、石蓋されて斜傾埋設された例などがあり、この時期に入っても斜傾して埋設する意識が読みとれよう。

　逆位埋設例は先にあげた神奈川県原出口遺跡６号住（第104図４）や広ヶ谷戸稲荷越遺跡１号住（第105図２）、福島県西方前遺跡20号住（第105図５）の他に千葉県嘉登遺跡SI037号住のように、張出部に２個体が逆位埋設された例などがある。

　横位埋設例のうち、共通性をみせる事例がいくつか認められる。千葉県小金沢貝塚４号住（第105図４）は、主体部東壁際に穿たれた土坑内に底部を欠いた深鉢が横位に検出された例である。また、同木戸作貝塚28号住（第105図６）も東壁際に横位埋設された例で小金沢遺跡４号住例と共通する。福島県西方前遺跡１号敷住（第106図１）も主体部敷石の西端部に土坑があり、底部を欠く横位の埋甕がある。これら共通性をみせる横位埋設事例の性格に示唆を与えるのが、千葉県西広貝塚７次調査605号住例（第106図３）である。詳細は未報告のため不明であるが、奥壁部側にやや離れて２箇所の楕円形ピットがあり、内部に埋設土器が認められたが、第１号埋甕とした横位埋設土器中から幼児埋葬人骨が検出され、それとともに赤彩されたアワビの殻とタカラガイの加工品が副葬されていた。この西広貝塚例による限り、上記の事例は、ともに共通性をもつことか

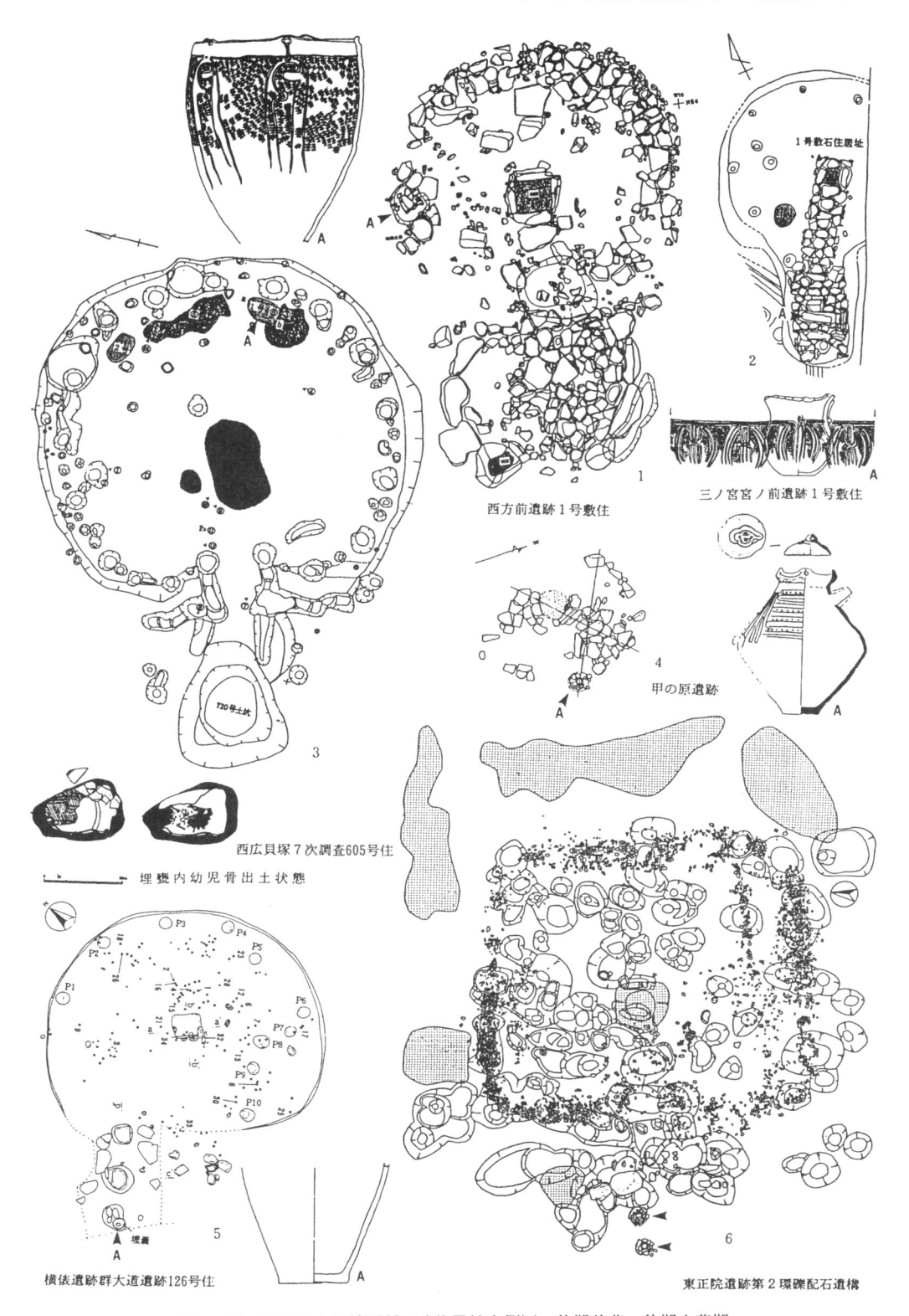

第 2 節　柄鏡形(敷石)住居と埋甕祭祀　293

西方前遺跡 1 号敷住

三ノ宮宮ノ前遺跡 1 号敷住

甲の原遺跡

西広貝塚 7 次調査 605 号住
埋甕内幼児骨出土状態

横俵遺跡群大道遺跡126号住

東正院遺跡第 2 環礫配石遺構

第106図　埋甕出土柄鏡形(敷石)住居址事例(13)　後期前葉・後期中葉期

ら幼児埋葬施設であった可能性が強い。ただし、ピット内に横位埋設するありかたや張出部にないことなど、一般的な埋甕とは異なる特徴をもち、この事例をもって柄鏡形（敷石）住居址内の埋甕の用途を決定することには無理があろう。

　神奈川県三ノ宮宮ノ前遺跡1号住（第106図2）は炉址から張出部にかけて敷石された柄鏡形（敷石）住居址であるが、張出部先端近くに敷石に囲まれた土坑があり、内部から土器が出土している。これも典型的な埋甕とはいえない例といえよう。

　この時期の事例では他に埋甕に付属する施設や遺物は少ない。先にあげた福島県西方前遺跡20号住（第105図5）は敷石によって石蓋された例である。敷石面下に検出された事例は他に神奈川県東谷戸遺跡B区2号住、同ナラサスNo15遺跡J1号住などがある。

　④　埋甕使用土器の特徴

　この時期の埋甕に使用された土器は深鉢がほとんどである。堀之内式期特有のやや口縁幅の広い胴の張る甕形土器も多用されている。その中で特異な例としては、東京都甲ノ原遺跡の敷石住（第106図4）から検出された埋甕がある。出入口相当部に瓢箪形の注口土器が逆位に埋設され、その底面に蓋が埋置されていた。

　使用された土器の破損状態をみると、A（完形・略完形を含む）は7個体、B（口縁部欠損）は7個体、C（胴下半部）は2個体、E（胴下半部欠損）は7個体、F（底部欠損）は5個体、G（底部穿孔）2個体、I（大型破片）は3個体であり、比較的完形に近い事例が多数を占める点は前時期までのありかたと共通性を示している。

　⑤　埋甕内検出遺物

　埋甕内から検出された遺物は、この時期も少ないが、前述したように、千葉県西広貝塚7次605号住例のように、明瞭に幼児骨とタカラガイ装身具、赤彩アワビが検出された事例が注意される。かつて、千葉県殿平賀貝塚（村上 1967）から発見された堀之内式期の竪穴住居址内の壁際土坑内に、幼児骨が甕形土器に覆われて検出された事例によって、埋甕の用途論が決着をみたとする考え（渡辺 1970）も出されたが、今日的にはその出土状態から否定的である（堀越 1976）。ただ殿平賀貝塚例も西広貝塚例と、ある程度共通性を示しており、この時期の住居内に幼児甕葬を行う事例が存在していたことは間違いないだろう。問題はその埋葬・埋設がいつの時点（住居使用中か廃絶後かといった）になされたものなのかということにあろう。いずれにせよ、西広貝塚例をもって住居址内埋甕全体の用途論を語ることはできないだろうことは前述したとおりである。

　この他、この時期の埋甕内からは、発見が昭和23年と古いが、長野県宮崎遺跡の敷石住居址から発見された埋甕内に、定角式磨製石斧4点と付近から耳栓と小型磨製石斧が検出された事例がある[4]。時期が後期前葉に特定できない可能性もあるが、敷石住居址内埋甕と定角式磨製石斧の出土からみてこの時期に近いと判断した。少ないながらも中期終末から後期初頭期の事例にみられた石鏃や剥片類の出土とあわせて儀礼的行為をうかがわせてくれる事例といえよう。

⑥ 集落内におけるありかた

　この時期の柄鏡形(敷石)住居址内埋甕検出事例数の激減化は個別の集落址においては、より端的に現れている。中期終末から後期初頭期に柄鏡形(敷石)住居址の分布中心地域の一つであった南西関東を例にとってみよう。いちいちこの時期の発見住居址の軒数を列挙しないが、比較的規模が大きい集落址(住居址軒数が多い)で、かつ広範囲に調査されている遺跡として知られる、神奈川県山田大塚、華蔵台南、原出口、川和向原、三の丸、曽屋吹上、下北原、神成松、東京都なすな原№1地区、多摩ニュータウン№194、埼玉県丸山台、久台などの遺跡から検出された柄鏡形(敷石)住居址をみても埋甕をもつ事例はきわめて少ない。この傾向は他の地域でも変わらないのである。事例数の激減化は、そうした背景のうえでとらえられるのであり、後期前葉期を境として、埋甕風習そのものが急激に衰退していったものと考えられる。

後期中葉期

　この時期に相当する事例はわずかに4遺跡5例にすぎない。柄鏡形(敷石)住居址形態をとらない、この時期の住居址全体をみても同様なことが指摘できる(山本 1989b)のであり、中期終末から後期初頭期に隆盛をみた住居内埋甕風習は、急激に後期前葉以降廃れ、後期中葉期に至ってその伝統を絶ったものと思われる。

　柄鏡形(敷石)住居そのものも後期前葉以降、張出部の形状変化とともに、敷石行為を含めてほぼ後期中葉期に終焉を迎えるが、出入口施設の伝統は晩期前葉まで存続する(山本 1987a・89b)。そうした柄鏡形(敷石)住居の変遷、とくに張出部の形状変化と密接な関係をもって埋甕風習は衰微していったものと思われる。

　この時期の数少ない事例の空間分布をみると、神奈川県3遺跡3例、群馬県1遺跡1例である。このうち、神奈川県小丸遺跡1・2号住は詳細が未報告のため、不明であるが、ヒゲ状張出部の外側に埋設されたもので、重複状態にあるらしい。同東正院遺跡第2環礫配石遺構(第106図6)例は小丸遺跡1・2号住例に近く、ヒゲ状張出部の外側に2個体が埋設されているが、出土状態や土器のありかたについては、報告では不明な点が多い。また、同寺山遺跡例も戦前の調査で埋甕があるらしいが詳細は不明である。唯一出土状態等が明瞭なのは、群馬県横俣遺跡群大道遺跡126号住居址(第106図5)例である。張出部に部分的な敷石をもつ住居址で、先端部に1個体が正位で埋設されていた。胴下半部の深鉢が使用されている。

　このように事例数はきわめて少ないが、張出部と関わって埋設するという伝統はこの時期まで存続した可能性が考えられる。

　以上、中期終末から後期前葉にかけて柄鏡形(敷石)住居址内から検出された埋甕事例の特徴について検討を加えてみた。この結果をもとづいて第107図3～6に、①埋設位置、②埋設個体数、③埋設状態、④破損状態、について、時期別にみた事例数の推移をグラフで示してみた。中期

末・後期初頭期が大きな境、画期となっていることがよりビジュアルに把握できると思う。次に、この成果にもとづいて柄鏡形(敷石)住居と埋甕祭祀のありかたについて若干の考察を加えてみたい。

2. 柄鏡形(敷石)住居と埋甕祭祀

　今までみてきたように、柄鏡形(敷石)住居址内から検出される埋甕事例は多数にのぼるが、その時期別推移をみると、事例は中期末から後期初頭期に集中し、後期前葉以降急速に廃れ、後期中葉期に入ってほぼその伝統が絶たれ、以後住居址内埋甕そのものの存在は認められなくなるという特徴的なありかたを示している(第107図1・2　軒数　時期別グラフ及び軒数　都県別・時期別グラフ参照)。

　周知のように住居址内埋甕事例は、一部中期中葉期に遡る事例はあるものの、中期後葉期に入って、南西関東から中部地域を中心とする諸集落の個別住居の出入口部を中心とする位置に爆発的に設置されるようになる。その伝統を受け継ぐように、中期終末期から後期初頭期に完成をみた柄鏡形(敷石)住居の張出部を中心とする位置に、かなりの高率で埋設されるようになることは、事例の検討からもあらためて具体的に確認できた。このことは、柄鏡形(敷石)住居の構造上の一つの特徴である張出部が、出入口部に埋設された埋甕ときわめて密接な関係で生成してきたことを意味しているものといえる。その点はこれまでにも度々指摘してきた(山本　1976a・80a・95他)ことであり、あらためて触れるまでもないが、最近一部にそうした解釈に否定的な見解も出されているので(本橋　1990・95、秋田　1995)[5]、ここで再度強調しておきたい。

　ところで、埋甕の用途・機能・性格等については、これまで多くの論議がなされてきたことは周知のとおりである。埋甕内からほとんど遺物が検出されないという特徴がゆえに用途論は今日まで決着をみてはいないが、胎盤収納あるいは幼児埋葬とする説が現段階有力である。そのどちらかに限定するのか、あるいはどちらともあり得るという見解の相違もみられるが、妊娠・出産に伴うきわめて女性的な儀礼行為の産物であったという認識ではほぼ一致している。

　用途論議を決着させるためには、いうまでもなく埋甕内から確実な遺物・遺存体の検出が不可欠といえようが、出産儀礼に伴う行為であったとするなら、今後とも遺存体の検出は困難であろう。そうした中で、近年、埋甕及び内部の土壌をもとに脂肪酸分析を行うケースが増えてきたが、最近の脂肪酸分析事例にもとづいて、菊池　実が検討を加えている(菊池　1995)。その中で触れているように、菊池らが調査した群馬県田篠中原遺跡から検出された柄鏡形(敷石)住居址に伴う埋甕13個体の内6個体が脂肪酸分析され、「高等動物の胎盤由来の遺物3個体、動物遺体の埋葬2個体、動物性脂肪の検出できなかった埋甕1個体」という結果が出されているが、菊池によれば各地の分析結果にも差が認められることから、その内容物を絞り込むには至らないようである。今後も脂肪酸分析は押し進めてゆく必要があろうが、そうした自然科学分析結果によって用途論

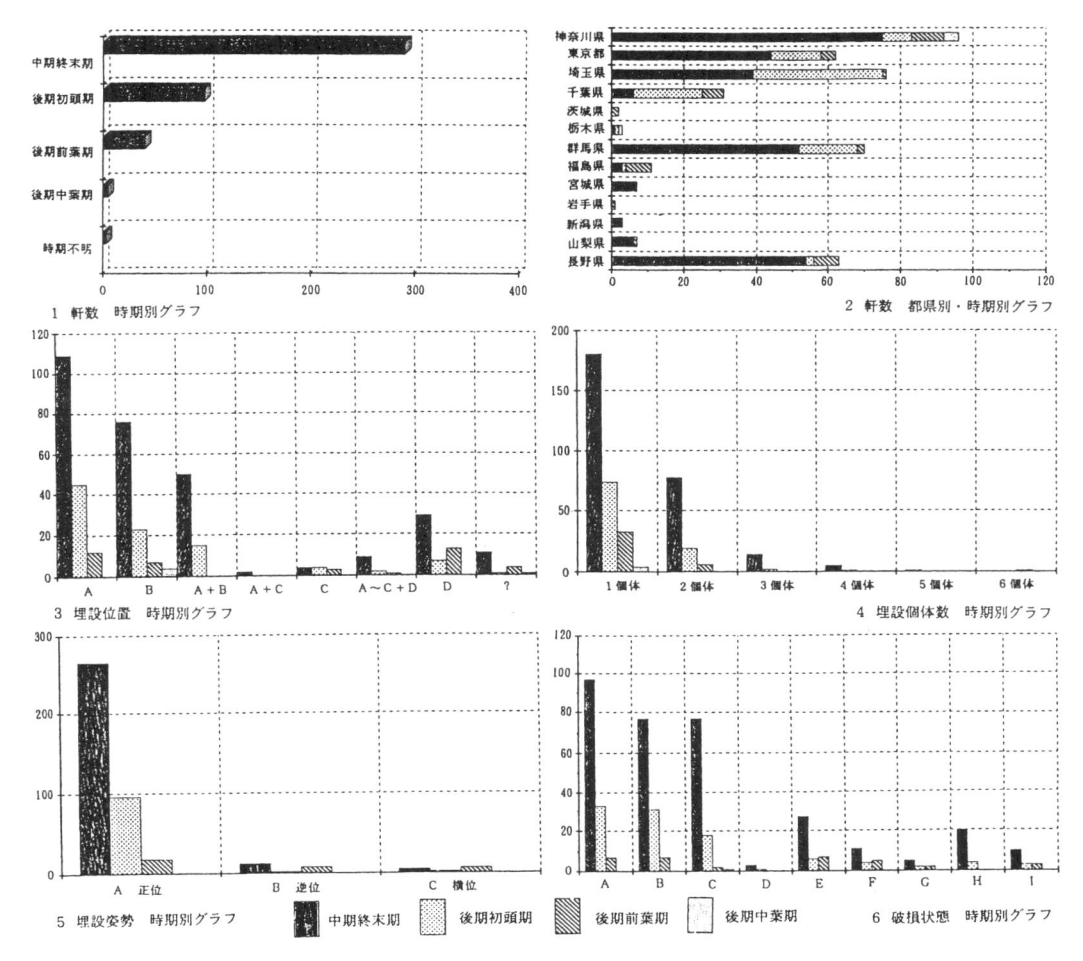

第107図　柄鏡形(敷石)住居址内検出埋甕事例時期別推移グラフ

を決着させることは難しいともいえそうである。

　そうしたことを前提において、柄鏡形(敷石)住居址内に検出された埋甕の用途・性格論議について、これまでの事例分析結果にもとづいて若干の私見を呈示してみたい。

　筆者は、柄鏡形(敷石)住居址に限らず、住居址内に検出される埋甕すべてについて、同一の用途・性格づけをすることが正しいものなのかどうかという疑問を抱いている。たとえば、前節で事例を検討したさい、後期前葉段階の張出部空間に埋設されない横位出土の事例などは、千葉県西広貝塚7次605号住のように、幼児埋葬人骨が検出された事例からして、幼児甕棺として利用されていた可能性が強い。しかし、その事例をもって埋甕の用途論は決着はしないことは、先の千葉県殿平賀遺跡事例の場合と同様である。

　とくに、ここで検討を加えた中期終末期から後期初頭期に完成をみた柄鏡形(敷石)住居に埋設された埋甕は、中期後葉の住居址内埋甕と比較して、その用途・性格において大きな開きを感じざるをえないのである。張出部という出入口空間に埋設されるという事実は、何度も触れている

ように中期後葉段階の出入口部埋甕の伝統を受け継いでいることは確かであろう。しかし、そのことが、中期後葉期の埋甕と中期終末以降の柄鏡形（敷石）住居址内の張出部空間にある埋甕とが、同一用途・性格のものであったことを意味するものではないと考えている。

　何故なら、柄鏡形（敷石）住居址の張出部空間を中心に埋設された事例は、前節での検討からも明らかなように中期後葉期にみられない、いくつかの特徴が看取できるからである。

　まず第一に確認しておく重要な事実は、何度も指摘してきたように柄鏡形（敷石）住居址内埋甕のもつ時間分布の極端な偏在性であろう。なぜ、柄鏡形（敷石）住居を含めて住居内埋甕風習は後期前葉以降急激に廃れていってしまったのだろうか。胎盤収納あるいは幼児埋葬にせよ、同一の用途を考える場合、後期前葉以降急激にこうした風習が廃れてしまう明快な理由を明らかにする必要があるはずである。

　また、埋設位置にみられる規制の強さ、接続部や先端部あるいはその両者に複数埋設するというありかたは、柄鏡形（敷石）住居を構築するさい、すでにそこに埋設するという規制が強く働いていたことにほかならない。と同時に、複数埋設例にみる入れ子状態や特殊な埋設例、とくに斜傾埋設という特徴的な事実にも注目する必要がある。この斜傾埋設姿勢に着目したのが川名広文である（川名 1984・85）。川名は「柄鏡形住居址に伴う埋甕の埋設姿勢をみてみると」、「総じて斜位が圧倒的に優勢で、垂直位が若干ある他、横位・逆位の例はきわめて少ないこと」に着目し、民族誌例を参考としながら、「埋甕にみる象徴性」、具体的には、「住居空間を同心円的な円錐状に分割するランドマーク（境界標）であると言え、換言すれば、『周縁』／『中心』という空間分割を表象するシンボルとみなすことができ」るとしている（川名 1985）。そうした解釈が当をえているものなのかどうかは、いまだ議論の余地はあろうが、単なる用途論議を越えて、柄鏡形（敷石）住居址内埋甕の象徴的・儀礼的性格を想定した、その先駆的な解釈は高く評価すべきであろう[6]。

　この斜傾埋設という特徴に加えて、全体の事例数からいえば少ないが、石棒や石皿を配する例が認められる。石棒と柄鏡形（敷石）住居址の結びつきの強さについては、別に検討を試みてみた（山本 1996b）が、男性的色彩の強い祭祀用具である石棒が中期後葉以降、とくに中期末・後期初頭期の柄鏡形（敷石）住居址にきわめて高率で出土するという特徴と、女性的色彩の強い埋甕が、石棒と同様な傾向を示すという事実は、埋甕のもつ儀礼的な性格を良く示しているものと思われる。また、これも事例は少ないが、埋甕内から石鏃や剥片類、あるいは定角式磨製石斧が出土した事例なども、特殊な性格がその背後にうかがえるのである。

　かつて筆者は縄文時代中期終末から後期初頭期に多発化する屋外埋設土器（屋外埋甕）と、後期前葉以降顕著となる屋外埋甕内幼児埋葬人骨検出事例（幼児甕棺）との関連性をとらえて、中期終末期を境として、幼児埋葬が屋内から屋外へ転化したことを想定し、柄鏡形（敷石）住居址内埋甕は、その時点で、「本来的な幼児埋葬用途から逸脱し、妊娠・再生にかかわる呪術的・祭祀的な容器・施設—場へと変質し」た可能性を指摘したことがある（山本 1977）。

すなわち、住居内埋甕風習は、中期終末期から後期初頭期にかけて、柄鏡形(敷石)住居の成立を期に、その性格を大きく変えていったと理解すべきではないかと思うのである。そうした解釈に否定的な見解もある(岡本 1984)が、これまでの多数の柄鏡形(敷石)住居址内埋甕事例の分析結果からも、あらためてそうした可能性を指摘しておきたい。

以上、柄鏡形(敷石)住居址内から検出される埋甕の事例の検討を通じて、若干の考察を試みてみた。結果的には、先の論攷(山本 1977)を再確認するにとどまってしまったが、そうした解釈の是非は今後にまかせるとして、縄文時代における屋内埋甕風習をめぐる論議に基礎的なデータを提示しえたことにとりあえず満足して本稿を終えたい。

なお、今回は柄鏡形(敷石)住居址内から検出された埋甕事例のみを対象として検討を加えてみたが、柄鏡形(敷石)住居のとくに張出部には小ピットや土坑状の施設をもつ事例もいくつかみられ、それらと埋甕との関係が問題となろう[7]。埋甕を埋設せずに同様な性格をもたせたピット状の施設があった可能性も否定できない。また、埋甕は住居使用中から抜去されることなく、住居の廃絶とともに放置されたものがほとんどと思われるが、一部にそうした事例がある可能性も無視できない。その点は今後の課題としておきたい。

この他、柄鏡形(敷石)住居址以外の住居址から検出されている、中期終末期以降の埋甕事例についても、なんら触れることができなかった。埋甕祭祀全体を語るうえではやや片手落ちといえるが、そうした事例は柄鏡形(敷石)住居址の分布主体地域ではそれほど多くはなく、中期終末期以降埋甕祭祀は、柄鏡形(敷石)住居址の消長と軌を一つにして推移していったものと理解されるのである。

註
（１）一部１遺跡から複数の事例が知られているものの正式報告がなされていないため、実数の把握できないものもあり、それはとりあえず１事例としてカウントしてみた。
（２）一覧表中、時期が確定できない「？」や時期がまたがる事例については便宜的に古い時期に含めている。ただし、加曽利ＥⅣ式と称名寺式が共伴する事例については、位置づけが微妙だが、本稿では称名寺式の共伴を重視して後期初頭期に含めている。その点、先の柄鏡形(敷石)住居址から出土する石棒事例を取り扱った論攷(山本 1996b)とは若干の齟齬が生じている。
　　　また、他にも位置づけに問題がある事例がいくつかあるが、とりあえず中期終末期に含めてみた。
（３）底部穿孔事例は他の部位を欠損している例が多く、一覧表では、たとえば、「Ｂ（Ｇ）」と表記しているが、事例数のカウントのさいは、底部穿孔例として扱っている（後期初頭期　以降も同じ）。
（４）かつて柄鏡形(敷石)住居址の後半段階の事例を分析したさい、本例を長野県戸場遺跡例として

　　　　誤った記載をしたことがあるのでここで訂正しておきたい(山本　1987a文献の(1)　16頁)。
(5)　1996年2月10日に神奈川県立埋蔵文化財センター・㈶かながわ考古学財団が主催して行った、パネルディスカッション『敷石住居の謎に迫る』においても、この点についての議論がなされた。筆者もパネラーの一人として参加して、見解を述べたが、その議論や対立点については、記録集を参照願いたい(神奈川県立埋蔵文化財センター・㈶かながわ考古学財団　1997)。
(6)　埋甕のもつ象徴的・儀礼的側面を重視する考え方は、他にも、金子義樹、百瀬忠幸によって主張されている(金子　1984、百瀬　1987)。
(7)　これと関連して、最近、群馬県域の柄鏡形(敷石)住居址の接続部に石囲状施設を伴う事例が比較的多く知られるようになった。こうした石囲施設と埋甕との関連性について、鈴木徳雄が分析を行っている(鈴木　1994)。

追　記
　本節で取り上げた事例は初出論文(山本　1996c・97)当時のものである。その後管見に触れた事例を追補表として掲載したが、本文中のデータ数値に加えていない。他にも多くの追加事例があると思われるが、その追補はまた別な機会に試みてみたい。なお、発見事例の参考文献は巻末の一覧表を参照願いたい。

第3節　柄鏡形(敷石)住居と廃屋儀礼

　近年、縄文時代の竪穴住居址から出土する遺物の微細な記録化を通じて、その接合関係等の観察・分析研究が盛んになりつつある。竪穴住居の「ライフサイクル」論を展開する、小林謙一の一連の研究(小林 1993・94・95・96a・b・97)などはその代表的なものといえよう。また、そうした研究をもとに、集落研究の新たな方向性を探ることを目的として、縄文中期集落研究グループ・宇津木台地区考古学研究会が1995年12月に主催して行ったシンポジウム『縄文中期集落研究の新地平』(縄文中期集落研究グループ・宇津木台地区考古学研究会編 1995)や、山梨県考古学協会が1996年1月に開催した研究集会『すまいの考古学—住居の廃絶をめぐって—』(山梨県考古学協会編 1996)は、最近のこの分野における研究の高まりを良く示している。
　筆者も縄文時代の竪穴住居の廃絶が、どのような過程を経てなされていったのかといった問題に関心をもつ一人であり(山本 1993b)、こうした分野での研究の新たな進展に今後とも大いに期待しておきたい。
　ところで、筆者はこれまで、縄文時代の竪穴住居が廃絶されるにあたって、何らかの儀礼的な行為が行われていた可能性について関心を抱いてきた。かつて、いわゆる「吹上パターン」現象を示す住居址事例を分析し、住居が廃絶後に自然埋没してゆくだけではなく、廃絶にあたって何らかの儀礼的な行為が行われた可能性について指摘したことがある(山本 1978)。また、別に縄文時代後期中葉期に現れる、いわゆる「環礫方形配石遺構」(鈴木保 1976)を再検討する中で、この種の遺構を柄鏡形(敷石)住居址[1]の範疇としてとらえ、その廃絶にあたって特殊な儀礼行為としての「環礫方形配石」が行われた可能性を指摘してみた(山本 1985b)。
　最近、神奈川県域を中心として、いわゆる「環礫方形配石遺構」の検出事例が増加し、それとともに「環礫方形配石遺構」と関連して、柄鏡形敷石住居址の外側を取り巻くように周堤状に礫をめぐらせた事例が徐々に明らかとなってきた。そうした中、1996年2月10日に神奈川県立埋蔵文化財センター・㈶かながわ考古学財団が主催して行った、『パネルディスカッション「敷石住居の謎に迫る」』(以下「パネルディスカッション」と略する)に、筆者もパネラーの一人として参加したが、そこでは、こうした特徴をもつ住居址をどう解釈するかをめぐって、筆者が考えている「廃屋儀礼」の結果として生じたものとする立場と、石井　寛・秋田かな子らの当初からの「構造物」とする見解の相違があった(神奈川県立埋蔵文化財センター・㈶かながわ考古学財団編 1996・97)。しかし、残念ながら当日の討議では時間的な制約もあり、その考えを十分に述べることができなかった。そこで、本稿であらためてその考えを明らかにしてみたい。

第7表 環礫方形配石と周堤礫をもつ柄鏡形敷石住居址発見事例一覧表

No	遺跡名	所在地	住居址番号	周礫の特徴及び特記事項	時期
1	平台北	神奈川県横浜市神奈川区		壁柱穴沿いに配礫、柱穴上にのる。周луч火を受ける。環礫方形配石に近い	加曽利BⅠ
2	王子ノ台	平塚市	J2	部分に周礫、環礫方形配石一部残る	堀之内Ⅱ
			20号配石	環礫方形配石・火を受ける	加曽利BⅡ
3	原口	平塚市	J9	環礫方形配石、他にも1基あり、詳細未報告	堀之内Ⅱ
4	東正院	鎌倉市	1号環礫方形配石遺構	環礫方形配石	加曽利BⅠ
			2号環礫方形配石遺構	環礫方形配石・火受ける	加曽利BⅠ
5	稲荷林	相模原市		環礫方形配石+周堤礫	堀之内Ⅱ
6	太岳院	秦野市		周堤礫をもつ柄鏡形敷石住居址の可能性大	後期
7	曽屋吹上	秦野市	10	環礫方形配石+周堤礫	加曽利BⅠ
8	下北原	伊勢原市	1号環礫方形配石遺構	環礫方形配石	加曽利BⅠ
			2号環礫方形配石遺構	環礫方形配石	加曽利BⅠ
			3号環礫方形配石遺構	環礫方形配石・焼土	加曽利BⅠ
			10号敷石	竪穴外壁に沿って周堤礫をもつ	堀之内Ⅱ
			北側配石群	第3号環礫方形配石遺構らに接して、北側配石群とされたものが周堤礫をもつ柄鏡形敷石住居址の可能性大	加曽利B?
9	三ノ宮・下谷戸	伊勢原市		2基の環礫方形配石遺構が重複、周堤礫がめぐる。未報告	後期
10	第一東海自動車道遺跡No.14	伊勢原市	10号敷石	三ノ宮・下谷戸遺跡と同一遺跡。炉址から張出部にかけて敷石、張出から周堤礫状配石延びる	堀之内Ⅱ
			15号敷石	小焼礫主体部広がる、ハの字状張出、環礫方形配石遺構とされる	堀之内Ⅱ
			16号敷石	環礫方形配石・周堤礫状配石伴う	加曽利BⅠ
11	沼目・坂戸第Ⅱ地点	伊勢原市	3	環礫方形配石2重に柱穴上を巡る。注口土器内面に刻線文	加曽利BⅠ
12	間の原	座間市	2号敷石	環礫方形配石	堀之内Ⅱ～加曽利B
13	上土棚南	綾瀬市	1	環礫方形配石	加曽利BⅠ
14	馬場 (No.6)	愛甲郡清川村	J4	環礫方形配石+周堤礫、周堤礫はさらに広がる	加曽利BⅠ
15	表の屋敷 (No.8)	愛甲郡清川村	J2	周堤礫、周堤礫に沿って柱穴巡る	堀之内Ⅱ
16	北原 (No.9)	愛甲郡清川村	J4	周堤礫上面を覆う（上面周堤礫は報告ではJ1号配石とされる）	堀之内Ⅱ
			J7	壁際配石+周堤礫	堀之内Ⅰ
17	北原 (No.11)	愛甲郡清川村	J1	周堤礫、住居址は1/2が撹乱のため不明	堀之内Ⅰ
18	川坂（津久井町No.2）	津久井郡津久井町	1号環礫方形配石遺構	環礫方形配石、一部周堤礫らしき配石伴う、詳細未報告	後期
19	青根馬渡遺跡群No.4	津久井郡津久井町	J1	環礫方形配石、周堤礫、周堤礫の一部環礫上に載る	加曽利BⅠ
20	御組長屋第Ⅱ地点	小田原市		環礫方形配石と周堤礫をもつ住居址、石垣状の配石が接続する、未報告	加曽利BⅠ
21	なすな原No.1	東京都町田市	101配石	環礫方形配石、焼土堆積	加曽利BⅠ
22	野津田上の原	町田市		環礫方形配石と思われる小礫が一部残存	堀之内Ⅱ
23	東雲寺上	町田市	1号環礫方形配石遺構	環礫方形配石、張出部敷石	加曽利BⅠ
24	狭間	八王子市		環礫方形配石、未報告	加曽利BⅠ

第3節　柄鏡形(敷石)住居と廃屋儀礼　303

25	寺改戸	青梅市	3・4配石	周堤礫をもつ可能性ある柄鏡形敷石住居址、張出部のみの調査で断定はできない。報告では環礫方形配石の可能性を指摘	堀之内Ⅱ
26	入波沢東	埼玉県秩父郡大滝村	5	炉址から張出部にかけて凸字状敷石、外周に周堤礫をもつ	堀之内Ⅱ～加曽利BⅠ
27	上光寺	群馬県沼田市	1	張出部に付属して周堤礫状の配石一部あり	堀之内～加曽利B
28	塩瀬下原	山梨県大月市	1	奥壁部と主体部炉址中心に十字状敷石、張出部凸字状敷石、縁石と敷石の間に環礫方形配石、その外側を周堤礫がプラン覆うように認められる	堀之内Ⅱ
29	清水端	北巨摩郡明野村	2	方形プランに炉址から張出部にかけて敷石、そこから外側に周堤礫状に配礫、報告では東側の配礫を1号址として区別しているが周堤礫の乱れた可能性も考えられる	加曽利BⅠ～Ⅱ
30	屋敷添	北巨摩郡明野村	11	炉址から張出部にかけて敷石、その外側に周堤礫状配石これに関連するように6号配石としたものが付随する	堀之内～加曽利B
31	姥神	北巨摩郡大泉村	6	炉から張出部にかけて敷石し、張出部から周堤礫状の配石が一部広がる	加曽利BⅠ
			7	主体部散漫な配礫、張出部大形礫を配する、周堤礫をもつ住居址に近いありかたを示す	堀之内Ⅱ～加曽利BⅠ
			9	本住居址も配礫は乱れているが、張出部から周堤礫状の配礫が認められる	加曽利BⅠ～Ⅱ
32	別当	北巨摩郡長坂町	2	周堤礫状配石をもつ	堀之内Ⅱ
33	上ノ原	北巨摩郡須玉町	C-1	柱穴つなぐように配礫、その上面周堤礫状配礫多数	堀之内Ⅱ
34	青木	北巨摩郡高根町	12	ヒゲ状敷石をもつ張出部に周堤礫らしきものが伴う	後期中葉～後葉
35	古宿道の上	東山梨郡牧丘町	2敷	炉址左右と張出部にかけて敷石、張出部から周堤礫状の配礫が一部延びる	堀之内Ⅱ
36	尾咲原	都留市	2-2	方形プランの周壁に配礫、一部がプラン内覆土に崩れ落ちたようにみえる	晩期前半・清水天王山
			1-15	炉址から張出部に敷石、その奥壁に周堤礫状の配礫、写真のみのため正確なありかたは不明	堀之内Ⅰ
37	池之元	富士吉田市	7-1	炉址から張出部敷石、周堤礫をもつ	堀之内Ⅱ
			7-3	1号住と重複、周堤礫をもつ	堀之内Ⅱ
38	北村	長野県東筑摩郡明科町	SB101	張出部敷石、周堤礫、上面覆土中多量の礫、廃絶儀礼を知る好例	堀之内
			SB555	張出部から周堤礫延びる、炉辺部板敷き、上面多量の礫	加曽利BⅠ
			SB561	周壁部に周堤礫状配礫	堀之内Ⅱ
			SB566	張出部敷石、上面多量の礫がのる、周堤礫状か	堀之内Ⅱ～加曽利BⅠ
39	十二ノ后	諏訪市	88	敷石住居の外側に配礫がある	堀之内Ⅱ
40	久保田	小諸市	J13	周堤礫をもつ柄鏡形敷石住居址	堀之内
41	円光房	埴科郡戸倉町	17	柄鏡形敷石住居址の外側に周堤礫状の配石巡る	堀之内Ⅱ
42	御堂垣外	塩尻市	5	奥壁部周堤礫状積み石	堀之内
43	修善寺大塚	静岡県田方郡修善寺町	D区9	報告では配石囲繞円形竪穴家屋址と呼んでいる、上面に配石が覆う。下面は炉から張出部に敷石し、プラン外周を周堤礫で覆う。炭化材＋焼土・焼失家屋、張出部付近立石	堀之内Ⅱ
			B区14	報告では配石囲繞方形竪穴家屋址と呼んでいる、壁柱穴の内側に沿って配礫、不完全ながら周堤礫が認められる、焼土堆積・火災住居	堀之内Ⅰ

1．環礫方形配石と周堤礫を有する柄鏡形敷石住居址事例とその特徴

　第７表に示したように、管見に触れた事例は、43遺跡・62例である。その分布は神奈川県20遺跡31例、東京都５遺跡５例、埼玉県１遺跡１例、群馬県１遺跡１例、山梨県10遺跡14例、長野県５遺跡８例、静岡県１遺跡２例であり、圧倒的に神奈川県域に事例が集中する。

　このうち、環礫方形配石を有する柄鏡形敷石住居址例は、神奈川県16遺跡22例、東京都４遺跡４例であり、かつて「環礫方形配石遺構」の再検討を試みた（山本 1985b）さいには、神奈川県５遺跡９例、東京都２遺跡２例にすぎなかったことからすると、確実に事例の増加がうかがえるが、いぜんとして神奈川県の山間地域に分布が集中する傾向がうかがえる。柄鏡形敷石住居址の外側を取り巻くように周堤状に配礫する事例（以下、石井　寛の呼称［石井 1994］に従って、「周堤礫」と呼ぶ）を含めると、この種の遺構は南西関東の山寄り地帯から中部山地域に、その分布の中心があることはほぼ間違いないものと思われる。今後は、北関東や埼玉県域の関東山地寄りの地域にも広がりが予想されよう。

　その時期をみると、一部細かな時期が不明な事例があるが、後期・堀之内式期から加曽利Ｂ式期にかけて集中する傾向が指摘できる。柄鏡形（敷石）住居址の変遷過程の後半段階にこうした特殊な配石行為が地域を限って行われたことがうかがえるのである。以下これら事例の中から、いくつか代表的な事例をあげて、その特徴についてみてみたい。

神奈川県相模原市稲荷林遺跡（第108図１）

　発見当初は配石遺構と認識されていたものであるが、石囲炉から張出部にかけて敷石され、それを囲繞するように周堤礫がめぐる典型的な事例である。一部周堤礫の内側には小礫の存在が認められることから、環礫方形配石を伴う可能性が強い。上面のみの確認だけで調査を終えているため、柱穴等は不明である。時期は出土遺物が少なく判定が難しいが堀之内式期の可能性が考えられる。

神奈川県秦野市曽屋吹上遺跡（第108図２）

　大規模な配石遺構と柄鏡形敷石住居址群を伴う遺跡であるが、このうち、第10号住が環礫方形配石と周堤礫を伴っている。写真図版主体の報告のみに終わっているため、詳細は明らかでないが、遺構写真図版によると、竪穴構造を呈しているらしい。下部の柱穴等は不明である。時期は断定できないが、加曽利ＢⅠ式期に相当する可能性が考えられる。本遺跡で注目されるのは、全体図でも明らかなように、列状の石積み状配石が直線状に連なっており、周堤礫とは別にこうした特殊な配石が行われていたことがうかがえることである。

神奈川県伊勢原市下北原遺跡（第108図３）

　大規模な配石遺構と柄鏡形敷石住居址群からなる集落址である。３基の環礫方形配石遺構が報告されているが、このうち、「第３環礫方形配石遺構」とされたものが周堤礫を伴う事例である。

第3節　柄鏡形（敷石）住居と廃屋儀礼　305

1　稲荷林遺跡

2　曽屋吹上遺跡　10号住

3　下北原遺跡　第3環礫方形配石遺構　北側配石群

4　馬場（№6）遺跡　J4号住＋J1号配石　　環礫方形配石と壁柱穴の関係

第108図　環礫方形配石と周堤礫をもつ柄鏡形敷石住居址(1)

環礫方形配石の内側に多量の焼土が検出されている。下面の調査が行われていないため、柱穴等は不明である。なお、調査・報告時点では認識されていなかったが、先の「パネルディスカッション」でも指摘された点であるが(『パネルディスカッション記録集』71頁、以下『記録集』と略す)、「第3環礫方形配石遺構」の南側にある「北側配石群」とされた遺構は、南東側に張出部をもつ周堤礫を伴う柄鏡形敷石住居址の可能性が強い。下面の調査がなされていないため、石囲炉や柱穴は検出されておらず、また、環礫方形配石を伴うものなのかは不明である。「第3環礫方形配石遺構」の南側周堤礫と本遺構の北側周堤礫が重なり合いを示しているが、図面上からはその新旧は判然としない。「環礫方形配石遺構」の時期は加曽利BⅠ式期に相当することから、この「北側配石群」もほぼ同時期のものと考えられる。

神奈川県伊勢原市三ノ宮下谷戸遺跡(第109図1)

東名高速道路建設に伴って調査された配石群を伴う集落址である。未報告のため、詳細は不明であるが、鈴木保彦が「環礫方形配石遺構」について考察を加えた論文(鈴木 1976)中に呈示した図面(第109図1)によると、2基の環礫方形配石と周堤礫を伴う柄鏡形敷石住居址が重複して検出されている。上面に弥生時代から古墳時代初頭の住居址が重複しているため遺存状態は必ずしも良好とはいえないが、右側(東側に相当する)の事例は周堤礫が張出部から両側に直線状に走る特徴がうかがえる。あるいは、前掲の曽屋吹上遺跡例に近いありかたを示すものなのかもしれない。本例も下部の調査が行われておらず、柱穴等は不明である。また、正確な時期もはっきりしないが、加曽利B式期の可能性が強いものと思われる。

なお、本遺跡は最近、東名高速道路の拡幅に伴い、神奈川県立埋蔵文化財センター・㈶かながわ考古学財団によって、その縁辺部(第一東海自動車道遺跡№14とされる)が調査され、環礫方形配石を伴う柄鏡形敷石住居址や柄鏡形敷石住居址、配石墓群が調査され、大規模な広がりをもつ遺跡であったことが明らかとなった。

神奈川県清川村馬場(№6)遺跡(第108図4)

清川村宮ヶ瀬ダム建設に伴う調査によって、近年いくつかの興味深い事例が報告されている。馬場(№6)遺跡J4号住は、環礫方形配石と周堤礫を伴うもので、壁際をめぐる環礫方形配石とその周辺は焼けており、焼土の広がりが認められる。周堤礫は南壁に一部が残存しているのみで、奥壁部に相当する西壁と東壁には認められない。ただし、後世の撹乱により除去された可能性が考えられる。立石が張出部と主体部との接続部には対となってあり、また張出部先端部にも立石が認められる。この周堤礫に関連して注目されるのは、報告では、「J1号配石」として区別して扱っている配石の存在である。第108図4左図には、この配石とJ4号住を合成した図面を示したが、張出部からめぐる周堤礫に連接するようにこの配石が認められており、本来は一体のものとしてとらえるべきであろう。こうした配石が列状につながるありかたは、前掲の曽屋吹上遺跡例に近いものがあるし、最近調査された、長野県小諸市三田原遺跡や同市岩下遺跡においても同様な遺構が検出されている。

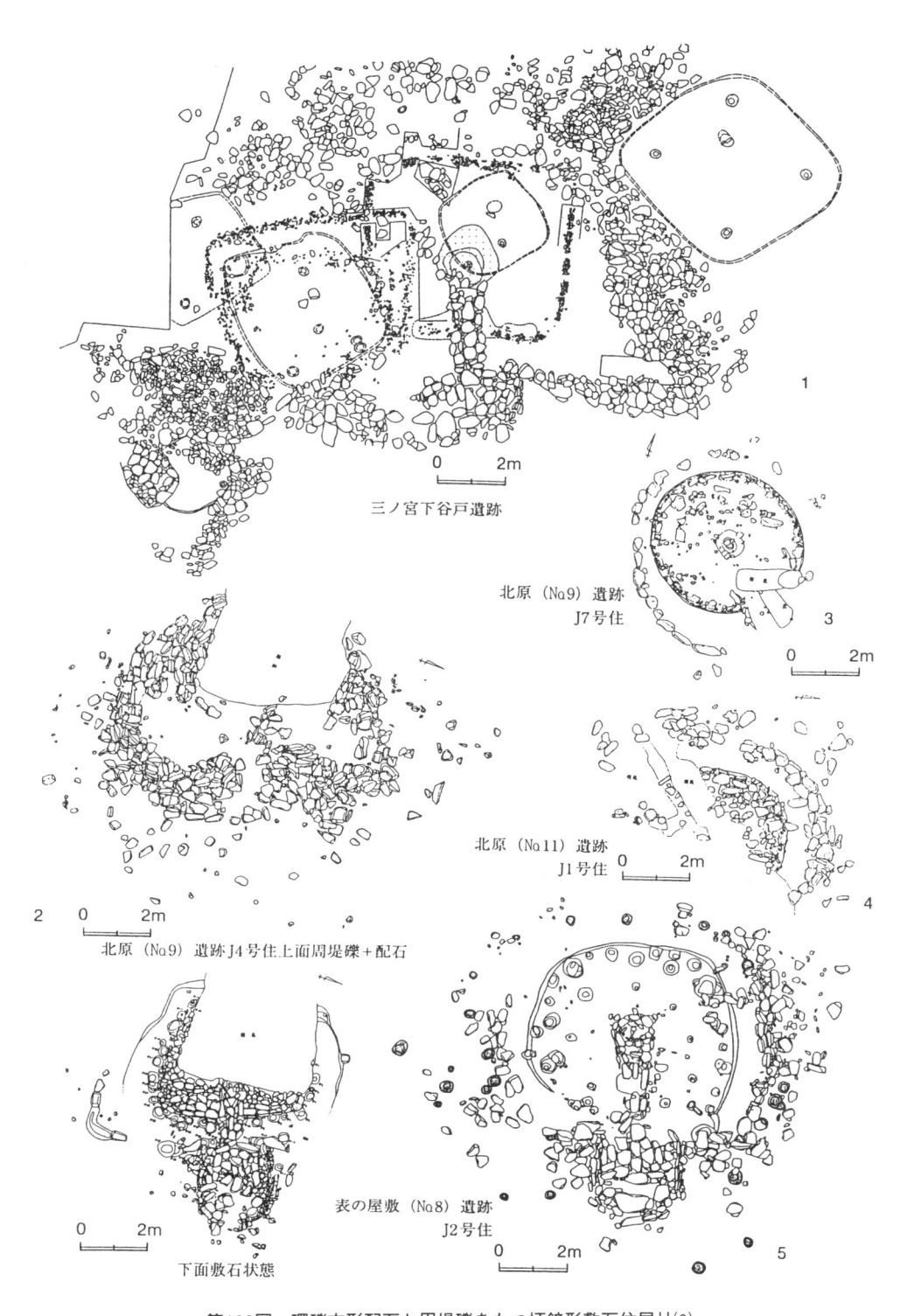

第3節　柄鏡形(敷石)住居と廃屋儀礼　307

1　三ノ宮下谷戸遺跡

2　北原（No.9）遺跡 J4号住上面周堤礫＋配石
下面敷石状態

3　北原（No.9）遺跡 J7号住

4　北原（No.11）遺跡 J1号住

5　表の屋敷（No.8）遺跡 J2号住

第109図　環礫方形配石と周堤礫をもつ柄鏡形敷石住居址(2)

炉址や柱穴のありかたから建て替えがなされたものとされているが、最終的な姿として、焼土を伴う環礫方形配石と周堤礫とそれに関連する列状配石が認められるという現象をどう解釈してゆくかが問題となる事例である。時期は出土土器から加曽利BⅡ式前半段階に位置づけられている。

神奈川県清川村表の屋敷(No.8)遺跡(第109図5)

表の屋敷(No.8)遺跡J2号住は環礫方形配石は伴わないが、周堤礫が良好に残存していた事例である。周堤礫は竪穴プランを取り囲むように認められるが、この事例で大きな特徴は、周堤礫を除去した下面から壁外をめぐる柱穴が認められたことである。この壁外柱穴はおそらく垂木の痕跡と考えられるが、この上を覆う周堤礫を同時存在と認めるならば、「パネルディスカッション」においても問題とされた点であるが(『記録集』68頁)、その配置からみて周堤礫の外側に垂木尻があることになり、外部からはこの周堤礫は見えないという不自然さを感じさせる。むしろ住居の上屋解体後に周堤礫が構築されたとみるのが自然であろう。

神奈川県清川村北原(No.9)遺跡(第109図2・3)

表の屋敷(No.8)遺跡と同様なありかたを示すのが、北原(No.9)遺跡J4住(第109図2)である。敷石の主体部の大半が撹乱によって失われていたものの、周堤礫が良好に残存していた。報告では、この周堤礫を上面配石として区別して扱っている。そうした解釈そのものは筆者には誤ったものとは考えないが、あくまでJ4号住に付属したものとして、この周堤礫は考えるべきであろう。遺構の検出はまずこのJ4号住を覆う周堤礫から確認され、その周堤礫を除去後ないし下面調査の過程で柄鏡形敷石住居址が検出されるという調査のプロセスを辿っていることが、この周堤礫の構築時期を知るうえで重要な事実なのである。この住居址では壁外柱穴は確認されず、竪穴プランの敷石外縁部に沿って壁柱穴がめぐっている。時期は堀之内Ⅰ式期とされる。また、J7号住(第109図3)は円形プランに周堤礫を伴う事例で、同様な例は隣接する北原(No.11)遺跡J1号住(第109図4)にも認められる。

神奈川県津久井町青根馬渡遺跡群No.4遺跡(第110図1)

本遺跡から発見されたJ1号住は詳細が未報告であるが、調査時の現場見学のさいや「パネルディスカッション」において、筆者と石井 寛・秋田かな子と意見の対立が生じた事例である。この住居の大きな特徴は、住居の奥壁部に相当する部分の周堤礫が住居主体部の内側、しかも火を受けた環礫方形配石の上面に立石と横位に石積みされ配石が交互に配されるという、明らかに原位置を保っていた状態で検出されたことがあげられる。このことから、環礫方形配石が配された後、しかも火を受けた後に、この周堤礫が構築されたことは確実である。石井 寛はこの主体部奥壁部にある配石は住居外側にある周堤礫とは区別して考えるべきという立場を示し、秋田かな子も環礫方形配石の上面に載っていることは認めつつも、石井と同様に、周堤礫と区別して、主体部奥壁部の構造物の可能性を指摘している(『記録集』68頁～70頁)。

しかし、こうした見解は、筆者には納得がゆかない。周堤礫があくまでも柄鏡形敷石住居址に

第3節　柄鏡形(敷石)住居と廃屋儀礼　309

青根馬渡遺跡群No.4遺跡
J1号住

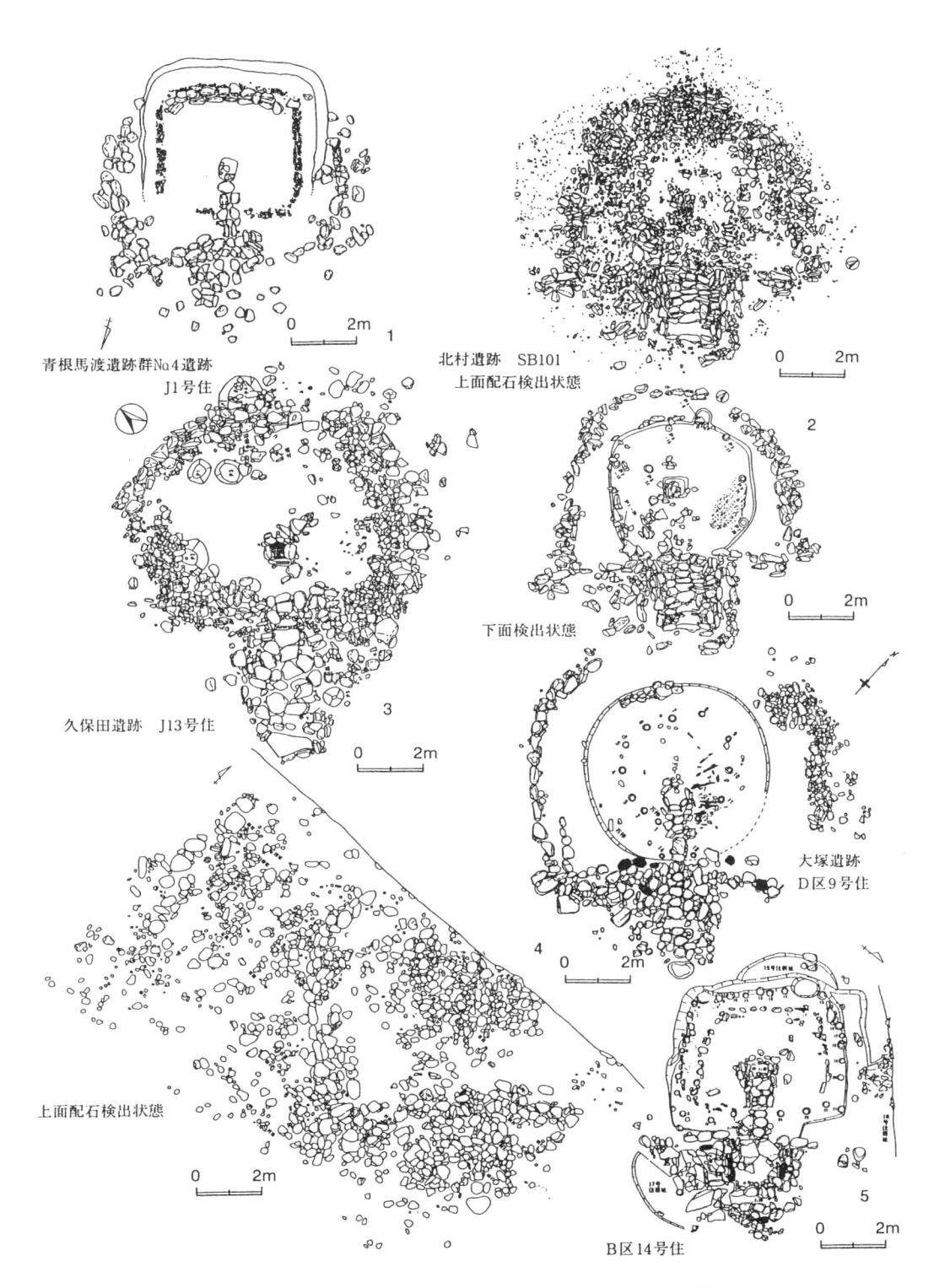

北村遺跡　SB101
上面配石検出状態

下面検出状態

久保田遺跡　J13号住

大塚遺跡
D区9号住

上面配石検出状態

B区14号住

第110図　環礫方形配石と周堤礫をもつ柄鏡形(敷石)住居址(3)

付属する構造物であるという前提の上に立って、明らかに時間差をもって構築されていると判断される本例を、あえて周堤礫として認識しないことによって意図的に区別しているにすぎないのではないだろうか。詳細は報告書の刊行まで俟たねばならないが、「パネルディスカッション」当日、調査者の池田　治が周堤礫除去後の下面状態の調査結果をスライドで示しながら説明しているように「外側の周堤礫と奥壁部の石組の痕跡は連続しているのが見て取れ」るのであって、「外側の周堤礫も後に作った構造物」(「パネルディスカッション」記録集　72頁)と認識すべきなのである。そうした意味において、本例は環礫方形配石と周堤礫をもつ柄鏡形敷石住居の廃屋儀礼を探るうえで貴重なデータを与えてくれたものと考えられる[2]。

なお、本例は遺物の出土がきわめて少なく、わずかに加曽利BⅠ式期の土器小破片が出土しているにすぎないが、類例からみてほぼその時期に相当するものと思われる。

長野県明科町北村遺跡(第110図2)

北村遺跡は内陸部において300体を越す埋葬人骨を検出した遺跡として著名であるが、この遺跡から検出された柄鏡形敷石住居址中、SB101号住とした例が注目される。第110図2に示したように、当初検出された上面の状態と下面の状態が注目される。下面の状態は典型的な周堤礫をもつ柄鏡形敷石住居址であるが、重要な点は上面での確認状況といえよう。柄鏡形敷石住居址を覆うように配石・配礫された状態は本来的には周堤礫状に積み上げたものが崩れたものもあろうが、周堤礫状に配石しつつ、この柄鏡形敷石住居を覆うように配石していたことを示しているといえよう。時期は堀之内式期に相当する。

長野県小諸市久保田遺跡(第110図3)

本遺跡から検出されたJ13号住は周堤礫が良好な保存状態で検出された例である。残念ながらこの周堤礫を剥がした下面の状態がどのようなものであったか、とくに柱穴の配置や竪穴の状態等が不明であるが、周堤礫下面に壁柱穴がめぐっている可能性が考えられる。北村遺跡と同様なありかたを示すものと思われる。時期は堀之内式期に相当する。

静岡県修善寺町大塚遺跡(第110図4～5)

本遺跡から検出された、D区9号住は、報告では「配石囲繞円形竪穴家屋址」とも呼ばれているもので、楕円形竪穴プランの石囲炉址から張出部にかけて敷石を有し、張出部と主体部との接続部付近から壁外に周堤礫がめぐる典型的な事例である。石囲炉址周辺には炭化材と焼土が認められ、火を受けている。また、張出部の敷石中には立石がいくつか認められ、前掲の馬場(№6)遺跡に近いありかたを示している。本例も第110図4下図に示したように、上面に配石が広範囲な広がり示しており、廃棄後の特殊な配石行為をうかがわせている。時期は堀之内Ⅱ式期に相当する。

また、B区14号住(第110図5)は、報告では「配石囲繞方形竪穴家屋址」とも呼ばれているものであるが、重複があり張出部からの周堤礫は顕著ではないが、方形竪穴プランの壁柱穴の内側に礫が方形にめぐらされている。壁柱穴周辺には焼土・炭化材が認められ、火を受けている。小

礫を配するものではないが、意識としては環礫方形配石に近いものと思われる。時期は堀之内Ⅰ式期に相当する。

2．環礫方形配石と周堤礫の敷設過程

　環礫方形配石と周堤礫を有する柄鏡形敷石住居址事例中から代表的な事例を取り上げて、その特徴についてみてみたが、その結果、この種の遺構には共通する特徴をいくつか指摘することが可能である。それらを列挙すると次のとおりである。
　①主体部プランは円形・楕円形・方形等バリエーションはあるものの、竪穴構造を基本とし、張出部をもつ柄鏡形を呈する。敷石は石囲炉から張出部にかけて直線状に施され、張出形態は単純な長柄状ではなく、凸字状を呈する柄鏡形（敷石）住居址の変遷過程の後半段階（山本1987a）の特徴性を示す。
　②壁柱穴に沿って小礫をめぐらす（環礫方形配石）事例が多い。しかも壁柱穴を覆うように配石される事例が多い。
　③環礫方形配石を含めてプラン全体に焼土・炭化物・焼けた獣骨片の出土が顕著で、火を受けている事例が多い。
　④周堤礫をもつ事例は、主体部と張出部の接続部付近から主体部の外壁を取り囲むように配礫される事例が多く、立石を伴う事例がある。中には、周堤礫から派生して、列状に配石を施す事例が認められる。
　⑤確認面ではプラン全体を覆うように配石が認められる事例がある。したがって検出当初は配石遺構として理解される場合が多く、その時点で下面の調査が行われないままに終わっている事例が見られる。周堤礫及び上面配石は火を受けていない。
　⑥時期は堀之内式期から加曽利B式期（とくに前半段階）に限定される。
　以上の共通的な諸特徴から、環礫方形配石と周堤礫は、「柄鏡形（敷石）住居址」変遷過程の後半段階に表れた、特徴的な配石行為とみなすことができる。しかも、この段階のすべての柄鏡形（敷石）住居址事例に、こうした配石行為が認められるわけではないことから、きわめて地域的にも限定された特殊な行為であったことがうかがえるのである。
　そこで問題となるのは、環礫方形配石と周堤礫が柄鏡形（敷石）住居の構築から廃絶に至る過程の、どの時点で敷設されたかという点である。構造物とする立場からすると、当初からこうした配石が存在していたものと解釈されるのであるが、だとすると、環礫方形配石や周堤礫は、もっと広範囲な広がりと事例の多さがあってしかるべきでるし、なぜそのような構造物を必要としたのかといった点について明快な答えが必要であろう。
　被熱した環礫方形配石と主体部プランに残る焼土・炭化材の存在は、環礫方形配石と火がきわめて密接な関連性を有していたことを強くうかがわせている。すなわち、単純な火災を受けた住

居と解釈するのではなく、住居廃絶にあたって、環礫方形配石という特殊な行為に伴って火入れ行為が行われたものと理解すべきなのである。

　一方、外壁を取り巻くように存在する周堤礫は、被熱を受けていないこと、しかもプラン上面を覆う配石が周堤礫と一体としてとらえられる事例が認められることや、津久井町青根馬渡№4遺跡J1号住例などから明らかなように、環礫方形配石と火入れ行為との間には時間差があること、すなわち、環礫方形配石と火入れ行為がなされた後に、周堤礫と上面配石は行われたものと考えられるのである。また、周堤礫に連なるように直線状に配石される事例なども廃絶後の特殊な配石行為の存在をうかがわせている。

　このことから、環礫方形配石と周堤礫を有する住居は次のような過程を経て埋没していったものと解釈されるのであり、環礫方形配石から周堤礫・上面配石がなされる一連の過程を、柄鏡形（敷石）住居の廃絶にあたってのなんらかの儀礼行為、すなわち、廃屋儀礼の結果としてとらえるべきものと考える。

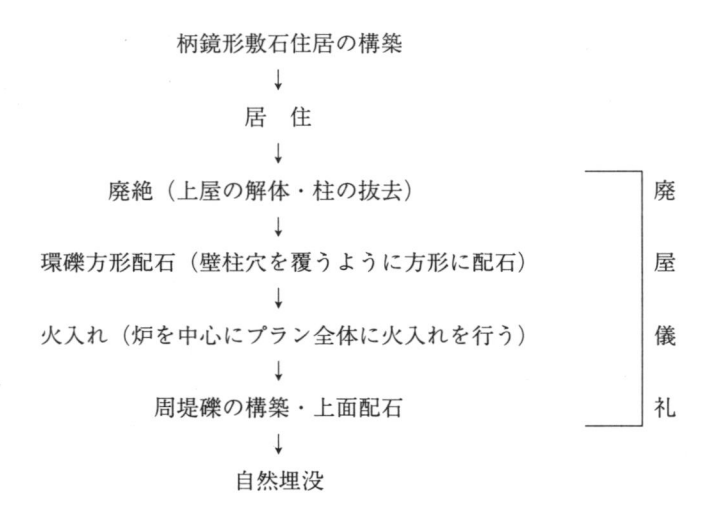

```
           柄鏡形敷石住居の構築
                  ↓
                居　住
                  ↓
         廃絶（上屋の解体・柱の抜去）  ┐
                  ↓                  │
   環礫方形配石（壁柱穴を覆うように方形に配石）│ 廃
                  ↓                  │ 屋
    火入れ（炉を中心にプラン全体に火入れを行う）│ 儀
                  ↓                  │ 礼
         周堤礫の構築・上面配石        ┘
                  ↓
                自然埋没
```

　　＊なお、この「廃屋儀礼」として括った過程がすべての事例に認められるわけではない。

3．いわゆる「周礫」と環礫方形配石との関連性

　旧稿（山本 1985）でも触れたように、「環礫方形配石」行為の遡源は、中期末・後期初頭期の柄鏡形（敷石）住居址中にみられる、壁柱穴を巡る、「周礫」と呼んでいる配石に求められる可能性も考えられる。この「周礫」をめぐっても、これまで、「環礫方形配石」・「周堤礫」と同様に、構造物とみるか、廃屋儀礼行為の所産であるかといった点で見解の相違がみられた（金井 1984、山本 1985b、石坂 1985、本橋 1988など）。また、「パネルディスカッション」においても、構造物とする石井　寛・秋田かな子らと筆者の間で見解の相違があった（『記録集』66～71頁）。この解釈の相違は「環礫方形配石」と同様に「周礫」が壁柱穴を覆って敷設されているのか否かとい

う、現象面をどうとらえるのかという理解の違いから生じており、今後ともそうした問題を解決するためには事例の細かな観察が必要とされよう。

ただし、中期末・後期初頭期の「周礫」をもつ柄鏡形(敷石)住居址事例は、環礫方形配石事例に比して多く、かつ広範囲な広がりを示している。とくに、全面敷石を施さない地域(南関東では低位な下末吉台地域や大宮台地、武蔵野台地域)に比較的顕著にみられ、一概にそのすべてを住居廃絶後に敷設されたものとみなすことはできないし、「環礫方形配石」に顕著な被熱状態＝火入れ行為を示す事例も少ない。しかし、中には、「パネルディスカッション」において呈示したように、「周礫」を有する柄鏡形敷石住居址事例中に特殊な検出状態を示す事例がいくつかみられる。たとえば、東京都小金井市前原遺跡４号住(第111図１)、同東久留米市新山遺跡20号住(第111図２)、同府中市武蔵台遺跡Ｊ22号住(第111図３)、神奈川県横浜市松風台遺跡ＪＴ３号住(第111図４)などの事例のように、壁柱穴を覆うように小礫や土器片を並び立て、埋甕を埋設した事例(前原４号住)や、焼土が壁柱穴の内側に沿って堆積した事例(新山20号住・武蔵台Ｊ22号住・松風台ＪＴ３号住)、それとともに被熱した石棒が完形ないし破砕状態で検出された事例(新山20号住・武蔵台Ｊ22号住・松風台ＪＴ３号住)など、火入れ行為やそれに伴う石棒祭祀(山本1996b)といった特殊な廃屋儀礼の存在がうかがえるのである。これらの事例が「環礫方形配石」や「周堤礫」に直接結びつく廃屋儀礼とは断定できないものの、中期末・後期初頭期の柄鏡形

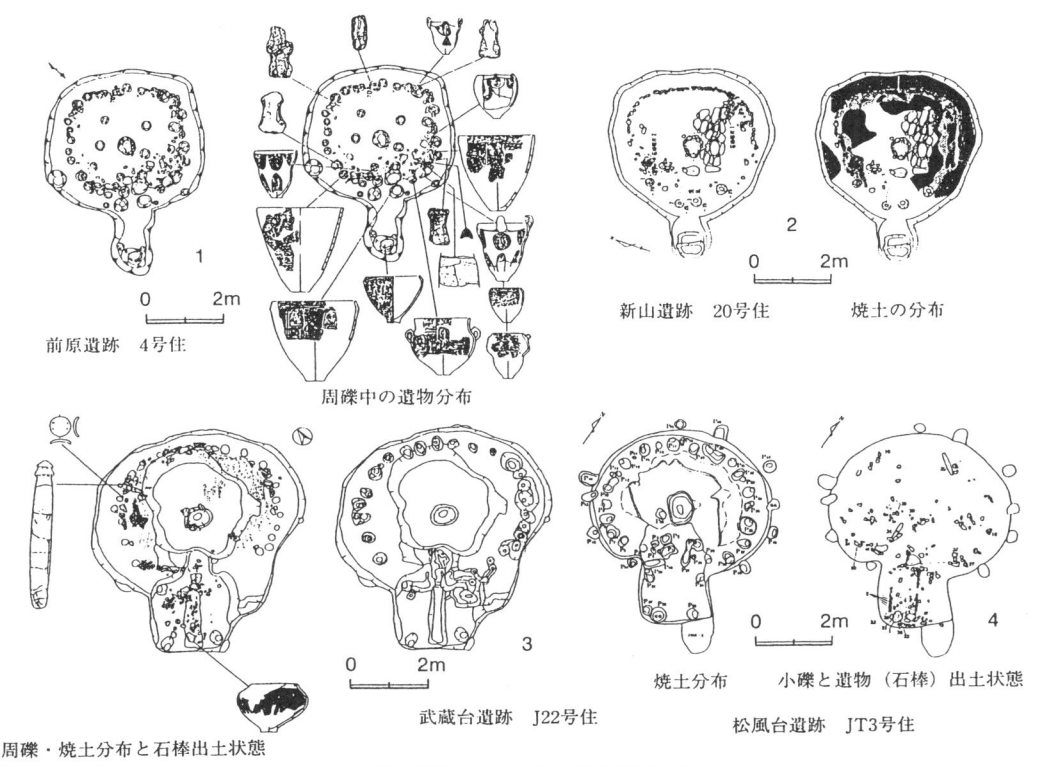

第111図　周礫をもつ柄鏡形(敷石)住居址

（敷石）住居の廃絶にあたっても、なんらかの儀礼行為が存在していたことは確実であろう。今後とも、壁柱穴上をめぐる「周礫」のありかたについても目を向けてゆかねばなるまい。

4．廃屋儀礼としての「環礫方形配石」と「周堤礫」のもつ意味

　これまで環礫方形配石や周堤礫が柄鏡形敷石住居に付属する構造物であるとする立場を否定して、柄鏡形敷石住居を廃絶する過程において、なんらかの儀礼行為として、そうした配石・配礫行為が行われた可能性について論じてきた。
　環礫方形配石が構造物ではなく、廃屋儀礼の過程で敷設されたという論拠として、筆者が強調する、事例中に焼土・炭化材が多く認められるという事実をめぐる解釈については、石井　寛や秋田かな子も、火入れ行為という廃屋儀礼の存在があったことについては否定していない（『記録集』72～73頁）。しかし、中期末・後期初頭期の「周礫」をもつ柄鏡形（敷石）住居址中に火を受けた事例が少ないことから、「環礫方形配石」も「周礫」と同様な構造物であって、その後に火入れ行為という廃屋儀礼が行われたとするのは妥当な解釈であろうか。火入れ行為や覆土中に焼獣骨片が多量に出土する事例は、後期中葉以降晩期前半に至る時期の柄鏡形（敷石）住居址を含めた住居址に多く認められる事実であることは、石井も「堀之内2から火災住居がたくさん出てきます。急に増えるんです」（『記録集』72頁）と述べているように、一つの時代的特性としてとらえられる（山本 1989b）のであって、こうした火入れ行為という廃屋儀礼が、後期中葉以降活発になったことを意味しているものと思われる。したがって、中期末・後期初頭期段階の柄鏡形（敷石）住居址事例中にみられる「周礫」をもつ事例中に、火入れ行為をうかがわせる事例が少ない（前述したように、ないわけではない）という事実は、廃屋儀礼上の時代差・時期差を反映しているものと解釈すべきであり、そうした傾向をもって「環礫方形配石」や「周堤礫」が柄鏡形敷石住居に付属する構造物であった根拠にはならないはずである。前述したように「周礫」をもつ事例のすべてが廃屋儀礼の結果とは断定できない[3]にせよ、廃屋儀礼の質が中期末・後期初頭期と異なったものへと変化したものと思われる。
　いずれにせよ、環礫方形配石を構造物とする立場に立つなら、事例の少なさを念頭に入れて、そうした施設を敷設した目的が何であったのか説得力ある説明が必要となろう。
　一方、最近事例が増加しつつある、「周堤礫」[4]については、環礫方形配石と火入れ行為後に行われた配石行為として解釈してみた。その論拠は、石井・秋田両は否定するが、神奈川県津久井町青根馬渡遺跡群№4遺跡J1号住における現地見学のさいの所見と、その後の調査結果に大きく拠っている。また、他の事例の検討でも触れたように、周堤礫が検出された柄鏡形敷石住居址例をみると、当初の確認段階では、周堤礫とともに上面配石とでもいうべき配石の広がりが認められる事例があることや、周堤礫とは別に張出部から派生するように列状の配石がみられるなど特殊なありかたがうかがえたことによる。周堤礫に限らず、柄鏡形敷石住居址を調査する場合、

しばしばその上面を覆うように礫石が認められる例が多い。例えば、安藤文一が調査した神奈川県南足柄市塚田遺跡SI-13号住(『記録集』24頁・第17図)例などもその代表的な事例といえよう。ために、柄鏡形敷石住居址が検出される初期の段階では、配石遺構とみなして、後に下面の調査の結果、柄鏡形敷石住居址として認識される場合が多い。そうした事例なども、廃屋儀礼とは断定できないものの、柄鏡形敷石住居の廃絶過程を探る上で重要な事実といえよう。

　周堤礫を構造物とみなす場合、環礫方形配石と同様に、どのような目的をもって構築したのか明快な解釈が要求されよう。

　このように、「環礫方形配石」と「周堤礫」は密接な関係をもって、堀之内式期から加曽利B式期にかけて、柄鏡形敷石住居の廃絶に伴い、特殊な儀礼行為として敷設された可能性が考えられる。その広がりが南西関東の山地寄りから中部山地・伊豆半島域に今のところ限られることや、配石遺構や配石墓がともに検出される事例が多いことから考えると、関東・中部山地における配石構築物の発達とともに、こうした廃屋儀礼が行われたものと思われる。しかもしばしば焼獣骨片がこうした遺構から検出されていることを考えると、旧稿(山本 1985b)でも指摘したように、なんらかの動物供儀にかかわる祭祀行為であった可能性が強い。

　周知のように、後期とくに、後期中葉から晩期前半にかけて大規模な石造構築物が、東日本の内陸地帯に活発に構築されるようになるが、そうした大規模な祭祀・葬墓制と密接な関わりをもって、こうした特殊な廃屋儀礼が行われたものと思われる。「環礫方形配石」と「周堤礫」を有する住居址の検討を通じて、縄文時代人の精神活動をその背後に読みとる必要があるのではないだろうか。

註

（１）　筆者は総称として、「柄鏡形(敷石)住居址」と呼んでいるが、環礫方形配石及び周堤礫を有する柄鏡形(敷石)住居址は敷石を有していることから、以下、個別の事例について触れるさいは「柄鏡形敷石住居址」と記す。

（２）　なお、この本例について、雑誌縄文時代第8号の学界動向「遺構論」において、岡本孝之が「住居内部に本来的施設として取り込まれていた発掘例が神奈川県津久井町青根馬渡遺跡で発見され、周堤礫の評価に問題を投げかけた。周堤礫を住居の廃棄と関連する考えは成立しなくなるし、構造物と考える立場においても再検討を必要としている」とコメントしている(岡本 1998)が、当日の発表と討論から、どうしてこのような見解が導きだされるのか筆者には理解しがたい。

（３）　「周礫」として一括して取り扱われる事例も、検討してみると、壁柱穴に沿った縁石とみなせる事例もあり、すべてを同一視ことはできない。ここで「環礫方形配石」と関連づけて問題となるのは、壁柱穴を覆うように小礫がめぐる事例である。

（４）　「周堤礫」という言い方は、はじめに触れたように、石井　寛の呼称によっている(石井 1994)。しかし、「周堤礫」という場合、文字どおり、周堤状に礫を積み上げた構造物を意味することに

なり、筆者のように、構造物とする考えを否定して、廃屋儀礼に伴う配石行為とする立場からすると、その呼称法はそぐわない。この点については、先の「パネルディスカッション」においても、触れておいた(『記録集』72頁)が、「周堤配石」とするか、「周堤状配石」あるいは「礫堤」とでも呼ぶべきかと考えている。ただし、本稿では、「周堤礫」という呼称が一般化しつつある現在、混乱を避けるため石井の呼称に従っている。

追　記

　本節では初出論文(山本 1998)発表後に管見に触れた事例を加えて一覧表を作成し、事例数の補訂を行っている。なお、初出論文の末尾において追補した事例のうち、静岡県富士吉田市池之元遺跡としたものは、山梨県の誤りであるので訂正しておく。また、新潟県アチヤ平遺跡上段遺跡(156号住)は、現地で資料の検討の結果、張出部と考えていた部分に炉址があり、重複の住居の可能性も考えられるので、典型的な周堤礫をもつ住居址とは断定できなことから、ここでは一覧表から削除している。

　追補した事例の中で、環礫方形配石遺構と周堤礫の関係を知るうえで、注目される事例が山梨県大月市塩瀬下原遺跡から検出された。筆者も調査時に現地見学を行っている。詳細が報告されたので、第112図にその図面を掲載した(笠原他 2001)。なお、別に末木　健がこの住居址の復元的考察を行っている(末木 2000)。

　この事例で注目されるのは、奥壁部の上面に重なるように石積みされていることである。末木は当初から壁外に構築された周堤礫が、住居廃絶後崩壊して奥壁部にずれこんだ可能性を考えているが、環礫方形配石との関係や崩落したとするには丁寧な石積みがされていることから、筆

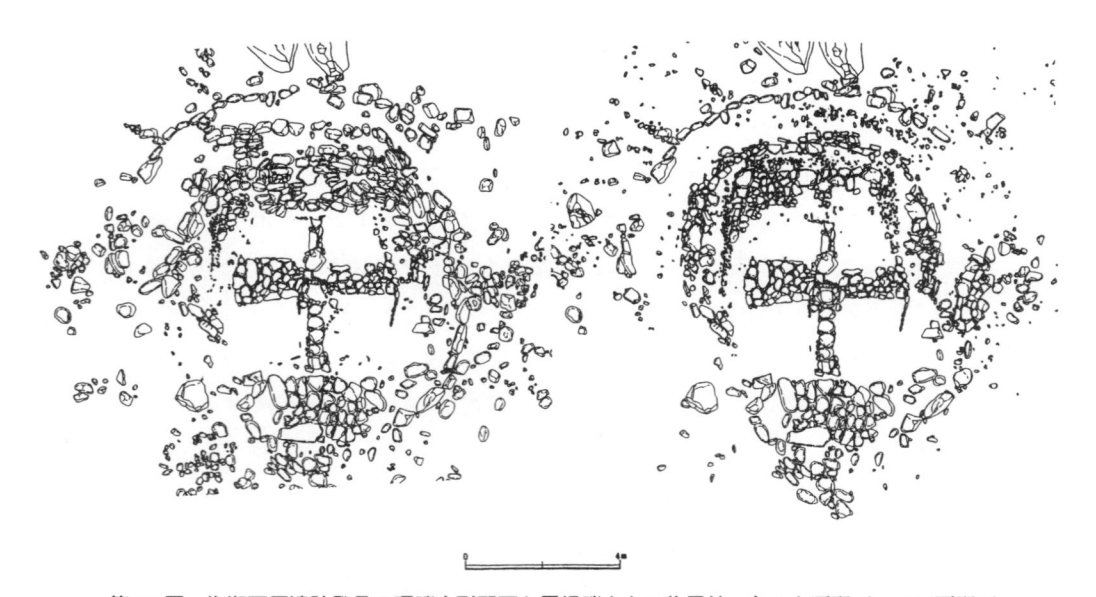

第112図　塩瀬下原遺跡発見の環礫方形配石と周堤礫をもつ住居址　左：上面配石, ：下面配石

者は青根馬渡遺跡群No.4遺跡J1号住と同様に廃屋儀礼に伴う配石行為と考えられる好例と判断している。また、周堤礫との関係では、神奈川県小田原市御組長屋遺跡第Ⅱ地点で検出された、張出部から延びる石垣状の配石の存在も、第2章第4節で触れたように、長野県小諸市三田原遺跡群や岩下遺跡例との関連で注目されよう。堀之内式期後半から加曽利B式期にかけてこうした事例が急増することが、なんらかの儀礼的行為の発達を示していると考えられるのである。

　環礫方形配石遺構については、2000年夏にかながわ考古学財団が調査し、報告された神奈川県綾瀬市上土棚南遺跡1号住例も、明瞭に被熱を受けた環礫方形配石が柱穴上を覆っており、廃絶過程を知るうえで重要な事例である。焼土中の焼獣骨片の分析結果によると、イノシシ、シカのほかに人骨の可能性が考えられる骨片が出土しており注目される。環礫方形配石遺構に伴い出土する焼獣骨片の分析は今後とも、廃絶過程・儀礼行為の内容を知るうえで重要と考えられるので資料の蓄積が望まれる。なお、上土棚南遺跡の報告では、環礫方形配石遺構の資料集成と分析（井関 2000）がなされており参考となろう。

第4章　敷石住居址の歴史的意義

これまで、各章・各節において多面的な角度から柄鏡形(敷石)住居址について分析を試みてみた。柄鏡形(敷石)住居は、中期後葉段階の南西関東から中部山地域において、住居内のとくに奥壁部を中心とした位置に、石柱・石壇施設を設けたことに源を発し、中期終末段階に至って典型的な構造が完成される。その後、地域差をもちながら変遷を遂げ、後期中葉段階以降に、概ねその長き伝統は終焉を迎えるのである。柄鏡形(敷石)住居は、縄文時代文化のとくに東日本地域を彩る特徴的な住居構造であったことが明らかであろう。

　筆者が2001年3月末日段階で集成することのできた最新のデータによれば、中期後葉段階の「石柱・石壇をもつ住居址」発見遺跡は74遺跡、柄鏡形(敷石)住居址が完成を遂げた中期終末期以降の発見遺跡を各都県別にみると、神奈川県199遺跡、東京都177遺跡、埼玉県116遺跡、千葉県56遺跡、群馬県158遺跡、栃木県16遺跡、茨城県11遺跡、福島県42遺跡、宮城県6遺跡、山形県2遺跡、岩手県14遺跡、秋田県5遺跡、青森県13遺跡、新潟県16遺跡、富山県2遺跡、長野県113遺跡、山梨県60遺跡、静岡県21遺跡、愛知県1遺跡、岐阜県1遺跡、福井県1遺跡、三重県1遺跡の総数1031遺跡という多数の発見遺跡をあげることができる。細かな時期別にみたありかたについては、第2章各節でみたとおりであるが、南西関東から北関東・中部山地域に分布の中心をもち、広く東日本域に広がりを示しているのである。

　この事実は、柄鏡形(敷石)住居址を特異な構造物・施設としてとらえ、住居ではないとする、その発見当初から続く性格論議が、もはや意味のない不毛なものといわざるをえないことを良く示しているものといえよう。正しくは、筆者がかつてその出現期の様相を跡づけたさいに指摘したように、当時にあって、一般的な住居構造として認識したうえで、こうした特異な構造が生み出された時代背景とその歴史的意味を読みとらなければならないのである(山本 1976a)。

　では、なぜこのような特異な構造をもつ住居が出現するに至ったのであろうか。その問いに答えるためには、柄鏡形(敷石)住居が出現する以前の段階における集落の様相を明らかにさせる必要がある。柄鏡形(敷石)住居が多数構築された、東日本のとくに、関東・中部域は、縄文時代中期にその文化がもっとも栄えた地域としてよく知られている。各地に大規模な環状集落が多数形成され、こうした拠点的な集落を中心として、定住的な生活が営まれていた。その背景には安定的な食料生産とその確保があったものと思われる。一部に植物質食糧の栽培化は考えられるにせよ、その生活基盤が獲得経済段階に依拠せざるをえなかった縄文時代にあって、定住生活を保証する安定的な自然環境がこの地域を中心に存在していたことは容易に想像されるのである。しかし、その安定さは同時に獲得経済段階なるがゆえに、絶えず危うさを内包していたものと思われる。この地域の多くの大規模な環状集落は、中期終末段階に至ってその長き継続を絶つに至るが、まさにそうした、中期的集落の崩壊の最終段階に、この柄鏡形(敷石)住居が出現したことの意味を問うことがきわめて重要となってくるのである。

　関東・中部域における中期集落の多くは、中期中葉・勝坂式期に形成が始まる。それ以前の前期終末・中期初頭期は、前期中葉の集落形成と比較すると、一時的衰退期であり、住居址の発見

事例も少ない。そうした衰退期を乗り越えて、この時期大規模な拠点的集落の形成が始まる。しかも、その形成はきわめて継続的であり、続く中期後葉・加曽利E式期へと引き継がれる。集落の多くは、中央広場を中心として、求心的な構造を示し、勝坂式期から加曽利E式期になるにしたがって、より内側に向かって住居群が形成される特徴をもつが、住居址数からいうと、勝坂式期よりも加曽利E式期にピークが認められる。しかし、この求心的な構造も柄鏡形（敷石）住居の登場した中期終末段階には崩壊を迎えるのである。

　勝坂式期と加曽利E式期を比較するといくつかの変化が指摘できる。まず土器をみると、勝坂式土器はきわめて豪壮かつデコラティブな土器であり、縄文土器の代表させる抽象文が発達した土器であるのに対して、加曽利E式土器は、きわめて単純な文様をもち、型式のバリエーションも少ない特徴をもつ。しかも、加曽利E式土器は時代が新しくなるにつれ、より単純化、衰退化がいちじるしい。この土器に現れた変化は文化的な退嬰化を端的に示しているものといえよう。すなわち、集落規模の拡大化と裏腹な関係において、その文化は衰退の方向へ向かっていったものと考えられるのである。

　加曽利E式期の個別の住居に現れた施設や現象の変化も注目される。埋甕は、加曽利E式期に現れた特徴的な施設である。住居の出入口部に埋設されたこの特異な施設は、これまで、幼児埋葬、胎盤収納施設あるいは建築儀礼のため埋設されたものという解釈がなされ、内容物の出土という決め手を欠いているため、その用途論は決着をみたとはいえないが、筆者は幼児埋葬説に立って、甕棺葬との関わりにおいて、その時空変化を考察したことがある（山本 1977）。勝坂式期には事例がきわめて少なく、加曽利E式期に埋設が一般化し、柄鏡形（敷石）住居の張出部生成に深く関わりながら、中期末から後期初頭期まで張出部を中心とした部位に埋設され続けたことは、第3章第2節でみたとおりである。

　また、この時期、住居内埋葬として注目されるのが廃屋墓である。この特異な葬法は埋葬人骨の遺存という条件に規定されて、東京湾東岸域を中心とする貝塚形成地帯に多く認められ、中期後葉期に事例が多い傾向が指摘できる（山本 1985a）。内陸地帯でのありかたについては、住居址の床面上に倒置されて検出される深鉢形土器の存在に着目して、住居内甕被葬の可能性を指摘したことがある（山本 1976b）が、そうした解釈が妥当性あるものかは別として、住居内にそうした現象が、この時期出現することに注意を払う必要がある。ただ、中期後葉段階の多くの集落では、中央広場に土坑墓群からなる墓域が形成されており、廃屋墓葬が中期後葉段階の普遍的な葬法であったとすることはできない（山本 1991c）。これと関連して個別住居との関わりの強さを示す現象として、いわゆる「吹上パターン」がある。住居址内の覆土中に完形ないし完形に近い土器が多量に出土する現象を指して、小林達雄が提唱したものである（小林 1974）が、この現象をめぐっては、筆者も、忌避家屋の可能性について指摘したことがある（山本 1978）。この現象は勝坂式期から加曽利E式期にかけての住居址に多くみられる現象であるが、解釈は別として、別に触れたように住居に対するなんらかの儀礼的な行為が想定されるものと思われる（山本 1993b）。

石棒もまた、この時期住居内にしばしば検出されるようになる。時空的に石棒の出土のありかたを分析した結果(山本 1979)によれば、勝坂式期には住居内に出土する事例は少ないのに対して、加曽利E式期には事例が急増し、この傾向は埋甕の埋設同様で、第3章第1節で触れたように柄鏡形(敷石)住居址から出土する事例が多数にのぼるのである。

　こうした中期後葉段階に現れた個別の住居における諸現象の中に、住居内奥壁部を中心とした位置に敷設された「石柱・石壇」もあるのであり、その延長上に柄鏡形(敷石)住居が生成するものと理解できる。

　一方、住居内に現れた諸現象とは別に、中期後葉段階に入ると、内陸地帯の各地に配石施設の構築が活発化し始める(山本 1981a)。柄鏡形(敷石)住居の生成と軌を一にして、集落内の一角に祭祀場と思われる配石構築物が造られ始めるのである。この配石施設は後期以降大規模な発達を遂げ、祭祀と墓地が一体化した姿として東日本全域を覆うようになるのである。

　このように、中期後葉段階に現れた変化は、中期集落が崩壊していく過程に起きた現象と考えられる。集落規模の拡大化は必然的にそれを支えるに足る食糧生産の安定的確保を困難にさせ、おそらくは、中期から後期へと移る過程での環境の変化、気候の冷涼化や火山活動の活発化(山本 1981b)とあいまって急激な集落の衰退化をもたらしたものと思える。そうした自然環境に現れた対外的変化とは別に、個別の住居に現れた現象から想像するに、対内的にも、それまで集団を維持してきた強固な紐帯が崩れていくさまを読みとることが可能ではないだろうか。対外・対内的にも行き詰まりをみせた中期集落の最終局面に、柄鏡形(敷石)住居が登場することの歴史的意味は大きいものと思われる。特異な構造のもつ意味はいまだ十分に解明されたとはいえないが、住居内に敷石するという行為は単に機能面からのみ解釈すべきではないだろう。

　中期末を境として、後期以降、縄文社会は大きな変貌を遂げていく。第二の道具と称される各種呪術用具の発達や大規模な配石構築物や墓地の形成をみると、中期的な社会から脱した新たな世界が現出したものと理解できる。これまでみてきたように、後期以降の柄鏡形(敷石)住居に現れた祭祀的色彩の強さは、実はこうした縄文社会のドラスティックな変化を浮き彫りとさせたものといえるだろう。しかし、こうした縄文人たちがみずからの英知をかけてその社会を維持し続けようとした努力も、最終的には水泡と帰し、その果てに弥生時代社会が到来するのである。

　このように、柄鏡形(敷石)住居は、縄文時代史にあって、時代の結節点としての歴史的意義をもっていたものと評価されるように思う。

　以上、長々と敷石住居、筆者の総称する「柄鏡形(敷石)住居址」をめぐる研究をまとめてみた。もとより、多くの異論はあるかもしれないが、考古学は、発見された遺構・遺物の厳密な分析と検討をへたうえで解釈する学問であると思っている。蓄積されたデータにもとづき次々と新たな解釈が生まれ、それが学史として生き続けていくと思う。本書がそうした質を保ち得たかどうかは、はなはだ心許ないが、ひとまず筆を置くこととしたい。

引用・参考文献

相沢貞順　1988「縄文時代」『群馬県史　資料編1』（原始古代1）　群馬県史編纂委員会
青木美代子　1982「縄文中期土器群の再編　ⅩⅢ期」『研究紀要　1982』　財団法人埼玉県埋蔵文化財調査事業団
赤城高志　1992「縄文時代柄鏡形敷石住居の微視的分析」『人間・遺跡・遺物―わが考古学論集2―』　発掘者談話会
赤星直忠　1938「神奈川県伊勢原町八幡台石器時代住居阯」『考古学』第9巻3号
赤山容造　1980『三原田遺跡（住居編）』　群馬県企業局
秋田かな子　1991「柄鏡形住居研究の視点」『東海大学校地内遺跡調査団報告』2　東海大学校地内遺跡調査委員会・東海大学校地内遺跡調査団
秋田かな子　1995「柄鏡形住居の一構造―張出部をめぐる空間処遇の理解―」『帝京大学山梨文化財研究所研究報告』第6集
秋田かな子　1999「石のある風景」『入門講座　縄文ムラの風景』　神奈川県考古学会
秋元信夫　1997「大湯環状列石」『日本考古学協会1997年度大会発表要旨』
浅川利一　1967「高ヶ坂石器時代遺跡・復旧報告」『多摩考古』第8号
浅川利一他　1970「町田市高ヶ坂八幡平遺跡調査報告」『多摩考古』第10号
麻生　優　1965「住居と集落」『日本の考古学』Ⅱ（縄文時代）　河出書房
阿部昭典　1998「縄文時代の卵形住居跡―信濃川上流域を中心として―」『新潟考古学談話会報』第19号
阿部昭典　2000「縄文時代中期末葉～後期前葉の変動―複式炉を有する住居の消失と柄鏡形敷石住居の波及―」『物質文化』69
阿部昭典　2001「縄文時代中期末葉の集落構造の変容」『新潟考古』第12号
阿部伸一郎　1995「後・晩期社会と集団―住居の分析を中心に―」『なわ』第33号
阿部芳郎　2001「縄文時代後晩期における大形竪穴建物址の機能と遺跡群」『貝塚博物館紀要』第28号
新屋雅明他　1988『赤城遺跡　川里工業団地関係埋蔵文化財発掘調査報告』（『埼玉県埋蔵文化財調査事業団報告書』第74集）　財団法人埼玉県埋蔵文化財調査事業団
池田政志　2000「三ツ子沢中遺跡の敷石住居―群馬県内検出の敷石住居の集成を通して―」『三ツ子沢中遺跡』（『北陸新幹線地域埋蔵文化財発掘調査報告書』第12集・『財団法人群馬県埋蔵文化財調査事業団調査報告書』第260集）　群馬県教育委員会・財団法人群馬県埋蔵文化財調査事業団・日本鉄道建設公団
池谷信之　1988「東北地方における縄文時代中期末葉土器の変遷と後期土器の成立」『沼津博物館紀要』12　沼津市歴史民俗資料館・沼津市明治史料館
石井　寛　1992「称名寺式土器の分類と変遷」『調査研究集録』第9冊　横浜市ふるさと歴史財団
石井　寛　1994「縄文後期集落の構成に関する一試論―関東地方西部域を中心に―」『縄文時代』第5号
石井　寛　1996「縄文時代中期終末期以降の集落と住居址―横浜市港北ニュータウン地域を例に―」『パネルディスカッション「敷石住居の謎に迫る」』資料集　神奈川県立埋蔵文化財センター・財団法人かながわ考古学財団
石井　寛　1998「柄鏡形住居址・敷石住居址の成立と展開に関する一考察」『縄文時代』第8号
石川治夫他　1982『子ノ神・大谷津・山崎Ⅱ・丸尾Ⅱ』（『沼津市文化財調査報告書』第17集）　沼津市教育委員会
石坂　茂　1985「柄鏡形住居址について」『荒砥二之堰遺跡―昭和55年度県営圃場整備事業荒砥南部地区に係る埋蔵文化財発掘調査報告書―』　群馬県埋蔵文化財調査事業団
石坂　茂　2002「縄文時代中期末葉の環状集落の崩壊と環状列石の出現―各時期における拠点的集落形成を視点とした地域的分析―」『研究紀要』第20号　財団法人群馬県埋蔵文化財調査事業団
石塚和則他　1986『将監塚―縄文時代―』（『埼玉県埋蔵文化財調査事業団報告書』第63集）　財団法人埼玉県埋蔵文化財調査事業団
石野　瑛　1934a「相模国八幡台石器時代住居阯調査報告」『史前学雑誌』第6巻1号
石野　瑛　1934b「神奈川県下に於ける石器時代住居阯」『神奈川県史跡名勝天然紀念物調査報告書』第2輯　神奈川県

石野　瑛　　　1935a「東秦野村寺山金目台石器時代住居阯」『考古集録』第3集
石野　瑛　　　1935b「伊勢原町八幡台石器時代住居阯群調査記」『考古集録』第3集
石野博信　　　1975「考古学から見た古代日本の住居」『家』(『日本古代文化の探求』)　社会思想社
石野博信　　　1990『日本原始・古代住居の研究』吉川弘文館
井関文明　　　2001「環礫方形配石について」『上土棚南遺跡　第4次調査　蓼川改修事業に伴う発掘調査』(『かながわ考古学財団調査報告』109)　財団法人かながわ考古学財団
井　憲治　　　1996「真野川上流域における縄文中期末葉の集落構成」『論集しのぶ考古　目黒吉明先生頌寿記念』論集しのぶ考古刊行会
猪越公子　　　1973「縄文時代の住居址内埋甕について」『下総考古学』5
今村啓爾　　　1977「称名寺式土器の研究」『考古学雑誌』第63巻1号・2号
岩井尚子　　　1998「敷石住居址の石材敷設状況からみた集団と集団構成」『駿台史学』第103号
岩崎長思　　　1932「戌立先住民族住居阯」『長野県史蹟名勝天然記念物調査報告』第13輯　長野県
上田三平　　　1933「石器時代の住居址に就て」『建築雑誌』第47輯・566号
上野佳也　　　1973「敷石遺構についての一考察」『古代文化』第25巻4号
上野佳也　　　1983a『縄文人のこころ』日本書籍
上野佳也　　　1983b「総括」『軽井沢町茂沢南石堂遺跡総集編』軽井沢町教育委員会
上野佳也　　　1985a「縄文時代敷石住居についての一研究」『三上次男博士喜寿記念論文集　考古編』平凡社
上野佳也　　　1985b『日本先史時代の精神文化』学生社
上野佳也　　　1988「敷石遺構の性格」『論争・学説日本の考古学』2(先土器・縄文時代Ⅱ)　雄山閣
魚沼先史文化研究会　1998「原遺跡の研究」『新潟考古』第9号
江坂輝弥　　　1971「縄文時代の配石遺構について」『北奥古代文化』第3号
江坂輝弥　　　1973「配石遺構と敷石遺構」『古代史発掘』2(縄文土器と貝塚)　講談社
江坂輝弥　　　1985「配石遺構とは」『考古学ジャーナル』No254
海老原郁雄　　1997「接圏の敷石住居」『奈和』第35号
海老原郁雄　　1998「南限の複式炉」『しのぶ考古』11
海老原郁雄　　1999「接圏の縄文中・後期文化」『企画展　よみがえる縄文人』ミュージア氏家
大沢　哲他　　1979『長野県東筑摩郡明科町こや城遺跡発掘調査報告書』
大場磐雄　　　1933「新たに発見した石器時代敷石住居阯」『上代文化』第10号
大場磐雄　　　1936「自由学園内の石器時代敷石住宅阯」『史前学雑誌』第8巻4号
岡本　勇　　　1963「横須賀市吉井城山第一貝塚の土器(二)」『横須賀市博物館研究報告(人文科学)』第7号　横須賀市博物館
岡本　勇　　　1979「縄文時代」『神奈川県史資料編』20(考古資料)
岡本孝之　　　1984「縄文人の死産児」『異貌』第11号
岡本孝之　　　1997「1996年の学界動向　遺構論」『縄文時代』第8号
小川和博　　　1979「千葉県における縄文中期末の居住形態(予察)」『なわ』第17号
小川和博　　　1980「千葉県における縄文中期末の居住形態」『大野政治先生古稀記念房総史論集』
荻野仲三郎・古谷　清　1935「神奈川県川尻石器時代遺蹟」『史蹟調査報告書』第7輯
小倉和重　　　1998「斜位土器埋設炉に付いての一考察」『奈和』第36号
押山雄三　　　1990「福島県の複式炉」『郡山市文化財研究紀要』5
柿沼幹夫他　　1977『前畠・鳥之上・出口・芝山』(『上越新幹線埋蔵文化財発掘調査報告』Ⅰ・『埼玉県遺跡発掘調査報告書』第12集)　埼玉県教育委員会
笠原みゆき　　1996「県内における敷石住居跡の分布について」(『中谷遺跡　山梨リニア実験線建設に伴う発掘調査報告書』・『山梨県埋蔵文化財センター調査報告書』第116集)　山梨県教育委員会・日本鉄道建設公団
笠原みゆき　　1999a「大月遺跡の敷石住居跡について」『研究紀要』15　山梨県立考古博物館・山梨県埋蔵文化財

センター
笠原みゆき　1999b「山梨県東部地域の敷石住居の様相」『山梨考古学論集』Ⅳ(『山梨県考古学協会20周年記念論文集』)　山梨県考古学協会
笠原みゆき　2001「敷石住居」『山梨県考古学協会会誌』第12号
金井安子　1984「縄文時代の周礫を有する住居址について」『青山考古通信』第4号
門倉久人　1962「敷石遺跡の分布について」『立正考古』第20号
神奈川考古同人会編　1980・81「シンポジウム『縄文時代中期後半の諸問題』―とくに加曽利Ｅ式と曽利式土器との関係について―」『神奈川考古』第10号・11号
神奈川県立埋蔵文化財センター・財団法人かながわ考古学財団　1996『パネルディスカッション　敷石住居の謎に迫る資料集』
神奈川県立埋蔵文化財センター・財団法人かながわ考古学財団　1997『パネルディスカッション　敷石住居の謎に迫る記録集』
可児通宏　1971「多摩ニュータウンNo.57遺跡の調査」『文化財の保護』第3号
可児通宏　1986「敷石住居を復原する」『東京の遺跡』No.13
金子浩昌他　1965「長野県埴科郡戸倉町幅田遺跡調査報告　その2」『長野県考古学会誌』第2号
金子義樹　1984「縄文時代における埋甕についての一試論―事例分析を中心に―」『神奈川考古』第19号
加納　実　2000「集合的居住の崩壊と再編成」『先史考古学論集』第9集
加納　実　2001「柄鏡形住居跡分析の一視点―縄文時代後期前半集落の解明にむけて―」『土曜考古』第25号
加納　実　2002「非居住域への分散居住が示す社会―中期終末の下総台地―」『縄文社会論(上)』　安斎正人編　同成社
神村　透　1973「南信地方の埋甕について―その学史と事例―」『長野県考古学会誌』第15号
神村　透　1975「縄文中期後半の室内祭祀遺跡(長野県瑠璃寺前遺跡)」『どるめん』第6号
神村　透　1993a「下伊那型石柱(?)・石壇　1」『伊那』第41巻6号(通巻第781号)
神村　透　1993b「下伊那型石柱(?)・石壇　2」『伊那』第41巻8号(通巻第783号)
神村　透　1993c「下伊那型石柱(?)・石壇　3」『伊那』第41巻9号(通巻第784号)
神村　透　1993d「下伊那型石柱(?)・石壇　4」『伊那』第41巻11号(通巻第786号)
神村　透　1995「炉縁石棒樹立住居について」『王朝の考古学』(『大川清博士古稀記念論文集』)　雄山閣出版
川崎義雄他　1980『調布市下布田遺跡』　調布市教育委員会
川名広文　1984「下総台地とその周辺における柄鏡形住居址について」『千葉県松戸市一の谷西貝塚発掘調査報告書』　一の谷遺跡調査会
川名宏文　1985「柄鏡形住居址の埋甕にみる象徴性」『土曜考古』第10号
関西縄文文化研究会編　1999『第1回関西縄文文化研究会　関西の縄文住居　発表要旨・資料集』
菊池　実他　1990「田篠中原遺跡―縄文時代中期末の環状列石・配石遺構群の調査―」『財団法人群馬県埋蔵文化財調査　事業団調査報告書』第112集(『関越自動車道(上越線)地域埋蔵文化財発掘調査報告書』第5集)
菊池　実　1991「鏑川流域における敷石住居址住居跡の様相」『白石大御堂遺跡―園池を伴う中世寺院址の調査―』(『財団法人群馬県埋蔵文化財調査事業団調査報告』第122集・『関越自動車道(上越線)地域埋蔵文化財発掘調査報告書』第8集)
菊池　実　1995「脂肪酸分析と考古学的成果」『考古学ジャーナル』No.386
木下　忠　1981『埋甕　古代の出産習俗』(『考古学選書』18)　雄山閣
岐阜県宮川村・同教育委員会編　1995『飛騨みやがわシンポジウム　石棒の謎をさぐる』資料集
桐原　健　1964「南信八ヶ岳山麓における縄文中期の集落構造」『古代学研究』第38号
桐原　健　1969「縄文中期にみられる室内祭祀の一姿相」『古代文化』第21巻3・4号
桐原　健　1971「和田遺跡東地区に見られる縄文中期集落の問題点」『長野県考古学会誌』第11号
桐原　健　1977「中期縄文土器の性格とその構成」『信濃』第29巻4号

桐原　健　1988『縄文のムラと習俗』(『雄山閣考古学選書』30)　雄山閣
日下部善巳他　1978「夏窪遺跡」(『梁川町文化財調査報告書』第4集)　梁川町教育委員会
櫛原功一　1989「縄文時代の住居形態と集落—甲府盆地を中心にして—」『山梨考古学論集』II(『山梨考古学協会10周年記念論文集』)
櫛原功一　1995「柄鏡形住居の柱穴配置」『帝京大学山梨文化財研究所研究報告』第6集
櫛原功一　1999「敷石住居にみられる居住空間」『帝京大学山梨文化財研究所所報』第37号
櫛原功一　2000「敷石住居の居住空間」『山梨県考古学協会誌』第11号
郷田良一　1982「いわゆる『柄鏡形住居址』について」『千葉県文化財センター研究紀要』第7号
小薬一夫他　1989「住居跡から住居へ—縄文時代の竪穴住居における研究史的素描として—」『東国史論』第4号
小島俊彰　1976「加越能飛における縄文中期の石棒」『金沢美術工芸大学学報』第20号
小島俊彰　1986「鍔をもつ縄文中期の大型石棒」『大境』第10号
小杉　康　1986「配石遺構に関する問題—縄文時代における配石伝統の分析のためのメモワール—」『利島村大石山遺跡—範囲確認調査報告書IV—』　利島村教育委員会・利島村大石山遺跡調査団
後藤和民　1986「縄文人の習俗と信仰」『日本の古代』第4巻(縄文・弥生の生活)　中央公論社
後藤和民　1988「縄文時代集落考(VIII)」『貝塚博物館紀要』第15号　千葉市立加曽利貝塚博物館
後藤守一　1926「高ヶ坂発見石器時代聚落遺趾」『東京府史蹟名勝天然記念物調査報告書』第4冊　東京府
後藤守一　1927「南多摩郡南村高ヶ坂に於ける石器時代聚落遺蹟」『東京府史蹟名勝天然記念物調査報告』第5冊　東京府
後藤守一　1933a「府下に於ける石器時代住居址発掘調査　船田向石器時代住居遺蹟」『東京府史蹟保存物調査報告』第10冊　東京府
後藤守一　1933b「府下に於ける石器時代住居址発掘調査　附峯開戸の住居遺址」『東京府史蹟保存物調査報告』第10冊　東京府
後藤守一　1933c「府下に於ける石器時代住居址発掘調査　西秋留石器時代住居遺蹟」『東京府史蹟保存物調査報告』第10冊　東京府
後藤守一　1937「武蔵国羽ヶ田の敷石住居遺蹟」『考古学雑誌』第27巻7号
後藤守一　1938a「東京府下に於ける石器時代住居址　第二」『東京府史蹟名勝天然記念物調査報告書』第14冊　東京府
後藤守一　1938b「東京府下に於ける石器時代住居址　第二　羽ヶ田遺蹟」『東京府史蹟名勝天然記念物調査報告書』第14冊　東京府
後藤守一　1940「上古時代の住居(中)　B.敷石住居址」『人類学・先史学講座』第16巻　雄山閣
小林公明　1981「後期縄文文化における沿北太平洋的要素とメソアメリカ要素」『どるめん』29
小林謙一　1993「縄文遺跡における廃棄行為復元の試み—住居覆土中一括遺存遺物及び炉体土器の接合関係—」『異貌』第13号
小林謙一　1994「竪穴住居廃絶時の姿—ＳＦＣ遺跡・大橋遺跡の縄文中期の事例から—」『日本考古学協会第60回総会研究発表要旨』
小林謙一　1995「住居跡のライフサイクルと一時的集落景観の復元」『シンポジウム　縄文中期集落研究の新地平』資料集　縄文中期集落研究グループ・宇津木台地区考古学研究会
小林謙一　1996a「竪穴住居跡のライフサイクルからみた住居廃絶時の状況—南関東の縄文中期集落での遺物出土状態を中心に—」『「すまいの考古学」—住居の廃絶をめぐって—』資料集　山梨県考古学協会
小林謙一　1996b「竪穴住居跡のライフサイクルの理解のために」『異貌』第15号
小林謙一　1997「竪穴住居跡調査における一視点—集落論の前に住居調査論を—」『山梨県考古学協会誌』第9号
小林達雄　1974「縄文世界における土器の廃棄について」『国学』第93号
小林達雄　1988「縄文時代の居住空間」『国学院大学大学院紀要文学研究科』第19輯
小林康男　1983「こや城遺跡」『長野県史　考古資料編』全一巻(3)　主要遺跡(中信)
小宮恒雄　1990「住まいの入口」『季刊考古学』第32号

小宮山　隆　1995「八ヶ岳山麓とその周辺地域の縄文時代後期前半集落の形成と変遷について」『帝京大学山梨文化財研究所研究報告』第6集
近藤英夫他　1984『帷子峯遺跡―横浜新道三ツ沢ジャンクション建設予定地内遺跡発掘調査報告書―』　横浜新道三ツ沢ジャンクション遺跡調査会
坂上克弘・石井　寛　1976「縄文時代後期の長方形柱穴列」『調査研究集録』第1冊　港北ニュータウン埋蔵文化財調査団
櫻井清彦　1967「縄文中期の集落跡―横浜市洋光台猿田遺跡―」『考古学ジャーナル』No.7
櫻井清彦　1972「神奈川県横浜市猿田遺跡」『日本考古学年報』20
迫　和幸　1997「石棒片敷設の敷石住居址」『考古論叢神奈河』第6集
佐々木藤雄　1981「縄文時代の通婚圏」『信濃』第33巻9号
佐々木藤雄　1982「集落を通して縄文時代の社会性を探る」『考古学ジャーナル』No.203
笹森健一　1977「縄文時代住居址の一考察―張り出し付き住居址・敷石住居址について―」『情報』第2号・3号
笹森健一　1990「住まいのかたち―上屋復元の試み―」『季刊考古学』第32号
佐藤　攻　1970「縄文時代中期集落についての問題点」『信濃』第22巻4号
佐藤　啓　1998「集落研究における複数住居跡群の検討～『特性』と『居住回数』を用いて～」『しのぶ考古』11
佐藤　洋　1976「縄文時代の埋甕習俗」『物質文化』27
佐藤雅一　1997「堂平遺跡第1号住居跡について」『新潟考古』第8号
沢田伊一郎　1995「縄文文化　呪術世界の系譜（2）―柄鏡形住居の起源とその観念―」『考古学フォーラム』7
柴田常恵　1926「高ヶ坂の石器時代住居址」『史蹟名勝天然記念物』第1集10号
柴田常恵　1927a「新に発見したる多摩陵附近石器時代住居阯」『史蹟名勝天然記念物』第2集6号
柴田常恵　1927b「石器時代の住居阯　石器時代住居阯概論」『考古学研究録』第1輯　雄山閣
島田恵子他　1995『穴沢遺跡　県内最古の石棒出現期縄文中期初頭集落址の調査』（『小海町埋蔵文化財調査報告書』第6集）　長野県南佐久郡小海町教育委員会
縄文中期集落研究グループ・宇津木台地区考古学研究会　1995『シンポジウム　縄文中期集落研究の新地平』資料集
新谷正孝　1992「第7・10・38号住居址に見られる祭壇状施設について」『松本市大村塚田遺跡―緊急発掘調査報告書―』（『松本市文化財調査報告』No.96）　松本市教育委員会
末木　健　2000「縄文時代の石積みについて（予察）―山梨県塩瀬下原遺跡の敷石住居復元―」『山梨県考古学協会誌』第11号
菅谷通保　1985「竪穴住居の型式学的研究―縄文時代後・晩期の諸問題―」『なわ』第23号
菅谷通保　1995「竪穴住居から見た縄紋時代後・晩期―房総半島北部（北総地域）を中心とした変化について―」『帝京大学山梨文化財研究所研究報告』第6集
鈴鹿良一　1986「複式炉と敷石住居」『福島の研究』1（地質考古篇）　清文堂
鈴鹿良一・押山雄三　1989「福島県における縄文時代中期末葉から後期前葉の住居址」『シンポジウム　縄文の配石と集落―三春町西方前遺跡と柴原A遺跡の問題点―』資料　三春町教育委員会
鈴木　啓他　1975『堂平敷石遺跡発掘調査報告書』　福島県三春町教育委員会
鈴木徳雄　1994「敷石住居址の連接部囲施設―群馬県における敷石住居址内施設の一様相―」『群馬考古学手帖』Vol.4
鈴木秀雄　1997「埼玉県内における柄鏡形住居の地域的様相（その1）」『研究紀要』第13号　財団法人埼玉県埋蔵文化財調査事業団
鈴木保彦　1972『東正院遺跡調査報告―神奈川県鎌倉市関谷所在の縄文時代遺跡について―』　神奈川県教育委員会・東正院遺跡調査団
鈴木保彦　1976「環礫方形配石遺構の研究」『考古学雑誌』第62巻1号
鈴木保彦　1978「伊勢原市下北原遺跡におけるセトルメント・パターン」『日本大学史学科50周年記念歴史学論文集』

鈴木保彦他　1980「神奈川県における縄文時代中期後半土器編年試案　第2版」『シンポジウム　縄文時代中期後半の諸問題―とくに加曽利E式と曽利式土器との関係について―』(『神奈川考古』第10号)
鈴木保彦　1981「関東・中部・北陸地方　加曽利E式土器」『縄文土器大成』第2巻（中期）　講談社
鈴木保彦　1988「加曽利E式土器様式」『縄文土器大観』2（中期Ⅰ）　小学館
関野　克　1934「日本古代住居址の研究」『建築雑誌』第48輯・591号
大工原豊他　1994『中野谷地区遺跡群　県営畑地帯総合土地改良事業横野平地区に伴う埋蔵文化財発掘調査報告書』安中市教育委員会
竹内俊之　1986『井の頭池遺跡群　武蔵野市御殿山第2地区B地点遺跡』御殿山遺跡調査会
田代　孝　1989「縄文時代の丸石について」『山梨考古学論集』Ⅱ（『山梨県考古学協会10周年記念論文集』）　山梨県考古学協会
田中　信　1982「埋甕形態論」『土曜考古』第6号
谷井　彪・細田　勝　1995「関東の大木式・東北の加曽利E式土器」『日本考古学』第2号
谷井　彪・細田　勝　1997「水窪遺跡の研究―加曽利E式土器の編年と曽利式の関係からみた地域性―」『研究紀要』13　財団法人埼玉県埋蔵文化財調査事業団
谷川磐雄　1927「石器時代の住居阯　南豆見高石器時代住居阯の研究」『考古学研究録』第1輯　雄山閣
玉川一郎他　1972『岩手県大船渡市長谷堂貝塚―昭和46年度緊急調査報告―』
都筑恵美子　1990「竪穴住居の系統について―縄文中期後半から後期初頭の住居変遷と時期的動態―」『東京考古』第8号
坪井清足　1962「縄文文化論」『岩波講座日本歴史』1（原始および古代1）　岩波書店
勅使河原彰　1986「宮坂英弌と尖石・与助尾根遺跡」『茅野市史』上巻　原始・古代　茅野市
寺田兼方　1955「敷石遺址研究上の諸問題」『若木考古』第37号
寺田兼方　1957a「敷石住居址の研究（1）」『若木考古』第44号
寺田兼方　1957b「敷石住居址の研究（2）」『若木考古』第45号
寺田兼方　1957c「敷石住居址の研究（3）」『若木考古』第46号
寺田兼方　1958a「敷石住居址の研究（4）」『若木考古』第49号
寺田兼方　1958b「敷石住居址の研究（5）」『若木考古』第50号
寺田兼方　1958c「敷石住居址の研究（6）」『若木考古』第51号
寺田兼方　1959「敷石住居址の研究（7）」『若木考古』第53号
寺田良喜他　1984『廻沢北遺跡Ⅰ』世田谷区教育委員会・世田谷区遺跡調査会
富樫秀之　1999「アチヤ平遺跡の敷石住居址について」『新潟考古学談話会会報』第20号
戸沢充則　1988「縄文時代の住居と集落」『長野県史考古資料編』全1巻（4）　遺構・遺物　長野県史刊行会
戸沢充則　1990『縄文時代史研究序説』　名著出版
戸田哲也　1986「縄文土器の型式学的研究と編年（前篇）」『神奈川考古同人会10周年記念論集』（『神奈川考古』第22号）
戸田哲也　1995「石棒出土の具体例」『飛騨みやがわシンポジウム　石棒の謎をさぐる』資料集　岐阜県宮川村・同教育委員会
戸田哲也他　1997「石棒研究の基礎的課題」『堅田直先生古希記念論文集』　堅田直先生古希記念論文集刊行会
戸田哲也　1998「南西関東における加曽利E式末期の土器様相」『列島の考古学』（『渡辺誠先生還暦記念論集』）　渡辺誠先生還暦記念論集刊行会
鳥居龍蔵　1924『諏訪史』第1巻　信濃教育会諏訪部会
鳥居龍蔵　1926『先史及原史時代の上伊那』
長井正欣　1989「行田Ⅰ遺跡出土の遺物について」『群馬文化』第220号
長岡文紀　1996『謎の敷石住居』（『平成7年度かながわの遺跡展図録』）　神奈川県立埋蔵文化財センター
長岡文紀　1997「付編　パネルディスカッション『敷石住居の謎に迫る』―論点の整理―」『パネルディスカッション　敷石住居の謎に迫る　記録集』　神奈川県立埋蔵文化財センター・財団法人かながわ考古

　　　　　　　　　学財団
長崎元廣　1973「八ヶ岳西南麓の縄文中期集落における共同祭式のありかたとその意義」『信濃』第25巻4号・5
　　　　　　　　　号
長崎元廣　1976「石棒祭祀と集団構成―縄文中期の八ヶ岳山麓と天竜川流域―」『どるめん』第8号
長崎元廣　1977a「中部地方の縄文時代集落」『考古学研究』第23巻4号
長崎元廣　1977b「屋外における石棒祭祀」『信濃』第29巻4号
長崎元廣　1978「曽利遺跡における集落の復元」『曽利第三・四・五次発掘調査報告書』　長野県富士見町教育委
　　　　　　　　　員会
長崎元廣　1980「縄文集落研究の系譜と展望」『駿台史学』第50号
長崎元廣・宮下健司　1984「長野県における縄文時代集落遺跡資料集成図集」『シンポジウム　縄文時代集落の変
　　　　　　　　　遷』（『日本考古学協会昭和59年度大会資料』）　日本考古学協会・日本考古学協会山梨大会実行委
　　　　　　　　　員会
中沢　厚他　1981「座談会　丸石神と考古学」『どるめん』第28号
仲田茂司　1992「敷石住居跡に関する二、三の問題―福島県三春町柴原A遺跡を中心に―」『考古学と生活文化』
　　　　　　　　　（『同志社大学考古学シリーズ』Ⅴ）
中森敏晴　1995「配石内出土の石皿の呪的性格について―関東周辺地域の事例を中心に―」『帝京大学山梨文化財
　　　　　　　　　研究所研究報告』第6集
中村友博　1993「ヨレ遺跡と配石遺跡研究」『ヨレ遺跡・イセ遺跡・筆田遺跡』　島根県匹見町教育委員会
成田勝ров他　1984『なすな原遺跡　№1地区調査』　なすな原遺跡調査会
成田滋彦　2000「縄文時代住居跡の出入り口―青森県の事例を中心として―」『研究紀要』第5号（平成11年度）
　　　　　　　　　青森県埋蔵文化財調査センター
新津　健　1992「縄文晩期集落の構成と動態―八ヶ岳南麓・金生遺跡を中心に―」『縄文時代』第3号
西村正衛　1956「信仰」『日本考古学講座』3（縄文文化）　河出書房
西山太郎　1990「柄鏡形住居跡小考」『研究連絡誌』第27号　財団法人千葉県文化財センター
沼沢　豊　1974『松戸市金楠台遺跡―国鉄小金線建設工事に伴う埋蔵文化財調査報告書―』　日本鉄道建設公団東
　　　　　　　　　京支社・財団法人千葉県都市公社
能登谷宣康　1996「縄文時代中期末葉の竪穴住居跡にみられる特殊施設―相馬郡飯舘村大倉上ノ台地区の屋内祭祀
　　　　　　　　　―」『論集しのぶ考古　目黒吉明先生頌寿記念』　論集しのぶ考古刊行会
橋本　勉他　1984『久台―国道122号線バイパス関係埋蔵文化財発掘調査報告Ⅱ―』（『埼玉県埋蔵文化財調査事業
　　　　　　　　　団報告書』第36集）　財団法人埼玉県埋蔵文化財調査事業団
羽鳥政彦・藤巻幸男　1989「新発見の縄文時代前期の呪術具二例」『群馬文化』第220号
林　茂樹　1983「月見松遺跡」『長野県史　考古資料編』全一巻（3）主要遺跡（南信）　長野県史刊行会
原　嘉藤他　1971『唐沢・洞』（『長野県考古学会研究報告書』10）　長野県考古学会
樋口誠司　1995「柄鏡形住居の世界観」『山麓考古』第18号
富士ゼロックス株式会社　1979『海老名市富士ゼロックス工場敷地内海老名市本郷遺跡』
藤森栄一　1969「縄文の呪性」『伝統と現代』8
古谷　清　1932「神奈川県寸沢嵐石器時代遺蹟」『史蹟調査報告書』第6輯
ふれいく同人会　1971「水野正好氏の縄文時代集落論批判」『ふれいく』創刊号
堀越正行　1976「殿平賀の抱甕葬」『史館』第6号
堀越正行　1984「加曽利EⅢ式土器断想」『史館』第17号
本間　宏　1991「土器型式設定上の基本原則」『福島考古』第32号
本間　宏　1994「大木10式土器の考え方」『しのぶ考古』10
松村　瞭・八幡一郎・小金井良精　1932「下総姥山ニ於ケル石器時代遺跡」『東京帝国大学人類学教室研究報告』
　　　　　　　　　第5編
松村恵司・加藤　緑　1974「縄文時代の神庭ムラ」『神庭遺跡第2次調査概要』

三上次男・吉田章一郎他　1972『史跡川尻石器時代遺跡調査概報』神奈川県教育委員会
三上次男・吉田章一郎他　1988「史跡『川尻石器時代遺跡』の調査報告」『青山考古』第6号
水野正好　1963「縄文式文化期における集落構造と宗教構造」『日本考古学協会第29回総会研究発表要旨』
水野正好　1969a「縄文時代集落研究への基礎的操作」『古代文化』第21巻3・4号
水野正好　1969b「縄文の社会」『日本文化の歴史』Ⅰ（大地と呪術）　学習研究社
御堂島正他　1988「新戸遺跡―県立新磯高校建設にともなう調査―　第1分冊」『神奈川県立埋蔵文化財センター調査報告』17
三春町教育委員会編　1989a『シンポジウム縄文の配石と集落―三春町西方前遺跡と柴原Ａ遺跡の問題点』資料集　三春町教育委員会
三春町教育委員会編　1989b『シンポジウム縄文の配石と集落―三春町西方前遺跡と柴原Ａ遺跡の問題点―　討議集』三春町教育委員会
宮坂英弌　1950「八ヶ岳西山麓与助尾根先史聚落の形成についての一考察」『考古学雑誌』第36巻3号・4号
宮坂英弌　1957『尖石』
宮坂虎次　1983「与助尾根遺跡」『長野県史　考古資料編』全一巻（3）主要遺跡（南信）　長野県史刊行会
宮坂虎次　1986「北山長峯遺跡」『茅野市史』上巻　原始・古代　茅野市
宮坂光昭　1965「縄文中期における宗教的遺物の推移―八ヶ岳山麓の住居址内を中心として―」『信濃』第17巻5号
宮坂光昭　1971「茅野和田遺跡における縄文中期集落の分析」『長野県考古学会誌』第11号
宮坂光昭　1983「茅野和田遺跡」『長野県史　考古資料編』全一巻（3）主要遺跡（南信）　長野県史刊行会
宮坂光次・八幡一郎　1927「下総姥山貝塚発掘調査予報」『人類学雑誌』第42巻1号
宮崎糺　1936「甲斐国西八代郡大塚村字西村の敷石住居阯に就いて」『史前学雑誌』第8巻2号
宮沢賢臣　1992「敷石住居址における規格性」『国学院大学考古学資料館紀要』第8輯
宮下健司　1980「長野県内検出の敷石住居・配石遺構一覧表」『信濃考古』60・61
宮下健司　1990「敷石住居・祭祀建物の構造と性格」『季刊考古学』第32号
宮本長二郎　1983「関東地方の縄文時代竪穴住居の変遷」『文化財論叢』（奈良国立文化財研究所創立30周年記念論文集）　同朋社
宮本長二郎　1985「縄文時代の竪穴住居―長野県―」『信濃』第37巻5号
宮本長二郎　1986「住居」『岩波講座　日本考古学』第4巻（集落と祭祀）　岩波書店
宮本長二郎　1988「縄文の家と村」『古代史復元』2　講談社
武藤康弘　1985「縄文集落研究の動向」『民俗建築』第87号
村上俊嗣　1967「松戸市殿平賀貝塚調査報告」『考古学雑誌』第52巻4号
村田文夫　1975「柄鏡形住居址考」『古代文化』第27巻11号
村田文夫　1976「縄文時代集落址研究の一動向」『考古学ジャーナル』No.130
村田文夫　1979「続・柄鏡形住居址考」『考古学ジャーナル』No.170
村田文夫　1985「縄文集落」『考古学ライブラリー』36　ニューサイエンス社
村田文夫　1995「柄鏡形住居址考―その後―」『季刊考古学』第50号
村田文夫　1997「柄鏡形住居址出現期研究をめぐる一試論」『考古学論究』第4号
本橋恵美子　1987「縄文時代の柄鏡形敷石住居址について」『佐久考古通信』No.42・43合併号
本橋恵美子　1988a「縄文時代における柄鏡形住居址の研究―その発生と伝播をめぐって―」『信濃』第40巻8号・9号
本橋恵美子　1988b「柄鏡形住居址研究における問題点」『東京の遺跡』No.20
本橋恵美子　1992「『埋甕』にみる動態について―縄文時代中期後半の遺物の検討から―」『古代』第94号
本橋恵美子　1995「縄文時代の柄鏡形敷石住居址の発生について」『帝京大学山梨文化財研究所研究報告』第6集
本橋恵美子　2000「浅間山麓の敷石住居址」『宮平遺跡　長野県北佐久郡御代田町宮平遺跡発掘調査報告書』　御代田町教育委員会

百瀬忠幸　1987「埋甕と境界性について」『長野県埋蔵文化財センター紀要』1
森　貢喜　1974a「縄文時代における敷石遺構について」『福島考古』第15号
森　貢喜　1974b「縄文時代中期から後期への移行期における社会の展開に関する一考察―特に東日本(東北地方南部)を中心として―」『福島大学考古学研究会研究紀要』第4冊
森島　稔　1982「幅田遺跡」『長野県史　考古資料編』全一巻(2)　主要遺跡(北・東信)
八木光則　1976「縄文中期集落の素描―信濃伊那谷における集落共同体をめぐって―」『長野県考古学会誌』第25号・26号
柳沢清一　1986「竜ヶ崎市南三島遺跡出土の土器その1―加曽利E3-4中間式について―」『古代』第81号
柳沢清一　1991a「加曽利E3-4(中間)式考―中期後半土器の広域編年の観点から―」『古代探叢』Ⅲ　早稲田大学出版部
柳沢清一　1991b「神奈川加曽利E式後半編年の再検討―加曽利E3-4式期を中心として―」『古代』第92号
柳沢清一　1992「加曽利E(新)式編年研究の現在」『古代』第94号
柳沢清一　1996「東日本における縄紋中・後期の大別境界と広域編年軸の検討」『古代』第102号
柳沢清一　2000「武蔵野台地周辺における縄紋後期初頭土器の成立(予察)―称名寺Ⅰ式と続加曽利E4式のあいだ―」『古代』第108号
山崎　丈他　1981『新山遺跡』(『東久留米市埋蔵文化財調査報告』第8集)　新山遺跡調査会・東久留米市教育委員会
山梨県考古学協会編　1996『すまいの考古学―住居の廃絶をめぐって』(『山梨県考古学協会1996年度研究集会』資料)
山村貴輝・前田秀則　1997「柄鏡形(敷石)住居跡について」『牟邪志』第8号
山本孝司　1992a「神奈川県における加曽利E式の変遷について―神奈川編年案の再検討より―」『神奈川考古』第29号
山本孝司　1992b「加曽利E3-4式と曽利Ⅴ式について―神奈川県新戸遺跡出土資料を再検討して―」『古代』第94号
山本寿々雄　1960「山梨県下の敷石遺構」『富士国立公園博物館研究報告』第4号
山本暉久　1976a「敷石住居出現のもつ意味」『古代文化』第28巻2号・3号
山本暉久　1976b「住居跡内に倒置された深鉢形土器について」『神奈川考古』第1号
山本暉久　1977「縄文時代中期末・後期初頭期の屋外埋甕について」『信濃』第29巻11号・12号
山本暉久　1978「縄文中期における住居跡内一括遺存土器群の性格」『神奈川考古』第3号
山本暉久　1979「石棒祭祀の変遷」『古代文化』第31巻11号・12号
山本暉久　1980a「縄文時代中期終末期の集落」『神奈川考古』第9号
山本暉久　1980b「地域別報告　神奈川における中期後半の各期の様相」『シンポジウム　縄文時代中期後半の諸問題―とくに加曽利E式と曽利式土器との関係について―』発表要旨(『神奈川考古』第10号)
山本暉久　1981a「縄文時代中期後半期における屋外祭祀の展開―関東・中部地方の配石遺構の分析を通じて―」『信濃』第33巻4号
山本暉久　1981b「縄文時代中期末における配石面の存在について」『小田原考古学会々報』第10号
山本暉久　1981c「地域別報告　神奈川における中期後半の各期の様相」『シンポジウム　縄文時代中期後半の諸問題―とくに加曽利E式と曽利式土器との関係について―』記録集(『神奈川考古』第11号)
山本暉久　1982a「敷石住居」『縄文文化の研究』8(社会・文化)　雄山閣
山本暉久　1982b「住居の構造と分布　柄鏡形(敷石)住居」『日本歴史地図』原始・古代篇[上]　柏書房
山本暉久　1983「石棒」『縄文文化の研究』9(縄文人の精神文化)　雄山閣出版
山本暉久　1985a「縄文時代の廃屋葬」『古代』第80号(西村正衛先生古稀記念石器時代論集)
山本暉久　1985b「いわゆる『環礫方形配石遺構』の性格をめぐって」『神奈川考古』第20号
山本暉久　1986「縄文時代後期前葉の集落」『神奈川考古同人会10周年記念論集』(『神奈川考古』第22号)
山本暉久　1987a「敷石住居終焉のもつ意味」『古代文化』第39巻1号・2号・3号・4号

山本暉久	1987b	「石棒性格論」『論争・学説日本の考古学』3（縄文時代Ⅱ）　雄山閣出版
山本暉久	1988	「中部山地における柄鏡形（敷石）住居の成立をめぐって」『長野県考古学会誌』第57号
山本暉久	1989a	「関東の敷石住居址について—とくにその変遷過程をめぐって—」『シンポジウム縄文の配石と集落—三春町西方前遺跡と柴原Ａ遺跡の問題点—』資料　三春町教育委員会
山本暉久	1989b	「縄文時代終末期の集落」『神奈川考古』第25号
山本暉久	1991a	「まつりの石器」『季刊考古学』第35号
山本暉久	1991b	「人とモノの動き」『日本村落史講座』第6巻（生活Ⅰ）　雄山閣出版
山本暉久	1991c	「環状集落址と墓域」『古代探叢』Ⅲ
山本暉久	1993a	「横浜市洋光台猿田遺跡発見の柄鏡形住居址とその出土遺物」『縄文時代』第4号
山本暉久	1993b	「縄文時代における竪穴住居の廃絶と出土遺物の評価」『21世紀への考古学』（『桜井清彦先生古稀記念論文集』）　雄山閣
山本暉久	1993c	「竪穴住居の形態」『季刊考古学』第44号
山本暉久	1994	「石柱・石壇をもつ住居址の性格」『日本考古学』第1号　日本考古学協会
山本暉久	1995	「柄鏡形（敷石）住居成立期の再検討」『古代探叢』Ⅳ（滝口宏先生追悼考古学論集）
山本暉久	1996a	「敷石住居址研究の現状と課題」『パネルディスカッション「敷石住居の謎に迫る」』資料集　神奈川県立埋蔵文化財センター・財団法人かながわ考古学財団
山本暉久	1996b	「柄鏡形（敷石）住居と石棒祭祀」『縄文時代』第7号
山本暉久	1996c	「柄鏡形（敷石）住居と埋甕祭祀（上）—事例の集成—」『神奈川考古』第32号（『神奈川考古同人会20周年記念論集』）
山本暉久	1997	「柄鏡形（敷石）住居と埋甕祭祀（下）」『神奈川考古』第33号
山本暉久	1998	「柄鏡形（敷石）住居と廃屋儀礼—環礫方形配石と周堤礫—」『列島の考古学』（『渡辺誠先生還暦記念論集』）
山本暉久	1999a	「遺構研究　敷石住居址」『縄文時代文化研究の100年』（『縄文時代』第10号）
山本暉久	1999b	「遺構研究　配石遺構」『縄文時代文化研究の100年』（『縄文時代』第10号）
山本暉久	2000	「外縁部の柄鏡形（敷石）住居」『縄文時代』第11号
八幡一郎	1918	「信濃諏訪郡に於ける表面採集」『人類学雑誌』第33巻10号
八幡一郎	1925	「遺跡にある自然石」『人類学雑誌』第40巻4号
八幡一郎	1929	「敷石遺跡の新資料」『人類学雑誌』第44巻7号
八幡一郎	1934a	「北佐久郡の考古学的調査」　信濃教育会北佐久教育部会
八幡一郎	1934b	「日本石器時代の住居型式」『人類学雑誌』第49巻6号
八幡一郎・矢島栄一	1935	「相模国中郡寺山の敷石遺蹟」『人類学雑誌』第50巻12号
横田正美	1983	「柄鏡形住居址とその遺物について」『貝塚博物館紀要』第9号　千葉市立加曽利貝塚博物館
横浜市教育委員会	1984・92	『横浜市文化財地図』
吉田敦彦	1993	「柄鏡形住居に見る女神の子宮と産道」『東アジアの古代文化』第77号
吉田敦彦	1995	「縄文の宗教」『季刊考古学』第50号
吉田　格	1959	「漁撈文化の展開—縄文後・晩期文化—」『世界考古学大系』日本Ⅰ（先縄文・縄文時代）　平凡社
米田耕之助	1980	「縄文後期における住居形態の一様相」『伊知波良』3
米田明訓	1980	「南信天竜川沿岸における縄文時代中期後半の土器編年—所謂『唐草文土器』を中心として—」『甲斐考古』第17巻1号（通巻40号）
早稲田大学文学部史学科資料室	1967	『横浜市洋光台猿田遺跡調査概報』
綿田弘美	1983	「北信地方における縄文時代中期後葉より後期初頭の土着土器」『須高』17
綿田弘美	1989a	「長野県東北信地方の中期末葉縄文土器群」『第三回縄文セミナー　縄文中期の諸問題』　群馬県考古学研究所・千曲川水系古代文化研究所・新潟県考古学談話会・北武蔵古代文化研究会
綿田弘美	1989b	「北信濃における縄文時代中期後葉土器群の概観」『長野県埋蔵文化財センター紀要』2　財団法人長野県埋蔵文化財センター

和田　哲　2002「多摩の敷石住居」『多摩考古』第32号
渡辺清志　1998「加曽利EⅢ式期の住居跡について」『日高市宿東遺跡　一般国道407号線埋蔵文化財発掘調査報告書』(『埼玉県埋蔵文化財調査事業団報告書』第197集)　財団法人埼玉県埋蔵文化財調査事業団
渡辺　誠　1970「縄文時代における埋甕風習」『考古学ジャーナル』№40

＊引用・参考文献には、一部脱稿後(2001年3月以降)発表された文献を含んでいる。

石柱・石壇をもつ住居址発見遺跡参考文献

東京都

宇津木：佐々木蔵之助他　1973『宇津木遺跡とその周辺―方形周溝墓発見の遺跡―』　中央高速八王子地区遺跡調査団

神奈川県

蟹ヶ沢：大場磐雄他　1966『蟹ヶ沢鈴鹿遺跡―座間町における1962、1964年の考古学的調査―』(『神奈川県座間町文化財調査報告』第2)　座間町教育委員会

川尻：三上次男他　1988「史跡『川尻石器時代遺跡』の調査報告」『青山考古』第6号

寺原：明星大学考古学研究部　1979『寺原遺跡見学会資料』、明星大学考古学研究部　1985『写真集寺原遺跡』、高橋健樹他　1997『神奈川県津久井郡津久井町　寺原遺跡発掘調査報告書』　津久井町教育委員会

大地開戸：河野喜映他　1992「青野原バイパス遺跡群　大地開戸遺跡」『年報』11(平成3年度)神奈川県立埋蔵文化財センター、河野喜映他　1996『青野原バイパス関連遺跡　梶ヶ原遺跡・大地開戸遺跡・明日庭遺跡・長谷原遺跡・大地遺跡』(『かながわ考古学財団調査報告』5)　財団法人かながわ考古学財団

寸嵐一号：田中悟道他　1982『寸嵐一号遺跡発掘調査報告書　昭和56年度』　相模湖町教育委員会

尾崎：岡本孝之他　1977『尾崎遺跡―酒匂川総合開発事業にともなう調査―』(『神奈川県埋蔵文化財調査報告』13)　神奈川県教育委員会

南(No.2)：砂田佳弘他　1990「南(No.2)遺跡」『神奈川県立埋蔵文化財センター年報』9(平成元年度)　神奈川県立埋蔵文化財センター、神奈川県立埋蔵文化財センター・財団法人かながわ考古学財団　1996『パネルディスカッション「敷石住居の謎に迫る」資料集、恩田　勇他　1996『宮ヶ瀬遺跡群Ⅷ　南(No.2)遺跡・馬場(No.5)遺跡　宮ヶ瀬ダム建設にともなう発掘調査』(『かながわ考古学財団調査報告』10)　かながわ考古学財団

山梨県

坂井：志村滝蔵　1965『坂井』　地方書院

宮谷：川崎義雄他　1973『山梨県大月市宮谷遺跡発掘調査報告』　大月市教育委員会

柳坪：末木　健他　1975『山梨県中央道埋蔵文化財包蔵地発掘調査報告書―北巨摩郡長坂・明野・韮崎地内―』山梨県教育委員会・日本道路公団東京第二建設局

狐原：上野原町教育委員会　1995『'95　狐原遺跡　山梨県最東端の古代集落』(『遺跡見学会資料』)、小西直樹　1998「狐原Ⅰ・Ⅱ遺跡」『山梨県史　資料編1　原始・古代1　考古(遺跡)』　山梨県

宮の前：奈良泰史他　1993『宮の前遺跡発掘調査報告』(『西桂町文化財シリーズ』第15号)　西桂町教育委員会

長野県

井戸尻：武藤雄六・宮坂光昭　1968「長野県諏訪郡富士見町井戸尻遺跡第2次調査概報」『信濃』第20巻10号

広原：宮坂虎次　1965「休戸・広原遺跡」『井戸尻　長野県富士見町における中期縄文時代遺跡の研究』　中央公論美術出版

甲六：唐木孝雄他　1974「甲六遺跡」『長野県中央道埋蔵文化財包蔵地発掘調査報告書―諏訪郡富士見町内その1―昭和48年度』　日本道路公団名古屋建設局・長野県教育委員会

坂上：小林公明他　1988「坂上遺跡」『唐渡宮　八ヶ岳南麓における曽利文化期の遺跡群発掘報告』　富士見町教育委員会

大畑：武藤雄六　1965「長野県諏訪郡富士見町大畑遺跡第3次調査報告」『長野県考古学会誌』第3号

藤内：宮坂英弌他　1965「烏帽子・藤内遺跡」『井戸尻　長野県富士見町における中期縄文時代遺跡の研究』　中央公論美術出版

一ノ沢：宮坂英弌他　1965「南原山・一ノ沢遺跡」『井戸尻　長野県富士見町における中期縄文時代遺跡の研究』中央公論美術出版

曽利：藤森栄一他　1964「信濃境曽利遺跡調査報告　昭和35・36年発掘区」『長野県考古学会誌』第1号、藤森栄

　　　　　一1965「池袋・曽利遺跡」『井戸尻　長野県富士見町における中期縄文時代遺跡の研究』　中央公論美術出
　　　　　版、武藤雄六他　1978『曽利　第三・四・五次発掘調査報告書』　長野県富士見町教育委員会
居沢尾根：青沼博之他　1981「居沢尾根遺跡」『長野県中央埋蔵文化財包蔵地発掘調査報告書—原村その4—昭
　　　　　和51・52年度』　日本道路公団名古屋建設局・長野県教育委員会
大石：樋口昇一他　1976「大石遺跡」『長野県中央道埋蔵文化財包蔵地発掘調査報告書—茅野市・原村その1、富
　　　　　士見町その2—昭和50年度』　日本道路公団名古屋支社・長野県教育委員会
茅野和田：宮坂虎次他　1970『茅野和田遺跡』　茅野市教育委員会
棚畑：鵜飼幸雄他　1990『棚畑　八ヶ岳西山麓における縄文時代中期の集落遺跡』　茅野市教育委員会
山の神：宮坂虎次　1986「山ノ神遺跡」『茅野市史』上巻　原始・古代　茅野市
尖石：宮坂英弌　1957『尖石』　茅野町教育委員会
与助尾根：宮坂英弌　1957『尖石』　茅野町教育委員会
駒形：宮坂虎次　1986「駒形遺跡」『茅野市史』上巻　原始・古代　茅野市
荒神山：大沢和夫他　1974「荒神山遺跡」『長野県中央道埋蔵文化財包蔵地発掘調査報告書—諏訪市内その1・そ
　　　　　の2—昭和48年度』　日本道路公団名古屋建設局・長野県教育委員会
本城：郷道哲章他　1975「本城遺跡」『長野県中央道埋蔵文化財包蔵地発掘調査報告書—諏訪市内その3—昭和
　　　　　49年度』　日本道路公団名古屋建設局・長野県教育委員会
城山：大沢和夫他　1974「城山遺跡」『長野県中央道埋蔵文化財包蔵地発掘調査報告書—諏訪市内その1・その2
　　　　　—昭和48年度』　日本道路公団名古屋建設局・長野県教育委員会
穴場：岩崎孝治他　1988『穴場—長野県諏訪市穴場遺跡第5次発掘調査報告書—』　諏訪市教育委員会・穴場遺跡
　　　　　調査団
駒形：中村龍雄　1964「環状住居阯群と立石」『古代』第42・43合併号
花上寺：高林重水他　1987『花上寺遺跡　昭和61年度小規模排水対策特別事業栃久保地区に伴う発掘調査概報』
　　　　　岡谷市教育委員会、林重水他　1996『花上寺遺跡—中部山岳地の縄文・平安時代集落址—』（『郷土の文化
　　　　　財』19）　岡谷市教育委員会
長塚：武藤雄六他　1971『長塚遺跡』（『郷土の文化財』第5集）　岡谷市教育委員会
六地在家：福沢幸一他　1975「六地在家遺跡」『長野県中央道埋蔵文化財包蔵地発掘調査報告書—岡谷市その1・
　　　　　その2—昭和49年度』　日本道路公団名古屋支社・長野県教育委員会
小段：小口達志他　1993『小段遺跡発掘調査概報』　塩尻市教育委員会
大村塚田：高桑俊雄他　1992『松本市大村塚田遺跡—緊急発掘調査報告書—』　松本市教育委員会
大深山：八幡一郎　1976『信濃大深山遺跡』　川上村教育委員会
中村：林幸彦他　1983『中村遺跡』　佐久市教育委員会(但し未見)、長崎他1984による。
八千原：久保田敦子他　1991『林之郷・八千原　林之郷遺跡ほか緊急発掘調査報告書』(『上田市文化財調査報告書』
　　　　　第37集)　上田市教育委員会・上小地方事務所
四日市：宇賀神恵他　1990『四日市遺跡』(『長野県小県郡真田町埋蔵文化財調査報告書』)　真田町教育委員会
洞：倉科明生他　1971『唐沢・洞』(『長野県考古学会研究報告』10)　長野県考古学会
熊久保：樋口昇一他　1964「長野県東筑摩郡朝日村熊久保遺跡調査概報」『信濃』第16巻4号・7号
大庭：島田恵子他　1990『大庭遺跡—縄文中期末〜後期初頭における環状集落および古墳時代末期〜奈良・平安時
　　　　　代の集落の調査—』　長野県北佐久郡立科町教育委員会
長丘大俣：桐原健　1964「南信八ヶ岳山麓における縄文中期の集落構造」『古代学研究』第38号
月見松：林茂樹他　1968『月見松遺跡緊急発掘調査報告書—天竜川河岸段丘上における縄文中期(初頭—終末)集落
　　　　　址—』　長野県伊那市教育委員会
御殿場：伊那市教育委員会　1967「伊那市御殿場遺跡緊急発掘調査概要」『伊那路』第11巻1号
城平：宮沢恒之他　1973「城平遺跡」『長野県中央道埋蔵文化財包蔵地発掘調査報告書—伊那市　西春近—昭和47
　　　　　年度』　日本道路公団名古屋支社・長野県教育委員会
高河原：福沢幸一他　1971「高河原遺跡」『長野県中央道埋蔵文化財包蔵地発掘調査報告書—阿智・飯田・宮田地

区—昭和45年度』　日本道路公団名古屋支社・長野県教育委員会
丸山南：気賀沢進　1977『丸山南遺跡—緊急発掘調査報告書—県営ほ場整備事業太田切（3）地区（昭和51年度分）埋蔵文化財緊急発掘調査』（『発掘調査報告』第6集）　南信土地改良事務所・駒ヶ根市教育委員会
大城林：福沢正陽他　1974『大城林・北方Ⅰ・Ⅱ・湯原・射殿場・南原・横前新田・塩本・北原・富士山—緊急発掘調査報告—』（『発掘調査報告』第4集）　駒ヶ根市教育委員会
辻沢南：気賀沢進　1988『辻沢南遺跡　馬住ヶ原工業団地及び馬住ヶ原運動公園造成事業緊急発掘調査報告』（『調査報告』第24集）　駒ヶ根市土地開発公社・駒ヶ根市教育委員会
南原：気賀沢進他　1977『南原—緊急発掘調査報告書—』（『発掘調査報告書』第5集）　南信土地改良事務所・駒ヶ根市教育委員会
山田：友野良一他　1951「長野県上伊那郡伊那村遺跡第一次調査概報」『信濃』第3巻6号
反目：気賀沢進他　1990『反目・遊光・殿村・小林遺跡—駒ヶ根市東部地区県営ほ場整備事業埋蔵文化財緊急発掘調査—』（『発掘調査報告』第29集）　上伊那地方事務所・駒ヶ根市教育委員会
尾越：矢口忠良他　1972「尾越遺跡」『長野県中央道埋蔵文化財包蔵地発掘調査報告書—上伊那郡飯島町その1—昭和46年度』　日本道路公団名古屋支社・長野県教育委員会
北原西：友野良一他　1980『県営ほ場整備事業（昭和54年度）埋蔵文化財緊急発掘調査報告　北原東・北原西』　長野県上伊那郡飯島町・南信土地改良事務所
庚申原Ⅱ：矢口忠良他　1973「庚申原Ⅱ遺跡」『長野県中央道埋蔵文化財包蔵地発掘調査報告書—下伊那郡松川町—昭和47年度』　日本道路公団名古屋支社・長野県教育委員会
中原Ⅰ：岡田正彦　1973「中原Ⅰ遺跡」『長野県中央道埋蔵文化財包蔵地発掘調査報告書—下伊那郡松川町地内—昭和46年度』　日本道路公団名古屋支社・長野県教育委員会
増野新切：遮那藤麻呂他　1973「増野新切遺跡」『長野県中央道埋蔵文化財包蔵地発掘調査報告書—下伊那郡高森町地区その2—昭和47年度』　日本道路公団名古屋支社・長野県教育委員会
御射山原：木下平八郎他　1983『御射山原—下伊那郡高森町下市田御射山原緊急発掘調査報告書—』　長野県農政部・長野県下伊那郡高森町教育委員会
瑠璃寺前：佐藤甦信他　1972「瑠璃寺前遺跡　中島地区」長野県中央道埋蔵文化財包蔵地発掘調査報告書—下伊那郡高森町地区その1—昭和46年度』　日本道路公団名古屋支社・長野県教育委員会
小垣外・辻垣外：矢口忠良他　1973「小垣外・辻垣外遺跡」『長野県中央道埋蔵文化財包蔵地発掘調査報告書—飯田市地区その2—昭和47年度』　日本道路公団名古屋支社・長野県教育委員会
和知野：宮沢恒之　1991「和知野遺跡」『下伊那史』第1巻　下伊那誌編纂会
大洞：神村　透　1980『長野県木祖村大洞遺跡—縄文時代中期竪穴住居址—』　長野県木曽郡木祖村教育委員会
マツバリ：神村　透　1993「下伊那型石柱（？）・石壇1」『伊那』第41巻6号（通巻第781号）、神村　透他　1995『マツバリ遺跡—木曽谷の縄文中期拠点集落—在家地区圃場整備事業に伴う発掘調査報告書』（『日義村の文化財』11）　長野県木曽郡日義村教育委員会
お玉の森：神村　透　1998『長野県木曽郡　お玉の森遺跡（第9次調査）—のむら木材株式会社用地造成事業に伴う発掘調査報告書—縄文時代中期後半住居址群』（『日義村の文化財』12）　のむら木材株式会社・日義村教育委員会・木曽郡町村会

富山県

直坂：橋本　正　1973『富山県大沢野町直坂遺跡発掘調査概要』　富山県教育委員会
二ツ塚：柳井　睦　1978『富山県立山町二ツ塚遺跡緊急発掘調査概要』　富山県教育委員会

岐阜県

堂の上：戸田哲也他　1978『岐阜県久々野町堂之上遺跡　第1次〜5次調査概報』　岐阜県大野郡久々野町教育委員会、戸田哲也他　1997『堂之上遺跡—縄文時代集落跡の調査記録—』　岐阜県大野郡久々野町教育委員会

牛垣内：野村崇作他　1998『牛垣内遺跡　丹生川ダム水没地区(五味原遺跡群)埋蔵文化財発掘調査報告書第3集』
　　　(『岐阜県文化財保護センター調査報告書』第44集)　財団法人岐阜県文化財保護センター

静岡県
観音洞B：杉本誠他　1990『静岡県三島市三島Ｃ．Ｃゴルフ場内埋蔵文化財発掘調査概要報告書』　三島市教育委
　　　員会、池谷初恵他　1994『静岡県三島市五輪・観音洞・元山中・陰洞遺跡―グランフィールズC.Cゴル
　　　フ場内埋蔵文化財調査報告書―』　三島市教育委員会

柄鏡形(敷石)住居址発見遺跡参考文献

1．本一覧表は、筆者の管見に触れた柄鏡形(敷石)住居址発見遺跡の参考文献である。
2．参考文献記載にあたっては、極力執筆者名を記したが、一部不明のものや筆者未見のものについては、発行機関名を記している。
3．東北地方の事例について柄鏡形(敷石)住居址に含めることについては問題が多いが出入口(張出部を含む)を有する住居址を含めて挙げている。ただし、脱漏が多いものと思われる。
4．本稿脱稿(2001年3月)以降、管見に触れた発見遺跡事例を一部追補した。

神奈川県

岡上丸山：竹石健二他　1990『神奈川県川崎市麻生区岡上丸山遺跡発掘調査報告書』　川崎市教育委員会

黒川丸山：丸子　亘他　1985『神奈川県川崎市黒川丸山遺跡発掘調査報告』　川崎市黒川地区配水池用地内遺跡発掘調査団・川崎市水道局

下原：増子章二　1988「下原遺跡」『川崎市史』資料編1（考古・文献・工芸）、浜田晋介他　2000『下原遺跡―縄文時代晩期、弥生時代後期、古墳時代前期の集落址の調査―』（『川崎市民ミュージアム考古学叢書』4）川崎市民ミュージアム、浜田晋介他　2001『下原遺跡II』（『川崎市市民ミュージアム考古学叢書』5）　川崎市民ミュージアム

西菅第三：持田春吉他　1976『川崎市多摩区西菅遺跡第3地点発掘調査報告』　日本住宅公団・西菅遺跡調査団

仲町：甲元真之他　1971『仲町遺跡―川崎市片平所在縄文時代遺跡の調査―』　仲町遺跡発掘調査団

初山：渡辺　誠　1971「川崎市初山遺跡第3次調査概報」『川崎市文化財調査集録』第7輯　川崎市教育委員会

大野：高山　純　1970「川崎市宮崎字大野遺跡発掘調査報告」『川崎市文化財調査集録』第5輯　川崎市教育委員会

松風台：渡辺　努　1990『横浜市緑区松風台遺跡』　日本窯業史研究所

大場第2地区A地点(No.1地区)：大川　清他「大場第2地区遺跡群A地点(No.1地区)」『平成2年度文化財年報（埋蔵文化財その9）』　横浜市教育委員会

大場第2地区C地点(No.4地区)：大川　清他　1992「大場第二地区遺跡群C地点(No.4地区)」『平成3年度文化財年報（埋蔵文化財その10）』　横浜市教育委員会

稲ヶ原A：平子順一他　1992『稲ヶ原遺跡A地点発掘調査報告―横浜市さつきが丘小学校建設に伴う埋蔵文化財調査報告―』　財団法人横浜市ふるさと歴史財団

赤田地区遺跡群No.1：渡辺　努　1994『横浜市緑区赤田地区遺跡群　集落編』　日本窯業史研究所、大川　清他　1987「赤田遺跡群No.1遺跡」『昭和61年度文化財年報（埋蔵文化財その5）』　横浜市教育委員会、渡辺　務　1998『横浜市青葉区赤田地区遺跡群　集落編II』　日本窯業史研究所

赤田地区遺跡群No.15：大川　清他　1989「赤田遺跡群No.15遺跡」『昭和63年度文化財年報（埋蔵文化財その7）』　横浜市教育委員会、大川　清他　1989「赤田遺跡群No.15遺跡」『昭和63年度文化財年報（埋蔵文化財その7）』　横浜市教育委員会、渡辺　努　1998『横浜市青葉区赤田地区遺跡群　集落編II』　日本窯業史研究所

杉山神社：大川　清他　1985「上恩田遺跡群杉山神社遺跡の調査」『第9回神奈川県遺跡調査・研究発表会発表要旨』　同準備委員会

堀之内b：大川　清他　1985「堀之内b遺跡」『昭和59年度文化財年報（埋蔵文化財その3）』　横浜市教育委員会

上谷本第2：合田芳正他　1971『横浜市緑区上谷本町上谷本第2遺跡A地区・B地区発掘調査概報』　中央大学考古学研究会・上谷本第二遺跡発掘調査団

中里：青木健二他　1979「中里遺跡」『神奈川県横浜市市ヶ尾・川和地区遺跡群』　東急電鉄株式会社

朝光寺原：朝光原遺跡調査団　1968「朝光寺原A地区遺跡第1次発掘調査略報」『昭和42年度横浜市域北部埋蔵文化財調査報告書（経過概報）』　横浜市北部埋蔵文化財調査委員会

あざみ野：小西雅徳他　1988『あざみ野遺跡―国学院大学あざみ野運動場内遺跡発掘調査報告書―』　国学院大学

荏田第1：今井康博　1990「荏田1遺跡(リ1)」『全遺跡調査概要』（『港北ニュータウン地域内埋蔵文化財調査報告』X　横浜市埋蔵文化財センター

荏田第2：坂上克弘・石井　寛　1976「縄文時代後期の長方形柱穴列」『調査研究集録』第1冊　港北ニュータウン埋蔵文化財調査団、宮沢　寛　1990「荏田2遺跡(リ2)」『全遺跡調査概要』（『港北ニュータウン地域内埋蔵文化財調査報告』X　横浜市埋蔵文化財センター

荏田第9：坂上克弘・石井　寛　1976「縄文時代後期の長方形柱穴列」『調査研究集録』第1冊　港北ニュータウン埋蔵文化財調査団、今井康博　1990「荏田9遺跡(リ9)」『全遺跡調査概要』（『港北ニュータウン地域内埋蔵文化財調査報告』X　横浜市埋蔵文化財センター、今井康博　1976「荏田第9遺跡(リ―9)」『日本考古学年報』27

荏田第17：石井　寛　1990「荏田17遺跡（リ17）」『全遺跡調査概要』（『港北ニュータウン地域内埋蔵文化財調査報告』Ⅹ）　横浜市埋蔵文化財センター

荏田第25：宮沢　寛　1990「荏田25遺跡（リ25）」『全遺跡調査概要』（『港北ニュータウン地域内埋蔵文化財調査報告』Ⅹ　横浜市埋蔵文化財センター

華蔵台：坂本　彰　1990「華蔵台遺跡（リ3・4）」『全遺跡調査概要』（『港北ニュータウン地域内埋蔵文化財調査報告』Ⅹ　横浜市埋蔵文化財センター

華蔵台南：石井　寛　1993「牛ヶ谷遺跡・華蔵台南遺跡」『港北ニュータウン地域内埋蔵文化財調査報告』ⅩⅣ　財団法人横浜市ふるさと歴史財団

京塚：石井　寛　1990「京塚遺跡（リ8）」『全遺跡調査概要』（『港北ニュータウン地域内埋蔵文化財調査報告』Ⅹ　横浜市埋蔵文化財センター

小黒谷：中央大学考古学研究会　1973『横浜市緑区荏田町小黒谷遺跡発掘調査概報』

牛ヶ谷：石井　寛　1993「牛ヶ谷遺跡・華蔵台南遺跡」『港北ニュータウン地域内埋蔵文化財調査報告』ⅩⅣ　財団法人横浜市ふるさと歴史財団

歳勝土：小宮恒雄他　1975「歳勝土遺跡」『港北ニュータウン地域内埋蔵文化財調査報告』Ⅴ　横浜市埋蔵文化財調査委員会、小宮恒雄他　1990「歳勝土遺跡」『全遺跡調査概要』（『港北ニュータウン地域内埋蔵文化財調査報告』Ⅹ）　横浜市埋蔵文化財センター

歳勝土南：伊藤　郭　1990「歳勝土南遺跡」『全遺跡調査概要』（『港北ニュータウン地域内埋蔵文化財調査報告』Ⅹ　横浜市埋蔵文化財センター

宗元塚：伊藤　郭　1990「歳勝土南遺跡」『全遺跡調査概要』（『港北ニュータウン地域内埋蔵文化財調査報告』Ⅹ）　横浜市埋蔵文化財センター

E―3：武井則道　1990「E―3遺跡」『全遺跡調査概要』（『港北ニュータウン地域内埋蔵文化財調査報告』Ⅹ）　横浜市埋蔵文化財センター

E―5：武井則道　1990「E―5遺跡」『全遺跡調査概要』（『港北ニュータウン地域内埋蔵文化財調査報告』Ⅹ）　横浜市埋蔵文化財センター

F―2：鈴木重信　1990「F―2遺跡」『全遺跡調査概要』（『港北ニュータウン地域内埋蔵文化財調査報告』Ⅹ）　横浜市埋蔵文化財センター

水窪（E―1）：伊藤　郭　1985『水窪遺跡・茅ヶ崎町遺跡群』（『港北ニュータウン地域内埋蔵文化財調査報告』Ⅶ）　横浜市埋蔵文化財調査委員会

権田原：鈴木重信　1990「権田原遺跡（ル8・9）」『全遺跡調査概要』（『港北ニュータウン地域内埋蔵文化財調査報告』Ⅹ）　横浜市埋蔵文化財センター

道中坂上：石井　寛　1990「道中坂上遺跡（G1・2）」『全遺跡調査概要』（『港北ニュータウン地域内埋蔵文化財調査報告』Ⅹ）　横浜市埋蔵文化財センター

G―5：宮沢　寛　1990「G―5遺跡」『全遺跡調査概要』（『港北ニュータウン地域内埋蔵文化財調査報告』Ⅹ）　横浜市埋蔵文化財センター

打越：伊藤　郭　1990「打越遺跡（G14）」『全遺跡調査概要』（『港北ニュータウン地域内埋蔵文化財調査報告』Ⅹ）　横浜市埋蔵文化財センター

山田大塚：石井　寛他　1990「山田大塚遺跡」『港北ニュータウン地域内埋蔵文化財調査報告』ⅩⅠ　横浜市埋蔵文化財センター

西ノ谷貝塚：坂本　彰「横浜市西ノ谷貝塚」『第11回神奈川県遺跡調査・研究発表会発表要旨』　同準備委員会、坂本　彰　1990「西ノ谷貝塚」『全遺跡調査概要』（『港北ニュータウン地域内埋蔵文化財調査報告』Ⅹ）　横浜市埋蔵文化財センター

C―16・17：武井則道　1990「C―16・17遺跡」『全遺跡調査概要』（『港北ニュータウン地域内埋蔵文化財調査報告』Ⅹ）　横浜市埋蔵文化財センター

権田上（勝田第6）：今井康博　1978「横浜市勝田第6・16遺跡の調査」『第2回神奈川県遺跡調査・研究発表会発表要旨』　同準備委員会、今井康博　1990「権田上遺跡（ヌ6）」『全遺跡調査概要』（『港北ニ

ュータウン地域内埋蔵文化財調査報告』Ⅹ）　横浜市埋蔵文化財センター
蛇山下(勝田第16)：今井康博　1978「横浜市勝田第6・16遺跡の調査」『第2回神奈川県遺跡調査・研究発表会発表要旨』　同準備委員会、今井康博　1990「蛇山下遺跡(ヌ16)」『全遺跡調査概要』(『港北ニュータウン地域内埋蔵文化財調査報告』Ⅹ）　横浜市埋蔵文化財センター
大熊仲町：坂上克弘・今井康博　1984「大熊仲町遺跡発掘調査概報」『調査研究集録』第5冊　港北ニュータウン埋蔵文化財調査団、坂上克弘他　2000『大熊仲町遺跡』(『港北ニュータウン地域内埋蔵文化財調査報告』26）　財団法人横浜市ふるさと歴史財団・横浜市教育委員会
大熊第17：今井康博　1990「大熊17遺跡」『全遺跡調査概要』(『港北ニュータウン地域内埋蔵文化財調査報告』Ⅹ）　横浜市埋蔵文化財センター
殿森：小宮恒雄　1990「殿森遺跡(ホ1)」『全遺跡調査概要』(『港北ニュータウン地域内埋蔵文化財調査報告』Ⅹ）　横浜市埋蔵文化財センター
月出松：小宮恒雄　1990「月出松遺跡(ホ9)」『全遺跡調査概要』(『港北ニュータウン地域内埋蔵文化財調査報告』Ⅹ）　横浜市埋蔵文化財センター
けんか山：鈴木重信　1990「けんか山遺跡(ヘ6)」『全遺跡調査概要』(『港北ニュータウン地域内埋蔵文化財調査報告』Ⅹ）　横浜市埋蔵文化財センター
原出口：石井　寛　1995『川和向原遺跡・原出口遺跡』『港北ニュータウン地域内埋蔵文化財調査報告』ⅩⅨ　財団法人ふるさと歴史財団
東方第19：宮沢　寛　1990「東方19遺跡(ト19)」『全遺跡調査概要』(『港北ニュータウン地域内埋蔵文化財調査報告』Ⅹ）　横浜市埋蔵文化財センター
寅ヶ谷東：小宮恒雄　1990「寅ヶ谷東遺跡(チ5)」『全遺跡調査概要』(『港北ニュータウン地域内埋蔵文化財調査報告』Ⅹ）　横浜市埋蔵文化財センター
川和向原：石井　寛　1995『川和向原遺跡・原出口遺跡』『港北ニュータウン地域内埋蔵文化財調査報告』ⅩⅨ　財団法人ふるさと歴史財団
三の丸：伊藤　郭他　1983『三の丸遺跡発掘調査報告書』(『文化財シリーズ』57—1）　横浜市教育委員会、伊藤郭他　1985「三の丸遺跡調査概報」『港北ニュータウン地域内埋蔵文化財調査報告』Ⅵ　横浜市埋蔵文化財調査委員会
大丸：伊藤　郭　1990「大丸遺跡(チ6)」『全遺跡調査概要』(『港北ニュータウン地域内埋蔵文化財調査報告』Ⅹ）　横浜市埋蔵文化財センター
小高見：小宮恒雄　1990「小高見遺跡(チ55)」『全遺跡調査概要』(『港北ニュータウン地域内埋蔵文化財調査報告』Ⅹ）　横浜市埋蔵文化財センター
小丸(池辺第14)：坂上克弘・石井　寛　1976「縄文時代後期の長方形柱穴列」『調査研究集録』第1冊　港北ニュータウン埋蔵文化財調査団、坂上克弘　1977「横浜市池辺第14遺跡の調査」『第1回神奈川県遺跡調査・研究発表会発表要旨』　同準備委員会、坂上克弘　1990「小丸遺跡(チ14)」『全遺跡調査概要』(『港北ニュータウン地域内埋蔵文化財調査報告』Ⅹ）、横浜市埋蔵文化財センター、緑区史編纂委員会　1985『横浜緑区史』第1巻、石井　寛　1999『小丸遺跡』(『港北ニュータウン地域内埋蔵文化財調査報告』25）　財団法人横浜市ふるさと歴史財団
二ノ丸：富永富士雄　1979「横浜市二ノ丸遺跡(チ3)の調査」『第3回神奈川県遺跡調査・研究発表会発表要旨』　同準備委員会
高山：小宮恒雄　1990「高山遺跡(チ11)」『全遺跡調査概要』(『港北ニュータウン地域内埋蔵文化財調査報告』Ⅹ）　横浜市埋蔵文化財センター
桜並：坂上克弘　1995『桜並遺跡』(『港北ニュータウン地域内埋蔵文化財調査報告』ⅩⅧ）　財団法人ふるさと歴史財団
ドウ屋敷：三宅正吉　1984『横浜市緑区十日市場ドウ屋敷遺跡発掘報告』　横浜市埋蔵文化財調査委員会
A—8：宮沢　寛　1990「A—8遺跡」『全遺跡調査概要』(『港北ニュータウン地域内埋蔵文化財調査報告』Ⅹ）　横浜市埋蔵文化財センター

玄海田：伊丹　徹　1989「玄海田（№3）遺跡」『年報8　昭和63年度』　神奈川県立埋蔵文化財センター、伊丹徹他　1997『長津田遺跡群　玄海田遺跡・玄海田南遺跡　長津田地区特定土地区画整理事業に伴う発掘調査』（『かながわ考古学財団調査報告』14）　財団法人かながわ考古学財団

住撰（№5）：坂口滋告　1992「住撰（№5）遺跡」『年報11　平成3年度』神奈川県立埋蔵文化財センター、伊丹徹他　1996『長津田遺跡群Ⅱ　住撰遺跡　長津田地区特定土地区画整理事業に伴う発掘調査』（『かながわ考古学財団調査報告』12）　財団法人かながわ考古学財団

西之谷大谷：滝沢　亮他　1988『西之谷大谷遺跡―東洋英和女学院横浜校地造成にかかる埋蔵文化財調査概要報告書―』

新羽第9：坂上克弘・石井　寛　1976「縄文時代後期の長方形柱穴列」『調査研究集録』第1冊　港北ニュータウン埋蔵文化財調査団、伊藤　郭　1990「新羽遺跡（ハ9）」『全遺跡調査概要』（『港北ニュータウン地域内埋蔵文化財調査報告』Ⅹ）　横浜市埋蔵文化財センター

伊勢原：伊藤秀吉　1985「昭和58年度県内埋蔵文化財発掘調査概要　伊勢原遺跡」『神奈川県埋蔵文化財調査報告』27　神奈川県教育委員会

神隠丸山：伊藤　郭　1980「横浜市神隠丸山遺跡（ル1・2）の調査」『第4回神奈川県遺跡調査・研究発表会発表要旨』　第4回神奈川県遺跡調査・研究発表会準備委員会

大原：坂本　彰・鈴木重信　1982「横浜市大原（新吉田第7）遺跡の調査―弥生時代後期の集落址を中心として―」『第6回神奈川県遺跡調査・研究発表会発表要旨』　同準備委員会

北川貝塚：坂本　彰・鈴木重信　1984「横浜市北川貝塚の調査」『第8回神奈川県遺跡調査・研究発表会発表要旨』　同準備委員会

菅田羽沢農業専用地区：井上義弘他　1973「横浜市神奈川区菅田・羽沢農業専用地区造成予定地内発掘調査報告」『昭和47年度横浜市埋蔵文化財調査報告書』Ⅱ　横浜市埋蔵文化財調査委員会

平台北：戸田哲也他　1984『横浜市菅田町平台北遺跡群発掘調査報告書』　横浜市東部方面高校建設予定地内遺跡発掘調査団

羽沢大道：中山良他　1993『横浜市神奈川区羽沢大道遺跡発掘調査報告書』　県営羽沢団地内遺跡発掘調査団

都筑自然公園予定地内№5：橋本昌幸　1991『都筑自然公園予定地内遺跡群（2）発掘調査報告』　横浜市埋蔵文化財センター

上白根おもて：平子順一他　1984『上白根おもて遺跡発掘調査報告―県営上白根団地建設に伴う埋蔵文化財調査報告書―』　横浜市埋蔵文化財調査委員会

市ノ沢団地：日野一郎他　1992「市ノ沢団地遺跡」『平成3年度文化財年報（埋蔵文化財その10）』　横浜市教育委員会、日野一郎他　1993「市ノ沢団地遺跡」『平成4年度文化財年報（埋蔵文化財その11）』　横浜市教育委員会、境　雅仁他　1997『市ノ沢団地遺跡　県営市ノ沢団地建設に伴う発掘調査報告書』　市ノ沢団地遺跡調査団

阿久和宮腰：戸田哲也・中山良　1995「横浜市阿久和宮腰遺跡（一次調査）」『第19回神奈川県遺跡調査・研究発表会発表要旨』　神奈川県考古学会

川島町西原：岡本　勇他　1989「川島町西原遺跡」『昭和63年度文化財年報（埋蔵文化財その7）』　横浜市教育委員会

帷子峯：近藤英夫他　1984『帷子峯遺跡―横浜新道三ツ沢ジャンクション建設予定地区遺跡発掘調査報告書―』　横浜新道三ツ沢ジャンクション遺跡調査会

仏向貝塚：戸田哲也　1993「仏向貝塚」『平成4年度文化財年報（埋蔵文化財その11）』　横浜市教育委員会

清水ヶ丘：横浜市埋蔵文化財調査団（石井　寛）　1979「横浜市清水ヶ丘遺跡（仮称）の調査」『第3回神奈川県遺跡調査・研究発表会発表要旨』　同準備委員会

稲荷山貝塚：松田光太郎　2000「神奈川県横浜市稲荷山貝塚の発掘調査」『考古学ジャーナル』№465

猿田：桜井清彦　1967「縄文中期の集落跡―横浜市洋光台猿田遺跡―」『考古学ジャーナル』№7、山本暉久　1993「横浜市洋光台猿田遺跡発見の柄鏡形住居址とその出土遺物」『縄文時代』第4号

三殿台：田中義昭他　1968『三殿台―横浜市三殿台遺跡集落址発掘調査の記録―』　三殿台遺跡調査報告書刊行会

青ヶ台：佐野大和・西田泰民他　1994『横浜市金沢区青ヶ台貝塚発掘調査概報』
称名寺Ⅰ：岸上與一郎他　1984『称名寺Ⅰ貝塚発掘調査報告』　横浜市埋蔵文化財調査委員会
島ノ神西：永井正憲　1985『関谷島ノ神西遺跡発掘調査報告書』　関谷島ノ神西遺跡発掘調査団・鎌倉市教育委員会
東正院：鈴木保彦　1972『東正院遺跡調査報告―神奈川県鎌倉市関谷所在の縄文時代遺跡について―』　神奈川県教育委員会・東正院遺跡調査団
油壺：須田英一　1995「三浦市油壺遺跡」『第19回神奈川県遺跡調査・研究発表会』発表要旨　神奈川県考古学会、須田英一　1996「三浦市油壺遺跡」『神奈川県埋蔵文化財調査報告』38　神奈川県教育委員会
西富貝塚：寺田兼方　1964『西富貝塚発掘調査報告』(『藤沢市文化財調査報告』第1集)　藤沢市教育委員会、同　1970「藤沢市西富貝塚第3次調査概報」(『藤沢市文化財調査報告』第6集)　藤沢市教育委員会
善行：秋山重美他　1994『神奈川県藤沢市善行遺跡発掘調査報告書』　善行遺跡発掘調査団
鳥居前：神奈川県立埋蔵文化財センター・財団法人かながわ考古学財団　1996『パネルディスカッション「敷石住居の謎に迫る』資料集、中田　英他　1996「用田バイパス関連遺跡群(鳥居前遺跡・南原遺跡)」『年報』2(平成6年度)　財団法人かながわ考古学財団
行谷：西村正衛　1954「神奈川県高座郡行谷貝塚」『日本考古学年報』2
文教大学校地：未報告
海老名本郷：富士ゼロックス株式会社　1979『海老名市富士ゼロックス工場敷地内　海老名本郷遺跡』
望地：寺田兼方　1957「敷石住居址の研究(3)」『若木考古』第46号
杉久保：河野一也他　1983「杉久保遺跡」『日本窯業史研究所年報』Ⅱ、同　1984「杉久保遺跡」『日本窯業史研究所年報』Ⅲ
上土棚南：井関文明他　2000『上土棚南遺跡　第4次調査　蓼川改修事業に伴う発掘調査』(『かながわ考古学財団調査報告』109)　財団法人かながわ考古学財団
平和坂：滝沢　亮他　1993『神奈川県座間市平和坂遺跡』　平和坂遺跡発掘調査団
米軍キャンプ座間地内：佐々木竜郎他　2000『神奈川県座間市米軍キャンプ座間地内遺跡発掘調査報告書』　米軍キャンプ座間地内遺跡発掘調査団
間の原：浅野　寛他　1987『間の原遺跡―目久尻川栗原遊水池建設に伴う発掘調査記録(昭和61年度総合治水対策特定河川事業)―』　神奈川県土木部・座間市教育委員会・間の原遺跡発掘調査団
中原加知久保：浅野　寛他　1984『中原・加知久保遺跡発掘調査報告書』(『座間市文化財調査報告書』第10集)　座間市教育委員会
市立中原小学校：浅野　寛他　1987『間の原遺跡―目久尻川栗原遊水池建設に伴う発掘調査記録(昭和61年度総合治水対策特定河川事業)―』　神奈川県土木部・座間市教育委員会・間の原遺跡発掘調査団
上栗原D：浅野　寛他　1982『上栗原D遺跡発掘調査報告書』(『座間市文化財調査報告書』第10集)　座間市教育委員会
栗原：石野　瑛　1953「湘西酒匂平野地域の遺跡　史跡と文化財」『神奈川県文化財調査報告』第20集　神奈川県教育委員会
市立栗原中学校：浅野　寛他　1987『間の原遺跡―目久尻川栗原遊水池建設に伴う発掘調査記録(昭和61年度総合治水対策特定河川事業)―』　神奈川県土木部・座間市教育委員会・間の原遺跡発掘調査団
台山：麻生順司他　1988『神奈川県大和市台山遺跡発掘調査報告書』　台山遺跡発掘調査団
下鶴間長堀：相田　薫他　1993『下鶴間長堀遺跡第2地点』(『大和市文化財調査報告書』第57集)　大和市教育委員会
九坊院：江藤　昭　1983『九坊院遺跡』　相模原市九坊院遺跡調査団
新戸：御堂島正　1988『新戸遺跡―県立新磯高校建設にともなう調査―』(『神奈川県立埋蔵文化財センター調査報告』17)　神奈川県立埋蔵文化財センター
橋本：大貫英明他　1986『橋本遺跡Ⅶ　縄文時代編』　相模原市橋本遺跡調査会
下溝鳩川：迫　和幸他　1994『神奈川県相模原市下溝鳩川遺跡発掘調査報告書』　下溝鳩川遺跡発掘調査団、迫

　　　　　　和幸　1997「石棒敷設の敷石住居址」『考古論叢　神奈河』第6集
下溝上谷開戸：小池　聡他　1998『神奈川県相模原市下溝上谷開戸遺跡―相模原市下溝上谷開戸土地区画整理事業
　　　地内遺跡の発掘調査―』　相模原市下溝上谷開戸遺跡発掘調査団
稲荷林：江藤　昭　1981『稲荷林遺跡―神奈川県相模原市下溝稲荷林遺跡調査概報―』　相模原市下溝稲荷林遺跡
　　　調査団
下森：寺田兼方　1957「敷石住居址の研究（2）」『若木考古』第45号
半在家：八幡一郎　1925「遺跡にある自然石（其二）」『人類学雑誌』第40巻4号
大島：石野　瑛　1934「神奈川県下に於ける石器時代住居址」『神奈川県史跡名勝天然記念物調査報告書』第2輯
　　　神奈川県
勝坂D地点：大川　清他　1975『神奈川県相模原市勝坂遺跡D地点調査概報（遺構確認調査報告）』　相模原市教育
　　　委員会
勝坂D地点隣接地：青木　豊他　1981『勝坂遺跡―勝坂遺跡国指定隣接地遺跡試掘調査報告―』　相模原市教育委
　　　員会
当麻第3地点：白石浩之他　1977『当麻遺跡・上依知遺跡――一般国道129号線改良工事にともなう調査―』（『神奈
　　　川県埋蔵文化財調査報告』12）　神奈川県教育委員会
田名花ヶ谷：滝沢　亮他　1993『相模原市田名塩田原地区遺跡群　田名花ヶ谷戸遺跡（資料編）』　田名塩田原地区
　　　埋蔵文化財調査団
田名四ッ谷：相模原市教育委員会・河本雅人　2001「田名四ッ谷遺跡―公共下水道清水系統整備工事に伴う工事立
　　　会の報告―」『埋蔵文化財発掘調査概報集』（『相模原市埋蔵文化財調査報告』25）　相模原市教育委
　　　員会
上中丸：三ツ橋正夫　1994『神奈川県相模原市上中丸遺跡』　相模原市当麻・下溝遺跡群調査会
当麻亀形：『当麻亀形遺跡の発掘調査について』　現地説明会資料　1996、大坪宣雄　1997「相模原市当麻亀形遺
　　　跡（№177）」『神奈川県埋蔵文化財調査報告』39　神奈川県教育委員会
田名塩田・西山：河本雅人　2000「平成11年度神奈川県内埋蔵文化財発掘調査一覧　田名塩田・西山遺跡（相模原
　　　市№180）」『神奈川県埋蔵文化財調査報告』43　神奈川県教育委員会
相模原市№84：岡本勇・三ッ橋和正　1998「相模原市№84遺跡」『相模原市埋蔵文化財調査報告』22　相模原市教
　　　育委員会
川尻：八幡一郎　1929「敷石遺跡の新資料」『人類学雑誌』第44巻7号、石野　瑛　1931「相模国谷ヶ原石器時代
　　　住居址群」『史跡名勝天然記念物』第6巻10号、荻野仲三郎・古谷　清　1935「神奈川県川尻石器時代遺
　　　跡」『史跡調査報告』第7輯、三上次男他　1972『史跡川尻石器時代遺跡調査概報』　神奈川県教育委員
　　　会、三上次男他　1988「史跡『川尻石器時代遺跡』の調査報告『青山考古』第6号、御堂島正他　1992
　　　『川尻遺跡―県道相模原津久井線川尻バイパス建設にともなう調査―』（『神奈川県立埋蔵文化財センター調
　　　査報告』21）　神奈川県立埋蔵文化財センター、加藤勝仁　1998「川尻遺跡」『平成9年度発掘調査成果発
　　　表会発表要旨』　財団法人かながわ考古学財団・神奈川県立埋蔵文化財センター・財団法人神奈川県教育福
　　　祉振興会、吉田浩明他　1999『神奈川県城山町川尻遺跡（城山町№1遺跡）発掘調査報告書』　城山町№1遺
　　　跡発掘調査団、加藤勝仁他　2000『川尻遺跡Ⅱ　谷ヶ原浄水場内事業に伴う発掘調査』（『かながわ考古学
　　　財団調査報告』69）　財団法人かながわ考古学財団
川尻中村：桜井真貴他　1998「新小倉橋関連遺跡」『平成9年度発掘調査成果発表会発表要旨』　財団法人かなが
　　　わ考古学財団・神奈川県立埋蔵文化財センター・財団法人神奈川県教育福祉振興会、桜井真貴他　1998
　　　「新小倉橋関連遺跡（川尻中村遺跡・原東遺跡）」『第22回神奈川県遺跡調査・研究発表会発表要旨』　神
　　　奈川県考古学会・鎌倉市教育委員会、天野賢一　2000『新小倉橋関連遺跡　原東遺跡・川尻中村遺跡
　　　図録』　財団法人かながわ考古学財団、天野賢一他　2002『川尻中村遺跡　県道510号（長竹川尻線）新小
　　　倉橋新設事業に伴う調査報告2』（『財団法人かながわ考古学財団調査報告』133）　財団法人かながわ考
　　　古学財団
原東：畠中俊明他　1997「新小倉橋関連遺跡」『財団法人かながわ考古学財団　平成8年度発掘調査成果発表会発

350　柄鏡形（敷石）住居址発見遺跡参考文献

表要旨』　財団法人かながわ考古学財団・神奈川県立埋蔵文化財センター、天野賢一他　2000『原東遺跡　県道510号（長竹川尻線）新小倉橋新設事業に伴う調査報告1』（『かながわ考古学財団調査報告』79）　財団法人かながわ考古学財団、天野賢一他　2000『新小倉橋関連遺跡　原東遺跡・川尻中村遺跡　図録』　財団法人かながわ考古学財団

内郷中学校：寺田兼方　1957「神奈川県津久井郡内郷中学校の敷石住居址」『上代文化』第27輯

寸沢嵐：古谷　清　1932「神奈川県寸沢嵐石器時代遺跡」『史跡調査報告』第6輯

寸嵐二号：吉田浩明　1998『神奈川県相模湖町寸嵐二号遺跡発掘調査報告書』　相模湖町№6遺跡発掘調査団

嵯峨：滝沢　亮　1987『藤野町嵯峨遺跡』　藤野町嵯峨遺跡調査会・藤野町教育委員会

青根中学校：石野　瑛　1958「津久井郡青根中学校庭敷石住居址」『武相文化』第114号、石野　瑛　1959「津久井郡青根中学校校庭敷石住居跡」『神奈川県文化財調査報告』第25集　神奈川県教育委員会、米沢容一　1986「昭和59年度県内埋蔵文化財発掘調査概要　青根中学校遺跡」『神奈川県埋蔵文化財調査報告』28

小池原：門倉久人　1960「相模津久井における敷石住居資料」『立正考古』第15号

三井：青木純三　1899「武相境界奥部に於ける石器土器の分布に就て」『東京人類学雑誌』第15巻164号

川坂：石野　瑛　1934「神奈川県下に於ける石器時代住居址」『神奈川県史跡名勝天然記念物調査報告書』第2輯　神奈川県

青根：石野　瑛　1958「津久井郡青根中学校庭敷石住居址」『武相文化』第114号

寺原：明星大学考古学研究部　1979『寺原遺跡見学会資料』、同　1985『写真集寺原遺跡』、高橋健樹他　1997『神奈川県津久井郡津久井町　寺原遺跡発掘調査報告書』　津久井町教育委員会

三ヶ木：岡本　勇　1989「縄文時代」『神奈川県史資料編』20（考古資料）

津久井町No.1：神奈川県立埋蔵文化財センター・財団法人かながわ考古学財団　1996『パネルディスカッション「敷石住居の謎に迫る」資料集

青根馬渡遺跡群№4遺跡：池田　治　1996「道志導水路関連遺跡群　青根馬渡遺跡群№4遺跡」『年報』3（平成7年度）　財団法人かながわ考古学財団、神奈川県立埋蔵文化財センター・財団法人かながわ考古学財団　1996『パネルディスカッション「敷石住居の謎に迫る」記録集、阿部友寿　1997「道志導水路関連遺跡群」『財団法人かながわ考古学財団　平成8年度発掘調査成果発表会発表要旨』　財団法人かながわ考古学財団・神奈川県立埋蔵文化財センター

大地開戸：河野喜映他　1992「青野原バイパス遺跡群　大地開戸遺跡」『年報』11（平成3年度）　神奈川県立埋蔵文化財センター、神奈川県立埋蔵文化財センター・財団法人かながわ考古学財団、1996『パネルディスカッション「敷石住居の謎に迫る」』資料集、河野喜映他　1995『青野原バイパス関連遺跡　梶ヶ原遺跡・大地開戸遺跡・明日庭遺跡・長谷原遺跡・大地遺跡』（『かながわ考古学財団調査報告』5）　財団法人かながわ考古学財団

青山開戸：服部実喜他　1997「青山開戸遺跡」『財団法人かながわ考古学財団　平成8年度発掘調査成果発表会発表要旨』　財団法人かながわ考古学財団・神奈川県立埋蔵文化財センター、小川岳人他　1997『青山開戸遺跡』（『かながわ考古学財団調査報告』29）　財団法人かながわ考古学財団

ナラサス（№15）：長岡史起他　1990『』宮ヶ瀬遺跡群Ⅱ　ナラサス遺跡・ナラサス北遺跡―宮ヶ瀬ダム建設にともなう調査―」『神奈川県立埋蔵文化財センター調査報告』21　神奈川県立埋蔵文化財センター

久保ノ坂（№4）：砂田佳弘他　1990「久保ノ坂（№4）遺跡」『神奈川県立埋蔵文化財センター年報』9（平成元年度）　神奈川県立埋蔵文化財センター、恩田　勇他　1998.3『宮ヶ瀬遺跡群ⅩⅥ　久保ノ坂（№4）遺跡　宮ヶ瀬ダム建設にともなう発掘調査』（『かながわ考古学財団調査報告』42）　財団法人かながわ考古学財団

北原（№9）：市川正史他　1994『宮ヶ瀬遺跡群Ⅳ　北原（№9）遺跡（2）・北原（№11）遺跡　宮ヶ瀬ダム建設にともなう調査」（『神奈川県立埋蔵文化財センター調査報告』21）　神奈川県立埋蔵文化財センター

馬場（№3）：市川正史他　1994『宮ヶ瀬遺跡群Ⅳ　北原（№9）遺跡（2）・北原（№11）遺跡　宮ヶ瀬ダム建設にとも

なう調査』(『神奈川県立埋蔵文化財センター調査報告』21)　神奈川県立埋蔵文化財センター、神奈川県立埋蔵文化財センター・財団法人かながわ考古学財団　1996『パネルディスカッション「敷石住居の謎に迫る」資料集、冨永樹之　1996『宮ヶ瀬遺跡群Ⅶ　馬場(No.3)遺跡　宮ヶ瀬ダム建設にともなう発掘調査』(『かながわ考古学財団調査報告』9)　財団法人かながわ考古学財団

馬場(No.6)：鈴木次郎　1995『宮ヶ瀬遺跡群　馬場(No.6)遺跡—宮ヶ瀬ダム建設に伴う発掘調査—』『かながわ考古学財団調査報告』Ⅴ　財団法人かながわ考古学財団

北原(No.11)：市川正史他　1994『宮ヶ瀬遺跡群Ⅳ　北原(No.9)遺跡(2)・北原(No.11)遺跡　宮ヶ瀬ダム建設にともなう調査』(『神奈川県立埋蔵文化財センター調査報告』21)　神奈川県立埋蔵文化財センター

北原(No.10・11北)：市川正史他　1995「清川村宮ヶ瀬遺跡群北原(No.10・11北)遺跡」『第19回神奈川県遺跡調査・研究発表会』発表要旨　神奈川県考古学会、市川正史他　1996「宮ヶ瀬遺跡群　北原(No.10・11北)遺跡」『年報』2(平成6年度)　財団法人かながわ考古学財団、市川正史他　1998『宮ヶ瀬遺跡群ⅩⅤ　北原(No.10・11北)遺跡—宮ヶ瀬ダム建設にともなう発掘調査—』(『かながわ考古学財団調査報告』41)　財団法人かながわ考古学財団

表の屋敷(No.8)：市川正史他　1994「宮ヶ瀬遺跡群　表の屋敷(No.8)遺跡」『神奈川県立埋蔵文化財センター年報』13(平成5年度)　神奈川県立埋蔵文化財センター、神奈川県立埋蔵文化財センター・財団法人かながわ考古学財団　1996『パネルディスカッション「敷石住居の謎に迫る」資料集、恩田　勇他　1997『宮ヶ瀬遺跡群ⅩⅢ　表の屋敷(No.8)遺跡　宮ヶ瀬ダム建設に伴う発掘調査』(『かながわ考古学財団調査報告』19)　財団法人かながわ考古学財団

南(No.2)：砂田佳弘他　1990「南(No.2)遺跡」『神奈川県立埋蔵文化財センター年報』9(平成元年度)　神奈川県立埋蔵文化財センター、神奈川県立埋蔵文化財センター・財団法人かながわ考古学財団　1996『パネルディスカッション「敷石住居の謎に迫る」資料集、恩田　勇他　1996『宮ヶ瀬遺跡群Ⅷ南(No.2)遺跡・馬場(No.5)遺跡　宮ヶ瀬ダム建設にともなう発掘調査』(『かながわ考古学財団調査報告』10)　かながわ考古学財団

上細野：石野　瑛　1953「湘西・湘北に遺跡・遺物を探ねて」『武相文化』第51号

臼ヶ谷：石野　瑛　1934「神奈川県下に於ける石器時代住居址」『神奈川県史跡名勝天然記念物調査報告書』第2輯　神奈川県、石野　瑛　1941「相模国愛甲郡半原臼ヶ谷及び原臼住居址調査記」『考古集録』第4冊

原臼：石野　瑛　1941「相模国愛甲郡半原臼ヶ谷及び原臼住居址調査記」『考古集録』第4冊

萱山：石野　瑛　1954「神奈川県愛甲郡萱山遺跡」『日本考古学年報』2

山ノ上：大上周三　1989「厚木市山ノ上遺跡Ⅱ」『神奈川県文化財調査報告書』第48集　神奈川県教育委員会

及川天台(及川遺跡群第10区)：北川吉明他　1992『及川遺跡群—神奈川県厚木市一般国道412号線本厚木・上荻野バイパス事業に伴う発掘調査概要報告書—』　一般国道412号線発掘調査団、香村紘一　1997『及川天台遺跡—神奈川県厚木市一般国道412号本厚木・上荻野バイパス事業に伴う発掘調査報告書(Ⅶ)—』　国道412号線遺跡発掘調査団

関口久保：小池　聡　1994.3「平成4年度神奈川県内埋蔵文化財調査概要　関口久保遺跡(No.166)」『神奈川県埋蔵文化財調査報告』36

東谷戸：戸田哲也・迫和幸　1994『神奈川県厚木市東谷戸遺跡発掘報告書』　上荻野東部土地区画整理事業区域内遺跡発掘調査団

下依知大久根：北川吉明他　1987『下依知大久根遺跡—神奈川県厚木市下依知大久根遺跡第2次調査報告—』　厚木市下依知大久根遺跡調査団

神成松：高橋勝広他　1995『神奈川県伊勢原市神成松遺跡発掘調査報告書』　神成松遺跡発掘調査団

東大竹・山王塚(八幡台)：伊勢原市・伊勢原市教育委員会　1991『市制20周年記念　第4回考古資料展—東大竹地区の遺跡群の調査から—』、諏訪間伸　1992「東大竹・山王塚(八幡台)遺跡」『文化財ノート』2　伊勢原市教育委員会、秋田かな子　1995「八幡台遺跡出土の縄文後期土器について」『東海史学』第29号

八幡台：石野　瑛　1934「相模国八幡台石器時代住居址群調査報告」『史前学雑誌』第6巻1号、石野　瑛　1936

柄鏡形（敷石）住居址発見遺跡参考文献

「伊勢原町八幡台石器時代住居址群調査記」『考古集録』第3冊、赤星直忠　1938「神奈川県伊勢原町八幡台住居址」『考古学』第9巻3号、江藤　昭　1979『八幡台遺跡―神奈川県伊勢原市八幡台敷石住居址調査報告書―』　伊勢原市八幡台遺跡調査団

三ノ宮：石野　瑛　1934「神奈川県下に於ける石器時代住居址」『神奈川県史跡名勝天然記念物調査報告書』第2輯　神奈川県

三ノ宮・宮ノ前：難波　明・諏訪間順　1989「伊勢原市三ノ宮・宮ノ前遺跡の調査」『第13回神奈川県遺跡調査・研究発表会発表要旨』　同準備委員会

三ノ宮・宮ノ前(Ⅴ)：立花　実　1993「平成3年度神奈川県内埋蔵文化財発掘調査概要　三ノ宮・宮ノ前(Ⅴ)遺跡」『神奈川県埋蔵文化財調査報告』35　神奈川県教育委員会

三ノ宮・下谷戸：小出義治　1971「神奈川県三の宮配石遺構」『北奥古代文化』第3号

三ノ宮・下谷戸（東海自動車道No.14）：宍戸信悟他　1993「No.14遺跡」『神奈川県立埋蔵文化財センター年報』12（平成4年度）　神奈川県立埋蔵文化財センター、宍戸信悟　1996「第一東海自動車道遺跡　三ノ宮・下谷戸（No.14）遺跡」『年報』3（平成7年度）財団法人かながわ考古学財団、宍戸信悟他　2000『三ノ宮・下谷戸（No.14）Ⅱ　第一東海自動車道(東名高速道路)厚木～大井松田間拡幅工事に伴う調査報告17―伊勢原市内―』(『かながわ考古学財団調査報告』76)　財団法人かながわ考古学財団

下北原：鈴木保彦　1977『下北原遺跡―伊勢原市下北原所在の縄文時代配石遺構の調査―』(『神奈川県埋蔵文化財調査報告』14)　神奈川県教育委員会

沼目・坂戸第Ⅱ地点：福田　良他　1999『神奈川県伊勢原市沼目・坂戸遺跡第Ⅱ地点発掘調査書』　沼目・坂戸(Ⅱ)遺跡発掘調査団

御嶽：井上　淳　1993「平成3年度神奈川県内埋蔵文化財発掘調査概要　岡崎・御嶽遺跡(No.1)」『神奈川県埋蔵文化財調査報告』35　神奈川県教育委員会

上粕屋・川上(No.5)：宍戸信悟他　1998『東富岡・杉戸遺跡(No.38)、東富岡・北三間遺跡(No.4)、上粕屋・川上遺跡(No.5・6)、上粕屋・三本松遺跡(No.7)、上粕屋・川上西遺跡(No.8)　(1)本文　第一東海自動車道(東名高速道路)厚木～大井松田間拡幅工事に伴う調査8　伊勢原市内』(『かながわ考古学財団調査報告』34)　財団法人かながわ考古学財団

寺山：八幡一郎・矢島栄一　1935「相模国中郡寺山の敷石遺構」『人類学雑誌』第50巻12号、石野　瑛　1936「東秦野村寺山金目台石器時代住居址群調査記」『考古集録』第3冊、安藤文一他　1990「秦野市寺山遺跡の調査」『第14回神奈川県遺跡調査・研究発表会発表要旨』　同準備委員会、安藤文一　1996「西丹沢山麓の縄文集落と柄鏡形(敷石)住居址」『パネルディスカッション「敷石住居の謎に迫る」』資料集　神奈川県立埋蔵文化財センター・財団法人かながわ考古学財団

東開戸：安藤文一　1992「秦野市東開戸遺跡の調査」『第16回神奈川県遺跡調査・研究発表会発表要旨』　神奈川県考古学会、安藤文一　1996「西丹沢山麓の縄文集落と柄鏡形(敷石)住居址」『パネルディスカッション「敷石住居の謎に迫る」』資料集　神奈川県立埋蔵文化財センター・財団法人かながわ考古学財団

落播：石野　瑛　1934「神奈川県下に於ける石器時代住居址」『神奈川県史跡名勝天然記念物調査報告書』第2輯　神奈川県

曽屋吹上：高山　純他　1975『曽屋吹上―配石遺構発掘調査報告書―＜図録編＞』

中里：上田　薫　1993「平成3年度神奈川県内埋蔵文化財発掘調査概要　東名No.31・中里遺跡(No.49)」『神奈川県埋蔵文化財調査報告』35　神奈川県教育委員会、村上吉正他　1997『中里遺跡(No.31)・西大竹上原遺跡(No.32)』(『かながわ考古学財団調査報告』30)財団法人かながわ考古学財団

太岳院：山本守男　1994「太岳院遺跡92-5地点発掘調査」『秦野の文化財』第30集　秦野市教育委員会、山本守男　1994「太岳院遺跡92-6地点発掘調査」『秦野の文化財』第30集　秦野市教育委員会

今泉峰(Ⅱ号遺跡B地区)：増田精一他　1998『今泉遺跡群　秦野市今泉台特定土地区画整理事業に伴う今泉地区遺跡群発掘調査報告書』　今泉地区遺跡群発掘調査団

稲荷木：天野賢一他　2002『稲荷木遺跡　県営農林漁業用揮発油税財源身替道路整備事業に伴う発掘調査』(『かながわ考古学財団調査報告』127)　財団法人かながわ考古学財団
王子ノ台：近藤英夫　1980「平塚市王子台遺跡の調査」『第4回神奈川県遺跡調査・研究発表会発表要旨』　同準備委員会、常木　晃他1990「平塚市王子ノ台遺跡(西地区)」『第14回神奈川県遺跡調査・研究発表会発表要旨』　同準備委員会、秋田かな子他　1991『東海大学校地内遺跡調査団報告』2　東海大学校地内遺跡調査委員会・同調査団
上吉沢：江坂輝弥他　1964「平塚市上吉沢敷石遺跡調査」『平塚市文化財調査報告』第5集　平塚市教育委員会
上吉沢市場地区(A地区)：上村光二　1994「平成4年度神奈川県内埋蔵文化財発掘調査概要　上吉沢市場地区遺跡(No109)」『神奈川県埋蔵文化財調査報告』36　神奈川県教育委員会、佐々木竜郎他　2000『神奈川県平塚市上吉沢市場地区遺跡群発掘調査報告書』　平塚市・平塚市上吉沢市場地区遺跡群発掘調査団
上ノ入B：小島弘義他　1975「上ノ入遺跡B地点第1次・第2次」『平塚市発掘調査の回顧と展望』(『平塚市博物館資料』No2)　平塚市教育委員会・平塚市博物館準備室、平塚市博物館　1976『秋季特別展　発掘への招待—相模川流域の縄文文化—』、小島弘義他　1978「上ノ入B遺跡第3次・第4次調査」『平塚市発掘調査の回顧と展望Ⅱ』(『平塚市博物館資料』No13)　平塚市博物館、平塚市博物館
原口：神奈川県立埋蔵文化財センター・財団法人かながわ考古学財団　1996『パネルディスカッション「敷石住居の謎に迫る』資料集、長岡文紀他　2002『原口遺跡Ⅲ　縄文時代　農業総合研究所建設に伴う発掘調査』(『かながわ考古学財団調査報告』134)　財団法人かながわ考古学財団
東向：村上吉正他　1998『東向遺跡(No33)　第一東海自動車道厚木・大井松田間改築事業に伴う調査報告5—中井町内—』(『かながわ考古学財団調査報告』31)　財団法人かながわ考古学財団
入谷津総合グラウンド：石野　瑛　1953「湘西酒匂平野地域の遺跡　史跡と文化財」『神奈川県文化財調査報告』第20集　神奈川県教育委員会
南船ヶ原：石野　瑛　1955「神奈川県小田原市南船ヶ原遺跡」『日本考古学年報』4
天神山：寺田兼方　1957「敷石住居址の研究(2)」『若木考古』第45号
星山：石野　瑛　1953「湘西酒匂平野地域の遺跡　史跡と文化財」『神奈川県文化財調査報告』第20集　神奈川県教育委員会
欠ノ上：寺田兼方　1957「敷石住居址の研究(2)」『若木考古』第45号
沼代：西村正衛　1950「神奈川県足柄下郡下中村沼代石器時代敷石住居址調査略報」『考古学雑誌』第36巻2号
諏訪ノ原清掃工場建設予定地：山内昭二他　1981『小田原市久野諏訪ノ原清掃工場建設予定地遺跡発掘調査報告書』(『小田原市文化財調査報告書』第11集)　小田原市教育委員会
北側下：神奈川県立埋蔵文化財センター・財団法人かながわ考古学財団　1996『パネルディスカッション「敷石住居の謎に迫る』』資料集、小池　聡　1997「久野北側下遺跡第Ⅱ地点」『神奈川県埋蔵文化財調査報告』39　神奈川県教育委員会
御組長屋(No11)第Ⅱ地点：戸田哲也・小林義典　1997「小田原市御組長屋遺跡(No11)第Ⅱ地点」『第21回神奈川県遺跡調査・研究発表会発表要旨』　神奈川県考古学会・小田原市教育委員会・神奈川県教育委員会、都市計画道路小田原早川線改良工事遺跡発掘調査団　2001『御組長屋遺跡第Ⅰ～Ⅳ地点　都市計画道路小田原早川線街路整備事業に伴う埋蔵文化財発掘調査の概要』　神奈川県小田原土木事務所、小林義典他　2001『神奈川県小田原市御組長屋遺跡第Ⅰ・Ⅱ・Ⅲ・Ⅳ地点発掘調査報告書—都市計画道路小田原早川線街路整備事業に伴う埋蔵文化財発掘調査—』都市計画道路小田原早川線改良工事遺跡発掘調査団
森上：小林義典　1998『森上遺跡第Ⅰ・Ⅱ・Ⅲ地点』　小田原市No114遺跡発掘調査団
馬場：杉山博久・神沢勇一　1969『馬場遺跡の縄文時代配石遺構』富士フィルム株式会社、杉山博久　1989「原始編」『南足柄市史』1 (資料編　自然・原始・古代中世)　南足柄市
狩野一色(化粧地蔵)：石野　瑛　1953「湘西酒匂平野地域の遺跡　史跡と文化財」『神奈川県文化財調査報告』第20集　神奈川県教育委員会

354 　柄鏡形（敷石）住居址発見遺跡参考文献

関口久保：小池　聡　1994「平成4年度神奈川県内埋蔵文化財発掘調査概要　関口久保遺跡（№166）」『神奈川県埋蔵文化財調査報告』36　神奈川県教育委員会
塚田：安藤文一　1994「南足柄市塚田遺跡」『第18回神奈川県遺跡調査・研究発表会発表要旨』神奈川県考古学会・財団法人かながわ考古学財団、安藤文一　1996「西丹沢山麓の縄文集落と柄鏡形（敷石）住居址」『パネルディスカッション「敷石住居の謎に迫る」』資料集　神奈川県立埋蔵文化財センター・財団法人かながわ考古学財団
五反畑：安藤文一　1998「南足柄市五反畑遺跡」『第22回神奈川県遺跡調査・研究発表会発表要旨』　神奈川県考古学会・鎌倉市教育委員会
芭焦：石野　瑛　1939「相模国田村芭焦住居址と金田村金子台遺跡」『神奈川県史跡名勝天然記念物調査報告書』第7輯　神奈川県、同　1941「相模国足柄上郡山田村住居址と金子台遺跡」『考古集録』第4冊
金子台：赤星直忠　1974『神奈川県金子台遺跡』（『横須賀考古学会研究調査報告』3）　横須賀考古学会
根石：安藤文一　1991「平成元年度神奈川県内埋蔵文化財発掘調査概要　根石遺跡」『神奈川県埋蔵文化財調査報告』33　神奈川県教育委員会
城山：安藤文一「足柄上郡松田町城山遺跡発掘調査報告」『神奈川県埋蔵文化財調査報告』31　神奈川県教育委員会
尾崎：岡本孝之他　1977『尾崎遺跡—酒匂川総合開発事業にともなう調査—』（『神奈川県埋蔵文化財調査報告』13）　神奈川県教育委員会

　東京都
伊皿子：高山　優他　1981『伊皿子貝塚』　日本電信電話公社・港区伊皿子貝塚遺跡調査会
馬込：野本孝明　1984「昭和57年度遺跡発掘調査報告」『大田区の文化財』第4集　大田区教育委員会、野本孝明　1984「大田区馬込貝塚の調査」『東京都遺跡調査・研究発表会Ⅸ発表要旨』　武蔵野文化協会考古学部会・東京都教育委員会・世田谷区教育委員会
百人町C区：未報告
喜久井町：木田　真他　1998『東京都新宿区喜久井町遺跡　早稲田大学喜久井町キャンパス地点—文部省ハイテクリサーチ補助事業による研究棟新築工事に伴う埋蔵文化財発掘調査報告書—』　早稲田大学・新宿区喜久井町遺跡調査団
豊沢貝塚：菊池　真他　1999『東京都渋谷区豊沢貝塚第2地点発掘調査報告書』　豊沢貝塚遺跡調査会
東山：吉田　格　1989「目黒区東山遺跡」『東京都遺跡調査・研究発表会14発表要旨』　武蔵野文化協会考古学部会・東京都教育委員会・北区教育委員会、吉田　格他　1993『東京都目黒区東山遺跡Ⅹ地点—㈱鴻池組社員寮建設に伴う調査—』（『目黒区埋蔵文化財発掘調査報告書』第4集）　目黒区東山遺跡（Ⅹ地点）調査会
大蔵：石井則孝他　1962「大蔵遺跡」『新修世田谷区史』付編　新修世田谷区史編纂委員会、十菱駿武他　1984『上之台遺跡Ⅰ・大蔵遺跡』　世田谷区教育委員会・世田谷区遺跡調査会
廻沢北：十菱駿武他　1984『廻沢北遺跡Ⅰ』　世田谷区教育委員会・世田谷区遺跡調査会、品川裕昭他　1981『廻沢北遺跡　第5・6次調査概報』　世田谷区教育委員会・世田谷区遺跡調査会
下野毛：高杉尚宏他　1992『下野毛遺跡Ⅱ』　世田谷区教育委員会・下野毛遺跡第5次調査会
釜寺東：重住　豊　1981『釜寺東　方南2丁目都営住宅跡地内埋蔵文化財調査報告書』（『杉並区埋蔵文化財調査報告書』第9集）　東京都住宅局・杉並区教育委員会
高井戸山中：平山久夫他　1982「杉並区高井戸山中遺跡の調査」『遺跡調査・研究発表会Ⅶ発表要旨』　武蔵野文化協会考古学部会・東京都教育委員会
光明院南：重住　豊　1979『光明院南』（『埋蔵文化財調査報告書』Ⅱ）　杉並古代研究会
扇山：矢島清作・村主誠二郎　1940「東京都上石神井扇山遺跡の平地住居遺構」『考古学雑誌』第30巻2号、佐伯弘晃他　1982『扇山遺跡—石神井台・東京医大校地縄文遺跡—』　東京医科大学
貫井2丁目：富樫雅彦他　1985『貫井二丁目遺跡』　練馬区遺跡調査会
中島：河野重義他　1995『東京都練馬区中島遺跡調査報告書』　中島遺跡調査会・東京都住宅局

赤羽台：1986『赤羽台・袋低地遺跡』
大門：石川日出志・隅田　真　1989「板橋区大門遺跡」『東京都遺跡調査・研究発表会14発表要旨』　武蔵野文化協会・東京都教育委員会・北区教育委員会
東谷戸：中島広顕他　1994『西ヶ原貝塚・東谷戸遺跡』(『北区埋蔵文化財調査報告』第12集　東京都北区教育委員会)
八幡原：鈴木敏弘他　1990『赤羽台遺跡―八幡神社地区―』　東北新幹線赤羽地区遺跡調査会・東日本旅客鉄道株式会社、同　1984『八幡原遺跡の発掘―八幡神社地区の調査の概要―』　東北新幹線赤羽地区遺跡調査会
御殿前：小林三郎他　1988『御殿前遺跡』(『北区埋蔵文化財調査報告書』第4集)　北区教育委員会
下野谷：柳谷　博他　2000『下野谷遺跡Ⅱ―縄文時代中期(2)―』　早稲田大学校地埋蔵文化財整理室編・早稲田大学
自由学園：大場磐雄　1936「自由学園内の石器時代敷石住宅阯」『史前学雑誌』第8巻4号
自由学園南：井口直司他　1991『自由学園南遺跡』(『東久留米市埋蔵文化財発掘調査報告書』第16集)　東久留米市教育委員会
新山：山崎　丈他　1981『新山遺跡』(『東久留米市埋蔵文化財調査報告』第8集)　新山遺跡調査会・東久留米市教育委員会、山崎　丈他　1984『新山遺跡―第Ⅴ次調査区域発掘調査報告書―』(『東久留米市埋蔵文化財調査報告』第11集　東久留米市教育委員会
南秋津：寺村光晴他　1971『東村山市史』、佐々木蔵之助　1971「東京都東村山市南秋津遺跡」『日本考古学年報』18
下沢：寺村光晴他　1971『東村山市史』、大場磐雄他　1966「秋津町下沢遺跡発掘調査について―遺跡編―」『東村山市史資料集』第1集
廻田下組：大場磐雄他　1966「北多摩北部地区における考古学上の調査」『北多摩文化財総合調査報告』第2分冊(『東京都文化財調査報告書』18)　東京都教育委員会
日向：寺村光晴他　1971『東村山市史』
御殿山：吉田　格他　1965『武蔵野市御殿山遺跡調査報告』『武蔵野市史』資料編、竹花俊之他　1986『井の頭池遺跡群―武蔵野市御殿山第2地区B地点遺跡―』　御殿山遺跡調査会
宮前川南：大場磐雄他　1966「北多摩北部地区における考古学上の調査」『北多摩文化財総合調査報告』第2分冊(『東京都文化財調査報告書』18)東京都教育委員会、佐々木蔵之助　1973『都立五日市高校構内発見の敷石住居址』
坂上：高麗　正　1985『坂上遺跡―東京都三鷹市大沢坂上遺跡発掘調査報告書―』(『三鷹市埋蔵文化財調査報告』第11集)　三鷹市遺跡調査会・三鷹市教育委員会
井の頭池遺跡群A地点：吉田　格・高麗　正　1988「三鷹市井の頭池遺跡群A地点」『東京都遺跡調査・研究発表会13発表要旨』　武蔵野文化協会考古学部会・東京都教育委員会・新宿区教育委員会、高麗　正他　2001『井の頭池遺跡群A　Ⅱ　東京都三鷹市井の頭池遺跡群A発掘調査報告書』(『三鷹市埋蔵文化財調査報告』第22集)　三鷹市教育委員会・三鷹市遺跡調査会・三菱商事株式会社
ICU校地内(Loc.4)：大場磐雄他　1966「北多摩北部地区における考古学上の調査」『北多摩文化財総合調査報告書』第2分冊(『東京都文化財調査報告書』18)　東京都教育委員会
出山：関塚英一他　1979『出山遺跡』(『三鷹市埋蔵文化財調査報告』第4集)　三鷹市遺跡調査会
狛江駅北：寺畑滋夫他　1995『小田急線遺跡調査報告書　小田急小田原線(成城学園前駅～登戸駅間)線増連続立体交差事業に伴う遺跡調査』　小田急小田原線(成城学園前駅～登戸駅間)線増連続立体交差事業遺跡調査会
弁財天池：永峯光一・対比地秀行他　1992『弁財天池遺跡』　狛江市教育委員会
弁財天池：寺畑滋夫他　1995『小田急線遺跡調査報告書　小田急小田原線(成城学園前駅～登戸駅間)線増連続立体交差事業に伴う遺跡調査』　小田急小田原線(成城学園前駅～登戸駅間)線増連続立体交差事業遺跡調査会

田中・寺前：寺畑滋夫他　1995『小田急線遺跡調査報告書　小田急小田原線(成城学園前駅～登戸駅間)線増連続立体交差事業に伴う遺跡調査』　小田急小田原線(成城学園前駅～登戸駅間)線増連続立体交差事業遺跡調査会

和泉駄倉：秋山道生　1995「東京都」『日本考古学年報』46(1993年度版)

下石原(はけ通)：生田周治　1985「調布市・下石原(はけ通)遺跡」『東京の遺跡』№6

中台：赤城高志　1986「調布市・中台遺跡」『東京の遺跡』№11

上布田：赤城高志　1992『調布市上布田遺跡─第2地点の調査─』(『調布市埋蔵文化財報告』23)　調布市教育委員会・調布市遺跡調査会、伊藤博司　1995「1994年　東京の考古学動向　縄文時代」『東京考古』13

下布田：秋山道生　1995「東京都」『日本考古学年報』46(1993年度版)

下布田第37地点：長瀬　衛　1997「下布田遺跡第37地点調査概報」『東京都調布市埋蔵文化財年報　平成7年度(1995)』　調布市教育委員会

深大寺寺山：佐々木蔵之助　1973.11『都立五日市高校構内発見の敷石住居址』、東京の遺跡№13　1986.11

柳谷戸：佐々木蔵之助　1973『都立五日市高校構内発見の敷石住居址』

中山谷：伊藤富治夫他　1987『東京都小金井市中山谷遺跡─第9～11次調査(1981～1983)─』　小金井市中山谷遺跡調査会、吉田　格他　1990「小金井市中山谷遺跡」『東京都遺跡調査・研究発表会15発表要旨』　武蔵野文化協会考古学部会・東京都教育委員会・練馬区教育委員会

前原：小田静夫他　1976『前原遺跡』(『ICUARC　Ocasional　Papers』№3)　国際基督教大学考古学研究センター

貫井：実川順一他　1978『貫井』(『小金井市文化財調査報告』5)　小金井市教育委員会

野川中洲北：伊藤富治夫他　1989『野川中洲遺跡』　東京都建設局・小金井市遺跡調査会

野川公園北境界：J.E.Kidder他　1990「野川公園北境界遺跡」『都内緊急立会調査収録』Ⅲ(『東京都埋蔵文化財調査報告書』第17集)　東京都教育委員会

中山谷：伊藤富治夫他　1987『東京都小金井市中山谷遺跡─第9～11次調査(1981～1983)─』　小金井市中山谷遺跡調査会、吉田　格他　1990「小金井市中山谷遺跡」『東京都遺跡調査・研究発表会15発表要旨』　武蔵野文化協会考古学部会・東京都教育委員会・練馬区教育委員会

はけうえ：小田静夫他　1980『はけうえ』　国際基督教大学考古学研究センター

浜尾ビル地区：坂詰秀一他　1982「府中市武蔵国府関連遺跡の調査─浜尾ビル地区─」『調査・研究発表会Ⅶ発表要旨』　武蔵野文化協会・東京都教育委員会

清水が丘：中野良一他　1985『清水が丘遺跡─府中都市計画道路2・1・4号線建設に伴う事前調査─』　東京都建設局・府中市遺跡調査会

武蔵野公園：吉田　格　1966「市内都立武蔵野公園遺跡」『府中市史史料集』第10集

武蔵台：河内公夫　1987「府中市・武蔵台第3次調査」『東京の遺跡』№16、河内公夫他　1994『武蔵国分寺跡西方地区　武蔵台遺跡Ⅱ─資料編2─』　都立府中病院内遺跡調査会

武蔵台東：西野善勝他　1994『武蔵台東遺跡発掘調査概報4　武蔵国分寺尼寺北方地区─都営川越道住宅改築に伴う平成5年度発掘調査概報─』　都営川越道住宅遺跡調査会、板東雅樹他　1999『武蔵国分寺西方地区　武蔵台東遺跡Ⅱ』　都営川越道住宅遺跡調査団・都営川越道住宅遺跡調査会

都営本町4丁目団地地区：上敷領　久　1995「国分寺市・都営本町四丁目団地地区第二期調査」『東京の遺跡』№50

武蔵国分寺跡北方地区：西国分寺分室　1999.8「武蔵国分寺跡遺跡北方地区」『東京都埋蔵文化財センター年報』19(1998[平成10]年度)　財団法人東京都生涯学習文化財団　東京都埋蔵文化財センター

恋ヶ窪：後藤守一　1937「武蔵国分寺村に於ける敷石住居遺跡の発掘」『考古学雑誌』第27巻11号、広瀬昭弘　1989・91「国分寺市・恋ヶ窪地区」『東京の遺跡』№24・№32、国分寺市教育委員会編　1995『大昔の国分寺』

恋ヶ窪東：滝口　宏他　1992「国分寺市恋ヶ窪東遺跡」『東京都遺跡調査・研究発表会17　発表要旨』　武蔵野文化協会考古学部会・東京都教育委員会・板橋区教育委員会、国分寺市教育委員会編　1995『大昔の国分寺』

羽根沢：市川健二郎　1948「武蔵国分寺恋ヶ窪敷石遺跡発掘調査報告」『学習院史学会報』、吉田　格他　1986『国分寺市史』上巻　国分寺市史編纂委員会

谷保東方：渡辺忠胤他　1978『谷保東方遺跡』(『国立市文化財調査報告書』第5集)　国立市教育委員会、秋山道生　1995「東京都」『日本考古学年報』46(1993年度版)、佐々木克典他　1997『東京都国立市谷保東方遺跡Ⅱ』(『国立市文化財調査報告』第40集)　国立市教育委員会

南養寺裏：西村希一　1970「東京都国立市南養寺裏遺跡」『日本考古学年報』18(昭和40年度)

南養寺：和田　哲他　1984『南養寺遺跡報告書Ⅰ』(『国立市文化財調査報告』第15集)　国立市教育委員会、和田　哲　1986「大型の壺を納置した敷石住居」『東京の遺跡』No.11、和田　哲他　1987『南養寺遺跡Ⅳ　昭和60年度調査報告』(『国立市文化財調査報告書』第24集)　国立市教育委員会、同　1990『南養寺遺跡Ⅶ　昭和63年度調査報告』(『国立市文化財調査報告書』第30集)　国立市教育委員会、馬橋利行他　1994『東京都国立市南養寺遺跡―Ⅷ・Ⅸ―平成元・3年度調査報告』(『国立市文化財調査報告』第35集　東京都国立市遺跡調査会・国立市教育委員会、馬橋利行他　1995『東京都国立市南養寺遺跡―Ⅹ―平成4年度調査報告』(『国立市文化財調査報告』第38集)　国立市教育委員会

向郷：大場磐雄他　1965「北多摩郡南部地区における考古学上の調査」『北多摩文化財総合調査報告』第1分冊(『東京都文化財調査報告』15)　東京都教育委員会、吉田　格他　1992『東京都立川市向郷遺跡』　立川市向郷遺跡調査会

柴崎町：大場磐雄他　1965「北多摩郡南部地区における考古学上の調査」『北多摩文化財総合調査報告』第1分冊(『東京都文化財調査報告』15)　東京都教育委員会、立川市　1968『立川市史』上巻、大和田：大場磐雄他　1965「北多摩郡南部地区における考古学上の調査」『北多摩文化財総合調査報告』第1分冊(『東京都文化財調査報告』15)　東京都教育委員会、立川市教育委員会 『立川市教育資料』

大和田：大場磐雄他　1965「北多摩南部地区における考古学上の調査」『北多摩文化財総合調査報告』第1分冊(『東京都文化財調査報告』15　東京都教育委員会、立川市教育委員会『立川市教育資料』(未見)

吉祥山：高橋健樹他　1979『吉祥山―武蔵村山市吉祥山遺跡第2次調査詳報―』　武蔵村山市教育委員会

龍津寺東：和田　哲　1982「昭島市龍津寺東遺跡の敷石住居址」『多摩考古』第15号

平尾No.9：安孫子昭二他　1971『平尾遺跡調査報告』　稲城市平尾土地整理組合・南多摩郡平尾遺跡調査会

平尾台原：小谷田政夫　1981『平尾台原遺跡』　稲城市遺跡調査会・稲城市平尾土地区画整理組合

六間台Ⅱ：呉地英夫他　1995『東京都稲城市六間台Ⅱ(第4地点)発掘調査報告書―特別養護老人ホーム建設に伴う調査―』　稲城市六間台遺跡調査会

多摩ニュータウンNo.27：雪田隆子　1977「多摩ニュータウンNo.27遺跡」『調査・研究発表会Ⅱ発表要旨』　武蔵野文化協会考古学部会・東京都教育委員会、岡崎完樹他　1980「No.27遺跡」『多摩ニュータウン遺跡調査概報―昭和54年度―』　多摩ニュータウン遺跡調査会

多摩ニュータウンNo.57：安孫子昭二他　1988『多摩ニュータウンNo.57遺跡―遺跡の概要と整備のあらまし―』　東京都教育委員会

多摩ニュータウンNo.281：土井義夫他　1984『東京都における縄文時代集落遺跡資料集成図集』(『シンポジウム縄文時代集落の変遷』資料・『日本考古学協会昭和59年度大会資料』)日本考古学協会・日本考古学協会山梨大会実行委員会、塩野崎直子　1996「多摩ニュータウンNo.281遺跡」『多摩ニュータウン遺跡』(『東京都埋蔵文化財センター調査報告』第24集)　財団法人東京都教育文化財団東京都埋蔵文化財センター

多摩ニュータウンNo.450：館野　孝　1986「多摩ニュータウン遺跡群('85・第4報)」『東京の遺跡』No.11、館野孝1986「多摩ニュータウン遺跡群('86第1・2報)」『東京の遺跡』No.13

多摩ニュータウンNo.769：丹野正人他　1983「No.769遺跡」『多摩ニュータウン遺跡―昭和57年度―』第5分冊(『東京都埋蔵文化財センター調査報告』第4集)　財団法人東京都埋蔵文化財センター

多摩市道1458号線：中島庄一　1978『多摩市道1458号線遺跡―昭和53年度調査報告―』(『多摩市道1458・1461号線遺跡調査会報告』)　多摩市道1458・1461号線遺跡調査会

連光寺北：吉田　格　1961「縄文式文化」『南多摩文化財調査報告』第1分冊(『東京都文化財調査報告書』10)

358　柄鏡形(敷石)住居址発見遺跡参考文献

　　　　　　　　　東京都教育委員会
桜ヶ丘ゴルフ場：吉田　格　1961「多摩村連光寺桜ヶ丘ゴルフ場内遺跡」『南多摩文化財調査報告』第1分冊
　　　（『東京都文化財調査報告書』10）　東京都教育委員会
多摩ニュータウンNo.194：山口慶一　1991「遺跡だより—多摩ニュータウンNo.194遺跡—」『たまのよこやま』No.22
　　　（東京都埋蔵文化財センター報）、山口慶一　1991「調査概要—No.194遺跡」『東京都埋蔵
　　　文化財センター　年報』11(平成2[1990]年度)　財団法人東京都教育文化財団・東京都埋
　　　蔵文化財センター、山口慶一　1996「多摩ニュータウンNo.194遺跡」『多摩ニュータウン
　　　遺跡』(『東京都埋蔵文化財センター調査報告』第25集)　財団法人東京都教育文化財団東
　　　京都埋蔵文化財センター
多摩ニュータウンNo.245：山本孝司　1991「調査概要—No.245,341遺跡」『東京都埋蔵文化財センター年報』11(平
　　　成2[1990]年度)　財団法人東京都教育文化財団・東京都埋蔵文化財センター、山本孝司
　　　他　1998『多摩ニュータウン遺跡—No.245・341遺跡—』(『東京都埋蔵文化財センター調査
　　　報告』第57集)　東京都埋蔵文化財センター
多摩ニュータウンNo.341：山本孝司　1991「調査概要—No.245,341遺跡」『東京都埋蔵文化財センター年報』11(平
　　　成2[1990]年度)　財団法人東京都教育文化財団・東京都埋蔵文化財センター、山本孝司
　　　他　1998『多摩ニュータウン遺跡—No.245・341遺跡—』(『東京都埋蔵文化財センター調査
　　　報告』第57集)　東京都埋蔵文化財センター
木曽森野：前田秀則他　1993『東京都町田市木曽森野遺跡II　旧石器・縄文時代編』　町田市木曽森野遺跡調査会、
　　　前田秀則他　1997『東京都町田市木曽森野遺跡IV　旧石器・縄文時代編2』　町田市木曽森野遺跡調査
　　　会
向村：佐々木蔵之助　1973『都立五日市高校構内発見の敷石住居址』
田端第2地点：浅川利一他　1974「町田市の原始・古代」『町田市史』上巻、佐々木蔵之助　1973『都立五日市高
　　　校構内発見の敷石住居址』
忠生：川口正幸　1992「町田市・忠生遺跡」『東京の遺跡』No.37
2・1・5線：浅川利一他　1989「町田市道2・1・5号線遺跡」『東京都遺跡調査・研究発表会14発表要旨』　武蔵野文
　　　化協会考古学部会・東京都教育委員会・北区教育委員会
平和台No.1：浅川利一他　1974「町田市の原始・古代」『町田市史』上巻
大久保台：浅川利一　1973「大久保遺跡」『日本考古学年報』24
牢場：柴田常恵　1926「高ヶ坂の石器時代住宅址」『史蹟名勝天然記念物』第1集10号、後藤守一　1926「高ヶ坂
　　　発見石器時代聚落遺趾」『東京府史蹟名勝天然記念物調査報告書』第4冊、後藤守一　1927「南多摩郡南
　　　村高ヶ坂に於ける石器時代聚落遺蹟」『東京府史蹟名勝天然記念物調査報告書』第5冊、浅川利一他
　　　1970「町田市高ヶ坂八幡平遺跡調査報告」『多摩考古』第10号
八幡平：柴田常恵　1926「高ヶ坂の石器時代住宅址」『史蹟名勝天然記念物』第1集10号、後藤守一　1926「高ヶ
　　　坂発見石器時代聚落遺趾」『東京府史蹟名勝天然記念物調査報告書』第4冊、後藤守一　1927「南多摩郡
　　　南村高ヶ坂に於ける石器時代聚落遺蹟」『東京府史蹟名勝天然記念物調査報告書』第5冊、浅川利一他
　　　1970「町田市高ヶ坂八幡平遺跡調査報告」『多摩考古』第10号
山崎：浅川利一他　1974「町田市の原始・古代」『町田市史』上巻
木曽：浅川利一他　1974「町田市の原始・古代」『町田市史』上巻
下根芝原：佐々木蔵之助　1973『都立五日市高校構内発見の敷石住居址』
真光寺広袴遺跡群・向：和田　豊他　1991『東京都町田市真光寺・広袴遺跡群V—大久保遺跡・向遺跡—』　鶴川
　　　第二地区遺跡調査会
鶴川M：永峯光一・安孫子昭二　1972『鶴川遺跡群』(『町田市埋蔵文化財調査報告』第3冊)　町田市教育委員会
なすな原：成田勝範他　1984『なすな原遺跡　No.1地区調査』　なすな原遺跡調査会、成田勝範　1996『なすな
　　　原遺跡No.2地区調査』　なすな原遺跡調査会
野津田上の原：岡田義樹　1992「町田市・野津田公園遺跡」『東京の遺跡』No.35、後藤貴之他　1997『東京都町田

市野津田上の原遺跡』 野津田上の原遺跡調査会
東雲寺上：若井千佳子他　2000『東京都町田市東雲寺上遺跡発掘調査報告書』 吾妻考古学研究所・町田市教育委員会
吹上：上川名昭　1970『日野吹上遺跡』日野吹上遺跡調査団
東光寺上：佐々木蔵之助　1973『都立五日市高校構内発見の敷石住居址』
第1小学校校庭：坂詰秀一他　1984「日野第一小学校校庭遺跡発掘調査略報」『日野市史料集　考古資料編』 日野市史編纂委員会
七つ塚：和田　哲他　1997『東京都日野市七ツ塚遺跡1―七ツ塚遺跡発掘調査報告書―』 日野市東光寺上第1土地区画整理組合・日野市東光寺上第2土地区画整理組合・日野市遺跡調査会編、和田　哲他　1998『東京都日野市七ツ塚遺跡3―七ツ塚遺跡発掘調査報告書―』 日野市東光寺上第1土地区画整理組合・日野市東光寺上第2土地区画整理組合・日野市遺跡調査会編、中島光世　1999『東京都日野市七ツ塚遺跡7―七ツ塚遺跡発掘調査報告書―』 日野市東光寺上第1土地区画整理組合・日野市東光寺上第2土地区画整理組合・日野市遺跡調査会編
南広間地：篠崎譲治他　1996『田中タダによる共同住宅建築に伴う埋蔵文化財発掘調査報告書―南広間地遺跡第36次調査―』(『日野市埋蔵文化財発掘調査報告』39)　田中タダ・日野市遺跡調査会
多摩ニュータウンNo.64：土井義夫他　1984「東京都における縄文時代集落遺跡資料集成図集」『シンポジウム縄文時代集落の変遷』資料（『日本考古学協会昭和59年度大会資料』)、佐々木蔵之助　1973『都立五日市高校構内発見の敷石住居址』、塩野崎直子他　1996「No.64遺跡」『多摩ニュータウン遺跡』(『東京都埋蔵文化財センター調査報告』第24集)　東京都埋蔵文化財センター
多摩ニュータウンNo.67：可児通宏　1995『多摩ニュータウン遺跡―No.67遺跡―』(『東京都埋蔵文化財センター調査報告書』第18集)　東京都埋蔵文化財センター
多摩ニュータウンNo.72：丹野雅人他　1992「No.72・795遺跡」『多摩ニュータウン遺跡―平成2年度―』第1分冊(『財団法人東京都埋蔵文化財センター調査報告』第14集　財団法人東京都埋蔵文化財センター、竹尾　進・山本孝司　1991「多摩ニュータウン地域における縄文時代中期の住居形態」『多摩のあゆみ』第62号　多摩信用金庫、財団法人東京都教育財団・東京都埋蔵文化財センター　1989『東京都埋蔵文化財センター年報』9(昭和63年度)、丹野雅人他　1998・99　『多摩ニュータウン遺跡―No.72・795・796遺跡―(1)～(12)』(『東京都埋蔵文化財センター調査報告』第50集)　東京都埋蔵文化財センター
多摩ニュータウンNo.107：石井則孝他　1990「多摩ニュータウンNo.107遺跡」『東京都遺跡調査・研究発表会15発表要旨』武蔵野文化協会考古学部会・東京都教育委員会・練馬区教育委員会、佐藤宏之他　1999『多摩ニュータウン遺跡―No.107遺跡―旧石器・縄文時代編』(『東京都埋蔵文化財センター調査報告』第64集)　東京都埋蔵文化財センター
多摩ニュータウンNo.304：財団法人東京都埋蔵文化財センター　1988「多摩ニュータウンNo.304遺跡」『東京都埋蔵文化財センター年報』8(昭和62年度)、川島雅人　1987「多摩ニュータウン遺跡群('87第3報)」『東京の遺跡』No.17
多摩ニュータウンNo.446：松崎元樹　1988「多摩ニュータウン遺跡群('88第1報)」『東京の遺跡』No.20、松崎元樹　1989「多摩ニュータウン遺跡群('88第2・3期)」『東京の遺跡』No.22、千田利明　1997『多摩ニュータウン遺跡　先行調査報告5』(『東京都埋蔵文化財センター調査報告』第36集)　東京都教育委員会・東京都埋蔵文化財センター
多摩ニュータウンNo.796：川崎邦彦他　1986「No.796遺跡」『多摩ニュータウン遺跡―昭和59年度―』第3分冊(『財団法人東京都埋蔵文化財センター調査報告』第7集)　財団法人東京都埋蔵文化財センター
大原C：吉田浩明他　1986『八王子南部地区遺跡調査報告』2　八王子南部地区遺跡調査会
小比企向原：滝口宏他　1987「八王子市小比企向原C遺跡」『東京都遺跡調査・研究発表会12発表要旨』 武蔵野文化協会考古学部会・東京都教育委員会・国分寺市教育委員会、吉田浩明他　1998『南八王子地区遺

跡調査報告』12　八王子市南部地区遺跡調査会、戸田哲也・吉田浩明　2001『原始・古代のみなみ野　八王子市みなみ野シティ内の遺跡調査』　八王子市南部地区遺跡調査会
南八王子地区№25：吉田浩明他　2001『南八王子地区遺跡調査報告』14　八王子南部地区遺跡調査会
北野：吉田　格　1959「漁撈文化の展開」『世界考古学体系』Ⅰ
船田向：後藤守一　1933「船田石器時代住居遺蹟」『府下に於ける石器時代住居阯発掘調査報告』（『東京府史蹟保存物調査報告』第10冊）　東京府
船田：城近憲市他　1970『船田―東京都八王子市船田遺跡における集落址の調査Ⅰ―』　八王子市船田遺跡調査会
宇津木向原：佐々木蔵之助他　1973『宇津木遺跡とその周辺』　中央高速道八王子地区遺跡調査団
椚田第Ⅲ：服部敬史他　1976『椚田遺跡群　1975年度調査概報』　八王子市椚田遺跡調査会
狭間：未報告
峰開戸：後藤守一　1933「附　峰開戸の住居遺蹟」『府下に於ける石器時代住居阯発掘調査』（『東京府史蹟保存物調査報告』第10冊）　東京府、柴田常恵　1927「新に発見したる多摩陵附近石器時代住居址」『史蹟名勝天然記念物』第2集6号
甲の原：吉田　格　1980「八王子市甲の原遺跡調査概報―浅川流域の縄文文化―」『文化財の保護』第12号　東京都教育委員会
深沢：土井義夫他　1981『深沢遺跡・小田野城跡』　八王子市深沢遺跡及び小田野城跡調査会
横川弁天池：中村　威　1961「八王子市横川町縄文後期遺跡発掘調査報告」『多摩考古』第2号
山王台：中村　威　1960「八王子市小比企町山王台敷石式住居址発掘報告」『多摩考古』第1号
西中野：佐々木蔵助　1967「八王子市西中野遺跡発掘調査概報」『多摩考古』第8号
熊野堂：天羽大器　1979「八王子の敷石住居」『くぬぎだ』第2号
十内入上原：天羽大器　1979「八王子の敷石住居」『くぬぎだ』第2号
宮田：天羽大器　1979「八王子の敷石住居」『くぬぎだ』第2号
北大谷：天羽大器　1979「八王子の敷石住居」『くぬぎだ』第2号
横山中学校：天羽大器　1979「八王子の敷石住居」『くぬぎだ』第2号
上宿：1981　武蔵野考古部会ニュース26・27
落越：阿部朝衛他　1992『東京都八王子市落越遺跡Ⅰ』　落越遺跡調査団
小田野：中山　良　1992「八王子市・小田野遺跡」『東京の遺跡』№36、戸田哲也他　1996『東京都八王子市小田野遺跡発掘調査報告書』　小田野遺跡発掘調査団
御嶽山：北條　浩他　1985「御嶽山遺跡」『八王子市埋蔵文化財年報　1985年度』　八王子市教育委員会
犬目中原：佐々木蔵之助　1973『都立五日市高校構内発見の敷石住居址』
下根芝原：吉田　格　1961「縄文式文化」『南多摩文化財調査報告』第1分冊（『東京都文化財調査報告書』10）　東京都教育委員会
南八王子地区遺跡群№3：吉田浩明　1991「八王子市・南八王子地区遺跡」『東京の遺跡』№32、吉田浩明他　1997『南八王子地区遺跡調査報告』11　八王子南部地区遺跡調査会
郷田原（南八王子地区遺跡群№12）：戸田哲也他　1996『南八王子地区遺跡調査報告』10(郷田原遺跡)　八王子南部地区遺跡調査会、和田　哲他　1996「南八王子地区遺跡」『八王子市埋蔵文化財年報　平成7年度』　八王子市教育委員会
二宮：河野重義　1975「二宮敷石住居跡」『秋川市二宮神社境内周辺の遺跡』（『秋川市埋蔵文化財発掘調査報告書』第2集）　秋川市教育委員会
前田耕地：紀野自由他　1979『前田耕地』Ⅱ（『秋川市埋蔵文化財調査報告書』第6集）　前田耕地遺跡調査会・秋川市教育委員会、加藤晋平・関谷　学　1982「秋川市前田耕地遺跡の調査」『遺跡調査・研究発表会Ⅶ発表要旨』　武蔵野文化協会・東京都教育委員会
野辺：河野重義　1975「野辺敷石住居跡」『秋川市二宮神社境内周辺の遺跡』（『秋川市埋蔵文化財発掘調査報告書』第2集）　秋川市教育委員会
宮ノ腰：大場磐雄他　1969「秋川流域の考古学的調査」『東京都文化財調査報告』21　東京都教育委員会

油平清水上：大場磐雄他　1969「秋川流域の考古学的調査」『東京都文化財調査報告』21　東京都教育委員会
羽ヶ田：後藤守一　1937「武蔵国羽ヶ田の敷石住居遺蹟」『考古学雑誌』第27巻7号、同　1938「東京府下に於ける石器時代住居阯　第二」『東京府史蹟名勝天然記念物調査報告書』第14冊　東京府
西秋留：後藤守一　1933「府下に於ける石器時代住居阯調査報告　西秋留の石器時代住居遺蹟」『東京府史蹟保存物調査報告』第10冊　東京府
橋場：安藤保子他　1998『東京都あきる野市橋場遺跡―細谷ビル（仮称）建設に伴う埋蔵文化財発掘調査報告書―』細谷火工株式会社・橋場遺跡細谷ビル地区調査会
網代門口：宇佐美哲也他　1997『東京都あきる野市網代門口―東京都網代母子寮改修工事にともなう発掘調査報告書―』東京都網代母子寮遺跡調査会
小庄：大場磐雄他　1969「秋川流域の考古学的調査」『東京都文化財調査報告』21　東京都教育委員会
前道路：大場磐雄他　1969「秋川流域の考古学的調査」『東京都文化財調査報告』21　東京都教育委員会
戸倉オオッパラ：大場磐雄他　1969「秋川流域の考古学的調査」『東京都文化財調査報告』21　東京都教育委員会
五日市高校：佐々木蔵之助　1981「五日市町都立五日市高等学校遺跡」『東京都埋蔵文化財調査報告』第8集　東京都教育委員会、佐々木蔵之助　1973『都立五日市高校構内発見の敷石住居址』
前原：伊藤博司　1995「1994年　東京の考古学動向　縄文時代」『東京考古』13、秋山道生　1995「東京都」『日本考古学年報』46（1993年度版）
三トウゲ：大場磐雄他　1969「秋川流域の考古学的調査」『東京都文化財調査報告』21　東京都教育委員会
留原字中村：大場磐雄他　1969「秋川流域の考古学的調査」『東京都文化財調査報告』21　東京都教育委員会
新井：酒詰仲男他　1942「東京府下大久野村新井敷石住居址の発掘」『人類学雑誌』第57巻10号
平之内：大場磐雄他　1969「秋川流域の考古学的調査」『東京都文化財調査報告』21　東京都教育委員会
岳の上：服部敬史　1972『岳の上遺跡―東京都西多摩郡日の出村岳の上遺跡の発掘調査報告書―』東京都西多摩郡日の出村文化財保護委員会
大久保平：佐々木蔵之助　1973『都立五日市高校構内発見の敷石住居址』
寺改戸：久保田正寿　1986『東京都青梅市寺改戸遺跡』　青梅市遺跡調査会
大船：小松修治　1984「青梅市・大船遺跡」『東京の遺跡』№5
方砂：大場磐雄他　1967「西多摩北東部地区における考古学上の調査」『西多摩文化財総合調査報告』第1分冊（『東京都文化財調査報告』19）　東京都教育委員会、佐々木蔵之助　1973『都立五日市高校構内発見の敷石住居址』
宮ノ平：大場磐雄他　1967「西多摩北東部地区における考古学上の調査」『西多摩文化財総合調査報告』第1分冊（『東京都文化財調査報告』19）　東京都教育委員会、佐々木蔵之助　1973『都立五日市高校構内発見の敷石住居址』
崩橋：大場磐雄他　1967「西多摩北東部地区における考古学上の調査」『西多摩文化財総合調査報告』第1分冊（『東京都文化財調査報告』19）　東京都教育委員会、久保田正寿　1981『崩橋遺跡・霞台遺跡群―昭和55年度調査概報―』青梅市遺跡調査会
喜代沢：久保田正寿他　1979『喜代沢遺跡発掘調査概報―保存のための確認調査―』青梅市遺跡調査会
裏宿：久保田正寿他　1985『東京都青梅市裏宿遺跡―青梅市市営住宅建替えに伴う事前調査―』青梅市遺跡調査会
市立第1中学校：大場磐雄他　1967「西多摩北東部地区における考古学上の調査」『西多摩文化財総合調査報告』第1分冊（『東京都文化財調査報告』19）　東京都教育委員会、佐々木蔵之助　1973『都立五日市高校構内発見の敷石住居址』
しな沢：佐々木蔵之助　1973『都立五日市高校構内発見の敷石住居址』
小中尾：佐々木蔵之助　1973『都立五日市高校構内発見の敷石住居址』
駒木野：佐々木蔵之助　1973『都立五日市高校構内発見の敷石住居址』、伊藤博司他　1998『東京都青梅市駒木野遺跡発掘調査報告書―青梅簡保険保養センター改築に伴う事前発掘調査―』青梅市遺跡調査会
杉平：伊藤博司他　1994「青梅市・杉平遺跡」『東京の遺跡№44』、伊藤博司　1995「1994年　東京の考古学動向

縄文時代」『東京考古』13
西の平：安藤精一　1991『東京都西多摩郡奥多摩町白丸・西の平遺跡発掘調査報告書』　白丸・西の平遺跡調査会
上河内平：佐々木蔵之助　1973『都立五日市高校構内発見の敷石住居址』
檜原中学校：大場磐雄他　1969「秋川流域の考古学的調査」『東京都文化財調査報告』21　東京都教育委員会
本村田原：永峯光一・加藤秀行　1989「新島本村田原遺跡の調査」『東京都遺跡調査・研究発表会14発表要旨』　武蔵野文化協会考古学部会・東京都教育委員会・北区教育委員会
大石山：後藤守一他　1959「北伊豆五島における考古学的調査」(『伊豆諸島文化財総合調査報告』第2分冊・『東京都文化財調査報告書』7　東京都教育委員会、小杉　康他　1986『利島村大石山遺跡―範囲確認調査報告書Ⅳ―』　利島村教育委員会・利島村大石山遺跡調査団

埼玉県

東の上：飯田充晴他　1976『東の上遺跡』(『所沢市文化財調査報告』第1集)　所沢市教育委員会
膳棚：埼玉県教育委員会編　1987『埼玉県埋蔵文化財調査年報　昭和61年度』
海谷：阿部由紀子　1999「所沢市海谷遺跡の調査」『第32回遺跡発掘調査報告会発表要旨』　埼玉考古学会・財団法人埼玉県埋蔵文化財調査事業団・埼玉県立博物館・埼玉県埋蔵文化財センター
水窪：埼玉県教育委員会編　1990『埼玉県埋蔵文化財調査年報　昭和63年度』
坂東山：谷井　彪他　1973『坂東山』(『埼玉県遺跡発掘調査報告書』第2集)　埼玉県教育委員会、斎藤祐司　1982「入間市坂東山(2)遺跡の調査」『第15回遺跡発掘調査報告会発表要旨』　埼玉考古学会・埼玉県遺跡調査会・埼玉県教育委員会、斉藤祐司他　1992『坂東山遺跡　第1次・第2次調査』　入間市遺跡調査会、鈴木秀雄　1992「入間市坂東山遺跡の調査」『第25回遺跡発掘調査報告会発表要旨』　埼玉考古学会・埼玉会館・財団法人埼玉県埋蔵文化財調査事業団・埼玉県教育委員会、財団法人埼玉県埋蔵文化財調査事業団　1991『埼玉県入間市坂東山遺跡』(遺跡説明資料)、鈴木秀雄他　1996『坂東山／坂東山西／後B　首都圏中央連絡自動車道関係埋蔵文化財発掘調査報告―Ⅸ―』(『埼玉県埋蔵文化財調査事業団報告書』第166集)　財団法人埼玉県埋蔵文化財調査事業団
宮地：城近憲市他　1972『宮地』(『狭山市文化財調査報告』Ⅰ)　狭山市教育委員会
字尻：石塚和則　1995『字尻遺跡　完成駐車場建設工事に伴う埋蔵文化財発掘調査報告』(『狭山市遺跡調査会報告書』第8集)　狭山市遺跡調査会
稲荷：埼玉県教育委員会編　1989『埼玉県埋蔵文化財調査年報　昭和62年度』、梅沢太久夫　1989「埼玉県」『日本考古学年報』40(1987年度版)
宿東：梅沢太久夫　1989「埼玉県」『日本考古学年報』40(1987年度版)、細田　勝　1995「最新発掘情報25　日高市宿東遺跡」『埋文さいたま』No.22　埼玉県立埋蔵文化財センター、財団法人埼玉県埋蔵文化財調査事業団　1996「国道407号関係―宿東遺跡」『年報』16　財団法人埼玉県埋蔵文化財調査事業団、渡辺清志他　1998『宿東遺跡一般国道407号線埋蔵文化財発掘調査報告書』(『埼玉県埋蔵文化財調査事業団報告書』第197集)　財団法人埼玉県埋蔵文化財調査事業団
寺脇：中平　薫　1998「縄文時代中期の柄鏡形住居址」『企画展　最新出土品展』パンフレット　埼玉県立博物館、中平　薫　1998「日高市寺脇遺跡の調査」『第31回遺跡発掘調査報告会発表要旨』　埼玉考古学会・埼玉県立博物館・財団法人埼玉県埋蔵文化財調査事業団・埼玉県立埋蔵文化財センター
加能里：富元久美子他　1991『加能里遺跡第12次調査』(『飯能市遺跡調査会発掘調査報告書』4)　飯能市遺跡調査会
落合上ノ台：柳戸信吾　1996「飯能市落合上ノ台遺跡の調査」『第29回遺跡発掘調査報告会発表要旨』　埼玉考古学会・財団法人埼玉県埋蔵文化財調査事業団・埼玉県立博物館・埼玉県立埋蔵文化財センター
南原：埼玉県史編纂室編　1980「南原遺跡」『新編埼玉県史資料編』1(原始　旧石器・縄文)　埼玉県、越生町教育委員会　1968『南原遺跡(A地区)発掘調査概報』
岩の上：栗原文蔵他　1973『岩の上・雉子山』(『埼玉県遺跡発掘調査報告書』第1集)　埼玉県教育委員会
五明：坂詰秀一　1961「埼玉県比企郡五明遺跡」『日本考古学年報』11、坂詰秀一　1961「埼玉県中野原における

敷石遺跡」『古代文化』第6巻3号、埼玉県史編纂室 1980「五明遺跡」『新編埼玉県史資料編』1（原始 旧石器・縄文） 埼玉県

関場：野村　智　1999「東秩父村関場遺跡の調査」『第32回遺跡発掘調査報告会発表要旨』 埼玉考古学会・財団法人埼玉県埋蔵文化財調査事業団・埼玉県立博物館・埼玉県埋蔵文化財センター

露梨子：並木　隆他　1978『大里郡寄居町甘粕原・ゴシン・露梨子遺跡―国道254号バイパス建設用地に係る埋蔵文化財発掘調査―』（『埼玉県遺跡調査会報告書』第35集） 埼玉県教育委員会

北塚屋：黒坂禎二他　1985『北塚屋Ⅱ―国道140号バスパス関係（寄居町・花園町工区）埋蔵文化財発掘調査報告―』（『埼玉県埋蔵文化財調査事業団報告書』第48集） 財団法人埼玉県埋蔵文化財調査事業団

上郷西：谷井　彪　1976「上郷西遺跡」『日本考古学年報』27(1974年度版)

東：梅沢太久夫　1973「大里郡寄居町東遺跡発掘調査報告―埋甕等を伴う配石遺構―」『埼玉考古』第11号

樋ノ下：細田　勝　1994『寄居町樋ノ下遺跡　埼玉県住宅供給公社リバーサイド玉淀建設事業関係埋蔵文化財発掘調査報告』（『埼玉県埋蔵文化財調査事業団報告書』第135集） 財団法人埼玉県埋蔵文化財調査事業団

台耕地：小島糸子他　1983『関越自動車道関係埋蔵文化財発掘調査報告書ⅩⅥ―台耕地Ⅰ―』（『埼玉県埋蔵文化財調査事業団報告書』第27集） 財団法人埼玉県埋蔵文化財調査事業団

古井戸：宮井英一他　1989『児玉郡児玉町古井戸―縄文時代―児玉工業団地関係埋蔵文化財発掘調査報告』Ⅴ―』（『埼玉県埋蔵文化財調査事業団報告書』第75集） 財団法人埼玉県埋蔵文化財調査事業団

阿久原平：矢内　勲　1991「神泉村下阿久原平遺跡の調査」『第24回遺跡発掘調査報告会発表要旨』 埼玉考古学会・埼玉会館・財団法人埼玉県埋蔵文化財調査事業団・埼玉県教育委員会

大背戸：田部井　功他　1988『秩父・大背戸遺跡 '63』 埼玉県秩父郡皆野町教育委員会

駒形：埼玉県史編纂室　1980「駒形遺跡」『新編埼玉県史資料編』1（原始　旧石器・縄文） 埼玉県、田部井功他 1981『秩父・駒形遺跡'78発掘調査報告書』 駒形遺跡発掘調査会、菊池伸之　1998「皆野町駒形遺跡（第7次）の調査」『第31回遺跡発掘調査報告会発表要旨』 埼玉考古学会・埼玉県立博物館・財団法人埼玉県埋蔵文化財調査事業団・埼玉県立埋蔵文化財センター、菊池伸之　1998「埼玉県秩父郡皆野町駒形遺跡第7次調査について」『祭祀考古』第12号、菊池伸之　1998「皆野町駒形遺跡の調査」『埋文さいたま』No31　埼玉県立埋蔵文化財センター

塚越向山：合角ダム水没地域総合調査会　1991『塚越向山遺跡現地説明会資料』、小林　茂他　1991「吉田町塚越向山遺跡の調査」『第24回埼玉県遺跡発掘調査報告会発表要旨』 埼玉考古学会・財団法人埼玉県埋蔵文化財調査事業団・埼玉県教育委員会

木戸原：埼玉県史編纂室　1980『埼玉県史資料編』1（原始　旧石器・縄文） 埼玉県

姥原：栗島義明　1988『姥原遺跡―自治セミナーハウス関係埋蔵文化財発掘調査報告―』（『埼玉県埋蔵文化財調査事業団報告書』第72集） 財団法人埼玉県埋蔵文化財調査事業団

薬師堂：小林　茂他　1981『秩父・薬師堂遺跡'79』 両神村薬師堂遺跡発掘調査会

入波沢西：渡辺清志　1999「大滝村入波沢西遺跡の調査」『第32回遺跡発掘調査報告会発表要旨』 埼玉考古学会・財団法人埼玉県埋蔵文化財調査事業団・埼玉県立博物館・埼玉県埋蔵文化財センター、渡辺清志　2000『浜平岩陰／入波沢西／入波沢東　滝沢ダム建設事業地内埋蔵文化財発掘調査報告書』（『埼玉県埋蔵文化財調査事業団報告書』第243集） 財団法人埼玉県埋蔵文化財調査事業団、渡辺清志　1999「縄文時代の配石集落」『埋文さいたま』No32　埼玉県立埋蔵文化財センター

入波沢東：渡辺清志　1999「大滝村入波沢東遺跡の調査」『第32回遺跡発掘調査報告会発表要旨』 埼玉考古学会・財団法人埼玉県埋蔵文化財調査事業団・埼玉県立博物館・埼玉県埋蔵文化財センター、渡辺清志　2000『浜平岩陰／入波沢西／入波沢東　滝沢ダム建設事業地内埋蔵文化財発掘調査報告書』（『埼玉県埋蔵文化財調査事業団報告書』第243集） 財団法人埼玉県埋蔵文化財調査事業団、渡辺清志　1999「縄文時代の配石集落」『埋文さいたま』No32　埼玉県立埋蔵文化財センター

丸山台：野中和夫他　1992『埼玉県和光市丸山台遺跡群Ⅰ―丸山台土地区画整理事業に伴う発掘調査報告書―』（『和光市埋蔵文化財調査報告書』第5集） 和光市遺跡調査会・和光市教育委員会、野中和夫他　1993『埼玉県和光市丸山台遺跡群Ⅱ―丸山台土地区画整理事業に伴う発掘調査報告書―』（『和光市埋蔵文化財

柄鏡形(敷石)住居址発見遺跡参考文献

調査報告書』第6集）　和光市遺跡調査会・和光市教育委員会
義名山：野中和夫他　1992『埼玉県和光市丸山台遺跡群Ⅰ―丸山台土地区画整理事業に伴う発掘調査報告書―』（『和光市埋蔵文化財調査報告書』第5集）　和光市遺跡調査会・和光市教育委員会
柿の木坂：新屋雅明他　1994『花ノ木・向原・柿の木坂・水久保・丸山台』（『埼玉県埋蔵文化財調査事業団報告書』第134集）財団法人埼玉県埋蔵文化財調査事業団
泉水山：宮野和明他　1974「朝霞市泉水山遺跡の調査」『第7回埼玉県遺跡発掘調査報告会発表要旨』　埼玉考古学会・埼玉県遺跡調査会・埼玉県教育委員会
西原大塚：佐々木保俊　1998「7　敷石住居の埋甕か―両耳壺と大型石皿―」『企画展　最新出土品展』パンフレット　埼玉県立博物館
卜伝：柿沼幹夫他　1980『卜伝―川口ジャンクション埋蔵文化財発掘調査報告―』（『埼玉県遺跡発掘調査報告書』第25集）　埼玉県教育委員会
宮合貝塚：川口市遺跡調査会　1984『宮合貝塚遺跡』（『川口市遺跡調査会報告』第4集）、埼玉県教育委員会編　1986「宮合貝塚」『埼玉県埋蔵文化財調査年報　昭和59年度』
叺原：小川順一郎　1984「川口市叺原遺跡の調査」『第17回遺跡発掘調査報告会発表要旨』　埼玉考古学会・埼玉県教育委員会・埼玉会館、金箱文夫　1985『叺原遺跡(先土器・縄文時代編)』（『川口市文化財調査報告書』第23集）　川口市教育委員会
赤山：金箱文夫他　1989『赤山―一般国道298号（東京外郭環状道路)新設工事に伴う埋蔵文化財発掘調査報告書―』（『川口市遺跡調査会報告』第12集）　川口市遺跡調査会
石神貝塚：浅野晴樹他　1997「石神貝塚」『年報』17　平成8年度　財団法人埼玉県埋蔵文化財調査事業団、元井茂他　1997『川口市石神貝塚　県道大宮鳩ヶ谷線関係埋蔵文化財発掘調査報告』（『埼玉県埋蔵文化財調査事業団報告書』第182集）　財団法人埼玉県埋蔵文化財調査事業団
住吉：坂詰秀一　1961「埼玉県中野原における敷石遺跡」『古代文化』第6巻3号
俁埜：埼玉県史編纂室　1980『新編埼玉県史資料編』1（原始　旧石器・縄文）　埼玉県
東台：坪田幹男　1986『埼玉県入間郡東部遺跡群』Ⅵ(『文化財調査報告書』第15集）　埼玉県大井町教育委員会、坪田幹男　1987『埼玉県入間郡大井町東部遺跡群Ⅶ』（『文化財調査報告』第16集　大井町教育委員会）
苗間東久保：鍋島直久他　1994『西ノ原遺跡52・55、苗間東久保遺跡18、浄禅寺跡遺跡7、大井館跡遺跡5　発掘調査報告書』（『文化財調査報告書』第15集）　埼玉県大井町教育委員会
北通第2：会田　明　1976「北通遺跡第2地点」『富士見市文化財報告』ⅩⅠ　富士見市教育委員会
関沢第2：会田　明　1977「関沢遺跡第2地点」『富士見市文化財報告』ⅩⅢ　富士見市教育委員会
本目第4：佐々木保俊他　1978「本目遺跡第3・4地点」『富士見市中央遺跡群Ⅰ』（『文化財調査報告』第15集）　富士見市教育委員会
打越：荒井幹夫他　1983『打越遺跡』（『富士見市文化財報告』第26集）　富士見市教育委員会
八ヶ上：和田晋司他　1994『富士見市内遺跡Ⅱ』（『富士見市文化財報告』第44集）　富士見市教育委員会
貝塚山：荒井幹夫他　1985『貝塚山遺跡発掘調査報告書―第3地点―』（『富士見市遺跡調査会調査報告書』第24集）　富士見市遺跡調査会、荒井幹夫他　1985『貝塚山遺跡発掘調査報告書―第3地点―』（『富士見市遺跡調査会調査報告書』第25集）　富士見市遺跡調査会
宅地添：笹森健一　1985『埋蔵文化財の調査(Ⅶ)　川崎遺跡(宅地添地区第4次)の調査』　上福岡市教育委員会
北宿：青木義脩他　1990『北宿遺跡発掘調査報告書―浦和市立病院総合化に伴う埋蔵文化財発掘調査報告6―』（『浦和市遺跡調査会報告書』第134集）　浦和市遺跡調査会
本太3丁目：青木義脩他　1992『本太3丁目遺跡(第4次)発掘調査報告書』（『浦和市遺跡調査会調査会報告書』第154集）　浦和市遺跡調査会
大谷場下町：青木義脩他　1991『大谷場下町遺跡発掘調査報告書(第2次)』（『浦和市遺跡調査会報告書』第141集）　浦和市遺跡調査会
馬場北：青木義脩他　1989『馬場北遺跡(第8・9・10次)』（『浦和市東部遺跡群発掘調査報告書』第11集）　浦和市教育委員会

上木崎東：青木義脩他　1984『上木崎東遺跡発掘調査報告書』(『浦和市遺跡調査会報告書』第42集)　浦和市遺跡調査会
大間木内谷：青木義脩他　1988『大間木内谷遺跡発掘調査報告書』(『浦和市遺跡調査会報告書』第95集)　浦和市遺跡調査会
広ヶ谷戸稲荷越：岩井重雄他　1987『広ヶ谷戸稲荷越遺跡発掘調査報告書』(『浦和市遺跡調査会報告書』第82集)　浦和市遺跡調査会
明花東：青木義脩他　1994『明花東遺跡発掘調査報告書―県道大宮東京線新設工事に伴う発掘調査―』(『浦和市遺跡調査会調査報告書』第181集)　浦和市遺跡調査会
会ノ谷：青木義脩他　1991『会ノ谷遺跡発掘調査報告書(第3次)―浦和都市計画道路大牧三室線建設工事に伴う発掘調査―』(『浦和市遺跡調査会報告書』第145集)　浦和市遺跡調査会、青木義脩他　1994『会ノ谷遺跡発掘調査報告書(第4・5次)―浦和都市計画道路大牧三室線建設工事に伴う発掘調査―』(『浦和市遺跡調査会報告書』第178集)　浦和市遺跡調査会、青木義脩他　1996『会ノ谷遺跡発掘調査報告書(第7次)』(『浦和市遺跡調査会報告書』第203集)　浦和市遺跡調査会
大古里：青木義脩他　1994『大古里遺跡発掘調査報告書(第15・第16地点)』(『浦和市遺跡調査会調査報告書』第184集)　浦和市遺跡調査会
井沼方：青木義脩他　1994『井沼方遺跡発掘調査報告書(第12次)』(『浦和市遺跡調査会報告書』第185集)　浦和市遺跡調査会
東洋大学川越校舎：金井塚良一　1963「東洋大学川越校舎敷地内より出土した環状の配石遺構」『埼玉考古』第1号
上組：黒坂貞二他　1989『川越市上組Ⅱ―住宅・都市整備公団霞ヶ関土地区画整理事業関係埋蔵文化財発掘調査報告書Ⅲ―』『埼玉県埋蔵文化財調査事業団報告書』第80集　財団法人埼玉県埋蔵文化財調査事業団
足洗：細田　勝他　1994『坂戸市足洗遺跡―住宅都市整備公団坂戸入西地区土地区画整理事業関係埋蔵文化財発掘調査報告Ⅶ―』(『埼玉県埋蔵文化財調査事業団報告書』第136集)　財団法人埼玉県埋蔵文化財調査事業団
神明：細田　勝　1987『神明・矢垂―東北新幹線関係埋蔵文化財発掘調査報告書Ⅶ―』(『埼玉県埋蔵文化財調査事業団報告書』第65集)　財団法人埼玉県埋蔵文化財調査事業団
鎌倉公園：山形洋一他　1984『鎌倉公園遺跡』(『大宮市遺跡調査会報告』第9集)　大宮市遺跡調査会
深作東部：山形洋一他　1984『深作東部遺跡群』(『大宮市遺跡調査会報告』第10集)　大宮市遺跡調査会
下加：山形洋一他　1992『下加遺跡―大宮駐屯地における埋蔵文化財発掘調査―』(『大宮市遺跡調査会報告』第35集)　大宮市遺跡調査会
東北原：埼玉県史編纂室　1980『新編埼玉県史資料編』1(原始　旧石器・縄文)　埼玉県、山形洋一他　1985『東北原遺跡―第6次調査―』(『大宮市遺跡調査会報告』別冊Ⅰ)　大宮市遺跡調査会、山形洋一他　1991『市内遺跡群発掘調査報告　東北原遺跡―第8次調査―・C―78号遺跡』(『大宮市文化財調査報告』第30集)　大宮市教育委員会
西大宮バイパスNo.5：山形洋一　1989『西大宮バイパスNo.5遺跡―一般国道16号バイパス関係Ⅲ―』(『大宮市遺跡調査会報告』第24集)　大宮市遺跡調査会
西大宮バイパスNo.6：山形洋一　1995『西大宮バイパスNo.6遺跡―一般国道16号バイパス関係Ⅳ―』(『大宮市遺跡調査会報告』第48集)　大宮市遺跡調査会
A―64号：山形洋一他　1987『A―64号遺跡(大宮都市計画道路3・4・4中央通線)』(『大宮市遺跡調査会報告』第18集)　大宮市遺跡調査会
A―69号：山形洋一他　1987『A―69号遺跡』(『大宮市遺跡調査会報告』第31集)　大宮市遺跡調査会
B―91号：田代　治　1991『B―66号遺跡・B―91号遺跡・B―92号遺跡』(『大宮市遺跡調査会報告』第32集)　大宮市遺跡調査会
C―49号：埼玉県教育委員会編　1993『埼玉県埋蔵文化財調査年報　平成3年度』、水村孝行　1993「埼玉県」『日本考古学年報』44(1991年度版)
指扇下戸：山形洋一他　1992『指扇下戸遺跡』(『大宮市遺跡調査会報告』第39集)　大宮市遺跡調査会

柄鏡形(敷石)住居址発見遺跡参考文献

御蔵山中：山形洋一他　1989『御蔵山中遺跡―Ⅰ―』(『大宮市遺跡調査会報告』第26集)　大宮市遺跡調査会
今羽丸山：新屋雅明他　1995「今羽丸山遺跡」『年報』15(平成6年度)　財団法人埼玉県埋蔵文化財調査事業団、
　　　　　新屋雅明他　1996『大宮市今羽丸山遺跡　県営大宮今羽団地関係埋蔵文化財発掘調査報告』(『埼玉県埋
　　　　　蔵文化財調査事業団報告書』第173集)　財団法人埼玉県埋蔵文化財調査事業団
黒谷田端前：宮崎朝雄他　1976『黒谷田端前遺跡』　岩槻市遺跡調査会
裏慈恩寺東：並木　隆他　1978『裏慈恩寺東遺跡試掘調査報告書』(『埼玉県遺跡調査会報告書』第33集)　埼玉県
　　　　　遺跡調査会
真福寺貝塚第2地点：酒詰仲男　1962「埼玉県真福寺貝塚第2地点第1号住居址について」『人文学』第59号　同
　　　　　志社大学、塚田光　1982「縄文時代竪穴住居址の研究」『縄文時代の基礎研究』
宿前Ⅲ：小宮山克己他　1995『宿前Ⅲ遺跡』(『上尾市遺跡調査会調査報告書』第14集)　上尾市遺跡調査会
山下：山崎広幸他　1988『石神遺跡・山下遺跡―第1・2次調査―』(『上尾市文化財調査報告』第31集)　上尾市
　　　教育委員会
柏座：上尾市教育委員会　1986『柏座遺跡』(『上尾市文化財調査報告』第26集)
宿北Ⅴ：財団法人埼玉県埋蔵文化財調査事業団　1996「県道川越上尾線関係―宿北Ⅴ遺跡」『年報』16　財団法人
　　　埼玉県埋蔵文化財調査事業団、上野真由美他　1999『上尾市宿北Ⅴ遺跡　県道川越上尾線関係埋蔵文化財
　　　発掘調査報告』(『埼玉県埋蔵文化財調査事業団報告書』第214集)　財団法人埼玉県埋蔵文化財調査事業団
東谷：鈴木秀雄　1997「埼玉県内における柄鏡形住居の地域的様相(その1)」『研究紀要』第13号　財団法人埼玉
　　　県埋蔵文化財調査事業団
高井東：城近憲一他　1974『高井東遺跡発掘調査報告書』(『埼玉県遺跡調査会報告』第25集)　埼玉県遺跡調査会
八幡耕地：今井正文　1986『昭和60年度　桶川市遺跡群発掘調査報告書』　桶川市教育委員会
志久：笹森健一他　1976『伊奈町小室志久遺跡』(『埼玉県遺跡調査会報告書』第31集)　埼玉県教育委員会
向原：橋本　勉他　1997「向原遺跡」『年報』17　財団法人埼玉県埋蔵文化財調査事業団
戸崎前：君島勝秀　1998「伊奈町戸崎前遺跡(8次)の調査」『第31回遺跡発掘調査報告会発表要旨』　埼玉県考
　　　古学会・埼玉県立博物館・財団法人埼玉県埋蔵文化財調査事業団・埼玉県立埋蔵文化財センター、金子直
　　　行他　1997『戸崎前遺跡　上尾都市計画事業伊奈特定土地区画整理事業関係埋蔵文化財発掘調査報告―Ⅱ
　　　―』(『埼玉県埋蔵文化財調査事業団報告書』第187集)　財団法人埼玉県埋蔵文化財調査事業団
ささらⅡ：橋本　勉他　1985『ささらⅡ―国道122号線バイパス関係埋蔵文化財調査報告Ⅳ―』(『埼玉県埋蔵文化
　　　財調査事業団報告書』第47集)　財団法人埼玉県埋蔵文化財調査事業団
雅楽谷：埼玉県史編纂室　1980『新編埼玉県史』資料編1(原始　旧石器・縄文)　埼玉県、橋本　勉他　1990『蓮
　　　田市雅楽谷遺跡―県立蓮田養護学校関係埋蔵文化財発掘調査報告―』(『埼玉県埋蔵文化財調査事業団報告
　　　書』第93集)　財団法人埼玉県埋蔵文化財調査事業団
久台：橋本　勉他　1984『久台―国道122号線バイパス関係埋蔵文化財調査報告Ⅱ―』(『埼玉県埋蔵文化財調
　　　査事業団報告書』第36集)　財団法人埼玉県埋蔵文化財調査事業団、新屋雅明　1997「最新発掘情報33　蓮
　　　田市久台遺跡の調査」『埋文さいたま』No.27　財団法人埼玉県埋蔵文化財調査事業団
上手：柿沼幹夫他　1989『埼玉県北本市上手遺跡発掘調査報告書』　北本市上手遺跡調査会
提灯木山：磯野治司他　1996『提灯木山遺跡　第2次調査―大規模店舗建設関係埋蔵文化財発掘調査報告―』(『北
　　　本市遺跡調査会報告書』第2集)　北本市遺跡調査会、浜野美代子　『提灯木山遺跡』(『埼玉県埋蔵文
　　　化財調査事業団報告書』第92集)財団法人埼玉県埋蔵文化財調査事業団
赤台：山崎　武　1985『赤台遺跡　第1・2・3次調査』(『鴻巣市遺跡調査会報告書』第5集)　鴻巣市遺跡調査
　　　会
中三谷：細田　勝他　1989『鴻巣市中三谷遺跡―県警察運転免許センター関係埋蔵文化財発掘調査報告書―』(『埼
　　　玉県埋蔵文化財調査事業団報告書第76集)　財団法人埼玉県埋蔵文化財調査事業団
赤城：新屋雅明他　1988『赤城遺跡―川里工業団地関係埋蔵文化財発掘調査報告書―』第74集(『埼玉県埋蔵文化財
　　　調査事業団報告書』第74集)　財団法人埼玉県埋蔵文化財調査事業団
修理山：吉田　稔　1995『騎西町修理山遺跡　ファミリータウン藤の里宅地造成事業関係埋蔵文化財発掘調査報告』

(『埼玉県埋蔵文化財調査事業団報告書』第158集)　財団法人埼玉県埋蔵文化財調査事業団
皿沼：青木美代子他　1983『皿沼遺跡発掘調査報告書』(『白岡町文化財調査報告』第1集)　白岡町教育委員会
前原：青木秀雄他　1983『前原遺跡』(『宮代町文化財調査報告書』第1集)　宮代町教育委員会
山崎山：宮代町教育委員会　1984「山崎山遺跡」『埼玉県埋蔵文化財調査年報　昭和57年度』　埼玉県教育委員会
星谷：埼玉県史編纂室　1980『新編埼玉県史資料編』1(原始　旧石器・縄文)　埼玉県
金原：河井伸一　1999「宮代町金原遺跡の調査」『第32回遺跡発掘調査報告会発表要旨』　埼玉考古学会・財団法人埼玉県埋蔵文化財調査事業団・埼玉県立博物館・埼玉県埋蔵文化財センター
足利：青木秀雄他　1980『足利遺跡』(『久喜市埋蔵文化財調査報告書』)　久喜市教育委員会
御陣山：埼玉県教育委員会編　1988「御陣山遺跡」『埼玉県埋蔵文化財調査年報　昭和56年度』
西原：新井　端他　1993『埼玉県大里郡江南町千代遺跡群―江南町千代遺跡群発掘調査概報―』　江南町教育委員会・江南町千代遺跡群発掘調査会
四十坂下：埼玉県教育委員会編　1987「四十坂下遺跡」『埼玉県埋蔵文化財調査年報　昭和61年度』、財団法人埼玉県埋蔵文化財調査事業団編　1987「四十坂下遺跡」『埼玉県埋蔵文化財調査事業団年報』7(昭和61年度)
原ヶ谷戸：村田章人他　1993『大里郡岡部町原ヶ谷戸・滝下――般国道17号深谷バイパス関係埋蔵文化財発掘調査報告―』(『埼玉県埋蔵文化財調査事業団報告書』第127集)　財団法人埼玉県埋蔵文化財調査事業団
出口：柿沼幹夫他　1977『前畠・島之上・出口・芝山―上越新幹線埋蔵文化財発掘調査報告Ⅰ―』(『埼玉県遺跡発掘調査報告書』第12集)　埼玉県教育委員会

千葉県

鰭ヶ崎：八幡一郎　1934「日本石器時代の住居型式」『人類学雑誌』第49巻6号、関野　克　1937「日本古代住居址の研究」『建築雑誌』第48巻591号
下ヶ戸貝塚：岡村真文他　1984「下ヶ戸貝塚」『我孫子市埋蔵文化財報告』第4集　我孫子市教育委員会、三浦和信他　1985『縄文時代(1)』(『房総考古学ライブラリー』2)　財団法人千葉県文化財センター
下ヶ戸宮前：三浦和信他　1985『縄文時代(1)』(『房総考古学ライブラリー』2)　財団法人千葉県文化財センター、菅谷通保　1985「竪穴住居の型式学的研究―縄文時代後・晩期の諸問題―」『奈和』第23号
龍角寺ニュータウンNo.4：柿沼修平他　1982『龍角寺ニュータウン遺跡群』　龍角寺ニュータウン遺跡調査会・日本考古学研究所
吉見台：天野　努　1986「千葉県」『日本考古学年報』37(1984年度版)、三浦和信他　1985『縄文時代(1)』(『房総考古学ライブラリー』2)　財団法人千葉県文化財センター、林田利之他　1999『千葉県佐倉市吉見台遺跡A地点―縄文時代後・晩期を主体とする集落跡と貝塚の調査―』(『財団法人印旛郡市文化財センター発掘調査報告書』第159集　市道Ⅰ―32号線(吉見工区)埋蔵文化財調査に伴う整理委託業務)　佐倉市・財団法人印旛郡市文化財センター
江原台：高田　博　1980『佐倉市江原台遺跡発掘調査報告書』Ⅱ　千葉県教育委員会・財団法人千葉県文化財センター
井戸作：高谷英一他　1994「佐倉市井戸作遺跡(02-022)」『財団法人印旛郡市文化財センター年報』10(平成5年度)　財団法人印旛郡市文化財センター、米田幸雄他　1997「佐倉市井戸作遺跡(02-022)」『財団法人印旛郡市文化財センター年報』12(平成7年度)　財団法人印旛郡市文化財センター、高谷英一他　1998「佐倉市井戸作遺跡(02-022)」『財団法人印旛郡市文化財センター年報』13(平成8年度)　財団法人印旛郡市文化財センター、財団法人印旛郡市文化財センター編　1993『遺跡から見た印旛の歴史』、小倉和重　2000「縄文晩期の大型住居跡―千葉県宮内井戸作遺跡」『季刊考古学』第73号、松田富美子他　2000「佐倉市宮内井戸作遺跡Ⅲ地区(02-022)」『財団法人印旛郡市文化財センター年報』15(平成10年度)　財団法人印旛郡市文化財センター、菊田敏記　2000「佐倉市宮内井戸作遺跡Ⅱ地区(02-022)」『財団法人印旛郡市文化財センター年報』16(平成11年度)　財団法人印旛郡市文化財センター
五反目：菊池敏記他　1991『千葉県佐倉市神楽場遺跡・五反目遺跡―東邦大学医学部付属病院建設予定地内埋蔵文

368　柄鏡形(敷石)住居址発見遺跡参考文献

　　　　　　化財調査―」(『財団法人印旛郡市文化財センター発掘調査報告書』第39集)　財団法人印旛郡市文化財セ
　　　　　　ンター
小菅法華塚Ⅱ：大野徳雄他　1991「成田市法華塚Ⅱ遺跡」『財団法人　印旛郡市文化財センター年報』7（平成2
　　　　　　年度)　財団法人印旛郡市文化財センター、鈴木圭一他　1995『千葉県成田市小菅法華塚Ⅰ・Ⅱ遺
　　　　　　跡　成田ビューカントリー倶楽部造成地内埋蔵文化財調査報告書(1)』(『財団法人印旛郡市文化財
　　　　　　センター発掘調査報告書』第92集)　日本ビューホテル株式会社・財団法人印旛郡市文化財センタ
　　　　　　ー
長田雉子ヶ原：喜多圭介他　1989『千葉県成田市長田雉子ヶ原遺跡・長田香花田遺跡』(『ニュー東京国際空港ゴル
　　　　　　フ場造成地内埋蔵文化財調査報告書(Ⅱ)』)(『印旛郡市文化財センター発掘調査報告書』第31集)
　　　　　　財団法人印旛郡市文化財センター
囲護台：木川邦夫他　1990『囲護台遺跡群』　成田市教育委員会、菅谷通保　1995「竪穴住居から見た縄紋時代
　　　　　　後・晩期―房総半島北部(北総地域)を中心とした変化について―」『帝京大学山梨文化財研究所研究報告』
　　　　　　第6集
小菅法華塚Ⅱ：鈴木圭一他　1995『千葉県成田市小菅法華塚Ⅰ・Ⅱ遺跡　成田ビューカントリー倶楽部造成地内埋
　　　　　　蔵文化財調査報告書(1)』(『財団法人印旛郡市文化財センター発掘調査報告書』第92集)　日本ビ
　　　　　　ューホテル株式会社・財団法人印旛郡市文化財センター
総合公園：高野博光　1980「総合公園遺跡」『日本考古学年報』31(1978年度版)
伊篠白幡：三浦和信他　1986『酒々井町伊篠白幡遺跡』　財団法人千葉県文化財センター
金楠台：沼沢　豊　1973『松戸市金楠台遺跡―国鉄小金線建設工事に伴う埋蔵文化財調査報告書―』　日本鉄道建
　　　　　　設公団東京支社・財団法人千葉県都市公社
貝の花貝塚：八幡一郎他　1973『貝の花貝塚』(『松戸市文化財調査報告書』4)　松戸市教育委員会
陣ヶ前貝塚：岩崎卓也　1963「陣ヶ前貝塚」『松戸市文化財調査報告』第1集　松戸市教育委員会
坂之台：古里節夫　1983『坂之台遺跡・東平賀遺跡第三次調査』(『松戸市文化財調査小報』16)　松戸市教育委員
　　　　　　会
一の谷西貝塚：川名広文他　1984『一の谷西貝塚発掘調査報告書』　一の谷遺跡調査会
下水：川名宏文　1985「柄鏡形住居址の埋甕にみる象徴性」『土曜考古』第10号
大橋内山：関根孝夫　1971『大橋―松戸市大橋大塚越・内山遺跡の発掘調査報告―』　松戸市古文化研究会
曽谷貝塚D地点：堀越正行　1977『曽谷貝塚D地点発掘調査概報』　市川市教育委員会
曽谷貝塚E地点：堀越正行　1978『曽谷貝塚E地点発掘調査概報』　市川市教育委員会
曽谷貝塚M地点：杉原荘介・戸沢充則　1971「貝塚文化―縄文時代―」『市川市史』第1巻(原始・古代)　市川市
　　　　　　史編纂委員会
曽谷貝塚第17地点(高谷津)：渡辺　新　1986「曽谷貝塚」『昭和60年度市川東部遺跡群発掘調査報告』　市川市教
　　　　　　育委員会、渡辺　新　1995「下総台地における石棒の在り方(瞥見)」『利根川』16
曽谷貝塚第20地点：堀越正行　1988「曽谷貝塚」『昭和62年度市川東部遺跡群発掘調査報告』　市川市教育委員会
堀之内堀之内地区：浅川裕之他　1987『堀之内―市川市堀之内地区土地区画整理事業予定地内遺跡発掘調査報告書
　　　　　　―』　市川市堀之内地区土地区画整理組合準備委員会・市川市教育委員会
堀之内権現原地区：浅川裕之他　1987『堀之内―市川市堀之内地区土地区画整理事業予定地内遺跡発掘調査報告書
　　　　　　―』　市川市堀之内地区土地区画整理組合準備委員会・市川市教育委員会、渡辺　新　1991
　　　　　　『縄文時代集落の人口構造』(『千葉県権現原貝塚の研究』Ⅰ)
姥山貝塚：宮坂光次・八幡一郎他　1927「下総姥山貝塚発掘調査予報」『人類学雑誌』第42巻1号、松村　瞭他
　　　　　　1932『下総姥山ニ於ケル石器時代遺跡』(『東京帝国大学理学部人類学教室研究報告』5)　東京帝國大
　　　　　　学人類学教室、杉原荘介・戸沢充則　1971「貝塚文化―縄文時代―」『市川市史』第1巻(原始・古代)
　　　　　　市川市史編纂委員会
下台：浅川裕之　1987『昭和61年度市川東部遺跡群発掘調査報告』　市川市教育委員会
株木B：小西ゆみ他　1983「株木B遺跡第2地点」『昭和57年度市川東部遺跡群発掘調査報告』　市川市教育委員

　　　　　会
池谷津：鈴木道之助　1973「池谷津遺跡」『千葉ニュータウン埋蔵文化財調査報告書』Ⅱ　千葉県開発庁・財団法人千葉県都市公社
薬園台：金刺伸吾他　1981『千葉県船橋市薬園台遺跡調査概報』　船橋市教育委員会
木戸作：郷田良一他　1979『木戸作遺跡(第2次)』(『千葉東南部ニュータウン』7)　財団法人千葉県文化財センター
小金沢貝塚：郷田良一他　1982『小金沢貝塚』(『千葉東南部ニュータウン』10)　財団法人千葉県文化財センター
六通金山：関口達彦他　1981『六通金山遺跡』(『千葉東南部ニュータウン』11)　財団法人千葉県文化財センター
加曽利南貝塚南側平坦面：後藤和民・庄司　克　1981「昭和47年度加曽利南貝塚南側平坦部第4次遺跡限界確認調査概報」『貝塚博物館紀要』第7号　千葉市立加曽利貝塚博物館
築地台貝塚：折原　繁他　1978『千葉市築地台貝塚・平山古墳―千葉東金道路建設工事に伴う埋蔵文化財調査報告2―』　財団法人千葉県文化財センター
駒込：永瀬真平他　1984『千葉県千葉市駒込遺跡発掘調査概要報告書』
矢作貝塚：清藤一順他　1981『千葉市矢作貝塚』　千葉県水道局・財団法人千葉県文化財センター
餅ヶ崎：横田正美　1983「柄鏡形住居址とその出土遺物について―千葉県源町・餅ヶ崎遺跡―」『貝塚博物館紀要』第9号　千葉市立加曽利貝塚博物館
内野第1：深沢克友　1995「千葉県」『日本考古学年報』46(1993年度版)
宮ノ台：田中英世　1989「入口施設を有する小竪穴(芳賀輪遺跡台12土壙)について―鹿島川中流域の縄文時代の遺跡の研究(4)―」『貝塚博物館紀要』第16号　千葉市立加曽利貝塚博物館
中野僧見堂：折原　繁他　1977『千葉市中野僧見堂遺跡―千葉市東金道路建設に伴う埋蔵文化財調査報告1―(千葉市中野地区)』　財団法人千葉県文化財センター
千代田Ⅳ：米内邦雄・宮内和博　1972『千代田遺跡―千葉県印旛郡四街道町―』　四街道千代田遺跡調査会
千代田Ⅴ：米内邦雄・宮内和博　1972『千代田遺跡―千葉県印旛郡四街道町―』　四街道千代田遺跡調査会
祇園原貝塚：米田耕之助他　1978『祇園原貝塚』(『上総国分寺台発掘調査概要』Ⅴ)　上総国分寺台発掘調査団・千葉県市原市教育委員会、米田耕之助他　1979『祇園原貝塚Ⅱ』(『上総国分寺台発掘調査概要』Ⅵ)　上総国分寺台発掘調査団・千葉県市原市教育委員会、米田耕之助　1980「縄文時代後期における住居形態の一様相」『伊知波良』3、米田耕之助他　1983『祇園原貝塚Ⅲ』(『上総国分寺台発掘調査概要』ⅩⅠ)　上総国分寺台発掘調査団・千葉県市原市教育委員会、忍澤成視　1999『千葉県市原市祇園原貝塚』(『上総国分寺台遺跡調査報告』Ⅴ・『財団法人市原市文化財センター調査報告書』第60集)　財団法人市原市文化財センター
西広貝塚：米田耕之助他　1977『西広貝塚』(『上総国分寺台遺跡調査報告』Ⅲ)　上総国分寺台遺跡調査団、米田耕之助他　1981「西広貝塚第2次調査」『上総国分寺台発掘調査概報』　千葉県市原市教育委員会・上総国分寺台遺跡調査団、高橋康男　1989「西広貝塚」『市原市文化財センター年報　昭和62年度』　財団法人市原市文化財センター、忍澤成視　1993「縄文時代後・晩期の装飾観念―市原市西広貝塚出土の骨角貝製装身具を中心として―」『市原市文化財センター研究紀要』Ⅱ　財団法人市原市文化財センター
武士：財団法人千葉県文化財センター　1987「武士遺跡(福増浄水場)」『千葉県文化財センター年報』No13、同　1989「市原市武士遺跡(福増浄水場)」『千葉県文化財センター年報』No14、加納　実他　1998『市原市武士遺跡2―福増浄水場埋蔵文化財調査報告書―』(『千葉県文化財センター調査報告』第322集)　財団法人千葉県文化財センター
能満上小貝塚：忍澤成視　1995『市原市能満上小貝塚』(『財団法人市原市文化財センター調査報告書』第55集)　財団法人市原市文化財センター
菊間手永貝塚：近藤　敏　1985「菊間手永貝塚」『市原市文化財センター年報　昭和57・58年度』　財団法人市原市文化財センター
伊丹山：三森俊彦　1979『袖ヶ浦町伊丹山遺跡―角山配水池建設に伴う埋蔵文化財調査報告―』　伊丹山遺跡発掘

調査団・袖ヶ浦町教育委員会
嘉登：西原崇浩　1994『嘉登遺跡・大竹長作古墳群　市道0128号線建設工事に伴う埋蔵文化財発掘調査』（『君津郡市文化財センター調査報告書』第90集）　財団法人君津郡市文化財センター
山野貝塚：上守秀明　1993『袖ヶ浦市山野貝塚発掘調査報告書』　財団法人千葉県文化財センター
薮台Ⅰ：山本哲也　1993『千葉県木更津市薮台遺跡群』（『君津郡市文化財センター調査報告書』）第81集　有限会社総合技研・財団法人君津郡市文化財センター
愛生：財団法人君津郡市文化財センター　1999『平成10年度千葉県遺跡調査研究発表会発表要旨』　千葉県文化財法人連絡協議会、財団法人千葉市文化財協会　1999『平成10年度千葉市遺跡発表会要旨』
上谷津第２：財団法人千葉市文化財協会　1999『平成10年度千葉市遺跡発表会要旨』

茨城県

沼尾原：松下松寿他　1980『沼尾原遺跡第１次・２次調査の記録』（『鹿島町の文化財』第11集）　鹿島町教育委員会
仲根台Ｂ：山本静男他　1984『仲根台Ｂ遺跡　竜ヶ崎ニュータウン地域内埋蔵文化財調査報告』７（『茨城県教育財団文化財調査報告』第25集）　財団法人茨城県教育財団
廻地Ａ：瓦吹　堅他　1982『廻地Ａ遺跡』（『茨城県教育団文化財調査報告』第15集）　財団法人茨城県教育財団
洞坂畑：水野順敏　1979『茨城県谷和原村洞坂畑遺跡』　日本窯業史研究所
高崎貝塚：鶴見貞雄他　1994『高崎貝塚　茨城県自然博物館(仮称)建設用地内埋蔵文化財調査報告書』Ⅱ（『茨城県教育財団文化財調査報告』第88集）　財団法人茨城県教育財団
石畑：瓦吹　堅他　1977『石畑遺跡』　茨城県猿島郡五霞村教育委員会
冬木Ａ：高村　勇他　1980『冬木Ａ・冬木Ｂ遺跡』『茨城県教育財団文化財調査報告』第９集　財団法人茨城県教育財団
かわい山：香川達郎他　2000『茨城県猿島郡境町かわい山遺跡発掘調査報告書』　境町教育委員会
柳沢太田房貝塚：藤本弥城　1977「柳沢太田房貝塚」Ⅰ　『那珂川下流域の石器時代研究』
大近平：伊藤廉倫　1992『上台・大近平遺跡発掘調査報告書』（『日立市文化財調査報告』第28集）　日立市教育委員会
小場：沼田文夫　1986『小場遺跡　常磐自動車道関係埋蔵文化財調査報告書』９（『茨城県教育財団文化財調査報告』第35集）　財団法人茨城県教育財団

栃木県

後藤：竹沢　謙　1972「後藤遺跡」『東北自動車道埋蔵文化財発掘調査報告書』第５集　栃木県教育委員会、竹沢　謙　1979「後藤遺跡」『栃木県史』資料編　考古Ⅱ　栃木県史編纂委員会
寺野東：塩沢　清他　1993「寺野東遺跡」『栃木県文化振興事業団　埋蔵文化財センター年報』第３号　財団法人栃木県文化振興事業団　埋蔵文化財センター、岩上照朗他　1994『寺野東遺跡―発掘調査概要報告―』（『栃木県埋蔵文化財調査報告』第152集）　栃木県教育委員会・小山市教育委員会・財団法人栃木県文化興事業団
乙女不動原北浦：三沢正善他　1982『乙女不動原北浦遺跡発掘調査報告書』（『小山市文化財調査報告書』第11集）　小山市教育委員会
町屋：山ノ井清人　1987「栃木県」『日本考古学年報』38(1985年度版)、大川　清他　1994「(73)町屋遺跡」『栃木県文化財保護行政年報(平成４年度)』（『栃木県埋蔵文化財調査報告』第139集）　栃木県教育委員会、河野一也他　1998『栃木県田沼町町屋遺跡調査概報Ⅰ―第４次遺跡範囲確認調査―』　日本窯業史研究所
御城田：芹沢清八他　1986・87『御城田』（『栃木県埋蔵文化財発掘調査報告』第68集）　栃木県教育委員会・財団法人栃木県文化振興事業団
湯南荘付近：塙　静夫　1979「考古学上からみた宇都宮　縄文時代」『宇都宮市史』第１巻(原始・古代篇)　宇都宮市

竹下：梁木　誠　1992「竹下遺跡」『栃木県埋蔵文化財保護行政年報（平成2年度）』（『栃木県埋蔵文化財調査報告書』第122集）　栃木県教育委員会

河原台：中村紀男　1992「河原台遺跡」『平成2年度・栃木県埋蔵文化財保護行政年報』　栃木県教育委員会、中村紀男他　1994『河原台―栃木県芳賀郡茂木町大字山内字河原台遺跡発掘調査報告書―』（『茂木町埋蔵文化財調査報告書』第1集）　茂木町教育委員会、中村紀男　1997「河原台遺跡」『茂木町史』第2巻（史料編1・原始古代中世）　茂木町

塙平：財団法人栃木県文化振興事業団・埋蔵文化財センター　1996『塙平遺跡Ⅱ』（『栃木県埋蔵文化財調査報告』第163集）　財団法人栃木県文化振興事業団・埋蔵文化財センター

石末：川島守一　1964「栃木県塩谷郡石末遺跡」『日本考古学年報』12

勝山城：屋代方子他　1987『勝山城』Ⅱ　氏家町教育委員会・勝山城発掘調査団、小竹弘則他　1995『堂原・勝山城―1988～1991の発掘調査―』　氏家町教育委員会、海老原郁雄　1993「栃木県・勝山遺跡の敷石住居址」『那須文化研究』第7号　那須文化研究会

古宿：芹沢清八他　1994『古宿遺跡―県道藤原・宇都宮線改良工事に伴う埋蔵文化財調査報告書―』（『栃木県埋蔵文化財調査報告書』第142集）　栃木県教育委員会・財団法人栃木県文化振興事業団

石関：海老原郁雄　1979『石関（彦左エ衛門）遺跡』　栃木県教育委員会

真子：田代　寛・辰巳四郎　1965『大田原市平林真子遺跡発掘調査略報』、田代　寛・辰巳四郎　1965『栃木県大田原市平林真子遺跡第2次発掘調査略報』、栃木県史編纂委員会　1976『栃木県史』資料編（考古Ⅰ）、中木太　1995「大田原市平林真子遺跡の敷石住居址」『那須文化研究会』第9号　那須文化研究会

井口：川原由典　1991「井口遺跡」『栃木県埋蔵文化財保護行政年報（平成元年度）』（『栃木県埋蔵文化財調査報告書』第106集）　栃木県教育委員会、財団法人栃木県文化振興事業団　1990「井口遺跡」『栃木県文化振興事業団年報　平成元年度』

槻沢：後藤信祐　1994「槻沢遺跡」『（平成4年度）埋蔵文化財センター年報』第2号　財団法人栃木県文化振興事業団・埋蔵文化財センター、後藤信祐　1996『槻沢遺跡Ⅲ　県営圃場整備事業「井口・槻沢地区」に伴う埋蔵文化財発掘調査』（『栃木県埋蔵文化財調査報告』第171集）　栃木県教育委員会・財団法人栃木県文化振興事業団

群馬県

神ヶ原：池田政志　2000「三ツ子沢中遺跡の敷石住居―群馬県内検出の敷石住居の集成を通して―」『三ツ子沢中遺跡』（『北陸新幹線地域埋蔵文化財発掘調査報告書』第12集・『財団法人群馬県埋蔵文化財調査事業団調査報告書』第260集）　群馬県教育委員会・財団法人群馬県埋蔵文化財調査事業団・日本鉄道建設公団

譲原：相沢貞順他　1968『小室遺跡』（『群馬県勢多郡北橘村文化財調査報告』）　勢多郡北橘村教育委員会、木村収　1996「訪ねてみよう群馬の遺跡　譲原遺跡」『埋文群馬』No28　財団法人群馬県埋蔵文化財調査事業団

保美濃山：石坂　茂　1985「柄鏡形住居址について」『荒砥二之堰遺跡―昭和55年度県営圃場整備事業荒砥南部地区に係る埋蔵文化財発掘調査報告書―』　財団法人群馬県埋蔵文化財調査事業団、梅沢重昭　1988「保美濃山遺跡」『群馬県史』資料編1（原始古代1　旧石器・縄文）　群馬県史編さん委員会

八塩：石坂　茂　1985「柄鏡形住居址について」『荒砥二之堰遺跡―昭和55年度県営圃場整備事業荒砥南部地区に係る埋蔵文化財発掘調査報告書―』　財団法人群馬県埋蔵文化財調査事業団

金剛寺下：石坂　茂　1985「柄鏡形住居址について」『荒砥二之堰遺跡―昭和55年度県営圃場整備事業荒砥南部地区に係る埋蔵文化財発掘調査報告書―』　財団法人群馬県埋蔵文化財調査事業団

橋下：石坂　茂　1985「柄鏡形住居址について」『荒砥二之堰遺跡―昭和55年度県営圃場整備事業荒砥南部地区に係る埋蔵文化財発掘調査報告書―』　財団法人群馬県埋蔵文化財調査事業団

坂原：石坂　茂　1985「柄鏡形住居址について」『荒砥二之堰遺跡―昭和55年度県営圃場整備事業荒砥南部地区に係る埋蔵文化財発掘調査報告書―』　財団法人群馬県埋蔵文化財調査事業団、池田政志　2000「三ツ子沢中遺跡の敷石住居―群馬県内検出の敷石住居の集成を通して―」『三ツ子沢中遺跡』（『北陸新幹線地域埋蔵

文化財発掘調査報告書』第12集・『財団法人群馬県埋蔵文化財調査事業団調査報告書』第260集) 群馬県教育委員会・財団法人群馬県埋蔵文化財調査事業団・日本鉄道建設公団

白石大御堂：菊池　実他　1991『白石大御堂遺跡―園池を伴う中世寺院址の調査―』(『関越自動車道(上越線)地域埋蔵文化財発掘調査報告書』第８集・『財団法人群馬県埋蔵文化財調査事業団調査報告』第122集) 群馬県教育委員会・財団法人群馬県埋蔵文化財調査事業団・日本道路公団

中大塚：塚越甲子郎　1974『藤岡市中大塚縄文式敷石遺構調査概略』　藤岡市教育委員会、塚越甲子郎・藤巻幸男　1988「中大塚遺跡」『群馬県史』資料編１(原始古代１　旧石器・縄文)　群馬県史編さん委員会

薬師前：茂木　努　1990『小野西部地区遺跡群発掘調査報告書』　群馬県藤岡市教育委員会

上栗須寺前：石塚久則他　1990「上栗須寺前遺跡(事業名称　寺前遺跡)」『年報』８　財団法人群馬県埋蔵文化財調査事業団、中束耕志　1990「群馬県」『日本考古学年報』41(1988年度版)、石塚久則他　1990「上栗須寺前遺跡」『年報』９　財団法人群馬県埋蔵文化財調査事業団、石塚久則他　1994『上栗須寺前遺跡群Ⅱ　１区(上栗須薬師裏)・２区(上栗須薬師前)　藤岡扇状地扇端部における縄文・奈良時代を中心とした集落址と古墳の調査』(『財団法人群馬県埋蔵文化財調査事業団調査報告』第185集・『関越自動車道(上越線)地域埋蔵文化財発掘調査報告』第30集) 群馬県教育委員会・財団法人群馬県埋蔵文化財調査事業団・日本道路公団

西原：石坂　茂　1985「柄鏡形住居址について」『荒砥二之堰遺跡―昭和55年度県営圃場整備事業荒砥南部地区に係る埋蔵文化財発掘調査報告書―』財団法人群馬県埋蔵文化財調査事業団、池田政志　2000「三ツ子沢中遺跡の敷石住居―群馬県内検出の敷石住居の集成を通して―」『三ツ子沢中遺跡』(『北陸新幹線地域埋蔵文化財発掘調査報告書』第12集・『財団法人群馬県埋蔵文化財調査事業団調査報告書』第260集) 群馬県教育委員会・財団法人群馬県埋蔵文化財調査事業団・日本鉄道建設公団

高木(仮)：石坂　茂　1985「柄鏡形住居址について」『荒砥二之堰遺跡―昭和55年度県営圃場整備事業荒砥南部地区に係る埋蔵文化財発掘調査報告書―』財団法人群馬県埋蔵文化財調査事業団、池田政志　2000「三ツ子沢中遺跡の敷石住居―群馬県内検出の敷石住居の集成を通して―」『三ツ子沢中遺跡』(『北陸新幹線地域埋蔵文化財発掘調査報告書』第12集・『財団法人群馬県埋蔵文化財調査事業団調査報告書』第260集) 群馬県教育委員会・財団法人群馬県埋蔵文化財調査事業団・日本鉄道建設公団

坂野：石坂　茂　1985「柄鏡形住居址について」『荒砥二之堰遺跡―昭和55年度県営圃場整備事業荒砥南部地区に係る埋蔵文化財発掘調査報告書―』財団法人群馬県埋蔵文化財調査事業団、池田政志　2000「三ツ子沢中遺跡の敷石住居―群馬県内検出の敷石住居の集成を通して―」『三ツ子沢中遺跡』(『北陸新幹線地域埋蔵文化財発掘調査報告書』第12集・『財団法人群馬県埋蔵文化財調査事業団調査報告書』第260集) 群馬県教育委員会・財団法人群馬県埋蔵文化財調査事業団・日本鉄道建設公団

馬渡戸：石坂　茂　1985「柄鏡形住居址について」『荒砥二之堰遺跡―昭和55年度県営圃場整備事業荒砥南部地区に係る埋蔵文化財発掘調査報告書―』財団法人群馬県埋蔵文化財調査事業団、池田政志　2000「三ツ子沢中遺跡の敷石住居―群馬県内検出の敷石住居の集成を通して―」『三ツ子沢中遺跡』(『北陸新幹線地域埋蔵文化財発掘調査報告書』第12集・『財団法人群馬県埋蔵文化財調査事業団調査報告書』第260集) 群馬県教育委員会・財団法人群馬県埋蔵文化財調査事業団・日本鉄道建設公団

細谷戸Ａ(仮)：石坂　茂　1985「柄鏡形住居址について」『荒砥二之堰遺跡―昭和55年度県営圃場整備事業荒砥南部地区に係る埋蔵文化財発掘調査報告書―』財団法人群馬県埋蔵文化財調査事業団

細谷戸Ｂ(仮)：石坂　茂　1985「柄鏡形住居址について」『荒砥二之堰遺跡―昭和55年度県営圃場整備事業荒砥南部地区に係る埋蔵文化財発掘調査報告書―』財団法人群馬県埋蔵文化財調査事業団

山間：池田政志　2000「三ツ子沢中遺跡の敷石住居―群馬県内検出の敷石住居の集成を通して―」『三ツ子沢中遺跡』(『北陸新幹線地域埋蔵文化財発掘調査報告書』第12集・『財団法人群馬県埋蔵文化財調査事業団調査報告書』第260集) 群馬県教育委員会・財団法人群馬県埋蔵文化財調査事業団・日本鉄道建設公団

光徳寺裏山：池田政志　2000「三ツ子沢中遺跡の敷石住居―群馬県内検出の敷石住居の集成を通して―」『三ツ子沢中遺跡』(『北陸新幹線地域埋蔵文化財発掘調査報告書』第12集・『財団法人群馬県埋蔵文化財調査事業団調査報告書』第260集) 群馬県教育委員会・財団法人群馬県埋蔵文化財調査事業団・日本鉄道

　　　　　　　建設公団
平地前：財団法人群馬県埋蔵文化財調査事業団編　1997「平成8年度県内埋蔵文化財発掘調査一覧表」『年報』16
　　　　財団法人群馬県埋蔵文化財調査事業団
比良(仮)：石坂　茂　1985「柄鏡形住居址について」『荒砥二之堰遺跡―昭和55年度県営圃場整備事業荒砥南部地
　　　　区に係る埋蔵文化財発掘調査報告書―』　財団法人群馬県埋蔵文化財調査事業団
白倉下原：木村　収他　1994『下倉下原・天引向原遺跡Ⅱ―甘楽パーキングエリア地内遺跡の調査―　縄文時代編』
　　　　(『関越自動車道(上越線)地域埋蔵文化財発掘調査報告書』第25集・『財団法人群馬県埋蔵文化財調査事
　　　　業団調査報告』第172集)　群馬県教育委員会・財団法人群馬県埋蔵文化財調査事業団・日本道路公団
福島鹿嶋下：飯田陽一他　1997「福島鹿嶋下遺跡・福島椿森遺跡」『年報』16　財団法人群馬県埋蔵文化財調査事
　　　　業団
下鎌田：大賀　健他　1997『下鎌田遺跡』(『関越自動車道(上越線)地域埋蔵文化財発掘調査報告書』)　日本道路公
　　　　団・群馬県教育委員会・下仁田町遺跡調査会
内匠下高瀬：津金沢吉茂他　1989「内匠・下高瀬遺跡」『年報』7　財団法人群馬県埋蔵文化財調査事業団
田篠中原：菊池　実他　1990『田篠中原遺跡―縄文時代中期末の環状列石・配石遺構群の調査―』(『関越自動車道
　　　　(上越線)地域埋蔵文化財発掘調査報告書』第5集・『財団法人群馬県埋蔵文化財調査事業団調査報告』
　　　　第112集)　群馬県教育委員会・財団法人群馬県埋蔵文化財調査事業団・日本道路公団
内匠上之宿：新井　仁他　1993『内匠上之宿遺跡』(『関越自動車道(上越線)地域埋蔵文化財発掘調査報告書』第15
　　　　集)・『財団法人群馬県埋蔵文化財調査事業団調査報告』第143集)　群馬県教育委員会・財団法人群
　　　　馬県埋蔵文化財調査事業団・日本道路公団
南蛇井増光寺：小野和之他　1991「南蛇井増光寺遺跡C区(事業名称　井出Ⅱ遺跡)」『年報』9　財団法人群馬県
　　　　埋蔵文化財調査事業団、飯塚卓二他　1991「南蛇井増光寺遺跡C・DS区(事業名称　井出Ⅲ遺跡)」
　　　　『年報』9　財団法人群馬県埋蔵文化財調査事業団、依田治雄他　1991「南蛇井増光寺遺跡B・E
　　　　区、中沢平賀界戸遺跡F区(事業名称　井出Ⅰ遺跡)」『年報』9　財団法人群馬県埋蔵文化財調査
　　　　事業団、小野和之他　1991「南蛇井増光寺遺跡C区(事業名称　井出Ⅱ遺跡)」『年報』10　財団法
　　　　人群馬県埋蔵文化財調査事業団、伊藤　肇他　1992『蛇井増光寺遺跡Ⅰ　B区・縄文・弥生時代』
　　　　(『財団法人群馬県埋蔵文化財調査事業団調査報告』第142集・『関東自動車道(上越線)地域埋蔵文
　　　　化財発掘調査報告書』第14集)　群馬県教育委員会・財団法人群馬県埋蔵文化財調査事業団・日本
　　　　道路公団、斉藤利昭他　1993『南蛇井増光寺遺跡Ⅱ　DN・E区』(『関越自動車道(上越線)地域埋
　　　　蔵文化財発掘調査報告書』第19集・『財団法人群馬県埋蔵文化財調査事業団調査報告書』第155集)
　　　　群馬県教育委員会・財団法人群馬県埋蔵文化財調査事業団・日本道路公団、小野和之他　1997『南
　　　　蛇井増光寺遺跡Ⅴ　C区・縄文・弥生時代』(『関越自動車＜上越線＞地域埋蔵文化財発掘調査報告
　　　　書』第44集・『財団法人群馬県埋蔵文化財調査事業団調査報告』第217集)　群馬県教育委員会・財
　　　　団法人群馬県埋蔵文化財調査事業団・日本道路公団
本宿・郷土：今井幹夫他1981『本宿・郷土遺跡発掘調査報告書』　富岡市教育委員会
行田大道北(行田Ⅰ)：山武考古学研究所　1991「行田Ⅰ遺跡」『山武考古学研究所年報』№8(平成元年度)　山
　　　　　　　武考古学研究所、水田　稔　1997「西毛の縄文時代」『西毛の古代』　山武考古学研究所
行田梅木平(行田Ⅱ)：間宮政光他　1997『行田梅木平遺跡(行田Ⅱ遺跡)』(『関越自動車道(上越線)地域埋蔵文化
　　　　　　　財発掘調査報告書』)　日本道路公団・群馬県教育委員会・松井田町遺跡調査会
新堀東源ヶ原(行田Ⅲ)：山武考古学研究所　1993「行田Ⅲ遺跡」『山武考古学研究所年報』№10(平成3年度)
　　　　　　　山武考古学研究所、千田幸生　1997『新堀東源ヶ原遺跡(行田Ⅲ遺跡)』(『関越自動車道
　　　　　　　(上越線)地域埋蔵文化財発掘調査報告書』)　日本道路公団・群馬県教育委員会・松井田町
　　　　　　　遺跡調査会
仁田：大江正行他　1990『仁田遺跡・暮井遺跡』(『財団法人群馬県埋蔵文化財調査事業団調査報告書』第109集)
　　　　群馬県教育委員会・財団法人群馬県埋蔵文化財調査事業団
暮井：大江正行他　1990『仁田遺跡・暮井遺跡』(財団法人『群馬県埋蔵文化財調査事業団調査報告書』第109集)

374　柄鏡形(敷石)住居址発見遺跡参考文献

　　　群馬県教育委員会・財団法人群馬県埋蔵文化財調査事業団
二軒在家二本杉：田口　修　1992『二軒在家二本杉遺跡』　松井田町埋蔵文化財調査会
国衙朝日：池田政志　2000「三ツ子沢中遺跡の敷石住居—群馬県内検出の敷石住居の集成を通して—」『三ツ子
　　　沢中遺跡』(『北陸新幹線地域埋蔵文化財発掘調査報告書』第12集・『財団法人群馬県埋蔵文化財調査事業
　　　団調査報告書』第260集)　群馬県教育委員会・財団法人群馬県埋蔵文化財調査事業団・日本鉄道建設公
　　　団
下増田上田中：池田政志　2000「三ツ子沢中遺跡の敷石住居—群馬県内検出の敷石住居の集成を通して—」『三ツ
　　　子沢中遺跡』(『北陸新幹線地域埋蔵文化財発掘調査報告書』第12集・『財団法人群馬県埋蔵文化財
　　　調査事業団調査報告書』第260集)　群馬県教育委員会・財団法人群馬県埋蔵文化財調査事業団・日
　　　本鉄道建設公団
坂本北裏：金子正人他　1999『群馬県碓氷郡松井田町坂本北裏遺跡　碓氷峠くつろぎの郷公園整備事業伴う埋蔵文
　　　化財発掘調査報告書』(『松井田町埋蔵文化財調査会報告書』10)　松井田町埋蔵文化財調査会
東畑：大工原豊他　1994『中野谷地区遺跡群　県営畑地帯総合土地改良事業横野平地区に伴う埋蔵文化財発掘調査
　　　報告書』　安中市教育委員会
下宿東：大工原豊　1993『下宿東遺跡』(『中野谷地区遺跡群発掘調査概報』4)　安中市教育委員会
野村：池田政志　2000「三ツ子沢中遺跡の敷石住居—群馬県内検出の敷石住居の集成を通して—」『三ツ子沢中遺
　　　跡』(『北陸新幹線地域埋蔵文化財発掘調査報告書』第12集・『財団法人群馬県埋蔵文化財調査事業団調査
　　　報告書』第260集)　群馬県教育委員会・財団法人群馬県埋蔵文化財調査事業団・日本鉄道建設公団、千田茂
　　　雄・小野和之　2001「野村遺跡(中期)」『安中市史』第4巻(原始・古代・中世資料編)　安中市史編さん
　　　委員会
天神原：大工原豊他　1994『中野谷地区遺跡群　県営畑地帯総合土地改良事業横野平地区に伴う埋蔵文化財発掘調
　　　査報告書』　安中市教育委員会、大工原豊他　1993『天神原遺跡—平成2年度県営畑地帯総合土地改良事
　　　業横野平地区に伴う埋蔵文化財発掘調査報告書—』(『中野谷地区遺跡群調査概報』3)　安中市教育委員
　　　会
北原：千田茂雄他　1996『北原遺跡・上久保遺跡—東上秋間原市線道路改築工事　下仁田安中倉淵線単独地方特定
　　　道路整備工事　下仁田安中倉淵補助道路改築工事に伴う埋蔵文化財発掘調査報告書—』　群馬県安中市教育
　　　委員会
中野谷中島：池田政志　2000「三ツ子沢中遺跡の敷石住居—群馬県内検出の敷石住居の集成を通して—」『三ツ子
　　　沢中遺跡』(『北陸新幹線地域埋蔵文化財発掘調査報告書』第12集・『財団法人群馬県埋蔵文化財調査
　　　事業団調査報告書』第260集)　群馬県教育委員会・財団法人群馬県埋蔵文化財調査事業団・日本鉄道
　　　建設公団
簗瀬炉跡：石坂　茂　1985「柄鏡形住居址について」『荒砥二之堰遺跡—昭和55年度県営圃場整備事業荒砥南部地
　　　区に係る埋蔵文化財発掘調査報告書—』　財団法人群馬県埋蔵文化財調査事業団
若田原：鬼形芳夫　1993「高崎市の縄文時代遺跡研究の現状と課題」『高崎市史研究』第3号、鈴木徳雄　1994
　　　「敷石住居址の連結部石囲施設—群馬県における敷石住居内施設の一様相—」『群馬考古学手帳』Vol.4
若田：田島桂男　1974「若田遺跡」『日本考古学年報』25(1972年版)、1971『まえあし』第11号　東国古文化研究
　　　所(未見)
田端：長谷部達雄他　1982「上越新幹線関係　田端遺跡」『年報』1　財団法人群馬県埋蔵文化財調査事業団
正観寺：今井敏彦他　1980『正観寺(Ⅱ)遺跡群』(『高崎市文化財報告書』第14集)　高崎市教育委員会
横俵遺跡群大道：近江屋成陽他　1991『横俵遺跡群Ⅱ』　前橋市埋蔵文化財発掘調査団
今井白山：飯島義雄他　1993『今井白山遺跡』(『一般国道50号(東前橋拡幅)改築工事に伴う埋蔵文化財発掘調査報
　　　告書』第1集・財団法人群馬県埋蔵文化財調査事業団調査報告』第145集)　建設省・群馬県教育委員
　　　会・財団法人群馬県埋蔵文化財調査事業団
大島原：田島桂男　1977「大島原遺跡」『日本考古学年報』28(1975年版)
小八木志志貝戸：坂井　隆他　1998「故八木志志貝戸遺跡」『年報』17　財団法人群馬県埋蔵文化財調査事業団

万相寺：神戸聖語他　1985『万相寺遺跡―宿大類工業団地造成に伴う緊急発掘調査概報―』(『高崎市文化財調査報告書』第66集)　高崎市教育委員会
大八木箱田池：桜井　衛他1983『大八木箱田池遺跡―大八木北部土地区画整理事業に伴う調査概報―』　高崎市教育委員会
荒砥前原：藤巻幸男他　1985『荒砥前原遺跡・赤石城址―昭和51年度県営圃場整備事業荒砥南部地区に係る埋蔵文化財発掘調査報告書―』　群馬県教育委員会・財団法人群馬県埋蔵文化財調査事業団
荒砥二之堰：石坂　茂　1985『荒砥二之堰遺跡―昭和55年度県営圃場整備事業荒砥南部地区に係る埋蔵文化財発掘調査報告書―』　財団法人群馬県埋蔵文化財調査事業団
芳賀北部団地：相沢貞順・川合　功　1975「芳賀北部団地遺跡(昭和49年度)」『日本考古学年報』27(1974年版)
芳賀東部団地：井野誠一他　1990『芳賀東部団地遺跡Ⅲ―縄文・中世編―』(『芳賀団地遺跡群』Ⅲ)　前橋市教育委員会
小神明：相沢貞順　1988「縄文時代」『群馬県史』資料編1(原始古代1　旧石器・縄文)　群馬県史編さん委員会、相沢貞順他　1968『小室遺跡』(『群馬県勢多郡北橘村文化財調査報告』)　勢多郡北橘村教育委員会
芳賀北曲輪：金子正人・長島郁子　1990『群馬県前橋市芳賀曲輪遺跡』　前橋市埋蔵文化財発掘調査団(未見)
笂井：石坂　茂　1985「柄鏡形住居址について」『荒砥二之堰遺跡―昭和55年度県営圃場整備事業荒砥南部地区に係る埋蔵文化財発掘調査報告書―』　財団法人群馬県埋蔵文化財調査事業団、池田政志　2000「三ツ沢中遺跡の敷石住居―群馬県内検出の敷石住居の集成を通して―」『三ツ子沢中遺跡』(『北陸新幹線地域埋蔵文化財発掘調査報告書』第12集・『財団法人群馬県埋蔵文化財調査事業団調査報告書』第260集)　群馬県教育委員会・財団法人群馬県埋蔵文化財調査事業団・日本鉄道建設公団
九料：1986『小神明遺跡群Ⅳ　湯気遺跡・九料遺跡』　前橋市教育委員会(未見)、石坂　茂　1985「柄鏡形住居址について」『荒砥二之堰遺跡―昭和55年度県営圃場整備事業荒砥南部地区に係る埋蔵文化財発掘調査報告書―』　財団法人群馬県埋蔵文化財調査事業団、池田政志　2000「三ツ子沢中遺跡の敷石住居―群馬県内検出の敷石住居の集成を通して―」『三ツ子沢中遺跡』(『北陸新幹線地域埋蔵文化財発掘調査報告書』第12集・『財団法人群馬県埋蔵文化財調査事業団調査報告書』第260集)　群馬県教育委員会・財団法人群馬県埋蔵文化財調査事業団・日本鉄道建設公団
熊野谷：1989『熊野谷遺跡』　前橋市教育委員会(未見)
北米岡G：小林敏夫　1988「北米岡G遺跡」『群馬県史』資料編1(原始・古代1　旧石器・縄文)　群馬県史編纂委員会・群馬県、1976『境町北米岡G・H地点遺跡発掘調査報告書』　境町教育委員会境町教育委員会、小林敏夫　1988「北米岡遺跡」『群馬県史』資料編1(原始・古代1　旧石器・縄文)　群馬県史編さん委員会
根性坊：横山　巧　1982『根性坊・上中西遺跡』　佐波郡東村教育委員会
東村曲沢：石坂　茂　1985「柄鏡形住居址について」『荒砥二之堰遺跡―昭和55年度県営圃場整備事業荒砥南部地区に係る埋蔵文化財発掘調査報告書―』　財団法人群馬県埋蔵文化財調査事業団、1979『東村曲沢遺跡』　佐波郡東村教育委員会(未見)、池田政志　2000「三ツ沢中遺跡の敷石住居―群馬県内検出の敷石住居の集成を通して―」『三ツ沢中遺跡』(『北陸新幹線地域埋蔵文化財発掘調査報告書』第12集・『財団法人群馬県埋蔵文化財調査事業団調査報告書』第260集)　群馬県教育委員会・財団法人群馬県埋蔵文化財調査事業団・日本鉄道建設公団
今井新田：松村一昭他　1981『今井新田遺跡発掘調査概報　今井南部土地改良事業に伴う埋蔵文化財調査報告』(『群馬県佐波郡赤堀村文化財報告』18)　赤堀村教育委員会
曲沢：1979『曲沢遺跡発掘調査概報―大正用水東部土地改良事業に伴なう埋蔵文化財調査概報―』(『赤堀村文化財調査概報』9)、赤堀村教育委員会(未見)、1980『曲沢遺跡発掘調査概報2―大正用水東部土地改良事業に伴なう埋蔵文化財調査概報―』(『赤堀村文化財調査概報』10)　赤堀村教育委員会(未見)、松村一昭　1988「曲沢遺跡」『群馬県史』資料編1(原始・古代1　旧石器・縄文)　群馬県史編さん委員会
五目牛洞山：石坂　茂　1985「柄鏡形住居址について」『荒砥二之堰遺跡―昭和55年度県営圃場整備事業荒砥南部地区に係る埋蔵文化財発掘調査報告書―』　財団法人群馬県埋蔵文化財調査事業団、1980『五目牛洞

　　　　山遺跡発掘調査概報』　赤堀町教育委員会（未見）、池田政志　2000「三ツ子沢中遺跡の敷石住居―群
　　　　馬県内検出の敷石住居の集成を通して―」『三ツ子沢中遺跡』（『北陸新幹線地域埋蔵文化財発掘調査
　　　　報告書』第12集・『財団法人群馬県埋蔵文化財調査事業団調査報告書』第260集）　群馬県教育委員
　　　　会・財団法人群馬県埋蔵文化財調査事業団・日本鉄道建設公団
今井柳田：1982『今井柳田遺跡発掘調査概報』　赤堀町教育委員会（未見）、池田政志　2000「三ツ子沢中遺跡の敷
　　　　石住居―群馬県内検出の敷石住居の集成を通して―」『三ツ子沢中遺跡』（『北陸新幹線地域埋蔵文化財
　　　　発掘調査報告書』第12集・『財団法人群馬県埋蔵文化財調査事業団調査報告書』第260集）　群馬県教育
　　　　委員会・財団法人群馬県埋蔵文化財調査事業団・日本鉄道建設公団
社北第Ⅱ：1988『年報』17　財団法人群馬県埋蔵文化財調査事業団、池田政志　2000「三ツ子沢中遺跡の敷石住居
　　　　―群馬県内検出の敷石住居の集成を通して―」『三ツ子沢中遺跡』（『北陸新幹線地域埋蔵文化財発掘調
　　　　査報告書』第12集・『財団法人群馬県埋蔵文化財調査事業団調査報告書』第260集）　群馬県教育委員
　　　　会・財団法人群馬県埋蔵文化財調査事業団・日本鉄道建設公団
阿佐美：若月省吾　1988「阿佐見遺跡」『群馬県史』資料編1（原始・古代1　旧石器・縄文）　群馬県史編さん委
　　　　員会、笠懸村教育委員会　1983『阿佐見遺跡調査概報』（『笠懸村埋蔵文化財調査報告』第7集）　若月省
　　　　吾1983「阿佐美遺跡」『笠懸村誌』資料編（自然編・原始古代編）、小菅将夫　1995『笠懸町内遺跡Ⅱ―平
　　　　成3年度埋蔵文化財緊急発掘調査報告書―』（『笠懸町埋蔵文化財調査報告』第12集）　群馬県新田郡笠懸
　　　　町教育委員会
清泉寺裏：平野進一　1988「群馬県」『日本考古学年報』39（1986年度版）
沢田：萩谷千明　1993『笠懸町内遺跡Ⅰ―平成2年度埋蔵文化財緊急発掘調査報告書―』（『笠懸町埋蔵文化財調査
　　　　報告』第11集）　群馬県新田郡笠懸町教育委員会
北宿・観音前：長谷川　徹他　1993『北宿・観音前遺跡―新田大根住宅団地建設に伴う発掘調査報告書―』　新田
　　　　町教育委員会・群馬県企業局
大根南遺跡群・一丁田：小宮俊久他　1993『大根南遺跡群―県営大根南地区ほ場整備事業に伴う一丁田遺跡、観音
　　　　前遺跡の発掘調査概要報告書―』（『新田町文化財調査報告書』第12集）　群馬県新田町教
　　　　育委員会
上江田西田：大木紳一郎他　1996「上江田西田遺跡」『年報』14　財団法人群馬県埋蔵文化財調査事業団
中原：1986『中原遺跡』　藪塚本町教育委員会（未見）、池田政志　2000「三ツ子沢中遺跡の敷石住居―群馬県内検
　　　　出の敷石住居の集成を通して―」『三ツ子沢中遺跡』（『北陸新幹線地域埋蔵文化財発掘調査報告書』第12
　　　　集・『財団法人群馬県埋蔵文化財調査事業団調査報告書』第260集）　群馬県教育委員会・財団法人群馬県埋
　　　　蔵文化財調査事業団・日本鉄道建設公団
東長岡戸井口：木津博明他　1996「東長岡戸井口遺跡」『年報』15　財団法人群馬県埋蔵文化財調査事業団、木津
　　　　博明他　1999『東長岡戸井口遺跡　東長岡住宅団地建設工事に伴う埋蔵文化財調査報告書』（『財団
　　　　法人群馬県埋蔵文化財調査事業団調査報告書』第257集）　群馬県住宅供給公社・財団法人群馬県埋
　　　　蔵文化財調査事業団
長井（権田）：山崎義男　1953「群馬県長井敷石住居址調査報告」『考古学雑誌』第39巻2号、松島栄治・石坂　茂
　　　　1988「長井（権田）遺跡」『群馬県史』資料編1（原始古代1　旧石器・縄文）　群馬県史編さん委員
　　　　会
川浦：石坂　茂　1985「柄鏡形住居址について」『荒砥二之堰遺跡―昭和55年度県営圃場整備事業荒砥南部地区に
　　　　係る埋蔵文化財発掘調査報告書―』　財団法人群馬県埋蔵文化財調査事業団、池田政志　2000「三ツ子沢中
　　　　遺跡の敷石住居―群馬県内検出の敷石住居の集成を通して―」『三ツ子沢中遺跡』（『北陸新幹線地域埋蔵
　　　　文化財発掘調査報告書』第12集・『財団法人群馬県埋蔵文化財調査事業団調査報告書』第260集）　群馬県教
　　　　育委員会・財団法人群馬県埋蔵文化財調査事業団・日本鉄道建設公団
三ツ子沢中：橋本　淳　1995「三ツ子沢中遺跡の敷石住居」『遺跡に学ぶ』　財団法人群馬県埋蔵文化財調査事業
　　　　団、財団法人群馬県埋蔵文化財調査事業団　1995『レールの下の歴史』（『北陸新幹線地域埋蔵文化財
　　　　発掘調査終了展図録』）、相京健史他　1996「三ツ子沢中遺跡」『年報』15　財団法人群馬県埋蔵文化

　　　　　　財調査事業団、池田政志他　2000『三ツ子沢中遺跡』(『北陸新幹線地域埋蔵文化財発掘調査報告書』
　　　　　　第12集・『財団法人群馬県埋蔵文化財調査事業団調査報告書』第260集)　群馬県教育委員会・財団法
　　　　　　人群馬県埋蔵文化財調査事業団・日本鉄道建設公団
高浜広神：田村公夫他　1999『高浜広神遺跡』(『北陸新幹線地域埋蔵文化財発掘調査報告書』第10集・『財団法人
　　　　　　群馬県埋蔵文化財調査事業団発掘調査報告』第252集)　財団法人群馬県埋蔵文化財調査事業団
高権：石坂　茂　1985「柄鏡形住居址について」『荒砥二之堰遺跡―昭和55年度県営圃場整備事業荒砥南部地区に
　　　　　　係る埋蔵文化財発掘調査報告書―』　財団法人群馬県埋蔵文化財調査事業団、池田政志　2000「三ツ子沢中
　　　　　　遺跡の敷石住居―群馬県内検出の敷石住居の集成を通して―」『三ツ子沢中遺跡』(『北陸新幹線地域埋蔵
　　　　　　文化財発掘調査報告書』第12集・『財団法人群馬県埋蔵文化財調査事業団調査報告書』第260集)　群馬県教
　　　　　　育委員会・財団法人群馬県埋蔵文化財調査事業団・日本鉄道建設公団
保渡田Ⅱ：五十嵐　至　1988「保渡田Ⅱ遺跡」『群馬県史』資料編1　(原始古代1　旧石器・縄文)　群馬県史編
　　　　　　さん委員会
白川傘松：相京建史他　1994「白川傘松遺跡」『年報』13　財団法人群馬県埋蔵文化財調査事業団、関根慎二
　　　　　　1996『白川傘松遺跡　北陸新幹線建設工事に伴う埋蔵文化財発掘調査報告書第4集』(『財団法人群馬県
　　　　　　埋蔵文化財調査事業団調査報告』第204集)　財団法人群馬県埋蔵文化財調査事業団
白川笹塚：飯塚卓二他　1994「白川笹塚遺跡」『年報』13　財団法人群馬県埋蔵文化財調査事業団
茅野：新藤　彰他　1991『縄文時代後・晩期集落　茅野遺跡概報』　群馬県榛東村教育委員会
下新井：洞口正史他　1985『新井第Ⅱ地区遺跡群発掘調査概報』(『榛東村埋蔵文化財発掘調査報告書』第4集)
　　　　　　榛東村教育委員会
薬師(仮)：石坂　茂　1985「柄鏡形住居址について」『荒砥二之堰遺跡―昭和55年度県営圃場整備事業荒砥南部地
　　　　　　区に係る埋蔵文化財発掘調査報告書―』　財団法人群馬県埋蔵文化財調査事業団、池田政志　2000「三
　　　　　　ツ子沢中遺跡の敷石住居―群馬県内検出の敷石住居の集成を通して―」『三ツ子沢中遺跡』(『北陸新幹
　　　　　　線地域埋蔵文化財発掘調査報告書』第12集・『財団法人群馬県埋蔵文化財調査事業団調査報告書』第260
　　　　　　集)　群馬県教育委員会・財団法人群馬県埋蔵文化財調査事業団・日本鉄道建設公団
空沢：大塚昌彦　1979『空沢遺跡―渋川市行幸田空沢地区土地改良の事前埋蔵文化財調査報告書―』(『渋川市文
　　　　　　化財発掘調査報告書』Ⅲ)　渋川市教育委員会、大塚昌彦他　1980『空沢遺跡第2次・諏訪ノ木遺跡発掘調査
　　　　　　概報』(『渋川市文化財発掘調査報告書』第4集)　渋川市教育委員会、大塚昌彦他　1982『空沢遺跡(第3
　　　　　　次)』(『渋川市発掘調査報告書』第6集)　渋川市教育委員会、大塚昌彦他　1985『空沢遺跡第5次　Ⅰ・
　　　　　　J・K・L地点発掘調査概報』(『渋川市発掘調査報告書』第8集)　渋川市教育委員会、大塚昌彦他　1986
　　　　　　『空沢遺跡(第6次)』(『渋川市発掘調査報告書』第10集)　渋川市教育委員会
丸子山：池田政志　2000「三ツ子沢中遺跡の敷石住居―群馬県内検出の敷石住居の集成を通して―」『三ツ子沢
　　　　　　中遺跡』(『北陸新幹線地域埋蔵文化財発掘調査報告書』第12集・『財団法人群馬県埋蔵文化財調査事業
　　　　　　団調査報告書』第260集)　群馬県教育委員会・財団法人群馬県埋蔵文化財調査事業団・日本鉄道建設公団
小室：相沢貞順他　1968『小室遺跡』(『群馬県勢多郡北橘村文化財調査報告』)北橘村教育委員会
八崎前中後：池田政志　2000「三ツ子沢中遺跡の敷石住居―群馬県内検出の敷石住居の集成を通して―」『三ツ
　　　　　　子沢中遺跡』(『北陸新幹線地域埋蔵文化財発掘調査報告書』第12集・『財団法人群馬県埋蔵文化財調査
　　　　　　事業団調査報告書』第260集)　群馬県教育委員会・財団法人群馬県埋蔵文化財調査事業団・日本鉄道
　　　　　　建設公団
西所皆戸(仮)：石坂　茂　1985「柄鏡形住居址について」『荒砥二之堰遺跡―昭和55年度県営圃場整備事業荒砥南
　　　　　　部地区に係る埋蔵文化財発掘調査報告書―』　財団法人群馬県埋蔵文化財調査事業団
陣馬・庄司原：池田政志　2000「三ツ子沢中遺跡の敷石住居―群馬県内検出の敷石住居の集成を通して―」『三ツ
　　　　　　子沢中遺跡』(『北陸新幹線地域埋蔵文化財発掘調査報告書』第12集・『財団法人群馬県埋蔵文化財調
　　　　　　査事業団調査報告書』第260集)　群馬県教育委員会・財団法人群馬県埋蔵文化財調査事業団・日
　　　　　　本鉄道建設公団
市之関前田：池田政志　2000「三ツ子沢中遺跡の敷石住居―群馬県内検出の敷石住居の集成を通して―」『三ツ

沢中遺跡』(『北陸新幹線地域埋蔵文化財発掘調査報告書』第12集・『財団法人群馬県埋蔵文化財調査事業団調査報告書』第260集)　群馬県教育委員会・財団法人群馬県埋蔵文化財調査事業団・日本鉄道建設公団

上ノ山：山下歳信　1992『中川原遺跡群　上ノ山遺跡』(『団体営中川原地区土地改良総合整備事業に係る埋蔵文化財発掘調査報告書(Ⅰ)』)　群馬県勢多郡大胡町教育委員会

西小路：山下歳信　1994『群馬県勢多郡大胡町大字茂木西小路遺跡(ゴルフ練習場建設に伴う埋蔵文化財発掘調査報告)』　群馬県勢多郡大胡町教育委員会

天神Ａ：池田政志　2000「三ツ子沢中遺跡の敷石住居―群馬県内検出の敷石住居の集成を通して―」『三ツ子沢中遺跡』(『北陸新幹線地域埋蔵文化財発掘調査報告書』第12集・『財団法人群馬県埋蔵文化財調査事業団調査報告書』第260集)　群馬県教育委員会・財団法人群馬県埋蔵文化財調査事業団・日本鉄道建設公団

安通・洞：小島純一　1981『稲荷山Ｋ１・安通・洞Ａ３―昭和54年度県営圃場整備事業による発掘調査概報―』(『粕川村文化財報告』第１集)　粕川村教育委員会、小島純一　1988「安通・洞遺跡」『群馬県史』資料編１(原始古代１　旧石器・縄文)　群馬県史編さん委員会

後原：池田政志　2000「三ツ子沢中遺跡の敷石住居―群馬県内検出の敷石住居の集成を通して―」『三ツ子沢中遺跡』(『北陸新幹線地域埋蔵文化財発掘調査報告書』第12集・『財団法人群馬県埋蔵文化財調査事業団調査報告書』第260集)　群馬県教育委員会・財団法人群馬県埋蔵文化財調査事業団・日本鉄道建設公団

上鶴ヶ谷：内田憲治　1988『群馬県史』資料編１(原始・古代１　旧石器・縄文)　群馬県史編さん委員会、新里村教育委員会　1982『上鶴ヶ谷遺跡―農村地域定住促進対策事業に伴う埋蔵文化財発掘調査報告書図版編―』

大屋Ｈ：笠懸野岩宿文化資料館　1999『群馬の注口土器』、財団法人群馬県埋蔵文化財調査事業団編　1988「平成８年度県内埋空文化財発掘調査一覧表」『年報』17　財団法人群馬県埋蔵文化財調査事業団

三原田：赤山容造　1980『三原田遺跡(住居篇)』　群馬県企業局、赤山容造　1992『三原田遺跡』第３巻(中期後半期～後期初頭期)　群馬県企業局

滝沢：高橋城司　1929「瀧沢石器時代遺蹟『群馬県史蹟名勝天然記念物』第１輯　群馬県、堀口　修他　1997『赤城村考古資料図録Ⅰ　国指定史跡　瀧澤石器時代遺跡』　群馬県勢多郡赤城村教育委員会

藤木住居跡：石坂　茂　1985「柄鏡形住居址について」『荒砥二之堰遺跡―昭和55年度県営圃場整備事業荒砥南部地区に係る埋蔵文化財発掘調査報告書―』　財団法人群馬県埋蔵文化財調査事業団

中山の集落跡：石坂　茂　1985「柄鏡形住居址について」『荒砥二之堰遺跡―昭和55年度県営圃場整備事業荒砥南部地区に係る埋蔵文化財発掘調査報告書―』　財団法人群馬県埋蔵文化財調査事業団

瀬戸ヶ原：1999『瀬戸ヶ原遺跡Ａ区』　大間々町教育委員会(未見)、池田政志　2000「三ツ子沢中遺跡の敷石住居―群馬県内検出の敷石住居の集成を通して―」『三ツ子沢中遺跡』(『北陸新幹線地域埋蔵文化財発掘調査報告書』第12集・『財団法人群馬県埋蔵文化財調査事業団調査報告書』第260集)　群馬県教育委員会・財団法人群馬県埋蔵文化財調査事業団・日本鉄道建設公団

千網谷戸：増田　修他　1977『群馬県桐生市千網ヶ谷戸遺跡発掘調査概報』(『桐生市文化財調査報告書』第２集)　桐生市教育委員会、増田　修他　1980『群馬県桐生市千網谷戸遺跡調査報告(『桐生市文化財調査報告』第４集)』　桐生市教育委員会、増田　修　1996『平成６年度発掘調査概報　Ⅰ．桐生市川内町千網谷戸遺跡'94』(『桐生市文化財調査報告書』第17集)　桐生市教育委員会

玉料：石坂　茂　1985「柄鏡形住居址について」『荒砥二之堰遺跡―昭和55年度県営圃場整備事業荒砥南部地区に係る埋蔵文化財発掘調査報告書―』　財団法人群馬県埋蔵文化財調査事業団

郷原：大工原豊他　1985『郷原遺跡』　吾妻町教育委員会

堀井戸：石坂　茂　1985「柄鏡形住居址について」『荒砥二之堰遺跡―昭和55年度県営圃場整備事業荒砥南部地区に係る埋蔵文化財発掘調査報告書―』　財団法人群馬県埋蔵文化財調査事業団

欟Ⅱ：笠懸野岩宿文化資料館　1999『群馬の注口土器』、1990『欟Ⅱ遺跡』　長野原町教育委員会(未見)、池田政志　2000「三ツ子沢中遺跡の敷石住居―群馬県内検出の敷石住居の集成を通して―」『三ツ子沢中遺跡』(『北陸新幹線地域埋蔵文化財発掘調査報告書』第12集・『財団法人群馬県埋蔵文化財調査事業団調査報告書』第260

集）　群馬県教育委員会・財団法人群馬県埋蔵文化財調査事業団・日本鉄道建設公団
長野原一本松：財団法人群馬県埋蔵文化財調査事業団　1996「長野原一本松遺跡」『年報』15　財団法人群馬県埋
　　　蔵文化財調査事業団、山口逸弘他　1998「長野原一本松遺跡」『年報』17　財団法人群馬県埋蔵文
　　　化財調査事業団、財団法人群馬県埋蔵文化財調査事業団　2000「長野原一本松遺跡」『年報』19
　　　財団法人群馬県埋蔵文化財調査事業団、池田政志　2000「三ツ子沢中遺跡の敷石住居―群馬県内検
　　　出の敷石住居の集成を通して―」『三ツ子沢中遺跡』（『北陸新幹線地域埋蔵文化財発掘調査報告書』
　　　第12集・『財団法人群馬県埋蔵文化財調査事業団調査報告書』第260集）　群馬県教育委員会・財団
　　　法人群馬県埋蔵文化財調査事業団・日本鉄道建設公団
横壁中村：小野和之他　1998「横壁中村遺跡」『年報』17　財団法人群馬県埋蔵文化財調査事業団、藤巻幸男他
　　　2000「横壁中村遺跡」『年報』19　財団法人群馬県埋蔵文化財調査事業団
向原：1996『向原遺跡』　長野原町教育委員会（未見）、池田政志　2000「三ツ子沢中遺跡の敷石住居―群馬県内
　　　検出の敷石住居の集成を通して―」『三ツ子沢中遺跡』（『北陸新幹線地域埋蔵文化財発掘調査報告書』第
　　　12集・『財団法人群馬県埋蔵文化財調査事業団調査報告書』第260集）　群馬県教育委員会・財団法人群馬県
　　　埋蔵文化財調査事業団・日本鉄道建設公団
滝原Ⅲ：1997『滝原Ⅲ遺跡』長野原町教育委員会（未見）、池田政志　2000「三ツ子沢中遺跡の敷石住居―群馬県内
　　　検出の敷石住居の集成を通して―」『三ツ子沢中遺跡』（『北陸新幹線地域埋蔵文化財発掘調査報告書』
　　　第12集・『財団法人群馬県埋蔵文化財調査事業団調査報告書』第260集）　群馬県教育委員会・財団法人群馬
　　　県埋蔵文化財調査事業団・日本鉄道建設公団
坪井：富田孝彦他　2000『坪井遺跡Ⅱ―（仮称）長野原ショッピングセンター建設工事に伴う発掘調査報告書―』
　　　（『長野原町埋蔵文化財報告』第7集）　長野原町教育委員会
古屋敷：1976『長野原町誌』　長野原町（未見）、池田政志　2000「三ツ子沢中遺跡の敷石住居―群馬県内検出の敷
　　　石住居の集成を通して―」『三ツ子沢中遺跡』（『北陸新幹線地域埋蔵文化財発掘調査報告書』第12集・
　　　『財団法人群馬県埋蔵文化財調査事業団調査報告書』第260集）　群馬県教育委員会・財団法人群馬県埋蔵
　　　文化財調査事業団・日本鉄道建設公団
今井東原：池田政志　2000「三ツ子沢中遺跡の敷石住居―群馬県内検出の敷石住居の集成を通して―」『三ツ子沢
　　　中遺跡』（『北陸新幹線地域埋蔵文化財発掘調査報告書』第12集・『財団法人群馬県埋蔵文化財調査事業
　　　団調査報告書』第260集）　群馬県教育委員会・財団法人群馬県埋蔵文化財調査事業団・日本鉄道建設公
　　　団
赤岩（仮）：石坂　茂　1985「柄鏡形住居址について」『荒砥二之堰遺跡―昭和55年度県営圃場整備事業荒砥南部地
　　　区に係る埋蔵文化財発掘調査報告書―』　財団法人群馬県埋蔵文化財調査事業団、池田政志　2000「三
　　　ツ子沢中遺跡の敷石住居―群馬県内検出の敷石住居の集成を通して―」『三ツ子沢中遺跡』（『北陸新幹
　　　線地域埋蔵文化財発掘調査報告書』第12集・『財団法人群馬県埋蔵文化財調査事業団調査報告書』第260
　　　集）　群馬県教育委員会・財団法人群馬県埋蔵文化財調査事業団・日本鉄道建設公団
久森環状列石：丸山公夫他　1985『上沢渡遺跡群・久森環状列石遺跡・上反下遺跡』（『中之条町発掘調査報告書』
　　　第4集）　中之条町教育委員会、田村公夫　1998「群馬県における縄文中期の環状列石遺構につい
　　　て―久森環状列石遺跡を中心に―」『群馬考古学手帳』8
四万途中：森田秀策　1974「四万遺跡」『日本考古学年報』25（1972年版）、池田政志　2000「三ツ子沢中遺跡の
　　　敷石住居―群馬県内検出の敷石住居の集成を通して―」『三ツ子沢中遺跡』（『北陸新幹線地域埋蔵文化
　　　財発掘調査報告書』第12集・『財団法人群馬県埋蔵文化財調査事業団調査報告書』第260集）　群馬県教
　　　育委員会・財団法人群馬県埋蔵文化財調査事業団・日本鉄道建設公団、1976『中之条町誌』　中之条町
　　　誌編纂委員会（未見）
牧場：相沢貞順他　1968『小室遺跡』（『群馬県勢多郡北橘村文化財調査報告』）　勢多郡北橘村教育委員会
清水：新井嘉男他　1988「清水遺跡」『群馬県史』資料編1（原始・古代1　旧石器・縄文）　群馬県史編さん委員
　　　会
棚界戸：石坂　茂　1985「柄鏡形住居址について」『荒砥二之堰遺跡―昭和55年度県営圃場整備事業荒砥南部地区

380　柄鏡形(敷石)住居址発見遺跡参考文献

　　　　　に係る埋蔵文化財発掘調査報告書―』　財団法人群馬県埋蔵文化財調査事業団
宿割：1985『大塚遺跡群　宿割遺跡』　中之条町教育委員会(未見)、池田政志　2000「三ツ子沢中遺跡の敷石住居
　　　―群馬県内検出の敷石住居の集成を通して―」『三ツ子沢中遺跡』(『北陸新幹線地域埋蔵文化財発掘調査
　　　報告書』第12集・『財団法人群馬県埋蔵文化財調査事業団調査報告書』第260集)　群馬県教育委員会・財団
　　　法人群馬県埋蔵文化財調査事業団・日本鉄道建設公団
中山：秋池　武　1988「中山遺跡」『群馬県史』資料編1(原始古代1　旧石器・縄文)　群馬県史編纂委員会・群
　　　馬県、秋池　武　1975「中山遺跡」『日本考古学年報』26(1973年版)
梨の木平：能登　健　1977『梨の木平遺跡』　群馬県教育委員会
諏訪(仮)：1952『池田村史』　池田村史編纂委員会(未見)、石坂　茂　1985「柄鏡形住居址について」『荒砥二之
　　　堰遺跡―昭和55年度県営圃場整備事業荒砥南部地区に係る埋蔵文化財発掘調査報告書―』　財団法人群
　　　馬県埋蔵文化財調査事業団、池田政志　2000「三ツ子沢中遺跡の敷石住居―群馬県内検出の敷石住居の
　　　集成を通して―」『三ツ子沢中遺跡』(『北陸新幹線地域埋蔵文化財発掘調査報告書』第12集・『財団法
　　　人群馬県埋蔵文化財調査事業団調査報告書』第260集)　群馬県教育委員会・財団法人群馬県埋蔵文化財
　　　調査事業団・日本鉄道建設公団
篠尾(仮)：石坂　茂　1985「柄鏡形住居址について」『荒砥二之堰遺跡―昭和55年度県営圃場整備事業荒砥南部地
　　　区に係る埋蔵文化財発掘調査報告書―』　財団法人群馬県埋蔵文化財調査事業団
発知寺沢(仮)：1952『池田村史』　池田村史編纂委員会(未見)、池田政志　2000「三ツ子沢中遺跡の敷石住居―群
　　　馬県内検出の敷石住居の集成を通して―」『三ツ子沢中遺跡』(『北陸新幹線地域埋蔵文化財発掘調
　　　査報告書』第12集・『財団法人群馬県埋蔵文化財調査事業団調査報告書』第260集)　群馬県教育委
　　　員会・財団法人群馬県埋蔵文化財調査事業団・日本鉄道建設公団
上光寺：小池雅典他　1996『発知南部地区遺跡群　上光寺遺跡　平成7年度農用地総合整備事業発知南部地区に伴
　　　う埋蔵文化財発掘調査報告書』　沼田市教育委員会
下清水：宮下昌文　1993『上久屋地区遺跡群　下清水遺跡・馬場遺跡・橋場遺跡・十二反遺跡　県営緊急畑地帯総
　　　合整備事業上久屋地区に伴う埋蔵文化財発掘調査報告書』　沼田市教育委員会
寺入：池田政志　2000「三ツ子沢中遺跡の敷石住居―群馬県内検出の敷石住居の集成を通して―」『三ツ子沢中遺
　　　跡』(『北陸新幹線地域埋蔵文化財発掘調査報告書』第12集・『財団法人群馬県埋蔵文化財調査事業団調査報
　　　告書』第260集)　群馬県教育委員会・財団法人群馬県埋蔵文化財調査事業団・日本鉄道建設公団
糸井太夫：石北直樹他　1995『糸井太夫遺跡―糸井東地区土地改良総合整備事業に伴う埋蔵文化財発掘調査報告書
　　　―』(『昭和村埋蔵文化財発掘調査報告書』第6集)　昭和村教育委員会
高平：石坂　茂　1985「柄鏡形住居址について」『荒砥二之堰遺跡―昭和55年度県営圃場整備事業荒砥南部地区に
　　　係る埋蔵文化財発掘調査報告書―』　財団法人群馬県埋蔵文化財調査事業団、1959『コイノス』ⅩⅣ　群馬
　　　大学歴史研究室(未見)、池田政志　2000「三ツ子沢中遺跡の敷石住居―群馬県内検出の敷石住居の集成を
　　　通して―」『三ツ子沢中遺跡』(『北陸新幹線地域埋蔵文化財発掘調査報告書』第12集・『財団法人群馬県
　　　埋蔵文化財調査事業団調査報告書』第260集)　群馬県教育委員会・財団法人群馬県埋蔵文化財調査事業
　　　団・日本鉄道建設公団
寺谷：石坂　茂　1985「柄鏡形住居址について」『荒砥二之堰遺跡―昭和55年度県営圃場整備事業荒砥南部地区に
　　　係る埋蔵文化財発掘調査報告書―』　財団法人群馬県埋蔵文化財調査事業団、1980『寺谷遺跡発掘調査報告
　　　書』　白沢村教育委員会(未見)、池田政志　2000「三ツ子沢中遺跡の敷石住居―群馬県内検出の敷石住居の
　　　集成を通して―」『三ツ子沢中遺跡』(『北陸新幹線地域埋蔵文化財発掘調査報告書』第12集・『財団法人群
　　　馬県埋蔵文化財調査事業団調査報告書』第260集)　群馬県教育委員会・財団法人群馬県埋蔵文化財調査事
　　　業団・日本鉄道建設公団
高泉石器時代跡：石坂　茂　1985「柄鏡形住居址について」『荒砥二之堰遺跡―昭和55年度県営圃場整備事業荒砥
　　　南部地区に係る埋蔵文化財発掘調査報告書―』　財団法人群馬県埋蔵文化財調査事業団
宮山(仮)：石坂　茂　1985「柄鏡形住居址について」『荒砥二之堰遺跡―昭和55年度県営圃場整備事業荒砥南部地
　　　区に係る埋蔵文化財発掘調査報告書―』　財団法人群馬県埋蔵文化財調査事業団

布施：藤巻幸男・能登　健　1988「布施遺跡」『群馬県史』資料編1（原始・古代1　旧石器・縄文）　群馬県史編さん委員会、石坂　茂　1985「柄鏡形住居址について」『荒砥二之堰遺跡―昭和55年度県営圃場整備事業荒砥南部地区に係る埋蔵文化財発掘調査報告書―』　財団法人群馬県埋蔵文化財調査事業団

乾田：相沢貞順他　1968『小室遺跡』（『群馬県勢多郡北橘村文化財調査報告』）　勢多郡北橘村教育委員会

大穴石器時代住居：相沢貞順他　1968『小室遺跡』（群馬県勢多郡北橘村文化財調査報告）　北橘村教育委員会、群馬県教育委員会　1979『群馬の文化財　原始・古代編』、石坂　茂　1985「柄鏡形住居址について」『荒砥二之堰遺跡―昭和55年度県営圃場整備事業荒砥南部地区に係る埋蔵文化財発掘調査報告書―』　財団法人群馬県埋蔵文化財調査事業団、池田政志　2000「三ツ子沢中遺跡の敷石住居―群馬県内検出の敷石住居の集成を通して―」『三ツ子沢中遺跡』（『北陸新幹線地域埋蔵文化財発掘調査報告書』第12集・『財団法人群馬県埋蔵文化財調査事業団調査報告書』第260集）　群馬県教育委員会・財団法人群馬県埋蔵文化財調査事業団・日本鉄道建設公団

土出北原：池田政志　2000「三ツ子沢中遺跡の敷石住居―群馬県内検出の敷石住居の集成を通して―」『三ツ子沢中遺跡』（『北陸新幹線地域埋蔵文化財発掘調査報告書』第12集・『財団法人群馬県埋蔵文化財調査事業団調査報告書』第260集）　群馬県教育委員会・財団法人群馬県埋蔵文化財調査事業団・日本鉄道建設公団

有笠山：石坂　茂　1985「柄鏡形住居址について」『荒砥二之堰遺跡―昭和55年度県営圃場整備事業荒砥南部地区に係る埋蔵文化財発掘調査報告書―』　財団法人群馬県埋蔵文化財調査事業団

横壁東平：石坂　茂　1985「柄鏡形住居址について」『荒砥二之堰遺跡―昭和55年度県営圃場整備事業荒砥南部地区に係る埋蔵文化財発掘調査報告書―』　財団法人群馬県埋蔵文化財調査事業団

上郷：石坂　茂　1985「柄鏡形住居址について」『荒砥二之堰遺跡―昭和55年度県営圃場整備事業荒砥南部地区に係る埋蔵文化財発掘調査報告書―』　財団法人群馬県埋蔵文化財調査事業団

笹原：石坂　茂　1985「柄鏡形住居址について」『荒砥二之堰遺跡―昭和55年度県営圃場整備事業荒砥南部地区に係る埋蔵文化財発掘調査報告書―』　財団法人群馬県埋蔵文化財調査事業団

須郷沢(仮)：石坂　茂　1985「柄鏡形住居址について」『荒砥二之堰遺跡―昭和55年度県営圃場整備事業荒砥南部地区に係る埋蔵文化財発掘調査報告書―』　財団法人群馬県埋蔵文化財調査事業団

堀井戸：石坂　茂　1985「柄鏡形住居址について」『荒砥二之堰遺跡―昭和55年度県営圃場整備事業荒砥南部地区に係る埋蔵文化財発掘調査報告書―』　財団法人群馬県埋蔵文化財調査事業団

大久保：石坂　茂　1985「柄鏡形住居址について」『荒砥二之堰遺跡―昭和55年度県営圃場整備事業荒砥南部地区に係る埋蔵文化財発掘調査報告書―』　財団法人群馬県埋蔵文化財調査事業団

前原：石坂　茂　1985「柄鏡形住居址について」『荒砥二之堰遺跡―昭和55年度県営圃場整備事業荒砥南部地区に係る埋蔵文化財発掘調査報告書―』　財団法人群馬県埋蔵文化財調査事業団

中善(仮)：石坂　茂　1985「柄鏡形住居址について」『荒砥二之堰遺跡―昭和55年度県営圃場整備事業荒砥南部地区に係る埋蔵文化財発掘調査報告書―』　財団法人群馬県埋蔵文化財調査事業団

花園(仮)：石坂　茂　1985「柄鏡形住居址について」『荒砥二之堰遺跡―昭和55年度県営圃場整備事業荒砥南部地区に係る埋蔵文化財発掘調査報告書―』　財団法人群馬県埋蔵文化財調査事業団

矢ノ沢：石坂　茂　1985「柄鏡形住居址について」『荒砥二之堰遺跡―昭和55年度県営圃場整備事業荒砥南部地区に係る埋蔵文化財発掘調査報告書―』　財団法人群馬県埋蔵文化財調査事業団

山梨県

狐原：長谷川　孟　1981「大倉遺跡(敷石遺構)」『上野原町埋蔵文化財調査報告書』1　上野原町教育委員会、小西直樹　1998「狐原Ⅰ・Ⅱ遺跡」『山梨県史　資料編1　原始・古代1　考古(遺跡)』　山梨県

根本原：長谷川　孟　1981「大倉遺跡(敷石遺構)」『上野原町埋蔵文化財調査報告書』1　上野原町教育委員会

大倉：長谷川　孟　1981「大倉遺跡(敷石遺構)」『上野原町埋蔵文化財調査報告書』1　上野原町教育委員会

日留野：長谷川　孟　1981「大倉遺跡(敷石遺構)」『上野原町埋蔵文化財調査報告書』1　上野原町教育委員会

桐原中学校：長谷川　孟　1981「大倉遺跡(敷石遺構)」『上野原町埋蔵文化財調査報告書』1　上野原町教育委員

会

東区：長谷川　孟　1981「大倉遺跡(敷石遺構)」『上野原町埋蔵文化財調査報告書』1　上野原町教育委員会
東大野：長谷川　孟　1981「大倉遺跡(敷石遺構)」『上野原町埋蔵文化財調査報告書』1　上野原町教育委員会
原・郷原：富士吉田市歴史民俗博物館編　1998『富士吉田市歴史民俗博物館企画展　山梨の遺跡展　97年度発掘調査から』展示解説パンフレット、小西直樹　2000『原・郷原遺跡　県営中山間地域総合整備事業に伴う埋蔵文化財発掘調査報告書』(『上野原町埋蔵文化財調査報告書』第9集)　上野原町教育委員会・山梨県都留土地改良事務所
南：長谷川　孟　1981「大倉遺跡(敷石遺構)」『上野原町埋蔵文化財調査報告書』1　上野原町教育委員会
高尾：長谷川　孟　1981「大倉遺跡(敷石遺構)」『上野原町埋蔵文化財調査報告書』1　上野原町教育委員会、十菱駿武　1998「高尾遺跡」『山梨県史　資料編1　原始・古代1(遺跡)』　山梨県
富岡：山本寿々雄　1959「山梨県南都留郡富岡遺跡」『日本考古学年報』8
寺原第2：長沢宏昌他　1997『中谷遺跡　山梨リニア実験線建設に伴う発掘調査報告書』(『山梨県埋蔵文化財センター調査報告書』第116集)　山梨県教育委員会・山梨県埋蔵文化財センター
金山：長谷川　孟　1981「大倉遺跡(敷石遺構)」『上野原町埋蔵文化財調査報告書』1　上野原町教育委員会
大古屋敷：山本寿々雄　1968『山梨県の考古学』　吉川弘文館
日影：長谷川　孟　1981「大倉遺跡(敷石遺構)」『上野原町埋蔵文化財調査報告書』1　上野原町教育委員会
大月：山梨県埋蔵文化財センター　1994『大月遺跡現地説明会資料』、長沢宏昌他　1995「大月遺跡」『年報11　平成6年度』　山梨県埋蔵文化財センター、長沢宏昌他　1997『大月遺跡―県立都留高等学校体育館建設に伴う発掘調査―』(『山梨県埋蔵文化財センター調査報告書』第139集)　山梨県教育委員会
塩瀬下原：伊藤伸一・笠原みゆき　1999「塩瀬下原遺跡」『年報15　平成10年度』　山梨県埋蔵文化財センター、吉岡弘樹他　1999『塩瀬下原遺跡発掘調査概報―桂川流域下水道終末処理場建設に伴う発掘調査―』(『山梨県埋蔵文化財センター調査報告書』第161集)　山梨県埋蔵文化財センター・山梨県教育委員会・山梨県土木部、末木　健　2000「縄文時代石積みについて(予察)―山梨県塩瀬下原遺跡の敷石住居復元―」『山梨県考古学協会誌』第11号、笠原みゆき他　2001『塩瀬下原遺跡(第4次調査)　桂川流域下水道終末処理場建設に伴う発掘調査報告書』(『山梨県埋蔵文化財センター調査報告書』第191集)　山梨県教育委員会・山梨県土木部
外ガイド：小野正文　1996『外ガイド遺跡発掘調査報告書―山梨リニア実験線建設に伴う発掘調査―』(『山梨県埋蔵文化財センター調査報告書』第117集)　山梨県教育委員会・日本鉄道建設公団
古屋戸：長谷川　孟　1981「大倉遺跡(敷石遺構)」『上野原町埋蔵文化財調査報告書』1　上野原町教育委員会
法能：山本寿々雄　1957「山梨県南都留郡法能敷石住居址」『日本考古学年報』5
牛石：奈良泰史　1986「牛石遺跡」『都留市史資料編』(地史・考古)　都留市史編纂委員会
神門：後藤守一　1940「上古時代の住居(中)」『人類学・先史学講座』16
玉川：長谷川　孟　1981「大倉遺跡(敷石遺構)」『上野原町埋蔵文化財調査報告書』1　上野原町教育委員会
中谷：山本寿々雄　1973『中谷遺跡』　都留市教育委員会、吉岡弘樹　1994「中谷遺跡」『1993年度下半期遺跡調査発表会要旨』　山梨県埋蔵文化財センター・山梨県考古学協会、長沢宏昌他　1994「中谷遺跡」『年報』10(平成5年度)　山梨県埋蔵文化財センター、長沢宏昌他　1995「中谷遺跡」『年報11　平成6年度』　山梨県埋蔵文化財センター、長沢宏昌他　1996『中谷遺跡　山梨リニア実験線建設に伴う発掘調査報告書』(『山梨県埋蔵文化財センター調査報告書』第116集)　山梨県教育委員会・日本鉄道建設公団
尾咲原：奈良泰史　1986「尾咲原遺跡」『都留市史資料編』(地史・考古)　都留市史編纂委員会
大塚北原：宮崎　糺　1936「甲斐国西八代郡大塚字西村発見の敷石住居址について」『史前学雑誌』第8巻2号
宮の前：奈良泰史他　1993『宮の前遺跡発掘調査報告』(『西桂町文化財シリーズ』第15号)　西桂町教育委員会、小林安典　1998「宮の前遺跡」『山梨県史　資料編1　原始・古代1　考古(遺跡)』　山梨県
池之元：阿部芳郎他　1997『池之元遺跡発掘調査研究報告書』(『富士吉田市史資料叢書』14)　富士吉田市史編さん室
釈迦堂S-Ⅰ(塚越北A)：小野正文他『釈迦堂Ⅰ　山梨県中央自動車道埋蔵文化財包蔵地発掘調査報告書』(『山梨

県埋蔵文化財センター調査報告』第17集) 山梨県埋蔵文化財センター
釈迦堂S-Ⅱ(塚越北B):小野正文他『釈迦堂Ⅰ 山梨県中央自動車道埋蔵文化財包蔵地発掘調査報告書』(『山梨県埋蔵文化財センター調査報告』第17集) 山梨県埋蔵文化財センター
釈迦堂N-Ⅲ区(三口神平地区):小野正文他 1987『釈迦堂Ⅱ—山梨県東山梨郡勝沼町三口神平地区—山梨県中央自動車道埋蔵文化財包蔵地発掘調査報告書』(『山梨県埋蔵文化財センター調査報告』第21集) 山梨県教育委員会・日本道路公団
釈迦堂N-Ⅳ区(三口神平地区):小野正文他 1987『釈迦堂Ⅱ—山梨県東山梨郡勝沼町三口神平地区—山梨県中央自動車道埋蔵文化財包蔵地発掘調査報告書』(『山梨県埋蔵文化財センター調査報告』第21集) 山梨県教育委員会・日本道路公団
釈迦堂S-Ⅲ区(三口神平地区):小野正文他 1987『釈迦堂Ⅱ—山梨県東山梨郡勝沼町三口神平地区—山梨県中央自動車道埋蔵文化財包蔵地発掘調査報告書』(『山梨県埋蔵文化財センター調査報告』第21集) 山梨県教育委員会・日本道路公団
一の沢:古谷健一郎 1989『一の沢・金山遺跡』(『境川村埋蔵文化財調査報告書』第4輯) 山梨県東八代郡境川村教育委員会、平野修一・櫛原功一 1993「上ノ原遺跡」『1993年度上半期遺跡調査発表会要旨』 山梨県埋蔵文化財センター・山梨県考古学協会
一の沢西:長沢宏昌他 1986『一の沢西遺跡—笛吹川農業水利事業に伴う発掘調査報告書—』(『山梨県埋蔵文化財センター調査報告』第16集) 山梨県埋蔵文化財センター
水口:今福利恵 1993「水口遺跡」『年報』9(平成4年度) 山梨県埋蔵文化財センター、今福利恵他 1994『水口遺跡——一般県道鴬宿中道線建設に伴う発掘調査報告書—』(『山梨県埋蔵文化財センター調査報告書』第91集) 山梨県教育委員会・山梨県土木部
金山:古谷健一郎 1989『一の沢・金山遺跡』(『境川村埋蔵文化財調査報告書』第4輯) 山梨県東八代郡境川村教育委員会
城越:吉田章一郎他 1969『山梨県東八代郡中道町城越の敷石遺構』 山梨県教育委員会・山梨大学教育学部歴史学研究室
古宿道の上:森 和敏 1981『古宿道の上遺跡』 牧丘町教育委員会
上福沢:山本寿々雄 1968『山梨県の考古学』 吉川弘文館
寺前:明野村埋蔵文化財センター 1999『寺前遺跡 平成11年度発掘調査の概要』
諏訪原:佐野 隆 1996「諏訪原遺跡」『年報』1 北巨摩市町村文化財担当者会、佐野 隆 1998「諏訪原遺跡」『山梨県史 資料編1 原始・古代1 考古(遺跡)』山梨県
清水端:宮沢公雄 1986『清水端遺跡』(『明野の文化財』第1集) 明野村教育委員会
屋敷添:佐野 隆 1993『屋敷添—県営圃場整備事業に伴なう縄文時代中期・後期及び平安時代の集落遺跡の発掘調査報告書—』(『明野村文化財調査報告』7) 山梨県明野村教育委員会・峡北土地改良事務所、佐野隆他1996『屋敷添 縄文時代編』(『明野村文化財調査報告』10) 明野村教育委員会
宮ノ前:平野 修・櫛原功一 1992『山梨県韮崎市宮ノ前遺跡—韮崎市韮崎北東小学校建設に伴う発掘調査報告書—』 韮崎市遺跡調査会・宮ノ前遺跡発掘調査団・韮崎市・韮崎市教育委員会
大柴:十菱駿武 1998「大柴遺跡」『山梨県史 資料編1 原始・古代1 考古(遺跡)』 山梨県
上ノ原:櫛原功一 1993「須玉町上ノ原遺跡における縄文後期集落」『帝京大学山梨文化財研究所報』第17号、櫛原功一他 1999『山梨県北巨摩郡須玉町上ノ原遺跡 ダイワヴィンテージゴルフ倶楽部造成工事に伴う埋蔵文化財の発掘調査報告書』 上ノ原遺跡発掘調査団
郷蔵地:田代 孝 1987『郷蔵地遺跡』(『山梨県埋蔵文化財センター調査報告』第31集) 山梨県埋蔵文化財センター
桑原南:荻原三雄他 1983「山梨県地方史研究の動向」『信濃』第35巻6号、山路恭之助 1998「桑原遺跡/桑原南遺跡」『山梨県史 資料編1 原始・古代1 考古(遺跡)』 山梨県
社口:帝京大学山梨文化財研究所 1996『社口遺跡を掘る』(見学会資料)、櫛原功一他 1997『社口遺跡第3次調査報告書』 高根町教育委員会・社口遺跡発掘調査団

384　柄鏡形(敷石)住居址発見遺跡参考文献

青木：雨宮正樹他　1988「山梨県高根町青木遺跡調査概報」『山梨県考古学協会誌』第2号
石堂B：雨宮正樹　1986『西ノ原遺跡・石堂遺跡』　高根町教育委員会、同　1987『山梨県高根町石堂B遺跡』　高根町教育委員会
川又坂上：新津　健他　1993『山梨県北巨摩郡高根町川又坂上遺跡―八ヶ岳広域農道建設に伴う発掘調査報告書―』（『山梨県埋蔵文化財センター調査報告』第75集）　山梨県埋蔵文化財センター
姥神：櫛原功一　1986『姥神遺跡』（『大泉村埋蔵文化財調査報告』第5集）　大泉村教育委員会
金生：新津　健　1989『金生遺跡Ⅱ（縄文時代編）―県営圃場整備事業に伴う発掘調査報告書―』（『山梨県埋蔵文化財センター調査報告』第41集）　山梨県埋蔵文化財センター
豆生田第3：櫛原功一　1985『豆生田第3遺跡』（『大泉村埋蔵文化財調査報告』第4集）　大泉村教育委員会
競馬場：長谷川　孟　1981「大倉遺跡（敷石遺構）」『上野原町埋蔵文化財調査報告書』1　上野原町教育委員会
別当：鈴木治彦　1986「長坂町別当遺跡検出敷石住居址について」『丘陵』第12号
宮久保：小宮山隆他　1999『宮久保遺跡　団体営圃場整備事業にともなう埋蔵文化財発掘調査』（『長坂町埋蔵文化財発掘調査報告書』第18集）　長坂町教育委員会
上平出：末木　健他　1974『山梨県中央道埋蔵文化財包蔵地発掘調査報告書―北巨摩郡小淵沢町地内―』　山梨県教育委員会

　　長野県
井戸：藤森栄一他　1965『井戸尻』　中央公論美術出版
井戸尻：長崎元広　1973「八ヶ岳西南麓の縄文中期集落における共同祭式のあり方とその意義」『信濃』第25巻4号・5号
一の沢：藤森栄一他　1965『井戸尻』　中央公論美術出版
居平：藤森栄一他　1965『井戸尻』　中央公論美術出版
広原：藤森栄一他　1965『井戸尻』　中央公論美術出版
徳利：藤森栄一他　1965『井戸尻』　中央公論美術出版
臥竜：平出一治　1978「諏訪郡原村上横道遺跡の六角形敷石住居址」『始源』第2号
山の神上：長野県埋蔵文化財センター編　1984『塩尻市御堂垣外遺跡敷石住居址をめぐって』資料
上横道：武藤雄六　1968「長野県諏訪郡原村上横道遺跡の調査」『信濃』第20巻6号、平出一治　1978「諏訪郡原村上横道遺跡の六角形敷石住居址」『始源』第2号
上前尾根：平出一治　1978「長野県上前尾根遺跡の調査―アワの炭化種子を中心に―」『考古学ジャーナル』№147
下の原：宮坂虎次他　1980『下ノ原―第2次・3次調査概報―』　茅野市教育委員会
茅野和田西：土屋長久他　『茅野和田遺跡』　茅野市教育委員会
上ノ段：鵜飼幸雄　1983「上ノ段遺跡」『長野県史考古資料編』全一巻（3）　主要遺跡（南信）　長野県史刊行会
尖石：宮坂英弌　1957『尖石』　茅野市教育委員会
中原：宮坂英弌　1955「長野県諏訪郡中原遺跡」『日本考古学年報』3、同　1955「長野県諏訪郡中原遺跡」『日本考古学年報』4、宮坂虎次他　1986『茅野市史』上巻（原始・古代）　茅野市
穴場：高見俊樹　1982「穴場遺跡」『長野県考古学会誌』第42・43号、高見俊樹　1983『穴場Ⅰ―長野県諏訪市穴場遺跡第5次発掘調査報告書―』　諏訪市教育委員会・穴場遺跡発掘調査団
十二ノ后：樋口昇一他　1976「十二ノ后遺跡」『長野県中央道埋蔵文化財包蔵地発掘調査報告書―諏訪市その4―昭和50年度』　長野県教育委員会
大安寺：藤森栄一　1951「長野県諏訪郡大安寺遺跡」『日本考古学年報』1
湯の上：長野県埋蔵文化財センター　1984『塩尻市御堂垣外遺跡敷石住居址をめぐって』資料
城山：竹内三千夫　1974「城山遺跡」『長野県中央道埋蔵文化財包蔵地発掘調査報告書―諏訪市内その1・その2―昭和48年度』　長野県教育委員会
前田：長野県史刊行会編　1981『長野県史考古資料編』全一巻（1）　遺跡地名表

梨久保：戸沢充則　1986『梨久保遺跡』(『郷土の文化財』15)　岡谷市教育委員会
花上寺：高林重水他　1987『花上寺遺跡』　岡谷市教育委員会、高林重水他　1996『花上寺遺跡―中部山岳地の縄文・平安時代集落址―』(『郷土の文化財』19)　岡谷市教育委員会
目切：宮下健司　1985「長野県地方史研究の動向」『信濃』第37巻6号、同　1986「長野県」『日本考古学年報』37
館：長野県史刊行会編　1981『長野県史考古資料編』全一巻(1)　遺跡地名表
宮の本：林　幸彦他　1979『宮の本―長野県佐久町宮の本遺跡発掘調査報告書―』　佐久町教育委員会、土屋長久　1980「宮の本」『長野県考古学会誌』36
吹付：百瀬忠幸他　1991「吹付遺跡」『上信越自動車道埋蔵文化財発掘調査報告書2―佐久市内その2―』(『財団法人長野県埋蔵文化財センター埋蔵文化財発掘調査報告書』12)　日本道路公団東京第2建設局・長野県教育委員会・財団法人長野県埋蔵文化財センター
西片ヶ上：高村博文　1987『淡淵・屋敷前・西片ヶ上・曲尾Ⅰ』(『佐久市埋蔵文化財調査センター調査報告』第6集)　佐久市埋蔵文化財センター
東祢ぶた：百瀬忠幸他　1991「東祢ぶた遺跡」『上信越自動車道埋蔵文化財発掘調査報告書二―佐久市内その2―』(『財団法人長野県埋蔵文化財センター埋蔵文化財発掘調査報告書』12)　日本道路公団東京第2建設局・長野県教育委員会・財団法人長野県埋蔵文化財センター
鵐オネ：羽毛田卓也他　1988『鵐オネ―長野県佐久市香坂鵐オネ遺跡発掘調査報告書―』(『佐久市埋蔵文化財センター調査報告書』第21集)　佐久市埋蔵文化財センター
宮平：林　幸彦　1985『宮平遺跡―長野県北佐久郡御代田町宮平遺跡発掘調査報告書―遺構編』　御代田町教育委員会、土屋長久　1978「東信濃・縄文後期文化様相」『日本考古学協会昭和53年度総会研究発表要旨』、同　1980「宮平」『長野県考古学会誌』36、堤　隆他　2000『宮平遺跡―長野県北佐久郡御代田町宮平遺跡発掘調査報告書―』　御代田町教育委員会
上藤塚：長野県史刊行会編　1981『長野県史考古資料編』全一巻(1)　遺跡地名表
西城：長野県史刊行会編　1981『長野県史考古資料編』全一巻(1)　遺跡地名表
西荒神：小山岳夫他　1995『塩野西遺跡群　東荒神遺跡・西荒神遺跡・下大宮遺跡・関屋遺跡・中屋際遺跡』(『長野県北佐久郡御代田町東荒神・西荒神・下大宮・関屋・中屋際遺跡発掘調査報告書』)　長野県御代田町教育委員会
面替：長野県史刊行会　1981『長野県史考古資料編』全一巻(1)　遺跡地名表
滝沢：小山岳夫　1993『滝沢―塩野西遺跡群―発掘調査概要報告書』　御代田町教育委員会、小山岳夫他　1997『塩野西遺跡群　滝沢遺跡―長野県北佐久郡御代田町滝沢遺跡発掘調査報告書―』(『御代田町埋蔵文化財発掘調査報告書』第23集)　御代田町教育委員会
南石堂：上野佳也　1968『軽井沢茂沢南石堂遺跡』(『長野県北佐久郡軽井沢町文化財調査報告』)　軽井沢町教育委員会、同　1983『軽井沢茂沢南石堂遺跡総集編』(『長野県北佐久郡軽井沢町文化財調査報告』)　軽井沢町教育委員会
舟久保：長野県史刊行会編　1981『長野県史考古資料編』全一巻(1)　遺跡地名表
大庭：島田恵子他　1990『大庭遺跡―縄文時代中期末～後期初頭における環状集落および古墳時代末期～奈良・平安時代の集落の調査―』(『立科町文化財調査報告書』第2集)　長野県北佐久郡立科町教育委員会
下吹上：福島邦男他　1978『下吹上』(『長野県考古学会研究報告書』11)、福島邦男　1992『下吹上遺跡―第2次緊急発掘調査報告書―』(『望月町文化財調査報告書』第21集)　望月町教育委員会
上吹上：福島邦男他1990『上吹上遺跡』(『望月町文化財調査報告書』第18集)　望月町教育委員会
平石：福島邦男他　1989『平石遺跡―緊急発掘調査報告書―』(『望月町文化財調査報告書』第17集)　望月町教育委員会
極楽寺：長野県史刊行会編　1981『長野県史考古資料編』全一巻(1)　遺跡地名表
上の段：宮下健司　1985「長野県地方史の動向」『信濃』第37巻6号
下笹沢：与良　清　1975『御牧ヶ原下笹沢敷石住居址調査報告書』　小諸市教育委員会

386　柄鏡形(敷石)住居址発見遺跡参考文献

加増：八幡一郎　1974「北大井村加増敷石住居址発掘調査報告書」『小諸市誌』考古編　小諸市編纂委員会
久保田：花岡　弘　1984『久保田』(『小諸市埋蔵文化財発掘調査報告』第8集)　小諸市誌編纂委員会
郷土：岩崎卓也　1970「長野県小諸市郷土遺跡」『日本考古学年報』18、与良　清　1974『小諸市誌』考古編　小諸市誌編纂委員会、八幡一郎　1982「郷土遺跡」『長野県史考古資料編』全1巻(2)　主要遺跡(北・東信)　長野県史刊行会、花岡　弘　1993『郷土―長野県小諸市郷土遺跡発掘調査報告書―』(『小諸市埋蔵文化財発掘調査報告書』第16集)　小諸市教育委員会、桜井秀雄他　1994「郷土遺跡」『長野県埋蔵文化財センター年報』10　財団法人長野県埋蔵文化財センター、桜井秀男他　1995「郷土遺跡」『長野県埋蔵文化財センター年報』11　財団法人長野県埋蔵文化財センター、財団法人長野県埋蔵文化財センター　1996「郷土遺跡(上信越自動車道関連)」『長野県埋蔵文化財センター年報』12　財団法人長野県埋蔵文化財センター、桜井秀雄他　2000「郷土遺跡」『上信越自動車道埋蔵文化財発掘調査報告書』19―小諸市内その3―(『長野県埋蔵文化財センター発掘調査報告書』52)　日本道路公団・長野県教育委員会・長野県埋蔵文化財センター
寺ノ浦：岩崎長思　1932「寺の浦先住民族住居址」『長野県史跡名勝天然記念物調査報告』第13輯　長野県
三田原遺跡群：宇賀神誠司他　1993「三田原遺跡群」『長野県埋蔵文化財センター年報』9　財団法人長野県埋蔵文化財センター、近藤尚義他　1994「三田原遺跡群」『長野県埋蔵文化財センター年報』10　財団法人長野県埋蔵文化財センター、宇賀神誠司　2000「三田原遺跡群」『上信越自動車道埋蔵文化財発掘調査報告書』19―小諸市内その3―(『長野県埋蔵文化財センター発掘調査報告書』52)　日本道路公団・長野県教育委員会・長野県埋蔵文化財センター
岩下：宇賀神誠司他　1993「岩下遺跡」『長野県埋蔵文化財センター年報』9　財団法人長野県埋蔵文化財センター、宇賀神誠司　2000「岩下遺跡」『上信越自動車道埋蔵文化財発掘調査報告書』19―小諸市内その3―(『長野県埋蔵文化財センター発掘調査報告書』52)　日本道路公団・長野県教育委員会・長野県埋蔵文化財センター
石神：岩崎長思　1949「長野県北佐久郡石神後期縄文式遺跡」『県史跡報告』27　長野県、与良　清　1974『小諸市誌』考古編　小諸市誌編纂委員会、花岡　弘　1993『石神―長野県小諸市石神遺跡発掘調査概報―』小諸市教育委員会、花岡　弘他　1994『石神―長野県小諸市石神遺跡発掘調査報告書―』(『小諸市埋蔵文化財調査報告書』第19集)　小諸市教育委員会
古屋敷A：川崎　保　1993「古屋敷遺跡」『長野県埋蔵文化財ニュース』№36・37　財団法人長野県埋蔵文化財センター
古屋敷C：東部町教育委員会　1986『不動坂遺跡群・古屋敷遺跡群Ⅱ』、市沢英利　1988『中央自動車道長野線埋蔵文化財発掘調査報告書』2―塩尻市内その1―(『長野県埋蔵文化財センター発掘調査報告書』2)　財団法人長野県埋蔵文化財センター、川崎　保　1993「古屋敷遺跡」『長野県埋蔵文化財ニュース』№36・37　財団法人長野県埋蔵文化財センター
桜井戸：土屋長久他　1970『信越本線滋野・大屋間複線化工事事業地内埋蔵文化財緊急発掘調査報告書―昭和44年度―』(『長野県考古学会研究報告』8)　長野県考古学会
和中原：五十嵐幹男　1959「石器時代の和村」『和村誌』歴史編
戌立：岩崎長思　1932「戌立先住民族住居址」『長野県史跡名勝天然記念物調査報告』第13輯　長野県、塩入秀敏他　1985『戌立遺跡―範囲確認調査報告書―』長野県東部町教育委員会、川崎　保　1993「戌立遺跡」『長野県埋蔵文化財ニュース』№36・37
加賀田：川崎　保　1993「加賀田遺跡」『長野県埋蔵文化財ニュース』№36・37　財団法人長野県埋蔵文化財センター
中原：川崎　保　1993「中原遺跡」『長野県埋蔵文化財ニュース』№36・37
辻田：小平和夫　1995「長野県」『日本考古学年報』46（1993年度版）
八千原：久保田敦子他　1991『林之郷・八千原　林之郷遺跡ほか緊急発掘調査報告書』(『上田市文化財調査報告書』第37集)　上田市教育委員会・上小地方事務所
日影：中沢徳士他　1992『日影遺跡・田中遺跡　平成2年度団体営土地改良総合整備事業下室賀地区施工に伴う日

影遺跡ほか発掘調査概要報告書』(『上田市文化財調査報告書』第45集)　上田市教育委員会・川西地区土地改良区

渕ノ上：小平和夫　1995「長野県」『日本考古学年報』46(1993年度版)

深町：林　和男他　1980『深町―深町遺跡緊急発掘調査概報―』　丸子町教育委員会

中挟：小林幹男　1964「小県郡青木村田沢・中挟遺跡調査略報」『長野県考古学会連絡紙』12

雁石：川上　元他　1975『雁石・藤沢―国道144号線バイパスに伴う遺跡の緊急発掘調査報告―』　真田町教育委員会、川上　元　1976「雁石遺跡」『日本考古学年報』27、笹沢　浩　1987「長野県」『日本考古学年報』38

四日市：宇賀神　恵他　1990『四日市遺跡』(『長野県小県郡真田町文化財調査報告書』)　真田町教育委員会、小平和夫　1995「長野県」『日本考古学年報』46(1993年度版)

込山Ｃ：金子浩昌他　1964「長野県埴科郡坂城町込山Ｃ遺跡略報―立石を伴う敷石遺構の一資料―」『信濃』第16巻12号

新屋：森島　稔他　1991『長野県更級郡上山田町新屋遺跡―町道路敷及び水路工事の為の緊急発掘調査報告書―』上山田町教育委員会

幅田：金子浩昌他　1965「長野県埴科郡戸倉町幅田遺跡調査報告その２」『長野県考古学会誌』第２号、森島　稔　1982「幅田遺跡」『長野県史考古資料編』全１巻(２)　主要遺跡(北・東信)　長野県史刊行会

円光房：原田政信他　1990『円光房遺跡―長野県埴科郡戸倉町更級地区県営ほ場整備事業に伴う幅田遺跡群円光房遺跡緊急発掘調査報告書―』　戸倉町教育委員会

屋代遺跡群：寺内隆夫他　1994「屋代遺跡群・大境遺跡」『長野県埋蔵文化財センター年報』10　財団法人長野県埋蔵文化財センター、水沢教子他　2000『更埴条里遺跡・屋代遺跡群(含む大境遺跡・窪河原遺跡)』(『上信越自動車道埋蔵文化財発掘調査報告書』24―更埴市内―・『長野県埋蔵文化財センター発掘調査報告書』51)　日本道路公団・長野県教育委員会・長野県埋蔵文化財センター

旭町：青木和明　1984「長野市旭町遺跡の調査」『長野県埋蔵文化財ニュース』No.10　財団法人長野県埋蔵文化財センター

宮崎：宮下健司　1982「宮崎遺跡」『長野県史考古資料編』全一巻(２)　主要遺跡(北・東信)　長野県史刊行会、矢口忠良他　1988『宮崎遺跡―長原地区団体営土地改良総合整備事業に伴う発掘調査報告書―』(『長野市の埋蔵文化財』第28集)　長野市教育委員会

村東山手：広瀬昭弘　1990「村東山手遺跡」『長野県埋蔵文化財センター年報』7、鶴田典昭他　1999『上信越自動車道埋蔵文化財発掘調査報告書8―長野市内その6　村東山手遺跡―』(『財団法人長野県埋蔵文化財センター発掘調査報告書』44)　財団法人長野県文化振興事業団長野県埋蔵文化財センター・長野県教育委員会・日本道路公団

平柴平：長野市教育委員会　1971『平柴平遺跡緊急発掘調査概報』、笹沢　浩　1982「平柴平遺跡」『長野県史考古資料編』全一巻(２)　主要遺跡(北・東信)　長野県史刊行会

橋場：須坂市教育委員会　1982『橋場遺跡』(未見)、綿田弘美　1987「長野県上高井郡高山村北坪井遺跡の敷石住居址と出土遺物」『須高』25

宮平：森島　稔　1982「宮平遺跡」『長野県史考古資料編』全一巻(２)　主要遺跡(北・東信)　長野県史刊行会

荒井原：長野県史刊行会編　1981『長野県史考古資料編』全一巻(１)　遺跡地名表

坪井：関　孝一他　1969「長野県下高井郡高山村坪井遺跡の発掘調査」『信濃』第21巻8号、綿田弘美　1987「長野県上高井郡高山村北坪井遺跡の敷石住居址と出土遺物」『須高』25

北坪井：綿田弘美　1987「長野県上高井郡高山村北坪井遺跡の敷石住居址と出土遺物」『須高』25

八幡添：綿田弘美他　1984『長野県上高井郡高山村四ッ屋遺跡群　八幡添遺跡』　長野県北信土地改良事務所・上高井郡高山村教育委員会

市場平：金子浩昌他　1965「長野県埴科郡戸倉町幅田遺跡調査報告その２」『長野県考古学会誌』第２号

坪根：金子浩昌他　1965「長野県埴科郡戸倉町幅田遺跡調査報告その２」『長野県考古学会誌』第２号

明専寺：森　尚登他　1980『明専寺・茶臼山』　牟礼町教育委員会

388　柄鏡形(敷石)住居址発見遺跡参考文献

小野：桐原　健　1976「長野県史学界の動向」『信濃』第28巻5号
東柏原：金子浩昌他　1965「長野県埴科郡戸倉町幅田遺跡調査報告その2」『長野県考古学会誌』第2号
栗林：中島庄一他　1994『長野県中野市内　栗林遺跡・七瀬遺跡　県道中野豊野線バイパス志賀中野有料道路埋蔵文化財発掘調査報告書』(『財団法人長野県埋蔵文化財センター発掘調査報告書』19)　長野県中野建設事務所・財団法人長野県埋蔵文化財センター
伊勢宮：山ノ内町教育委員会編　1981『伊勢宮』、田川幸生　1982「伊勢宮遺跡」『長野県史考古資料編』全一巻(2)　主要遺跡(北・東信)　長野県史刊行会、田川幸生　1995「山ノ内町伊勢宮遺跡の柄鏡形敷石住居址」『長野県立歴史館研究紀要』第1号
稲荷境：報告書未見
こや城：大沢　哲他　1979『長野県東筑摩郡明科町こや城遺跡発掘調査報告書』　明科町教育委員会、小林康男　1983「こや城遺跡」『長野県史考古資料編』全1巻(3)　主要遺跡(中・南信)　長野県史刊行会
北村：平林　彰他　1993『中央自動車道長野線埋蔵文化財発掘調査報告書11—明科町地内—北村遺跡』(『財団法人長野県埋蔵文化財センター発掘調査報告書』14)　日本道路公団名古屋建設局・長野県教育委員会・財団法人長野県埋蔵文化財センター
ほうろく屋敷：大沢　哲他　1991『ほうろく屋敷遺跡—川西地区県営ほ場整備事業に伴う発掘調査報告書—』(『明科町の埋蔵文化財』第3集)　明科町教育委員会
離山：藤沢宗平他　1972『離山遺跡』　長野県南安曇郡穂高町教育委員会
荒海渡：中島豊晴他　1978『長野県南安曇郡梓川村荒海渡遺跡発掘調査報告書』　梓川村教育委員会
葦原：小松　虔　1966「長野県東筑摩郡波田村葦原遺跡第1次・第2次調査概報」『信濃』第18巻4号
大村：長野県史刊行会編　1981『長野県史考古資料編』全一巻(1)　遺跡地名表
大村塚田：高桑俊雄他　1992『松本市大村塚田遺跡—緊急発掘調査報告書—』(『松本市文化財調査報告』No.96)　松本市教育委員会
林山腰：竹原　学他　1988『松本市林山腰遺跡—県営ほ場整備に伴う緊急発掘調査報告書—』(『松本市文化財調査報告』No.61)　松本市教育委員会
坪ノ内：新谷和孝他　1990『松本市坪ノ内遺跡—緊急発掘調査報告書—』(『松本市文化財調査報告』No.80)　松本市教育委員会
山影：太田守夫他　1993『松本市山影遺跡—緊急発掘調査報告書—』(『松本市文化財調査報告』No.100)　松本市教育委員会
エリ穴：竹原　学　1997「長野県松本市エリ穴遺跡」『日本考古学年報』48(1995年版)　日本考古学協会、竹原　学1997『エリ穴遺跡　掘りだされた縄文後晩期のムラ』(『松本市文化財調査報告』No.127)　松本市教育委員会
牛の川：倉科明正他　1980『松本市笹賀牛の川遺跡緊急発掘調査報告書』(『松本市文化財調査報告』18)　松本市教育委員会
柿沢東：小林康男　1984『柿沢東遺跡』　塩尻市教育委員会
御堂垣外：市沢英利　1988『中央自動車道長野線埋蔵文化財発掘調査報告書』2—塩尻市内その1—(『長野県埋蔵文化財センター発掘調査報告書』2)　財団法人長野県埋蔵文化財センター
平出：大場磐雄他　1955『平出』　平出遺跡調査会
宮の沢：土屋長久他　1971「宮の沢遺跡」『長野県中央道埋蔵文化財包蔵地発掘調査報告書—阿智・飯田・宮田地区—』　長野県教育委員会
西原：長野県史刊行会編　1981『長野県史考古資料編』全一巻(1)　遺跡地名表
広庭(北向)：宮沢恒之他　1981『瑠璃寺前・大島山東部・広庭遺跡』(『高森町埋蔵文化財調査報告書』第3集)　高森町教育委員会
瑠璃寺前：神村　透　1972「瑠璃寺前遺跡」『長野県中央道埋蔵文化財包蔵地発掘調査報告書—下伊那郡高森町地内その1—』　長野県教育委員会
大島山東部(花立)：宮沢恒之他　1981『瑠璃寺前・大島山東部・広庭遺跡』(『高森町埋蔵文化財調査報告書』第3

集）　高森町教育委員会
戸場：白沢幸男　1983「戸場遺跡」『長野県史考古資料編』全一巻（3）　主要遺跡（中信）　長野県史刊行会、伊深智他　1982『南木曽町誌』資料編

福島県

作：樫村友延　1984「昭和58年度福島県考古学界の動向　浜通り地方（いわき市）」『福島考古学年報』13（1983年）　福島県考古学会
壇ノ岡：梅宮　茂　1964「考古資料」『福島県史』第6巻　福島県、鈴木　啓　1975『堂平敷石遺跡発掘調査報告書』　福島県三春町教育委員会
三珠山：梅宮　茂　1964「考古資料」『福島県史』第6巻　福島県、鈴木　啓　1975『堂平敷石遺跡発掘調査報告書』　福島県三春町教育委員会
長郷田：梅宮　茂　1964「考古資料」『福島県史』第6巻　福島県、鈴鹿良一・押山雄三　1989「福島県における縄文時代中期末葉から後期前葉の住居址」『シンポジウム　縄文の配石と集落—三春町西方前遺跡と柴原A遺跡の問題点—』資料集　三春町教育委員会
前田：渡辺一雄　1969「前田遺跡」『福島県史1』、鈴鹿良一・押山雄三　1989「福島県における縄文時代中期末葉から後期前葉の住居址」『シンポジウム　縄文の配石と集落—三春町西方前遺跡と柴原A遺跡の問題点—』資料集　三春町教育委員会
高森：田中正能　1975「高森遺跡」『福島県考古学年報』4（1974年）　福島県考古学会
堂平：鈴木　啓　1975『堂平敷石遺跡発掘調査報告書』　福島県三春町教育委員会
西方前：仲田茂司他　1989『西方前遺跡Ⅲ—縄文時代中期末葉～後期前葉の集落跡—図版篇』（『三春ダム関連遺跡発掘調査報告書』Ⅳ・『三春町文化財調査報告書』第12集）　建設省三春ダム工事事務所・三春町教育委員会、仲田茂司他　1992『西方前遺跡Ⅲ—縄文時代中期末葉～後期前葉の集落跡—本文篇』（『三春ダム関連遺跡発掘調査報告書』Ⅴ・『三春町文化財調査報告書』第16集）　建設省三春ダム工事事務所・三春町教育委員会
柴原A：福島雅儀他　1989「柴原A遺跡（第1次）」『三春ダム関連遺跡発掘調査報告』2（『福島県文化財調査報告書』第217集）　福島県教育委員会・財団法人福島県文化センター・建設省東北建設局
越田和：福島雅儀他　1996『三春ダム関連遺跡発掘調査報告8　越田和遺跡』（『福島県文化財調査報告書』第322集）　福島県教育委員会・財団法人福島県文化財センター・建設省東北地方建設局
高木：未報告
河内四十四：高松俊雄　1984「昭和58年度福島県考古学界の動向　中通り地方」『福島県考古学年報』13（1983年）　福島県考古学会
荒小路：大越道正他　1985『国営総合農地開発事業母畑地区遺跡発掘調査報告』19（『福島県文化財調査報告書』第148集）　福島県教育委員会・財団法人福島県文化センター
倉屋敷：鈴鹿良一・押山雄三　1989「福島県における縄文時代中期末葉から後期前葉の住居址」『シンポジウム　縄文の配石と集落—三春町西方前遺跡と柴原A遺跡の問題点—』資料集　三春町教育委員会
仁井町：鈴木雄三他　1982『仁井町遺跡』（『河内下郷遺跡群Ⅱ』）　郡山市教育委員会
割田B：押山雄三・中島雄一　1996『割田B遺跡—国営総合農地開発事業関連—』　財団法人郡山市埋蔵文化財発掘調査事業団・郡山市教育委員会
八方塚A：佐藤　啓　1999『摺り上川ダム遺跡発掘調査報告Ⅶ　八方塚A遺跡（第1次調査）』（『福島県文化財調査報告書』第350集）　福島県教育委員会・財団法人福島県文化センター・建設省東北地方建設局摺上ダム工事事務所
月崎：柴田俊彰　1977『月崎遺跡発掘調査概報—第二次—』　福島市教育委員会、鈴鹿良一・押山雄三　1989「福島県における縄文時代中期末葉から後期前葉の住居址」『シンポジウム縄文の配石と集落—三春町西方前遺跡と柴原A遺跡の問題点—』資料集　三春町教育委員会
宮畑：福島市教育委員会編　1999『宮畑遺跡1—縄文時代中期～晩期の集落—』

庚申森：梅宮　茂　1964「考古資料」『福島県史』第6巻　福島県、鈴鹿良一・押山雄三　1989「福島県における縄文時代中期末葉から後期前葉の住居址」『シンポジウム　縄文の配石と集落―三春町西方前遺跡と柴原A遺跡の問題点―』資料集　三春町教育委員会

小島上台：鈴木　啓　1975『堂平敷石遺跡発掘調査報告書』　福島県三春町教育委員会

日向南：鈴鹿良一他　1986「日向南遺跡(第1・2次)」『真野ダム関連遺跡発掘調査報告』Ⅷ(『福島県文化財調査報告』第165集)　福島県教育委員会・財団法人福島県文化センター、鈴鹿良一・押山雄三　1989「福島県における縄文時代中期末葉から後期前葉の住居址」『シンポジウム　縄文の配石と集落―三春町西方前遺跡と柴原A遺跡の問題点―』資料集　三春町教育委員会

日向：芳賀英一他　1982「日向遺跡(第1次)」『真野ダム関連遺跡発掘調査報告書』Ⅲ(『飯舘村文化財調査報告書』第3集)飯舘村教育委員会、鈴鹿良一他　1990「日向遺跡(第2次)」『真野ダム関連遺跡発掘調査報告』ⅩⅤ(『福島県文化財調査報告書』第231集)　福島県教育委員会・財団法人福島県文化センター・福島県土木部

宮内A：鈴鹿良一他　1989「宮内A遺跡(第1次)」『真野ダム関連遺跡発掘調査報告』ⅩⅢ(『福島県文化財調査報告書』第210集)　福島県教育委員会・財団法人福島県文化センター、鈴鹿良一・押山雄三　1989「福島県における縄文時代中期末葉から後期前葉の住居址」『シンポジウム　縄文の配石と集落―三春町西方前遺跡と柴原A遺跡の問題点―』資料集　三春町教育委員会、鈴鹿良一他　1990「宮内A遺跡(第2次)」『真野ダム関連遺跡発掘調査報告書』ⅩⅤ(『福島県文化財調査報告書』第231集)　福島県教育委員会・財団法人福島県文化センター・福島県土木部

羽白D：鈴鹿良一・押山雄三　1989「福島県における縄文時代中期末葉から後期前葉の住居址」『シンポジウム　縄文の配石と集落―三春町西方前遺跡と柴原A遺跡の問題点―』資料集　三春町教育委員会、鈴鹿良一　1988「羽白D遺跡(第2次)」『真野ダム関連遺跡発掘調査報告』ⅩⅠ(福島県文化財調査報告書)第193集　福島県教育委員会・財団法人福島県文化センター

上ノ台C：鈴鹿良一他　1990「上ノ台C遺跡」『真野ダム関連遺跡発掘調査報告』ⅩⅤ(『福島県文化財調査報告書』第231集)　福島県教育委員会・財団法人福島県文化センター・福島県土木部

上ノ台D：鈴鹿良一他　1990「上ノ台D遺跡」『真野ダム関連遺跡発掘調査報告』ⅩⅤ(『福島県文化財調査報告書』第231集)　福島県教育委員会・財団法人福島県文化センター・福島県土木部

上栃窪：渡部晴雄他　1967『福島県相馬郡鹿島町上栃窪敷石住居址発掘調査報告書』、鈴木　啓　1975『堂平敷石遺跡発掘調査報告書』　福島県三春町教育委員会、鈴鹿良一・押山雄三　1989「福島県における縄文時代中期末葉から後期前葉の住居址」『シンポジウム縄文の配石と集落―三春町西方前遺跡と柴原A遺跡の問題点―』資料集　三春町教育委員会

八幡林：鹿島町教育委員会　1975『真野古墳群確認調査報告書』、鈴木　啓　1975『堂平敷石遺跡発掘調査報告書』　福島県三春町教育委員会

岩淵：鈴鹿良一　1986「複式炉と敷石住居」『福島の研究1　地質考古編』

夏窪：鈴鹿良一　1986「複式炉と敷石住居」『福島の研究1　地質考古編』

五百苅：鈴木　啓　1975『堂平敷石遺跡発掘調査報告書』　福島県三春町教育委員会

道上：芳賀英一他：1985『国営会津農業水利事業関連遺跡調査報告書』Ⅲ(『福島県文化財調査報告書』第149集)　福島県教育委員会・財団法人福島県文化センター

下中沢：鈴木　啓　1975『堂平敷石遺跡発掘調査報告書』　福島県三春町教育委員会

阿寺：鈴鹿良一　1986「複式炉と敷石住居」『福島の研究』1(地質・考古篇)　清文堂

佐渡畑：小柴吉男　1971『福島県大沼郡三島町川井佐渡畑遺跡調査報告書Ⅰ』(『三島町文化財報告書』第1集)　三島町教育委員会

入間方：鈴木　啓　1975『堂平敷石遺跡発掘調査報告書』　福島県三春町教育委員会

上小島A：渡辺一雄他　1983「福島県」『日本考古学年報』33(1980年度版)、穴沢和光　1986「福島県」『日本考古学年報』37(1984年度版)、鈴鹿良一・押山雄三　1989「福島県における縄文時代中期末葉から後期前葉の住居址」『シンポジウム　縄文の配石と集落―三春町西方前遺跡と柴原A遺跡の問題点―』資料集

　　　　　三春町教育委員会
上小島C：佐藤光義他　1997『西会津町史　別巻2　上小島C遺跡』　西会津町史刊行委員会
芝草原：小滝利意他　1969『福島県耶麻郡西会津町野沢小屋田遺跡調査報告』　建設省東北地方建設局、鈴木　啓
　　　　1975『堂平敷石遺跡発掘調査報告書』　福島県三春町教育委員会、鈴鹿良一・押山雄三　1989「福島県に
　　　　おける縄文時代中期末葉から後期前葉の住居址」『シンポジウム　縄文の配石と集落—三春町西方前遺跡
　　　　と柴原A遺跡の問題点—』資料集　三春町教育委員会
タタラ山：安田　稔他　1996『常磐自動車道遺跡調査報告9　タタラ山遺跡（第2次調査）』（『福島県文化財調査報
　　　　告書』第331集）　福島県教育委員会・財団法人福島県文化センター・日本道路公団

宮城県
菅生田：七戸貞子他　1972『東北自動車道関係遺跡発掘調査概報—白石市、柴田郡村田町地区—』（『宮城県文化財
　　　　調査報告書』第25集）　宮城県教育委員会、志間泰治他　1973『菅生田遺跡調査概報——般国道4号白石
　　　　バイパス改築工事関連調査—』（『宮城県文化財調査報告書』第29集）　宮城県教育委員会
下ノ内：篠原信彦他　1990『下ノ内遺跡—仙台市高速鉄道関係遺跡発掘調査報告書Ⅱ—』（『仙台市文化財調査報告
　　　　書』第136集）　仙台市教育委員会
観音堂：平沢英二郎他　1986『観音堂・新宮前遺跡』（『宮城県埋蔵文化財調査報告』第118集）　宮城県教育委員会、
　　　　原河英二　1995「観音堂遺跡」『仙台市史』特別編2（考古資料）　仙台市史編さん委員会
山田上ノ台：主浜光朗他　1987『山田上ノ台遺跡』（『仙台市文化財調査報告書』第100集）　仙台市教育委員会
二屋敷：加藤道男他　1984『東北自動車道遺跡調査報告書』Ⅸ（『宮城県文化財調査報告書』第99集）　宮城県教育
　　　　委員会・日本道路公団
荒井：片倉信光・佐藤庄吉　1958「白石荒井縄文住居遺跡」『仙台郷土研究』第18巻4号、片倉信光他　1976『白
　　　　石市史　別巻　考古資料編』　白石市

岩手県
板倉：岩手県立埋蔵文化財センター　1995「板倉遺跡の竪穴住居址」『わらびて』No69、吉田　充　1997『板倉遺
　　　跡発掘調査報告書　一般国道343号鳶ヶ森地区道路改良事業』（『岩手県文化振興事業団埋蔵文化財調査報告』
　　　第258集）　財団法人岩手県文化振興事業団埋蔵文化財センター
長谷堂貝塚：玉川一郎他　1972『岩手県大船渡市長谷堂貝塚—昭和46年度緊急調査報告—』
八天：本堂寿一　1979『八天遺跡（図版編）』（『北上市文化財調査報告書』第24集）　北上市教育委員会
田屋：草間俊一　1968「岩手県石鳥谷町大瀬川田屋遺跡その他」『アルテス　リベラス』第4号　岩手大学教養部
卯遠坂：狩野敏雄他　1979『東北縦貫自動車道関係埋蔵文化財調査報告書』Ⅰ（『岩手県文化財調査報告書』第31
　　　集）　岩手県教育委員会
野駄：四井謙吉　1980『東北縦貫自動車道関連遺跡発掘調査報告書』（『岩手県埋蔵文化財センター文化財調査報告
　　　書』第11集）　財団法人岩手県埋蔵文化財センター
釜石：秋元信夫他　1994.3『特別史跡大湯環状列石発掘調査報告書』（10）（『鹿角市文化財調査資料』49）　秋田県
　　　鹿角市教育委員会より引用、170頁
上斗内Ⅲ：大原一則他　1984『上斗内Ⅲ・Ⅳ・Ⅴ遺跡発掘調査報告書』（『岩手県埋蔵文化財センター文化財調査報
　　　告書』第71集）　財団法人岩手県埋蔵文化財センター
川口Ⅱ：玉川英喜他　1985『川口Ⅱ遺跡発掘調査報告書』（『岩手県埋蔵文化財センター文化財調査報告書』第84
　　　集）　財団法人岩手県埋蔵文化財センター
扇畑Ⅱ：近藤宗光他　1982『扇畑Ⅱ遺跡発掘調査報告書—東北縦貫自動車道関連遺跡発掘調査—』（『岩手県埋蔵文
　　　化財センター文化財調査報告書』第39集）　財団法人岩手県埋蔵文化財センター
道地Ⅲ：種市　進他　1983『道地Ⅱ遺跡・Ⅲ遺跡発掘調査報告書』（『岩手県埋蔵文化財センター文化財調査報告書』
　　　第64集）　財団法人岩手県埋蔵文化財センター
馬場野Ⅱ：中川重紀他　1986『馬場野Ⅱ遺跡発掘調査報告書　東北縦貫自動車道建設関連遺跡発掘調査報告書』

(『岩手県文化振興事業団埋蔵文化財調査報告』第99集) 財団法人岩手県文化振興事業団埋蔵文化財センター

叺屋敷Ⅰa：小平忠孝他　1983『叺屋敷Ⅰa遺跡発掘調査報告書』(『岩手県埋蔵文化財センター文化財調査報告書』第61集) 財団法人岩手県埋蔵文化財センター

大日向Ⅱ：田鎖寿夫他　1986『大日向Ⅱ遺跡発掘調査報告書　東北縦貫自動車道関連遺跡調査報告書』(『岩手県文化振興事業団埋蔵文化財調査報告書』第100集) 財団法人岩手県文化振興事業団埋蔵文化財センター

秋田県

白長根館Ⅰ：熊谷太郎他　1984『東北縦貫自動車道発掘調査報告書』(『秋田県文化財調査報告書』第120集) 秋田県教育委員会

藤株：高橋忠彦　1981『藤株遺跡発掘調査報告書』(『秋田県文化財調査報告書』第85集) 秋田県教育委員会

大湯環状列石：秋元信夫他　1993『特別史跡大湯環状列石発掘調査報告書』9(『鹿角市文化財調査資料』45) 秋田県鹿角市教育委員会、秋元信夫他　1994『特別史跡大湯環状列石発掘調査報告書』10(『鹿角市文化財調査資料』49) 秋田県鹿角市教育委員会、藤井安正他　1997『特別史跡大湯環状列石第13次発掘調査報告書』(『鹿角市文化財調査資料』58) 鹿角市教育委員会

赤坂A：藤井安正他　1994『赤坂A遺跡　第52回国体冬季スキー競技会施設整備事業に伴う発掘調査報告書』(『鹿角市文化財調査資料』50) 秋田県鹿角市教育委員会

赤坂B：藤井安正他　1993『赤坂B遺跡　総合運動公園関連遺跡発掘調査報告書』　秋田県鹿角市教育委員会

山形県

石ヶ崎：佐藤禎宏　1983「1982年の動向　山形県」『考古学ジャーナル』No.218

千野：財団法人山形県埋蔵文化財センター　1997『小国町千野遺跡調査説明資料』、須賀井新人　2000『野向遺跡・市野々原遺跡・千野遺跡発掘調査報告書』(『山形県埋蔵文化財センター調査報告書』第71集) 財団法人山形県埋蔵文化財センター

青森県

右エ門次郎窪：相馬信吉他　1982『右エ門次郎窪遺跡』(『青森県埋蔵文化財調査報告書』第69集) 青森県教育委員会

鵜窪：福田友之他　1983『鵜窪遺跡』(『青森県埋蔵文化財調査報告書』第76集) 青森県教育委員会

田面木平(1)：藤田亮一他　1988『田面木平(1)遺跡　八戸新都市区域内埋蔵文化財発掘調査報告書Ⅴ』(『八戸市埋蔵文化財調査報告書』第20集) 八戸市教育委員会

風張(1)：藤田亮一他　1991『八戸市内遺跡発掘調査報告書2　風張(1)遺跡Ⅰ』(『八戸市埋蔵文化財調査報告書』第40集) 八戸市教育委員会、小笠原善範他　1991『風張(1)遺跡Ⅱ』(『八戸市埋蔵文化財調査報告書』第42集) 八戸市教育委員会

丹後平(2)：宇部則保　1988『八戸新都市区域内埋蔵文化財埋蔵文化財発掘調査報告書Ⅶ—丹後平遺跡(2)—』(『八戸市埋蔵文化財調査報告書』第27集) 八戸市教育委員会

丹後谷地：藤田亮一他　1986『丹後谷地遺跡　八戸新都市区域内埋蔵文化財発掘調査報告書Ⅱ』(『八戸市埋蔵文化財調査報告書』第15集) 八戸市教育委員会

沢中：小笠原善範　1995『八戸市内遺跡発掘調査報告書7—沢中遺跡—』(『八戸市埋蔵文化財調査報告書』第61集) 八戸市教育委員会

十腰内Ⅰ：赤羽真由美・神康夫　1999『十腰内(1)遺跡—県営津軽中部広域農道建設事業に伴う遺跡発掘調査報告—』(『青森県埋蔵文化財調査報告書』第261集) 青森県教育委員会

尻高(4)：岡田康博他　1985『尻高(2)・(3)・(4)遺跡発掘調査報告書』第89集　青森県教育委員会

神明町：杉山武　1980『金木町神明町遺跡』(『青森県埋蔵文化財調査報告書』第58集) 青森県教育委員会

深郷田：杉山武　1980『源常平遺跡発掘調査報告書』(『青森県埋蔵文化財調査報告書』第39集) 青森県教育委

員会
大石平：成田滋彦他　1985『大石平遺跡』（『青森県埋蔵文化財調査報告書』第90集）　青森県教育委員会
上尾駮（2）：畠山　昇・岡田康博　1988『上尾駮（2）遺跡Ⅱ』（『青森県埋蔵文化財調査報告書』第115集）　青森県教育委員会

　新潟県
川久保：財団法人新潟県埋蔵文化財調査事業団　2000『川久保遺跡現地説明会資料―縄文時代中期から後期の遺跡―』
原：佐藤雅一他　1998『原遺跡　リゾートマンション「グランドウィング舞子高原」の建設に伴う遺跡発掘調査報告書』（『塩沢町埋蔵文化財報告書』第18輯）　新潟県南魚沼郡塩沢町教育委員会、魚沼先史文化研究会　1998「原遺跡の研究」『新潟考古』第9号
沖ノ原：江坂輝弥編　1976『沖ノ原遺跡―新潟県中魚沼郡津南町大沢赤沢―』（『津南町文化財調査報告書』№10）　新潟県中魚沼郡津南町教育委員会、渡辺　誠他　1977『新潟県中魚沼郡津南町沖ノ原遺跡発掘調査報告書』（『津南町文化財調査報告書』№12）　津南町教育委員会、財団法人新潟県埋蔵文化財調査事業団　1997「県内の遺跡・遺物16　沖の原遺跡」『埋文にいがた』№18
堂平：佐藤雅一　1997「堂平遺跡第1号住居址について」『新潟考古』第8号、津南町教育委員会　1997『平成8年度津南町遺跡発掘調査概要報告書』
宮下原：折井　敦他　1981『宮下原遺跡―新潟県南魚沼郡六日町宮下原遺跡緊急遺跡確認調査報告―』（『六日町文化財調査報告』第3輯）　六日町教育委員会
城倉：十日町市広域パイロット地域内遺跡群調査団（代表者　中川成夫）　1976『十日町市広域パイロット地域内遺跡群調査概報』2（『十日町市文化財調査報告』11）　十日町市教育委員会、十日町市史編さん委員会　1996『十日町市史　資料編2　考古』　十日町市
野首：管沼　亘　1997『野首遺跡発掘調査概要報告書』（『十日町市埋蔵文化財発掘調査報告書』第9集）　新潟県十日町市教育委員会
湯の沢：室岡　博他　1967『松ヶ峰遺跡（附　頸城南部地方の先史・古代文化）』　中郷村教育委員会、室岡　博　1966「松ヶ峯並に湯ノ沢遺跡について―発掘―」『頸南』　新潟県教育委員会
城之腰：藤巻正信他　1991『関越自動車道関係発掘調査報告書　城之腰遺跡』（『新潟県埋蔵文化財調査報告書』第29集）　新潟県教育委員会
岩野原：駒形敏朗・寺崎裕助他　1981『埋蔵文化財発掘調査報告書　岩野原遺跡』　長岡市教育委員会、長岡市　1992『長岡市史』資料編1（考古）
中道：長岡市教育委員会　1998『中道遺跡―農業基盤整備事業に伴う発掘調査―』
北野：高橋保雄　1994「上川村北野縄文時代遺跡」『新潟県考古学会第6回大会研究発表会発表要旨』　新潟県考古学会、高橋保雄他　1994「北野遺跡」『新潟県埋蔵文化財調査事業団年報　平成5年度』　財団法人新潟県埋蔵文化財調査事業団、高橋保雄　1995「東蒲原郡上川村北野遺跡の調査概要」『研究紀要　1995.3』財団法人新潟県埋蔵文化財調査事業団、寺崎裕助　1996「新潟県における最近の動向」『縄文時代文化研究会ＮＥＷＳ』№29　縄文時代文化研究会
ツベタ：中川成夫他　1966『ツベタ遺跡』（『安田町文化財調査報告』1）　安田町教育委員会、関雅之編　1973『ツベタ遺跡発掘調査報告』（『安田町文化財調査報告』2）　安田町教育委員会、新潟県　1983『新潟県史　資料編1　原始・古代1　考古編』
本道平：新潟県朝日村教育委員会　1999『平成10年度　奥三面遺跡群報告会』資料
アチヤ平遺跡上段：朝日村教育委員会　1995『奥三面遺跡群現地説明会資料』、寺崎裕助　1996「新潟県における最近の動向」『縄文時代文化研究会ＮＥＷＳ』№29　縄文時代文化研究会、新潟県朝日村教育委員会　1997『奥三面遺跡群』、新潟県朝日村教育委員会　1999『奥三面遺跡群―先人たちの軌跡―』、富樫秀之　1999「アチヤ平遺跡の敷石住居址について」『新潟考古学談話会会報』第20号

394　柄鏡形(敷石)住居址発見遺跡参考文献

アチヤ平中・下段：滝沢規朗他　1998『奥三面ダム関連遺跡発掘調査報告書Ⅷ　アチヤ平遺跡中・下段』(『朝日村文化財報告書』第14集)　朝日村教育委員会・新潟県

富山県
二ツ塚：橋本　正他　1978『富山県立山町二ツ塚遺跡緊急発掘調査概要』　富山県教育委員会
布尻：柳井　睦他　1977『富山県大沢野町布尻遺跡緊急発掘調査概要』　大沢野町教育委員会

福井県
常安王神の森：福井県教育庁埋蔵文化財調査センター　1995『年報9　平成5年度』

静岡県
井戸川：小野真一　1983『伊豆井戸川遺跡』　伊東市教育委員会・加藤学園考古学研究所
赤坂：長田　実　1954「原始時代」『伊東市史』本編　伊東市
東小学校：長田　実　1954「原始時代」『伊東市史』本編　伊東市、小野真一　1975『千居』　加藤学園考古学研究所
段間：大場磐雄　1927「南伊豆見高石器時代住居址の研究」『考古学研究録』第1輯、寺田兼方他　1972『河津町見高段間遺跡第2次調査報告書』　河津町教育委員会
宮後：宮本達希　1983『宮後遺跡発掘調査報告書』　静岡県東伊豆町教育委員会、財団法人静岡埋蔵文化財研究所　1983「東伊豆町宮後遺跡」『静岡県埋蔵文化財調査研究所だより』No.12、瀬川裕市郎　1990「宮後遺跡」『静岡県史』資料編1(考古1)　静岡県、宮本達希　1998「縄文時代後期集落の一様相―東伊豆町宮後遺跡をめぐって―」『静岡の考古学』(『植松章八先生還暦記念論文集』)
伊東テニスコート：小野真一　1975『千居』　加藤学園考古学研究所
竹の台：財団法人静岡県埋蔵文化財調査研究所　1990「竹の台遺跡」『静岡の原像をさぐる』
内野：長田　実　1954「原始時代」『伊東市史』本編　伊東市、小野真一　1975『千居』　加藤学園考古学研究所
神崎：小野真一他　1972『田方郡韮山町神崎遺跡緊急調査概報』(『静岡県文化財調査報告書』第11集　静岡県教育委員会
大塚：小野真一他　1982『修善寺大塚』　修善寺町教育委員会
大谷津：石川治夫他　1982『子ノ神・大谷津・山崎Ⅱ・丸尾Ⅱ』(『沼津市文化財調査報告書』第27集)　沼津市教育委員会
仲田：小野真一　1972「熱海市仲田発見の敷石遺構」『加藤学園考古学研究所所報』No.1、小野真一　1975『千居』　加藤学園考古学研究所
十石洞：寺田光一郎　1990『十石洞遺跡　新設中学校建設に伴う埋蔵文化財調査報告書』　三島市教育委員会
千枚原：長田　実　1958「原始社会」『三島市誌』上　三島市、山内昭二他　1968『三島市千枚原遺跡発掘調査概報』、小野真一　1975『千居』　加藤学園考古学研究所、向坂綱二　1990「千枚原遺跡」『静岡県史』資料編1(考古1)　静岡県
北山：鈴木敏中　1986『静岡県三島市北山遺跡―農免農道建設用地内埋蔵文化財発掘調査概報―』　三島市教育委員会、三島市教育委員会　1988『北山遺跡Ⅱ　農地改良事業に伴う埋蔵文化財発掘調査概報』、瀬川裕市郎　1990「北山遺跡(奥山遺跡)」『静岡県史』資料編1(考古1)　静岡県
大北：富士川町史編纂委員会　1962『富士川町史』、小野真一　1975『千居』　加藤学園考古学研究所
半場：大場磐雄　1933「新たに発見した石器時代敷石住居阯」『上代文化』第10号、向坂綱二　1972「半場遺跡と平沢遺跡」『佐久間町史』上巻　佐久間町、向坂綱二他　1982『半場遺跡1978年度発掘調査報告書』　佐久間町教育委員会
中峰：小野真一他　1971『上長窪遺跡群―駿河における縄文時代遺跡の研究―』　静岡県長泉町教育委員会
上白岩：鈴木裕篤他　1979『上白岩遺跡発掘調査報告書』　中伊豆町教育委員会
押出し：財団法人静岡県埋蔵文化財調査研究所　1997「箱根西麓の縄文中期の集落と大量の土器出土―押出し遺跡

　　　　　　　—」『静岡県埋蔵文化財調査研究所』年報ⅩⅢ
天間沢：平林将信　1985『天間沢遺跡』　富士市教育委員会
破魔射場Ｃ：井鍋誉之　1998「富士も観ていた縄文の祭り―縄文中期後半から後期前半の配石遺構群の調査(富士
　　　　川町破魔射場Ｃ地区)―」『研究所報』No.73　財団法人静岡県埋蔵文化財調査研究所

愛知県

林ノ峰：山下勝年他　1983『愛知県知多郡南知多町林ノ峰貝塚Ⅰ』(『南知多町文化財調査報告書』第５集)　南知
　　　　多町教育委員会

岐阜県

堂之上：戸田哲也他　1978『岐阜県大野郡堂之上遺跡第１～５次調査概報』　岐阜県大野郡久々野町教育委員会、
　　　　戸田哲也他　1997『堂之上遺跡―縄文時代集落跡の調査記録―』　岐阜県大野郡久々野町教育委員会

三重県

下河原：門田了三　1997『三重県名張市夏見下川原遺跡５次調査概要』　名張市遺跡調査会

後書き

　本書は筆者が多年にわたって取り組んできた、敷石住居址、筆者が総称する「柄鏡形(敷石)住居址」に関する研究を一書にまとめたものである。また、本書は、2001(平成13)年5月に、筆者の母校である早稲田大学大学院文学研究科に学位請求論文として提出し、同年11月に取得した博士(文学)論文を基礎としている。

　1967(昭和42)年3月、横浜市洋光台猿田遺跡の発掘調査において、その当時、初発見となった敷石をもたない「柄鏡形住居址」をみずから調査したことが、筆者の研究の出発点ともなった。その後、今日にいたるまで「柄鏡形(敷石)住居址」に関する論文を数多く発表してきた。いわば、筆者の研究の歩みは、この「柄鏡形(敷石)住居址」とともにあったといっても過言ではないと思う。

　ここにあげた各章・各節の論攷は、そうしたこれまでの「柄鏡形(敷石)住居址」に関する論文の中から、近年発表したものを選び、一書としての体裁を整えたものであるが、再録するにあたっては、一部補訂を行っている。また、第2章第4節及び第4章を新に書き下ろした。

　いうまでもなく考古学は日進月歩の世界である。次々と新たな発見が各地から報じられ、その研究もまた進展を遂げていく学史をたどってきた。1976(昭和51)年2・3月、『古代文化』誌上において「敷石住居出現のもつ意味」と題する処女論文を発表してから、半世紀以上が過ぎてしまったが、その後の柄鏡形(敷石)住居址発見事例は急増し、巻末にあげた「石柱・石壇をもつ住居址発見遺跡参考文献」・「柄鏡形(敷石)住居址発見遺跡参考文献」に示したようにきわめて多数にのぼっている。もはや、個人的な事例の集成化作業は困難に近いともいえるが、この間、各地の事例をデータ化することをあきらめずに取り組んできた結果が、本書に反映されていると思う。研究の基礎は、「はじめにデータありき」なのだから。

　「敷石住居址」＝「柄鏡形(敷石)住居址」研究における筆者の方向性は、上にあげた「敷石住居出現のもつ意味」と題する論文発表以降、基本的には変わってはいない。「敷石住居址」の研究を通じて、縄文時代社会の変化の歴史的意味を問うというのが、筆者の原則的な研究視点なのである。

　文末ではあるが、本書をまとめるにあたって多くの方々から暖かいご援助・指導を賜った。とくに、本書の基礎となった学位論文を母校である早稲田大学大学院文学研究科に提出する機会を与えてくださった、恩師、櫻井清彦先生ならびに菊池徹夫先生の学恩に深く感謝したい。また、スチュアート・ヘンリ氏ならびに高橋龍三郎氏には、多忙の中、審査いただき深く感謝申し上げ

たい。

　出版にあたっては、大部な原稿量にもかかわらず、こころよくお引き受けいただいた、六一書房・八木環一さん、ならびに本書の編集を引き受けていただいた白鳥舎・白鳥　聡さんにあつくお礼申し上げたい。

　このほか、お名前をあげるのは略させていただくが、実に多くの方々から、これまで研究にあたって暖かいご支援をいただいた。あつくお礼申し上げる次第である。

　今後とも、さらなる研究の深化を目指していきたいと思う。

2002(平成14)年9月10日

山　本　暉　久

著者紹介

山本　暉久（やまもと・てるひさ）

1947(昭和22)年3月23日生
早稲田大学大学院文学研究科修士課程修了
文学博士(早稲田大学)
現在　昭和女子大学大学院生活機構研究科教授
現住所　〒245-0002　神奈川県横浜市泉区緑園5-15-6

敷石住居址の研究

2002年10月4日　初版発行
著　者　山本　暉久 ©
発行者　八木　環一
発行所　有限会社 六一書房　http://www.book61.co.jp/
　　　　〒101-0051　東京都千代田区神田神保町3-17-11　一ツ橋KIビル1階
　　　　電話03-3262-3889　FAX03-5276-0136　振替00160-7-35346
組版：白鳥舎　　印刷・製本：藤原印刷

ISBN4-947743-12-3 C3021　　　　　　　　　　　　　　Printed in Japan